신세계사 1

새롭게 밝혀진 문명사 : 문명의 출현에서 로마의 등장까지

신세계사 1 _____

쑨룽지 지음
이유진 옮김

흐름출판

추천의 글
통섭역사학으로서의 『신세계사』

최재천 이화여대 에코과학부 석좌교수

진화생물학자인 나는 종종 나 자신을 역사과학science of history을 하는 사람이라고 소개한다. 그러면 전통적인 역사학자들은 나더러 당신이 무슨 역사를 연구하냐며 불편해 한다. 나는 생물의 진화사evolutionary history를 연구하는 사람이다. 그 분은 기껏해야 고려사를 연구하거나 18세기 프랑스 역사를 전공한다. 당신은 기껏해야 몇 백 년에서 길어야 몇 천 년에 걸쳐 벌어진 역사적 사건들을 다루시면서, 했다 하면 주로 몇 백만 내지 몇 천만 년에 달하는 시간대를 분석하는 내게 그게 과연 하실 말씀인가 싶다.

학창 시절 우리는 국사와 세계사를 따로 배웠다. 국사 시간에 늘 궁금했다. 계백 장군과 김유신 장군이 황산벌에서 싸울 때 다른 나라에서는 무슨 일이 벌어지고 있었을까? 세종대왕께서 한글을 창제하느라 여념이 없으셨을 때 영어권에서는 어떤 문화적 흐름이 있었을까? 그래서 훗날 내가 강단에 서게 됐을 때 그런 문제를 출제했다. 예를 들어, 영국에서 다윈의 『종의 기원』이 출간된 1859년 무렵 미국은 어떤 사회적 변화를 겪고 있었나를 묻는 문제를 냈다. 생물학 시험에.

이 책의 원고를 읽는 내내 알게 모르게 식민사관으로 관점이 다분히 흐려져 있을 우리 역사를 떠올렸다. "역사는 우리가 죽은 자들에게 행하는 속임수의 꾸러미일 뿐"이라는 볼테르의 독설은 그렇다 치더라도 "역사는 기록하는 자의 것이다"라는 유득공의 말은 되새길 가치가 충분하다고 생각한다. 물론 미국식 교육을 받았지만 대만의 학자가 바라보는 세계사는 무척 새롭고 은근한 뿌듯함마저 느껴진다. 저자 스스로 산속에 있으면 나무만 볼 뿐, 숲 전체를 보지 못한다며 오히려 타국인이 그 역사의 소용돌이 속에 있었던 사람보다 더 객관적으로 볼 수 있을지도 모른다고 주장한다. 결코 같은 차원은 아니지만 시오노 나나미의 『로마인 이야기』를 읽으며 누렸던 신선함이 되살아나는 듯싶다.

근자에 이처럼 거침없는 역사책을 읽은 기억이 있는가? 이 책은 재러드 다이아몬드의 『총, 균, 쇠』와 유발 하라리의 『사피엔스』를 합쳐 놓은 것과 같다. 저자는 생명의 기원에서 근대사까지, 진화사, 정치사, 전쟁사에서 종교사, 사상사, 사회사, 문화사까지 학문의 경계를 무시하고 마구 넘나든다. 저자는 사실史實뿐 아니라 신화와 설화 그리고 다양한 형태의 기록물 내용을 두루 섭렵하고 고르게 의미를 부여했다. 15년 전 나는 에드워드 윌슨의 'Consilience'를 번역하며 '통섭統攝'의 개념을 소개했다. 내가 던진 '통섭'이라는 화두는 한마디로 "큰 줄기로 잡는다"는 뜻이다. 그래서 나는 『신세계사』를 '통섭역사학'이라 부르련다.

이 책을 읽을 독자들에게 경고의 말씀을 올린다. 각오하시라. 동서고금은 물론, 오대양 육대주를 마구 넘나드는 아찔한 롤러코스터 역사 여행이 시작된다. 반드시 메모장을 겸비하고 여행을 떠나기 바란다. 저자의 현란한 운전 솜씨에 정신이 팔리면 내가 지금 어디로 가고 있는지 길을 잃기 십상이다. 나만의 이정표를 만들며 따라가야 한다. 그래야 제자리로 돌아올 수 있다. 평범한 책에서는 맛보지 못할 짜릿한 독서의 흥분을 느낄 것이다. 자, 긴 역사 기행을 떠날 준비가 되셨는가?

Bon voyage!

변혁의 시대, 새로운 세계를 여는 역사를 읽다

강인욱 경희대학교 사학과 교수

올 여름에 연구년을 맞이한 나는 지금 미국 펜실베이니아대학에 있다. 시간이 되는 주말에는 필라델피아는 물론 근처의 뉴욕, 프린스턴, 워싱턴 DC 등에 있는 수많은 박물관들을 찾아가곤 한다. 세계적으로 알려진 미국 동부의 훌륭한 박물관들에는 세계 4대 문명의 유물들이 서로 경쟁하듯 전시되어 있다. 미국이 이러한데, 세계를 식민지 삼아 경쟁했던 영국이나 프랑스 같은 유럽의 박물관들은 더 말할 필요도 없을 것이다. 이는 20세기 초반까지 이어진 제국주의의 문화재 연구와 약탈의 결과이며, 우리가 지금 알고 있는 4대 문명이라고 하는 세계사의 흐름도 여기에서 시작되었다. 사실, 지금의 역사, 고고학계에서는 4대 문명이라는 말은 잘 쓰지 않는다. 20세기 어두운 침략의 결과로 나온 개념이기 때문이다. 하지만 교양이나 개설서로 출판된 대부분의 세계사가 그러한 과거의 틀에서 벗어나지 못한 점 역시 사실이다.

　너무 서론이 길어진 것 같다.

　이 책 『신세계사』(총 3권)는 지금도 수없이 등장하는 세계사들 중에서 눈에 띄는 노작이다. 미래 지향적인 세계관을 담아냈기 때문이다. 태곳적 역사를 다루는 쑨룽지의 책을 보면서 나는 21세기의 급변하는 세계의 판도를 느꼈다. 최근 트럼프의 당선과 함께 세계는 미국과 서양 중심의 판도에서 확연히 벗어나고 있다. 유럽에서는 철지난 극우민족주의가 갈수록 강성해지고 아시아의 힘은 갈수록 커지는 듯하다.

세상의 변화를 감지하고 그러한 변화를 역사를 통해 주도하려는 노력은 중국에서 먼저 시작했다. 지금 미국과 서양 중심의 세계사 근간을 흔드는 거대한 변혁의 핵심에는 중국이 있다. 중국의 발흥은 거대한 시장과 경제규모에서 시작하여 지금은 디지털 혁명시대를 주도하려 하고 있다. 중국이 세계 강대국으로 도약하기 시작한 2006년, 중국 관영방송인 CCTV는 다소 생뚱맞아 보이는 〈대국굴기〉라는 12부작의 역사 다큐멘터리를 방영했다. 스페인과 포르투칼에서 미국에 이르기까지, 근대 이후의 시간과 공간을 가로질러 세계를 지배했던 강대국들의 이야기를 다룬 프로그램이었다. 2013년 시진핑은 유라시아를 아우르는 강대국으로 들어서는 계획의 일환으로 고대 실크로드의 부흥을 의미하는 '일대일로'를 제창했다. 이러한 변혁의 시대에 중국은 중국에 맞는 세계사적 해석을 내세웠다. 새로운 관점에서 세계를 재편하는 것은 바로 세계사에 대한 새로운 관점에서 시작한다는 것을 의미한다.

이런 상황에서 쑨룽지의 『신세계사』는 서양 중심의 세계사적 관점에서 벗어나면서도 중화주의에 빠지지 않고 다자적 관점, 아시아적 관점을 내세우는 굉장히 미래지향적인 저서이다. 쑨룽지는 모두 3권으로 『신세계사』를 기획했으며, 현재까지 대만에서 2권까지 출판되었다. 이 책은 그 시리즈의 첫 번째 책으로, 선사시대에서 로마제국의 성립까지를 16개로 나누어서 숨 가쁜 역사의 변화를 다룬다.

도대체 어떤 점에서 그의 세계사가 새로울까? 책의 방대한 양과 넘치는 아이디어를 이 짧은 추천의 글에서 다루긴 다 어려울 테니, 그가 강조하는 '새로움新'을 키워드로 몇 가지 중요한 부분을 살펴볼까 한다.

책 이름은 흔히 볼 수 있는 '신세계'라는 이름이 연상되어 다소 진부해보이지만 실제로 그의 책은 곳곳에 수많은 새로움을 담아내고 있다. 과거 역사의 팩트를 나열한 것을 제외하면 관점과 해석 방법과 서술 방법 등, 모든 것이 새롭다.

첫 번째 새로움은 민족주의의 탈피 그리고 글로벌로의 접근이다. 사실 탈민족주의와 글로벌이라는 말은 흔하게 되풀이되어서 이제는 다소 진부해 보일 정도다. 하지만 그의 관점은 실로 놀랍다. 민족주의에서 탈피하면 결국 서양 중심의 글로벌이라는 결론으로 이어지는 것이 이제까지 보아온 많은 연구였다. 그런데 쑨룽지는 보기 드물게 중화문명의 관점과 서양 중심의 역사 서술을 모두 극복하는 글로벌을 지향하고 있다. 그는 현대 민족주의 국가의 등장과 함께 생겨난 민족사 중심 역사 서술의 폐해를 날카롭게 지적하는 동시에 서양 중심의 전통적인 문명 해석을 거부하고 다자체 중심론, 즉 문명은 어느 한 곳의 중심지가 아니라 다양한 곳에서 동시다발적으로 일어났음을 주장한다.

두 번째 새로움은 문헌을 탈피한 서술이다. 우리가 흔히 접하는 세계사는 주로 인물이 중심이 된 문헌이 그 기초를 이룬다. 하지만 이런 문헌 중심의 역사는 필연적으로 문헌에 기록된 지역에 집중될 수밖에 없고, 때문에 기존의 서양 중심적 서술을 탈피하기 어렵다. 쑨룽지는 이와 달리 고고학, 지질학, 인류학, 고생물학 등 가능한 모든 연구들을 끌어들여 서술한다. 덕분에 그의 다자 중심의 문명 발생론은 풍성하게 증명되고 있다.

세 번째 새로움은 전통적인 세계사 역사 쓰기를 탈피했다는 점이다. 역사에 흥미를 갖고 있는 사람들도 읽어내기 힘들어하는 것이 기존 역사서가 지닌 나열적인 서술 형태다. 쑨룽지의 서술은 그런 점에서 매우 적절하다. 또한 다른 세계사 책들이 잘 다루지 않은 부분들에 대한 주의도 기울였다. 서양 중심 사관으로 서술된 많은 세계사 책들이 표면적으로는 인정하지 않아도 실제로는 기독교에 치우친 서술이 많다. 하지만 구약성서가 기록될 당시에 유태인이 차지했던 실제 역사에서의 비중은 매우 미미하다는 점은 이제 잘 알려진 사실이다.

쑨룽지는 제14장에서 기독교 중심의 헤겔적 역사관에서 탈피해 칼 야스퍼스가 제창한 '축의 시대'를 전면에 내세운다. 중국의 춘추시대, 조로아스터교, 불교 등 세계적인 종교의 태동을 다원론적으로 설명하기 위함이다. 축의 시대를 전면에 내세운다는 것 자체가 이 책이 지향하는 다원적 문명론의 구체화를 잘 보여준다. 그 외에도 키워드 중심으로 간결하고 이해하기 쉽게 정리한 서술과 적절한 사진이 돋보인다. 총 16개의 장으로 구성된 책은 마치 16개의 다른 책을 모아놓은 것처럼 각각의 주제에 깊이를 더해 서술되었다. 대체로 시간과 공간의 흐름을 따르되 핵심적인 변화를 집중적으로 탐색했기 때문에 각각의 장을 따로 읽어도 자연스럽게 문명의 흐름이 들어오는 식이다. 또한 번역 과정에서 흔히 발견되는 중국식 표현이 거의 느껴지지 않을 정도로 고유명사의 번역에 주의를 기울였다는 점도 주목할 만하다.

네 번째 새로움은 시공을 탈피한 문명 간의 비교이다. 서양에서 서술된 모든 세계사에는 중국을 비롯한 아시아에 대해 매우 간략하게 서술하거나 때로는 이미 통용되지 않는 과거의 학설들을 끌어와 설명하는 경우가 너무나 흔하다. 예컨대, 재레드 다이아몬드의 『총, 균, 쇠』의 경우에서 동아시아에 대한 서술은 우리가 알고 있는 것과는 많이 다르다. 동아시아의 자료를 원어로 습득하지 않고 영어를 통해 간접적으로 접하는 서양의 문명사가들 대부분이 가지는 한계라고 할 수 있다.

그런데 쑨룽지의『신세계사』는 오히려 동아시아의 연구 기반이 큰 강점이 되고 있다. 예컨대 그는 제3장에서 메소포타미아의 농경에 대해 서술하다 갑자기 실크로드를 통해 중국으로 들어온 밀을 비교하고 다시 이집트로 넘어간다. 그리고 제7장에서는 메소포타미아에서 매춘을 하는 신녀의 풍습을 설명하고 초나라의 고당부에서 비슷한 풍습을 찾는다. 적어도 내가 아는 범위에서 이렇게 편협되지 않게 동아시아의 관점(다시 강조하지만, 중원 문명이 아니라 동아시아이다)에서 세계를 바라본 세계사는 없었다.

여기서 잠깐, 쑨룽지의 삶을 보면 그의 학문적인 배경을 잘 알 수 있다. 그는 1945년 중국 대륙의 혼란기에 충칭에서 태어나 홍콩에서 자랐고 대만에서 대학을 나왔다. 이후 미국으로 유학을 가서 석사는 러시아사, 박사는 동아시아를 전공했다. 동서양을 넘나들되 중국 특유의 중화사관에 경도되지 않기에 충분한 경력이다. 중국인이되 중국인이 아니며 영어권의 중국 학자로 살되 활동은 대만에서 해온 그가 학문의 경력을 마무리하는 시점에서 내놓은 책이니만큼 이 책『신세계사』는 어쩌면 글로벌한 삶을 지향해온 쑨룽지의 여정이 녹아들어가 있다고 해도 과언이 아닐 것 같다.

책의 내용 중에서도 특히 관심을 끄는 것은 바로 중국 문명에 대한 해석이다.『신세계사』의 가장 큰 장점은 동아시아에서 바라보는 세계사인 만큼 중국 문명을 얼마나 객관적으로 보는지도 주목할 부분이었다. 저자의 독특한 관점은 비단 머나먼 근동이나 신대륙에만 한정되지 않는다. 나는 개인적으로 제4장에서 얘기되는 중국 문명의 형성과정만으로도 이 책은 충분히 읽을 가치가 있다고 생각한다. 한국에서 잘못 이해되고 있는 홍산문화가 그 예이다. 왜 중국은 홍산문화를 널리 홍보했는가를 돌아보자.

　홍산문화는 중국이 1990년대 개혁개방 정책에 힘입어 본격적으로 성장하던 때에 등장했다. 홍산 유적의 발굴을 지휘하고 그 중요성을 강조했던 베이징대학 고고학과 교수였던 쑤빙치야말로 21세기 중국 문명 연구를 이해하는 데에 핵심적인 인물이다. 나 역시 쑤빙치에 대해서 석사논문을 작성하던 1990년대 중반부터 주목하고 연구를 한 적이 있다. 간단히 말해, 쑤빙치의 역할만 제대로 알아도 홍산문화의 전모를 파악할 수 있다고 해도 과언이 아닐 정도다. 쑤빙치는 원래 중원 중심 사관에서 탈피하여 각 지역의 고대문화도 중요하다고 주장했고, 이는 문화혁명 이후 초토화된 학계에서 널리 지지를 받았다. 홍산문화의 발견도 각 지역사에 대한 그의 의지가 반영된 것이었다. 하지만 1990년대 이후 홍산문화는 중국 정부에 의해 위대한 중화문명의 기원을 증명하는 발견으로 바뀌었다. 여기에 고조선이라는 한국 일각의 오해가 더해지면서 홍산문화는 진정한 세계사적 의미를 잃어버리게 되었다.

　쑨룽지 역시 이러한 홍산문화의 연구야말로 민족주의와 글로벌 역사관 사이에서 길을 잃은 중국 문명연구가 제대로 된 길을 찾는 단서가 될 수 있다고 보았다. 하지만 결과적으로 중원 중심의 민족주의에 갇혀서 그 본 의미가 퇴색되었다고 보았다. 쑨룽지는 홍산문화 연구의 중심에 있었던 쑤빙치를 코페르니쿠스(즉, 중국 문명의 연구를 바꿀 수 있는 기회)가 될 수 있었지만 결과적으로 (전통적인 천동설을 고집한) 티코 브라헤로 바뀌었다는 한 구절로 정리했다. 무릎을 치게 만드는 간결하지만 정확한 표현이 아닐 수 없다. 한국과 중국의 역사를 둘러싼 갈등의 핵심은 바로 모든 동아시아 문명의 기원을 중국으로 보려는 한족 민족주의에 있었다. 쑨룽지는 일언지하에 중국 문명의 기원은 한 곳이 아니며 현대 중국인의 관점으로 보지 말라고 한다. 단언컨대, 1990년대의 홍산 문화―2000년대의 동북공정―지금의 일대일로라는 중국의 역사 인식을 마치 대나무를 쪼개듯 파악하기 위해서는 이 책이 필요할 것이다.

이제까지의 글을 보면 마치 이 책이 기존의 정설과 다른 대체 역사를 담아낸 것이 아닌가 걱정할지 모른다. 하지만 전혀 그렇지 않다. 오히려 쑨룽지는 더욱 철저하게 학계의 정설을 담아내어 그것을 자신의 시각으로 재조명하는 방법을 취하고 있다. 정통역사서로 전혀 부족함이 없다는 뜻이다. 그리고 이러한 쑨룽지의 노력은 역설적으로 이 책을 무척이나 두껍게 만들었다. 어찌 보면 당연하다. 세계 문명의 기원을 담아낸 것을 감안하면 오히려 간결하다고 해야 하겠지만, 아무튼 단숨에 읽을 수 있다는 가벼움을 강조하는 최근의 세계사 관련 책들과 분명히 차별화된다.

『신세계사』는 잘 알려진 4대 문명이라는 핵심과 시공적인 흐름을 지켜가면서 중요한 문제를 자세하게 서술한다. 이미 알려진 고대 문명에 대한 이야기는 책은 물론 수많은 다큐멘터리로 접할 수 있다. 이 책의 가장 큰 장점은 바로 다른 책이나 동영상에서 볼 수 없는 흐름을 느낄 수 있다는 데에 있다. 굳이 다른 제목을 붙인다면 아마 '새로운 흐름의 세계사'도 괜찮을 것 같다. 일방적으로 서양으로 흘러가는 역사가 아니라 사방을 종횡무진하는 인류 역사의 진정한 흐름을 찾아가는 책이기 때문이다.

벌써부터 『신세계사』 2권의 출간이 기다려진다. 총 세 권으로 기획된 시리즈에서 두 번째 책은 흉노와 한을 중심으로 실크로드의 형성을 새로운 시각으로 논하고 있기 때문이다. 미국과 유럽 중심의 세계가 바뀌는 지금 우리에게는 새로운 세계 역사에 대한 관점이 필요하다. 역사에서 미래에 대한 인사이트를 얻고 싶다면, 또 서구나 중화 문명 중심의 세계관에서 탈피하고 싶다면 먼저 이 책을 읽어보기 바란다.

차례

『신세계사』의 새로움

이제는 역사에 대한 기존의 이해를 완전히 뒤집어야 할 때가 되었다. 역사 연구의 대상은 과거일 수밖에 없으며, 그 대상은 이미 눈앞에 존재하지 않는다. 때문에 지금 우리가 할 수 있는 일은 기껏해야 과거의 편린을 그러모아 어느 한 부분을 복원하는 것뿐이다. 우리가 아무리 해봐야 과거 당시의 사람들만큼 지나간 시대를 장악할 수는 없다. 이는 외국인이 자국인보다 해당 지역을 더 잘 이해할 수 없는 것과 마찬가지로 자명한 이치일 것이다.

 하지만 여기서 진지하게 짚고 넘어가야 할 것이 있다. 산속에 있어야만 비로소 그 산을 제대로 알 수 있다는 관점은 잘못된 것이라는 점이다. 고대 이집트의 촌민이 동시대 바빌론의 존재를 알았을 리 없다. 프랑스 대혁명 당시 리옹 사람들은 파리 혁명에 대한 정보를 지금 우리가 알고 있는 것만큼 알지 못했을 것이다. 사실상 과거 당시의 사람들이 알고 있던 것은 지금 우리가 알고 있는 것에 비하면 훨씬 국부적이다. 그런데도 우리가 과거의 어느 한 부분만을 알고 있을 뿐이라는 부족감이 드는 것은 모든 것을 통할하고자 하는 의지의 투영이라고 볼 수 있다. 이는 마치 영생을 추구하면서 전지전능한 신이 되고자 하는 것과 같다. 옛 사람에 비교하자면 이 시대의 사람은 올림푸스산의 신족神族이라 할 수 있다. 이렇듯 '옛것'을 장악하는 것은 바로 '지금'이다. 그러니 '지금'이 존재하지 않으면 '옛것'은 무엇에 의지해 존재할까? 시간이 흐를수록 '지금'은 점점 '옛것'으로부터 멀어진다. 따라서 '옛것'이라는 비단에 무늬를 짜 넣는 일에도 정밀한 능력이 더더욱 필요해진다. 따라서 역사(과거)는 단지 '새로움'만 요구하는 게 아니라 '나날이 새로워질 것'을 요구한다.

나는 또한 기존 역사학에 내재된 오류를 바로잡고자 한다. 글로벌 시대인 오늘날에 여전히 민족국가 시대의 의식으로 펼쳐낸 역사 서사를 보고 있노라면 마치 시간여행 드라마를 보는 것 같은 느낌을 받게 된다. 이것은 이 책『신세계사』가 4대 문명 '고국古國'이라는 기존의 틀을 깨고 농경과 목축의 변증관계로써 티그리스-유프라테스강과 나일강 문명을 연결하게 된 계기이기도 하다. 관건은 바로 이 양자 사이의 '환아라비아 유목-방목 복합 지대'다. 농목農牧혁명의 탄생지인 환메소포타미아 산측hilly flanks에서 형성된 이 복합 지대의 서쪽 지역이 갈수록 건조해지면서 이 지역은 농경과 목축 가운데 '목축'으로 치우치게 되었다. 이는 목축이 농경에 뒤떨어지는 저급 단계가 결코 아니며 양자가 동등하게 발전했음을 보여준다. 셈어족의 본향인 이 '복합 지대'는 티그리스-유프라테스강 고대 문명이 움트던 시기에 즉시 메소포타미아로 스며들었다. 복합 지대로부터 분출된 가장 마지막 물결은 7세기의 아라비아 정복이다. 봄갈이와 추수를 해야 하는 농경민에게는 1년 전체의 달력이 필요했지만, 유목민은 달의 삭망을 관찰하는 것만으로도 충분했다. 태양의 나라 이집트가 출현한 적도 있지만 고대 근동에서 그것은 매우 드문 경우였고, 오늘날 근동 지역에는 이슬람을 상징하는 초승달이 그려진 깃발이 두루 꽂혀 있다.

고대 근동을 하나의 단위로 구축하면서 이 책에서는 위성 위치결정 체계SPS 방법을 사용해 이란고원의 서쪽 가장자리로 자리매김했다. 이란고원의 동쪽 가장자리는 고대 인더스강 유역 문명이다. 이로써 이란고원은 범위가 보다 넓은 연결고리로 변하게 된다. 고원의 동서 양측은 고대 근동 식의 한작농업(밭작물을 주로 하는 농업 – 옮긴이) 중심의 '밀과 양의 문화'로 칭할 수 있다. 이곳과 인더스강 유역의 관계는 티그리스-유프라테스강을 둘러싼 산측 지대와 메소포타미아의 관계와 같다. 그런데 고대 인도 문명의 경우, 나중에 한 층이 더해지게 된다. 아리아인의 인도 침입 가설은 이미 흔들린 지 오래다. 고대 인도 문명의 기초를 재차 다진 것과 관련하여 보다 타당한 설은 바로 창장長江 유역의 '쌀과 돼지 문화'의 침입이다. 이렇게 보면, 인도 아대륙(인도반도)은 원고遠古 문명의 분계선이자 합류지였다.

여기서 말하고자 하는 것은, 지역을 넘어선 연결 작업을 하지 않은 채 단지 지역으로 지역을 논한다면 각자 만지게 되는 것은 역사라는 코끼리의 코·다리·꼬리·상아에 불과하다는 사실이다. 중국 문명의 기원 문제에 있어서도 원고시대의 화베이華北는 유라시아 대초원과의 관계에서 벗어날 수 없다. 화난華南의 논벼 혁명은 중국 문명 기원론의 일환일 수 있는 동시에 남아시아어족(오스트로아시아어족)과 남도南島어족(오스트로네시아어족)의 원천일 수도 있다. 오세아니아로 이주한 남도어족은 마지막으로 지구를 채운 인류 집단이다. 이는 콜럼버스보다 위대한 서사시다. 중국 문명 기원론은 스스로 중국이라는 범위에만 갇혀 있으면 안 된다.

지리적으로 봤을 때, 서반구는 동반구의 안티테제다. 동반구의 문화 전파는 횡적 전파였다. 반면 서반구의 문화 전파는 수직형인데, 서로 다른 기후대를 뛰어넘어야 하기 때문에 문화 전파에 장애가 있었다. 나는 이 동서 양반구의 안티테제를 아프리카 역사에도 적용했다. 아프리카의 북반부는 '동반구 형태'이고 남반부는 '서반구 형태'다. 그런데 아프리카의 문제는 북반부의 지리가 동반구 형태의 이점을 지니고 있긴 하지만 세계 최대의 사막이라는 사실이다! 아메리카의 경우, 유라시아대륙에 비해 전반적으로 서반구 형태다. 그런데 그 내부를 들여다보면, 북아메리카는 동반구 형태인 반면, 남아메리카는 전형적인 서반구 형태다. 오늘날 지구의 남북 대립은 빈부 양극화와 마찬가지로 역사와 지리가 공모한 결과다.

글로벌 세계사에서는 서양 중심론을 반드시 제거해야 한다. 역대로 페르시아-그리스 전쟁에 대한 기술은 죄다 그리스의 입장에 서 있었다. 때문에 페르시아는 마치 그리스사의 일부처럼 되고 말았다. 이 책에서는 이를 수정해 페르시아제국의 관점에서 페르시아-그리스 전쟁을 투시했다. 또한 알렉산더대왕의 동방원정에도 아시아 입장에서의 시야를 부여했다. 당시에 중국은 진秦·한漢의 대통일로 이행하기 전이었다. 알렉산더가 내륙아시아에 먼저 도달했고, 장건張騫은 두 세기 뒤에야 그곳에 이르러 유라시아를 꿰뚫는 길을 개척했다. 이 전환점에 이르러 세계사의 글로벌 시야가 활짝 열렸다.

이 절정기는 오랜 숙성 기간을 거친 것이다. 일찍이 기원전 6세기에 소위 '인류사의 축의 시대'가 절정top gear 단계로 진입하면서, 유라시아대륙의 몇몇 중심에서는 훗날 보편 사상이 되는 사상 체계들이 각기 처음으로 만들어졌다. 이때까지는 아직 각 지역을 뛰어넘는 영향의 흔적을 찾아볼 수 없다. 각각의 기초적 설정이 크게 달랐기 때문이다. 축의 시대Axial Age는 인류에게 새로운 스타일의 문명을 설계해주었는데, 이를 따라잡지 못한 구세대의 문명은 즉시 도태되었다. 알렉산더가 펼친 헬레니즘 시대는 축의 시대의 몇 가지 요소를 보편적 구세주형의 종교로 다듬어냈다.

전통적인 세계 근대사의 역점은 서양의 굴기에 있다. 『신세계사』에서는 서양이 빚어낸 세계 경제의 형성기에 중국이라는 이 선진적인 초거대 시장이 바닥짐(밸러스트)의 역할을 맡았는지 탐구하고자 한다. 이로써 송대 중국이 세계 근대화의 이른 봄이었다는 '당唐·송宋 변혁론'의 명제를 증명할 수 있을 것인가? 어쩌면 이것은 21세기 미국의 최대 채권국이 된 중국의 회고적인 시각이 반영된 그림일까? 만약 나의 수정주의가 성립할 수 있다면,('마르크스의 이론을 개량해서 해석하는 형식을 취한, 마르크스주의에 적대하는 일체의 학설과 운동'인 '수정주의'에 빗대어 '만약 이러한 새로운 시각이 기존의 서양 중심 역사의 틀을 뒤집는 새로운 학설의 성립이 될 수 있다면'이라는 뜻으로 썼음 – 옮긴이) 전통적인 서양 근대사의 해양 중심론을 대폭으로 고쳐 쓰게 될 것이고, 또한 해양과 대륙의 상호작용에 주목하는 방향으로 전환함으로써 더 이상 서양의 첨병 역할만을 일방적으로 강조하지는 않을 것이며, 중국과 인도의 유발·후방 보급·바닥짐 역할을 소홀히 보지 않게 될 것이다.

쑨룽지

공동으로 직면할 수 있는 문제에 대하여

나는 일찍이 미국을 비롯해 타이완·중국·홍콩에서 세계사를 가르치거나 강연하면서, 다방면의 비교를 통해 많은 것을 느꼈다. 아직까지 한국은 방문할 기회가 없었는데, 나의 경험이 한국에도 적용될 수 있을지 모르겠다. 하지만 이렇게 이야기를 꺼냄으로써 어쩌면 공감을 불러일으킬 수도 있을 것이다.

최근 10년 동안의 강단 생활은 타이완에서였다. 그전에는 오랫동안 미국에서 지냈다. 가장 첨예하게 대비되는 것은 교과서다. 타이완에서는 20~50년 전에 편찬한 오래된 교과서를 세계사 교육에 사용한다. 비교적 최신의 미국 교과서를 번역한 내용이 보충되긴 하지만 미국의 최신판을 따라가진 못한다. 내가 미국에서 학생들을 가르칠 때, 해마다 몇몇 출판업자들이 교재로 채택해 달라며 견본 도서를 보내왔다. 보아하니, 타이완은 머뭇거리며 앞으로 나아가지 못하는 반면 미국은 날마다 새로워진다. 하지만 사실 양자 모두 폐단이 있다.

타이완의 세계사 교육은 중국어권의 상황을 상당히 반영하고 있는데, 대체로 20세기 중후반에 머물러 있다. 컴퓨터·휴대폰 등 정보 관련

과학기술이 거의 반년마다 업그레이드되는 것과 비교할 때, 중국어권의 세계사 교재는 마치 나노미터 과학기술 시대에 여전히 내연기관을 사용하고 있는 것과 같다. 미국은 시장이 훨씬 큰 만큼 많은 출판사들이 치열하게 경쟁하는 것은 이상할 게 없다. 하지만 그들은 어떻게 '고객'인 학생의 비위를 맞출 것인지 경쟁하는 것이다. 때문에 매번 수준이 하향화된다. 도판이 많아지고 컬러 인쇄가 정밀해지는 반면 글자는 점점 감소한다. 고유명사도 점점 없어진다. 나는 미국을 떠나던 해에, 미국의 한 세계사 교과서에서 이집트의 3000년 역사 가운데 단 한 명만 언급된 것을 발견했다. 그 한 명이 누구일지 알아맞혀보라고 중국인에게 물었더니, 쿠푸Khufu라고 대답하거나 람세스 2세Ramses II라고 대답했다. 심지어는 그리스인 클레오파트라Cleopatra라고 대답하는 이도 있었다. 모두 틀린 대답이었다. 그 한 명은 뜻밖에도 아케나텐Akhenaten이다! 아케나텐은 일신교의 원조로 말해지는데, 기독교 문명의 편견을 지닌 교과서에서 이집트를 대표하는 유산으로 그를 선택할 수밖에 없었던 것이다.

때문에 매년 갱신되는 미국 교재를 중국어 번역이 따라잡지 못하는 게 불행인지 다행인지 단언하기 어렵다. 그런데 문제는 이렇게 단순한 게 결코 아니다. 반드시 두 측면으로 나눠서 살펴봐야 한다. 즉 미국 대학생의 세계사와 학계의 세계사는 별개의 것이다! 학계의 세계사는 글로벌 히스토리를 개척하는 데 앞장서서 서양 중심론을 흔들어놓았고, 1980년대 대학 교육과정의 개혁을 야기했다. 유럽 통사가 세계 통사에 자리를 내주었다. 타이완과 중국 역시 이를 따라 하면서 서양 통사는 지나간 옛것이 되었다. 중국의 상황은 확실히 모르겠지만, 타이완에서는 이렇게 간판을 바꾼 게 사실은 양두구육羊頭狗肉이다. 가르치는 사람의 자질이 부족한 탓에 중국사 외의 다른 역사 영역은 전반적으로 알지 못할뿐더러 모르는 게 태반이다. 정상급 대학을 제외한 나머지 대학의 관련 학과에서는 미술사, 중외관계사, 심지어는 정치학과 국제관계 전공 교수를 초빙해 구색만 맞춘다. 그들의 학위가 서양과 조금이라도 관계가 있으면 되는 것이다. 이렇게 해서 가르치게 되는 건 세계사라고 할 수 없다. 역사라고도 할 수 없는 경우가 비일비재하다. 소위 정상급 대학이 세계사라고 내건 것도 실질적으로는 여전히 서양사다. 나는 강의실에서 자주 이렇게 탄식한다. "타이완의 세계사 교육은 서양 중심론의 마지막 보루일 것이다!"

우리가 직면한 최대의 역설은 이것이다. 서양 중심론, 포스트식민주의, 다원문화주의 등이 죄다 서양(보다 정확히 말하자면 미국)에서 기원했다는 사실. 서양 중심론 제거, 글로벌 사관, 동서양의 대분기설Great Divergence 등은 사실 서양의 흐름을 뒤쫓는 것이다. 시대 조류를 따르지 않으면 어떤가? 담론 패권이 누구의 손에 있는가? 완강한 저항은, 까놓고 말하자면 수십 년 전 서양의 서사敍事를 가지고 새로운 버전에 대항하는 것이다. 이는 영국 산업혁명 시대의 내연기관으로 오늘날의 첨단과학기술에 맞서는 것과 같다!

이와 동시에 존재하는 또 다른 역설은, 미국 사학계의 선구성과 일반 학생의 무지함이 병행한다는 것이다. 미국은 여러 민족의 이민으로 이루어진 국가이기 때문에 교육 정책은 전 국민에게 영국계의 역사를 강요하지 않도록 되어 있다. 따라서 오늘날 미국 통사 교재는 반드시 아프리카계와 기타 집단의 분량을 강화해야만 한다. 이는 물론 비교적 깨어 있는 태도이지만, 이러한 역사관은 의심할 바 없이 줄곧 '형성' 중인 상태다. 이는 오늘날 난산 중에 있는 글로벌 사관과 마찬가지다.

미국이 문화의 용광로라는 것에 대해 회의를 가지고 이에 맞서 '초국가적인 미국Trans-National America'이라는 개념을 제기한 사람도 있다. 즉, 세계 각지에서 온 이민자의 정신에 각 출신국의 문화 전승이 보존되어 있으므로, 오늘날의 미국은 이제 막 드러나고 있는 세계 문명의 구조를 예시豫示한다고 보는 것이다. 이 말이 다 맞는 것만은 아니다! 중국계의 경우, 2세대에까지 중국 문화가 전승되는 경우는 많지 않다. 설령 늘 강조한다 하더라도 이미 중국어를 잘 모르는 상황에서, 현재의 권력 쟁취에 유리한 문화 정체성을 구축하게 마련이다. 어쨌든 그들은 죄다 미국인으로 변한다. 또한 역사로부터 탈출하고 역사의 짐을 짊어지지 않는 망상증에 전염된다. 미국의 기초를 다진 초기의 영국계는 대부분 비국교도였다. 그들이 부패한 구대륙과 결별한 의도는 신대륙에 '새로운 예루살렘'을 세우고 에덴동산으로 되돌아가 '영원한 아담'이 되는 것이었다. 그들은 '역사' 역시 구대륙에 남겨두고 왔다. 훗날 잇따라 세계 각지에서 미국으로 온 이민자 역시 이러한 건국정신의 계보를 변주하여 잇고 있다.

미국 사상가 헨리 데이비드 소로는 각 세대는 모두 '좌초된 배'이기 때문에 아랫세대가 윗세대의 전승을 헌신짝처럼 버리는 게 당연한 진리라고 공언했다. 노인에 대한 미국인의 경시는 뼛속 깊이 박혀 있다. 이러한 경시가 설사 밖으로 표현된다 하더라도, 흑인이나 여성 그리고 동성애자를 포함한 다른 사회적 약자를 경시했을 경우 "정치적 올바름을 어겼다"고 받게 되는 비난이 노인을 경시한 이에게는 가해지지 않는다. 이와 같은 종적인 기억상실 외에 횡적인 파편성도 존재한다. 미국을 민족국가라고 여기는 사람은 없다. 때문에 민족의 공동 기억은, 개인의 사생활 상공에서 배회하는 불분명한 형체의 미확인 비행물체다.

민족의식은 새로운 세계사 시야의 장애물로, 반드시 해체해야 하는 것이다. 그런데 유감스럽게도 '세계'는 '민족'보다 더 무거운 태산이다. '민족'을 제대로 짊어지지 못하면 '세계'는 더 큰 짐이 되게 마련이다. 미국 학생의 반역사적 태도를 초래하는 보다 심각한 원인은 인문 소양에 대한 경시다. 인문 소양이 전혀 없는 사람에게 역사나 지리를 말하는 것은, 설령 그것이 자국의 역사와 지리라 할지라도 그저 마이동풍에 불과하다. 호르몬이 왕성한 나이의 미국 남성이 만약 인문 소양이 '지나치게 많고' 학교 축구팀과 관계가 없다면, 여성스럽다는 말을 듣거나 동성애 혐의를 받는다.

미국의 상황이 어쩌면 독특한 것일 수도 있다. 하지만 나뭇잎 하나가 떨어지는 것을 보고 가을이 다가옴을 아는 법이다. 미국의 상황이 보여주는 것은 '탈국가·탈민족·탈역사'의 공백이다. 경제가 발달한 동아시아 국가의 경우, 건국 시기는 일찌감치 역사의 배경이 되었고 국난과 관련된 역사의식은 점차 '미국화'된다. 즉 역사에서 민족을 제거하고, 민족에서 역사를 제거하는 것이다. 역사가 마침내 전 국민의 정신을 총동원하는 이데올로기 기능에서 해방된 것이다. '비참한 세계'의 재림을 그 누구도 보고 싶지 않은 건 확실하다. 행복하고 발달한 사회에서는, 경시되었던 '파편'으로 역사의 시선이 향하는 것을 허용할 수 있다. 즉 민족 아래의 각 집단, 성별, 인간과 환경, 지방사, 각종 전문 분야의 역사, 심지어는 평범한 개인의 전기에 관한 역사 말이다. 타이완 계엄 시기의 중요한 인물과 사건에 대해 전혀 들어본 바 없는 대학원생들에게 나는 약간 비꼬는 투로 이렇게 말했다. "외할머니의 역사를 연구하는 시대가 도래했다!" 확실히, 누군가 자기 외할머니의 일기 전체를 장악한다면 그는 이 방면에서 세계적 권위자가 될 것이다.

현대의 역사의식은 민족국가가 빚어낸 것이다. 그것은 '국민으로 살아가면서 반드시 알아야 하는 것'의 일환이다. 마치 국어가 국민 교육에 의해 빚어지고, 표준시간대가 중앙 정부에 의해 규정되는 것처럼 말이다. 미국의 경우, 1918년이 되어서야 네 개의 표준시간대가 법정화되었다. 그전에는 같은 주 안에서도 열 개가 넘는 시간대가 병존했다. 미국은 오직 국민 교육 방면에서만 같은 주 안에서 수십 개의 시간대가 존재하는 것과 같은 상태를 여전히 유지하고 있다. 독립적인 교육부는 카터 대통령의 재임 기간에 비로소 설립되었는데, 오직 경비와 통계만 담당하고 교육과정과 교재에는 관여하지 않았다. 교육과정과 교재는 1만 4000여 개의 공립 학구學區에서 담당한다. 이런 점에서 미국은 민족국가 같지 않고, 도리어 구대륙이 새로운 땅에서 환골탈태한 듯하다. 하지만 미국인은 여전히 '영어 민족'으로 귀속된다. 이것이 미국이라는 나라의 양면성이다.

이를 통해 볼 때, 지금까지 역사의식이 가장 강렬했던 시기는 프랑스 대혁명에서부터 오늘날 발달한 사회의 '탈국가·탈민족·탈역사' 시대까지다. 이 시기는 세계사에서 민족국가 건설이 가장 밀집된 단계이자 최대 규모의 집단의식이 역사화된 시기다. 오늘날을 '탈역사 시대'라고 말하면 분명히 다음과 같은 논쟁을 일으킬 것이다. 민족국가 의식이 점차 옅어지고 있더라도 역사의식이 마치 프리즘에서 굴절되어 나온 빛처럼 그동안 냉대받아온 여러 모퉁이를 비춘다면, 이것은 역사의식의 민주화이다. 이것이 어떻게 역사의식의 위기일 수 있겠는가? 인류 추억의 풍성화는 마땅히 기뻐할 일이지 걱정할 일이 아니다. 민족의 집단 추억은 여전히 그곳에 존재한다. 다만 그것은 더 이상 모든 것을 뒤덮고 다른 빛을 가리는 커다란 깃발이 아닐 뿐이다.

의심할 바 없이 이것은 탈국가·탈민족 사학의 최대 수확이다. 그 누구도 이를 부인할 수는 없다. 우리가 걱정하는 것은 또 다른 문제다. 국가 단위의 사관을 초월하는 것은 글로벌 사관을 구축하는 데 필수적이다. 하지만 국가 단위의 사관은 글로벌 사관으로 도약하기 위한 발판이기도 하다. 나는 새로운 세계사의 재료가 앞서 말한 미국사 방식일 것이라고는 상상하기 어렵다. 민족 단위를 해체하는 것은 역사를 획일적인 틀에서 해방하는 것으로, 다양한 틀을 허용하는 것이다. 떠들썩한 이런 다양한 소리가 어떻게 교향곡으로 빚어질지는 아직 기다려봐야 안다. 하지만 아무런 틀도 존재하지 않는 것은 별개의 일이다. 역사의 기억상실과 초점상실은 동일한 것이 아니다. 하지만 지금의 역사의식의 위기 속에서 양자의 차이는 소멸된 듯하다. 그런데 옛 초점은 시대에 뒤떨어진 것이기 때문에, 역사의식의 위기는 초점을 새롭게 할 계기이기도 하다.

『신세계사』는 앞서 말한 갖가지 모순의 틈새 속에서 탄생한 것이다. 신세계사는 개별 국가의 역사와 지역사를 포괄해야 하지만, 그것들의 총합이어서는 안 된다. 또한 탈국가·탈민족 시대의 역사의식의 확산과 초점상실을 반드시 고려해야 하지만, 세계사의 총체성을 포착해야 한다. 이는 인류가 심해의 비밀을 푸는 동시에 우주의 윤곽을 그려도 괜찮은 것과 마찬가지다. 비서양권에서 나온 독창적인 세계사 저작으로서 이 책이 동아시아의 영광을 쟁취하기 위한 일과 관계없다고 말한다면 어느 정도 억지일 것이다. 하지만 그렇다고 해서 그러한 시각으로 세계사를 바라보면서 서양 중심론을 제거하고 그 자리에 동아시아 중심론을 채워 넣었다는 것은 아니다. 사실 중국인으로서 이 책을 저술하면서, 고유의 중국 문명 기원론(민족 기원신화)을 아주 매섭게 해체했다.

이 책에 대한 안내

제1장 지구의 역사와 선사시대의 인류

인류가 아프리카에서 나왔다는 것을 전제로 다음 네 가지 설을 분석했다.

(1) 각 인간종이 동시에 아프리카에서 나갔다는 설
(2) 인류가 두 차례에 걸쳐 아프리카에서 나간 뒤 전반적으로 새롭게 시작되었다는 설
(3) 인류가 두 차례에 걸쳐 아프리카에서 나간 뒤 부분적으로 새롭게 시작되었다는 설
(4) 새롭게 시작되지는 않았지만 상호 간에 교배가 이루어졌다는 설

제1장에서는 최신의 인지고고학을 인용해, 인류가 언제 어디서 상징적 사유로의 문턱을 처음 넘었는지 탐구한다. 홀시할 수 없는 것은 고기후학과 역사 생태의 상호작용이다. 빙하기의 종결은 구석기에서 세석기細

石鏃(유럽과 근동아시아의 중석기시대를 대표하는 석기로, 크기가 아주 작은, 3센티미터 미만의 석기들을 총칭한다 - 옮긴이)로의 이행을 촉진했다. 그런데 빙하기가 종결된 뒤 의외의 반격이 있었다. 지금으로부터 1만2800~1만1500년 전에 급격히 기온이 내려가는 '영거 드라이아스기'가 발생하여 지중해 동부 연안의 환경 부담력이 저하됨에 따라 이 지역의 옛 채집수렵민은 농경과 목축을 발전시키지 않을 수 없게 되었다.

제2장 '4대 문명 고국'이라는 기존의 틀을 깨다

근동에서 농목혁명의 최초 발생지는 어느 정도 해발고도가 있는 환메소포타미아 산측 지대로, 한작농업이 이루어졌다. 이후 대하大河 유역에서는 관개농업이 이루지면서 '도시혁명'의 기초를 다졌다. 그사이 4000년 동안 '2차 생산물 혁명'을 거쳤다. 즉 순수한 식용 기능 외의 부산물이 발전했다. 소와 양은 젖·유제품·모피를 제공할 수 있다. 소는 논밭을 갈 수 있고, 소와 나귀는 수레를 끌 수 있으며, 나귀는 탈 수도 있다. 개는 방목을 도울 수 있고, 가축의 똥오줌은 논밭을 기름지게 할 수 있다. 농산품은 다양화로 인해 입고 먹는 문제를 넘어 말린 과일과 같은 소비품과 상품의 방향으로 발전하게 되었다. 따라서 영국의 산업혁명과 같은 돌발적인 변화를 신석기혁명 및 도시혁명의 모델로 삼는 것은 이미 시대에 뒤떨어진 생각이다. '산측설'이 '비옥한 초승달 지대설'을 대체하게 되었다. 4대강 유역에서 문명이 기원했다는 설은 너무 깊이가 없다. '대하 유역 요람설'은 고대 아메리카에는 기본적으로 적용되지 않는다.

제3장 재차 기초를 다진 고대 인도 문명

대하 유역 요람설을 되새기는 것은 '4대 문명 고국'을 되풀이하는 것과 마찬가지로 이미 약효가 떨어졌다. 기존 관점이 시대에 뒤떨어졌다는 것은 제3장에서 확실히 논의된다. 인더스강 유역 고대 문명의 최초 유적지는 메르가르Mehrgarh다. 이란고원의 동측에 자리한 메르가르는 이란고원 서측의 자그로스산맥과 함께 티그리스-유프라테스강을 둘러싼 '산측 지대'를 형성한다. 메르가르가 마주하고 있는 것 역시 두 강, 즉 인더스강과 사라스바티강 유역의 충적평야였다. 만약 이란고원을 중심으로 해서 활을 당긴다면 고대 근동과 인더스강 유역은 활의 양쪽 날개가 된다. 고대 근동을 서양 문명의 창시자로 간주하는 계보학은 결국 일방적인 것으로 전락하고 만다. 고대 인도에서 '재차 기초를 다진 것'은 그동안 아리아인이 인더스강 유역 고대 문명을 대신하면서 빚어진 단층을 가리켜왔다. 그런데 이것은 오늘날 아리아인 '외래설'과 '본토설'이라는 논쟁의 늪으로 빠져들었다. 이 책에서는 다른 관점을 개척했다. 즉 이란고원 산측에서 생겨난 '밀과 양의 문화'가 창장 유역에서 비롯된 '쌀과 돼지의 문화'에 의해 보충되었음을 지적했다. 후자는 계절풍대의 인도 아대륙에 보다 적합했다. 이상과 같이 '재차 기초를 다진 것'은 갠지스강 방향을 향한 문명의 발전과 병행하여 이루어졌다. 이전의 인더스강 유역 문명은 아프가니스탄과 이란 판도에 보다 가까워졌다.

제4장 중국 문명의 기원에 관한 몇 가지 문제

고대 근동과 고대 인도를 참고삼아 중국 문명의 기원이라는 까다로운 문제를 다루었다. 민국 시대 이래로 양사오仰韶, 룽산龍山 등의 '문화'로 중국 선사시대 역사를 정의했다. 그런데 이들 문화의 기반이 흔들리게 된 뒤로는 도리어 문화에서 '시대'로 비약해, 양사오 시대·룽산 시대가 중원으로서 전국의 선사시대 시간표를 정의하는 중앙 표준시간대가 되었다. 이후에는 얼리터우二里頭를 추가해 초기 청동기시대의 중앙 표준시간대로 삼았는데, 근래에는 문명이 중남부에서 기원했다는 설의 도전을 받게 되었다. 중국 문명 기원론이 맞닥뜨린 진정한 도전은 '반드시 고대 근동의 고고학을 참고하되 동시에 남의 주장을 그대로 도용하는 일도 피해야 한다'는 것이다. 근동의 농업혁명은 주로 맥류를 순화하는 것이었으며, 산측 지대의 한작농업에서 대하 유역의 관개농업으로의 전환에는 단층이 매우 뚜렷하다. 한작농업에서 관개농업으로의 전환은 반드시 품종 개량을 거쳐야 했는데, 그 발생 지점은 분명하다. 바로 티그리스-유프라테스강 유역의 삼각주와 나일강 유역이다. 하지만 중국 농업에서 논벼는 작은 하곡河谷이 교차하는 곳에서 탄생했다. 근동의 사례가 우리에게 경고하는 것은 농업이 탄생한 지역이라고 해서 반드시 문명이 탄생한 지역은 아니라는 점이다. 대하 유역은 벼농사와 관계가 없을뿐더러 고대 근동과 인도를 합한 것보다 더 넓은 지역에서 문명의 중앙을 찾으려 급급해하는 것은 남의 틀을 가져다가 자신의 문명 기원론을 그려내려는 것이다.

제5장 중남아메리카의 고대 문명

서반구의 문명 돌파에 대해 다루었다. 인류가 서반구에 진입했을 때는 이미 구석기시대가 지난 뒤였고, 콜럼버스 이전의 아메리카는 기껏해야 야금술의 문턱에 이르러 있었다. 따라서 콜럼버스 이전의 아메리카사 전체는 온통 석기시대뿐이다. 고인디언 문명 역시 문자의 문턱에 놓여 있었으므로 전체적으로 선사시대로 간주된다. 중고 시대 세계의 6대 도시 가운데 하나를 건설했고, 역법의 정확함은 당시 세계에서 가장 뛰어났음에도 불구하고 말이다. 인류가 아프리카에서 한대寒帶까지 이르면서 사냥 기술은 갈수록 발전했다. 인류가 서반구 북쪽에서 남쪽으로 이주하면서 대형 동물은 죄다 죽임을 당했다. 이로써 고대 아메리카에서는 운송용 가축의 결핍이라는 어려움을 겪을 수밖에 없었고 바퀴가 발달하지 않게 되었다. 아메리카의 수직적인 지형은 구대륙의 횡적 지형과 비교했을 때 상대적으로 불리했다. 문명 요소가 전파되려면 서로 다른 기후대를 통과해야 했던 것이다. 안데스산 남부에서 재배되던 감자가 16세기 이후에 전 세계로 전파됨으로써 구대륙의 인구가 1700년부터 1900년 사이에 4분의 1이나 급증하게 된다. 그런데 이 감자가 콜럼버스 이전의 아메리카에서는 남쪽의 안데스 산지에서 북쪽의 중앙아메리카와 미시시피강 유역까지 전해지지 않았다. 이로써 북온대에 자리한, 사람이 거주하기에 가장 적합한 대하 유역의 충적평야에 고대 아메리카 문명이 건설되지 않았던 것이다.

제6장 오세아니아의 문명

지구의 남은 부분을 인류가 마지막으로 가득 채운 것에 관한 내용이다. 남도어족이 대양을 따라서 꽃망울을 터뜨렸는데, 그들은 아프리카에서 온 원주민이 있는 뉴기니를 경유했다. 양자는 뒤섞여서 새로운 문화를 만들었다. 이후 남도어족은 일찍이 인류가 없었던 폴리네시아로 이주했다. 태평양의 역풍을 뚫은 이 항해는 미스터리로 남아 있다. 남도어족은 남아메리카 외해에 도달해서야 순풍을 타고서 최후의 식민지인 뉴질랜드로 되돌아갔을 것이다. 제6장에서는 20세기에 유행했던 견해, 즉 남도어족의 이주가 모두 타이완에서 출발한 것이라는 견해를 수정했다. 한편 최신의 유전학 연구 성과를 채택해, 또 다른 이민 노선은 중국 대륙에서 출발해 통킹만을 거쳐 인도네시아로 향한 것이었음을 지적했다.

제7장 티그리스-유프라테스강 유역 고대 문명의 밝은 부분과 어두운 부분

제2장을 이어, 고대 근동의 문명의 돌파 이후를 다루었다. 원래 농목혁명의 탄생지였던 산측의 서쪽 지대가 나날이 건조해지면서 '환아라비아 유목-방목 복합 지대'가 형성되었다. 이 지대에서는 농경과 목축 중에서 '목축'으로 치우치게 되었으며, 관개농업 지대의 티그리스-유프라테스강 삼각주 및 나일강 유역과 서로 영향을 주고받았다. 이는 '목축'이 '농경'에 뒤떨어지는 저급 단계가 결코 아니며 양자가 동등하게 발전했음을 보여준다. 이 복합 지대는 셈어족의 본향으로, 메소포타미아 고대 문명은 초기의 수메르를 비롯해 이후의 아카드·바빌론·아시리아·칼데아Chaldea 등 셈족 제국의 것이었다. 역사상 이 복합 지대에서 분출된 가장 마지막 물결은 7세기의 아라비아 정복이다. 티그리스-유프라테스강 유역이 셈족화되면서 일력과 월력을 융합하고 연주기와 월주기를 모두 중시하게 되었다. 봄갈이와 추수를 해야 하는 농경민에게는 1년 전체의 달력이 필요했지만, 유목민은 달의 삭망을 관찰하는 것만으로도 충분했다. 메소포타미아 문명에서는 달신 신Sin의 중요성이 태양신을 압도했다. 메소포타미아 문명의 (오늘날 전 지구에서 통용되는) 60진법 시간 계산법 역시 30일 월주기의 뚜렷한 흔적이다.

제8장 고대 이집트: 명계를 동경한 태양의 나라

메소포타미아 문명과 대비해서, 나일강의 주기적 범람은 '연주기'였으므로 이집트에서는 순양력을 사용했다. 이집트 문명은 태양신 숭배에 있어서 세상의 으뜸이었다. 이집트의 입구는 공교롭게도 달신 신Sin의 땅인 시나이반도였다. 환아라비아 유목-방목 복합 지대의 세력이 이집트에 새로운 진전을 가져다준 것은 중왕국과 신왕국 사이에 벌어진 힉소스Hyksos인의 침입이다. 그들이 점령한 지역은 오직 삼각주다. 이집트 경내가 전부 다 경작지였던 것은 아니다. 이집트에서 삼각주를 제외한 경작지는 극히 좁고 길며, 나머지 지역은 죄다 불모지다. 이것이 신화에 반영된 것이 바로 불모의 신 세트와 나일강의 신 오시리스 및 그의 아들 태양신 호루스의 투쟁이다. 세트는 오시리스의 몸을 여러 조각으로 나누는데, 이는 한 해가 달의 주기로 나뉘는 것과 같다. 그런데 세트는 달의 신이 아니다. 이집트에서 달의 신은 보잘것없었다. 한편 연신年神인 오시리스는 지상에 존재하므로 태양신이 아니다. 나일강 주기와 태양 주기는 모두 연주기다. 호루스가 세트에 맞선 것은 이집트 경내에서 두 종류의 생태가 병존했음을 상징한다. 따라서 세트는 기독교적 의미의 사탄이 결코 아니었고, 숭배받기까지 했다. 같은 이치에서, 오시리스가 지배하는 명계冥界 역시 기독교적 의미의 지옥이 아니라 도리어 천국과 유사하다. 명계 숭배는 선先왕조 시대부터 이미 존재했는데, 태양력으로 이집트 전역을 통일한 왕권보다 선행한 민간의 공동 신앙이었다. 고왕국 시대의 파라오는 하늘로 올라가 태양신이 있는 곳으로 돌아갔는데, 피라미드는 바로 태양신 숭배로 표현된 명계 숭배다. 고왕국 이후, 파라오는 생전에는 호루스였다가 사후에는 오시리스가 된다. 이집트 태양신의 빛은 훗날 기독교 십자가의 화신이 된다. 하지만 오늘날 근동 일대에 두루 꽂혀 있는 것은 이슬람의 초승달 깃발이다.

제9장 청동기시대 중후기의 고대 근동

고대 바빌론제국의 쇠락, 인도유럽어 집단의 도래, 히타이트·미타니·카시트-바빌론 등의 왕국에 대한 내용이다. 힉소스인을 몰아낸 이집트는 신왕국으로 진입하고 전차戰車 제국이 된다. 이집트는 국방을 고려해 세력을 아시아로 뻗어갔는데, 아시아에서 비롯된 새로운 도전에 직면하게 된다. 그 도전은 먼저 시리아의 미타니 왕국이었고 이어서 소아시아의 히타이트제국이었다. 카시트-바빌론은 티그리스-유프라테스강 유역 역사에서 비교적 수축된 시기로, 이집트와 히타이트 두 대국의 패권 다툼에서 방관하는 입장을 취했다. 이집트는 제18왕조에 아케나텐의 종교개혁이 있었다. 당시 새로운 수도를 건설했는데, 그곳에서 출토된 외교 문서는 후대인이 당시의 국제 질서를 재구성하는 데 도움이 된다. 당시 히타이트 서쪽에서는 이미 에게 지역의 나라들이 출현했다. 이 국제 질서는 훗날 청동기시대 총붕괴 때에 파괴되는데, 바로 고대 근동이 철기시대로 나아가는 과도기였다.

제10장 에게해의 고대 문명

트로이 전쟁에 대한 회고로부터 시작해 그리스 이전의 크레타섬 문명에 대해 살펴본다. 비교적 최근에 발견된 것으로는 에게해 동북쪽의 섬 문명과 에게해 중부의 키클라데스Kykladhes 문명이 있다. 전자는 트로이 문화권에 속하는데, 트로이와 마찬가지로 파괴되었다. 하지만 재건되지는 않았다. 키클라데스 문명은 나름의 특징을 지니지만, 후기에는 크레타의 문화 패권에 흡수되었다. 기원전 3000년부터 기원전 2000년 사이에 그리스 집단이 에게해 지역으로 진입하기 시작했다. 그중 하나인 미케네인이 크레타의 패권을 대신했고 크레타 문화도 흡수했다. 하지만 최후에는 청동기시대 총붕괴 시기에 멸망했다. 이것이 '도리아의 침입'과 관계가 있는지에 대해서는 아직 정론이 없다. 어쨌든 여기엔 단층이 출현한다. 그 이전은 궁정 경제였고, 이후는 도시국가 정치다. 이전에는 크레타의 선형문자를 사용해 그리스어를 기록했고, 이후는 페니키아 자모를 사용했다. 새로운 신도 출현했다. 그리스가 고전기로 향하던 과도기에는 지중해에서의 식민植民도 이루어졌다.

제11장 고대 근동이 철기시대로 진입하다

히타이트제국이 최초로 철기를 발명했다는 예전 교과서의 낡은 설은 이미 시대에 뒤떨어졌다. 사실 청동기시대 총붕괴를 겪으면서 역사에서 가장 철저히 사라진 게 바로 히타이트다. 이 총붕괴 과정에서 이집트가 해양 민족의 대침입을 국경 밖에서 막아냈고 이스라엘 백성의 이집트 탈출을 비롯해 셈족(아람인·칼데아인) 대이동의 세찬 흐름이 있었다. 당시 메소포타미아 문명 지대에서 아시리아 외에는 죄다 전멸했다. 아시리아는 난관을 돌파한 덕분에 철기시대 초기의 제일 강자가 되어 고대 근동을 통일하고 이집트를 점령했다. 아시리아가 아람인을 각 지역에 집단으로 강제 이주시킨 결과, 아람어가 근동의 통용어가 되었다. 페니키아인의 제2차 지중해 식민 흐름 역시 아시리아의 칼끝을 피하기 위해서였다. 또한 아시리아는 이스라엘 백성의 머리 위에 걸린 검과 같았다.

아시리아는 이스라엘 백성을 막막한 위기감 속에서 살아가게 만들었고, 이는 예언 운동의 시대적 배경이 된다. 이 시기의 역사가 없었다면, 훗날 기독교·유대교·이슬람교 역시 존재하지 않았을 것이다.

제12장 페르시아제국과 페르시아 전쟁

페르시아인이 아시리아를 멸망시키고 고대 근동을 접수한 내용을 살펴본다. 바빌론을 제외하면 페르시아제국의 수도들은 모두 이란 지역에 있었다. 이란 지역의 수도들 역시 자그로스 산등성이 가까이에 자리했는데, 산 주변의 오래된 문명 지대를 제어하기 위해서였다. 이는 원나라 때의 다두大都·상두上都·허린和林이 철의 삼각편대를 이루고 그 배후에 그것을 뒷받침하는 광대한 몽골 부락이 국경 밖의 권력 집단으로 존재하면서 문명 지대의 중화中華를 제어했던 것과 같다. 페르시아사의 중요한 사건은 모두 제국 서부에서 일어났다. 오래된 나라가 이곳에 많을뿐더러 부상하고 있던 그리스와 이 지역이 오랫동안 갈등을 빚어왔기 때문이다. 여기서는 기존 교과서의 편견을 버리고, 페르시아제국의 시각에서 페르시아 전쟁을 살펴보았다. 페르시아 치하에 있던 에게해 도시국가의 참주僭主가 반란을 일으키면서 에게해 맞은편에 위치한 아테네 등의 독립 도시국가에게 도움을 청한 것이 페르시아 전쟁의 도화선이 되었다. 요청에 응한 이들은 내륙 깊숙이 들어가 페르시아 서부의 속주를 약탈했다. 이는 불량국가의 행위였다. 페르시아가 대군을 파견해 아테네를 정벌할 때 스파르타는 아테네를 적극적으로 돕지 않았다. 그럼에도 아테네는 적을 물리친다. 페르시아가 두 번째로 침입했을 때, 그리스의 두 강국인 아테네와 스파르타는 통일 전선을 형성한다. 하지만 페르시아를 물리친 뒤 페르시아로부터 해방된 그리스 도시국가는 도리어 아테네제국의 노예로 전락한다. 이는 결국 스파르타와 아테네의 전쟁을 초래한다. 이후 페르시아는 스파르타가 아테네를 이기도록 자금을 지원한다. 이어서 혼전 국면에 접어드는데, 그리스 도시국가 연맹끼리 싸우면서 페르시아의 자금 지원을 얻고자 각축을 벌여야 했다. 한편 그리스 도시국가 역시 동맹과 고용병의 신분으로, 페르시아 서부에서 일어난 총독의 반란 및 왕위를 찬탈하려는 왕자의 반란에 말려들었다. 이로써 정체성이 분명한 '페르시아 전쟁'은 이미 존재하지 않게 된다.

제13장 '고전기의 그리스'를 새롭게 정의하다

아테네와 스파르타가 각자 다른 길을 가게 된 내용을 자세히 살펴본다. 직접민주제로 나아간 아테네와 군사국가가 된 스파르타에 관한 내용이다. 여기서는 아테네와 스파르타 외에도 에게해 아시아 쪽의 그리스 지역을 전통 교과서에서보다 더 많이 살펴보았다. 또한 에게해 아시아 쪽의 그리스 지역이 먼저 고전기로 진입했음을 언급했다. 그리스 세계는 이탈리아 남부의 대그리스를 포함한다. 페르시아가 그리스 본토를 침범한 시기에 카르타고 역시 시칠리아의 그리스 도시국가를 공격했다. 때문에 시칠리아는 페르시아 전쟁의 서부 전장으로 여겨진다. 중심론을 제거하려는 어떠한 시도로도 아테네의 중심적 지위를 흔들 수는 없다. 아테네에서처럼 집중적으로 솟아나온 창조적인 에너지는 인류 역사상 단지 몇 차례만 출현했다. 하지만 아테네의 황금시대가 이 제국이 동맹국의 자원을 착취함으로써 이루어진 것이라는 점은 잊지 말아야 한다. 아테네의 전성기는 스파르타와의 전쟁에서 패배함으로써 끝난다. 스파르타의 패권은 오래지 않아 테베Thebes에 넘어간다. 테베를 이어 흥기한 나라는 마케도니아다. 마케도니아가 마침내 그리스를 통일한 뒤에 페르시아와 결판을 낸 것이라기보다는 그리스 도시국가의 연맹 및 이들과 페르시아 간의 결탁과 혼전의 국면을 마케도니아가 종식시킴으로써 모든 것을 일괄적으로 수습했다고 봐야 한다. 고전 그리스인은 대부분 마케도니아인을 동포로 여기지 않았으며, 마케도니아의 군주제를 페르시아와 한통속인 것으로 간주했다. 하지만 바로 이 주변화된 야만의 나라가 세계사를 '헬레니즘 시대'로 이끌었다.

제14장 인류사의 '축의 시대'

고전 그리스의 사유는 신화적 우주론에서 출발해, (소박유물론으로 잘못 칭해지기도 하는) 물활론을 거쳐, 현상의 개별자와 보편자를 구분하는 것으로 나아갔다. 그리고 마지막은 불변의 법칙(과학의 법칙성)에 대한 추구, 불변의 이데아계(종교의 영원계)에 대한 지향이었다. 대략 같은 시기에 인류 사상의 갑작스런 변화는 다른 몇몇의 중심에서도 발생했다. 지금까지도 우리는 그 영향 아래에 놓여 있다. 이러한 주제가 제14장 인류사의 '축의 시대'를 구성한다. 선두는 이란의 조로아스터교였다. 조로아스터교의 원시 교의는 일신교인데, 훗날 선악 이원론으로 변하게 되었다. 인류 전체를 하나의 역사적 발전 과정 안에 배치하는 것으로, 그 과정은 선악의 대립이다. 이는 훗날 기독교에 영향을 주었다. 기독교는 히브리의 예언 운동에서 비롯되었다. 히브리의 예언 운동은 편협한 선민관에서 출발하여 역사 일원론으로 변화했다. 선민에게 닥친 재난은 그들이 천하 만방의 빛이 되길 바라는 신이 다른 민족을 이용해 그들을 채

찍질하는 것이었다. 고대 히브리 신앙은 헬레니즘의 세례를 받아 영육 대립의 기독교로 변하게 되는데, 이는 나중에 다룰 내용이다. 이러한 '아브라함계Abrahamic' 외에, 세계 종교의 또 다른 계열은 '법상계法相系'(다르마계Dharmic)다. 이는 고대 인도의 후기 베다 시대의 윤회·업 등의 관념에서 비롯된 것으로, 세계는 단지 인因과 과果의 일시적인 조합이며 인간은 그로부터 해탈해야 한다는 이치로 발전했다. 초월을 추구한 아브라함계·법상계와 달리, 중국의 선진先秦 시대 사상에서는 인간성을 발전시켰다. 공자는 세속의 인륜을 신성화하고, 노자는 자연을 신성화했다. 또한 다른 지역의 사상과 달리, 중국 사상은 영원이 아닌 '변화'를 우주 본체로 삼았다. 인간사에 대한 성숙이 중국의 '축의 시대'의 뛰어난 점이지만, 이는 초월성과 수성獸性을 지나치게 빨리 억압했다.

제15장 알렉산더와 헬레니즘 시대

마케도니아가 페르시아제국을 멸망시킴으로써 그리스 문화는 근동·이란·인도, 심지어 중앙아시아까지 확산된다. 이는 인류사에서 유라시아 대륙을 관통하려는 첫 번째 시도였다. 이는 전체 여정의 절반에 해당한다. 나머지 절반은 두 세기 이후에 한漢제국이 동쪽에서 출발해 헬레니즘 세계와 만날 때까지 기다려야 했다. 알렉산더 사후에 후계자들이 천하를 나눔으로써 셀레우코스·프톨레마이오스·안티고노스 3대 왕조 및 여러 왕국과 도시국가 연맹과 신전국가가 형성되었다. 이들은 모두 헬레니즘 색채를 띤다. 셀레우코스 왕국은 고대 페르시아제국 전역을 거의 포괄했다. 인도 마우리아 왕조의 굴기와 파르티아인의 페르시아 부흥으로, 셀레우코스는 시리아에 한정되고 만다. 내륙아시아에 동떨어져 있던 박트리아Bactria 총독이 독립해 나라를 세우고 인도로 세력을 확장함으로써 인도 역시 헬레니즘 세계로 들어오게 된다. 이 시대의 특징은 시민이 자신이 소속된 도시국가에 대한 지배를 상실하고 왕국의 통치자가 '구세주'로 신격화되었다는 것이다. 예술은 정치를 비판하는 것에서 소시민을 조롱하는 내용으로 바뀌었다. 종교의 경우, 각지의 비의가 뒤섞여 나타났는데 대부분 개인의 영생 획득과 관련된 것으로, 운명의 신에 대한 숭배가 나날이 성행했다. 철학자들은 세계시민주의를 외쳤지만, 실질적으로는 외부 세계에 동요되지 않도록 마음을 조절할 것을 주장했다. 과학 연구가 철학으로부터 독립했는데, 알렉산드리아 등의 중심지에서 과학이 꽃핀 결과 과학은 철학의 원자론으로부터 독립해 나오고 원자론은 숙명론 철학의 인질이 되었다.

제16장 로마의 성장

이탈리아반도 동쪽 연안에는 평원이 적다. 이 지역과 바다를 사이에 두고 있는 그리스 서부는 비교적 문화가 낙후된 뒷골목이었다. 이탈리아반도 남단과 시칠리아는 문화가 창성한 대그리스로, 그리스 자모 역시 이곳으로부터 전해졌다. 반도 서쪽의 라틴 평원에 자리한 로마의 성장 과정은 라틴 평원과 이탈리아반도를 순서대로 통일한 뒤 남쪽으로 확장하는 것이었다. 결국 로마는 그리스 세력을 평정해야만 했다. 로마의 그다음 생존 공간은 이탈리아반도 서쪽의 티레니아Tyrrhenia해 유역이었다. 로마로서는 시칠리아 서단, 사르디니아섬, 코르시카섬을 지배하고 있던 카르타고와 반드시 전쟁을 치를 수밖에 없었다. 로마가 티레니아해를 내해로 만든 뒤, 카르타고는 손실을 벌충하고 재기하기 위해서 히스파니아를 개척했다. 로마는 숙적 카르타고를 다시 격파한 뒤 마침내 서지중해를 차지한다. 로마가 다시 고개를 돌려 쇠약해진 동쪽의 헬레니즘 왕국들을 거두는 것은 시간 문제였다. 결국 환지중해 제국이 형성되었다. 이상은 지정학적 측면에서 로마의 성장을 설명한 것이다. 정치 체제와 법제를 통해 로마를 이해하자면 반드시 바로잡아야 할 두 가지가 있다. 그중 하나는 로마제국의 건립은 진·한제국처럼 '군웅을 평정하고 천하를 하나로 만든 것'이 아니라 시민권의 확장에 의한 것이었다는 점이다. 로마의 건국 초기 단계는 경계가 엄밀한 그리스 도시국가보다 낙후되어 있었는데, 그리스사 초기의 인보隣保 동맹(고대 그리스에서 신전 관리와 제례 유지를 위하여 그 신역神域 주변에 있는 폴리스들이 결성한 동맹 – 옮긴이)과 유사했다. 로마는 로마 시민권을 지닌 동시에 라틴 동맹과 '라틴 시민권'을 교환할 수 있었다. 이렇게 해서 일련의 시민권 제도가 형성되었다. 친소 관계, 복종의 정도, 식민지 건설의 선후에 따른 시민권의 종류는 다음과 같다. 핵심적인 시민권은 로마와 라틴의 두 등급으로 나뉘었다. 동맹·식민지·속주 등의 외곽은 '로마 시민'의 후보였다. 3세기 초, 황제 카라칼라의 칙령에 의해 제국 전체에서 노예를 제외한 모든 이들이 '로마 시민'으로 승격된다. 또 하나의 잘못된 견해는 로마공화국을 아테네 같은 그리스 도시국가와 동일시하는 것이다. 그리스 도시국가 평민의 투쟁 목적은 최종적으로 민회를 지배하는 것이었다. 로마의 평민은 최고 등급의 로마 시민권을 지녔지만 원로 계급과 동등한 권리를 누릴 수는 없었다. 그들의 투쟁은 떨어져나가서 따로 국가를 세우기 위한 것이었다. 귀족들이 타협한 선은 평민들에게 원로원과 대립하는 평민회 및 집정관과 대립하는 호민관을 세울 수 있게 하는 것이었다. 최후에는 제정帝政이 출현한다. 공화제에 의해 타도된 고대 왕정의 유물인 집정관은 이제는 쓸모없는 것이 되고, 로마제국은 공화제의 무거운 짐을 짊어진 제정 시대로 접어든다.

제1장

지구의 역사와
선사시대의 인류

대지의 형성

우주 기원에 관한 대폭발 이론(빅뱅 이론)에 따르면, 우주의 나이는 136억 ~138억 년이고 지구의 나이는 약 45억 년이다. 지질학 연대로 따지자면, 오늘날 우리는 신생대_{Cenozoic Era} 제4기_{Quarternary Period} 홀로세_{Holocene Epoch}에 있다.[1] 이들 용어는 지질학·고기후학·생물사의 시대 구분법을 합한 것이다. 조금 복잡하지만 그래도 우리는 고지리학의 시대 구분을 추가해야 한다. 지구는 몇 차례의 큰 변화를 겪었다. 오늘날의 대륙과 대양은 모두 최근의 현상이다. '대륙 이동설'에 따르면, 모든 대륙은 일찍이 한데 붙어 있었다. 이를 판게아_{Pangaea}대륙이라고 하는데, 지금으로부터 2억 5000만 년 전에 존재했다. 이것보다 더 오래된 대륙의 존재를 가정하여 고지리학에서는 로디니아_{Rodinia}(러시아어로 '시조'를 의미)로 명명했다. 로디니아 초超대륙은 약 11억~7억 5000만 년 전에 존재했다. 로디니아 초대륙과 판게아대륙 사이에는 6억 년 전에 출현한 파노티아

지구의 변화사

Pannotia 초대륙이 있었다고 가정한다. 파노티아 초대륙은 로디니아 초대륙에서 분열해 나온 세 개의 대륙으로 이루어졌으며, 존재했던 시간이 6000만 년으로 비교적 짧다. 파노티아 초대륙은 5억5000만 년 전에 네 개의 대륙으로 분열했다. 이 네 개의 대륙이 후에 다시 합쳐져 판게아대륙이 되었고, 판게아대륙은 다시 세 단계에 의해 와해되어 차츰 지금의 각 대륙과 대양이 되었다.

생물권의 대변천사

로디니아 초대륙은 생물사에서 대략 신원생대Neo-Proterozoic Era에 해당한다. 신원생대 말에는 다세포 생물이 출현했다. 판게아대륙은 고생대 Paleozoic Era와 중생대Mesozoic Era에 존재했으며, 이 시기에 페름기-트라이아스기Permian-Triassic 멸종 사건이 발생해 지구 생물의 95퍼센트가 멸종했다. 이는 다섯 차례의 멸종 가운데 최대 규모였다. 멸종 원인은 아직도 논쟁 중인데, 그중 한 가지 요소는 지구 온난화다. 전문가들의 추측에 따르면, 최대 규모의 멸종 사건 이후 지구의 생태 시스템이 회복되기까지 약 1000만 년이 걸렸다고 한다. 당시는 이미 트라이아스기Triassic Period로 진입했고, 그 말기에는 공룡과 난생 포유동물이 출현했다. 이후 지구 생물의 50퍼센트가 멸종하게 되는 트라이아스기-쥐라기Triassic-Jurassic 멸종 사건이 발생했다. 이 사건으로 인한 생태 공백으로, 쥐라기의 대륙에서는 공룡이 우세를 차지하게 되었다. 약 6550만 년 전에는 공룡이 종말을 맞이하게 되었다. 백악기-제3기Cretaceous-Paleogene 대멸종 사건을 계기로, 포유류가 공룡을 대신해 흥기하게 된다.

'고제3기Paleogene'와 '신제3기Neogene'를 전에는 '제3기Tertiary Period'로 합쳐 불렀지만 현재 이 명칭은 폐기되었다. 하지만 그 뒤를 이은 시기는 여전히 '제4기Quatenary Period'라고 한다. 인류의 유인원 조상은 신제3기의

판게아대륙

플라이오세Pliocene 말기에 출현했다. 인류의 진화 단계로 진입하게 된 것은 지구 기후사에서 가장 나중에 있었던 빙하기, 즉 제4빙하기Quaternary glaciations와 밀접한 관계가 있다. 제4빙하기는 플라이스토세Pleistocene 빙하기라고도 한다. 약 258만 년 전부터 시작되어 현재까지 이어지고 있는 제4기는 가장 최근의 지질연대다. 오늘날 우리가 처해 있는 제4기는 지속적인 빙하기가 결코 아니라, 아간빙기interstadials와 비교적 긴 간빙기interglacials가 간헐적으로 출현하고 있다. 지금 우리는 제4기 홀로세 간빙기에 있다. 제4기는 플라이스토세와 홀로세 두 시기로 나뉜다. 플라이스토세는 258만8000년 전부터 1만1700년 전까지 이어졌는데, 저기온 위주였으며 중간에 아간빙기와 간빙기가 출현했다. 홀로세는 비교적 긴 간빙기로, 인류의 출현과 문명의 탄생에 적합한 기온을 제공해준 기간이다. 바꾸어 말하자면, 인류 문명은 아마도 이 간빙기에서 우연히 생겨난 사건일 것이다.

　지구가 홀로세로 진입한 이후, 지금으로부터 1만2800년 전에 발생한 영거 드라이아스기Younger Dryas 충돌로 인해 기온이 급강하한 1200년 동안의 소빙하기를 제외하고는 대체로 안정적으로 비교적 따뜻한 상태를 유지했다.

사람과에서 인류의 위치

현생인류의 기원을 논하자면 반드시 진화론을 언급하게 된다. 과학기술이 발달한 미국에서 38퍼센트에 달하는 사람들이 진화론에 반대한다. 그중에 어떤 이는 창조론을 내세워 진화론에 맞서기도 한다. 진화론이 논쟁적이긴 하지만 결국 현재 생명과학의 기초다. 만약 진화론을 배제한다면 수백 년 동안 가꿔온 생명과학·지질학·우주론이 죄다 와해될 것이다. 인류 형성사를 논하려면 여전히 진화론을 기초로 삼아야 하며, 이런 논의에서 창조론은 아무 의미가 없다. 진화론이 인류의 조상을 원숭이라고 한다며 진화론을 비방하는 사람은 오늘날에는 없다.

　상황은 아주 복잡하다. 분류학상 인류가 속한 사람속genus Homo은 침팬지속Pan genus과 더불어 사람족Hominini tribe에 포함된다. 사람족의 상위 분류 범주는 사람아과Homininae subfamily다. 사람아과에 속하는 또 다른 하위 분류 범주는 고릴라족Gorillini tribe이다. 사람아과의 상위 분류 범주는 사람과Hominidae family다. 사람과에 속하는 또 다른 하위 분류 범주는 오랑우탄아과Ponginae subfamily다. 사람과는 또 사람상과Hominoidea superfamily에 속한다. 사람상과에 속하는 또 다른 하위 범주는 긴팔원숭이과Hylobatidae다.

　오늘날 고생물학자와 고인류학자의 공통된 견해는 다음과 같다. 구대륙원숭이와 유인원의 공통 조상이 신대륙원숭이와 분화된 것은 3500만 년 전이다. 구대륙원숭이와 사람상과가 분화된 것은 지

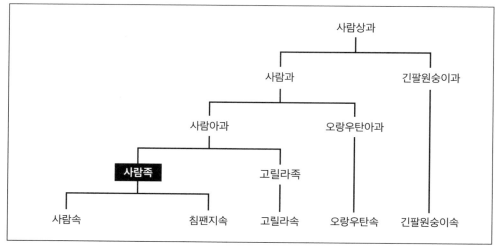

사람족의 족보

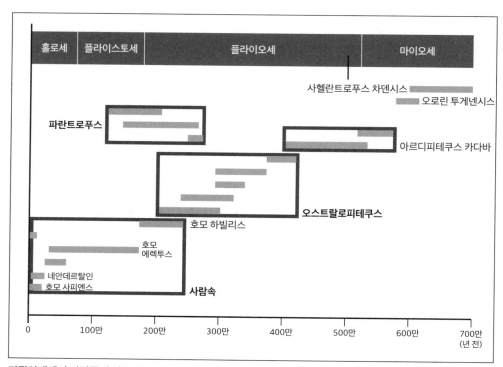

지질연대에서 사람족의 각종 분포도

금으로부터 2500만~3000만 년 전이다. 고릴라·침팬지·사람과의 마지막 공통 조상이 오랑우탄아과와 나뉘어 갈라진 것은 지금으로부터 1300만~1500만 년 전이다. 침팬지와 인류의 마지막 공통 조상last common ancestor(약칭 LCA)이 나뉘어 갈라진 것은 지금으로부터 500만~700만 년 전이다.[2]

고인류학자들은 아프리카에서 출토된 사헬란트로푸스 차덴시스 Sahelanthropus tchadensis, 오로린 투게넨시스Orrorin tugenensis, 아르디피테쿠스 카다바Ardipithecus kadabba를 침팬지-인류의 마지막 공통 조상chimpanzee-human last common ancestor(약칭 CHLCA)에 가장 접근한 것으로 본다. 그 연대는 약 700만 년 전으로, 마이오세Miocene에서 플라이오세 초기에 해당한다. 인류의 진화계통수에서 오스트랄로피테쿠스속genus Australopithecus이 뻗어 나온 것은 이미 플라이오세로 진입했을 때인데, 그 화석이 출토된 지점은 동아프리카와 남아프리카 일대다. 오스트랄로피테쿠스속에서 현생인류와 전승 관계가 비교적 가깝다고 판단되는 것은 오스트랄로피테쿠스 아파렌시스Australopithecus afarensis다. 지금으로부터 약 320만 년 전의 인류 화석이 1974년에 에티오피아에서 발견되었는데, '루시Lucy'라는 애칭의 이 화석은 그녀가 직립보행을 했는지의 여부와 관련해 학계의 논쟁을 불러일으켰다. 일찍이 1924년에 남아프리카 타웅 채석장에서 발견된 '타웅 차일드Taung Child'는 두 발로 걸어 다녔을 가능성이 훨씬 높다. 타웅 차일드의 학명은 오스트랄로피테쿠스 아프리카누스Australopithecus africanus다.

인류의 시초에 대해 명확히 말할 수 있을까

동아프리카와 남아프리카의 고인류 발굴에 있어서, 영국의 고고학자 루이스 리키Louis Leaky(1903~1972)를 비롯해 그의 가족과 제자의 공로가 크

리키 발굴단

호모 하빌리스

다. 리키 발굴단은 1959년에 파란트로푸스속genus Paranthropus을 발견했다. 파란트로푸스는 연대상 플라이스토세로 진입했을 때 존재했지만 현생 인류의 진화와는 길을 달리했던, 멸종한 분파다. 리키 발굴단은 1962년에 호모 하빌리스Homo habilis를 발견했다. 호모 하빌리스는 약 230만 년 전에 이미 석기를 사용하기 시작했다. 고인류 유적이 가장 밀집되어 출토된 곳은 나일강의 발원지와 가까운 케냐의 올두바이 협곡Olduvai Gorge이다. 리키 발굴단은 초기 인류 진화의 퍼즐에 관한 중요한 조각을 찾아낸 것이다.

호모 하빌리스는 그 정체가 애매했다. 일부 고인류학자는 호모 하빌리스를 오스트랄로피테쿠스속으로 분류하고자 했다. 하지만 호모 하빌리스는 오스트랄로피테쿠스속보다 뇌용량이 크다. 그리고 도구를 제작하기 시작했던 것으로 보인다. 현재 경향은 호모 하빌리스를 사람속으로 분류하는 것이다. 호모 하빌리스 다음 단계의 호모 에렉투스Homo erectus는 매우 일찍 발견되었다. 피테칸트로푸스 에렉투스Pithecanthropus erectus(자바 원인)는 1891년에 출토되었고, 베이징 원인Homo erectus pekinensis은 1923~1927년에 출토되었다. 그들의 시대는 이미 플라이스토세로 진입한 때다. 호모 하빌리스부터 시작해서 그 이후 인류의 변천은 모두 사람속에 귀속된다.

호모 에렉투스는 180만~30만 년 전에 대지를 걸어 다녔다. 훗날 그들은 '현생인류'가 되었다. 이와 관련해서 인류가 아프리카에서 단 한 번 나갔는지, 아니면 두 차례에 걸쳐서 나갔는지에 관한 논쟁이 벌어졌다. 현재로서는 다음의 네 가지 견해가 있다.

1. 아프리카·유럽·아시아·오세아니아의 호모 에렉투스 중에서 아프리카에 계속 남은 이들을 제외하고는 죄다 한꺼번에 아프리카에서 나갔다는 설. 이는 그들이 아주 다른 환경과 장소에서 나란히 '현생인류'로 진화했다는 것을 의미한다. 바로 여기서 설득력이 부족하다.

2. 두 차례에 걸쳐 아프리카에서 나간 뒤 전반적으로 새롭게 시작되었다는 설. 잇따라 두 번에 걸쳐 아프리카에서 나갔는데, 두 번째로 나간 무리가 '현생인류'로 변천했다는 것이다. 또한 첫 번째 무리에서 시작된 분화의 차이를 두 번째 무리가 없애버리고 새롭게 시작했다는 것이다. 이 설은 호모 에렉투스가 아프리카 이외의 지역에서 '현생인류'로 변천했다고 가정하긴 하지만, 그런 일은 단 한 차례 발생했으며 그 이후 전 지구에 확산되었다고 본다.

3. 두 차례에 걸쳐 아프리카에서 나간 뒤 부분적으로 새롭게 시작되었다는 설. 첫 번째로 나간 무리가 각지에서 형성한 분화를 나중에 나간 무리가 죄다 없앤 게 아니라 다만 새로운 요소를 더했다고 본다.

4. 새롭게 시작되지는 않았지만 상호 간에 교배가 이루어졌다는 설. 기본적으로는 한 번에 아프리카를 나갔다는 설을 유지한다. 나중에 비록 '현생인류'의 4대 갈래로 분화하긴 했지만 상호 간에 교배가 이루어졌다고 본다.[3]

두 차례에 걸쳐 아프리카에서 나갔다는 설에 따르면, 첫 번째로 나간 호모 에렉투스는 서양과 동아시아 두 지역에서 다른 길을 걸었다. 서양에서는 네안데르탈인Homo neanderthalensis으로 발전했다. 한편 동아시아에서는 여전히 호모 에렉투스 단계에 머물러 있었다. 2003년에 예외적인 상황이 발견되었는데, 인도네시아에서 출토된 호모 플로레시엔시스Homo floresiensis 화석이다. 이 화석은 지금으로부터 1만2000년 전에야 멸절된 호미닌Homonin(초기 인류)으로, 현생인류와는 플로레스섬에서 일정 기간 공존했을 것이다. 호모 플로레시엔시스는 동양에서 진행된 현생인류로의 진화 과정에서 가장 늦은 갈래이기도 하다.⁴ 그런데 그들은 진화가 아니라 도리어 퇴보를 한 듯하다. 때문에 일부 학자는 그들을 현 인류의 기형이라고 본다. 이 갈래는 제2차로 아프리카에서 나온 현생인류에 의해 소멸되었다.

네안데르탈인이 가장 먼저 발견된 때는 1829년으로, 다윈의 진화론보다 먼저 세상에 알려졌다. 네안데르탈인은 호모 에렉투스보다 진화되었으며, 유적지 대부분이 유라시아대륙 서단에 집중되어 있다. 때문에 서양이 원고시대에 이미 동양보다 우월했다는 이미지가 만들어졌다. 인류가 한꺼번에 아프리카에서 나갔다는 설은 원래 학문적인 논의지만 불행히도, 서양이 동양을 압도한 형세가 이미 원고시대부터 확정되었다는 입장을 강화했다. 한편 동서를 막론하고 '현생인류'는 모두 훗날에 다시 아프리카에서 나간 새로운 인류의 후대라는 설, 즉 두 차례에 걸쳐 아프리카에서 나간 뒤 전반적으로 새롭게 시작되었다는 설은 서양이 동양보다 우수하다는 이미지를 제거했다. 이 설에 따르면, 두 번째로 아프리카에서 나간 이들이 현생인류로, 이들이 고향 아프리카를 떠난 시기는 늦어도 6만 년 전이다.

두 차례에 걸쳐 아프리카에서 나간 뒤 부분적으로 새롭게 시작되었다는 설, 새롭게 시작되지는 않았지만 상호 간에 교배가 이루어졌다는 설은 앞의 극단적인 두 입장 사이에서 타협한 것이다. 아프리카는 일찍이 한동안 가장 선진적인 대륙이었다. 이런 아프리카를 통해 아시아와 유럽의 동서 차이를 단번에 씻어버리려는 구상에 오늘날 평등 운동의 흔적이 전혀 없을 수 있을까? 만약 일찍이 19세기에서 20세기 초 사이에 서양 우월론이 출현하지 않았다면, 또한 오늘날 그에 대한 역반응으로 정치적 올바름Political Correctness을 고려할 것을 촉구하지 않는다면, 고인류에 대한 연구는 많은 이데올로기적 경향성을 일소할 수 있을 것이다.

중국에는 인류의 고향이 아프리카라는 설을 인정하지 않으려는 사람들이 있다. 인류의 고향이 아프리카라는 설의 증거 대다수가 영국인이 식민지 시대 영국령 아프리카에서의 발굴을 통해 얻은 것이라는 사실은 또 어떻게 해석해야 할까? 지금으로서 인정할 수 있는 것은 오늘날 우리가 장악하고 있는 고인류 자료는 매우 불완전하며 앞으로 끊임없이 새로운 발견이 있으리라는 점이다.

2010년 3월에 국제 연구진이 발표한 내용에 따르면, 러시아 시베리아 알타이산맥에서 발견된, 데니소바인Denisova hominin이라고 명명된 고인류의 미토콘드리아 DNA 분석은 데니소바인이 네안데르탈인이나 호모 에렉투스와는 유전자가 다르다는 것을 말해준다. 발견된 데니소바인의 뼈는 4만 년 전의 것이지만, 데니소바인의 형성 연대는 매우 오래되었다. 인류가 여러 차례에 걸쳐 아프리카에서 나갔다고 주장하는 이들은 데니소바인이 아프리카에서 나간 시기가 현생인류보다는 이르지만 호모 에렉투스보다는 늦다고 본다. 또한 데니소바인이 네안데르탈인과 같은 가지에서 갈라져 나왔다고 본다. 현생인류의 조상은 일찍이 네안데르탈인·데니소바인과 교배했다. 현생인류 중에서 유전체genom가 데니소바인과 가까운 이들은 멜라네시아인, 오스트레일리아 원주민, 필리핀의 니그리토인이다. 지금은 인류가 여러 차례에 걸쳐 아프리카에서 나갔다는 설까지 나온 상황이다. 앞으로는 인류 다원설로 진행되지 않을까?

구석기시대에도 많은 논쟁거리가 존재한다

최초의 석기는 동아프리카의 올두바이 협곡을 본떠 명명된 '올도완 Oldowan'이다. 올두바이 협곡은 리키 발굴단이 인류의 '에덴동산'이라고 지정한 곳으로, 올도완은 호모 하빌리스가 사용했던 도구다. 올도완이 전기 구석기시대에 아슐리안Acheulean 주먹도끼로 발전한 것은 획기적인 일이었다. 아슐리안 주먹도끼는 지금으로부터 170만 년 전부터 서아시아·아프리카·유럽으로 퍼졌다. 이러한 기술을 응용할 수 있었던 무리는 이미 호모 에렉투스의 진화 단계로 접어들었다.

　미국의 인류학자 할람 레너드 모비우스Hallam L. Movius(1907~1987)는 아슐리안형 주먹도끼 기술이 유라시아대륙 서단에 집중적으로 분포되어 있다는 사실에 근거해서, '모비우스 라인'이라는 경계선을 그었다. 이 선의 동쪽 지역에서는 여전히 조잡한 찍개를 사용했다는 것이다. "서양이 동양을 압도했다"는 이런 주장을 인종 우월론으로 해석하는 사람들은 오늘날 별로 없다. 그 대신, 돌도끼 기술 발명 이전에 아프리카에서 나갔던 동양의 선사시대 사람들이 동양에서 적합한 석재를 찾지 못했거나 혹은 썩기 쉬운 대나무로 도구를 제작했을 거라는 식으로 대부분 설명하고자 한다. 사실 '모비우스 라인'은 서양 우월론의 근거가 조금도 될 수 없다. 한국의 경기도 연천군 전곡리 유적지와 중국의 광시좡족廣西壯族자치구 바이써百色시 유적지에서 주먹도끼가 발견되었다. 만약 이러한 발견을 가지고 19세기 이후에야 성행하게 된 민족국가 개념을 조장한다면 이 역시 굉장히 어리석은 일이다.

유라시아대륙의 중기 구석기시대(30만~3만 BP[5])의 무스테리안 Mousterian 문화에서 사용한 것은 르발루아Levallois 기법이다. 즉, 석재를 박리해서 얻은 격지를 긁개와 찌르개로 삼아, 몸돌을 전형적인 돌도끼로 가공하는 기법이다. 유럽 및 인근 지대에서 무스테리안 문화는 네안데르탈인과 관계가 있다. 지금까지 학계에서는 유라시아대륙 서단의 구석기 문화에 대해서는 비교적 깊은 연구가 이루어졌지만, 동단에 대한 연구는 늦게 시작되었다. 오늘날 중국 경내의 구석기시대 유적지는 그 수가 많지 않다. 비교적 유명한 것으로 중국 산시山西 샹펀襄汾의 딩춘丁村 문화가 있는데, 중기 구석기시대에 속한다. 딩춘인은 초기 호모 사피엔스에 속하며, 그 문화는 네안데르탈인과 비슷하다.

유럽과 서남아시아에 산포되어 있는 후기 구석기시대(4만~1만 BP)의 오리냐크Aurignac 문화는 지금으로부터 4만5000~3만5000년 전에 해당한다. 오리냐크 문화에서는 인류 최초의 조각 예술품이 탄생했다. 1939년에 독일 홀레 펠스Hohle Fels에서 출토된 사자사람상은 매머드의 상아로 만든 조각품이다. 2008년에 같은 지역에서 출토된 동일한 재질의 비너스 여인상은 비대한 여인을 본뜬 매머드 상아 조각품이다. 이 여인상의 유방은 일반적인 비율을 완전히 벗어나 있는데, 풍요를 강조한 듯하다. 여기에 종교적 의미가 담겼는지의 여부는 알 수 없다. 이상의 것들이 출현한 시기는 이미 후기 구석기시대로 진입한 때로, 유럽에서 첫 번째 현생인류인 크로마뇽인이 출현한 것도 바로 이 시기다.

크로마뇽인은 최초의 화가로 여겨진다. 그들의 동굴 벽화는 선사시대 인류가 남긴 걸작이다. 이런 종류의 벽화가 프랑스 남부 라스코Lascaux 동굴, 쇼베-퐁다르크Chauvet-Pont d'Arc 동굴, 스페인 북부의 알타미라 동굴Cueva de Altamira 등 여러 곳에서 발견되었다. 이들 작품은 모두 빛이 없는 동굴 깊은 곳에 그려졌다. 때문에 벽화를 그리려면 횃불로 동굴 벽

스페인의 알타미라 동굴 벽화

을 밝혀야 했다. 몸까지 구부린 채 그려야 했던 이들 벽화는 전시나 장
식을 위한 것은 결코 아니었다. 그 목적은 분명치 않다. 이들 벽화의 사
실적인 터치는 그야말로 심상찮다. 동물의 실제 빛깔과 비슷한 각종 색
채를 사용해 단계적으로 입체감을 주었고, 동물 신체의 비례와 표정까
지도 재현했으며, 그 움직임까지도 묘사했다. 피카소가 이것을 보고 감
탄하면서, 이후의 예술 창작은 죄다 쇠퇴의 역사라고 말한 것도 납득할
만하다.

　스페인은 바로 피카소가 태어난 곳이기도 하다. 크로마뇽인의 걸작
역시 서양의 우월함이 원고시대부터 확정되었다는 강력한 증거로 간주
될 수 있을지 모른다. 예술 감상은 물론 주관적인 것이지만, 전문가들의
공통된 견해 역시 존재한다. 우열이 나뉘지 않는 것을 '권리 평등'이라
고 볼 필요는 없다. 한쪽의 성취를 인정하는 것은 각자 성취를 이루었다
는 것과는 다르다. 사하라사막에서는 3000여 곳에서 돌 위의 그림과 석
각 예술이 발견되었다. 최대의 사막이 거대한 노천 박물관이 된 것이다.

그 시기는 중석기시대에서 신석기시대에 속한다. 그 스타일은 각기 사뭇 다른데, 어떤 것은 순수한 선을 강조하고 어떤 것은 추상성이 뛰어나며 어떤 것은 현대의 만화와 유사하다. 하지만 이곳에서는 피카소가 나오지 않았고, 지명도 역시 많이 떨어진다.

아무튼 현생인류의 상징적 사유로의 획기적 돌파는 후기 구석기시대에 발생한 듯한데, 현재로서는 프랑스 남부와 스페인 북부 지역에서만 발견된다. 하지만 인지고고학의 측면에서 살펴볼 때, 상징적 사유를 현생인류의 행위 모델의 지표로 간주한다면 지금으로부터 6만5000년 전 남아프리카의 블롬보스Blombos 동굴 유적지에서 이미 그 실마리가 보인다. 여기서 출토된 규산암 파편에는 붉은 무늬가 들쑥날쑥하게 새겨져 있는데, 그 기능은 확실히 실용이 아닌 장식이었다. 이런 종류의 무늬는 아프리카에서 나간 뒤 세계 각지로 흩어진 고인류한테서도 찾아볼 수 있다. 피카소가 감탄해 마지않은, 플라이스토세 말기의 동굴 예술은 유럽에서 잠깐 나타났다가 바로 사라졌다. 그것이 세계의 다른 지방에서 출현하기까지는 지금으로부터 1만2000년 전의 홀로세가 될 때까지 기다려야 했다.[6]

지구는 홀로세(1만1700 BP)에 이르러 빙하기가 끝나고 세석기문화의 도래를 재촉했다. 하지만 빙하기가 종결된 뒤에 작은 풍파가 또 생겨났다. 지금으로부터 1만 년 전, 중동 지역에서 최초로 신석기혁명이 폭발했다. 신석기혁명에는 갈아서 만든 돌도끼, 토기, 농경의 발명이 포함된다. 이러한 돌파는 고기후학과 관계가 있다. 지금으로부터 1만2800~1만1500년 전에 급격히 기온이 내려갔다. 그 원인은 명확하지 않은데, 이로 인해 지구 제4빙하기가 끝난 이후 1300년에 걸친 아빙기stadial가 찾아왔다. 이를 '영거 드라이아스기'라고 한다.[7] 가설에 따르면, 영거 드라이아스기로 인해 지중해 동부 연안의 기후가 건조해졌고 동식물의 수량이 감소했다. 이 지역의 환경 부담력이 저하됨에 따라, 구석기 시대의 최후 단계Epipaleolithic에 살았던 이 지역의 채집수렵민은 농경과 목축을 발전시키지 않을 수 없었다.[8]

주

1. 지질연대학에서 가장 큰 단위는 네 개의 이언Eon이다. 바로 명왕이언Hadean eon, 시생이언Archean eon, 원생이언Proterozoic eon, 현생이언Phanerozoic eon이다. 우리의 관심사는 마지막의 현생이언이다. 현생이언은 지금으로부터 약 5억4100만 년 전에 시작되었다. 현생이언의 아래 단위는 세 개의 대Era, 즉 고생대·중생대·신생대다. 신생대는 지금까지 6600만 년이다. 신생대는 원래 제3기와 제4기의 두 개의 기Period로 나뉘었는데, 현재는 제3기 대신 고제3기Paleogene와 신제3기Neogene라는 명칭을 사용한다. 제4기라는 명칭은 그대로 사용한다. 기 아래 단위는 플라이스토세Pleistocene와 홀로세Holocene로 나뉜다. 홀로세는 지금으로부터 약 1만1700년 전에 시작되었다.

2. Linda Stone, Paul F. Lurquin, with an introduction by L. Luca Cavalli-Sforza, *Genes, Culture, and Human Evolution: A Synthesis* (Malden, MA & Oxford, UK: Blackwell Publishing, 2007), p. 25.

3. Ibid., pp. 33~35.

4. Colin Renfrew, *Prehistory, The Making of the Human Mind* (New York: The Modern Library, 2007), p. 73.

5. BP는 지금으로부터 얼마 전인지를 나타내는 'Before Present'의 약자다.

6. Ibid., p. 84. 다음은 분명히 밝혀두어야 한다. 블롬보스 동굴의 시대는 '아프리카의 중석기시대'로 간주된다. 이를 유라시아대륙의 전기lower·중기middle·후기upper 구석기시대, 중석기시대 혹은 세석기시대 및 유토기 신석기시대와 무토기 신석기시대의 단계론에 적용하면 다음 두 계통으로 나눌 수 있다. 아프리카대륙에서는 나일강 유역과 북아프리카만 유라시아대륙의 진화 단계에 참여했으며, 사하라사막 이남의 검은 아프리카의 석기시대는 나름의 독특한 세 시기로 구분된다. 즉 초기early·중기middle·후기later 석기시대다. 이는 대체로 유라시아대륙의 구석기시대 수준과 비슷하다. 석기 제조에 있어서 점차 정교화되었을 뿐이며 '후기 석기시대'는 결코 '신석기혁명'이 아니었다. 기본적으로 토기를 만드는 데 사용되는 녹로(물레)가 출현하지 않았고 대규모의 목축과 농경도 출현하지 않았다. 사하라사막 이남의 검은 아프리카는 대체로 이런 상태에서 청동기시대를 거치지 않고 직접 철기시대로 진입했다.

7. Dorothy M. Peteet, "Younger Dryas," in Vivien Gornitz, ed., *Encyclopedia of Paleoclimatology and Ancient Environment* (The Netherlands: Springer, 2009), pp. 993~994.

8. 田家康著, 歐凱寧譯, 『氣候文明史: 改變世界的攻防八萬年』(臺北: 都市國家出版社, 2012), pp. 53~54. Vivien Gornitz, "Ancient cultures and climate change," in Vivien Gornitz ed., *Encyclopedia of Paleoclimatology and Ancient Environment*, pp. 6~7.

제2장

'4대 문명 고국'이라는
기존의 틀을 깨다

낡은 개념

프랑스 대혁명 이후 '민족국가'가 역사의 큰 흐름을 이루어 역사의 단위가 된 것, 바로 이것이 '4대 문명 고국'이라는 개념의 시대적 배경이다. 이런 배경 속에서 '고국古國'으로 지역을 명명하게 된 것이다. 만약 국가를 단위로 삼는다면, 다음의 네 나라가 바로 4대 문명 고국일 것이다.

1. 이라크
2. 이집트(1971년까지 아랍연합공화국으로 불렸다.)
3. 파키스탄
4. 중국

네 나라 가운데 오직 중국만 진秦 왕조 때 형성되었던 핵심 구역을 대략적으로 유지해왔다. 그럼에도 '고국'은 오늘날 민족주의의 수요에 잘 부합한다. 하지만 이는 인류 문명의 기원을 설명하는 데 걸림돌이 된다. 사실상 4대 문명 고국이라는 현재화된 개념이 원고시대 문명 기원의 형상을 모호하게 만들었다.

4대 고국에는 네 개의 원조라는 의미가 들어 있다. 하지만 이 넷은 시대적으로 결코 짝이 맞지 않는다. 티그리스-유프라테스강 유역과 이집트 문명은 다른 둘보다 비교적 이른데, 기원전 3200~기원전 3100년 전후다. 인더스강 유역의 하라파 성숙기Mature Harappan는 약 기원전 2600년에 시작되었는데, 시대상으로 제2세대 문명인 지중해 미노스 문명Minoan Civilization에 상당한다. 중국 상商 왕조의 출현은 더 늦는데, 약 기원전 1600년에 시작되었다. 그 이전의 역사는 전설 속의 하夏 왕조로 메울 수밖에 없다. 중국은 상대商代 이전에 점차 청동기시대로 진입했다. 그 시기는 약 기원전 2400~기원전 2000년(치자齊家 문화-얼리터우二里頭 문화)으로, 시베리아의 아파나시에보_{Afanasevo} 문화에서 청동기 유물이 출현한 시대와 대략 비슷하다.

돌파·혁신·발명으로 문명의 기원을 정의하다

그런데 인류 역사의 긴 강에서 1000~2000년의 차이는 거의 공시적이라고 간주할 수 있다. 4대 문명설이 성립할 수 있는지는 4대 문명이 문명의 원조(제1세대)인지의 여부에 달려 있다. 이 문제는 '문명'에 대한 정의와 관련된다. 20세기 상반기, 오스트레일리아 출신의 영국 고고학자 고든 차일드_{Gordon Childe}(1892~1957)는 '2차 혁명론'으로 문명의 기원을 설명했다. 그는 제1단계를 신석기혁명, 제2단계를 도시혁명이라고 했다.

신석기혁명의 특징은 석기 제작이 타제打製에서 마제磨製 단계로 진입한 것이다. 신석기혁명의 최대 성취는 식물과 동물의 순화馴化 및 토기의 제작이다. 도시혁명의 특징은 다음과 같다.

1. 방대한 인구와 취락
2. 전문화와 분업
3. 사회의 분화 및 정부의 출현을 가능하게 해준 잉여 생산
4. 웅장한 공공 건축
5. 통치계층
6. 과학
7. 문자의 사용
8. 복잡한 예술 양식
9. 장거리 교역
10. 국가

제1차 혁명이 발생한 뒤, 제2차 혁명인 도시혁명의 예비 단계에서

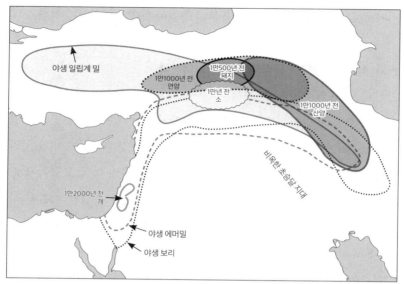

최초로 산측 지대에서 길들여진 가축과 야생 농작물 품종의 분포

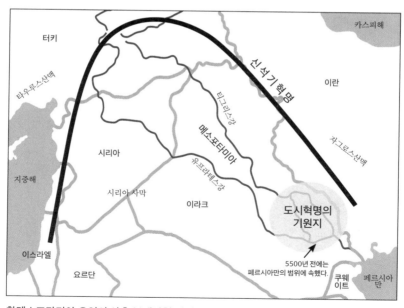

환메소포타미아 유역의 산측 부메랑형 지대

도시혁명의 선결 조건으로서 다음과 같은 발명이 출현했다.

    1. 쟁기

    2. 새로운 에너지인 풍력과 축력畜力의 사용

    3. 바퀴

    4. 녹로를 사용한 토기 제작

    5. 야금술[1]

    고든 차일드의 1920~1930년대 학설은 오롯이 고대의 근동을 예로 삼은 것이다. 그는 지나치게 전파론에 의지하여 기타 지역의 문명 기원을 설명했다. 또한 당시 유행한 단선 진화론에서 탈피하지 못했다. 이밖에도 그가 두 차례 혁명의 연속성에 착안한 것이 당시에는 정확했지만 이후 고고학 연구에서는 두 차례 혁명 간의 단층이 두드러졌다. 고대 근동일지라도 신석기혁명과 도시혁명이라는 두 가지 획기적 돌파는 결코 동일한 지대에서 발생하지 않았다. 그런데 서로 인접한 곳이기 때문에

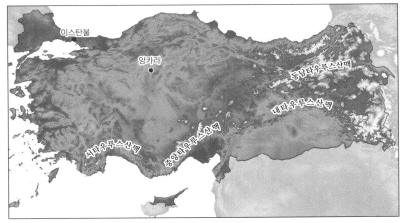

산측 부메랑 지대의 아치형 천장에 해당하는 동남타우루스산맥

동일한 지대로 뭉뚱그려서 '비옥한 초승달the Fertile Crescent'로 통칭했다. 여기서 나는 '환메소포타미아 유역circum-Mesopotamia'이라는 보다 적절한 명칭을 제시함으로써, 고든 차일드가 말한 '2차 혁명론'의 장소를 포괄하고자 한다.

환메소포타미아 유역의 산측 지대

비옥한 초승달 지대라는 개념은 미국 고고학자 제임스 헨리 브레스테드 James Henry Breasted(1865~1935)가 『고대 이집트의 기록Ancient Records of Egypt』 (1906)에서 처음 제시한 것이다. '비옥한 초승달 지대'라는 용어는 티그리스-유프라테스강을 둘러싸고 있는 건조한 산측 지대와 티그리스-유프라테스강 유역 충적평야의 두 구역을 뭉뚱그린 것이다. 시카고대학의 로버트 브레이드우드Robert Braidwood(1907~2003)는 1948년에 '산측 지대 Hilly Flanks설'을 내놓았다. 티그리스-유프라테스강 유역을 둘러싸고 있는 산측은 세계 최초로 수렵-채집 생활 형태에서 벗어난 곳이다. 이 지대는 동쪽의 자그로스Zagros산맥, 북쪽의 타우루스Taurus산맥 그리고 티그리스-유프라테스강과는 어느 정도 거리가 있는 서쪽의 요르단과 이스라엘 고지를 포괄한다. 요르단과 이스라엘 고지를 포괄한 서쪽 지역은 지중해 동부 연안 유역의 시리아고지 및 티그리스-유프라테스강 유역 북측의 산지와 잇닿아 있다. 따라서 전체적으로 보면, 환메소포타미아 유역의 산측 지대의 모양은 부메랑과 유사하다.[2]

농경과 목축에 있어서 신석기혁명의 최초 돌파는 오직 티그리스-유프라테스강을 둘러싼 산측 지대에서 이루어졌으며, 이집트에서 이루어졌을 리는 없다. 오직 환메소포타미아 유역 산측 지대에서만 면양·산양·소·돼지와 밀·보리·쓴살갈퀴·완두·편두의 조합이 발견되기 때문이다. 이집트에는 면양과 산양의 야생 원조가 없을뿐더러 밀과 보리의 야생 원조도 없다. 이런 종류의 식물은 오직 해발 240~300미터 지점에서만 자랄 수 있다. 따라서 이들 조합은 오직 산측 지대에서만 생겨날 수 있다.[3] 하지만 특정 동식물의 품종이 일단 선택되어 순화되면, 그것은 더 이상 야생 생물이 아니며 인력에 기대야만 비로소 번식할 수 있다. 인간과의 공생 관계로 진입해 더 이상 인간을 떠나서는 생존할 수 없게 된 것이다. 또한 끊임없는 품종 개량을 통해서 원래의 생태환경과는 전혀 다른 환경에서 번식하게 된 것이다. 산측 지대의 무관개 농경을 극복하고 티그리스-유프라테스강의 관개농업으로 들어섰을 때 도시혁명의 시대가 도래했다.

서남아시아 농경의 기초를 다진 인공 순화 식물에는 크게 여덟 종류가 있다.

다음 세 종류는 곡류에 속한다.

1. 에머밀Emmer wheat, Triticum dicoccum. 야생 원조는 야생 에머밀T. dicoccoides 이다.

2. 일립계 밀Einkorn wheat, Triticum monococcum. 야생 원조는 야생 일립계 밀T. boeoticum이다.

3. 보리Barley, Hordeum vulgare/sativum. 야생 원조는 야생 보리H. spontaneum다.

다음 네 종류는 콩류에 속한다.

4. 편두Lentil, Lens culinaris

5. 완두Pea, Pisum sativum

6. 병아리콩Chickpea, Cicer arietinum

7. 쓴살갈퀴 Bitter vetch, Vicia ervilia

나머지 하나는

8. 아마Flax, Linum usitatissimum다.

야생식물을 농작물로 순화하는 것은 정착농업에서 비롯되었다. 이 것은 산측 부메랑형 지대에서 최초로 이루어졌다. 그 시기는 지금으로 부터 약 1만1000~9000년 전이다. 동물의 순화는 아마도 인류가 전면적 으로 정주생활을 하기 전에 이미 시작되었을 것이다. 개·면양·산양·돼 지·소의 순서로 순화되었으며, 그 지점은 타우루스산맥과 자그로스산 맥이다. 그 시기는 지금으로부터 약 1만2000~1만 년 전이다. 동물의 순 화는 훗날 다른 지역에서 바통을 이었다. 예를 들면, 말의 순화는 오늘날 우크라이나에서 카자흐스탄에 이르는 일대에서 이루어졌으며, 그 시기 는 지금으로부터 약 6000년 전이다. 지금으로부터 4500년 전에는 대형 동물의 순화가 대략적으로 완성되었으며, 이후로 더 이상의 증가는 없 었다. 길들여진 대형 동물은 총 14종이며, 한 종류는 아메리카에만 존재 했다. 서남아시아에는 구대륙에 존재한 13종 가운데 7종의 야생 원조가 집중적으로 서식했다.[4]

구석기시대 말기에서 신석기시대로의 돌파

요르단과 이스라엘과 시리아고지는 산측 부메랑형 지대의 서쪽 날개에 해당한다. 이 지역은 구석기시대 말기에서 신석기시대로의 과도 단계에 해당하는 곳으로, 가장 확실히 설명된 곳이기도 하다. 이는 전문가들 덕 분이다. 바로 영국 고고학자 도로시 애니 엘리자베스 개로드Dorothy Annie Elizabeth Garrod(1892~1968)와 영국 고생물학자 도로시아 미놀라 앨리스 베 이트Dorothea Minola Alice Bate(1878~1951)다. 이들은 선사시대의 고지중해 동 부 연안(레반트the Levant) 지역을 전기 구석기시대, 중기 구석기시대, 구석기시대 말기의 순서로 정리했다. 이 틀은 산측 부메랑형 지대의 서쪽 날개에 해당하는 선사시대 문화의 발전 순서를 명확히 해주었다. 또한 여기에 풍부한 출토 자료가 더해졌다. 이와 비교했을 때 산측 부메랑형 지대의 동쪽 날개는 발전 단계 간의 연관성이 뚜렷하지 않다.

개로드와 영국 고고학자 프랜시스 아드리안 조지프 터빌−피터Francis Adrian Joseph Turville-Petre(1901~1941)는 오늘날 이스라엘의 케바라Kebara 동굴에서 발굴을 진행했다. 그 결과 케바라 문화가 고지중해 동부 연안의 후기 구석기시대 문화의 에필로그임을 확정지었다. 그 시기는 지금으로부터 약 1만8000~1만 년 전이다. 케바라 문화 다음은 나투프Natuf 문화로, 구석기시대 말기에서 신석기시대로의 과도기에 속한다.

나투프 문화는 산측 지대 서쪽 날개에 해당하는데, '나투프 문화'라는 용어는 개로드가 발명한 것이다. 나투프 문화는 구석기시대 말기에서 신석기시대로의 문턱에 해당한다. 탄소동위원소C14 연대 측정을 통해 나투프 문화는 플라이스토세에서 홀로세로의 과도기에 존재했으며 그 시기는 지금으로부터 1만4500~1만1500년 전임을 밝혀냈다. 나투프 문화는 반半정주 형태의 채집수렵 경제였다. 도구로는 마제석기, 부싯돌 돌날, 절굿공이, 뼈로 만든 작살과 낚싯바늘이 있었다. 또한 식량을 저장하기 위한 구덩이가 출현했다. 이스라엘 북부의 아인 말라하 유적지Ain/ Eynan Mallaha(1만2000~1만 년 전)는 나투프 유적지로, 정주 형태의 채집수렵 경제였고 거주지는 원형의 반지하였으며 개를 가축화한 흔적이 있다.[5] 최초의 주거 형태는 원형이었다가 나중에 장방형 형태로 발전했다. 장방형의 구조물은 일반적으로 반지하 형태에서 벗어났으며, 잇닿은 가옥 구조에 적합하여 도시 취락의 최초 형태가 되었다. 이런 형태의 구조물은 농경 경제의 확립을 나타낸다.[6]

또 한 명의 영국인 캐슬린 메리 케넌Kathleen Mary Kenyon(1906~1978)은

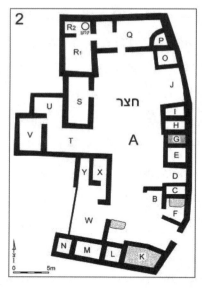
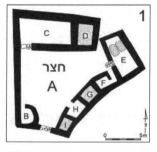

야르무크 문화의 방형 구조물

1952~1958년에 예리코Jericho를 발굴했다. 나투프를 이은 예리코는 지
금으로부터 1만1000년 전에 시작되었으며, 지금까지도 그곳에 거주민
이 살고 있다. 예리코는 역사상 거주 기간이 가장 긴 도시다.[7] 케년은 예
리코에서의 연구를 통해 선先토기 신석기시대 A(PPNA)와 선토기 신석
기시대 B(PPNB)의 분류법을 내놓았다. 무無토기(선토기) 신석기시대는
구석기시대 말기의 나투프 문화의 뒤를 이었으며, 토기를 사용한 야르
무크Yarmuk 문화와 연결된다. 구석기 문화에서 신석기 문화로의 과도기
를 체계적으로 정리한 개로드와 베이트를 이어, 케년 역시 신석기 문화
의 발전에 단계성을 부여했다. 케년은 선토기 신석기시대를 A와 B로 나
눈 것처럼 유有토기 신석기시대 역시 A와 B로 나누었는데,[8] 이를 아는
사람은 드물다.

신석기 문화의 무토기 시기와 유토기 시기

예리코에 대한 케넌의 분류 기준에 따르면, 이 지역 선토기 신석기시대 A(1만1500~1만500년 전)의 생활 형태는 다음의 특징을 지닌다.

- 예리코 유적지는 그 이전의 나투프 유적지보다 면적이 크다.
- 원형의 구조물, 돌 지반, 테라초Terrazzo, 불에 굽지 않은 흙벽돌 담을 채택했다.
- 곡물 창고를 만들었다.
- 달군 돌을 요리에 이용했다.
- 동식물의 순화에 광범위하게 의존하고 있다.
- 죽은 사람이 산 사람과 '함께 거주'했다. 죽은 이를 택지 아래 혹은 벽에 매장했다.

예리코의 선토기 신석기시대 B(1만700~8000년 전)의 생활 형태는 다음의 특징을 지닌다.

- 길들여진 동식물에 더욱 의존하고 있다.
- 불을 얻는 데 완전히 새로운 도구를 사용했다.
- 장방형 구조물을 채택했으며 바닥에 석회를 두껍게 발랐다.
- 점토 바닥의 응용이 토기의 발명을 유발했을 것이다.
- 장례 풍속에는 변화가 없었으며, 여전히 죽은 사람이 산 사람과 '함께 거주'했다.[9]

예리코 유적지 역시 원형 구조물에서 장방형 형태로의 변천을 보여주는데, 당시 세계에서 가장 선진적인 취락이었다.

1974년 요르단 경내에서 발견된 아인 가잘리Ain Ghazali(9250~7000년 전) 유적지로 인해 선토기 신석기시대 C(PPNC)가 더해졌는데, 이는 지역적 특징을 지닌다. 즉 이곳은 선토기 신석기시대 B에서부터 이미 동물을 순화하는 경향이 강했으며, 시나이반도 동쪽 네게브Negev 사막의 구석기시대 말기의 수렵 문화와 융합하여 훗날의 '환아라비아 유목-방목 복합 지대'의 배경이 되었다. 이는 도시 문명과는 길을 달리한 또 다른 문명 형태로, 서남아시아 지역의 역사 발전에 지대한 영향을 끼쳤다. 티그리스-유프라테스강 유역의 도시 문명이 서남아시아 고대 문명이라는 달의 밝은 면이라면, 환아라비아 유목-방목 복합 지대는 달의 어두운 면이다.

서남아시아 선사시대의 발전 모델에 따라, 1949년에 이스라엘 경내의 '샤르 하골란Sha'ar HaGolan'에서 발굴된 문화는 토기를 사용한 야르무크 문화로 확인되었다. 이는 오늘날 이스라엘 경내에서 최초의 유토기 신석기 문화로, 지금으로부터 약 8400~8000년 전에 해당한다.

영국 학자가 설정한 전범에서 벗어나는 예외가 있는데, 일본의 조몬繩文 시대는 후기 구석기시대에서부터 세석기·신석기시대를 관통하며 기원전 1만4000~기원전 400년에 해당한다. 바꿔 말하자면, 토기의 발명이 농경보다 앞섰다는 것이다! 정주생활을 하지 않았고 대량 비축을 위한 용기도 필요하지 않은 어렵漁獵사회에서는 깨지기 쉬운 토기를 발명할 필요가 전혀 없었기 때문에 이 예외적 사례는 수수께끼다.

요르단 이스라엘 고지와 티그리스-유프라테스강 상류의 접합지

서남아시아 환메소포타미아 유역 산측 지대의 서쪽 날개로 다시 돌아가 보자. 팔레스타인 북쪽 시리아 유적지의 발전 궤적을 살펴보면, 역시 농경과 목축이 먼저 존재했고 그 뒤에 토기가 있었다. 어떤 야생식물의 순화는 심지어 구석기시대 말기까지 거슬러 올라갈 수도 있다. 하지만 토기의 출현은 반드시 신석기시대 후기이자 절정기의 산물이다. 오늘날 시리아의 텔 아부 후레이라Tell Abu Hureyra 유적지에서 지금으로부터 1만 1050년 전에 이미 쌀보리를 순화한 흔적이 발견되었는데, 토기는 지금으로부터 7300년 전에야 출현했다.

1972~1973년에 발굴된 텔 아부 후레이라는 지금의 시리아 유프라테스강 상류에 자리한 고고학 유적지다. 이 발굴은 문화재 긴급 구호 프로젝트로서 이루어졌다. 텔 아부 후레이라 유적지는 오늘날 제방을 쌓

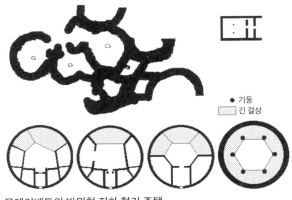

● 기둥
▨ 긴 걸상

무레이베트의 반원형 지하 혈거 주택

터키 경내의 차탈 회위크 취락을 재현한 모습

아 형성된 인공호인 아사드Assad호에 잠긴 상태다. 지금으로부터 1만 1050~7500년 전에 사람들이 줄곧 이곳에 거주했다. 그 시기는 구석기시대 말기부터 신석기시대까지 걸쳐 있다. 거주민은 채집수렵에서 점차 농경으로 전환했다. 세계 최초의 농경 취락인 이 유적지에서는 인공 재배한 튼실한 쌀보리 씨앗이 발견되었다. 이는 지면에 씨를 뿌린 게 아니라 이미 괭이를 사용해 밭을 갈고 파종했음을 말해준다. 이 유적지는 두 번째로 사람들이 정주했던 시기인, 지금으로부터 7300년 전에 유有토기 시대로 진입했다.

유프라테스강 서쪽 기슭에서도 문화재 긴급 구호 프로젝트가 이루어졌다. 아사드호 서북단에 자리한 무레이베트Tell Mureybet(약 1만 500년 전) 유적지다. 이 유적지의 가장 아래층이 나투프 문화다. 무레이베트 문화의 특징을 지닌 상층은 선토기 신석기시대 A의 갈래다. 무레이베트 유적지 역시 농경 문화의 문턱에 있었다. 식용했던 식물은 여전히 야생의 것이지만 초보적 농업화가 이루어졌다. 어렵은 거의 사라졌고, 사냥은 초식동물에 한정되었다. 무레이베트는 두 개의 접촉점에 놓여 있다. 즉 구석기시대 말기와 신석기시대 초기가 맞닿아 있고, 지중해 동부 연안지대와 티그리스-유프라테스강 유역이 맞닿아 있다. 무레이베트에서는 석회석으로 만든 여인상과 점토를 빚어 만든 사람 형상이 출토되었다. 하지만 이것은 토기가 아니다. 무레이베트에서 출토된 구조물 역시 원형에서 방형으로 변천했다. 방형 구조물이 대형 취락의 설계에 유리하다는 것은 오늘날 터키의 차탈 회위크Çatal Hüyük 유적지의 규모를 통해 증명할 수 있다.

오늘날 터키 선사시대 유적지와 환메소포타미아 지역의 관련성

유프라테스강은 오늘날 시리아 경내를 지나가지만 그 발원지는 보다 북쪽의 산악 지대, 즉 오늘날 터키 타우루스산맥[10]의 동쪽이다. 티그리스-유프라테스강 유역 고대 문명의 선사先史를 설명하려면 이 지역을 포함해야만 온전한 윤곽을 밝혀 설명할 수 있다.

동남타우루스산맥에 자리한 챠이외뉘 테페시Çayönü Tepesi 유적지의 구조물 역시 원형에서 방형으로의 변천 단계가 두드러진다. 티그리스강 상류에 자리한 챠이외뉘 테페시는 오늘날 터키 경내에서 발견된 비교적 이른 시기의 유적지 가운데 하나다. 이곳의 발굴을 시작한 사람은 바로 산측 지대설을 제시한 시카고대학의 브레이드우드다. 이 유적지는 지금으로부터 9250~8750년 전의 것으로 밝혀졌다. 시기적으로는 선토기 신석기시대 A와 선토기 신석기시대 B 그리고 유토기 신석기시대Pottery Neolithic(약칭 PN)에 걸쳐 있다. 학자들의 추측에 의하면, 이곳은 소가 가장 먼저 가축화된 장소다. 가축화된 소의 기원이 단일하다고 주장하는 동

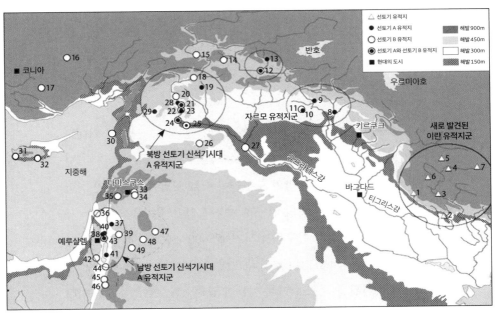

환메소포타미아 유역 산측 지대의 신석기혁명 유적지

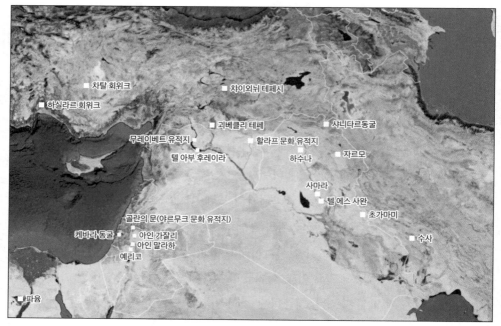

환메소포타미아 유역 산측 지대의 신석기혁명 유적지

물유전학자는, 일찍이 챠이외뉘 테페시 주변 지역에서 80마리의 원우原
牛(오록스aurochs)를 개량한 것에서 오늘날 전 세계의 소가 비롯되었다고
까지 말한다.[11]

    20세기 중기에 터키 경내에서 최초로 발견된 신석기시대의 거대도
시 유적지는 차탈 회위크다.[12] 그 연대는 지금으로부터 약 8500~7500년
전에 해당한다. 이 유적지는 방형 구조물이 서로 잇닿아 이루어진 취락
으로, 벌집처럼 조밀했다. 집의 입구는 지붕에 있어서 나무사다리를 통
해 드나들었다. 이 취락의 인구는 전성기에 5000~8000명에 달했다. 차
탈 회위크는 두 마리의 표범이 호위하고 있는 대모신大母神의 좌상이 출
토됨으로써 야기된 논쟁으로 인해 이름이 알려졌다. 이 유적지는 서타
우루스산맥과 중앙타우루스산맥 사이에 자리하며 코니아Konya 평원을

내려다본다. 신석기시대에 평원보다 높은 구릉 지대에 자리했던 곳이므로, 환메소포타미아 유역 산측 지대의 서쪽 연장이라고 할 수 있다.

지금으로부터 7800~7000년 전의 하실라르 회위크Hacilar Höyük 유적지는 차탈 회위크 서쪽에 자리하는데, 서타우루스산맥에 속하는 지대다. 차탈 회위크와 하실라르 회위크 유적지가 관개농업 시대로 진입한 뒤, 새로운 농작물이 출현하였으며 아마와 같은 비곡물 농작물도 출현하기 시작했다. 환메소포타미아 유역 산측 지대의 연장인 타우루스산맥과 코니아 평원 일대는 신석기시대와 금석병용 시대에 최초로 관개농업이 이루어진 곳 가운데 하나다. 따라서 터키 역시 신석기혁명의 발원지라는 특별한 영예를 획득했다.

오늘날 터키 경내에서는 문명의 변천 궤적에서 벗어난 미스터리가 출현했다. 바로 1990년대에 발굴이 시작된 괴베클리 테페Göbekli Tepe 유적지인데, 지금으로부터 1만2000년 전에 해당한다. 괴베클리 테페 유적지는 그야말로 미스터리다. 신석기혁명이 발생하기 전에 이미 적어도 500명의 인력을 동원해 무거운 돌덩이를 원거리에서 운반하여 원형 건축물을 구축했다. 이 건축물은 아마도 종교 의례의 중심이었을 것이다. 그 돌기둥에 조각된 동물 도형은 대부분 수렵경제와 관계가 있으며, 목축이 발달한 뒤에는 그 의의를 상실했다. 괴베클리 테페 유적지는 오직 정주민만 웅장한 건축물을 세울 수 있다는 가설을 수정했으며, 채집

아나톨리아 차탈 회위크에서 출토된 여인상

수렵민에게도 그런 능력이 있었음을 증명한다. 이 유적지는 일본의 조몬 토기처럼 인류 문명 발전사에서 특수한 경우다.

괴베클리 테페가 오늘날 터키공화국 경내에 있긴 하지만, 동남타우루스 산지에 자리한 이곳은 티그리스-유프라테스강 유역을 둘러싼 부메랑형 산측 지대의 아치형 천장에 해당한다. 또한 이곳은 터키인이 도래하기 전에는 본래 아르메니아인의 영토였다. 선사시대 역사에서 현대 민족국가의 국경은 확실히 의미가 없다.

환메소포타미아 유역 산측 지대의 동쪽 날개

산측 부메랑형 지대의 동쪽 날개인 오늘날 이라크 경내 쿠르디스탄의 샤니다르Shanidar 동굴에서 네안데르탈인의 유골이 출토되었는데, 약 6만~8만 년 전에 해당한다. 자그로스 산지의 바라도스트Baradost 문화 유적지는 이 지역 최초의 후기 구석기시대 문화로, 지금으로부터 3만8000년 전에 시작되었다. 이 유적지와 주위의 다른 선사시대 문화와의 관계는 명확하지 않다. 바라도스트 문화는 자르즈Zarzi 문화(2만~1만 년 전)로 이어진다. 자르즈 문화는 구석기 문화 말기에 속하는데, 개를 길들이고 활과 화살을 사용한 흔적이 있다. 시간상으로 부메랑형 지대 서쪽 날개의 케바라 문화와 같은 시기였다. 네안데르탈인의 유골이 출토된 샤니다르 산지는 후에 자위 케미Zawi Chemi 문화 유적지가 되었는데, 구석기 문화 말기에 속한다. 자위 케미 문화는 동물 가축화의 문턱에 해당한다. 일정한 지역에 거주하는 것은 아마도 계절적인 일이었을 것으로 보이며, 원형 구조물의 흔적이 있다. 시간상으로 대략 나투프 문화와 같은 시기였다.

산측 동쪽 날개의 자르즈, 서쪽 날개의 케바라 등의 문화에는 모두 아나톨리아에서 수입한 흑요석의 자취가 있다. 그 뒤를 이은 산측 동쪽 날개의 자위 케미 문화 유적지와 서쪽 날개의 나투프 문화 유적지도 여전히 아나톨리아로부터 흑요석을 수입한 흔적을 보인다. 바로 이 시기에 이미 동물 가축화의 문턱에 있긴 했지만, 가축화의 초보 단계로 여전히 그 고기만 중시했다. 동물을 운송에 이용하게 된 것은 훗날 '2차 생산물 혁명'(뒤에서 자세히 논한다)의 성취다. 따라서 운송 기능을 하는 동물이 없는 상황에서 흑요석의 장거리 운송이 가능했는지에 대해서는 더 많은 연구가 이루어져야 한다.

자그로스 산기슭에 자리한, 가장 유명한 신석기시대 유적지는 자르모Jarmo다. 최초로 토기가 발견된 유적지 가운데 하나이기 때문이다. 시기는 지금으로부터 약 9090~6950년 전이다. 자르모는 예리코 및 차탈회위크 유적지와 마찬가지로 최초의 농경 취락에 속한다. 산측 지대의 동쪽 날개는 서쪽 날개와 다르다. 동쪽 날개는 티그리스-유프라테스강 유역에 보다 가깝다. 그럼에도 자르모는 티그리스-유프라테스강 유역 평원보다는 산측 지대와 연관성이 더 많다. 자르모 유적지는 시카고대학의 브레이드우드가 20세기 중반에 발굴을 진행했다. 그런데 지금으로서는 산측 지대의 동쪽 날개의 경우, 구석기시대 말기에서 신석기시대 후기로의 변천 순서가 서쪽 날개만큼 질서정연하지는 않다. 자르모와 티그리스-유프라테스강 문명이 조손祖孫 관계라고도 감히 말할 수 없는 상태다.

티그리스-유프라테스강 유역 문명의 서광

자르모 문화와 그 뒤의 사마라Samara 문화 간에는 단층이 존재한다. 자르모 문화는 산측 지대에 속하고, 사마라 문화는 티그리스-유프라테스강 문명의 전신이다. 기원전 5500~기원전 4800년 무렵의 사마라 문화는 티그리스-유프라테스강 유역 중류에 자리하며, 티그리스-유프라테스강 하류 삼각주에서 폭발한 도시혁명의 직접적인 선봉이 되었다.[13] 사마라 문화와 산측 지대의 연결고리는 기원전 6000년 이전의 하수나Hassuna 문화다. 하수나 문화가 자리한 지대는 산기슭에 가까운 곳으로, 소량의 강우에 의지한 건조 농업이 이루어졌다. 하수나 문화는 후기에 사마라 문화에 녹아들었으며 금석병용이 출현했다. 사마라 문화가 포괄하는 대부분의 지역은 강우대에서 벗어난 곳이었으므로 간단한 관개 기술이 발전했다.

하수나-사마라 문화는 대략 고대 아시리아의 범위에 상당하며, 시기 역시 비슷하다. 그 북쪽에는 금석병용의 할라프Halaf 문화가 있었다. 할라프 문화는 동남타우루스산맥 이남의 평원, 즉 오늘날 아랍어로 알자지라Al-Jazira라고 하는 곳에 자리했다. 이는 티그리스-유프라테스강의 상류에 해당한다. 할라프 문화는 할라프 언덕에서 그 이름이 유래되었는데, 전성기는 기원전 6100~기원전 5400년이었다. 농업 형태는 소량의 강수량에 의지한 한작농업으로, 에머밀·보리·아마를 생산했다. 가축화한 동물로는 소·면양·산양이 있다. 할라프인은 아마도 외부에서 이 지역으로 왔을 것이다. 그들은 정밀하고 아름다운 칠무늬토기 제작에 뛰어났다. 할라프 문화 토기의 전파 범위는 매우 광범하여 멀리 아나톨리아까지 이르렀는데, 그 토기가 전문적으로 수출을 위해 제작한 '무역 토기'라는 상상을 불러일으키기도 했다.

하지만 티그리스-유프라테스강 문명의 서광은 결코 이 휘황찬란한 할라프 문화에서 비롯된 것이 아니다. 할라프 문화는 여전히 한작농업의 한계를 돌파하지 못했기 때문이다. 유프라테스의 히트Hit에서 티그리스의 사마라까지 가로선을 그어보자. 이 선의 이북은 석회석 고원으로, 바로 오늘날 아라비아어로 '알자지라'라고 부르는 곳이다. 이 선의 이남은 충적평야다.[14] 히트-사마라 선 이북은 티그리스-유프라테스강의 물길이 혈암으로 깊이 파고들어 수로가 안정적이다. 히트-사마라 선 이남

은 대부분 토사가 침적된 곳으로,
물길이 자주 바뀌기 때문에 고고
유적지를 찾기가 어려울뿐더러
침전물로 인해 늘 하상河床이 주
위보다 높다. 이 지역에 농경이
들어오고 대규모 관개가 이루어
지면서 그에 따라 대규모 정주가
이루어졌다. 대량의 여유 식량이
야말로 사회 분업과 계급 분화의
바탕이 되었다.

히트-사마라 선

할라프가 아닌 사마라의 농경
인들이 처음으로 관개농업을 시
도했다. 1964~1971년에 발굴된
사마라 문화 유적지 텔 에스 사
완Tell es-Sawwan이 이를 말해준다.
티그리스 중류의 사마라 문화 유
적지 초가 마미Choga Mami(기원전
6700~기원전 4600)에서 최초의 인
공 관개 운하가 출현했다. 사마라

할라프 문화의 토기

의 농부가 페르시아만 어귀의 티그리스-유프라테스강 삼각주 소택沼澤
지대까지 남하해 이 지역을 개발한 것이다. 티그리스-유프라테스강 유
역 충적평야의 우바이드Ubaid(에리두Eridu라고도 한다)의 토기 형태는 기본
적으로 사마라를 이은 것이다. 우바이드는 고대 티그리스-유프라테스
강 유역 문명의 첫머리였다.

그것은 어쩔 수 없이 이루어진 '혁명'이었다! 한작농업을 하던 고대

인이 만약 내몰리는 일이 없었다면 자발적으로 소택 지대로 들어가지는 않았을 것이다. 소택을 메우고 물길을 정리하고 관개 시스템을 구축하는 데는 극도의 힘이 소모되었다. 또한 건조한 지대에서 재배했던 농작물의 개량을 시도해야 했다. 여기에는 전보다 열 배가 넘는 노동력이 요구되었다. 관개농업이 대량의 여유 식량을 생산함으로써 거대한 인구를 지탱하고 도시를 형성할 수 있을 것인지, 또한 식량과 가축이 상품화될 수 있는지에 대해 고대인이 선견지명을 가졌을 리는 없다. 처음에 그들은 열 배의 노동력을 쏟아야만 하는 것에 대해 아마 불운하다고 여겼을 것이다. 기타 생존 자원이 죄다 다른 이들의 차지가 되었고, 그들은 쟁탈전에서 패자가 되었기 때문이다. 우위를 지닌 할라프인이 티그리스-유프라테스강 유역 삼각주의 궁지로 몰아낸 사마라 농작인들이 오히려 그곳에서 구사일생한 것이라고 보는 것이 타당할 것이다.

농경과 목축은 인류의 첫 번째 도시 문명을 건설한 티그리스-유프라테스강 지역에서 발명한 것이 아니다. 처음으로 도시혁명이 일어난 티그리스-유프라테스강 유역 삼각주는 청동기혁명에서도 선구가 아니었다. 이 방면에서는 동쪽 인근의 엘람Elam이 1000년이나 앞섰다. 티그리스-유프라테스강 유역에서 비소와 구리를 합성하고 있을 때, 엘람의 중심 수사Susa에서는 이미 구리·주석 합금인 청동을 제조했다. 엘람이 이란고원의 광분에 접근할 수 있었던 덕분이다. 티그리스-유프라테스강 문명의 서광기(기원전 3200)에 이르러, 티그리스-유프라테스강 유역과 엘람 두 곳 모두 주로 마간Magan(지금의 오만이라고 추측되는 지역) 산지에서 동광銅鑛을 수입했다. 그리고 보면, 환메소포타미아 지역에서 농경 방면에서의 돌파는 산측 서쪽 날개로부터 많은 도움을 받은 한편 야금술에서는 산측 동쪽 날개의 후방인 이란고원의 도움을 많이 받았다.[15] 21세기 초, 이란 당국은 세계사에서 가장 오랜 문명의 지위를 다툴 만한 지로프트Jiroft 유적지를 공표했다. 엘람보다도 오래된 지로프트는 자그로스산맥의 남쪽에 위치하며, 페르시아만 입구를 향해 있다. 사람들은 지로프트 문명에 대한 정식 보고가 나오길 기다리고 있다.

고대 서남아시아의 문명 기원 모델은 어느 정도의 보편성을 지니는가

고대 서남아시아는 『구약성경』에 나오는 이야기의 배경이 되는 지역으로, 고고학 연구가 가장 먼저 이루어졌으며 성취 역시 가장 크다. 세계의 기타 각 지역의 고고학은 지금까지도 이를 따라잡을 수가 없으며, 이 일대의 고고학 성취를 참고해야만 한다. 이 일대의 고고학 성취는 모델이 되긴 했지만 상투적인 모델이 되었다. 이집트와 인도 모두 독립적으로 농경을 발전시킨 지역이 아니므로, 고대 서남아시아와 대비할 수 있는 곳은 오직 중국이다.

선사시대 중국에서 재배한 밀은 외부에서 유래했을 것이다. 황허黃河 유역이 기장Proso millet의 발원지라는 것은 인정할 수 있다. 기장은 재배에 필요한 물의 양이 주요 곡물 가운데 가장 적다. 따라서 기장은 전형적인 한작농업 작물이다. 지금으로부터 9000년 전에 기장은 중국과 남캅카스 지역에서 동시에 순화되었으며 각기 독립적으로 발전했다. 중국의 황허 유역은 조foxtail millet의 발원지이기도 하다.

1933년에 허베이河北 우안武安에서 출토된 츠산磁山 유적지의 연대는 지금으로부터 약 8000~7100년 전이다. 고고학 증거에 따르면, 당시에 이미 경작농업 단계로 진입했다. 츠산 문화에서는 대량의 조가 출토되었고, 돌절굿공이와 돌절구로 구성된 곡식을 빻는 기구가 발견되었다. 우안의 유적지에서는 곡식을 저장하는 수백 개의 움이 발견되었는데, 그 안에는 50톤 상당의 조가 탄화된 조껍질이 있었다. 츠산 문화에서는 돼지와 개의 뼈도 출토되었다. 이는 원시적인 가축 사육이 이미 출현했음을 보여주는 것이다. 츠산 문화는 주로 허베이 남부와 허난河南 북부에 분포해 있다.

츠산 문화 역시 돼지가 최초로 길들여진 곳일 것이다. 그 시기는 지금으로부터 약 8000년 전이다. 개를 제외하면, 돼지는 중국에서 가장 먼저 순화된 동물일 것이다. 이는 면양·산양 지역인 서남아시아와 확실히 다르다. 서남아시아에서는 집돼지의 출현이 비교적 늦다. 훗날 유대-이슬람 전통의 부정적인 태도로 인해 오늘날 이 지역은 돼지 금지 구역이 되었다. 이에 비하면 중국에서는 방목의 방식이 아닌 우리를 이용해 사육한 집돼지가 안정된 생활을 의미하는 '집家'의 상징이 되었다.

화베이에는 비교적 이른 시기의 신석기 문화 유적지가 또 있는데, 허난 이뤄伊洛 분지에 분포한 페이리강裵李崗 문화(9000~7000년 전)다. 1977년에 허난 신정新鄭에서 출토된 페이리강 유적지에서 그 이름이 비롯되었다. 페이리강 문화 유적지에서는 조와 기장의 흔적이 발견되었다. 돌삽·돌도끼·돌낫·돌맷돌 등의 도구를 사용했고, 녹로를 사용하지 않고 손으로 토기를 제작했다. 간쑤甘肅 친안秦安의 다디완大地灣 문화(7800~7400년 전)에서도 조의 흔적이 발견되었다. 산시陝西 화현華縣 라오관타이老官台 유적지에서 이름이 비롯된 라오관타이 문화를 다디완 문화라고도 한다. 오늘날에는 라오관타이 문화의 제1기를 다디완 문화로 부르려는 경향이 강하다. 라오관타이 문화 뒤로는 양사오 시기가 이어진다.

1970년대 중반 저장浙江 위야오餘姚 허무두河姆渡에서 지금으로부터 7000~6500년 전의 유적지가 발견되었다. 벼의 창장 기원설이 이를 계기로 대두되기 시작했다. 1988년에 발굴된 후난湖南 리현澧縣 펑터우산彭頭山 유적지는 펑터우산 문화(9500~8100년 전)에 해당한다. 펑터우산 유적지는 벼가 이미 순화되었음을 말해주는데, 농기구는 아직 발굴되지 않았다. 화난華南의 펑터우산 문화는 화베이의 페이리강 문화와 대략 비슷한 시기다. 1995년, 후난 다오현道縣 위찬옌玉蟾岩 유적지에서는 황색 볍씨 네 알이 출토되었다. 연대를 측정한 결과 지금으로부터 1만2000년 전의 것으로, 현재로서 세계 최초의 볍씨라고 공인되었다. 벼의 창장 기원설이 공인되기 전에, 벼 재배가 인도차이나반도에서 기원했다는 설이 제기된 적도 있다. 창장 기원설이 확립된 이후, 2003년에 한국에서는 지금으로부터 1만5000년 전의 재배 벼가 발견되었다고 선포했다. 이는 창장 유역에 비해 1200년이나 이른 것이다. 하지만 2011년에 미국의 유명 학교 네 곳의 연구팀이 이를 부정하면서 벼의 창장 유역 기원설을 견지했다.[16]

농경이 고대 서남아시아에서 최초로 생겨나긴 했지만 주로 밀 종류를 순화해 주식으로 삼았다. 한편 중국 화베이에서는 건조한 지역에서 자라는 조 재배를 발명해 좁쌀을 주식으로 삼았고, 화난에서는 논벼 재배를 발명해 쌀을 주식으로 삼았다. 이로써 '두 가지 농경이 기원한 유일한 온상이 중국'이라고 자랑하게 되었다. 그런데 이것은 '문명 고국'이라는 개념이 오도한 결과다. 두 가지 농경의 기원지가 한 국가의 경계 안에 있게 된 것은 오늘날의 일이다. 고대 서남아시아에서는 산측 지대에서 발명한 농경이 티그리스-유프라테스강 유역에 이르러서 관개농업이 되었는데, 이는 적어도 이스라엘·요르단·시리아·터키·이라크·이란 등 여러 나라에 걸쳐 있다. 여기서 무슨 '몇 대 문명 고국' 같은 게 성립하겠는가? 중국의 넓은 대지에는 단 하나의 산측 지대와 대하 유역만 있는 게 아니다. 또한 중국에는 한작농업을 거치지 않고 직접 논벼 재배로 진입한 생태 시스템도 존재한다. 이 거대한 지역에서 문명의 최초 돌파 지점은 대체 어느 곳일까?

또 하나의 문제가 있다. 농경은 확실히 문명의 기초다. 하지만 농경을 발명하지 않고 외부로부터 들여왔다 하더라도 제1세대 문명을 건립하기도 하고, 농경을 발명했다 하더라도 반드시 문명을 건립한 것은 아니다. 오늘날 선사시대 연구에서는 농경의 기원이 다음과 같이 다원적이었음을 지적한다.

1. 비옥한 초승달 지대(1만1000년 전)
2. 창장과 황허 유역(9000년 전)
3. 뉴기니 고지(9000~6000년 전)
4. 멕시코 중부(5000~4000년 전)
5. 남아메리카의 서북부(5000~4000년 전)
6. 사하라 남쪽의 아프리카(5000~4000년 전, 정확한 지점은 미상)
7. 오늘날 미국의 동부(4000~3000년 전)[17]

여기에는 공교롭게도 이집트와 인도가 없다! 또한 독립적으로 농경을 발명하고 문명으로 발전한 경우는 (1) (2) (4) (5)뿐이다.

농경 문명과 방목 문명인 이집트

나일강 유역 중석기시대의 무샤비Mushabi 문화는 레반트 지역이라고 불리는 지중해 동부 연안으로 이동하여 이 지역 후기 구석기시대의 케바라 문화와 융합했다. 이 융합은 대략 지금으로부터 1만3500년 전에 완성되었고, 구석기시대 말기에서 신석기혁명의 문턱에 해당하는 나투프 문화의 형성을 촉진했다.[18] 그 뒤에 나투프 후기 혹은 선토기 신석기시대 A와 같은 시기의 네게브사막 지대 수렵민의 하리프Harif 문화(1만800~1만 년 전)가 지중해 동부 연안에 영향을 미쳤다. 하리프 문화는 선토기 신석기시대 B의 동물 순화와 융합하여, 공동으로 환아라비아 유목-방목 복합 지대를 조성했다. 하리프 문화는 시나이반도를 통해 나일강 파윰Fayyum 오아시스 지대의 세석기 문화와 밀접한 관계를 맺었다.[19]

시대를 좀 더 거슬러 올라가서 살펴보면, 선사시대 원인猿人의 유골이 출토된 곳은 대부분 남아프리카에서 동아프리카까지의 긴 복도 지대에 집중되어 있다. 따라서 서로 다른 진화 단계에 놓여 있던 인류가 유라시아대륙으로 차례차례 들어온 경로는 나일강일 것이다. 이런 의미에서 보자면, 나일강 유역은 인류가 고향 아프리카를 떠나 유라시아대륙 각지로 퍼져나간 베링해협과 같았다고 할 수 있다. 그 중요성의 등급을 따지자면 어찌 4대 문명 고국에 그치겠는가!

까마득한 원고시대는 접어두더라도, 중석기시대에 이집트는 레반트 지역과 하나가 되어 나투프 문화의 형성에 직접적으로 참여했다. 레반트 지역은 신석기혁명의 선도 지역이었다. 특히 예리코는 신석기시대 초기의 선진 지역이었지만, 유감스럽게도 이 지대에는 대하 유역과 같은 생태환경이 갖춰지지 않았고 기후가 계속 건조해진 탓에 농경과 목축 중에서 목축을 발전시키게 되었다. 이 과정에서 나일강의 파윰 오아시스 지대의 세석기 문화는 시나이반도를 통해 간접적으로 환아라비아 유목-방목 복합 지대의 형성을 촉진했다.

생각해볼 문제가 있다. 애초에 이 책에서는 돌파·혁신·발명으로 문명의 기원을 정의한 고든 차일드의 견해를 채택했다. 그의 견해에 따르자면 문명의 기원 단계에서 인류는 특히 물질적 측면에서, 목축·농경·토기·바퀴·야금술·도시 등 일련의 이정표를 세웠다. 그런데 이 모든 것에는 근대 영국이 산업혁명에서 선도적 역할을 발휘했던 모델의 그림자가 어려 있다. 만약 우리가 산업혁명이라는 거대한 그림자의 포위에서 벗어난다면 더 많은 것을 볼 수 있지 않을까?

환아라비아 유목-방목 복합 지대

환아라비아 유목-방목 복합 지대설은 리투아니아계 미국인 학자 주리스 자린스Juris Zarins(1945~)가 제기한 것이다. 그는 지금으로부터 약 8200년 전의 기후 위기가 홍해 연안과 지중해 동부 연안 지대의 건조화를 초래했으며, 이로 인해 유목-방목 복합 지대가 형성되었다고 했다.[20] 이 새로운 건조 지대의 형성은 고기후학의 '8200년 사건8.2 Kiloyear Event'과 밀접한 관련이 있다. 지금으로부터 8200년 전, 지구 전체가 또 한 차례의 전면적인 기온 하강에 직면했다. 비록 영거 드라이아스기만큼 격렬하지는 않았지만, 나투프·예리코 같은 신석기혁명 선봉 지역의 농경이 한 단계 더 발전하는 것을 좌절시키기에는 충분했다. 결국 이들 지역은, 대규모 관개를 실시한 티그리스-유프라테스강 유역 삼각주와 나일강 유역에 점차 자리를 내주게 되었다.[21] 티그리스-유프라테스강 유역에서 이집트가 초기 왕조로 진입한 때와 같은 시기에, 신석기혁명의 선봉 지역에서는 청동기시대로 진입한 것은 물론이고 도시화의 맹아도 출현했다. 하지만 결국 생태가 그것을 감당하지 못하는 상황에서, 초기 청동기 IV시대(기원전 2350~기원전 2000)에 이르러 총붕괴가 발생했다. 도시화는 중기 청동기시대가 되어서야 소생한다. 따라서 그때까지는 교외의 들판에서 살아가는 삶의 형태로 치우치게 되었고, 동물의 사육이라는 길을 가면서 유목-방목 위주의 생활 형태로 발전했다.[22]

유목-방목은 농경의 진화에 의해 뒤로 내팽개쳐진 어렵경제의 잔존물이 결코 아니며 농경 문명과 평행을 이룬 문명이다. 유목-방목 문명은 상대적으로 말하자면, 정주생활이 아니고 성곽은 소규모이며 중앙 관제官制도 없고 문자 사용도 발달하지 않았다. 때문에 늘 농경 문명에 의해 이등 시민으로 간주되고 심지어는 야만인으로 여겨졌다. 이러한 편견을 '카인의 적개심Cain's Malice'이라고 해도 무방하다.

『구약성경』「창세기」를 보면, 아담과 이브가 두 아들을 낳는다. 바로 카인과 아벨이다. 형 카인은 농부고, 동생 아벨은 양치기다. 하느님은 아벨을 편애하여, 아벨이 바친 희생제물은 받았지만 카인이 제물로 바친 농작물은 거절한다. 카인은 질투심에 아벨을 죽인다. 하느님은 결국 카인에게 '동생을 죽인 자'라는 낙인을 찍는다. 이 이야기는 농경 문명을 향한 '환아라비아 유목-방목 복합 지대'의 항의다.

4대 문명 고국은 오롯이 농경 문명의 각도에서 세계사를 보고자 하는 집념이다. 이러한 집념은 유목-방목 지대를 주변화하고자 한다. 북쪽과 남쪽에서 구대륙 농경 문명 지대를 끼고 있는 유라시아 대초원과 북아라비아 스텝 및 그 인근의 사막 오아시스 지대가 없었다면 세계사가 과연 어떻게 전개되었을지 생각해보자. 만약 그랬다면 고대 세계의 장의사라고 할 수 있는 흉노는 없었을 테고 실크로드도 없었을 것이며, 유라시아를 관통하는 몽골제국도 없었을 것이다. 또한 고대의 유대 신앙 및 그것이 지중해화된 기독교 버전도 없었을 것이며, 이슬람 세계는 더더욱 출현했을 리가 없다.

2차 생산물 혁명

영국의 고고학자 앤드류 셰럿Andrew Sherratt (1946~2006)은 '제2의 고든 차일드'라고 불린다. 그는 고든 차일드의 농목혁명이라는 명제를 정밀화했으며, '2차 생산물 혁명' 단계를 첨가했다. 즉 신석기혁명의 목축과 농경이 인류에게 음식물을 제공해준 것을 바탕으로, 서남아시아 지역에서는 지금으로부터 6000년 전 농경과 목축의 제2차 용도를 진일보시켰다는 것이다.

목축의 용도는 다양화되었다. 소와 양은 젖·유제품·모피를 제공할 수 있다. 소는 논밭을 갈 수 있고, 소와 나귀는 수레를 끌 수 있으며, 나귀

앤드류 셰럿

는 탈 수도 있다. 개는 방목을 도울 수 있고, 가축의 똥오줌은 논밭을 기름지게 할 수 있다. 농산품은 다양화로 인해, 입고 먹는 문제를 넘어 소비품과 상품의 방향으로 발전하게 되었다. 고대 근동의 2차 농산품 가운데 대표적인 여섯 품목은 올리브, 포도, 무화과, 석류, 대추, 돌무화과다.

농경과 목축업의 정밀화와 더불어 관련 제조업 또한 발달하게 되었다. 기름 짜기, 과즙 짜기, 젖 짜기, 술 빚기, 양털 깎기, 말린 과일 제조 등이다. 이러한 농목의 운영은 사유제의 탄생을 조장했다. 고든 차일드가 말한 신석기혁명 이후 5000년이 지나서야 2차 생산물 혁명이 발생했다. 이 단계가 없었다면 도시혁명 및 문명의 탄생은 상상하기 어렵다. 앤드류 셰럿의 수정을 통해 고든 차일드의 2단계 혁명론은 3단계 혁명론이 되었다.

환아라비아 유목-방목 복합 지대의 2차 생산물 혁명

2차 생산물 혁명은 도시혁명을 촉진하는 데 확실히 공로가 있었다. 그런데 고대 서남아시아의 도시 지대와 유목-방목 지대는 상보적인 관계였다. 2차 생산물 혁명은 환아라비아 유목-방목 복합 지대의 경제·사회·문화의 내용을 풍부하게 만들었으며, 전문화된 방목의 계기가 되었다.

2차 생산물 혁명 시기의 농작물은 대형 곡물 창고가 필요 없었다. 따라서 정주생활을 하지 않는 집단도 운영하기에 적당한 농작물이었고, 특히 올리브·포도·무화과·대추·석류 등은 건과로 만들기에 적합했다. 또한 운송에 축력을 사용함으로써 대형 장거리 운송이 가능해졌는데,

유목-방목의 생활 형태는 상인의 원거리 활동과 맞아떨어졌다.[23] 티그리스-유프라테스강 유역처럼 대규모 관개 시스템을 갖추고 있지 않았던 환아라비아 유목-방목 복합 지대는 인구가 늘어나면서 토지가 부족해지자 유동형 농목 복합체를 필요로 하게 되었다.

고대 지중해 동부 연안의 신화에서는 천국을 과일나무가 있는 정원으로 묘사하는 경향이 있는데, 이는 환아라비아 유목-방목 복합 지대의 상상인 듯하다. 즉 2차 생산물 혁명이 환아라비아 유목-방목 복합 지대에 끼친 충격으로 인해 에덴동산이 만들어진 것이다.

2차 생산물 혁명이 중국에서는 어떤 형태를 취했나

고대 서남아시아의 2차 생산물 혁명으로 인해 가축은 여러 역할을 하게 되었다. 그런데 돼지는 오히려 가장 무용한 가축으로 변했다. 돼지가죽은 소가죽만큼 유용하지 않았고, 돼지의 젖 역시 소와 양의 젖만큼 마실 만하지 않았다. 돼지고기 역시 소고기와 양고기에 비해 사람들에게 기생충을 옮기기 십상이었다. 따라서 돼지는 가장 업신여김을 받는 가축이 되었다. 기독교와 이슬람의 저주로 인해 돼지는 오늘날 근동 일대에서 이미 자취를 감추었다.

농작물을 이용해 기름을 짜거나 술을 빚고 건과를 만들며, 가축을 이용해 모피를 얻고 농사와 운송에 동원한다는 측면에서 중국의 2차 생산물 혁명은 서남아시아와 큰 차이가 없다. 하지만 중국의 2차 생산물 혁명에서는 우유와 유제품이 발전하지 않았다. 오늘날에도 중국인의 신체에는 우유와 유제품을 소화하는 효소가 상대적으로 부족한 탓에 많이 섭취했다가는 설사를 유발하기 십상이다. 반면에 서양의 식단에서는 우유가 두유의 지위를 대신하고 유제품이 두부를 대신한다. 바꿔 말하자면, 동아시아의 식단은 서아시아의 식단에 비해 동물성이 상당히 제거되었다.

중국인은 돼지로부터 얻을 수 있는 2차 생산물을 연구·개발했다. 바로 돼지털이다. 민국 시대(1912~1949)에 돼지털과 동유桐油는 중국의 주요 수출품이었다. 그런데 돼지가 소와 양을 제치고 심지어는 인간을 대신해 '집家'을 나타내는 글자의 중심 부호가 된 것은 정말 이해하기 어렵다. 이에 대해서는 대담한 추론을 해봐야 한다. 돼지는 우리에 가둬서 기르는 가축으로, 놓아서 기르는 소와 양에 비해 중국인에게 보다 큰 안정감을 주었다. 만약 돼지가 그저 고기만 제공했다면 훗날 한자에서 '집家'을 나타내는 글자에 등장하지 못했을 것이다. 놓아서 기르지 않고 가둬서 기르는 것에 대한 애호는 사람(자녀)을 양육하는 데에도 정신적 지침이 되었던 것이다.

문명 고국 인도를 어떻게 다룰 것인가

인도 아대륙이 문명 단계에 진입한 과정은 다음 장에서 자세히 다루게 될 것이다. 여기서는 당장의 논의에 필요한 내용만 개략적으로 소개하기로 한다. 남아시아에서는 일찍이 시바피테쿠스Sivapithecus가 발견되었다. 이후 구석기시대가 시작된 이래로 지금으로부터 9만~7만 년 전에 현생인류 단계로 접어들었고, 중석기시대에 동굴 벽화가 출현했다. 남아시아 최초의 신석기 유적지 메르가르Mehrgarh(지금의 발루치스탄에 있다)는 남아시아아대륙과 이란고원의 경계에 자리하고 있다. 메르가르 문화는 무토기 신석기시대(9000~7500년 전)와 유토기 신석기시대를 거쳤으며, 지금으로부터 5300년 전에 인더스강 유역 하라파 문명의 금석병용 시대와 만나면서 마침내 문명의 문턱에 들어섰다. 메르가르의 종결기는 지금으로부터 4500년 전으로, 메르가르 문화와 인더스강 유역의 고대 문명은 두 그루의 서로 다른 식물을 접목하는 것과 같은 관계였다.

메르가르의 위치를 자세히 살펴보면, 인더스강 유역 고대 문명 성숙기의 양대 중심인 동북의 하라파와 서남의 모헨조다로 사이에 자리하고 있다. 이 양대 중심과 달리 메르가르는 인더스강 충적평야에 있지 않다. 메르가르는 술라이만Sulaiman산맥과 토바 카카르Toba Kakar산맥이 잇닿아 있는, 서쪽으로 오목하게 들어간 볼란Bolan고개에 자리하고 있다. 메르가르의 이런 지리적 양상은 자르모 유적지가 티그리스-유프라테스강 유역에서 떨어져 있는 것과 상당히 유사하다. 이란고원을 탁자에 비유하면, 자그로스산맥은 그것의 서쪽 변에 해당하고 술라이만산맥과 토바 카카르산맥은 그것의 동쪽 변에 해당한다. 볼란고개는 역사 시기로 진입한 이래로 줄곧 내륙아시아와 이란 세력이 인도로 진입하던 주요 통로였다.[24]

발루치스탄은 이란고원의 산측 지대 근방이다. 이곳에서 보리·밀·소·산양·면양의 야생 원조가 발견되었다. 따라서 이 지역에서 독립적으로 농경과 목축을 발명했을 가능성을 배제할 수 없지만, 이는 학계의 공인을 얻지 못했다. 발루치스탄과 티그리스-유프라테스강 유역은 이란고원의 양쪽 반대편에 각각 자리하고 있기에 전파론이 설득력을 지닌다. 즉 남아시아 문명의 기원은 발루치스탄 산측 지대로부터 인더스강 유역으로 뻗어나간 궤적을 지닌다. 이는 고대 근동의 문명이 산측 부메랑형 지대에서 점차 티그리스-유프라테스강 유역 삼각주로 뻗어나간 과정에 필적한다.

인도 아대륙의 또 다른 주식인 쌀은 인도 아대륙 동부에서 기원했다. 데칸고원 북쪽 빈드야Vindhya산맥의 세석기시대 채집수렵민이 갠지스강 유역으로 들어와서 최초로 벼를 경작했다.[25] 고대에 갠지스강 유역에는 야생벼가 있었고, 기후는 계절풍 강우대에 속했다. 인도 아대륙에서 자생적으로 벼를 재배했을 가능성이 없는 것은 아니지만 학계의 공인을 얻지 못했다. 현재 학계에서는 쌀의 유일한 기원을 창장 유역으로 보고 있다. 인도 아대륙에서의 쌀 문화와 밀 문화의 중첩에 대해서는 제3장에서 자세히 다룰 것이다.

서반구에는 적용되지 않는 '대하 유역 문명'이라는 개념

중앙아메리카 열대 사바나와 산림 지대는 서반구의 농경과 목축의 발원지 가운데 하나다. 이 지역의 농작물로는 옥수수·토마토·검은콩·카카오·호박 등이 있고, 가금류로 칠면조가 있다. 중앙아메리카는 고졸기古拙期(아르카익기Archaic Era, 기원전 8000~기원전 2000) 중후기에 이미 농경이 이루어졌다. 열대밀림에서 고인디언은 농지 둘레에 돌담을 쌓는 방식으로 밀림의 침범을 막았다. 또한 소택 지대에는 토대를 높이 쌓았다. 아즈텍Aztec 시대에 이르러서는 심지어 뗏목에 흙을 실어 호수에 띄우는 방법으로 식물을 재배하기도 했다. 산비탈에 계단식 밭을 만든 것은 말할 것도 없다.

서반구의 또 다른 농경·목축 발원지는 안데스 산지다. 잉카 시기 이 지역의 농경 방식에 대해서는 비교적 분명히 알 수 있다. 고산·밀림·해안의 토지를 모두 사용했으며, 산비탈에 계단식 밭을 광범하게 만들었고, 감자와 카카오를 재배했다. 기원전 2500년 무렵에는 옥수수 재배가 이 지역에 전해졌다. 가축화한 동물로는 라마·알파카·기니피그가 있다.

2차 생산물 혁명이 서반구에서는 어떤 형태를 취했을까? 아메리카에는 인력을 대체할 수 있는 대형 축력이 모자랐다. 아메리카에는 말이 없었고 순화한 소·낙타·나귀도 없었으며, 오직 들소뿐이었다. 남아메리카에서 순화할 수 있는 동물은 비쿠냐뿐이었다. 중앙아메리카 아즈텍 문명에서 출토된 장난감에 바퀴가 있긴 하지만, 바퀴를 운송 도구로 응용하지는 않았다. 바퀴를 끌 축력이 부족했기 때문이다. 따라서 아메리카에서 2차 생산물 혁명의 범위는 비교적 협소했다. 예를 들면 알파카의 털을 취하는 정도였다.

서반구 문명의 탄생 역시 고대 근동의 양상과는 부합하지 않는다. 중앙아메리카 문명은 바퀴·야금술·문자가 없는 상황에서 도시 단계로 진입했다. 이 지역에서는 문명의 후기에 이르러서야 문자 사용이 시도되었다. 도시혁명 예비기에 필요한 기반 역시 안데스 문명에서는 죄다 부족했다. 이 지역의 문명 후기에 이르러서야 비로소 야금·주조 기술의 문턱에 도달했다. 그런데 문자는 끝내 발전하지 않았다.

주

1. V. Gordon Childe, Foreword by Glyn Daniel, *Man Makes Himself* (New York: The New American Library, Inc., 1983), chapter VII "The Urban Revolution."

2. 부메랑은 오스트레일리아 원주민이 사용한 사냥 도구다. 공기동력학의 원리를 이용한 것으로, 던지면 되돌아온다. 나는 환티그리스-유프라테스강 유역의 산측 지대를 '산측 말굽쇠형 지대'로 명명한 적도 있다. 하지만 말굽쇠의 모양보다는 부메랑이 환티그리스-유프라테스강 유역 산측 지대의 형태와 더 유사하다.

3. J. Mellaart, "The Earliest Settlements in Western Asia from the Ninth to the End of the Fifth Millennium B.C.," *Cambridge Ancient History*, Third Edition, vol. I, Part 1: *Prolegomena and Prehistory*(Cambridge, UK and New York: Cambridge University Press), p. 250.

4. Jared Diamond, *Guns, Germs, and Steel: The Fates of Human Societies* (New York and London: W.W. Norton & Company, 1999), pp. 161~166.

5. Courtlandt Canby, Arcadia Kocybala, *A Guide to the Archaeological Sites of Israel, Egypt and North Africa* (New York, Oxford, Sydney: Facts on File, 1990), p.38.

6. Amnon Ben-Tor, translated by R. Greenberg, *The Archaeology of Ancient Israel* (New Haven and London: Yale University Press, and The Open University of Israel, 1992), p. 22.

7. Kathleen M. Kenyon, *Archaeology in the Holy Land*, Fourth revised edition (London: Ernest Benn Limited; New York:W.W. Norton and Company Inc., 1979), pp. 22~28.

8. Amnon Ben-Tor, *The Archaeology of Ancient Israel*, pp. 12~13.

9. Ibid., p. 26.

10. 이 산맥은 언어에 따라서 서로 다르게 분류되어 매우 헷갈린다. 영어에서 '타우루스 산맥'은 오늘날 터키 서남부의 산지를 가리킨다. 터키어에서 베이다글라리Beydaglari는 실제로 서타우루스산맥이다. 알라다글라르Aladaglar와 볼카르 다글라리Bolkar Daglari를 포함한 그 동쪽의 산들은 아나톨리아 고원과 지중해 동부 연안의 지리적 분계선이다. 이를 영어에서는 난해하게도 '안티타우루스Anti-Taurus'라고 하며 이를 타우루스산맥의 종점으로 본다. 하지만 터키어에서 타우루스산맥은 동쪽으로 티그리스-유프라테스강 유역 상류까지 더 뻗어나가며 이를 귀네이도구 토로슬라르Güneydogu Toroslar, 즉 동남타우루스산맥이라고 한다. 독일어의 지리 분류에서는 동남타우루스산맥 뒤쪽을 '내타우루스산맥'으로 다시 구분한다. 내타우루스산맥도 마땅히 터키어의 토로스산맥Toros Daglari이라는 총칭 안에 포함해야 한다. 이렇게 보자면 타우루스산맥은 이란고원의 북자그로스산맥과 경계를 접하며, 이 둘은 티그리스-유프라테스강 유역을 둘러싼 산측 지대의 아치형 천장을 구성한다.

11. Ruth Bollongino, Joachim Burger, Adam Powell, Marjan Mashkour, Jean-Denis Vigne, Mark G. Thomas , "Modern Taurine Cattle descended from small number of Near-Eastern founders," *Molecular Biology and Evolution*, 2012/3/14.

12. 터키어로 '언덕'을 뜻하는 회위크Hüyük는 아람어의 텔Tell, 이란어의 테페Tepe와 같은 의미다.

13. 여기서는 문명 서광기와 관련된 내용을 다루고 있으므로, 시대를 나타내는 데 '지금으로부터 얼마 전BP'이라는 표현 대신 '기원전'을 사용했다. 다음에서도 이를 기준으로 각각에 해당하는 표현을 사용했다.

14. Seton Lloyd, *The Archaeology of Mesopotamia, from the Old Stone Age to the Persian Conquest*, revised edition (London: Thames and Hudson, Ltd., 1984), p. 14.

15. Robert James Forbes, *Metallurgy in Antiquity: A Notebook for Archaeologists and Technologists* (Leiden, Netherlands: E.J.Brill, 1950), p. 18.

16. "Rice's Origins Point to China, Genome Researchers Conclude," published May 3, 2011, by New York University(http:// www.sciencenewsline.com/articles/2011050313000047.html), 검색일 2014/2/26.

17. Jared Diamond, Peter Bellwood, "Farmers and Their Languages: The First Expansions," *Science*, no. 300 [5619] (April 25, 2003), pp. 597~603.

18. O. Bar-Yosef, "Pleistocene connexions between Africa and Southwest Asia: an archaeological perspective," *African Archaeological Review*, 1987, vol. 5, issue 1, pp. 29~38. (http://link.springer.com/article/10.1007%2FBF01117080), 검색일 2013/2/14.

19. '세석기'와 '중석기'는 구석기시대 말기에서 신석기시대로의 과도기와 동의어로 종종 사용된다. 이 용어의 적용은 각각의 유적지에서 발굴 작업을 진행한 고고학자에 따라 다르다.

20. Zarins Juris, "Early Pastoral Nomadism and the Settlement of Lower Mesopotamia," *Bulletin of the American Schools of Oriental Research*, No. 280 (Nov., 1990), pp. 31~65.

21. '8200년 사건'에 대해서는 다음을 보라. Allegra N. LeGrande, "The 8,200-year BP Event," in Vivien Gornitz, ed., *Encyclopedia of Paleoclimatology and Ancient Environments* (The Netherlands, Springer, 2009), pp. 838~942.

22. William G. Dever, "Pastoralism and the End of the Urban Early Bronze Age in Palestine," in Ofer Bar-Yosef and Anatoly Khazanov, eds., *Pastoralism in the Levant, Archaeological Materials*.

23. Patricia L. Fall, Steven E. Falconer, and Lee Lines, "Agricultural Intensi.cation and the Secondary Products Revolution along the Jordan Rift," *Human Ecology: An Interdisciplinary Journal*, vol. 30. No. 4 (Dec. 2002), pp. 445~482.

24. 인도사에서 동북방으로부터 인도로 진입한 통로로서 보다 자주 언급되는 곳은 힌두 쿠시산의 카이베르Khyber고개다.

25. Introduced by Colin Renfrew, *Past World: Atlas of Archaeology* (Ann Arbor, MI: Border Press in association with HarperCollins, 2003), p. 89.

제3장

재차 기초를 다진
고대 인도 문명

이 책은 티그리스-유프라테스강 유역과 이집트 고대사를 먼저 설명한 뒤에 인도와 중국을 다루는 식의 전통적인 통사 형식과 다르다. 제2장의 문명 기원을 이어서 설명하기 위해서는 남아시아와 동아시아의 기원 문제에 대한 논의를 마쳐야만 한다. 그래야 비로소 티그리스-유프라테스강 유역과 이집트의 역사 시기와 왕조사로 들어갈 수 있다. 인더스강 유역의 문명은 이미 도시 시대로 진입했지만, 이 문명에 대해서는 지금까지도 여전히 발굴 자료를 통해 연구할 수밖에 없다. 이런 의미에서 인더스강 유역의 문명은 선사시대에 속한다고 할 수 있다.

인더스강 유역 문명의 지리적·시간적 계통

인더스강 유역은 파키스탄·인도·아프가니스탄·중국을 관통한다. 인더스강 유역 고대 문명의 유적지가 확산되어 있는 전체 지대를 살펴보면, 서쪽으로는 파키스탄 발루치스탄의 마크란해안에 이르고, 동쪽으로는 인더스강 상류와 갠지스강 상류의 접경지에 이르며, 북쪽으로는 아프가니스탄 동북 귀퉁이에 이르고, 남쪽으로는 인도 마하라슈트라주(주도는 뭄바이)에 이른다. 면적이 126만 제곱킬로미터로, 범위가 가장 큰 제1세대 고대 문명이다.

인더스강 유역 고대 문명의 가장 이른 시기 유적지는 서부에 집중되어 있다. 바로 오늘날 발루치스탄 경내의 산기슭 지대다. 인더스강 유역 고대 문명의 성숙기에 이르러서 그 중심은 동쪽으로 이동했다. 이 유역의 충적평야가 중심이 되었고, 문화 유적지는 충적평야 지대에서 동북·동남 방향으로 뻗어나갔다. 동쪽으로는 인더스강 유역 상류를 포괄하고, 동남쪽으로는 서해안을 따라서 데칸고원의 서북 가장자리까지 뻗어나갔다. 이 두 방향의 확장은 마치 커다란 입의 위턱과 아래턱 같다. 이 위아래 턱이 꽉 물고 있되 삼키지 못하고 있는 큰 덩어리가 바로

파키스탄·인도·아프가니스탄·중국을 관통하는 인더스강 유역

인더스강 중류 목구멍에 걸린 타르Thar사막이다. 인더스강 유역 고대 문명 후기에 이르러서, 그 유적지는 이미 인더스강 상류를 따라서 갠지스강 충적평야의 가장 서쪽 가장자리 및 타르사막의 맞은편 기슭까지 도약했다.

인더스강 유역의 문명을 대표해온 두 유적지인, 지금의 파키스탄 편자브주의 하라파와 신드주의 모헨조다로는 모두 성숙기에 속한다. 가장 먼저 발견된 것이 하라파 유적지이므로 '인더스강 유역의 문명'은 '하라파 문명'으로 칭해진다. 이 책에서는 글의 맥락에 따라서 두 명칭을 적절히 사용할 것이다. 사실상 모헨조다로야말로 이 문명의 거대도시였다. 모헨조다로는 하라파보다 두 배나 컸다.[1] 오늘날 발루치스탄의 메르가르(기원전 7000~기원전 2500) 유적지는 원래 신석기 문화에 해당한다. 메

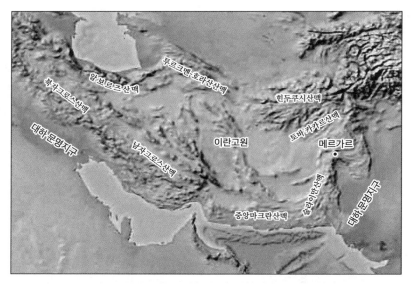

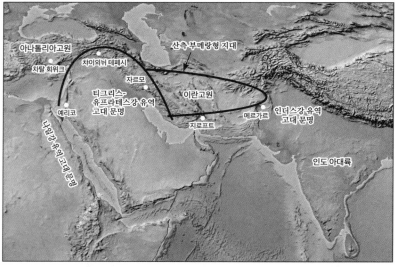

산측 부메랑형 지대의 일환인 이란 고원의 서측과 인더스강 유역 고대 문명의 선도자인 이란 고원의 동측

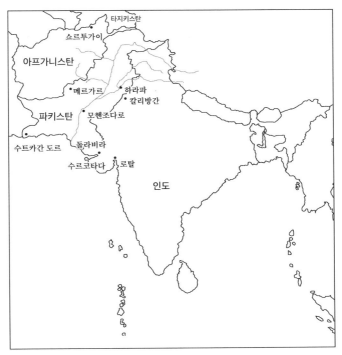

인더스강 유역 유적지

르가르 문화는 성숙기 하라파 문명에 편입된 뒤에야 하라파 문명의 선행 단계로 간주되었다. 메르가르는 사실상 문명 단계로 진입하지 않았으며, 넓은 의미의 인더스강 유역 문화 전통에 포함할 수 있을 뿐이다. 메르가르는 초기 청동기시대의 '하라파 초기'(기원전 3300~기원전 2600)로 이어진다. 엄격한 의미에서의 인더스강 유역 문명은 '하라파 성숙기'(기원전 2600~기원전 1900)에 시작되었다.

메르가르는 하라파 문명의 속표지로서 하라파 문명에 '가입'했다가 나중에 다시 '퇴장'했다. 기원전 2000년, 메르가르는 그곳 거주민에 의해 버려졌다. 아마도 기후가 점차 건조해진 탓에 보다 비옥한 대하 유역이 그들을 유인했을 것이다. 600년 뒤, 이란 배경을 지닌 일군의 사람들이 이곳을 재건했다. 이란과의 이러한 관계는 무엇을 설명하는 것일까? 이란고원의 서측은 '산측 부메랑형 지대'의 일환이고, 동측은 인더스강 유역 고대 문명의 '속표지'가 되었다고 하는 것이 이치에 맞다.

이상이 인더스강 유역 문명 유년기의 변천사다. 그 무대의 중심이 충적평야로 옮겨진 뒤에는 뚜렷이 다른 양상이 나타나게 된다. 인도학자는 세계적으로 알려진 이 고대 문명의 유적지가 죄다 파키스탄 경내에 있기 때문에, 이미 말라버린 옛 강줄기 사라스바티Sarasvati 주위의 인도 경내 유적지를 강조하고 심지어는 인더스강 유역 문명을 '인더스-사라스바티강 문명'으로 고쳐 부르기까지 한다. 사라스바티는 오늘날 가가르Ghaggar 하크라Hakra강과 동일시되므로, '인더스-가가르 하크라강 문명'이라고도 한다. 결국 고대 인도 역시 '두 강'을 중심으로 하는 문명이 된 것이다(두 강 중 하나는 이미 말라버렸다).

이상은 고대사 재건이라는 것이 고고 자료를 비롯해 현대인의 지역 개념과 영역 구분 및 정치적 기대가 빚어낸 상징의 상호작용임을 말해 준다.

산측에서 충적평야로

인더스강 유역 문명 유적지의 발견이 19세기 중기에 시작되었다고는 하지만 하라파의 발굴은 1921년에야 시작되었다. 고고학자들이 인더스강 유역 문명의 전체 윤곽을 구축하게 된 것은 1974년에 메르가르라는 원천을 발견하고서부터다. 메르가르는 이란고원 동단의, 토바 카카르산맥과 술라이만산맥이 잇닿은 산간 평지에 자리하고 있다(제2장 참조).

메르가르는 이란고원의 동남쪽 가장자리에 자리하며, 구릉 지대에 속한다. 메르가르와 인더스강 유역의 관계는, 선사시대 서남아시아의 산측 지대와 티그리스-유프라테스강 문명 간의 유대관계에 비유할 수

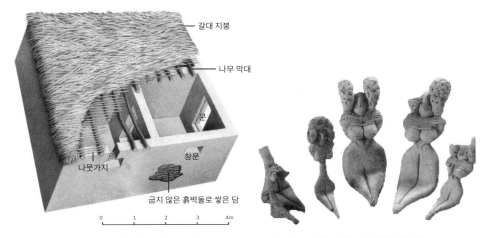

상상으로 복원한 메르가르의 가옥   메르가르 문화의 점토로 만든 여인상

있다. 만약 인더스강 충적평야가 농경의 문명 지대로 개발되지 않았다면, 그 변경에 자리한 메르가르는 지리적으로 인도 아대륙에 포함된다하더라도 그 생존 형태는 여전히 이란고원의 산측에 속했을 것이다.

　전문가들은 이란고원(특히 이란고원의 동서남북 네 측면)의 환경학 및 문화상의 통합성에 주목하기 시작했다. 산측 지대란 사실 이란고원 전체 바깥 둘레의 일환이다. 산맥으로 이루어진 바깥 둘레가 내륙 분지와 다른 점은 강수량이 비교적 풍부하다는 것이다.[2] 앞에서 이미 지적했듯이, 고대인이 충적평야로 진입해 갑절의 노동력을 들여서 농경에 종사한 것은 부득이한 일이었다. 따라서 최초의 농경은 강수량이 적은 비탈 지대에서 발생할 수밖에 없었으며, 같은 지대 간에는 전파가 용이했다.

　메르가르 문화는 무토기 시대에서 유토기 시대로 발전했다. 건물은 햇볕에 말린 흙벽돌을 이용해서 만들었다. 이는 성숙기의 도시에서 불에 구운 흙벽돌을 사용한 것과 다르다. 유토기 시대의 묘장 형식은 굴신장屈身葬이었다. 부장품으로는 가공한 돌도끼 · 세석기 · 부싯돌, 가공을

하라파 문명의 대목욕장

거치지 않은 부시, 진주 목걸이를 비롯한 장신구 등이 있다. 시기상으로
는 지금으로부터 약 7500~6500년 전에 해당한다.[3]

　메르가르의 금석병용 시대(기원전 4500~기원전 3700) 층에서는 치료
를 받은 치아가 출토되었다. 그 수량은 3880개 중에서 11개뿐이다. 로마
의 어느 박물관의 전문가는 이들 치아의 흔적에 근거해서 당시에 사용
했던 치아 치료용 송곳을 제작했다. 메르가르에서 출토된 이들 치아는
인류 최초의 치아 치료의 증거로 2006년에 공포되었다.[4] 기원전 2800~
기원전 2500년에 메르가르 지역은 청동기시대로 진입해 하라파 문명과
합류했다. 하라파 문명은 이때도 여전히 서광기에 속했다. 당시 메르가
르 문화에서는 점토로 만든 여인상이 대량으로 생산되었다. 이 여인상
은 묘장품으로 광범하게 사용되었는데, 이것이 대모신을 나타내는지는
알 수 없다.

　하라파 문명의 성숙기는 바로 각지의 여러 전통을 하나의 문명으로
통합한 시대다. 그 핵심 지대는 바로 인더스강의 충적평야였다. 거대도

시에 해당하는 유적지로는 하라파(파키스탄 펀자브주), 모헨조다로(파키스탄 신드주), 칼리방간Kalibangan(인도 라자스탄주), 돌라비라Dholavira(인도 구자라트주), 로탈Lothal(구자라트주), 수르코타다Surkotada(구자라트주)가 있다. 이들 도시는 규격화된 도시 계획에 따라 건설되었다. 성벽으로 둘러싸인 성채 안의 대목욕장, 질서정연한 배수구, 직사각형의 비례가 표준화된 건축용 구운 벽돌 등은 통일감을 준다.

인더스강 유역의 도시혁명

모헨조다로 유적지는 성채와 시가지로 나뉜다. 시가지는 선택적으로 발굴된 상태이며, 성채는 집중 발굴되었다. 성채는 인공 구조물로, '다로daro'는 힌디어로 언덕을 의미한다.[5] 이 인공 언덕의 중요 부위는 구운 벽돌로 쌓은 보루와 탑, 흙벽돌로 쌓은 제방, 집회소, 하역荷役용 계단, 곡물 창고, 하수도이며, 대목욕장과 우물이 중앙에 자리한다. 시가지의 주도로는 폭이 10미터에 달한다. 또한 벽돌로 만든 하수구가 있다.

하라파 유적지의 성채 안쪽의 기단에는 곡물 창고와 집회장이 있다. 성채의 중심은 계단이 있는 대목욕장과 우물로, 일찍이 방어용 구축물의 일부분이었던 AB 언덕 지역에는 복잡한 하수 시스템의 배출구가 존재한다. 하라파에서 출토된 무덤에서는 유골을 비롯해 녹로로 만든 고품질의 토기와 구슬을 꿰어 만든 장식물 등의 부장품이 나왔다. 시가지 부분은 현재 사람들이 거주하고 있는 마을이 있기 때문에 발굴 가능한 지역이 매우 한정적이다. 하지만 고대의 모습을 충분히 복원할 수 있다. 거리는 가지런하고, 중앙에는 배수구가 있었다.

로탈은 항구도시로, 배수구 유적 외에 부두도 있다. 돌라비라는 로탈보다 이른 시기의 유적지로, 성채·중간도시·아랫도시로 나뉜다. 돌라비라는 당시에 가장 장관이었던 도시다. 흙벽돌을 건축 재료로 사용했던 다른 고대 도시와 달리, 이곳은 모든 건물을 돌로 만들었기 때문이다. 돌라비라에는 돌을 파서 만든 저수지도 많다. 성채에는 계단까지 갖춘 대목욕장이 있다. 인도 구자라트주의 수르코타다 유적지는 1964년에 발견되었다. 이 유적지는 하라파 문명의 후기에 만들어진 취락(기원전 2100)으로, 기존의 주민이 정착했던 지점에 세워졌으며 400년 동안 존속했다. 1974년에 인도의 고고학 팀은 수르코타다 유적지의 각 층에서 모두 말의 뼈를 발견했다고 발표하면서 이것이 바로 아리아인이 원주민이라는 설의 증거이길 바랐다. 하지만 이는 논쟁을 불러일으켰다. 이상의 세 유적지는 모두 인더스강 삼각주에서 벗어나 있으며, 인더스강의 가장 남쪽 방향에 자리하고 있다.

가장 최근에 발견된 것은 인도 경내에서 북쪽으로 치우친 곳에 자리한 라자스탄주의 칼리방간 유적지다. 이탈리아 고고학자가 20세기 초에 칼리방간 유적지의 초기 성질을 식별했지만, 당시에 하라파 문명은 아직 인정받지 못했다. 칼리방간 유적지에 대한 완전한 보고는 2003년이 되어서야 비로소 인도 당국이 발표했다. 칼리방간 1기에는 흙벽돌을 쌓아 만든 성채 유적지가 있으며, 시간상으로는 인더스 문명 시조기(기원전 3500~기원전 2500)와 같은 시기다. 칼리방간 유적지에 남겨진 최초의 경작 흔적은 기원전 2800년 무렵의 것이다. 칼리방간 2기는 하라파 성숙기(기원전 2500~기원전 1750)에 해당하며, 질서정연한 도시 계획에 따른 취락이 출연했다. 기원전 2000년 전후에 사라스바티강이 마르면서 이 취락은 점차 버려졌다.

파키스탄과 이란의 접경지(지금의 발루치스탄)에 자리한 수트카간 도르Sutkagan Dor 유적지는 우리가 알고 있는 인더스 문명의 최서단으로, 페르시아만의 마크란해안에 인접해 있다. 수트카간 도르 역시 성채와 시가지로 구분되어 있으며, 고대에 아마도 로탈·돌라비라와 연결된 항

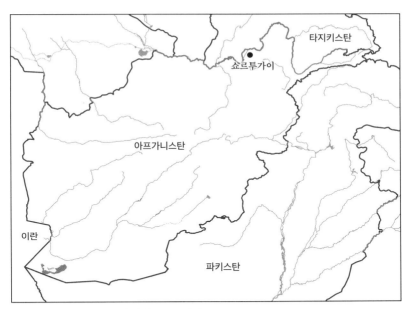

인더스강 유역 문명의 상업 거점 쇼르투가이

구도시였을 것이다. 하라파 문명은 일찍이 아무다리야Amu Darya강 지역, 즉 지금의 아프가니스탄과 타지키스탄의 경계에 자리한 쇼르투가이Shortughai에 거점을 구축했다. 그 목적은 청금석靑金石을 채굴하는 것이었으며 주석·낙타 무역과도 관련이 있었을 것이다.[6]

인더스강 유역 고대 문명과 영향을 주고받았던 주변 지역

엄격한 의미에서 말하자면 메르가르는 인도반도 바깥에 자리하고 있다. 메르가르가 무토기 시대에서 유토기 시대로 변천하던 시기에, 인도반도의 기타 지역은 여전히 세석기시대였으며 농경 취락의 흔적이 없다. 메르가르가 금석병용 시대로 진입했을 때, 오늘날 아라비아해에 접한 카르나타카Karnataka와 벵골만에 접한 안드라 프라데시Andhra Pradesh의 유적지에서도 토기 제작 전통이 생겨났다. 이는 서북 변경 지역과 매우 다른

데, 아마도 동남아와 관련이 있을 것이다.[7]

초기 하라파부터 성숙기까지 평행하며 존재했던 펀자브(파키스탄의 펀자브주, 인도의 펀자브주) 북부의 신석기 문화는 충적평야의 지척에 있으면서도 일찍이 충적평야의 주류 문명과 접촉한 적이 없는 듯하다. 오히려 이곳에서는 중국 화베이와 동북 지역 신석기 문화의 특징들이 출현했다. 예를 들면 구멍을 뚫은 칼날, 옥구슬, 혈거, 순장한 개 등이다. 이밖에 쌀도 발견되었다.[8]

한편 금석병용 시대에 인더스강 유역 문명의 토기 형태는 이미 남투르크메니스탄 및 북이란의 것과 유사했다. 페르시아만의 딜문Dilmun(아마도 지금의 바레인)에서는 하라파 문명의 인장印章이 많이 출토되었는데, 이곳은 하라파 문명과 수메르 문명의 무역 중개지였던 듯하다. 수메르의 도시국가 유적지에서도 인더스강 유역의 인장이 출토되었다. 인더스 하구의 무역항에서도 페르시아만 유형의 인장이 출토되었다. 수메르 문헌에서 언급한 멜루하Meluhha가 가리키는 것은 아마도 하라파 문명일 것이다. 하라파 문명은, '티그리스-유프라테스강 유역-이란고원-중앙아시아' 네트워크의 일원이었던 듯하다. 하라파 문명과 인도반도와의 관계는 도리어 비교적 소원했는데, 타르사막으로 인해 하라파 문명이 동쪽으로 뻗어나가기 어려웠기 때문이다.

수메르어, 엘람어, 인더스 문명의 언어는 고립적이었던 듯하다. 일찍이 어떤 사람은 수메르인이 티그리스-유프라테스강 지역의 외래자로, 바다에서 왔다고 주장했다. 또 어떤 사람은 하라파 문명은 수메르 문명과 근원이 같거나, 수메르에 하라파의 식민지가 건설되었다고 주장한다. 또 어떤 사람은 엘람-드라비다Elamo-Dravidia어족을 설정해 이를 인도아대륙과 밀접하게 만들고자 시도한다. 2001년에 이란 당국이 동남부의 시스탄오발루체스탄주와 케르만주에서 지로프트 문명을 발견했다

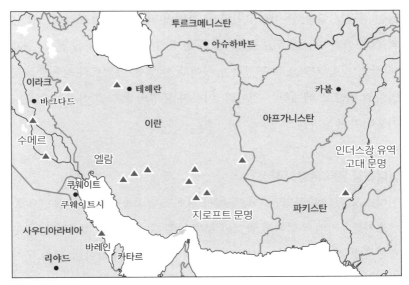

수메르어, 엘람어, 인더스강 고대 문명과 지로프트 문명의 분포

고 선포한 이후로 또 다른 주장이 추가된 듯하다. 지로프트는 엘람과 인더스강의 중간에 위치한다.

지로프트 문자는 여전히 발견 단계지만 세계사에서 가장 오래된 문자로 이미 인정받았다. 지로프트 문자는 엘람 문명보다 300년 앞서 나타났고 나중에 엘람 문명이 지로프트 문자를 채택한 것이다. 하지만 엘람 문명의 언어가 지로프트 문자의 언어와 같은지는 별도로 논해야 한다. 지로프트 문명과 동쪽의 하라파 문명이 어떤 관계인지는 자세히 살펴봐야 한다. 정식 발굴 보고가 아직까지 공포되지 않았기 때문에 국제 학계는 지로프트 문명이 세계에서 가장 오래된 문명이라는 주장에 많은 의문을 품고 있다. 하지만 지로프트 문명은 적어도 티그리스-유프라테스강을 그저 서양사의 원천으로만 간주하는 서양 위주의 편견을 바로잡기는 했다. 이러한 편견이 바로 서양사를 세계사와 동일시하는 잘못된 길의 기점이다. 현재 '중앙아시아 상호 영향권'이라는 개념을 탐색하고 있는 사람도 있다. 즉 이란고원의 세 측면인 티그리스-유프라테스강 유역, 동이란과 지금의 투르크메니스탄 일대, 인더스강 유역을 문화·경제의 상호 영향 지역으로 구성하는 것이다. 반면에 이집트와 동지중해를 영향권 밖으로 배제하는 것이다. 이로써 문명의 요람을 아시아 쪽으로 기울어지게 했다.[9]

인더스강 유역 문명의 특징

인더스강 유역의 문명은 구대륙에서 최초로 면직물을 방직한 문명으로, 메르가르 1기의 무덤에서 출토된 무명실은 세계 최초의 것이다.[10] 이 문명은 청동기 제작에 있어서는 다른 고대 문명에 비해 약한데, 특히 무기에서 그렇다. 인더스강 유역의 문명은 무武를 숭상하지 않았다. 이 문명에는 전쟁의 흔적이 없으며, 생활의 쾌적함을 중시하여 도시 계획과 위생 시설을 갖춘 문명이 최초로 출현한 것이다. 이들 도시에는 최초의 수세식 변기까지 있었고, 이는 공동 하수관과 연결되어 있었다. 따라서 수리 공사 역시 매우 발달했다. 인더스강 유역의 문명은 최초로 도량형을 제정한 문명 가운데 하나로, 십진법을 사용했다. 수메르의 도시 유적지에서는 하라파 문명의 저울과 저울추가 발견되기도 했다.

　하라파 문명의 출토 문물은 대모신을 숭배한 흔적을 보여준다. 대모신 숭배는 물론 다른 고대 문명에서도 나타나지만, 하라파 문명의 종교적 문물은 확실히 독특한 점이 두드러진다. 모헨조다로의 무녀舞女 형태의 작은 동상은 종교 제전에 춤이 있었음을 암시한다. 생동감 있고 인체 비례에 맞게 표현된 그 형상은 매우 심상찮다. 출토 문물 중에서 흙으로 만든 어떤 인장에는 얼굴이 셋인 사람의 부조가 새겨져 있는데, 가부좌를 하고 앉아서 좌선하는 모습이 마치 요가행자인 듯하다. 어떤 고고학 권위자가 '우주牛主'(파슈파티Pashupati)라고 칭한 이것은 시바Siva의 전신으

로 여겨진다.[11] 모헨조다로에서 출토된, '사
제왕'으로 속칭되는 유명한 조각상은 지금
으로부터 4500년 전의 것으로, 재료는 활석
steatite이며 요가의 좌선 자세와 꽤 비슷하다.
하지만 이것이 요가행자인지 사제인지 혹
은 왕인지에 대해서는 아직 논쟁 중이다.[12]

'우주柱主'로 칭해지는, 얼굴이 셋인 사
람의 부조

　　하라파 문명의 도시 유적지의 또 다른
특징은 궁전이 발견되지 않았다는 것이다.
또한 사원이라고 할 만한 건축물도 발견되
지 않았다.[13] 이러한 건축물에 가장 가까운
것은 모헨조다로의 성채에 있는 사원군과
사제의 거처인데, 이들 명칭의 뒤에는 물음
표가 따라붙는다. 이곳에서는 사원 대신 대
목욕장이 중심 지위를 차지하고 있다. 대목
욕장은 아마도 깨끗이 씻어내는 종교 의례
용이었을 것이다.

　　생각해볼 문제가 있다. 지금의 인도에
하라파 문명을 추적할 수 있는 단서가 있느
냐는 것이다. 세계 각지 고대 문명의 도시

모헨조다로에서 출토된 조각상

유적지는 모두 사원 건축이 중심인데, 하라파 문명은 명백한 예외다. 하
라파 문명에서 중심 지위를 차지하는 것은 대목욕장이다. 이는 오늘날
힌두교의 최대 규모의 의례가 성스러운 강이나 못에서 행하는 세례인
것과 부합한다.

　　성스러운 강으로 가서 강물로 몸을 씻어 정화하는 것이 오늘날 힌
두교도 최대의 순례 축제다. 가장 장관인 것은 쿰브멜라Kumbh Mela로, 6년

이 소주기이고 12년이 전소주기다. 12개의 전주기를 '마하 쿰브멜라'라고 하는데, 144년에 한 번이다. 2001년 쿰브멜라에는 7000만 명이 참가했고, 2007년에는 3000만 명이 참가했다. 쿰브멜라는 세계 최대의 순례 활동이며, 매번 수많은 사람이 압사하는 사건이 발생한다. 남인도의 타밀나두Tamil Nadu에는 16개의 신감神龕에 둘러 싸인 마하마함Mahamaham 인공 저수조가 있다. 면적이 6.2에이커에 달하는 마하마함 저수조 아래에는 물을 공급하는 21개의 우물이 있다. 이곳의 순례 인파는 매년 10만 명에 달하고, 12년 주기에는 200만 명에 달한다.

하라파 문명이 오늘날 인도와 연속된 것인지, 아니면 단층이 존재했는지에 관한 논쟁이 있는데, 이는 고대 인도의 언어 문제와 관련된다. 하라파 문명은 아리아인 정복자에게 자리를 빼앗긴 것일까? 아니면 아리아인이야말로 이 고대 문명의 건립자일까? 그들이 인도반도의 원주민일까?

인더스강 유역의 고대 문명은 누가 세운 것일까

고대 국제무역 노선에서 하라파 문명의 인장이 대량으로 출토되었다. 인장에는 여러 종류의 동물 도형이 있다. 이것은 동물숭배의 흔적일까, 상점의 상표일까, 개인의 서명일까? 동물 도형 위쪽의 기호는 문자일까, 아니면 미적 디자인일까? 동일한 종류의 동물 도형 위쪽에 자리한 도안 기호가 서로 다른데, 이는 문자 체계가 아닐 수도 있다.

비교적 확실한 것은 이들 인장의 문자 샘플이 하라파 문명의 문자 해독에 도움이 되지 않는다는 사실이다. 하라파 문명의 인장에서 지금까지 총 400~600개의 부호를 발견했는데, 문제는 이들 부호가 "자모라기엔 그 수가 너무 많고, 한자와 같은 표의문자라기엔 그 수가 너무 적다"[14]는 것이다. 설상가상으로, 가장 긴 샘플도 단지 26개의 부호에 불과해서 컴퓨터를 이용하여 해독에 도움을 받는다 하더라도 이 샘플로는 여전히 부족하다. 만약 하라파 문명이 성숙한 문자 체계를 확실히 갖고 있었다면, 그 시절 종려나무 잎이나 면직물처럼 썩기 쉬운 재질에 글자를 썼던 탓에 오늘날 발견되지 않는 것일 가능성도 있다.

해독이 가능하다면 그것을 오늘날 이미 알고 있는 어족과 관련지어, 하라파 문명을 누가 세웠는지에 대한 의문을 풀 수 있을 것이다. 지금으로서는 단지 가설일 수밖에 없다. 오늘날 남인도에 집중되어 있는 드라비다어족 혹은 그 조상이 하라파 문명을 세웠으리라는 것이 가장 가능성이 높은 가설이다. 이들은 바로 고대 이란의 엘람어족과 뿌리를 함께한다. 침입한 아리아인에 의해 드라비다인이 반도 남부로 쫓겨났다는 가설에 대한 가장 강력한 반박에 따르면, 남인도인에는 서북방 하라파 문명의 물질적 기초가 이식된 흔적이 전혀 없다.

이러한 반박에 대해 다음과 같이 답변할 수 있다. 오늘날 700만 명에 달하는 중앙아메리카의 마야인은 촌락에 흩어져 살고 있다. 19세기 중반 이전에 이미 그들은, 조상이 일찍이 건립했던 발달한 고대 문명에 대한 기억을 상실한 상태였다. 마야 유적지는 미국 고고학자가 밀림에서 발견한 것이다. 크메르인은 12세기에 내륙의 톤레사프_{Tonle Sap}호 지역에 휘황찬란한 앙코르와트를 세웠다. 후에 크메르제국이 쇠약해지자 그 중심은 메콩강 하류로 이동했다. 농경 자원에 의지했던 내륙 제국이 남양_{南洋} 무역에 참여하는 국가로 변한 것이다. 앙코르와트는 참호 덕분에 밀림에 잠식되지 않았지만, 자손들은 조상의 이 절정기의 유산을 공동의 기억으로 구축하지 않은 듯하다. 19세기에 이르러서야 프랑스의 식민주의자가 그것을 세계적 문화유산으로 끌어올렸다.

하지만 문화적 특징이 남겨지는 게 반드시 의식적인 기억과 관계가 있는 것은 아니다. 오늘날 마야인은 여전히 그들의 조어_{祖語}를 간직하고 있다. 현재 캄보디아의 주요 신앙인 남전 불교는 후기 앙코르와트 문화에서 비롯되었다. 인도반도 남부의 드라비다인은 확실히 그 어떤 하라파 문명의 특징도 지니고 있지 않다. 그런데 성스러운 강에서 물로 씻어 정화하는 종교 활동은 결코 남인도의 특징이 아니며, 사실상 중요한 '성스러운 강'은 북방에 있다. 이것이 오히려 인더스강 고대 문명과 오늘날의 인도 아리아인이 연속성을 지닌다는 증거가 된다.

드라비다어족에 속하는 브라후이Brahui인은 멀리 발루치스탄에 고립되어 있는데, 이를 인더스강 유역의 원주민이 본향에 남은 흔적으로 간주할 수 있을까? 브라후이어의 문법 구조는 확실히 드라비다다. 브라후이어에서 드라비다어 어휘는 15퍼센트만 남았고, 기타 85퍼센트는 페르시아-아라비아, 발루치, 인도-아리아 어휘에 속한다. 또한 문자는 페르시아-아라비아 자모를 사용한다. 브라후이어 어휘에는 고대 페르시아의 조로아스터교 내용이 결핍되어 있기 때문에 어떤 학자는 브라후이인이 10세기 이후에야 남인도에서 발루치스탄으로 이주한 것이라고 본다. 그렇다면 브라후이인은 외래자이지, 태곳적 원주민이 아니다.

어떤 독일학자는 하라파 문명의 언어가 오늘날 남아시아어족 문다Munda어의 조어祖語일 것이라고 했지만, 이를 지지하는 이는 드물다. 남아시아어족은 오늘날 대부분 인도차이나반도에 집중되어 있다. 캄보디아어와 베트남어가 그 예다. 고대 인도에서 남아시아어족은 데칸고원에 집중적으로 거주했으며 문화 수준이 낮은 야만인이었다. 북방의 강한 나라일지라도 남인도를 공격하려면 데칸고원을 통과해야 했고 길이 험난했다. 남아시아어족은 오늘날 데칸고원과 인도 동부의 궁벽한 곳에만 존재한다.

지금의 인도(파키스탄은 미포함) 사람들 중에서 인도유럽어 사용자는 74퍼센트다. 때문에 아리아인이 인더스강 유역의 고대 문명을 건립했다고 주장하는 사람들이 많다. 가장 대표적인 이가 인도 고고학자 시카리푸라 랑가나타 라오Shikaripura Ranganatha Rao(1922~2013)다. 이 설은 아리아인 침입설과 직접적으로 경쟁한다. 아리아인 침입설은 영국 식민지 시대에 제기된 것으로, 종족 우월론의 식민주의 오점이 묻어 있다. 지금의 학문 동향은 아리아인이 원주민이라는 설에 기울어 있다. 하지만 정치적 올바름에 대한 고려가 학문 연구에 과도하게 개입되어서는 안 된다. '침입' '정복'을 '전입'으로 고쳐 쓰는 정도까지는 용인할 수 있다. 이러한 논쟁은 여전히 진행 중이다.

인도가 아리아인의 본향이라는 설

아리아인 본토설은 그 경쟁 상대인 아리아인 침입설보다 더 어려운 장애를 극복해야만 한다. 이 설을 옹호하고자 하면 결국 인도-유럽 연구의 모든 영역을 뒤흔들게 된다. 인도유럽어족의 본향이 어디인지에 관하여 지금까지 세 가지 주장이 출현한 상황이다. 다수파는 그 본향이 북캅카스에서 남러시아에 이르는 일대라고 본다. 다음은 소아시아라는 설이다. 마지막으로 고대 인도 문명의 본토 기원설을 주장하는 이들은, 인도가 본향이라는 설을 첨가했다. 인도-유럽 연구 영역에서 대다수는 인도 전문가가 아니다. 그들은 연구의 모든 영역에서 인도 우선설에 적응하고자 하지만 대응책을 마련하기가 쉽지 않다.

만약 아리아인이 원주민이라면, 인도를 전체 인도유럽어족의 본향이라고 간주해야 한다. 그렇지 않다면 아무리 고대로 거슬러 올라가더라도, 아리아인은 결국 외부에서 들어온 이들이 된다. 그런데 인도를 인도유럽어족의 본향으로 간주한다면, 『리그베다Rig-Veda』의 산스크리트어가 조어祖語에 비교적 가까운 것이어야 하지만 결코 그렇지 않다. 베다어는 변화가 용납되지 않는 경전어다. 따라서 베다어가 시기적으로 늦은 것에 대해 '훗날에 변화한 것'이라는 식으로 설명할 수는 없다.

인도-유럽의 본향이 인도 바깥이라고 주장하는 학자들은, 인도-유럽 조어가 형성되기 이전에 피노-우그리안어족(우랄어족)과 공동 조상이 있었다고 가정하며 두 어족이 공유한 어휘를 이용해 인도유럽어의 확산 단계의 선후를 결정한다. 반면에 본향이 인도라고 주장하는 이들은, 인도유럽어 중의 피노-우그리안 성분은 인도에서 나간 뒤에 피노-우그리안어족을 만난 결과라고 본다. 양자 중에 누가 옳고 누가 그른지는, 어떤 원천을 이 어족의 시초로 볼 것인지에 달려 있다. 심지어는 또 다른 가능성도 있다. 즉 고향에서 더욱 멀리 떠나간 사람들일수록 옛 언어를 많이 보존했을 수 있다.[15]

학계 대부분은 인도유럽어족 집단이 최초로 말을 길들였고 말이 끄는 전차戰車를 발명했으며, 말의 자연 생태환경은 유라시아 대초원이라고 본다. 말은 아리아인의 베다 문학에서 중심 지위를 차지한다. 인도-유럽의 본향이 인도라고 주장하는 이들에게 최대의 도전은 바로 하라파 문명에서 말의 자취를 찾는 것이다. 그들은 거의 성공한 듯하다. 인도 고고학자는 구자라트주의 수르코타다 유적지의 각 층에서 길들인 말의 흔적을 발견했다고 공언했다. 그런데 사실상 온전한 뼈가 없기 때문에 그것이 길들여진 말인지 아니면 야생 당나귀인지 확실하지 않다. 또한 명확한 전차의 흔적도 없다. 설령 말이 있었다 하더라도 그것이 외부로부터 들여온 것이라면 본향이 아닌 셈이다. 또한 말을 육식으로 삼았다면 전차와 기마의 문화가 아니다.

수르코타다는 인더스강 유역의 후기 유적지로, 남쪽에 치우쳐 있고 초원에서는 멀리 떨어져 있다. 당시 이 지역에 이미 인도유럽인이 들어왔다 하더라도 이상할 게 없다. '정복설'은 이제 '점진적인 전입설'로 정정되었다. 기원전 2000년 초, 인더스강 유역에서는 말과 박트리아 낙타가 분명히 출현했다. 또한 후後하라파 문명 유적지, 지금의 발루치스탄 피라크Pirak(기원전 1800~기원전 700) 유적지에서는 소형의 기사상像도 출토되었다.

아리아인 본토설의 가장 유력한 증거는 이미 말라버린 사라스바티의 고대 하상河床의 발견이다. 타르사막에 묻힌 물길이 최근 인공위성 사진으로 밝혀졌다. 사라스바티는 아리아인의 경전인『리그베다』에서 성스러운 강으로 숭상되었는데, 이 강은 아리아인이 활동하던 중심 지대였으며, 오늘날 갠지스강의 지위를 누리기도 했다.[16] 이 강의 파키스탄 영역은 '하크라'라고 하며, 인도 영역은 '가가르'라고 한다. 1990년대에 인도학자가 이 강의 전 영역에 분포한 유적지 지형도를 공포했는데, 인더스강 유역의 유적지 수량보다 훨씬 많은 총 414곳으로, 이 유적지의 80퍼센트는 그 연대가 기원전 4000~기원전 3000년에 해당한다.

따라서 어떤 사람은 인더스강 유역 문명을 '사라스바티 문명'으로 새롭게 명명해야 한다고 주장한다. 이에 반대하는 이들은, 사막 지대에서 매우 오랫동안 거주민이 밀집했던 지대에 고대 유적지가 많이 보존되어 있는 것은 당연한 일이라고 지적한다. 심지어 어떤 이는 사라스바티가 본래 인더스강의 지류이기에 새롭게 명명하는 것은 쓸데없는 일이라고 지적한다. 아리아인 외래설을 주장하는 이들은 이 말라버린 옛 물길을 사라스바티강으로 간주하는 것에 반대한다. 이들은『베다』에 나오는 사라스바티강은 아프가니스탄의 또 다른 강을 가리키는 것이라고 본다. 인도 신화에서 사라스바티는 대범천大梵天의 배우자인 변재천辯才天이 되었다. 때문에 인도의 여러 지방에 사라스바티라는 이름을 가진 작은 하류가 존재한다. 예를 들면 하크라의 작은 지류에도 사라스바티라는 이름이 있고, 17세기에 말라버린 벵골의 작은 강의 이름도 사라스바티다.

『베다』와 출토 자료를 일일이 대응시키고자 하는 이들은 앞에서 언급한 공동의 문제에 맞닥뜨리게 마련이다. 중국 고대사 연구에서도, 기존의 사료에 나오는 하夏·상商·주周 삼대의 대응물을 고고학에서 찾고자 할 때 동일한 난제를 안게 된다. 이 난제는 실증주의 자체에 내재된 것이다. 즉 사용자에게 확실히 수용된 의미부호를, 아직 명명되지 않은 분명하고 구체적인 대상에 대응할 수 있다고 여기는 것이다. 그런데 기존의 사료 자체는 다중적인 의미를 지닌 지층이기에, '지식의 고고학'이라는 시각으로 다루어야 한다. 설령 똑똑히 밝혀졌다 하더라도 우리에게 드러나는 것은 그 시대의 전모가 아니라 기록자가 전달하고픈 정보일 뿐이다. 우리가 사용하는 '전모'라는 말도 사실은 시대를 공간화한 비유적 표현이다. '시대'란 한 무더기의 의미부호를 구축한 것일 수밖에 없다. 발굴 자료의 불완전함은 말할 나위가 없으며, 그것에 대한 해석 역시 해석자의 시대적 편견에서 벗어날 수 없다. 앞에서 이미 언급했듯이, 고든 차일드가 견고한 물질 문화에 근거해 총결해낸 문명 기원론은 설명할 가치가 충분하지만 아무래도 영국의 산업혁명을 칭송하는 것과 같은 뉘앙스가 존재하게 마련이다.

역사 지식의 성질이 이렇다고 해서 우리가 허무주의적인 태도로 그것을 무효화할 필요는 없다. 그것은 끊임없는 학문적 유희를 용납한다. 영역 바깥의 문외한에 비하면, 전문 학자는 상대적으로 관련 지식을 지닌 사람이다. 학문적 유희는 전문 학자들 간의 게임이지, 어린아이의 장난이 결코 아니다.

아리아인 전입의 미스터리

아리아인의 본향을 둘러싼 게임에서, '아리아인 본토설'의 상대인 '아리아인 전입설'은 진영 내부에서도 통일되어 있지 않다. 그들은 인도유럽어족의 본향이 인도 바깥이라고 설정함으로써, 본향과 아리아인을 한데 끌어당길 필요 없이 비교적 후기에 출현한 아리아인이 어떻게 인도 아대륙으로 진입했는지만 논하면 된다.

첫 번째 가설은 서쪽에서 가로 방향으로 동진했다는 것으로, 그 출발점은 카스피해 동남쪽의 구르간Gurgan 평원이다. 바로 이곳에 인도-이란인과 미탄니Mitanni인의 공동 시조가 존재한 것으로 설정된다. 미탄니인은 이곳에서 서쪽으로 옮겨가서 티그리스-유프라테스강 유역 상류와 시리아 북부로 진입했다. 이곳을 통치한 후르리Hurri인은 서남아시아 고대사의 미탄니 왕국(제9장 참조)을 세우게 된다. 미탄니인과 반대 방향으로 간 인도-이란인은 구르간 평원에서 동쪽으로 옮겨갔다. 이들은 먼저 오늘날 투르크메니스탄과 이란의 분계인 투르크멘-호라산Turkman-Khorasan산맥[17]에 도착했다. 제2단계는 아리아인과 이란인이 길을 달리한 것이다. 아리아인은 동남 방향으로 돌진해, 이란고원의 동측을 따라서 인더스강 유역으로 진입했다.

이 설은 이 일대의 고고 연구자에게 인정받지 못한다. 이 설은 이주한 인도유럽족이 도시 지대를 통과했을 것이라고 가정하지만, 이 지역에서는 침입과 괴멸의 흔적이 전혀 발견되지 않았다. 게다가 인도유럽족이 이주한 시기로 추정된 당시의 이 일대 유적지에서는 말의 뼈가 전혀 발견되지 않았다. 이는 인도유럽족 본토설이 지닌 치명상과 동일한 것이다. 즉 발굴 자료의 증거가 결핍되어 있다.

한편 아리아인이 북방에서 남하했다는 가설은 훨씬 정밀하다. 이 설에서도 아리아인의 본향은 어차피 인도가 아니므로 본향의 문제를 출발점으로 삼을 필요가 없다. 이 설의 논의는 중앙아시아 초원 인도유럽인의 안드로노보Andronovo(기원전 2100~기원전 1400)에서부터 시작한다. 안드로노보는 바퀴살 달린 수레바퀴의 발명지로 여겨진다. 안드로노보는 방

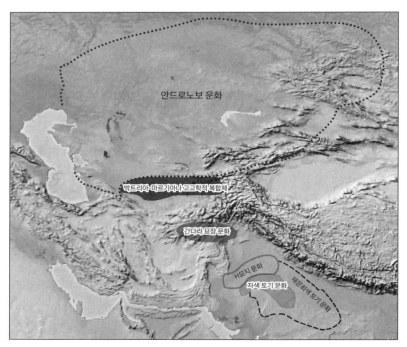

아리아인이 북방에서 남하했다는 가설을 보여주는 문화의 흔적

대한 문화 지대로, 다문화의 총집일 것이다. 안드로노보 문화권은 파미르고원과 톈산天山 이북의 초원을 포함하며, 남쪽으로는 아무다리야강에 이르고 아랄해 전체를 포함하며, 서쪽으로는 카스피해의 동쪽 연안에 이른다.

인도유럽인은 여기서부터 남하하기 시작했다. 그들은 안드로노보 남쪽 가장자리 곁에서 '박트리아-마르기아나 고고학적 복합체Bactria-Margiana Archaeological Complex'(약칭 BMAC)를 형성했는데, 오늘날 이란 변경의 아무다리야강 중상류에 위치한다. 그런데 유적지의 총집인 이 복합체를 '문화'라고 칭하지는 않는다. 일부 학자는 BMAC가 인도유럽어족에 속하는 인도이란어파의 발원지라고 본다. 현재의 고고학 증거는 다음을 말해준다. 하라파 문명이 지금의 아프가니스탄과 타지키스탄의 경계에 구축한 쇼르투가이 거점은 고대 인더스 문명의 색채가 사라진 뒤에 곧이어 BMAC의 일부분이 되었다.[18] 다음 단계로 아리아인이 대체 언제 어디서 인도이란어파로부터 분화되었는지는 그 노선을 보아야 한다.

인도유럽인은 BMAC로부터 남하해 힌두쿠시Hindu Kush산에 이르러 인도 아대륙의 어귀에 진입하여 '간다라 묘장 문화Gandhara Grave Culture'(약칭 SWAT) 유적지를 남겼다. 묘지에서는 말의 뼈가 출토되었고, 토기에도 말의 형상이 그려져 있다.[19] 당시에 아마도 '아리아인'이라는 범주가 형성되었을 것이다. 힌두쿠시산 어귀에서 아리아인은 계속 남하해 인더스강 유역 충적평야에 이르러 'H묘지 문화'를 남겼다. H묘지 문화는 후기 하라파(기원전 1900~기원전 1300)와 같은 것으로 여겨지지만, 어떤 문화적 특징들은 하라파 성숙기와 뚜렷한 단층을 나타낸다. 예를 들면 목관장이 화장으로 바뀌었으며, 토기의 형태에도 새로운 변화가 나타났고, 쌀이 주식의 하나가 되었으며, 인더스강 유역의 무역망이 쇠락했고, 패각貝殼 화폐의 사용이 중단되었다.

어떤 학자들은 H묘지 문화와 간다라 묘장 문화를 하라파 문명의 계승자인 베다 문명의 핵심으로 간주한다. H묘지 문화에서 출토된 인골은 새로운 집단의 도래를 보여준다. 하지만 고고 유적지에서 출토된 인골이 많지 않기 때문에 성급히 결론지을 수는 없으며, 인종이 언어문화와 필연적 관계가 있는 것은 아니다. 간다라 묘장 문화에서는 철기가 출토되었고, 순장된 말 두 마리의 뼈도 출토되었다. 이는 상당히 아리안화된 것이지만, 본토론자는 SWAT가 여러 방면에서 BMAC와 다르다며 반론을 제기한다. 즉 SWAT와 BMAC의 연결로는 그들을 만족시킬 수 없다.

하지만 SWAT와 BMAC를 연결시키지 못한다 하더라도, SWAT와 H묘지 문화는 연결시킬 수 있다. 양자는 남북 축에 놓여 있는데, 하나는 힌두쿠시산 어귀에 있고 다른 하나는 인더스강 충적평야의 중부에 있다. 이는 H묘지 문화라는 새로운 문화가 산 어귀로부터 진입한 것임을 말해준다. 즉 북방에서 유래했다는 것이다. H묘지 문화의 범위는 동쪽으로 치우쳐 있다. 즉 인더스강 상류에서 갠지스강 상류로 건너뛰어, 갠지스강의 가장자리 지류인 야무나Yamuna강과 갠지스강 주류 사이의 하설河舌 지대[20](갠지스-야무나강 사이의 평원)를 포괄한다. 이 방향은 바로 역사상 아리아인의 베다 문명이 나아간 방향이다. 이 시기는 오늘날 세계 인구가 가장 밀집된 지역의 하나인 인더스강-갠지스강 평원 거주 지대의 형성기였다.

아리아인의 도래보다 더 근본적인 변혁

아리아인 본토설에서도 고대 인도 문화의 토대가 동쪽으로 이동했다는 것을 인정한다. 하지만 그 원인을 새로운 집단의 도래 때문이라고 보지 않는다. 소위 '하라파 문명의 몰락'은 동쪽으로의 이주에 불과하다는 것이다. 사실 이 핵심적인 문제에서, 새로운 집단이 도래했는지의 여부를 구태여 마음에 둘 필요가 있을까? 이후에도 많은 외래자가 서북 변경의 동일한 산어귀로부터 인도 아대륙으로 진입했고, 그들은 모두 인도인이 되었다. 그런데 현재는 다들 원주민이라고 주장하는 시대다. 이는 한 세기 전에 다들 외래 정복자라고 주장하던 것에 대한 반작용이다. 한 세기 전의 주도적인 사상은 다윈의 우승열패優勝劣敗로, 피정복 원주민은 패배자와 동의어였다. 때문에 중국의 황제黃帝가 서쪽에서 왔다는 설, 일본이 동북아 기마민족에 의해 건립되었다는 설, 아리아인 정복설이 한때를 풍미했던 것이다.

그런데 아리아인 정복설에 대한 반작용은 사실 동일한 구조의 사상을 뒤집은 것일 따름이다. 그렇다면 관점을 바꾸어서 문제를 볼 수 있을

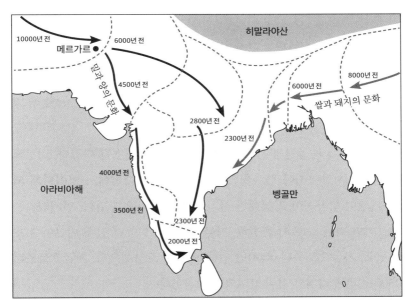

그림 속 텍스트:
히말라야산
10000년 전
메르가르 ●
6000년 전
밀과 보리의 문화
4500년 전
8000년 전
6000년 전
쌀과 돼지의 문화
2800년 전
2300년 전
아라비아해
4000년 전
벵골만
3500년 전
2300년 전
2000년 전

밀과 쌀이 인도로 전해진 시기와 루트

까? 인도 고대 문명이 재차 기초를 다진 것과 관련해서, 인종을 강조해야만 할 필요는 없다. 보다 근본적인 것은 생활 자료, 생활 습관, 식단의 변화다. H묘지 문화 즉 하라파 후기의 어떤 문화 특징들은 하라파 성숙기와 뚜렷한 단층을 나타내는데, 목관장이 화장으로 바뀐 것은 확실히 아리안화된 것이다. 하지만 쌀이 주식이 된 단층이 설마 초원 민족의 남침으로 초래된 것이겠는가?

1968년에 발굴이 시작된 발루치스탄의 피라크 유적지(기원전 1800~기원전 700)에서는, 겨울 곡물인 보리·밀의 흔적 외에도 1년에 여러 번 수확할 수 있는 여름 곡물인 쌀·조·수수의 흔적이 발견되었다. 수수는 오늘날 오만Oman, 조는 오늘날 우즈베키스탄, 쌀은 갠지스강 유역에서 비롯되었다고 여겨진다. 피라크는 후後하라파 시기에 속한다. 피라크 동쪽에서는 아리아인 침입 루트에서 H묘지 문화(약 기원전 1700)와 자색 토기 문화Ochre Coloured Pottery Culture(약칭 OCP, 약 기원전 1200~기원전 600)의 많은 것들이 새로 첨가되는 중이었다. 그중에는 내륙아시아에서 온 것도 있고, 동아시아에서 온 것도 있다. 쌀·기장·돼지·물소 등이 거기에 포함되어 있는데, 이를 통해 '중국 창장 유역 문화의 침입'을 논증할 수 있을까?

이 '제2차 농업혁명'은 오늘날 인도 농업의 기초를 다졌다. 이로써 획일적인 서남아시아 산측형의 농경과 목축의 배합에서 벗어나게 되었다. 쌀이 남아시아로 전해진 시기와 루트는 다음과 같다. 언제인지는 모르지만 화난華南에서 출발해, 지금으로부터 1만 년 전에 미얀마에 도달했고, 지금으로부터 6000년 전에 벵골에 도달했으며, 지금으로부터 2300년 전에 각지로 깊이 들어가기 시작했다.

보리·밀·대추가 인도 아대륙으로 전해진 시기와 루트는 다음과 같다. 지금으로부터 1만 년 전에 이란고원에서 인도 방향으로 전해졌고, 지금으로부터 6000년 전에 메르가르에 도달했으며, 4500년 전에 인더스강 유역에 도달했다. 그리고 여기서 갈라져서, 한 갈래는 4000년 전에 서해안을 따라 남하해 3500년 전에 오늘날 마하라슈트라주와 카르나타카주를 거쳐 2000년 전에 인도 아대륙의 밑동에 도달했다. 또 다른 갈래는 인더스강 유역에서 동쪽으로 가서 타르사막을 뛰어넘어 2800년 전에 데칸고원에 도달했고, 2300년 전에 남단의 타밀나두주에 도달했다.[21]

이 '산측 경작 체계'와 더불어서 산양·면양·소 등의 동물이 길들여졌다. 산측 경작 체계가 메르가르의 근거지를 통과할 때, 메르가르는 채집과 수렵 단계에 있었으며 농경과 목축이 발전하기 전부터 존재했다. 서남아시아의 농경과 목축의 배합을 '밀과 양의 문화'로 칭할 수 있다. 한편 인도의 농경·목축의 기초를 새롭게 다진, 창장 유역 식의 농경과 목축의 배합을 '쌀과 돼지의 문화'로 칭할 수 있다.

인도의 지리적·역사적 판도

인더스강 유역은 사실 커다란 오아시스다. 인더스강 서쪽의 술라이만산맥은 이란고원과 인도 아대륙의 분계선이다. 동쪽에서 인더스강 동쪽을 침식하고 있는 것은 20만 제곱킬로미터의 타르사막이다. 인도사막이라고도 하는 타르사막은 세계의 아열대 사막 중에서 아홉 번째로 크다. 타르사막은 생태환경상 인더스강 유역 서쪽 지역과 반도 지역을 분리한다. 인더스강 유역 서쪽 지역의 경작은 강의 관개에 전적으로 의지한다. 사막 동쪽의 인도 아대륙은 강우량이 많은 계절풍 지대다. 즉 타르사막은 인도를 밀 경작 지대와 쌀 지역 지대로 나눈다. 서북 모퉁이에 격리된 인더스강 유역 충적평야를 동부와 연결하는 것은, 타르사막 북쪽의 인도-갠지스 평원 회랑 지대다.

인더스강과 갠지스강에는 충적평야가 있다. 인더스강은 아라비아해로 흘러들고, 갠지스강은 벵골만으로 흘러든다. 두 강 상류의 지류는 서로 가까이 있다. 최초에 발전한 것은 서쪽의 인더스강 유역이다. 인더스강은 상류에서 타르사막을 지나면서 갠지스강 상류의 하설 지대에 문명을 공급했고, 두 충적평야를 위한 회랑 지대를 만들어냈다. 이 업적은 후기 하라파에서 이미 다져지기 시작했지만, 아리아인이 동쪽으로 이주함으로써 완성되었다. 인더스강은 오늘날 이 회랑 지대가 세계에서 인구가 가장 밀집된 지역의 하나가 되는 데 기초가 되기도 했다.

인도 아대륙 전체를 놓고 말하자면, 인도와 발루치스탄은 각기 다른 판plate에 속하며, 고지리학상 서로 잇닿아 있지 않다. 발루치스탄은 유라시아판에 속한다. 인도판이 해양에서 끊임없이 북쪽으로 이동해 유라시아판과 서로 밀어내면서 히말라야산맥이 융기했다. 히말라야산맥의 한쪽은 중앙아시아의 한풍寒風이 남하하는 것을 차단하고, 다른 한쪽은 인도양 열대 계절풍의 최북단 차단벽이 된다. 이 세계의 지붕은 기후상 유라시아대륙을 남북으로 반분하고 동서로 반분한다. 히말라야산맥이 남아시아 북쪽에서 북방의 한류를 막아주고 서남아시아와 지중해를 계절풍 시스템 바깥에 자리하게 함으로써, 인도 아대륙은 별개의 세상이 되었다.

인도 문명의 토대가 동쪽으로 이동하다

하라파 문명의 멸망을 아리아인의 침입 탓으로 돌리는 것은 게르만족이 로마제국을 멸망시켰다는 식의 논리다. 이런 사유 방식의 시대는 일찌감치 지나갔다. 오늘날에는 로마제국의 멸망도 게르만족이 쇄도한 탓으로 돌릴 수 없다. 기원전 1800년 전후에 인더스강 유역의 기후가 갈수록 건조해지고 차가워졌는데, 이는 당시 전체 계절풍 시스템의 약화와 관계가 있다. 이는 아마도 가가르 하크라강의 대부분이 대사막에 잠식되면서 초래된 '성스러운 강 사라스바티'의 소실과 직접적으로 관련되어 있을 것이다.

기원전 1700년 전후, 하라파 도시 문명은 조용히 사라지기 시작했다. 가가르 하크라강 일대에서 출토된 하라파 후기 혹은 후後하라파의 20개 유적지는 이 지역이 전면적으로 방목 지대로 전락하지 않았음을 증명해준다. 하지만 이들 취락은 더 이상 하라파와 같은 도시 계획을 갖추지는 못했다. 이에 비하면 남쪽의 구자라트, 동쪽의 오늘날 델리 일대, 갠지스강 상류에서는 많은 새로운 취락이 발전했다. 그러나 건축 재료는 하라파의 구운 벽돌에서 햇볕에 말린 흙벽돌로 후퇴했다.

자색 토기 문화OCP는 기원전 2000년 무렵 인더스강과 갠지스강 평원의 청동기시대 문화로, 하라파 문명과 같은 시기에 존재했으며 하라파 문명의 계승자이기도 하다. 그 시기는 북인도 청동기시대의 최후 단계였다. OCP의 성질은 매우 모호한데, 어떤 사람은 그것을 쇠락한 하라

파 문명이라 하고, 어떤 사람은 그것이 하라파
와 무관한 지방 문화라고 본다. 또 어떤 사람은
그것을 H묘지 문화 및 간다라 묘장 문화와 더
불어 베다 문명의 구성 요소라고 보는데, 이러
한 사유는 인더스강과 갠지스강 평원에서의 문
화 활동을 아리아인이 동쪽으로 이주한 것과
결부시킨 것이다. OCP의 계승자는 철기시대
의 '흑색 토기와 홍색 토기 문화Black and Red Ware
Culture'(약칭 BRW, 기원전 12세기~기원전 9세기)다.
북인도가 철기시대로 진입한 것은 그 중심이 갠
지스강 유역 상류로 접근하기 시작한 것과 발걸
음을 같이한다.

인드라

    BRW 다음은 채문회색 토기Painted Grey Ware
문화로, 갠지스강 평원의 철기시대 문화다. 그
시기는 기원전 1200~기원전 600년으로, 흑색
토기와 홍색 토기 문화와는 어느 정도 같은 시
기였으며 또한 그 후계자이기도 하다. 채문회색
토기 문화의 말기는 후기 베다 시대와 중첩된
다. 그 후계자는 북방 연마흑색 토기Northern Black
Polished Ware(약칭 NBPW)다.[22] NBPW는 북인도 철
기시대 문화를 대표하며, 시기는 기원전 700~
기원전 200년 무렵이다. 시기적으로 베다 시대
말기부터 마우리아 왕조가 흥기한 때까지다.
NBPW는 몇몇 특징에 있어서 하라파 문명으로
회귀한 듯하다. 예를 들면 상아로 만든 주사위

아그니

소마

와 빗, 유사한 도량형, 구운 벽돌과 돌로 만든 대형의 공공 건축, 수리水利의 발달 등이 그렇다. 가장 큰 차이점은 쌀·조·수수가 주식이 되었다는 것이다.

물과 불이 동시에 용납되다

아리아인의 경전 『리그베다』에서는 새로운 신을 끌어들였다. 출현 빈도가 가장 높은 세 신은 우레의 신이자 전쟁의 신인 인드라Indra(제석천帝釋天), 불의 신 아그니Agni, 신들에게 영생을 부여하는 음료를 신격화한 소마Soma다. 인더스강 유역 고대 문명의 신앙은, 힌두교의 물을 통한 정화 의례 및 무수한 신들 특히 대모신 가운데 보존될 수 있었다.

오늘날 힌두교 최대 규모의 의례로서, 성스러운 강이나 못으로 가서 거행하는 세례에서는 물의 신이 중심 지위를 차지한다. 하지만 브라만교에는 전문적인 물의 신이 없다. 베다 시대에 물의 신은 천신 바루나Varuna가 겸했는데, 바루나는 일반적인 물이 아니라 하늘의 은하이자 대지를 둘러싼 대양이다. 일곱 천신의 우두머리인 바루나는 때로는 태양화되기도 했다. 그런데 바루나가 그의 쌍둥이 신인 미트라Mitra와 병렬될 경우, 바루나는 밤이 되고 미트라는 낮을 상징한다. 따라서 바루나는 명계冥界를 주관하기도 한다.

오늘날 힌두교에서 물은 정화해주는 액체이자 오염을 옮기는 매개체다. 사실상 『우파니샤드Upanishad』에서는 육체의 모든 액체에 반감을 드러낸다. 진정으로 전면적인 정화 작용을 통해 전염을 차단하는 것은 불이다. 따라서 다음과 같이 추측할 만한 이유가 있다. 물로 씻어 정화하는 것은 아리아인 이전의 종교 의례다. 아리아인은 불을 숭상했으며, 불의 신 아그니가 비할 바 없이 중요했다. 아그니는 신에게 제사지내는 공물을 태워 신들에게 운반한다. 아리아인과 가까운 이란인의 조로아스터교는 불이 타오르는 제단에서의 제례를 중시하므로 '배화교拜火教'로 곧잘 오인된다. 오늘날의 힌두교는 물과 불을 동시에 용납하지 않는 두 전통을 혼합한 것이다.[23]

『리그베다』에 나오는 '성스러운 강 사라스바티'가 사라진 뒤, 오늘날의 힌두교에서 가장 신성한 강은 갠지스강이 되었다. 순례자는 갠지스강에 몸을 담가 죄를 씻어내며, 화장한 재를 갠지스강에 뿌리고, 이후 종교 의식에 사용하기 위해서 성스러운 물을 집으로 가져간다. 갠지스강은 모든 성스러운 물의 총칭이다. 다른 지역의 강은 '갠지스강'과 관련을 지녀야만 비로소 신성성을 지닌다. 갠지스강 숭배는 하라파 시대의 성스러운 강에 대한 존경이 해당 지역이 건조해진 탓에 갠지스강 쪽으로 옮겨진 결과일까, 아니면 초원 민족이 내륙아시아로부터 들여온 것일까? 어느 가능성이 더 클까?

『바가바타 푸라나Bhagavata Purana』에 따르면, 갠지스강은 우주 바깥에서 비롯되었다. 비슈누Vishnu의 다섯 번째 화신인 바마나Vamana가 우주를 밟아서 구멍을 냈고, 성스러운 물이 그곳으로 쏟아져 들어갔다. 그 물이 비슈누의 연꽃 발을 씻어내면서 미래의 갠지스강은 아름다운 분홍색을 띠게 된다. 우주 안으로 흘러든 신수神水는 먼저 대범천이 있는 신의 거처로 모여서 은하수가 되었다. 그 신수가 인간세상으로 떨어지길 인간세상의 어떤 이가 간청했다. 신의 불에 타서 죽은 조상의 망혼을 구제해줄 성스러운 물이 어떤 국왕(바기라타왕)에게 필요했던 것이다. 천상의 은하수 여신은 그에게 감동하여 속세로 내려오게 된다. 그런데 천상의 물은 위력이 너무 커서 세계의 파멸을 가져오게 마련이다. 그래서 시바신이 먼저 그 물을 자신의 머리 위로 쏟아지게 했다. 그 물은 시바신의 머리카락을 따라 여러 갈래로 나뉘어 흘러내리면서 위력이 줄어들었다. 그 물은 히말라야산으로 떨어진 뒤 재가 된 망혼이 있는 곳으로 흘러가

여성으로 인격화된 신수가 남신의 중개를
거쳐 인간세상으로 떨어지는 과정

망혼이 죄업을 씻고 구원받을 수 있게
해주었다. 이렇게 인간세상으로 떨어진
천상의 은하수는 갠지스강이 되었다.[24]

베다 시대의 바루나가 쇠락한 뒤 바
가바타 푸라나 시대에 이르러서, 여신
이 성스러운 강의 화신의 지위를 되찾
지만 이 여신에 대한 숭배는 애증의 이
중성을 지닌다. 무엇보다도 물의 성결
함은 그녀로부터 비롯되는 게 아니라
비슈누의 연꽃 발에서 비롯된다. 이는
인도의 불가촉천민이 물을 마시기 전에
브라만에게 발가락을 그 물에 담가 축

원해주길 청하는 것과 같다. 훗날 신수는 여성으로 인격화되었다. 이 여
신이 자비심을 낸다 하더라도 세계의 파멸을 초래하게 되는데, 이 화근
의 물은 반드시 남신 시바의 중개를 거쳐야만 중생을 제도하는 성스러
운 물이 될 수 있다.

인도의 카스트 제도는 오염 정도의 경중에 따라서 지위의 고하를 결
정한다. 따라서 오염(특히 액체의 오염)을 철저히 막고자 한다. 힌두교에
는 모태의 양수 속에서 지낼 수밖에 없었던 태아가 오염 없이 다시 태어
나도록 하기 위한 재생의 의례가 있다. 하지만 브라만·크샤트리아·바
이샤 계급만 재생족이 될 자격이 있고, 대다수인 수드라와 불가촉천민
은 재생할 수 없는 일생족一生族이다. 의미심장하게도, 『우파니샤드』 가
운데 가장 오래된 『브리하다란야카Brihadaranyaka 우파니샤드』에서는 여인
의 자궁에서 인간이 수태되는 것을 화제火祭로 이미지화했다. 여기서 생
식은 남자가 불로 제물을 바치는 것이고, 여인의 성기는 제사의 불이다.

여인의 음문은 목재이고, 음모는 연기이며, 질은 화염이다. 남근의 삽입과 오르가슴은 불타는 장작과 불꽃이다.[25] 대체 언제부터 수태가 모태의 불결한 양수 속에 잠긴 것으로 변하여, 출생한 뒤에 오염을 제거하는 재생 의례를 반드시 거행하게 된 것인지 정말 알 수가 없다.

높은 카스트에 속하는 사람이 사용하는 물통을 낮은 카스트에 속하는 사람이 건드리는 것조차 금기를 범하는 것이다. 이런 신앙 체계가 어떻게 수천만 명이 동시에 하나의 강에 몸을 담그는 것을 허용할 수 있는 걸까? 위생적인 측면에서라도 온갖 세균이 득실거리는 강에 몸을 담그진 않을 것이다. 그렇다면 신뢰할 만한 이유는 다음과 같다. 아리아인의 카스트 제도는 이전의 문명과 완전히 상반되는데, 힌두교는 이전의 문명을 포함했다는 것이다.

하라파 문명의 도시가 사람들에게 주는 인상은 뚜렷한 빈부 격차가 없다는 것이다. 그곳의 성채에는 궁전이나 사원으로 판별할 수 있는 게 없으며, 중심에 있는 것은 대목욕장이다. 중간도시와 아랫도시의 민가의 구조 역시 엇비슷하다. 대다수가 개인 우물을 소유했으며, 하수도가 있었고 심지어 수세식 변기까지 있었다. 이것이 어떻게 카스트 경계가 엄격한 사회와 같단 말인가? 또한 하라파에는 인더스강 유역 문화 유적지에서 출토된 무기·갑옷·투구·전차가 보이지 않는다.

아리아인과 초원의 유대관계는 의심할 여지 없이 확실하다. 말에 대한 중시 및 말과 출정의 연관성에 있어서 그렇다. 『야주르베다Yajurveda』는 베다 문화에 있어서 마제馬祭(아슈바메다Ashvamedha)의 중심적 지위를 자세히 말해준다. 왕은 종교적 축복을 받은 준마를 동북방을 향해 풀어주고 1년 동안 자유롭게 다니도록 한다. 이는 1년 동안의 태양의 궤도를 상징한다. 이 말이 만약 비우호적인 이웃나라로 들어가면 대군이 그 나라로 진입한다. 말은 본래의 나라로 돌아온 뒤에 희생물로 죽임을 당한다. 이

희생제는 상징적으로 일국의 왕을 세계의 왕으로 끌어올리는 것이다.

추가적인 관찰

『베다』는 매우 심오한 철학의 원천을 담고 있다. 그런데 하라파 문명의 후계자인 인도의 베다 시대는 토기 형태를 시대 구분의 기준으로 삼는 방식으로 회귀했다. 즉 자색 토기, 흑색 토기와 홍색 토기, 채문회색 토기, 북방 연마흑색 토기 문화다. 이는 그야말로 신석기시대화된 것이다. 청동기시대 하라파 문명의 시기 구분은 비교적 복잡한 요소를 고려한 것이다. 중국의 초기 역사는 청동기시대의 은상殷商으로 진입한 뒤로는 더 이상 토기 형태로 시대를 구분하지 않는다. 그런데 인도에서는 아리안의 베다 문명이 철기시대로 귀속된다!

여기서는 석기시대-청동기시대-철기시대라는 전통적인 진화 순서가 전복된다. 이는 철기시대 역시 매우 원시적일 수 있음을 보여준다. 오늘날 인도학자는 남인도가 세계사에서 가장 먼저 철기시대로 진입한 지역이라고 본다. 즉 여러 곳에서 용광로 유적지가 발견되었는데, 기원전 1700년까지 거슬러 올라갈 수 있다는 것이다. 이것은 남인도가 세석기시대에 철의 사용을 발명했다고 말하는 것과 마찬가지다. 비교적 신중한 외국 학자는 갠지스강 상류 북방의 우타르프라데시Uttar Pradesh주(하설 지대)가 기원전 1100년 전후에 철기시대로 진입했으며, 남인도가 청동기시대를 거치지 않고 세석기시대에서 곧장 철기시대로 진입했다는 정도만 수긍한다. 게다가 남인도의 철기 수준은 사하라사막 이남의 아프리카로 들어왔던 철기의 수준과 비슷하다고 한다. 남인도의 벼농사 역시 북인도에서 들어옴으로써 곧장 농경 단계로 진입했다.

현존하는 가장 오래된 인도의 문자 체계는 브라흐미brāhmī 문자로, 가장 유명한 것은 돌기둥에 새겨진 아소카Aśoka 왕의 칙령이다. 브라흐

미계 문자의 시조는 세계 고대 문명 중에서 매우 늦은 편이다. 그 최초의 문헌은 기원전 3세기로 거슬러 올라간다. 브라흐미 문자는 서아시아의 아람 문자Aramaic Alphabet를 바탕으로 만들어진 것이다. 그런데 브라흐미 문자를 인도 문자의 시조로 보아서는 안 된다. 지금까지 해독되지 않은 인더스강 유역 문명의 문자가 그 이전에 존재했기 때문이다. 양자 사이에는 단층이 뚜렷하게 존재한다. 이 단층은 너무나 심해서, 아리안 문명에는 인더스강 유역 문명의 기억이 전혀 없을 정도다. 인더스강 유역 문명은 대영제국이 통치하던 20세기 초에야 다시 햇빛을 보게 된다.

주

1. Jane R. McIntosh, *The Ancient Indus Valley: New Perspectives* (ABC-CLIO; 1 edition, 2007), p. 84.

2. K. Scharlau, "Geomorphology," in W.B. Fisher, ed., *The Cambridge History of Iran, vol. I, The Land of Iran* (UK: Cambridge University Press, 1968), p. 187.

3. James Hughes, ed., translated from the French, *The World Atlas of Archaeology* (New York: Michell Beazley International,Ltd., 1985), p. 240.

4. Coppa, A. et al. "Early Neolithic Tradition of Dentistry," *Nature*, vol. 440 (April 6, 2006), p. 755.

5. Gregory L. Possehl, *The Indus Civilization: A Contemporary Perspective* (Walnut Creek, CA: Altamira Press, 2002), p. 185.

6. Introduced by Colin Renfrew, *Past World: Atlas of Archaeology* (Ann Arbor, MI: Border Press in association with HarperCollins, 2003), p.130.

7. Bridget and Raymond Allchin, *The Rise of Civilization in India and Pakistan* (Cambridge, UK and New York: Cambridge University Press, 1996), p. 125.

8. Ibid., pp. 113~116.

9. Gregory L. Possehl, chapter 12, "The Middle Asian Interaction Sphere," *The Indus Civilization: A Contemporary Perspective*, pp. 215~236.

10. Jane R. McIntosh, *The Ancient Indus Valley: New Perspectives*, p.61.

11. Gregory L. Possehl, *The Indus Civilization: A Contemporary Perspective*, p. 142.

12. Ibid., p. 115.

13. Jane R. McIntosh, *The Ancient Indus Valley: New Perspectives*, p. 4.

14. Gregory L. Possehl, *The Indus Civilization: A Contemporary Perspective*, p.137.

15. 다음을 참고하라. Asko Parpola and Christian Carpelan, "The Cultural Counterparts to Proto-Indo-European, Proto-Uralic and Proto-Aryan," Koenraad Elist, "Linguistic Aspects of the Aryan Non-Invasion Theory," 이상은 모두 다음 책에 수록되어 있다. Edwin F. Bryant and Laurie L. Patton, eds., *The Indo-Aryan Controversy: Evidence and Inference in Indian History* (London and New York: Routledge, 2005).

16. Gregory L. Possehl, *The Indus Civilization: A Contemporary Perspective*, pp. 8~9.

17. 지도에서는 일반적으로 코펫다그Kopet Dagh(코펫산맥)로 칭한다.

18. Jane R. McIntosh, *The Ancient Indus Valley: New Perspectives*, p. 97.

19. Ibid., p. 98.

20. '하설河舌'은 인도 지리에 사용하는 명사로, 두 강 사이에 끼어 있는 길쭉한 형태의 육지다. 하설이라는 용어 앞에는 별도로 강의 명칭을 붙이지 않으며, 전적으로 야무나강과 갠지스강 주류 사이의 육지를 가리킨다. 하설은 도아브Doab라고 하는데, 이는 중국 역사지리에서 사용하는 명사인 '하간河間'에 해당한다.

21. Originally on www.andaman.org , forwarded to HYPERLINK (http://web.archive.org/

web/20130411063307; http://www.andaman.org/BOOK/F1-IndusCivilization/indus.
htm; http://web.archive.org/web/20130411063307; http://www.andaman.org/BOOK/
F1-IndusCivilization/indus.htm) 검색일 2014/11/11.

22. James Hughes, ed., translated from the French, *The World Atlas of Archaeology*, p. 246.

23. 힌두교에는 베다와 비非베다의 두 성분이 모두 담겨 있다. Wendy Doniger, *The Hindus:
An Alternative History* (New York: Penguin Press, 2009), p. 86.

24. Donald A. Mackenzie, *India, Myths and Legends* (London, England: Senate, 1994), p. 152.

25. Wendy Doniger, *The Hindus: An Alternative History*, p. 177. 『우파니샤드』 시대에 최초
로 출현한 『브리하다란야카 우파니샤드』는 본래 베다 시대 말기의 『샤타파타 브라마
나Shatapatha Brahmana』의 일부분이다. 『샤타파타 브라마나』의 성립 시기는 기원전 8세기~
기원전 6세기까지 거슬러 올라갈 수 있다.

제4장

중국 문명의 기원에 관한
몇 가지 문제

중화인민공화국이 세워진 이래로 중국의 고고학은 성큼 약진했다. 신중국에서는 고인류학과 구석기시대 연구를 바탕으로, 민국 시대에 발견된 베이징인北京人과 산딩둥인山頂洞人의 기초 위에 많은 성과를 거두었다.

다음은 대략 중기 구석기시대에 해당하는 것이다.

- 진뉴산金牛山인(1984년, 랴오닝遼寧에서 발견): 원인猿人에서 호모 사피엔스로의 과도기 유형에 속한다.[1]
- 쉬자야오許家窯인(1973년, 산시山西에서 발견): 호모 에렉투스에서 초기 호모 사피엔스로의 과도기 유형에 속한다.
- 다리大荔인(1978~1980년, 산시陝西에서 출토): 지금까지 중국에서 발견된 가장 완전한 초기 호모 사피엔스 화석으로, 체질적 특징은 호모 에렉투스와 초기 호모 사피엔스의 중간 형태다.
- 마바馬壩인(1958년, 광둥廣東에서 발견): 초기 호모 사피엔스에 속한다.
- 창양長陽인(1956년, 후베이湖北에서 발견): 초기 호모 사피엔스에 속한다.
- 딩춘丁村인(1954년, 산시山西에서 발견): 초기 호모 사피엔스에 속하며 가장 유명하다.

다음은 대략 후기 구석기시대에 해당하는 것이다.

- 쯔양資陽인(1951년, 쓰촨四川에서 발견): 후기 호모 사피엔스에 속한다.
- 류쟝柳江인(1958, 광시廣西에서 발견): 후기 호모 사피엔스에 속한다.

1965년, 윈난雲南에서 출토된 위안머우원인元謀猿人, Homo erectus yuanmouensis은 초기 구석기시대에 속하는데, 연대가 언제였는지는 현재 논쟁 중이다.

만약 지금으로부터 170만 년 전이라고 확정한다면, 동아시아에서 가장 오래된 고인류일 것이다. 이는 현재 시점에서 말한 것으로, 앞으로 더 오래된 고인류가 출토될 가능성도 배제할 수 없다. 중국학자 중에는 인류의 기원이 아프리카라는 설에 대해 회의적인 사람들이 적지 않다. 그들은 기회를 기다리고 있다. 즉 옛 영국령 식민지를 인류의 에덴동산으로 간주하는 영국 학자들의 설에 도전하려는 웅대한 뜻을 품고 있는 것이다.[2] 오늘날 중국 학계는 중국 경내의 몽골 인종이 중국 경내의 호모 에렉투스와 초기 호모 사피엔스에서 기원했다는 설에 치우쳐 있다. 그들은 현생인류가 모두 아프리카에서 기원했다는 설에 찬성하지 않는다. 즉 그들은 현생인류의 단일 기원론을 부정하며, 여러 지역에서 병행적으로 기원했다는 '연속설'을 지지한다.[3]

하지만 중국의 인종 기원과 문명 기원(특히 지역적 문명의 기원)은 별개의 문제다. 이 책의 관심은 문명의 기원이다. 중국의 고고학은 1920년대에 시작되었는데, 근동(서남아시아와 이집트)에 비해 많이 늦었다. 따라서 현재로서는 아직 근동의 문명 기원론처럼 체계적으로 정리되지 못한 점은 이해할 만하다. 그렇지만 중국 고고학의 성립이 인도에 비해서는 결코 늦지 않음에도, 제3장에서 서술한 인도의 경우처럼 선사시대부터 문명 기원까지의 맥락을 규명하지 못한다는 점은 중국 고고학계가 반성할 만한 일이다.

4대 우상에 가려진 중국 문명의 기원 탐색

중국의 저명한 고고학자 쑤빙치蘇秉琦는 중국의 역사 교육이 두 가지 이상기류에 속박되어 있다고 토로했다. 하나는 뿌리 깊이 박힌 중화 대일통大一統 관념이다. 또 하나는 마르크스가 제시한 사회 발전 규칙을 역사 자체로 간주하는 것이다. "이렇게 해서 하夏 · 상商 · 주周 · 진秦 · 한漢처럼 본래는 서로 다른 문화가 과일꼬치처럼 한데 꿰여, 조대가 바뀌며 한 계통으로 이어져 내려온 관계가 되었다." 유물사관은 "사회 발전사를 유일하고 전부인 역사로 간주해, 생동하는 중국 역사를 단순화했다."[4] 이러한 쑤빙치의 견해에 깊이 동감하면서, 여기서는 베이컨의 『신기관(노붐 오르가눔Novum Organum)』이 현대 과학을 위해 중세 스콜라 철학의 족쇄를 부숨으로써 인지의 장애를 없앴던 것처럼, 현재 중국의 선사시대를 제대로 사유하기 위해서 반드시 타파해야 할 네 가지 우상을 언급하고자 한다.

1. 사유 방식이 빅토리아 시대의 단선적 사회진화론에서 아직 완전히 벗어나지 못했다. 즉 루이스 모건Lewis Morgan(1818~1881)이 주장한, 모든 인류가 모계사회를 거쳐 부계사회에 이르렀다는 법칙을 지금까지도 여전히 따르고 있다.

2. 20세기 전기 신문화 운동 시기부터 이미 의심하기 시작했던 고대사, 즉 삼대三代·요堯·순舜 심지어 황제黃帝 등의 역사를 다시 긍정하고 있다.

3. 진·한의 대통일 이후의 구조를 원고시대로까지 돌이켜 투사하고, 현대의 국경을 기준으로 국내와 국외의 원고시대 문화의 범주를 확정하고 있다. 이로 인해 본국이 국외의 영향을 받은 측면에 대한 인식이 부족하다.

4. 은殷·주周 이래로 정치 중심이 모두 화베이에 있었던 상황을 원고시대로까지 돌이켜 투사함으로써 중원주의를 형성하고, 화베이의 발전 단계로써 '전국'의 범주를 확정하고 있다. 중원주의는 대중앙주의 심리의 문화적 진술이다.

루이스 모건은 인류사의 발전 단계를 야만·미개·문명의 3단계로 나누었다. 또한 가정은 모계에서 부계로 바뀌고, 사회는 원시공산사회에서 국가로 발전했다고 보았다. 이러한 단선적 진보관은 인류사를 10단계로 구분한 계몽사상가 콩도르세Condorcet의 단선적 진보사관 및 3단계 발전설을 주장한 콩트의 실증주의 사관을 계승한 것이다. 또한 이러한 단선적 진보관은 동시대인이었던 다윈과 스펜서의 사회진화론에 호응하여 빅토리아 시대의 풍조가 되었다. 이렇게 획일적인 거대이론의 억측은 오늘날 '안락의자의 인류학자'라는 조소를 받는다. 그런데 모건의 학설은 마르크스주의 경전의 일부분이 되었으며 중국 고고학계를 지배하고 있다.

의고파의 공헌과 함정

민국 시대의 의고파疑古派는 전통적인 고대사를 타파했다. 그 효과는 서양에서 이루어졌던 『구약성경』에 대한 '고등 비평'과 같았다. 고등 비평에서는 『구약성경』의 서사가 서로 다른 시대의 서로 다른 내력을 지닌 문서가 합쳐져 이루어진 것이며, 그 서사의 목적은 실제를 기록하기 위한 것이 아님을 지적했다. 그렇다면 이스라엘 백성의 이집트 탈출, 가나안 정복 등의 확언을 반드시 역사 사실로 간주할 필요는 없다. 문헌 비판 외에 고고학 역시 경전의 신뢰도를 뒤흔들었다. 고대 유대 역사에서 가장 영광스러운 다윗과 솔로몬의 통일 왕국은 출토물의 증거가 전혀 존재하지 않는다. 오늘날 서양에서는 고등 비평이 이미 뿌리를 내렸고, 로마 교황청도 그 권위를 인정한다. 오늘날 고대사 연구는 대부분 출토 자료를 중심으로 하고 기존 문헌을 보조로 삼는다. 그런데 중국에서는 의고疑古 운동이 잠깐 출현했지만, 현대 고고학과 병행하지 못한 채 현대 고고학에 의해 상쇄되는 경향을 보였다.

신문화 운동의 영향 아래에 있었던 의고파는 방법상 여전히 정교하지 못했다. 당시에는 안양安陽 은허殷墟의 발굴도 이루어졌다. 『사기史記』「은본기殷本紀」의 상대商代 계보에 대해서는, 은허에서 출토된 갑골복사甲骨卜辭를 통해 30명의 왕 가운데 23명의 왕에 대한 증거를 확보할 수 있었다. 중국 학자들은 이에 근거해서, 『사기』「하본기夏本紀」에 기록된 하대夏代 계보는 대체로 신뢰할 만하다고 추측했다. 마네토Manetho는 사마천司馬遷보다 한 세기 앞서 이집트 전사全史를 정리했다. 고왕국·중왕국·신왕국의 시대 구분법 및 번호로 왕조를 배열하는 체계는 지금까지도 사용되고 있으며, 다른 고대사 연구 영역의 부러움의 대상이 되었다. 마네토가 정리한 계보는 적어도 다섯 가지 고본古本의 증거를 확보하고 있다. 증거 중 가장 오래된 것은 제5왕조까지 거슬러 올라간다. 이들 역사 출처는 서로 베낀 것일 수도 있다. 선왕조 시대의 유적지 히에라콘폴리스Hierakonpolis에서 이집트 제1왕조의 초대 파라오 나르메르Narmer의 팔레트가 출토되면서 제왕들의 계보를 어느 정도 확정할 수 있었다. 이것은 전해지는 역사 자료에 대해, '모든 것을 의심하고 타도하려는' 태도만을 취해서는 안 된다는 것을 말해준다. 『사기』의 하대 계보 역시 출토 증거물을 획득하게 된다면, 사마천의 고대사 계보 역시 마네토의 왕조 계보와 동등한 지위를 얻을 수 있을 것이다.

황토 지대의 신화

옛것을 믿는 신고信古는 큰 문제가 아니다. 진짜 문제는 중원주의다. 1975년, 중국 각지에서 선사시대 유적지가 잇따라 출토되던 당시에 저명한 학자 허빙디何炳棣는 『동방의 요람東方的搖籃』이라는 책을 출간했다. 그는 '신석기 핵심 구역'에서 활동했던 양사오 사람들이 오늘날 중국인의 선조라고 확정했다. 핵심 구역이란 바로 황토 고원인데, 황토 고원의 전부가 아닌 웨이뤄渭洛 지역의 좁고 긴 지대만 가리킨다. 한족漢族의 선조가 결코 북아시아에서 유래하지 않았음을 확정하기 위해서, 허빙디는 한족의 선조가 바이칼 몽골 인종과 다른 남방 몽골 인종이며 화난華南 사람과 일가임을 강조했다. 여기서 친링秦嶺이 분계선이 되었으며, 웨이뤄 지역의 선사시대 문화가 창장 방향으로 뻗어나갔다고 한다. 그런데 허빙디는 이러한 남방화가 "양사오 문화가 총체적으로는 황토 고원의 산물이라는 사실에 아무런 손상을 끼치지 않는다"고 했다.[5]

허빙디는 또한 이렇게 주장한다. 친링 이남의 동식물이 물론 다양하긴 하지만 산은 대부분 숲으로 덮였고 평원은 점토로 이루어져 수풀이 자라고 풀이 무성한데 남방 사람들은 화전 경작에 능숙하지 못했던 탓에 남방의 신석기 문화는 천천히 도래했다.[6] 웨이뤄 지역의 좁고 긴 지대가 결국 동방 문명의 요람이 되었다는 것이다. "동물의 가축화는 농경과 마찬가지로 최초에는 신석기 핵심 구역에서 발생했다. 여기서부터 서북으로 뻗어나가 간쑤에 이르렀고, 동쪽으로 뻗어나가 화베이 평원 및 그 남쪽 지역에 이르렀으며, 북쪽으로는 내몽골에 이르렀다."[7] 1975년의 허빙디는, 1921년에 양사오촌 유적지를 발견한 요한 군나르 안데르손 Johan Gunnar Andersson이 양사오 문화를 중화의 기원으로 보았던 사유를 전혀 뛰어넘지 못했다. 허빙디의 새로움은 메소포타미아 삼각주에 비견할 만한 고대 중국의 협소한 지대가 동방 문명의 요람임을 확정했다는 데 있다.

핵심은 중국어의 '중화中華'라는 용어가 사람들의 사유에 뿌리 깊게 자리했다는 것이다. 중中은 중원이고, 화華는 황허 평원 일대다. 황黃은 중국 문화의 주요 색이기도 하다. 황토 고원의 중심성이 중국 민족의 집단 잠재의식 속에 이미 견고히 뿌리를 내렸다. 온 민족의 집단 잠재의식의 바탕색이 황토색이 된 것이다!

다중심론인가, 뭇별이 달을 에워싼 것인가

중국 각지에서 새로운 발견이 이루어짐으로써 상술한 결론은 효력을 잃었다. 하지만 견고히 뿌리를 내린 중원주의로 인해, 2000년 동안의 중원주의는 다음처럼 여전히 새로운 버전으로 등장하고 있다.

중국 전체의 고대 문화는 겹겹의 꽃잎으로 이루어진 꽃송이와 같다. 중원은 화심花心, 주위 각 문화의 중심은 안쪽 꽃잎, 그 바깥의 문화 중심은 바깥쪽 꽃잎에 비유할 수 있다. 이러한 겹겹의 꽃잎으로 이루어진 꽃송이 구조는 초안정적인 구조이자, 다양성을 지니기에 자체적인 활력이 충만한 구조다. 중국 문명의 역사가 수천 년 동안 끊어지지 않고 이어진 것은, 이러한 겹겹의 꽃잎으로 이루어진 꽃송이와 같은 다원일체多元一體의 문화·민족 구조의 형성 및 발전과 밀접한 관계가 있다.[8]

신중국이 성립한 이후 고고학 발견은 비약적으로 발전했다. 중원 이외의 전국 각지에서 서로 다른 지방 문화가 여러 곳 발견되었고, 이를 5대 구역 혹은 6대 구역으로 체계화했다.[9] 하지만 이렇게 그려낸 윤곽이 다중심의 중국 문명 기원론일까, 아니면 '뭇별이 달을 에워싼' 것일까? 중국의 초기 고고학이 세운 중국 신석기시대의 커다란 두 비석, 즉 양사오 문화와 룽산 문화는 쉽게 옮길 수 있는 것이 아니다. 지금 이 양자는 중국 화베이 원고사 무대 중심의 바닥짐(밸러스트)이 되었다.

황허 유역의 허난 신정新鄭 페이리강 문화는 지금으로부터 7000년 전에 이미 조를 재배하고 돼지를 가축화하는 단계에 진입했으며, 중기 신석기시대로 규정된다.[10] 페이리강 문화는 1977년에 이르러서야 지금의 명칭을 획득했으나 그 유적지는 일찍이 1958년에 발견되었다. "하지만 한동안 이 문화를 양사오 문화의 범주로 귀속시킨 채 구분하지 못했다."[11] 화베이의 또 다른 중기 신석기시대 문화는 허베이의 츠산 유적지로 명명되었는데, 기원전 6100~기원전 5750년 무렵이다. 대량의 조가 발견되었고, 개와 돼지를 사육한 흔적이 있으며, 중국 최초의 집닭도 발견되었다. 1976년에 출토된 이 유적지는 엉뚱한 것으로 오인될 뻔했지만 1970년대 말에 츠산 문화로 명명되었다. 하지만 여전히 어떤 사람은 츠산 문화가 토기·석기 방면에서 "양사오 문화 허우강後崗 유형과 비교적 가깝다"고 본다.[12]

불행하게도, 일찍이 안데르손이 양사오 문화의 모범촌이라고 했던 허난 멘츠澠池 양사오촌은 곧이어 중국 학자에 의해 '룽산 문화가 혼입' 되었음이 발견되었다. 그리고 그 모범적 지위는 반포半坡와 먀오디거우廟底溝에 의해 대체되었다. 반포와 먀오디거우는 한동안 양사오 문화의 양대 유형으로 간주되었다.[13] 하지만 오늘날에는 먀오디거우가 반포 이후인 것으로 수정되었다. 또한 양자 사이에는 고고학적 단층이 나타났는데, 특히 매장 형식에서 차이가 두드러진다. 반포 시기에서는 남녀노소를 구분하지 않고 여러 사람의 합장과 동성 합장이 이루어진 반면, 먀오디거우에서는 개별 합장으로 변했다.[14] 인더스강 유역 고대 문명을 논의한 제3장에서 언급했듯이, 하라파 후기에서는 장례 관습에서의 단층이 발생했고 이것은 심지어 아리아인이 도래한 것의 증거로 간주된다. 하지만 양사오 문화 내에서의 단층은 모계사회에서 부계사회로의 과도로 해석된다.[15] 해석하는 이가 무엇을 보고 싶은가에 따라 그 성격이 규정된다는 것에 주의를 기울여야 한다.

양사오의 범위는 너무 광범하다. 그것은 문화라기보다는 '중앙 표준시간대'의 부호다. 이 표준시간대는 지금으로부터 7000~5000년 전에 중국 신석기시대의 전성기를 휩쓸었다. 일찍이 양사오 문화에 귀속되었던 반포 문화는 한동안 허난 멘츠를 대신해 양사오의 시범 유적지가 되었다. 지금은 이에 반대하면서 반포 문화를 독립시켜야 한다는 견해도 있는데, 반포 문화와 동행했거나 뒤를 이은 먀오디거우 역시 그렇다. 각각 반포 문화와 먀오디거우 문화로 칭해야 한다는 것이다.[16] 양사오는 본점조차 끝장이 날 것이고, 모든 체인점도 분산화·로컬화될 듯하다. 하지만 '양사오'라는 이름은 이미 시대적 기호로 비상했다.

양사오는 중국 신석기 전성기의 중앙 표준시간대

중국인은 기나긴 역사 경험 속에서 대중앙주의를 배양했고, 이는 지금까지도 깊이 뿌리박혀 있다. 오늘날 미국에는 4개의 시간대가 있고, 러시아에는 11개가 있다. 하지만 중국에는 한 개뿐으로, 모두 베이징 시간을 사용한다. 때문에 투루판Turpan에서는 황혼에 해당하는 시간에도 태양이 아직 머리 위에서 내리쬐고 있다.

　　양사오가 단일한 중앙 표준시간대가 되자, 다른 유적지는 '양사오와 동시기' '양사오와 인접' '양사오 주변 문화' 등으로 판정되었다. 즉 위성으로 전락한 것이다. 동시기·인접·주변 식의 위성으로는 동북의 홍산紅山 문화, 허베이의 허우강 문화, 산둥山東의 다원커우大汶口 문화, 쑤베이蘇北의 마자빈馬家濱 문화, 창장 중류의 다시大溪 문화가 있다. 다원커우 유적은 1952년에 발견되었다. "당시에는 이 유적을 양사오 문화의 유물로 간주했다." 1957년 이후에는 이를 "룽산 문화 계통 안에 넣어야 한다"고 보았다. 1964년이 되어서야 샤나이夏鼐가 다원커우 문화라고 명명했지만, 그 범위가 명확해진 건 1977년에 이르러서다.[17] 양사오와 인접하지 않을뿐더러 너무 멀어서 '주변'이라고도 할 수 없는 것으로는 타이후太湖 지역의 량주良渚 문화, 항저우만杭州灣의 허무두 문화가 있다. 홍산 문화와 량주 문화는 모두 옥을 중시했으며, 허무두에서는 세계 최초의 칠기가 출토되었다. 그런데도 양사오의 홍도紅陶가 시대를 명명하는 유일한 부호가 되어야만 할까?

　반드시 짚을 점은 서로 멀리 떨어진 문화라고 해서 반드시 아무 관계가 없는 건 아니라는 것이다. 양사오 시기가 세계에 가장 크게 이바지한 것은 비단의 발명이다. 1926년, 리지李濟의 고고학 팀은 산시山西 샤현夏縣 시인춘西陰村에서 최초의 누에고치를 발견했지만 산누에인지 집누에인지, 먹기 위한 것인지 실을 뽑기 위한 것인지는 확정하지 못했다. 지금으로부터 6000년 전의 허무두 문화에서 나방 형태의 그릇이 출토되었다. 저장 후저우湖州의 량주 문화 첸산양錢山漾 유적지에서는 최초의 견사, 비단 조각, 견사를 짜서 만든 명주 끈이 발견되었는데, 지금으로부터 4700년 전에 해당한다.[18] 이들 문화는 서로 관계가 있지만, 반드시 중앙 문화에서 뻗어나간 것은 아니다.

룽산은 중국 후기 신석기시대의 중앙 표준시간대

양사오가 중국 신석기시대의 전성기를 포괄한다면, 룽산(약 4900~4210년 전)은 후기 신석기시대 및 금석병용 과도기의 중앙 표준시간대를 담당한다. 룽산의 범위 역시 너무나 넓은데, 화베이에 위치하면서 중원사의 유기적 부분을 구성한다. '룽산 문화'는 지역과 특징이 다르고 맥락도 다른 문화를 죄다 그 이름 아래에 두고 있다. 때문에 어쩔 수 없이 룽산 문화 외에 중원 룽산 문화, 산둥 룽산 문화, 항저우만 룽산 문화, 후베이 룽산 문화라는 명칭이 따로 생겨났다.

　후베이 룽산 문화 혹은 창장 중류 룽산 문화는 오늘날 이미 학계의 새로운 총아인 '스자허石家河 문화'로 탈바꿈했다. 스자허 문화 고고학층의 유물은 1955년에 이미 출토되었지만 중시되지 못했는데, 이는 룽산의 가면을 구별하지 못한 채 그 안에 파묻혀 있는 것에 만족했기 때문이다.[19] 한편 항저우만 룽산 문화는 일찍이 1959년에 '량주 문화'로 새롭게 명명되었다. 1980년대에 이르러 중국 고고학계는 이러한 과적過積 현상에 대해 자각하게 되었고, 옌원밍嚴文明의 건의에 따라 '룽산 문화'를 '룽산 시대'로 개칭했다. 범汎룽산 문화의 안개를 걷어낸 뒤, 산둥의 전형적인 룽산 문화는 비로소 엄격한 의미에서의 고고학 문화로서 새로운 연구 단계로 진입하게 되었다.[20] 룽산 문화는 그야말로 어쩔 수 없이 명성 때문에 시달려왔다고 할 수 있다!

1980년대 이후 중국의 선사시대 고고학에서는 '룽산 문화' 대신 '룽산 시대'라는 개념을 사용했다. 이로써 중앙 표준시간대를 지향하는 심리에도 부합하게 되었다. 중국사회과학원 고고연구소에서 2010년에 출간한 『중국 고고학·신석기시대』에서는 지금으로부터 4600~4000년 전의 신석기 문화를 '룽산 시기'로 아울렀다. 여기에는 황허 유역, 창장 유역, 타이후 지역, 쓰촨, 네이멍구內蒙古, 화난, 서남, 민장閩江, 월북粤北(광둥북부), 그리고 티베트 동부 등지가 모두 포함된다.[21] 룽산은 주로 시간 인

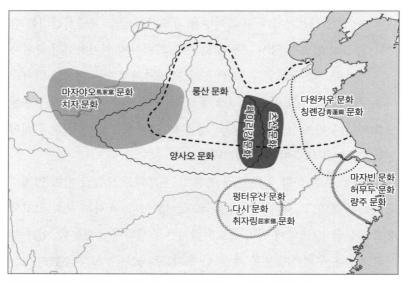

중원을 대표하는 양사오 문화와 룽산 문화의 범위는 지나치게 부풀려졌다.

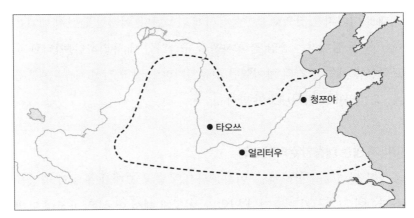

범위가 지나치게 광범한 룽산 문화

디케이터의 역할을 하는 것
외에 중원 고대사를 실증하
는 역할도 지닌다. 민국 시
대 푸쓰녠傳斯年의 '이하동
서설夷夏東西說'이 1970년대
이후 다시 부활하는 경향을
보인다. 이하동서설은 '하

허무두 유적지

夏'와 '이夷'라는 두 집단이 대립했는데, 은상殷商이 '이夷'에서 비롯되었
음을 의미한다. 룽산 문화의 본원은 동쪽에 있기 때문에, '양사오 → 룽
산 → 샤오툰小屯'이라는, 아래서부터 위로의 지층 누적의 관계를 확립하
는 데 유용하다.[22] 이러한 배열은 상商이 하夏를 계승했고 하가 화베이 황
토 고원 신석기 문화를 계승했다는 중원 사관을 증명하는 데 유용하다.

　출토 문물에 최초로 룽산 문화라는 칭호를 부여한 유적지는 산둥 지
난濟南 룽산의 청쯔야城子崖 유적지다. 나중에 이 유적지의 직접적인 전신
이 산둥의 다원커우 문화라는 것을 발견했다. 하지만 룽산 시대 전체는
양사오 시대를 계승한 것으로 통칭된다. 룽산 시대 역시 아래로는 은상

시대로 이어지는 것으로 두루뭉술하게 간주된다. 이러한 단선적 배열은 하·상·주 삼대라는 중앙 정통 사관을 구축하는 데 유리하다. 이러한 계보학은 본래는 공간의 차이였던 것들일지라도 결국 직선(시간의 계승 관계 – 옮긴이)으로 엮어내고야 만다.

떠나지 않는 대중앙주의의 망령

공간적 의미에서 말하자면, 이하동서설은 중국 고대사 무대의 중앙을 화베이에 고정시키는 효과가 있었다. 이렇게 해서 이 설은 마침내 고대사 권위자인 리쉐친李學勤에 의해 새로운 버전으로 등장했다.

> 일반적으로 양사오 문화-허난 룽산 문화는 화하華夏 집단에 속하는 고대인이 남긴 것이고, 다원커우 문화-산둥 룽산 문화는 동이東夷 집단의 고대인이 남긴 것으로 여겨진다. 문헌에는 "위衛는 전욱顓頊의 터이므로 제구帝邱가 되었다"(『좌전左傳』「소공昭公 17년」)는 기록이 있다. 이곳은 오늘날 허난 푸양濮陽으로, 화하와 동이의 양대 부족 집단이 분포했던 인접 지역이자 그 문화가 합류한 지역이다.[23]

'화하'라는 단어는 『상서尚書』「주서周書」에 나오긴 하지만 춘추 시대의 명사다. '동이'라는 단어는 『관자管子』에서 가장 먼저 보이긴 하지만 전국 시대 사람이 기록한 것이다. 그리고 '집단'이니 하는 것은 민국 시대의 상상이다. 오늘날의 주장은, 아주 고대의 것이라고 할 수 없는 『좌전』을 증거로 삼아 지리적 위치를 확정함으로써 서로 다른 두 집단이 룽산 시기에 이르러 합류하는 경향을 보였다고 말하는 것이다. 오늘날 중국을 '화華' 혹은 '하夏'로 약칭하는 상황에서 이러한 합류는, 양사오 문화-허난 룽산 문화의 화하 집단을 주主로 삼고 글자의 의미에서부터 주변화된 동이를 종從으로 삼는다는 건 말할 필요도 없이 분명하다.

'동쪽의 이夷, 서쪽의 하夏'는 이러한 고정관념이 누적된 편견으로, 이는 당시 중국의 극히 일부만을 본 것이며 다른 지역은 시야 밖에 둔 것이다. '동쪽의 이, 서쪽의 하'가 중국 원고사의 전부나 마찬가지일 수밖에 없다고 한다면, 이것은 각지에서 끊임없이 출토된 고국古國의 유적지(어떤 것들은 심지어 중원보다 이르다)와 서로 모순된다. 이런 모순을 일으키는 불청객 중 하나가 스자허 문화다. 스자허 문화는 후베이 톈먼天門 부근의 유적지군으로, 이 구역에서 발견된 스자허 고성古城의 면적은 120만 제곱미터에 달한다.[24] 이곳에는 주성主城에 대한 체계적 수호 태세를 갖춘, 성을 둘러싼 강과 성벽 유적이 있다. 이는 이곳이 이미 나라의 수도였으며 고국古國의 규모를 갖추었음을 말해준다. 스자허 문화의 연대는 기원전 2500년 전후부터 기원전 2000년까지다. 스자허 고성의 번영기는 이 문화의 초중기로,[25] 스자허 고성은 당시 중국 최대의 고성이었다고 할 만하다.

고대 경서의 일부에는 '하'와 '이' 외에 '묘苗'에 관한 편린이 남아 있다. 대중앙주의 사관을 견지하는 사람은 형한荊漢(지금의 후베이) 고문명이 스스로 체계를 이룬다는 것을 인정할지라도 이를 고대 문헌에 나오는 '삼묘三苗'에 끼워 맞추는 경향이 있다. 즉 중앙에 반항한 반란분자가 삼묘라는 것이다. 이러한 정통 사관은 심지어 가장 유행하는 대붕괴 이론으로 포장할 수도 있다. 다음은 바로 가장 유행하는 학설과 『상서』의 경전 사관이 절묘하게 결합된 것이다. 즉 스자허 계열의 문화가 '사용 가치가 없는 제단을 만들었고' 이로 인해 생태가 파괴되었다며 견책한다. 또한 나날이 축소되는 생존 공간을 확장하기 위해서 마침내 중원의 화하 문명을 향해 전쟁을 개시했고, 경서에 나오는 '삼묘'로 전락해 요·순·우禹 삼대의 토벌을 통해 멸망했다고 한다. 여기서는 현대인의 시각

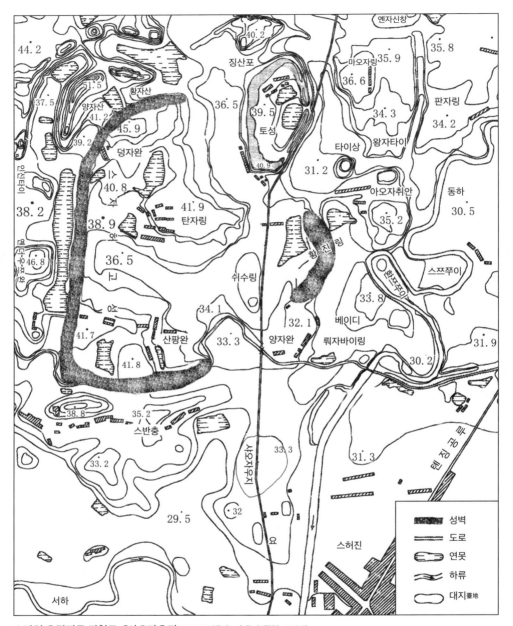

스자허 유적지군 지형도: 『샤오자우지肖家屋脊』(北京: 文物出版社, 1999)

으로 고대인의 제단이 "사용 가치가 없다"고 질책했을 뿐만 아니라 광대한 장한江漢 평원을 좁은 이스터섬에 비유했다. 스자허 문화의 제단 축조를 이스터섬 주민이 허영을 위해 석상을 세운 것에 비유했는데, 결국 자신의 자원을 다 소모하고 중원을 상대로 침략 전쟁을 벌였으며 최종적으로 중앙의 징벌을 받았다는 것이다.[26]

이렇게 해서 2000여 년 동안 입으로 전해져온 '5000년 문명 고국'의 장엄한 형상은 여전히 가공의 전설을 통해 대체될 수 있었다. 혹은 아예 양사오 문화·룽산 문화라는 개념으로 상나라 이전의 1000여 년을 메움으로써 5000년이라는 숫자를 채웠다. 혹은 진일보한 '이하동서설'을 통해 고고학의 새로운 자료와 고대사 전설을 적절히 사용했다. 이로써 '5000년 문명'에 진짜와 가짜가 뒤섞이게 되었다.[27]

중국의 삼대와 서양의 삼대

전해진 역사 자료를 통해 중국 역사의 원천을 탐구할 때는 '하·상·주' 삼대관이 없을 수 없다. 현대 고고학에 의지해 중국 문명의 기원을 탐색할 때는 '석기 → 청동기 → 철기'라는 세 시대의 서열이 없을 수 없다. 만약 양자가 모두 없다면, 고대사 연구자는 선이 잘린 우주비행사처럼 무한한 우주에서 떠돌게 될 것이다. 의고학파는 결코 삼대관을 포기하지 않았다. 그들은 다만 삼자의 순서를 헷갈렸을 뿐이다. 만약 그들을 헷갈리게 만든 순서가 부재한다면 전복시킬 대상조차 사라진다. 고대사를 의심하든 믿든, 현대 고고학의 힘을 빌릴 수밖에 없다. 그런데 고대사를 믿는 이들이 제공한 문명 진전의 척도 역시 발을 깎아서 신발에 맞추는 식의 나쁜 결과를 초래할 수 있다.

중국 고대사학계는 1996년에 '하·상·주 단대斷代 공정工程'이라는 프로젝트를 가동했다. 중국의 '믿을 수 있는 역사信史' 연대를 기원전 841년(서주西周 공화共和 원년) 이전까지 끌어올려 상 왕조의 비교적 정확한 연대를 제시하려는 시도다. 특히 '하 왕조'의 존재를 긍정해, 하 왕조가 기원전 2070년에 시작되었다고 확정했다.[28] 미국 학자는 그것이 민족주의 정서에서 비롯된 잘못임을 고발하며 만신창이가 되도록 공격했다. 이 프로젝트가 2003년에 내놓은 최종 보고는 중국 당국에 의해 통과되지 못했다.

중국 선사시대 연구에서는 문헌의 고대사를 자유자재로 인용한다. 현재 춘추전국 이후의 문자 사료에 근거해 하 왕조의 역사를 날조하는 이들이 많은데, 여기서 중국 고대사의 시대 틀은 하·상·주이고, 문명의 기원은 요·순·우까지 연결된다. 이들은 텍스트의 형성 과정을 추궁하려 하지 않는다. 이들은 문헌의 고대사를 초등학교 교과서에 실린 상식처럼 간주한다. 고고학 종사자들 역시 그것을 지침으로 간주한다. 하지만 오늘날에는 고대사를 재건하는 정보가 문헌에만 한정되지 않는다. '하·상·주'라는 전통 틀은 현대로 진입한 이후 세계와 보조를 맞춰야 했다. 이를 위해 '안락의자의 인류학자'가 만들어낸 이론을 받아들였다. 즉 인류가 모계에서 부계로 이행했고, 원시공산사회는 마침내 계급사회로 분열했다는 것이다. 이는 세 구간으로 이루어진 직선 궤도와 비슷하다. 논쟁이 비교적 적은 것은 '석기 → 청동기 → 철기'라는, 생산 및 생활용구의 재질에 근거한 고고학 시대 구분이다.

석기·청동기·철기라는 시대 구분은 과학계로부터 널리 인정받았다. 19세기 초, 덴마크 박물학자가 북유럽 문물을 박물관에 진열하기 위해 이러한 시대 구분법을 설계했다. 그 순서가 고고 유적지의 단계와 상당히 부합했기에 결국 광범하게 채택되었다. 이후 다른 학자가 석기시대를 구석기·중석기·신석기의 3기로 정밀화했다. 구석기시대는 다시 전기·중기·후기의 3기로 나뉘었다. 후기 구석기시대에서 중석기시대로의 과도기를 준구석기Epipaleolithic로 칭하는 이도 있지만, 어떤 사람은 이 단계를 아예 중석기시대와 동일시한다. 때문에 이 시기는 회색 지대로 변했다. 호수·해변가의 어로漁撈 지역의 경우, 중석기시대는 종종 세석기시대로 칭해진다. 세계의 모든 선사시대가 이 단계를 반드시 거쳐야 했던 건 결코 아니다. 설령 이 단계를 거쳤다 하더라도 그 시기가 매우 짧아서 과도기와 다름이 없다. 신석기시대는 문명 단계로의 발판으로, 신석기혁명에서 도시혁명으로의 돌파가 이루어진 모범 지역인 고대 근동에서는 신석기시대의 개념이 보다 정밀화되었다. 제2장에서 언급했듯, 신석기는 무토기 신석기시대와 유토기 신석기시대로 나뉜다. 그리고 전자는 다시 A와 B로 세분된다. 특수한 상황을 지닌 유적지에서는 C라는 부호까지 출현했다.

구석기시대에 이미 동아시아와 서방의 불일치가 나타났다. 이에 대해서는 제1장에서 언급했으므로, 여기서는 신석기시대만 살펴보기로 한다. 중국의 신석기시대에는 무토기 신석기시대가 없었다. 이것은 중석기시대에 조몬 토기가 출현했던 일본의 예외와 서로 호응한다. 중국 경내 최초의 신석기 유적지로, 화난에서는 장시江西의 댜오퉁환弔桶環 상층과 셴런둥仙人洞 상층, 후난의 위찬옌玉蟾巖을 꼽을 수 있다. 앞의 두 곳에서 나온 토기 조각의 탄소동위원소 C-14 연대의 상한선은 지금으로부터 2만 년 전이다. 하지만 유적지의 내용과 부합하지 않아서 결국 지금으로부터 1만~9000년 전의 신석기시대 초기로 편입되었다. 출토된 석기로는 타제 석기와 부분적인 마제 석기, 그리고 세석기와 유사한 석편石片이 있다. 위찬옌의 석기는 모두 타제 석기이며 마제 석기는 보이지 않는다. 화베이 신석기시대 초기의 베이징 둥후린東胡林 유적지는 2001년에 발굴이 이루어졌는데, 토기는 이 발굴의 중요한 수확의 하나로, 그전까지는 발견된 적이 없다. 토기는 모두 파편이며, 석기의 수량은 비교적 많고 타제 석기 위주다. 이 발굴을 통해 도출된 결론은 다음과 같다. "유럽 신석기시대 시작의 기준은 농경이다. 중국의 경우, 초기 신석기 유적지 가운데 위찬옌과 셴런둥에서 논벼가 재배되었을 가능성이 있을 뿐 다른 지역에는 농경의 흔적이 없고 마제 석기 역시 드물다. 따라서 중국 신석기시대 시작의 기준은 주로 토기다."[29]

유적지의 석기 기술은 여전히 구석기의 타제 방식이었음이 분명하다. 또한 채집경제 말기였다. 그런데도 토기 조각을 근거로 신석기시대라고 한 것이다! 하지만 유럽의 신석기시대는 농경을 기준으로 삼고, 석기 이외의 기준도 활용하여 시대를 확정한다. 유라시아대륙 서단의 발전 논리에 따르자면, 토기는 반드시 농경이 발명된 이후에 대량의 여유 식량을 저장할 필요가 있어야만 비로소 출현하는 것이다. 또한 토기가 깨지지 않도록 하는 데는 정주생활이 적당하며, 안정적이지 않은 어렵과 채집의 생활방식은 토기의 제작을 북돋지 못했다고 본다. 하지만 사실은 채집경제에서도 식량을 저장해야 했다. 동방에서 토기가 일찍 나타난 원인은 아마도 다음과 같다. 서방의 고대인이 채집한 것은 야생 맥류로, 이를 음식물로 만드는 방법은 석판에 굽는 것이었다. 한편 동아시아 고대인이 채집한 것은 야생벼로, 반드시 물로 삶거나 쪄야만 먹을 수 있었다. 동방에서는 토기가 구석기 기술을 바탕으로 출현했는데, 이는 기본적으로 고든 차일드의 신석기혁명 모델을 동요시켰다. 고든 차일드의 이론은 영국 산업혁명의 모델을 지나치게 참고한 탓에, 구석기에서 신석기로의 과도기가 아주 기나긴 과정이었을 것임을 고려하지 못했다. 즉 구석기에서 신석기로의 이행은 돌발적인 일련의 발명과 창조가 아니었다.

그렇다면 신석기시대의 전형은 무엇일까? 나는 고대 근동에서 이루어진 청동기에서 철기로의 이행이 특수한 사례임을 발견했다. 그런데도 오히려 이것이 세계 상고사 시대 구분의 틀로 간주되었다. 제9장에서 청동기시대 총붕괴의 혹독한 과정을 상술하게 될 것이다. 히타이트제국이 역사의 기억 속에서 사라지고, 동지중해가 혼란에 빠지고, 유명한 도시가 사라지고, 에게해 지역은 4세기에 달하는 암흑 시대에 빠졌다. 티그리스-유프라테스강 유역의 정국은 크게 동요했으며, 이집트는 가장 눈부신 생명의 세월에서 벗어나 황혼에 접어들었다.

'석기 → 청동기 → 철기'의 3단계론은 그 모범 지역에서조차도 직선 진보를 오롯이 대표하는 건 아니다. 인도의 경우, 3단계론은 꽤히 학자들을 곤혹스럽게 만든다. 인더스강 유역 고대 문명은 초기 하라파, 하라파 성숙기, 후기 하라파로 나뉜다. 청동기에서 철기로 이행하면서 문명의 중심 역시 서쪽에서 동쪽으로 이동하며 갠지스강 방향으로 확대되었다. 그런데 도리어 이 시기는 신석기시대처럼 토기의 형태를 시대 구분의 기준으로 삼는 방식으로 회귀했다. 즉 자색 토기, 흑색 토기와 홍색 토기, 채문회색 토기, 북방 연마흑색 토기 문화다. 한편 어떤 인도학자는 남인도가 세계사에서 가장 먼저 철기시대로 진입한 지역이라고 본다. 즉 여러 곳에서 용광로 유적지가 발견되었는데, 기원전 1700년까지 거슬러 올라갈 수 있다는 것이다. 이것은 남인도가 세석기시대에 철의 사용을 발명했다고 말하는 것과 마찬가지다. 이러한 제3세계 고고학을 반드시 마음에 새길 필요는 없다.

인도의 사례가 사람을 곤혹스럽게 만든다면, 중국의 상황은 사람을 불만스럽게 만든다. 중국이 언제 청동기시대에서 철기시대로 진입했는지에 대해서는, 임시방편으로 대략 춘추전국 시대라고 정할 뿐이다.[30] 하지만 진나라가 통일을 이뤘을 때에도 여전히 청동 병기를 사용한 게 분명하다. 장광즈張光直와 쉬줘윈許倬雲은 정수整數를 맞추기 위해서, 중국의 철기시대 시작을 기원전 500년으로 설정했다.[31] 사하라사막 이남의 검은 아프리카가 철기시대로 진입한 것 역시 이 시점이다. 하지만 양자 간에 공시적인 관련성은 전혀 없다. 사하라사막 이남의 아프리카는 청동기시대를 거치지 않고 직접 철기시대로 진입했다. 게다가 신석기시대에서 철기시대로 넘어간 것인지도 확정적이지 않다. 유라시아 선사시대 고고학의 구석기·중석기·신석기의 3단계론은 기본적으로 사하라사막 이남의 아프리카에는 적용되지 않으며, 초기early 석기시대, 중기middle 석기시대, 후기later 석기시대의 시대 구분법을 따로 설정해야만 한다. 제1기는 유라시아 전기lower 구석기시대와 동시기다. 제2기는 중석기시대가 결코 아니며, 유럽의 중기middle 구석기시대에 상당한다. 후기later 석기시대는 대략 유럽의 후기upper 구석기시대에 상당하지만, 어떤 지역에서는 유라시아대륙 식의 중석기와 신석기 심지어는 역사시대의 석기를 소량 포함하고 있다. 철기의 유입은 사하라사막 이남의 아프리카 농목업의 국부적 발전을 촉진했다. 결국 아프리카 대하 유역은 바이러스가 극성한 장소였기 때문에 문명을 건설할 수 없었다. 때문에 석제나 골제 화살촉을 철제 화살촉으로 바꾸고서도 여전히 수렵생활 형태를 지속했다.

북아메리카 인디언은 총을 도입한 뒤 그것을 여전히 수렵에 사용했다. 생산도구의 개선이 생산력의 발전을 가져온다는 명제는 이미 진부해졌다. '석기 → 청동기 → 철기'의 시대 구분 틀은 서반구에서는 그 힘을 발휘할 여지가 더욱 없다. 고대인이 베링해협을 건너 아메리카로 들어갔을 때는 이미 구석기시대에서 벗어난 상태였다. 하지만 아메리카는 콜럼버스 이전 시대에는 금속 시대로 진입한 적이 없다. 따라서 아메리카에서 몇몇 중심이 제국 단계로 발전했고 중고 시대 세계 6위권에 드는 거대도시가 출현했을지라도, 아메리카 고대사는 오직 석기시대뿐이며 문자 이전 단계였다.

여기서 시대 구분 방식에 대해 이토록 자세히 논한 것은 중국 문명의 기원이 중원인지 남방인지에 관한 논쟁을 다루기 위해서이다.

중국 문명의 기원에 대해서는 아직 정설이 없다

오늘날 중국 경내에서 중원은 가장 먼저 문명을 향해 발걸음을 디딘 지역이 아니다. 이에 대해서는 이미 논의한 이가 있다. 쑤빙치는 중원 이북 지역 계열의 훙산 문화 및 샤자뎬夏家店 하층문화를 '원생형原生型' 문화로 보았으며, 중원을 '차생형次生型' 문화로 분류했다. 옌산燕山 남북 지역을 둘러싼 사회는 한때 선도적 지위를 차지하기도 했다. 지금으로부터 7000~8000년 전, 싱룽와興隆注 유적지의 사회는 이미 씨족에서 국가로 진화하는 전환점에 도달했다. 훙산 문화는 지금으로부터 5000년 전에 가장 먼저 고국 단계로 접어들었다. 훙산 문화는 제단, 여신 사당, 적

훙산 문화 유적지

석총군積石冢群 및 세트로 이루어진 옥 재질의 예기禮器를 표지로 한다. 홍산 문화는 원시공산사회 씨족부락제가 원시공산사회를 바탕으로 생겨났으되 원시공산사회를 능가하는 조직 형태로 발전했음을 반영한다. 즉 초기 도시국가 식의 원시국가가 이미 탄생한 것이다. 한편 이와 동시대의 중원 지역에서는 홍산 문화의 제단·사당·무덤 및 옥 예기 세트에 필적하는 문명의 흔적이 아직까지 발견되지 않았다. 홍산 문화 일대의 토지 생산력이 파괴되고 농업 지역이 쇠퇴한 뒤에야 문화의 중심이 남쪽과 서쪽으로 이동하며 중원으로 옮겨졌다.[32]

쑤빙치의 이런 주장은 결코 놀라운 게 아니다. 정말로 근본을 뒤흔든 것은 이 책을 집필하고 있던 기간에 중국에서 논쟁을 일으킨 궈징원郭靜雲의 저서 『하·상·주: 신화에서 사실로夏商周: 從神話到史實』다. 그는 중원의 개념을 장한江漢 일대로 바꿨으며, 기존의 중원인 황허 중류를 중남中南 핵심구의 변경으로 강등시켰다. 궈징원의 주장은 화중·화난 지역이 세계 최초의 쌀 재배지라는 데 근거한 것이다. 초기 신석기시대(기원전 1만~기원전 7000), 후난·장시 일대의 유적지(위찬옌·셴런둥·댜오퉁환)는 벼농사가 이미 맹아기로 진입했음을 말해준다. 신석기시대 중기(기원전 7000~기원전 3000) 양호兩湖(후난·후베이)의 펑터우산 문화와 청베이시城背溪 문화는 재배벼가 이미 이 지역의 음식물 가운데 중요한 구성 성분이 되었음을 보여준다. 원래는 한작농업에 종사했던 화베이 지역 페이리강·라오관타이 문화권의 남쪽 가장자리에서 이때야 비로소 벼를 재배하기 시작했다. 신석기시대 후기(기원전 5000~기원전 3000)에 이르러, 벼농사는 발원지에서 창장 중하류, 황화이黃淮, 쓰촨까지 널리 퍼졌다. 허무두·청터우산城頭山·다시 문화가 그 대표로서, 중심은 여전히 중남과 서남 지역이었다.[33] 2011년에 미국의 유명 4개 대학의 연합 연구 팀은 창장 유역이 세계 최초로 쌀을 재배한 지역임을 인정했는데, 그 시기

는 지금으로부터 8200년 전이다.[34]

　　농업혁명은 문명 돌파의 필요조건이지 충분조건은 결코 아니다. 최초로 농경을 발명한 지역이라고 해서 반드시 먼저 문명기로 접어든 건 아니다. 근동의 농업혁명은 환메소포타미아 유역의 산측 지대에서 발생했다. 한작농업이 시작된 지 약 4000년이 지나서야 대하 유역에서 이를 이어받아 관개농업으로 바꾸었고 도시혁명을 초래했다. 한편 농경 기원지는 도리어 날로 건조해져 유목·방목 위주의 경제를 촉진시켰다(제2장 참조). 근동 지역에서의 문명의 돌파가 여러 과정을 거친 농업에 기댄 것이라고 한다면, 벼의 탄생지인 중국의 중남 지역이 중원 일대에서 먼저 문명에 진입했을 가능성은 결코 약화되지 않는다. 귀징원은 중원에서의 청동기시대 초기 문명이 남방에서 기원한 것에 대해 논했는데, 주요 논증은 여전히 벼농사가 선행했다는 것이다.[35] 그런데 남방에서 청동기가 발달하지 않은 이유를 설명해야만 한다. 앞에서 이미 말했듯이, 사회 형태의 발전이 반드시 도구의 발전이나 문자의 사용과 짝을 이루는 것은 아니다. 도구나 문자는 참고가 될 뿐이지, 그것으로 문명의 범주를 확정지을 수 있는 것은 아니다.

　　중국의 경우, 신석기시대 초기조차도 이상형에 부합하지 않는다. 귀징원이 만약 여전히 '초기 청동기시대 이상형'이라는 기호학적 틀semiotic grid을 사용해 이에 얽매인다면, 장한江漢 지역은 영원히 중원 지역을 당해낼 수 없다. 오늘날 중국 고고학계의 공통된 인식은 '얼리터우 문화 시기를 중국 청동기시대의 시작으로 삼는 것'으로, 동위원소 C-14 테스트에 의하면 그 연대는 기원전 1900~기원전 1500년이다. 그러므로 우리는 중국 청동기시대가 약 기원전 16세기보다 200~300년 이른 시기에 시작되었다고 볼 수 있다. 이는 역사상 하 왕조의 연대 범위에 속한다.[36] 얼리터우는 결국 양사오·룽산을 이어 또 다른 중앙 표준시간대가

얼리터우 유적지

되었다.

귀징원은 중앙을 따로 세움으로써 기존 중원의 중앙인 얼리터우를 '장허江河 중원'이라는 새 중원의 변경으로 전락시켰으나, 황통을 찬탈한 것은 결코 아니다. 얼리터우 자체도 지위가 확정되지 않은 곤경에 빠졌다. 그것은 '하夏'일 수도 있고 '상商'일 수도 있으며, 홀연 '하'가 되고 또 홀연 '상'이 되고, 절반은 '하'이고 절반은 '상'이다.³⁷ 현재로서는 하나의 논쟁이 더 추가된 것에 불과하다. 얼리터우는 '창장 중류 룽산 문화'라는 딱지를 막 벗었지만 아직 '장허 연합 도시국가' 즉 고고학의 스자허 문화권에 적을 두지는 못했다. '하' '상' 등의 이름과 겨루었을 때 스자허 문화권의 승산은 높지 않다.

중원 문화 안에 남방 요소가 있다는 것에 대해서는, 권위 있는 정통 학문에서도 부인하지 않을뿐더러 오히려 그것을 이용해 중앙의 포용성을 선양한다.

> 기원전 5000년 양사오 시대 이래로, 서로 교차하는 그물망 형태의 다원일체多元一體의 구조가 점차 형성되었다. (…) 기원전 2000년부터 기원전 1000년 사이에 정치적 중심의 지위를 지닌 하 왕조, 상 왕조가 잇따라 중원에 도읍했다. (…) 당시에 황허·창장 유역 및 주위의 각 대문화 지역 중에서 중원 지역이 굴기하여 사방으로 빛을 발하는 문명의 중심이 되었다. 중화 문명은 이로써 새로운 발전 단계로 접어들었다. 한편으로 하·상 문화는 주변 문화의 정수를 적극적으로 흡수했다. 이러한 전통은 적어도 룽산 시대까지 거슬러 올라갈 수 있다. (…) 양사오 후기부터 룽산 시대 초기에 이르기까지, 쑹산嵩山 남북은 모두 다원커우 문화 중기·후기의 서진西進의 영향을 강하게 받았으며 일찍이 취자링屈家嶺 문화의 북진의 영향도 받았다.[38]

만약 그렇다면 궈징원이 주장한 얼리터우에 영향을 주었다는 스자허 문화 자체도 '룽산화'에 직면하게 되는 것이다.

궈징원의 새로운 중원관이 여전히 학계의 공평한 판단을 기다리고 있을지라도, 그의 책의 '또 다른 명제'가 손상되지는 않는다. 즉 은인殷人이 세운 왕조는 동북방에서 남하한 정복 왕조라는 것이다. 중원이 누구

허난 안양의 은허 유적지

에게 속하든 간에, 그것은 말과 마차를 부리는 비농경 민족에게 정복되었으며 이 비농경 민족이 비약의 시대를 열었다. 문자 체계가 당시에 성숙하여 중국을 '믿을 수 있는 역사信史'의 시대로 이끌었다. 은(상·은상) 왕조 역시 중국 왕조의 계보에서 진정으로 기초를 다진 존재가 되었다.

또한 은 왕조의 청동기는 세계 청동기시대의 극치
에 도달했다. 초원 민족의 문명 수준은 농경 민족
보다 결코 높지 않았지만, 고국古國과 방국方國을
넘어선 고대 제국을 처음으로 건립함으로써 각지
의 문화 자원을 겸병할 수 있었고 비약을 촉진했
다. 궈징원은 상 왕조가 반경盤庚에서부터 시작되
었고 반경이 지금의 안양에 도읍했으며, 즉 반경
때 은상의 마지막 천도遷都가 이루어진 것으로 전
해지지만 사실은 처음으로 수도를 세운 것이라고
본다. 갑골문甲骨文은 오직 안양에서만 출토되었는

길이 41센티미터의 청동 도끼

데, 그 이전의 유사한 은나라 수도를 찾기 위해 오랫동안 노력을 기울였
지만 찾아내지 못했다.[39] 반경 이전의 허구적인 '조상早商' '중상中商'의
도성인 정저우鄭州 상성商城과 옌스偃師 상성 등은 안양 은허와 비슷한 점
이 하나도 없다. 이곳들에서는 갑골복사가 출토되지 않았으며, 묘지에
수레와 말도 묻히지 않았다.

후베이 우한武漢 황피구黃陂區의 판룽盤龍 고성古城 유적지

귀징원이 상 왕조의 머리를 잘라냈으니, 하 왕조는 어디에 두어야 할까? 이에 대한 설명이 필요하다. 장한 일대는 삼국시대까지도 여전히 강하江夏로 불렸다. 귀징원은 관중關中의 저우위안周原이 "하에 관한 지식을 은상으로부터 계승한 게 결코 아니라 도리어 은상 이전 혹은 동시기에 자신의 루트를 통해 하 문명의 정신·문화·기술을 흡수했으며, 또한 동일한 루트를 통해 하 문명의 신화역사와 전설을 알게 되었다"고 본다. 은·주 왕실은 본래 한집안인데, 소왕昭王·목왕穆王 시기에 이르러서 주 왕실은 보다 숭고한 역사 계보를 따로 만듦으로써 마침내 하 왕조와의 전승 관계를 만들어냈다는 것이다. 이와 동시에 하 문명의 지역 범위가 실제로는 주 시대의 초楚 땅과 같다는 사실을 숨겼다는 것이다.[40] "중원 지역이 굴기하여 사방으로 빛을 발하는 문명의 중심이 되었다"는 중국 사회과학원 고고연구소의 찬사는 아직 시효를 잃지 않았다. 다만 귀징원의 저서에서는 '중원'이라는 기호가 가리키는 대상이 전환되었을 따름이다.

중국 문명 기원론에 대한 도전

쑤빙치의 6대 구역설은 중원 구역의 지위를 결코 동요시키지 않았다. 중원이 '차생형'으로 분류되긴 했지만 "하·상·주 삼대의 중심이었으며, 그 이전의 요·순 및 그 이후의 진대秦代를 포함해 모두 5대가 요·순 시대의 홍수를 그 기원으로 삼았다."[41] 말할 필요도 없이 중원은 훗날 한족의 본향이기도 하다. 쑤빙치는 황허 유역 중심론이 '전면적이지 않다'고 확실히 말했다. 그 의도는 형제 민족을 등한시하지 말 것을 일깨우는 데 있다.[42] 중원의 늦은 시작은 중요하지 않다. 중원은 청동기시대에 다른 곳보다 앞섰으며, 전국을 응집시키는 중추적 기능을 지닌 왕조 계보의 부화기孵化器가 되었다.

원래는 코페르니쿠스가 될 수 있었던 쑤빙치가 도리어 뒤로 한 걸음 후퇴하여, 티코 브라헤Tycho Brahe(1546~1601)가 되었다. 티코 브라헤는 『구약성경』을 코페르니쿠스 학설과 조화시켰다. 그는 다른 행성이 모두 태양 주위를 돌고 태양은 지구 주위를 돈다고 보았다. 이렇게 고심한 티코 브라헤는, 신이 자리를 정해준 지구의 중앙성을 유지하고자 했다. 궈징원의 경우, 그는 결코 중원관을 해체하지 않았다. 다만 그것의 중심을 남쪽으로 옮겼을 따름이다. 내가 말하려는 것은, 중원을 용인할 수 없으니 그것을 원래의 고고 구역으로 환원하는 것이 낫다는 게 아니다. '사방으로 빛을 발하는' 중원에 대한 감정 이입이 과학을 자부하는 고고학 작업에 지나치게 간여하지 않도록 해야 한다는 것이다.

중국 문명 기원론이 직면한 도전은, 반드시 고대 근동의 고고학을 참고하되 동시에 남의 주장을 그대로 도용하는 일도 피해야 한다는 것이다. 근동의 농업혁명은 주로 맥류를 순화하는 것이었으며, 산측 지대의 한작농업에서 대하 유역의 관개농업으로의 전환에는 단층이 매우 뚜렷하다. 한작농업에서 관개농업으로의 전환은 반드시 품종 개량을 거쳐야 했는데, 그 발생 지점은 분명하다. 바로 티그리스-유프라테스강 유역의 삼각주와 나일강 유역이다. 시야를 좀 더 넓힌다면, 티그리스-유프라테스강을 둘러싼 산측 지대의 동쪽 날개인 자그로스산맥은 사실 이란고원의 서쪽 벽이다. 이란고원 전체는 산지에 의해 범위가 한정된다. 그렇다면 이란고원의 동쪽 벽인 술라이만산맥의 평지에 자리한 메르가르 유적지가 인더스강 유역 고대 문명의 서곡이 된 것이 어찌 우연이 아니겠는가? 이 산측 지대의 유적지는 또 다른 두 강, 즉 인더스강과 사라스바티강(현재는 이미 말랐다)의 충적평야를 마주하고 있다. 궈징원이 새롭게 범주를 확정한 '장허 중원'의 면적이, 근동에서 인도 서북 귀퉁이에 이르는 맥류 생산지보다 작을 리가 없다. 궈징원은 작은 하곡河谷이 교차하는 곳에서 논벼가 탄생했음을 논증했다. 중화 문명의 요람이 대하 유역 황허라는 옛 설은 귀징원에 의해서 부정되었다. 그런데 이것은 단지 수메르 현상과 같은 것일까?

해체론의 방법과 입장을 통해 스자허 문화는 '한수漢水의 수메르'가 되었다. 중국식의 성경 고고학이 얼리터우를 중앙으로 삼았기 때문에 귀징원은 그것에 대립하는 중앙을 구축할 필요가 있었다. 이로써 양자는 서로 다른 계통을 이루었다. 중앙이라는 명사의 의미는 '중앙성'을 쟁탈한다는 점에서 안정적이다. 정복 왕조인 은 왕조는 그 이전 초 땅의 '장허 중원'과 서로 다른 계통이다. 히타이트제국과 유사한 정복 왕조가 동방의 수메르인 중국의 제1세대 농경 문명을 두드러지게 한다. 유목 민족이 건립한 제2세대 문명이 대체한 대상은, 벼농사 발원지의 요람에서 배태된 장한 문명일 수밖에 없다. 여기서 화베이의 전통 중원은 도리어 그 변경이 된다.

중국의 경우가 고대 근동의 농목혁명과 다른 점은, 벼농사가 결코 한작농업에서 시작된 게 아니라 정반대로 진행되었다는 사실이다. 이에 대해 옌원밍嚴文明은 창장 벼농사가 야생벼 분포대의 북쪽 가장자리에서 발생했다는 명제를 내놓았다. 이 지대에서는 자연 생장하는 벼의 수량이 많지 않으며, 인공 재배를 통해 안전하게 겨울을 나는 능력을 강화함으로써 번식을 촉진해야 한다. 보다 북쪽 지역은 더 춥고 건조하기 때문에 쌀은 시종일관 주식이 아닌 부식이었다. 보다 남쪽 지역은 덥고 비가 많으며 겨울이 매우 짧고 심지어는 겨울 없이 여름이 길다. 이 남쪽 지역은 인구가 적었기 때문에 채집경제를 유지해도 먹고사는 문제를 해결할 수 있었다.[43] 이러한 설은 근동의 농업혁명이 환메소포타미아 유역의 산측 지대에서 발생했다는 설에 비유할 수 있다. 귀징원의 관심은 남방 문명이 북방보다 이르다는 것에 있지, 구체적인 문명 기원론에 있는 것이 아니다. 피터 벨우드Peter Bellwood 등은 창장 중류 벼농사에 종사했던 이들이 본래 남도어족과 남아시아어족의 선조라고 본다. 이렇게 '국사'의 범위를 벗어나서 보면, 비록 지금으로서는 윤곽이 아직 잡히지 않았지만 또 다른 전승 맥락을 이끌어낼 가능성이 크다. 벼농사의 발명 역시 세계사적 현상일까?

주

1. 현생인류가 도래하기 이전, 왜 중국 경내의 고인류인 진뉴산인은 원인猿人에서 호모 사피엔스로의 과도기 유형에 속하고 다른 것들은 호모 에렉투스에서 호모 사피엔스로의 과도기 유형에 속하는지, 내내 수수께끼 상태였다. 그러다가 2010년에 영국 학자가 시베리아에서 출토된 데니소바인Denisova hominin의 유전체genome를 통해 이를 설명했다. "Jinniushan-Mensch," Wikipedia (http://de.wikipedia.org/wiki/Jinniushan-Mensch), 검색일 2013/7/1. 여기서 독일판 위키백과를 인용한 이유는, 데니소바인을 통해 진뉴산인의 독특함을 설명한 영국 고인류학자 크리스 스트링거Chris Stringer의 주장을 보도했기 때문이다.

2. 毛曦, 『中國新石器時代文化地理』(西安: 陝西人民出版社, 2002), pp. 67~68.

3. 中國社會科學院考古研究所編著, 『中國考古學·新石器時代卷』(北京: 中國社會科學出版社, 2010), p. 758.

4. 蘇秉琦, 『中國文明起源新探』(沈陽: 遼寧人民出版社, 2009), pp. 2~3.

5. Ping-ti Ho, *The Cradle of the East: An Inquiry into the Indigenous Origins of Techniques and Ideas of Neolithic and Early Historic China, 5000-1000 BC* (The Chinese University of Hong Kong; The University of Chicago Press, 1975), pp. 35~40.

6. Ibid., pp. 41~42.

7. Ibid., p. 110.

8. 嚴文明, 「長江流域在中國文明起源中的地位與作用」, 『農業發生與文明起源』(北京: 科學出版社, 2000), pp. 96~97.

9. 예를 들면, 쑤빙치蘇秉琦는 중국 전역의 선사시대 문화를 6대 구역으로 나누었다. (1)옌산燕山 남북의 장성 지대를 둘러싼 북방 (2)산둥 위주의 동방 (3)관중關中에서 진남晉南·예서豫西에 이르는 중원 (4)타이후太湖 지역을 둘러싼 동남부 (5) 둥팅후洞庭湖와 쓰촨 분지를 둘러싼 서남부 (6)포양후鄱陽湖와 주장珠江 삼각주의 남방. 『中國文明起源新探』, pp. 29~30.

10. 화베이의 신석기시대 초기 유적지는 모두 황허 유역에 있지 않다. 현재 발견된 것들은 모두 허베이에 있다. 따라서 최초의 황허 유역 신석기 유적지로 알려진 페이리강 문화는 이미 '중기'에 속한다.

11. 中國社會科學院考古研究所編著, 『中國考古學·新石器時代卷』, p. 126.

12. 『中國考古學·新石器時代卷』, pp. 141, 148~149.

13. 蘇秉琦, 「關於仰韶文化的若干問題」, 『蘇秉琦考古學論述選集』(北京: 文物出版社, 1984).

14. 嚴文明, 『仰韶文化研究(增訂本)』(北京:文物出版社, 2009), p. 124.

15. 『仰韶文化研究(增訂本)』, p. 157.

16. 張忠培·嚴文明, 『中國遠古時代』(上海人民出版社, 2010), p. 58.

17. 中國社會科學院考古研究所編著, 『中國考古學·新石器時代卷』, p. 278.

18. 『中國考古學·新石器時代卷』, p. 686.

19. 『中國考古學·新石器時代卷』, p. 656.

20. 張學海,『龍山文化』(北京: 文物出版社, 2006), pp. 32~33.

21. 中國社會科學院考古研究所編著,『中國考古學·新石器時代卷』, p. 792.

22. 李伊萍,『龍山文化: 黃河下游文明進程的重要階段』(北京: 科學出版社, 2005), pp. 1~2.

23. 李學勤,『中國古代文明與國家形成研究』(臺北: 知書房出版社, 2004), pp. 206~207.

24. 中國社會科學院考古研究所編著,『中國考古學·新石器時代卷』, p. 660.

25. 『中國考古學·新石器時代卷』, pp. 662~666.

26. 宋豫秦等著,『中國文明起源的人地關係簡論』(北京:科學出版社, 2002), pp. 165~168.

27. 蘇秉琦,『中國文明起源新探』, p. 87.

28. 李學勤,『夏商周斷代工程-方法和成果』(2002년 4월 5일, 미국 아시아 학회 강연). 李學勤,
『中國古代文明研究』(上海: 華東師範大學出版社, 2002), p. 334.

29. 中國社會科學院考古研究所編著,『中國考古學·新石器時代卷』, pp. 93·95·87·83.

30. 주펑한朱鳳瀚은『중국청동기종론中國青銅器綜論』(上海: 古籍出版社, 2009) 상책上册에서 청
동기시대가 "기원전 5세기 중엽에서 4세기 중엽, 즉 전국 시대 초기에 끝났다"고 했다.

31. Chang Kwang-chih and Cho-yun Hsu, "The Eastern Zhou from 800 to 300 BC," in
UNESCO, *History of Humanity, Scientific and Cultural Development, Vol. III: From the Seventh
Century BC to the Seventh Century AD* (Paris, London & New York: UNESCO through
Routledge, 1996), p. 491.

32. 蘇秉琦,『中國文明起源新探』, pp. 110·112·118·116.

33. 嚴文明,「我國稻作起源的新發展」,『考古』1997 第9期, p. 74.

34. "Rice's Origins Point to China, Genome Researchers Conclude" (May 3, 2011,
by New York University), in *Science Newsline* (www.sciencenewsline.com/articles/
2011050313000047.html), 검색일 2014/3/14.

35. 郭靜雲,『夏商周: 從神話到史實』(上海: 上海古籍出版社, 2013), p. 48.

36. 中國社會科學院考古研究所編著,『中國考古學·新石器時代卷』, p. 660.

37. 中國社會科學院考古研究所編著,『中國考古學·夏商卷』(北京: 中國社會科學出版社, 2003),
pp. 25~29.

38. 『中國考古學·夏商卷』, pp. 12~14.

39. 유일한 예외인 소위 '정저우鄭州 상성商城' 유적지에서 글자가 새겨진 복골卜骨 두 개가
출토되었다. 中國社會科學院考古研究所編著,『中國考古學·夏商卷』, p. 3.

40. 郭靜雲,『夏商周: 從神話到史實』, p. 394.

41. 蘇秉琦,『中國文明起源新探』, p. 110.

42. 蘇秉琦,「關於考古學文化的區系類型2問題」(1981),『蘇秉琦考古學論述選集』, pp. 225~226.

43. 嚴文明,「我國稻作起源的新發展」,『考古』1997年 第9期, p. 75.

제5장

중남아메리카의
고대 문명

서반구의 문명은 비교적 늦게 출현했다. 일반적인 세계사 서술에서는 그 시기를 중고 시대로 본다. 심지어 서반구의 문명은 유럽인에 의한 서반구 정복의 배경 지식으로 간주된다. 고대 아메리카 문명의 발전 단계는 수메르 문명 혹은 이집트의 초기 왕조 시기에 상당한다. 따라서 서반구는 자신의 역사 표준시간대를 따로 세워야 하며, 유라시아대륙의 중고 시대로 병합해서는 안 된다. 비교적 엄격한 기준에 따라서, 고대 아메리카 문명을 선사시대사에 편입시키는 사람도 있다. 고대 아메리카 문명은 문자 이전의 것으로, 그에 대한 연구는 거의 전적으로 고고학에 의지해야 하기 때문이다. 이처럼 유연성이 부족한 기준은 조정해야만 한다.

인류는 언제 서반구로 진입했을까

인류가 아메리카로 들어간 시기는 마지막 빙하기에 북아메리카에서 위스콘신 빙기가 물러가기 전(1만1500년 전), 베링해협의 육교가 아직 녹기 이전일 것이다. 그런데 불행히도 확실한 답이 주어지지는 않았다. 아메리카대륙에서 이미 출토된 유적지에 근거해서 계산하자면, 연대는 훨씬 더 거슬러 올라간다. 아메리카대륙의 최남단의 경우, 지금으로부터 3만2000~1만4000년 전까지도 거슬러 올라갈 수 있다. 베링 육교에 가장 가까운 알래스카는 도리어 흔적이 드물다.[1] 이는 아메리카의 선사시대사 학자를 매우 곤혹스럽게 만든다.

　문제는 여기에 있다. 현생인류가 아메리카로 진입한 시기가 3만5000년 전보다 이를 수는 없다. 시베리아 동부에서는 이보다 더 이른 시기의 현생인류 흔적이 발견되지 않았기 때문이다.[2] 만약 이 연한보다 이르다면, 인류가 베링 육교를 건너 왔다고 할지라도 그 내원은 시베리아가 아니다. 한편 현생인류는 4만 년 전에 이미 오스트레일리아로 진입했다. 따라서 어떤 이들은 고대인이 아프리카에서 나간 뒤 곧이어 각 대륙 해안으로 이주했다고 주장한다. 즉 당시의 이주가 베링 육교를 통한 것이 아닐 수도 있다. 하지만 이들 해안선은 오늘날 죄다 해수에 잠겼기 때문에 그런 주장을 증명할 수 없다. 이밖에도 베링 육교가 단속적斷續的이던 기간에 고대인이 뗏목을 타고 바다를 건넜을 가능성도 배제할 수 없다. 물론 인류 기원 다원론의 가능성도 있지만, 지금까지 아메리카에서는 원인猿人 화석이 출토되지 않았으므로 이 가능성은 일단 염두에 두지 않는다.

전문학자들은 위스콘신 빙기(마지막 빙기)의 전진과 후퇴의 틈에서 답을 찾을 수밖에 없다. 위스콘신 빙기는 11만 년(11만~1만 년 전)에 달하는데, 네 개의 확장기와 네 개의 간빙기가 있었다. 각 확장기마다 베링 육교가 형성되었다. 현생인류는 마지막 두 차례의 위스콘신 확장기 때 아메리카로 들어왔을 것이다. 하지만 얼음과 눈이 끝없이 덮인 길에서는 생존을 도모할 수 없었다. 위험한 길이기에 흡인력이 없었다. 따라서 북아메리카대륙의 두 개의 빙상(로렌시아Laurentia 빙상과 코르디예라Cordillera 빙상) 사이의, 얼음이 없는 길에서 답을 찾아야만 한다. 내륙 빙상과 북태평양 연안 빙상 사이의 기다란 이 길은 바로 매머드, 고대 야생마, 아메리카 들소가 서식하던 장소로, 시베리아 사냥꾼들에게 흡인력이 있었다.

이 책은 문명사를 다루고 있기 때문에 베링 육교가 사라지기 전 마지막 이주에만 주목했다. 인류가 대체 몇 차례에 걸쳐 아프리카에서 나갔느냐는 문제와 마찬가지로 인류의 아메리카 진입 역시 많은 설명이 필요한데, 문명의 기원이라는 주제에 주의를 집중해야 한다. 아메리카 문명은 바로 베링 육교가 마지막으로 끊어진 뒤 차단 상태에서 탄생했다.

서반구에서 이루어진 인간·시간·공간의 상호작용의 제약과 특징

서반구 문명은 구대륙과 단절된 이후에 탄생했기 때문에, 각 문명의 중심이 상호 영향을 주고받던 구대륙의 편의성이 서반구 문명에서는 상대적으로 부족했다. 이전에 중남아메리카 고대 문명을 연구하던 학자들 대부분은 이곳에 야금술과 바퀴 기술이 없는 것은 구대륙에서의 발명이 이곳까지 전해지지 못했기 때문이라고 보았다. 아메리카에는 무거운 것을 지고 끌 수 있는 대형 동물이 없었다. 말, 낙타, 나귀, 집소가 없고 들소만 있었다. 남아메리카의 비쿠냐는 유일하게 무거운 짐을 운반할 수 있는 순화된 가축이었다.

인류의 시조가 아프리카에서 생활하면서 아프리카의 대형 동물도 인류를 따라 진화했다. 인류의 살상력이 날로 증가하자 대형 동물 역시 그에 상응해 스스로를 지키는 자위 본능을 점차 발전시켰다. 오늘날 유독 아프리카만 대형 동물의 서식지다. 인류는 아프리카에서 나간 뒤 점차 북반구를 향해 이주했다. 그들이 만난 동물은 인간에 대한 경계심이 적었다. 인간의 사냥 기술은 갈수록 발전했고, 육식 외에도 추위를 막아줄 대형 동물의 모피가 필요했다. 인류가 베링해협을 건너 아메리카로 왔을 때, 그 방향은 북쪽에서 남쪽을 향했다. 당시의 사냥 기술은 고향 아프리카에서 갓 떠났을 때보다 훨씬 우수했다. 때문에 아메리카 초기의 대형 동물은 북에서 남으로 진군한 고대인에게 죄다 죽임을 당했다.[3]

구대륙의 문명 전파 방식이 횡적 전파인 반면, 서반구의 전파는 수직형이었다. 수직형 문명의 전파는 서로 다른 기후대를 통과해야 하기 때문에 문명 전파에 제한을 받았다.[4] 예를 들면, 고대 중앙아메리카 문명은 문자를 사용하기 시작했지만 야금술은 없었다. 고대 안데스 문명은 문자가 없었지만 야금술의 문턱에 도달했다. 양자의 거리는 결코 멀지 않지만 서로 이익을 주고받을 수 없었다.

유라시아대륙의 문명과 달리, 아메리카 문명은 대하 유역을 요람으로 삼지 않았다. 의아한 점은, 아메리카 문명이 기후가 양호한 북아메리카 대초원에서 탄생하지 않고 오히려 사람이 거주하기에 적합하지 않은 곳을 선택했다는 것이다. 중앙아메리카 문명의 기원은 멕시코만 남쪽 연안으로, 무더운 정글 지대와 우림 지대에 속한다. 남아메리카 문명은 높은 산과 안데스 산기슭을 따라 난 좁고 긴 지대에서 출현했으며, 서로 조화를 이루지 않던 지역들이 긴밀히 통합되어 상호 보완을 이루었다.

지구가 빙하기에서 벗어나고 인류가 구석기시대에서 벗어나다

북아메리카 후기 구석기시대의 가장 대표적인 유적지는 클로비스Clovis 문화(1만1000년 전)로, 시범 유적지는 미국 뉴멕시코주 클로비스시에 있다. 클로비스 문화가 아메리카 최초의 문화라는 클로비스 문화 우선설은 지금까지도 여전히 옹호자가 있다. 클로비스 문화보다 이르다고 공언하는 아메리카 각지의 유적지는 모두 고립적인데, 생존이 어려웠던 매우 적은 무리를 대표하는 유적지일 것이다. 클로비스 문화는 북아메리카에서 중앙아메리카까지의 넓은 면적을 포괄한다. 여기서 우리는 클로비스인이 마지막으로 유라시아대륙에서 베링 육교를 건너 아메리카로 진입한 이들이라고 가정할 수 있다. 그들이 만든 석기 창은 매머드와 마스토돈mastodon 같은 대형 포유류를 전문적으로 사냥하기 위한 것이었다. 클로비스 문화는 매우 짧은 기간 동안 존재했다. 이 문화가 결국 지방 전통으로 몰락한 것은 기온 변화와 관계가 있다. 영거 드라이아스 아빙기(제1장 참조)로 인한 전 지구의 한랭화와 과도한 사냥 때문에 육식의 원천이 급감했던 것이다.

　　이후 폴섬Folsom 전통(1만 년 전)의 사냥꾼은 사냥 가능한 대형 동물이 사라지자 어쩔 수 없이 차선책을 찾았다. 그들은 특별한 창을 제작해서

아메리카 들소bison를 사냥했다. 아메리카 들소는 19세기에 한동안 멸종 지경에 이르렀다. 백인이 아메리카를 식민화한 이후 총을 사용함으로써 빚어진 결과다. 이를 통해 어떤 상황에서는 인위적인 살상력이 자연계의 파괴력보다 심하다는 것을 알 수 있다. 구대륙 역시 신대륙과 마찬가지로 아빙기를 겪긴 했지만, 짐을 질 만한 가축이 죄다 사라지는 국면은 빚어지지 않았다. 신대륙의 매머드와 마스토돈의 생태 조건이 비교적 취약했다는 것은 이해할 수 있다. 하지만 신대륙에서 말, 나귀, 낙타까지 절멸한 것이 아빙기의 잘못이겠는가? 빙하기 말에 아메리카의 대형 동물이 절멸한 것은 세계사에서 최초로 인위적으로 빚어진 생태 균형의 상실이다. 이렇게 시작된 이 '인재'는 훗날 갈수록 심해져, 오늘날에는 이미 전 지구적 범위의 위기가 되었다.

전 지구라는 전반적인 시야에서 보면, 신대륙과 구대륙에서 모두 빙하기가 물러감으로써 인류의 구석기시대가 종결되었다. 또한 신대륙과 구대륙에서 모두 빙하기가 종결된 이후 발생한 영거 드라이아스 아빙기로 인해 인류의 생존 방식이 다양화될 수밖에 없었다. 구대륙에서는 영거 드라이아스 아빙기로 인해 지중해 동부 연안의 나투프-예리코의 신석기혁명이 배태되었다. 한편 신대륙에서는 대형 동물이 절멸되고 중형 동물이 감소한 상황에서 인류의 생존 방식이 다양화될 수밖에 없었기에, 강변과 해변의 어렵민은 점차 세석기 문화를 발전시켰다. 또한 생존을 위한 먹거리를 확보하기 위해서는 농경 및 그와 관련된 가축을 길들이는 방법을 발명할 수밖에 없었다.

신대륙에서의 농목업을 향한 과도기

서반구에서 가장 먼저 농목업이 발전한 곳은 남아메리카 안데스 지역이다. 페루의 안데스 산지와 골짜기에는 1만500년 전에 이미 서양계 호박을 비롯해 콩류·후추·감자를 재배한 흔적이 있다. 옥수수는 비교적 늦게 출현했는데, 약 9000년 전이다. 지금으로부터 8300년 전 즈음, 안데스 주민의 주식 가운데 하나인 퀴노아quinoa 역시 성공적으로 재배되었다. 지금으로부터 7400년 전 즈음, 역시 안데스 산지에서 이미 비쿠냐를 길들인 흔적이 있다. 비쿠냐는 콜럼버스 이전에 서반구에서 유일하게 무거운 짐을 질 수 있는 가축이었다.[5] 앞에서 언급한 남아메리카 안데스 지역의 식물들이 중앙아메리카에서는 야생으로 자랐다. 따라서 중앙아메리카 역시 식물의 재배와 동물의 가축화를 독립적으로 발명한 지역인데, 다만 그 시기가 조금 늦을 뿐이다. 중앙아메리카의 특징을 지닌 것은 토마토, 카카오, 해바라기, 칠면조다. 개의 경우, 아마도 아시아에서 이미 가축화되었고 주인을 따라서 아메리카로 이동했을 것이다. 오늘날 미국 동부에 해당하는 지역은 최초로 담배를 재배한 곳이다.

아메리카의 농목업은 구대륙(창장 유역의 논벼는 예외)과 마찬가지로 고지에서 기원하여 천천히 대하 유역으로 이식되었다. 북아메리카에는 세계에서 네 번째로 긴 강인 미시시피강이 있다. 미시시피강 유역은 세계에서 다섯 번째로 크다. 이 유역의 토지는 세계에서 가장 큰 아마존강과 네 번째로 큰 나일강의 환경보다 훨씬 양호하다. 이 지역의 농목업은 주로 남방에서 들어온 것으로, 시기는 매우 늦다. 이것은 결코 중요하지 않은데, 서남아시아 산측 지대에서 농목업이 발명된 뒤 티그리스-유프라테스강 유역으로 이식되기까지도 5000년이나 걸렸다. 그런데 아메리카의 농목업은 대하 유역으로 온전하게 이식되지 않았다. 옥수수는 북아메리카의 비교적 추운 기후와 짧은 생장 계절에서 생존할 수 없었다. 옥수수는 1~2세기에 이르러서야 비로소 오늘날 미국 동부에 뿌리를 내렸고, 900년 전후가 되어서야 비교적 강한 품종으로 발전해 미시시피 문화의 물질적 기초를 제공했다.[6] 안데스산 남부에서 재배된 감자는

16세기 이후에 세계로 두루 퍼졌고, 이로써 구대륙 인구가 1700년부터 1900년 사이에 4분의 1이나 급증했다.[7] 그런데 콜럼버스 이전에는 남아메리카 안데스 산지의 이 감자가 중앙아메리카와 미시시피강 유역으로 전해지지 않았고, 이들 지역에서는 단백질이 결핍된 옥수수를 주식으로 삼았다. 이와 같은 먹거리를 토대로 어떻게 대하 유역 문명을 세울 수 있었겠는가?

아메리카 문명의 농목업 발전사는 서남아시아·이집트·인더스 문명과 아주 다른 운명을 보여준다(창장 유역의 논벼는 별개다. 화베이의 기장은 분명히 말할 수 없다). 아메리카의 농목업 역시 원래는 고지에서 기원했지만, 대하 충적평야로 이동한 뒤로는 도리어 보다 찬란한 문명을 만들지 못했다. 대하 유역은 고대 아메리카 문명의 요람이 된 적이 없다. 아마존강은 열대우림 지대이므로 정상을 참작할 만하다. 하지만 북아메리카의 미시시피강 유역은 지세가 평탄하고 북온대에 자리한다. 이곳은 기온도 적당하고 면적도 광활하며 오늘날 세계 최강 미국의 중심 지대지만, 큰 규모의 고대 문명의 토대가 된 적이 없다. 문제는 옥수수와 감자를 재배하는 데는 대하의 관개가 필요 없다는 것이다. 서반구 문명의 선천적인 약점은 쌀과 밀이 결핍되었다는 점이다. 고대 아메리카 문명은 대하 유역이 자리를 비운 문명이다.

고대 아메리카에서는 가축이 부족하고 짐을 나르는 동물도 거의 없었기 때문에 바퀴를 응용할 수 없었다. 이것은 물론 약점이지만 목축이 발달하지 않음으로 해서, 인간과 가축이 잡거하면서 생겨나는 전염병이 줄었다. 이 점에 있어서는 아메리카가 구대륙보다 깨끗하다. 하지만 유럽인이 구대륙의 전염병을 가져왔을 때 아메리카 원주민은 면역력이 결핍된 탓에 80~90퍼센트에 해당하는 인구가 사망했다.

중앙아메리카의 선사시대에서 문명으로의 과도기

구대륙의 문화고고학에서는 시대를 구석기·중석기·신석기·금석병용·청동기시대로 구분한다. 이것이 신대륙에는 결코 적용되지 않는다. 서반구는 인류 진화의 장소가 결코 아니다. 따라서 이곳에서는 기나긴 구석기시대가 없었다. 인디언 문명은 야금 기술의 문턱에 겨우 도달했는데, 청동기시대나 철기시대라고 단언할 수는 없지만 이미 문명의 영역으로 들어섰다. 이것을 석기시대로 보는 것 역시 적절하지 않다. 아메리카 고대 문명 연구의 권위 있는 두 명의 학자, 고든 윌리Gordon R. Willey와 필립 필립스Philip Phillips는 아메리카의 문화고고학을 위해 시대를 새롭게 구분해야만 했다. 그들은 서반구의 가장 이른 시기의 문화를 아예 '석기시기'로 합병했다. 이 시기를 '고인디언Paleo-Indian 시기'라고도 칭한다. 그 뒤로 고졸기(아르카익기Archaic), 전前고전기 혹은 형성기, 고전기, 후고전기가 이어진다.

윌리와 필립스는 신중하게 전기 석기시대Lower Lithic를 그들의 구분 체계 밖으로 배제했다. 당시 학계가 해당 유적지를 여전히 의문으로 남겨두었던 것이다.[8] 윌리와 필립스는 사람의 발자취가 있기 시작한 때부터를 고인디언 시기로 간주했는데, 주류가 공인한 클로비스 문화를 그 기점으로 삼았다. 하지만 그 연대는 확정하지 않았다. 따라서 고인디언 시기는 시작점이 없다. 오늘날 그 상한선은 윌리와 필립스가 1950년대에 규정했던 기점을 훨씬 뛰어넘는다. 그들이 정한 틀에서 고인디언 시기의 뒤를 잇는 고졸기(기원전 8000~?)의 정의는 농경과 촌락의 시작이며, 이 시기의 후기에 토기와 방직이 출현한다. 이들의 연대 틀이 편의를 위한 것임은 분명하다. 서반구 전체를 놓고 보자면, 각지의 발전 수준이 제각기였다. 두 사람은 '지연belated', '주변화marginal', '지연과 주변화' 등의 개념을 끌어들여, 각 시기에 이전 시기의 문화가 여전히 남아 있음을 보

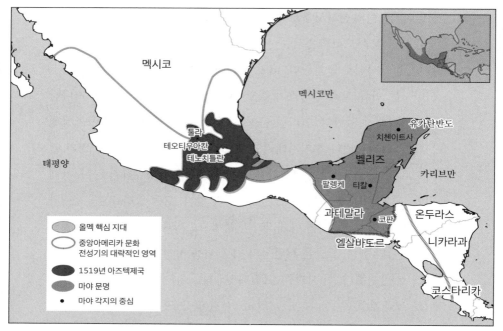

고대 중앙아메리카 유적지

여주었다.[9] 이렇게 하면 특정 단계에 정확한 연대를 부여할 수 없다. 특히 정확한 종결점을 부여하기 어려운데, 단지 개념화된 순서만 존재할 뿐이다.

고졸기는 정확한 종결 연대가 없다. 미국 루이지애나의 파버티 포인트Poverty Point 문화의 인공 언덕은 기원전 1650~기원전 700년에 만들어졌는데, 고졸기에 속한다. 그런데 중앙아메리카는 이때 이미 전고전기혹은 형성기(기원전 1000~기원후 500)로 진입해 국가와 대형 제사 건축군과 도시가 출현했다. 그 뒤를 잇는 고전기(500~1200)에는 전체 지역을 지배하는 거대도시가 출현했다. 그 뒤의 후고전기(1200~)에는 여러 나라가 붕괴와 혼란에 빠지고 전쟁과 제국이 출현했다. 또한 야금 기술 발전이 시작되었다.

월리와 필립스가 1958년에 다져놓은 기초가 오늘날에도 여전히 사용되고 있다. 하지만 지역적 조정이 이루어져야 한다. 앞서 말한 시기들에는 차이가 존재한다. 북미·중미·남미 세 지역을 고려해야 하지만, 1958년의 사유로는 훗날의 새로운 발견을 고려할 수 없었다. 북아메리카에서는 세 단계밖에 적용할 수 없으므로 시대 구분 틀은 다음처럼 조정해야만 한다.

(1) 고인디언 시기 (2) 고졸기 (3) 후後고졸기(1000~)

고인디언 시기는 클로비스 문화와 폴섬 전통을 포함한다. 고졸기는 몇몇 지방 문화를 포함하는데, 중남아메리카에서 이들 지방 문화는 결국 대문명 전통 안으로 통합되었다. 하지만 북아메리카의 경우에는 지방성을 줄곧 유지했다. 후고졸기는 통일된 종결점이 없다. 유럽인이 도래하기 전에 종결된 것들도 있고, 유럽인에 의해 종결된 것들도 있으며, 1650년 전후까지 이어진 것들도 있다. 가장 눈에 띄는 것은 800~1500년에 존재한 미시시피 문화다. 티그리스-유프라테스강 유역, 나일강 유역, 인더스강 유역, 황허·창장 유역에서와 같은 대문명이 출현했어야 하는 서반구의 이 지역은 시종일관 후고졸기에서 벗어나지 못했다.

올멕은 중앙아메리카 문명의 어머니인가

동일한 후고졸기가 중앙아메리카의 경우에는 전고전기 혹은 형성기로 명명된다. 그 대표는 올멕Olmec 문명으로, 핵심 지대는 멕시코만 남단이다. 중심 유적지는 라벤타La Venta, 산로렌소San Lorenzo, 트레스 사포테스Tres Zapotes 등이다. 이 핵심 구역으로부터 밖으로 뻗어나가 보다 큰 외연 지대가 형성되었다. 어떤 멕시코 학자는 올멕을 중앙아메리카 문명의 '어머니'라고 칭한다. 올멕은 이후 중앙아메리카 지역 문명에 기본 모델을 제공했다. 하지만 미국 학자는 기껏해야 올멕을 '큰누나'쯤으로 인정할 뿐이다. 이 문제는 해결하기 어렵다. 올멕 자체도 복합적인 성분으로 이루어진 문명이다. 더 후기의 다른 문명 역시 복합적인 성분들로부터 발전한 뒤에야 올멕의 영향을 받았을 것이다. 부인할 수 없는 점은, 올멕이 가장 먼저 복합적인 성분들을 통합해 본보기가 되었고 이 지역의 선구자가 되었다는 것이다. 올멕은 다음과 같은 특징을 지닌다.

1. 올멕의 도시는 중앙아메리카 고대 문명 도시의 모델이 되었다.
2. 올멕 도시는 제사의 중심이었고, 대규모의 인구가 모인 적이 없으며 단순한 상공업 취락만 존재했다.
3. 이후 중앙아메리카의 도시 설계는 대체로 같았는데, 피라미드 건축이 존재했다.
4. 올멕 모델은 정부가 통제하는 역법 제정을 포함한다.
5. 규모가 가장 큰 무역은 국가가 통제했다.
6. 그중 가장 중요한 상품은 흑요석이다.
7. 흑요석은 경도가 매우 높아서 금속제를 대신해 도구 역할을 할 수 있었다.
8. 또 다른 대량의 물자는 옥이다.
9. 고대 아메리카 문명은 중국처럼 세계에서 보기 드문 옥석玉石 문화다.
10. 아메리카 재규어맨Jaguar-man과 깃털뱀신Feather Serpent 같은 올멕의 신이 모든 중앙아메리카 문명의 주신이 되었다.

올멕 문명의 어떤 요소들은 그 선구가 없고 그 계승자도 없으며 독자

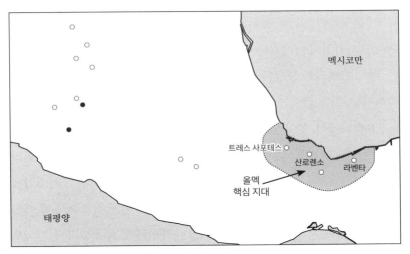

중앙아메리카 문명의 어머니 올멕

올멕 문명의 대형 두상

적이다. 올멕의 상징은 대형 머리 석상으로, 이 문명의 핵심 구역에서만
출현하며 이 문명에서 뻗어나간 외연 지대에서조차 보이지 않는다. 사람
의 키보다 큰 이 두상들은 라벤타와 산로렌소 유적지에 집중되어 있는데,
가장 큰 것은 높이 3미터에 무게가 2톤이다. 어떤 전문가들은 그것이 통
치계층을 나타낸다고 본다. 어떤 사람은 구기시합 선수의 두상이라고 본

다. 이 두상들의 얼굴이 흑인종의 특징을 나타내므로, 콜럼버스 이전에 이미 아프리카인이 아메리카에 상륙했을 것이라는 추측을 불러일으킨다.

중앙아메리카 문명의 혈제血祭가 올멕에서 비롯되었느냐에 대해 추측하자면, 몇몇 단서는 있지만 직접적인 증거는 없다. 고전기의 엘 타힌El Tajin 유적지에서, 살아 있는 사람을 제물로 바치는 활인제活人祭의 모습을 묘사한 벽화가 발견되었다. 구기시합에 참가한 어떤 사람의 머리가 잘리는 모습이다(승자인지 패자인지는 알 수 없다). 엘 타힌 문화는 구기시합에 집착했는데, 이를 활인제와 관련지었던 듯하다.[10] 이 유적지는 올멕 핵심 구역의 이북에 자리하는데, 역시 멕시코만 해안에 인접해 있다. 시간상으로는 600~1200년에 해당하며, 이미 중앙아메리카의 고전기에 접어들었다. 하지만 그것이 전승한 것은 에피 올멕Epi-Olmec 문화와 일맥상통한다.

올멕의 발명에는 우주 주기의 장주기 달력도 포함될 것이다. 이전에는 장주기 달력이 마야 시기가 돼서야 발명되었다고 여겼다. 1986년, 올멕의 중심 유적지인 트레스 사포테스에서 가까운 곳에서 출토된 라모하라La Mojarra 석비 1호에 새겨진 것이 바로 장주기 달력이다. 20진법을 채용한 이 장주기 달력은 인간사를 천문과 우주의 대주기에 배치했다. 이 석비의 연대는 약 200~500년으로, 속續올멕 단계에 속한다.[11] 이 석비의 비문은 올멕 시대에 이미 문자를 사용하기 시작했으며 숫자 '0'을 발명했을 것이라는 추측을 불러일으킨다.

그런데 라모하라 석비 1호는 속올멕 시대의 것이다. 1990년대에 도로 건설 노동자들이 카스카할Cascajal 석판을 발견했는데, 여기에는 62개의 기호가 새겨져 있었다. 옛 올멕의 중심 지대에서 발견되었기 때문에 학자들은 그것이 올멕의 문자 체계임을 증명하고자 했다. 또한 석판이 발견된 무더기에 있는 다른 유물을 이용해서 그 연대를 기원전 900년으로 추산했다. 하지만 그것이 글자인지, 연대가 그처럼 오래된 것인지에

엘 타힌 유적지의 구기장 벽화에 묘사된 활인제

라모하라 석비 1호

대해서는 여전히 논쟁 중이다. 이는 모두 마야 문명의 중요한 요소들이 올멕 문명을 계승한 것이라는 추측을 하게 하는 것들이다.

올멕-마야 계열이 중앙아메리카 유일의 문자 체계인 것은 결코 아니다. 이 양자를 연결하면 모두 대서양에 가깝다. 내륙 서남쪽에 치우친 멕시코 와하카Oxaca주에서도 사포텍Zapotec 문자가 출토되었다. 사포텍인은 마야와 다른 어족에 속하고 사포텍 문자 역시 마야 문자와 다르다. 사포텍 문자는 마야 문자보다 투박한데, 아직 해독되지 않았다.

올멕 이후의 중앙아메리카 문명에는 모두 구기시합이 있었는데, 역시 올멕이라는 시조까지 거슬러 올라간다. 공은 인공 고무가 아닌 생고무로 만든 것이다. 기원전 1600년의 올멕 유적지에서 이미 10여 개의 공이 발견되었다. 하지만 이것이 구기시합과 관계된 것인지는 확실하지 않다.

올멕의 몰락기는 기원전 400~기원전 350년이다. 당시 동부의 인구가 급감했는데 그 원인은 명확하지 않다. 현대학자들은 환경 변화, 지각 변동, 화산 활동 등이 사람들을 이주하도록 만들었다고 설명한다. 대붕괴 이론이 유행하는 오늘날, 생태 파괴라는 요소 역시 빼놓을 수 없게 마련이다. 올멕 중심 지대의 찬란함은 더 이상 없었지만, 만약 문자 체계와 장주기 달력이 같은 지역에서의 속올멕 시대의 산물임을 확정할 수 있다면 몰락과 발전은 새롭게 규정되어야만 한다.

중앙아메리카의 고전기

중앙아메리카 고전기 문명의 중심인 멕시코 중부 고지의 테오티우아칸Teotihuacan은 텍스코코Texcoco 호수 지역에 자리한다. 호수를 둘러싼 지대는 고지에 형성된 분지다. 테오티우아칸은 이 분지에 자리한 거대도시로, 성보城堡가 있으며 유적지에는 두 개의 대피라미드가 있다. 남쪽 끝에 자리한 성보 곁에는 '깃털 달린 뱀' 케찰코아틀Quetzalcoatl의 신전이 있다. 남북을 관통하는 큰길을 '죽은 자의 길'이라고 한다. 큰길 중간의 오른쪽에 자리한 커다란 피라미드가 태양의 피라미드, 북쪽 끝에 자리한 조금 작은 것이 달의 피라미드다.

테오티우아칸이 대제국의 수도였는지 여부는 여전히 논쟁 중이다. 테오티우아칸에는 성벽과 방어시설이 명백히 결핍되어 있는데, 이곳이 멕시코 중남부 고지 각 지역의 제사 중심이었음을 보여준다. 중앙아메리카의 순례 성지인 이곳은 태양과 달이 탄생한 곳으로 여겨졌다. 테오티우아칸은 공예의 중심이기도 했다. 이곳의 오렌지색 토기는 각지에 골고루 퍼졌다. 이곳에서는 정밀하고 아름다운 흑요석 공예품을 생산하고, 보석 장신구를 제조했다. 이곳에 남겨진 수많은 벽화는 중앙아메

태양의 피라미드

달의 피라미드

리카에서 가장 뛰어나다. 테오티우아칸은 자신의 문자를 남기지 않았지만 이곳과 관련된 기록이 그 동쪽의 마야 명문에 보이는데, 침략자의 신분으로 출현한다. 마야 문명은 확실히 테오티우아칸 문화의 영향을 받았다. 어떤 성분들은 테오티우아칸이 쇠망한 이후에도 보존되었다.

이 거대도시 테오티우아칸은 500년 무렵 이후에 전성기에 이르렀는데, 인구는 15만~25만으로 당시 세계 제5대 도시였다. 쇠망 당시에는 도시 전체가 버려졌는데, 대략 7~8세기 무렵이다. 도시는 불태워진 흔적이 있다. 기존의 고고학적 판단에 따르면, 이는 외부인에 의한 것이 아니라 의례적 목적으로 파기된 것이며 아마도 이 지역은 저주를 받은 것으로 여겨졌을 것이다. 그런데 최근의 발굴은 이러한 기존의 오류를 바로잡았다. 이전의 발굴은 모두 통치계층의 거주 지역에 집중되어 있었는데, 이곳이 불태워진 운명을 가지고 전체를 평가했던 것이다. 따라서 내부 반란의 가능성도 배제할 수 없다. 인구가 격감한 현상은 6세기에 출현했는데, 오랜 가뭄과 관계가 있을 것이다.

테오티우아칸의 동쪽 이웃은 마야 문명으로, 그 유적지는 전고전기에 이미 존재했으며 기원전 1800년까지 거슬러 올라갈 수 있지만 알려진 게 별로 없다. 고전기(250~900)에 접어든 마야 문명은 옛 올멕 문명의 근거지를 포괄했으며, 나름의 선명한 풍격을 지녔다. 유카탄Yucatan 반도에서 남부 고지에 이르는 마야 문명은, 중앙아메리카의 가는 허리 부분을 가로지르며 태평양 연안에 이른다. 후에 마야 문명은 대부분 정글 속에 묻힌 채 19세기 초에 이르기까지 세상에 알려지지 않았다.

마야 문명을 새로이 발견한 사람은 미국인 존 로이드 스티븐스John Lloyd Stephens(1805~1852)다. 그는 마야 유적지를 찾기 위해서, 인맥을 이용해 미국 정부로부터 중앙아메리카 대리공사라는 신분을 위임받았다.[12] 1839년에 스티븐스와 그의 팀은 온두라스의 코판Copán에서 13피트 높이

마야 저지의 고전 문명 유적지 티칼

의 석비를 발견했다. 이어서 40여 곳의 유적지를 탐사했다. 스티븐스의
동료 프레데릭 캐더우드Frederick Catherwood(1799~1854)는 마야의 폐허를 정
교하게 그렸다. 캐더우드는 일찍이 고대 근동의 유적지를 그렸는데, 신대
륙은 그것과 전혀 다르며 원주민이 창조한 풍격이라고 여겼다. 결국 이
들에 의해 위대한 고대 문명 유적지가 다시 세상의 빛을 보게 되었다.

　　마야 문명은 고지와 저지, 그리고 유카탄반도의 해안 지역으로 나뉜
다. 고지의 고전 문명을 대표하는 곳은 코판이다. 저지의 고전 문명 유
적지로는 티칼Tikal과 팔렝케Palenque가 있다. 그중 티칼에는 재규어 신전
이 있다. 최근 학자들이 티칼을 연구한 결과, '고인디언의 아테네'(문화
를 중시하는 반면 무력이 보잘것없다는 의미)라는 마야의 형상은 바뀌게 되었
다. 이로써 마야인에 대한 이미지는 대폭 수정되었다. 마야인은 분명 호
전적인 민족이었다. 그 유적지는 전쟁이 빈번했음을 말해준다. 고전기
가 붕괴된 것에 대한 해석에는 몇 가지가 있다. 대붕괴론이 유행하는 오

마야 저지의 고전 문명 유적지 팔렝케

늘날에 가장 주목받는 것은 "인구의 팽창이 생태 시스템이 수용할 수 있는 정도를 넘어섰다"는 설이다.[13] 고지와 저지의 고전 문명의 중심은 모두 남쪽에 자리했다. 훗날 그 중심이 북쪽 유카탄반도로 옮겨졌고 후고전기로 진입했다.

고대 중앙아메리카 문명의 역법은 마야인에서 비롯된 것이 아니며, 올멕 시대까지 거슬러 올라갈 수 있다. 아무튼 마야의 판본이 가장 완전하다. 마야인으로 대표되는 고대 중앙아메리카 역법은 동시에 몇 가지를 응용했다. 365일의 태양력은 20일로 구성된 18개의 달과 5일로 이루어졌는데, 마야인은 이를 하압Haab'력이라고 불렀다. 260일을 20개의 달로 나눈 달력을 마야인은 촐킨Tzolk'in력이라고 불렀다. 이 두 종류의 역법에는 날짜의 명칭만 있을 뿐 연대는 없다. 두 역법은 52년을 1주기로 다시 만나게 된다. 52년 주기력보다 긴 것으로 장기력이 있다. 기원전 3114년 8월 11일을 기점으로 삼는 장기력은 2012년 12월 21일에 1주기를 완성한다. 이 주기는 사람들에게 세계 종말을 연상하게 한다.

마야의 역법은 복잡한 복합체다. 태양 주기를 포함하며, 20진법으로 계산한 달 주기를 사용하고, 파종에서 수확에 이르는 농작물의 주기를 배합하며, 심지어는 금성의 주기까지 포함한다. 금성은 새벽별이자 저녁 별이다. 해와 달은 모두 이동하지만 금성은 아니다. 해와 달을 이기는 금성과 해·달, 이렇게 셋이서 정립鼎立한다. 금성은 특별히 전쟁과 관계가 있다. 마야 통치자는 금성력을 이용해 전쟁 시작 날짜를 결정했다. 역사 사건의 연대로 사용되는 마야의 장기력은 직선적 시간 사슬이다. 하지만 그 시작과 끝의 관점에서 보자면, 장기력은 우주의 대주기로서 한 바퀴 돌고 다시 시작한다. 다섯 번의 시작과 끝이 있는 이 장기력은 일종의 순환적 역사관이기도 하다. 고대 중앙아메리카처럼 다층적인 시간을 지니고 하늘과 인간이 호응하는 분류학을 구축한 인류 문명은 매우 드물다.

오늘날 과테말라 경내에 존재했던, 13세기에 후고전기 마야인이 세운 키체K'iche' 왕국은 『포폴 부Popol Vuh』라는 경전을 남겼다. 여기서는 현재 인류가 '네 번째 시대'에 살고 있으며, 앞의 세 시대는 모두 끝장났고 지금의 이 시대 역시 마지막 때가 있다고 말한다.

중앙아메리카의 후고전기

가장 찬란한 후고전기 마야 유적지는 치첸이트사Chichen Itza에 있다. 오늘날 휴양지로 잘 알려진 멕시코의 칸쿤Cancun 부근이다. 치첸이트사 마야 유적지의 역사는 고전기 후기(600~900)부터 후고전기 초기(900~1000)까지다. 오랫동안 존재한 이곳의 피라미드는 이집트 쿠푸Khufu 피라미드보다 크다. 이집트 피라미드는 내부가 비어 있는 형태로 설계되었지만 치첸이트사의 피라미드는 그렇지 않다. 오직 석기 도구만 사용했던 상황에서 마야 문명이 이토록 웅장한 건축을 세울 수 있었다는 건 상상하기 어려울 정도다. 피라미드 곁에는 구기장 유적지가 있다. 중앙아메리카 고대 문명은 고무를 추출해 공을 만드는 방법을 이미 알고 있었다. 구기시합은 올멕인에서 비롯되었을 것이다. 구기시합은 마야인 삶의 일부분이었다. 후後올멕 유적지는 시합에 참가했던 이가 신에게 제물로 바쳐졌음을 말해준다. 이는 살아 있는 사람을 제물로 바치는 종교 의식과 관련이 있다.

어떤 기록에 따르면, 마야판Mayapán이 1221년에 치첸이트사를 멸망시키고 유카탄반도의 새로운 수도가 되었다. 치첸이트사의 새로운 통치자는 외부에서 온 톨텍인이라고 한다. 마야판의 지도자 우나크 셸Hunac Ceel이 치첸이트사를 무너뜨린 이야기는 『칠람 발람Chilam Balam』에 기록되어 있다. 17~18세기 문서인 『칠람 발람』에는 마야 전설이 담겨 있는데, 라틴 알파벳을 이용해 유카탄 마야어를 기록했다.

오늘날 멕시코 와하카주를 한동안 지배했던 몬테 알반Monte Albán 유적지는 일찍이 지역의 중심이었는데, 전고전기에 이미 흥기했으며 사포텍인을 대표한다. 사포텍과 마야 문명은 올멕 문명에서 분화해 평행 발전했다. 사포텍인은 두 종류의 역법을 응용했다. 1년이 365일인 세속력과 1년이 260일인 신성력이 바로 그것이다. 신성력의 시간은 살아 있는 것이었다. 그것은 생명을 지니며 1년은 네 개의 65일로 구성되는데, '번개' 혹은 '대령大靈'으로 불린다. 사포텍인은 공간 역시 네 구역으로 나누었는데, 각 방향마다 자신의 색깔을 지닌다. 주축은 동서 방향의 태양의 궤적이었다.[14] 사포텍 역법의 신성/세속 이분법은 복잡하게 뒤섞인 마야의 역법을 밝히는 데 도움이 된다.

와하카는 후고전기에 이르러서 믹스텍Mixtec인의 중심이 되었다. 믹스텍인은 사포텍인의 이웃으로, 역시 오토망게Oto-Mangue어족에 속한다. 이 어족의 망게어는 이미 사라졌다. 영국박물관에 소장된 '주시-누탈Zouche Nuttall의 믹스텍 사본'[15]은 11~12세기 와하카 고지의 믹스텍 왕국의 계보와 대사의 기록물이다. 여기에 담긴 내용의 연대는 11~12세기에 속하지만 문서화된 것은 14세기다. 이것은 요행히 살아남은 고인디언 문헌이다. 다른 문헌들은 대부분이 스페인 정복자에 의해 사교邪敎 문헌으로 간주되어서 불태워졌다. 때문에 고인디언의 시기가 문자 이전이었다는 착각을 하게 만들었다.

멕시코 중부 고지 테오티우아칸의 서북쪽에는 오늘날 멕시코시티와 상당히 가까운 곳에 톨텍Toltec 문명의 중심 툴라Tula가 있다. 툴라는 고전기 말기에서 후고전기 초기(약 800~1000)에 속한다. 북방에서 온 톨텍인은 아즈텍인의 선구다. 아즈텍인은 톨텍을 매우 숭배했으며 자신들의 모델로 간주했다. 중앙아메리카 고대 문명 연구자들 역시 치첸이트사를 비롯한 후기 마야 도시에서 톨텍의 영향을 감지한다. 그 가능성은 마야판이 치첸이트사를 멸망시킨 이야기에서도 찾아볼 수 있다. 하지만 유카탄반도의 마야 문화가 영향을 받은 것은 중부 고지 테오티우아칸의 여파라고 보는 학자도 있다. 한편 톨텍인은 훗날의 아즈텍인이 발명한 것이라고 보는 사람도 있는데, 현존하는 문물을 다른 집단에게 귀속시켰다는 것이다. 어쨌든 툴라 유적지의 거주자는 금은 제품을 만들었지만 주조술을 발전시키지는 못했다. 때문에 문명의 발전에 큰 충격을 주지는 않았다.

안데스 문명 스케치

안데스 지역은 중앙아메리카보다 일찍 농목 시기에 진입했지만, 문명은 비교적 늦게 출현했으며 문자 단계까지는 발전하지 못했다. 연구자는 고고학 자료에 전면적으로 의지할 수밖에 없지만, 안데스 문명은 유토기 신석기시대의 수준을 훨씬 뛰어넘는 정도로 발전했다. 때문에 토기의 형태보다 더 복잡한 기준으로 시대를 나눠야 하는데, 그 기준은 바로 예술 양식이다. 예술 양식의 변천에 따라 안데스 문명을 3기로 나

안데스 문명의 중기 시야   차빈 양식의 라이몬디Raimondi 석비 탁본

누는데, 통칭 '시야Horizon'라 하고 각 시야 사이에는 '중간기'가 있다. 이
것은 세 개의 왕국 시기와 세 개의 중간기로 나누는 이집트의 시대 구분
틀을 따른 것이다.

　전통적 견해에서는 안데스산맥 중부의 차빈Chavin 양식을 '초기 시야'
의 기점으로 삼았으며, 기원전 900년에 시작되었고 3단계로 나뉜다고
보았다. 이 문명의 제사 중심이 차빈데완타르Chavin de Huántar에 있었던 데
서 '차빈'이라고 명명한 것이다. 이곳은 종교 중심이었지 정치 중심은 아
니었다. 차빈 양식은 200년 전후에 사라졌고, 이 지역은 제1중간기로 진

입했다. 전통적 견해는 오늘날 이미 수정되었는데, 끊임없는 고고 발굴을 통해 보다 이른 시기의 유적지에서 차빈 양식을 발견했기 때문이다. 가장 이른 것은 기원전 1200년 무렵으로, 당시의 주된 흐름이 되지는 않았다. 차빈데완타르는 차빈 양식의 원시기가 아닌 전성기에 해당한다고 볼 수 있다.[16]

초기 시야 중후기(기원전 600~기원전 400)부터 제1중간기 초기까지, 차빈 양식의 후계자는 파라카스Paracas 문화다. 오늘날 페루 해안의 파라카스반도에 자리한 파라카스 문화의 단계는 기원전 800/700~기원전 100/기원후 100년 무렵에 해당한다. 파라카스 문화는 수리와 관개 시스템이 상당히 발달했다. 묘지가 매우 많은데, 대부분 수직 갱 형태다. 출토된 두골은 파라카스 귀족 계층의 머리가 인공적으로 기형화되었음을 말해준다. 어떤 유적지에서 출토된 두골에는 두 개의 구멍이 뚫려 있었다. 지금까지도 여전히 미스터리인 것은 파라카스반도 북부의 언덕에 새겨진 거대한 도형으로, '파라카스의 촛대'라고 부른다. 그 곁에서 출토된 토기 조각의 연대가 약 기원전 200년이지만 그것이 파라카스 문화와 관

파라카스의 촛대

계가 있는지는 확실하지 않다. 거대한 도형의 역할 역시 분명치 않다.

지상의 거대한 이 도형은 파라카스 문화 다음의 나스카Nazca 문화와 관계가 있는 듯하다. 나스카는 큰 영향력을 지니지는 않았지만, 세상에 둘도 없는 대형 도안이 이곳의 지표면에 그려졌다. 거미·벌새·원숭이·우주비행사 등의 도안은 오직 공중에서 내려다봐야만 전체적인 모습을 볼 수가 있다. 마치 우주선의 착륙 유도 기능을 지닌 것처럼 보이는 이 나스카 라인은 지금까지도 미스터리다. 나스카 문화의 제사 중심은 카우아치Cahuachi이며 이곳의 피라미드에서 땅에 그려진 선의 희미한 형태를 조망할 수 있다.

나스카 문화의 또 다른 특징은 뇌수술이다. 출토된 두개골은 일부가 절개되었다가 복원된 흔적이 있다. 이것이 머리를 기형화하는 파라카스 문화의 전통을 이어받은 것인지는 알 수 없다. 나스카인이 만든 지하수로는 지금까지도 현지인이 사용한다. 예술사 화첩에서 나스카인의 정밀한 상아 조각, 토기, 방직품 등을 볼 수 있다.

나스카 문화(기원전 1세기~기원후 750년 전후)는 조기祖期·초기·중기·후기로 나눌 수 있으며, 500년부터 쇠락하기 시작해 750년에 완전히 붕괴했다. 그 원인은 엘니뇨 현상이다. 오늘날 환경보호 사관에서는, 나스카인이 과도하게 산림을 벌채하고 옥수수와 목화 재배를 확대함으로써 토사가 유실되고 자연 재해가 심화되었다고 지적한다.

제1중간기 초기에는 페루 북부 해안에서 모체Moche 문명이 출현했는데, 시기는 100~700년에 해당한다. 후에 이 지역에서는 치무Chimu 문명이 출현했다. 때문에 양자는 동일시되었다. 오늘날 학자들은 모체와 치무를 두 개의 정치체로 분리했다. 모체의 특징은 정교한 채색 토기, 황금 장신구, 대규모의 관개 시스템이다. 모체 문명 유적지의 '태양의 신전'은 콜럼버스 이전 시기 서반구 최대의 건축으로, 햇볕에 말린 흙벽돌 130만 개를 쌓아 만든 것이다. 같은 지점에 달의 신전도 있는데, 이는 고인디언

나스카 문화의 대형 도안

우주비행사

거미

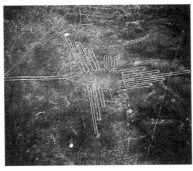

벌새

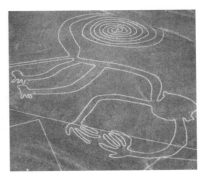

원숭이

문명의 공통점인 듯하다.

　안데스 문명의 '중기 시야'를 대표하는 것은 티아우아나코Tiahuanaco (혹은 티와나쿠Tiwanaku)다. 제사의 중심은 페루·볼리비아·칠레 삼국의 접경지인 티티카카Titicaca호 지역이다. 티티카카호는 선박 운행이 가능한, 세계에서 가장 높은 곳에 위치한 호수다. 이곳에서 20킬로미터 떨어진 지점에 위치한 티아우아나코는 해발 4000미터다. 티아우아나코가 중심으로서 숭배된 것은 우아리Huari (혹은 와리Wari)제국(600~900)에 의해 더욱 확대되었다. 예전의 견해에서는, 티아우아나코가 문화의 중심이었으며 우아리제국은 무력으로 티아우아나코를 수호하고 확대했다고 보았다. 현재는 이중 수도제라고 여기는 사람도 있는데, 어쩌면 우아리제국은 티아우아나코의 북방 거점이었을 것이다.[17]

　'중기 시야' 후기에 권력의 중심은 페루 북부 해안으로 이동한다. 우아리제국의 확장은 800년에 갑자기 멈춘다. 바다 가까이에 위치한 파차막Pachamac이 중요해지면서 나스카를 대신하게 된다. 이후 중기 시야 종결 단계의 패권을 차지한 치무제국이 출현한다. 치무제국은 1200년 무렵에 굴기하고, 1470년에 이르러 제2중간기에 진입한다. 치무제국의 중요 유적지 찬찬Chan Chan은 둘레가 6킬로미터에 달하는 대규모 취락이다. 여기에는 열 개의 작은 궁성(시우다델라ciudadela)이 있다. 치무 왕표에 의하면 모두 열 명의 왕이 있었는데, 궁성의 숫자와 상응하는 듯하다.[18] 치무의 예술은 점차 잉카제국과 관련되어 있다. 1470년대에 시작된 '후기 시야'는 잉카제국이다. 이 시기 서반구 역사의 시간 틀은 서양사의 '근대 초기'라는 시간 틀에 가려졌다. 이 책에서는 남아메리카 안데스 문명의 후기 시야를 중앙아메리카의 후고전기와 더불어서 세계 근대사 부분에 포함시킬 것이다.

주

1. Introduced by Colin Renfrew, *Past Worlds, Atlas of Archaeology* (Ann Arbor, MI: Borders Press in association with HarperCollins, 2003), pp. 70~71.

2. James Hughes, ed., *The World Atlas of Archaeology* (London: Mitchell Beazley Publishers, 1985), p. 326.

3. Jared Diamond, *Guns, Germs, and Steel: The Fates of Human Societies* (New York & London: W.W. Norton & Company, 1999), p.47.

4. Ibid., p. 183.

5. Introduced by Colin Renfrew, *Past Worlds, Atlas of Archaeology*, p. 208.

6. Jared Diamond, Guns, *Germs, and Steel: The Fates of Human Societies*, p. 188.

7. Nathan Nunn, Nancy Qian, "The Potato's Contribution to Population and Urbanization: Evidence from a Historical Experiment," *Quarterly Journal of Economics* (2011), 126, pp. 593~650. (http://qje.oxfordjournals.org/content/126/2/593), 검색일 2013/3/5.

8. Gordon R. Willey and Philip Phillips, *Method and Theory in American Archaeology* (Tuscaloosa and London: The University of Alabama Press, 2001), p. 82.

9. Willey and Phillips, *Method and Theory in American Archaeology*, p. 74.

10. Michael Coe, Dean Snow and Elizabeth Benson, *Atlas of Ancient America* (New York and Oxford: An Equinox Book, 1989), pp. 110~111.

11. Introduced by Colin Renfrew, *Past Worlds, Atlas of Archaeology*, p. 215.

12. C.W. Ceram, *Gods, Graves & Scholars: The Story of Archaeology*, 2nd edition (USA: Vintages, 1986), p. 395.

13. "UF study: Maya politics likely played role in ancient large-game decline," (http://news.ufl.edu/2007/11/08/mayangame/),검색일 2013/3/9.

14. Joyce Marcus and Kent V. Flannery, "Ancient Zapotec ritual and religion: an application of the direct historical approach," in Colin Renfrew and Ezra B. W. Zubrow, eds., *The Ancient Mind: Elements of Cognitive Archaeology* (Cambridge,UK and New York: Cambridge University Press, 1995), pp. 59~60.

15. 주시 남작Lord Zouche of Haryngworth은 영국의 수장가 로버트 나다니엘 세실 조지 커즌Robert Nathaniel Cecil George Curzon이다. 누탈은 미스텍 사본을 복제해서 출판하고 서문을 쓴, 고대 중앙아메리카 문명 전문가 젤리아 누탈Zelia Nuttal(1857~1933)이다.

16. Michael Coe, Dean Snow and Elizabeth Benson, *Atlas of Ancient America*, p. 178.

17. Ibid., p. 191.

18. Ibid., p. 195.

제6장

오세아니아의
문명

이 책에서는 인류가 어떻게 대지의 모든 곳을 가득 채웠는지 살펴본 뒤 소위 문명 고국의 고대사에 눈을 돌릴 것이다. 때문에 이 장은 여전히 인류 문명 기원론의 범위에서 배회한다. 이러한 배열은 '4대 문명 고국'이라는 전통적인 틀을 깨기 위한 것이기도 하다.

오세아니아는 네 구역으로 나눌 수 있다. 인도네시아·미크로네시아·멜라네시아·폴리네시아다. 여기에는 남양南洋도 포함되고 심지어 타이완까지 포함된다. 모두 태평양 구역이지만 오스트레일리아는 제외된다. 이러한 분류가 나타난 주요 이유는 오세아니아 문명과 남도어족을 동일 범주로 간주하기 때문이다. 마다가스카르는 지리적으로 예외인데, 남도어족이긴 하지만 아프리카에 가깝고 생태 시스템이 인도양에 속하기 때문이다. 이밖에도 뉴기니는 언어적으로 예외인데, 뉴기니섬에서 연해 지역 주민을 제외하면 대부분이 남도어족에 속하지 않기 때문이다.

대양을 따라 꽃망울을 터뜨린 남도어족

남도어족은 세계에서 유일하게 섬에 분포하는 어족으로, 주요 분포지는 오세아니아다. 인도차이나반도에도 소량 분포되어 있고, 동아프리카 해상의 마다가스카르에 고립되어 있기도 하다. 분포 지역의 동서 거리는 지구 둘레의 반을 넘고, 분포 범위의 광범함은 인도유럽어족 다음이다. 남도어족에는 이미 알려진 언어만 해도 1262종이 속해 있으며, 현재 사용 인구는 약 2억5000명에 달한다. 학계의 주류 의견에 따르면 남도어족의 발원지는 선사시대 타이완이다. 이에 반대하는 이들은 발원지가 뉴기니라고 보았다. 현재는 더 많은 견해가 추가되었다. 남도어족이 타이완에서 발원했다고 주장하는 사람들 중에 어떤 이는 그 본향이 아시아대륙이라고 본다. 이 관점은 역사언어학적으로 증거가 부족하지만 고고학적 증거는 비교적 충분하다. 주류의 견해에 따르면, 남도어족의 선조는 지금으로부터 약 8000년 전에 아시아대륙을 떠났다.

남도어족이 확산되는 과정에서 관계가 있었던 두 어족은 타이-카다이Tai-Kadai(장동壯侗)어족과 파푸아Papua어족이다. 아시아대륙에 남은 타이-카다이어족은 해양으로 나간 남도어족과 공동의 조어祖語를 지녔을 것이다. 뉴기니의 파푸아어족은 남도어족이 길을 떠난 도중에 서로 관계를 갖게 되었다. 해상에서의 이 만남 이후, 남도어족을 바탕으로 삼은 오세아니아 문명은 명실상부하게 '딴판으로 변화'했다.

선사시대 타이완 기원설을 강력 주장하는 호주 학자 피터 벨우드의 연구에 따르면, 남도어족의 여정은 다음과 같다.

1. 기원전 4000년, 선사시대 타이완에서 기원
2. 기원전 3000년, 필리핀에 도달
3. 기원전 2500년, 브루나이에 도달
4. 기원전 1200년, 미크로네시아와 서폴리네시아를 거쳐 마리아나제도에 도달하고 서쪽으로는 마다가스카르에 도달
5. 기원전 200년, 폴리네시아 중부에 도달
6. 300~400년, 하와이 및 남도어족 최서단인 이스터섬에 도달
7. 800년, 최종적으로 최남단의 뉴질랜드에 도달[1]

유네스코 『인류사』의 '태평양사' 부분에서, 피터 벨우드는 남도어족이 뉴질랜드에 도달한 하한선을 1000년 이후로 수정했다.[2] 솔로몬제도 이서 지역은 모두 남도어족이 처음 발을 들여놓은 처녀지다. 나머지 지역은 1만 년 전에 이미 식량 채집자가 거주했다. 솔로몬제도는 뉴기니 동쪽의 외해에 자리한다. 남도어족이 오스트레일리아까지는 미치지 못

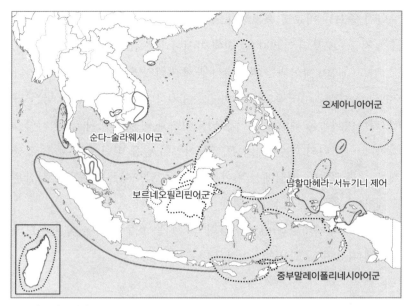

말레이폴리네시아어파

했다. 피터 벨우드가 제시한 연대는 참고 가치를 지닐 뿐이다. 그는 남도
어족이 1000년에 뉴질랜드에 도달했다고 수정했다. 그러나 여전히 이
것이 너무 이르다고 보는 사람들은 그 시기를 13세기로 늦춰야 한다고
주장한다.

상술한 시공간 좌표를 수형도처럼 배열해보면 더 깊이 설명하는 데
도움이 될 것이다. 타이-카다이어족과 남도어족의 권위자인 폴 킹 베네
딕트Paul King Benedict(1912~1997)와 로버트 블러스트Robert A. Blust(1940~)가
그린 남도어족의 수형도에 따르면, 타이-카다이어족과 남도어족은 공
동 조상에서 비롯되었다. 오스트로-타이Austro-Tai어족에서 타이-카다이
어족과 남도어족이 파생되어 나왔다. 수형도에서는 둘 가운데 남도어족
의 계통만 추적하고 있는데, 남도어족은 타이완남도어파(포모사Formosa
어)와 말레이폴리네시아Malayo-Polynesian어파로 분화되었다. 타이완남도어

파는 독자적인 체계를 이루었으며, 태평양으로는 나아가지 않았다. 대해로 확산된 것은 말레이폴리네시아어파로, 이것은 동부·중부·서부 세 종류의 말레이폴리네시아어군으로 더 분화되었다.[3]

서부말레이폴리네시아어군에는 마다가스카르·베트남·필리핀·말레이시아·서인도네시아 등지의 언어가 포함된다. 중부말레이폴리네시아어군은 체계성이 없는데, 서부말레이폴리네시아어군에도 속하지 않고 동부말레이폴리네시아어군에도 없는 것을 여기에 분류해 놓은 것이다. 확실히 태평양으로 나아간 것은 동부말레이폴리네시아어군이다. 동부말레이폴리네시아어군은 두 갈래로 나뉘었다. 하나는 뉴기니 서쪽 가장자리와 주위의 작은 섬에서 남할마헤라South Halmahera−서뉴기니 제어諸語를 형성했다. 다른 하나는 오세아니아어라는 새로운 원조가 되어, 멜라네시아−미크로네시아 제어와 중부태평양어라는 두 개의 자어子語를 낳았다. 중부태평양어는 또 손자대에 해당하는 피지어와 폴리네시아어를 낳았는데, 여기에는 뉴질랜드의 마오리어가 포함된다.

타이완이 남도어족의 본향인가

남도어족은 타이완남도어파와 말레이폴리네시아어파의 두 갈래로 나뉜다. 현재로서는 이것이 주류의 관점이다. 타이완남도어는 23종으로, 독자적인 체계를 이루었다. 말레이폴리네시아어에는 1239종이 포함되어 있다. 타이완남도어와 말레이폴리네시아어는 매우 불균형하다. 작은 공간의 원향에서 언어가 분화된 뒤 충분한 시간을 거치면서 형태가 고정되고 밖으로 이주하게 되면서 다시 분화된다는 논리에 따르면, 타이완남도어가 남도어족에서 첫 번째로 갈라져 나온 것임을 논증할 수 있다. 타이완남도어에는 고대 남도어의 특징이 가장 많이 보존되어 있다. 타이완남도어는 다시 세 개의 어군으로 나뉘는데, 알타얄泰雅, Atayalic어군, 파이완排灣, Paiwanic어군, 초우鄒, Tsouic어군[4]이다. 타이완남도어는 필리핀 북부의 바탄 제어Batanic languages에 속하는 란위蘭嶼섬의 야미Yami, 雅美를 제외한 타이완섬의 모든 원주민 언어를 포함한다. 또한 이미 필리핀 방향으로 연결되어 있었다.

필리핀은 결코 무인 지대가 아니었으며 원주민이 존재했다. 심지어 어떤 사람은 타이완의 원주민이 필리핀에서 왔다고 본다. 그들이 니그리토인Negritos인지, 현재로서는 추측 단계에 머물러 있다. 따라서 야미어의 조상이 바탄 제어의 원조인지, 아니면 양자가 단지 해협을 사이에 둔 친족일 뿐인지는 확실히 말하기 어렵다. 현재로서는 역사언어학자가 재구성한 남도어족의 계보에 기대고 있다. 역사언어학이 고고학의 증거와 반드시 맞아떨어지는 것은 아니다. 또 최근에는 유전인자의 분포 같은 '하드hard 사이언스'(자연과학)로 문제를 탐구하면서, 타이완이 남도어족의 본향인가에 대해 의문을 제기한다.

중국 대륙을 비롯해 타이완·인도네시아·미국 연구자로 구성된 인류 유전학 합동 연구팀의 연구 성과에 따르면, '타이완 본향설'은 미토콘드리아 DNA 하플로그룹Mitochondrial DNA haplogroups(약칭 MtDNA)을 통해서만 증명된 것이다. MtDNA가 추적하는 것은 모계의 계보로, 이는 부계로 유전되는 Y염색체 하플로그룹Human Y-chromosome DNA haplogroups을 추적하는 연구 성과로부터 질의를 받게 되었다. Y염색체 하플로그룹에 있어서, 타이완 원주민은 폴리네시아인과 공통성이 결핍되어 있으며 폴리네시아인의 기원은 인도네시아인인 듯하다. 서부남도어를 사용하는 인도네시아인과 동부남도어를 사용하는 폴리네시아인 사이에는 유전학적 관련성이 있는데, 폴리네시아인의 조상이 멜라네시아를 경유할 때 해당 지역의 거주민과 교배함으로써 두드러진 변화가 생겨났을 것이다.

한편, Y염색체에 관한 비교 연구는 타이완 원주민과 인도네시아인의 공동 친족이 중국 광시와 하이난다오海南島의 타이-카다이족임을 말해준다. 타이완 원주민과 인도네시아인이 모두 타이-카다이족과 친연관계에 있긴 하지만, 타이완 원주민과 인도네시아인 간 차이는 타이완 원주민과 타이-카다이족 간 차이의 세 배에 달한다. 폴리네시아인이 인도네시아인과 비교적 가깝고 타이완인과 가깝지 않다는 것은, 타이완이 남도어족의 본향일 가능성을 더욱 떨어뜨린다. 확실히 서부남도어 집단은 결코 단계통군單系統群, monophyletic이 아니다. 그들은 친족이긴 하지만 분가한 지 이미 오래되었다. 한 갈래는 화난에서 바다를 건너 타이완에 도달했고, 다른 한 갈래는 통킹만에서 남하해 인도네시아인이 되었다. 그런데 나중에 각자 오세아니아로 진입한 듯하다. 집돼지의 분포를 통해 보자면, 타이완과 멜라네시아의 집돼지는 모두 동아시아대륙에서 유래했고, 남양과 폴리네시아의 집돼지는 모두 인도차이나반도에서 유래했다. 따라서 앞의 유전학 연구팀은 타이-카다이, 타이완, 말레이폴리네시아의 세 세력이 정립鼎立한 분류법을 제시했다.[5]

문제는 유전학자가 결코 역사언어학자가 아니라는 것이다. 양자가 서로 갈등을 빚어낼 상황이 상호 보완의 가능성에 못지않다. 하지만 유전학의 개입으로 인해 적어도 『구약성경』식의 이야기, 즉 아브라함이 칼데아의 우르를 떠나 성지에 도달했고 하느님이 그에게 하늘의 별처럼, 바다의 모래처럼 많은 자손을 주리라 약속했다는 식의 이야기를 뒤엎을 수 있게 되었다.

남양 해역을 우선 지나가다

어느 방향에서 비롯되었든, 남도어족이 필리핀을 건너간 뒤 가장 먼저 형성된 것은 보르네오필리핀어군이다. 이는 서부말레이폴리네시아어군 외권外圈, Outer Western Malayo-Polynesian으로 명명되었는데, 소위 서부말레

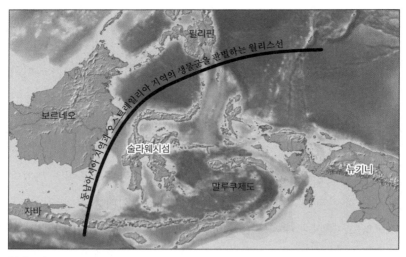

월리스선

이폴리네시아어군 내핵內核, Inner Western Malayo-Polynesian과 남북으로 대치하고 있다. 그 분계선은 보르네오 내륙을 관통한다. 내핵인 순다-술라웨시Sunda-Sulawesi어군은 자바와 수마트라 외에도 서북 방향으로 말레이반도 대부분을 포괄하며, 캄보디아와 베트남 남부(고대 참파 왕국Champa Kingdom 이 있던 곳)에서도 몇 개의 거점을 차지한다. 사실은 이 내핵이 외권(보르네오필리핀어군)보다 더 바깥처럼 보이고, 게다가 외권보다 더 늦게 형성되었다. 보르네오필리핀어군이 '바깥'이 된 이유는, 한 갈래가 아주 먼 마다가스카르섬으로 가서 아프리카-인도양 범위에 속했기 때문일 것이다. 이 갈래는 유일하게 남양과 태평양에 있지 않은 남도어인 듯하다.

　중부말레이폴리네시아어 연합CMP Linkage은 내부적 통일성이 결여되어 있다. 중부말레이폴리네시아어군은 서부말레이폴리네시아어군이 아니라는 의미로 사용되는데, 말루쿠제도 즉 역사상 유명한 '향료 제도'에 집중되어 있다. 자바 이동에서 뉴기니에 이르는 열도를 포함하는 지역이다.[6] 이 지역의 범위는 술라웨시섬 동남쪽이며, 술라웨시섬은 동남아 지역과 오스트레일리아 지역의 생물군을 판별하는 월리스선Wallace Line이 지나가는 곳이다.

　뉴기니에 이르러, 남도어족의 긴 여정은 오늘날의 멜라네시아로 접어들었다. 바꾸어 말하자면, 남도어족의 도달이 멜라네시아의 형성을 촉진시켰다. 이 해역에 도달한 남도어족은 아마도 아프리카에서 유래했을 이곳 원주민의 핵심과 마주쳤다. 아프리카 본향에서 출발해 오스트레일리아와 멜라네시아에 이르렀다는 가설적인 이주 경로에 따르면, 이들은 자바와 말루쿠 해역을 건넜다. 그중 한 갈래는 남쪽으로 가서 오스트레일리아로 진입했고, 다른 한 갈래는 뉴기니로 진입했다. 남도어족의 말레이폴리네시아어파는 멜라네시아를 경유할 때 파푸아어를 사용하는 원주민을 만났다. 그 핵심 지역은 뉴기니로, 남도어족은 이 섬의 연안 지대에만 분포한다. 남도어족이 뉴기니로 진입한 뒤 주도적 지위를 차지하긴 했지만, 문화적으로는 파푸아문화와 융합해 공동으로 멜라네시아를 만들어냈다.

　멜라네시아의 남도인과 비非남도인의 차이는 물질문명과 인종의 측면에 있지 않다. 이런 측면에서 그들은 이미 상당히 뒤섞였다. 양자의 차이는 언어에 있다. 남도어족은 비교적 명확한 계보학을 지닌다. 파푸아 제어는 그물망 형태처럼 관련되어 있는데, 이는 그것들이 이 지역에서 매우 오래되었음을 말해준다. 아마도 4만 년 전 빙하기에 오스트레일리아로 진입해 이곳을 경유한 인류의 후예일 것이다. 파푸아 제어의 어원은 이처럼 유구하다. 현재 실마리를 정리할 수 있는 파푸아어는 하나의 계보가 아닌 그물망 형태로 관련되어 있다.[7] 전문가들의 가정에 의하면, 전前남도인은 어렵 채집민으로 사회구조는 부계였는데 모계로 친족 관계를 따지는 방식과 농경을 남도인이 들여왔다.[8] 하지만 이러한 차이는 오랜 세월 속에서 이미 사라졌고, 오늘날 어떤 언어를 사용하는지는 그

것과 무관하다.

태평양 진입의 발판이었던 뉴기니

뉴기니섬은 칠면조처럼 생겼다. 그 부리는 술라웨시섬 방향을 향해 있고, 육수肉垂는 말루쿠제도를 향해 있다. 뉴기니섬은 말레이제도에 속한다. 그 원주민은 확실히 말라이인이 아니다. 뉴기니는 지구 역사에서 일찍이 오스트레일리아와 하나로 연결되어 있었다. 따라서 대오스트레일리아의 범위에 속하기도 한다. 마지막 빙하기에 뉴기니는 오스트레일리아와 함께 사훌Sahul 대륙을 형성했다. 사훌 대륙은 월리스선線으로 인해 명명된 월리시아Wallacea 해역을 사이에 두고서, 자바·수마트라·보르네오·인도차이나반도가 하나로 연결된 순다Sunda 대륙과 마주보고 있다.

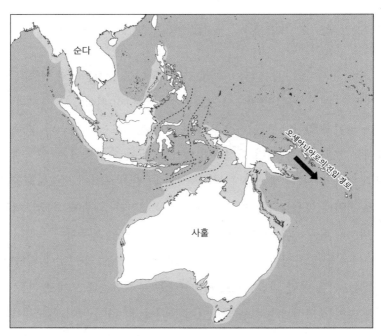

빙하기 남해의 양대 대륙과 육교

이 해역에서 가장 큰 섬은 술라웨시고, 가장 유명한 곳은 보르네오섬의 브루나이다. 주위에는 이름 없는 작은 섬이 무수히 많다. 원고시대에는 순다 대륙에서 사훌 대륙으로 들어오려면 좁은 술라웨시 해역을 건너기만 하면 되었으며, 발판으로 삼을 만한 섬이 많았다.

칠면조처럼 생긴 뉴기니의 꼬리 뒤쪽에는 여러 제도가 있다. 비스마르크제도, 솔로몬제도, 산타크루스제도, 바누아투Vanuatu, 뉴칼레도니아New Caledonia, 피지 등이다. 이것들을 말레이제도 혹은 대오스트레일리아 권역에 넣을 수 있는 사람은 없다. 사훌 대륙이 나뉜 뒤로 이것들은 일체를 이루었으며, 문화적으로 오세아니아의 일부인 오늘날의 멜라네시아가 되었다.

뉴기니는 남도어족을 만난 뒤에야 멜라네시아의 우두머리가 되었다. 뉴기니 꼬리 뒤쪽의 많은 섬에서 남도어족이 주도적 지위를 차지하게 된 이유는, 파푸아인은 뉴기니에 머물렀던 반면 남도어족은 다시 해양으로 나갔기 때문이다. 오늘날 뉴기니에서 파푸아 방언이 차지하는 비중은 84.4퍼센트에 달하고 남도어는 고작 15.6퍼센트를 차지한다.[9] 하지만 비교적 가까운 곳에 자리한 비스마르크Bismarck 제도에서는 파푸아어의 비중이 12퍼센트로 떨어지는 반면 남도어는 88퍼센트로 가파르게 상승한다. 역시 비교적 가까운 곳에 자리한 부갱빌Bougainville섬과 솔로몬 제도에서는 파푸아어가 23퍼센트를 차지하고 남도어가 77퍼센트를 차지한다. 뉴기니에서 비교적 먼 곳에 자리한 바누아투·뉴칼레도니아·피지에서는 남도어가 100퍼센트를 차지한다.[10] 현대에 세계 각지에서 이주민이 도달하기 전에 남도어족 방언이 100퍼센트를 차지했던 지역은 인류가 전에는 발을 들여놓은 적이 없는 처녀지였다.

남도어족은 많은 지점을 지나면서 끊임없이 급격한 변화를 겪었다. 뉴기니를 지난 뒤 갱신한 남도어 문화는 새로운 토기 형태에서 찾아볼

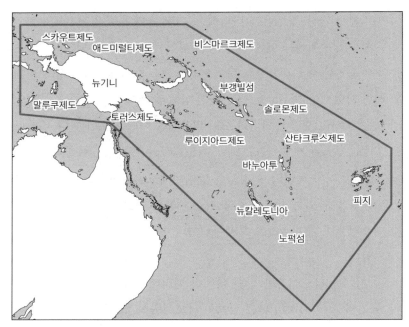

멜라네시아

수 있다. 기하학 도형과 톱니 모양이 찍힌 토기가 특징인 이 문화를 '라피타Lapita 문화'라고 한다. 라피타 문화는 약 기원전 1350~기원전 750년에 비스마르크제도에서 기원하여 멜라네시아 대부분에 퍼졌다. 이후 계속해서 동쪽으로 확산되어 폴리네시아의 서쪽 가장자리인 통가와 사모아에 이르렀다. 그리고 더 동쪽으로 가서 넓디넓은 대양으로 진입했는데, 도토陶土의 공급 부족으로 토기 제작이 중단되었다.

라피타 문화는 멜라네시아 신석기시대의 시작이다. 주류파는 라피타 문화가 이 지역에 농경을 가져왔다고 본다. 한편 반대파는 남도어족의 이주를 농경의 전파와 동일시할 필요가 없다고 본다.[11] 하지만 오늘날 학계의 관점에서, 토기는 신석기시대의 표징이며 농경의 출현은 신석기혁명의 일환이다. 어떤 전문가는 양성良性 유전자를 응용한 '전진 파

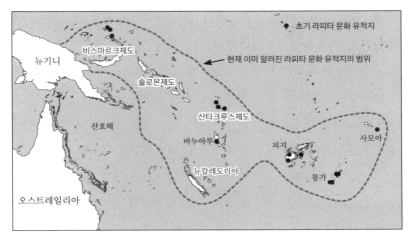

라피타 문화 유적지

라피타 문화 유물

동 모델Wave of advance model '을 통해 서태평양에서 진행된 신석기혁명의 확산율을 계산했다. 계산에 따르면, 서태평양에서는 유럽에서보다 신석기가 빨리 전파되었다. 유럽에서는 3000년이 걸렸지만 서태평양에서는 단지 500년이 걸렸다. 라피타 문화의 양끝 간 거리는 5000킬로미터이고, 유럽 신석기 문화의 전 영역은 3000킬로미터다. 또한 서오세아니아에서의 신석기 전파의 메커니즘은 문화 전파가 아닌 이주다.[12]

뉴기니는 남양·오스트레일리아·오세아니아의 세 갈래 길목에 끼어 있는데, 뉴기니에서 뻗어나간 멜라네시아는 일망무제의 동쪽 대양으로 들어가는 발판이었다. 남도어족은 멜라네시아에서 동쪽으로 더 나아가 태평양의 심장부에서 오롯이 자신에게 속하는 '폴리네시아'를 만들었다. 남도어족이 정복한 것은 콜럼버스가 정복한 대서양보다 두 배 이상이나 넓은 수역인데, 그들은 대체 어떤 교통수단을 사용한 것일까?

오늘날 폴리네시아 원주민이 일상적으로 사용하는 것은 싱글 아우트리거single outrigger 카누와 더블 아우트리거 카누다. 전자는 카누의 한쪽 측면에 선체 길이의 아우트리거를 연결한 것이다. 후자는 카누의 양쪽 측면에 각각 아우트리거를 연결한 것으로, 배가 물에 뜨는 면적이 넓어져 큰 풍랑에서도 배가 쉽게 뒤집어지지 않는다. 하지만 오늘날 이런 카누는 단지 근해에서만 사용된다. 원고 시대에는 이것으로 먼 바다를 건너갔다. 기록으로 남아 있지 않은 당시의 역사에 대한 오늘날 연구에 따르면, 더블 아우트리거는 고대인이 순다 대륙을 떠날 때 이미 발명한 것이다.[13] 그들은 뉴기니에 먼저 도달했던 이들이다. 폴리네시아인의 라피타 선조는 그 항해 도구를 계승해 더 발전시켰다.

감탄스러운 것은 남도어족이 폴리네시아의 거의 모든 섬을 성공적으로 개척했다는 사실이다. 인류가 와본 적이 없었던 지역이니, 당연히 기존의 항해도가 있었을 리 없고 나침반도 없었다. 물론 많은 이들이 바다에서 목숨을 잃었다. 이들 고대인은 왜 이런 시도를 했을까? 각 섬의 자원에 한계가 있었기 때문임이 분명하다. 인구가 어느 정도까지 많아지면, 과잉 인구는 부득이 밖으로 이주해야 했다. '밖'이 예측할 수 없는 미지수라 하더라도 말이다.

하지만 이는 우리 육지인의 논리다. 우리가 육지에 대해 잘 아는 것처럼 오세아니아인은 해양에 대해 잘 알았을 것이다. 그들은 해류에 정통했다. 바다색의 명암을 통해 암초가 있는지의 여부를 알았고, 하늘에 뜬 구름의 형상을 통해 그 아래 육지가 있는지의 여부를 알았다. 그들은 계절풍에 대한 지식을 축적했으며, 폭풍의 도래를 예감하는 후각을 키웠다. 그들이 목적지 없이 아무렇게나 바다로 나갔을 리는 없다. 그들은 돌아오기에 충분한 식수와 식량을 반드시 지니고 나갔다. 왕래가 있었기에 섬들 간 교역의 흔적을 남길 수 있었던 것이다.[14] 바꿔 말하자면, 오세아니아인이 바다로 나간 것은 육지인이 여행을 떠난 것과 같았다. 계획이 있었고, 귀로도 있었다. 부득이해서 거친 바다로 내몰린 것은 결코 아니다. 이는 폴리네시아의 라피타 선조가 기원전 800년 무렵에 사모아와 통가(서태평양)에 도달한 뒤, 이곳에서 1800년 가까이 거주했으며 1000~1300년 무렵에야 다시 출발해 폴리네시아 전체를 가득 채웠음을 설명해준다. 그 이주의 과정은 시간적으로 매우 짧았기 때문에 전 구역에 남겨진 기물의 형태가 모두 비슷한데, 분화할 정도의 충분한 시간이 없었던 것이다.[15] 그런데 연대를 계산하는 데 문제가 존재한다. 고고 유적지의 출토물이 언어와 반드시 맞아떨어지는 것은 아니다. 라피타 문화는 남도어족이 서태평양에서 창조한 문화로, 그것은 태평양 중부와 동부(폴리네시아)의 문화가 결코 아니다. 후자는 토기 이후로 새로운 발전이 없었다. 전문가들의 추측에 의하면, 서태평양의 본향에서 조祖폴리네시아 문화Ancestral Polynesia Culture, APC가 용솟음치기 시작한 때는 기원전 500년 무렵이다.[16]

　　서태평양 가장자리에 머물던 라피타 문화가 조폴리네시아 문화와 합쳐진 기간은 최장 1800년에 달한다. 하지만 최근의 학문 견해는 그 기간이 1000년을 넘지 않는 '보다 짧은 연대학shorter chronology'을 인정한다.[17] 남도어족의 확산에 비추어 말하자면, 이 휴지기는 매우 긴 셈이다. 사모아와 통가 이동의 태평양은 매우 광활한데 섬은 드문드문하다. 이는 사람을 안심시키는 데 있어서 뉴기니라는 칠면조 꼬리 뒤의 섬들에 훨씬 미치지 못한다. 게다가 대자연의 벽까지 있다. 태평양의 바람과 해류는 모두 동쪽에서 서쪽으로 움직인다. 이 해역을 가장 먼저 탐색한 유럽인은 스페인인으로, 근대 초기의 가장 선진적인 선박과 항해 기술에 힘입었음에도 자연의 힘을 꺾지 못했다. 그들은 스페인령 중앙아메리카에서 출발해서 스페인령 필리핀에 도달한 뒤, 왔던 길로 귀항할 수 없었다. 그들은 대권항로를 따라 북상해 일본, 알류샨 열도, 알래스카를 지나서야 비로소 북아메리카 태평양 해안으로 돌아갈 수 있었다.[18]

태평양 심장에 자리한 폴리네시아

이 반박할 수 없는 자연환경은 남아메리카에서의 이주를 통해 오세아니아가 채워졌다는 설을 지지한다. 이 설은 노르웨이 학자이자 탐험가인 토르 헤위에르달Thor Heyerdahl(1914~2002)이 1947년에 뗏목을 타고 바다

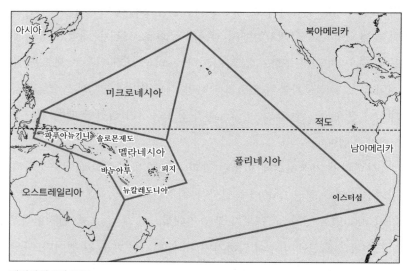

태평양의 3대 군도

고갱의 그림. 타히티섬의 달의 여신이자 죽음의 여신인 히나Hina에 올리는 감사의 제사 마루루Maruru

를 건넌 '콘티키Kon-Tiki호 탐험' 실험을 통해 널리 알려졌다.[19] 고고와 언어, 동식물의 순화 등의 증거가 모두 오세아니아와 동남아의 연계를 가리키고 있기 때문에 주류 학자들은 토르 헤위에르달의 실험을 인정하지 않았다. 하지만 상아탑의 위세도 매스컴을 상대로는 아무 소용이 없었다. 1990년대에 이르러서 미토콘드리아 DNA 분석이 이 논쟁을 끝냈다. 오세아니아인은 동남아에서 유래했다는 것이다. 하지만 폴리네시아 계열의 선조가 사모아 등지에 도달한 뒤 어떻게 태평양의 광활함을 극복했는지는 알 수가 없다. 전문가는 선미가 없고 양쪽 끝이 모두 뱃머리인 배와 이중 선체의 발명, 그리고 지구의 경도를 따라 항해함으로써 천상天象의 안정성을 확보하게 된 항해술을 통해 이를 설명한다.[20]

하지만 증기선이 발명되기 이전에 어떻게 바람과 파도를 거슬러서 용감히 앞으로 나아갈 수 있었던 것일까? 이에 대해 만족스런 대답은 없다. 1000~1800년 동안이나 주저한 뒤 불과 두 세기라는 짧은 기간에 지구의 광활한 '무인 지대'를 가득 채운 것에 대해서도 우연이었다는 말로는 설명할 수가 없다. 20세기 중반, 확실히 서양 학계에서는 폴리네시아인의 항해가 우연이었다는 부정적 설명이 유행했다. 이러한 설명은 오늘날 '정치적 올바름'에 어긋난다. 또한 이러한 설명에 대한 반증도 나왔다. 폴리네시아의 선사시대 항해에 대한 연구자가 1975년에 원주민의 이중 선체를 모방한 호쿨레아Hōkūleʻa호라는 배를 만들었다. 그는 이 해역에서 목적지가 있는 왕복 항해를 여러 번 진행했다.[21] 가장 중요한 것은, 유럽인이 도래하기 전에 남아메리카의 고구마가 이미 폴리네시아 중동부에 전해졌다는 사실이다. 폴리네시아의 원주민이 아메리카에서 왔다는 설은 이미 전복되었다. 따라서 합리적인 해석은 오세아니아인이 아메리카에 도달한 뒤 다시 귀항했다는 것이다.[22] 콜럼버스보다 위대한 이 서사시는 기록으로 전해지지 않는다. 남도인에 관한 연구는 여전히 언어학·고고학·인종학·유전학 그리고 동식물의 순화 역사 등에 기댈 수밖에 없다. 따라서 그들의 역사는 선사시대사의 범주에 속한다. 하지만 문명이라고 할 수 있다.

폴리네시아는 지구라는 커다란 수박의 가장 깊은 곳에서 절단해낸 삼각형과 같다. 삼각 지대의 북쪽 끝은 하와이, 오른쪽 아래는 이스터섬, 왼쪽 아래는 뉴질랜드, 중심점은 타히티섬이다. 폴리네시아어는 상당한 정도의 동일성을 나타낸다. 폴리네시아어는 오세아니아어에 속한 중부 태평양어의 한 갈래다. 폴리네시아어는 다음의 셋으로 또 나뉜다. 통가어Tongic languages, 핵심폴리네시아어Nuclear Polynesian languages, 동부폴리네시아어East Poly-nesian languages.

이상 세 언어의 상대적 동일성은, 그 공동 조어組語가 일찍이 한 곳에서 1000~1800년에 달하는 시간을 보냈음을 말해준다. 기원후 첫 번째 1000년의 대부분 시간을 통가, 사모아 등의 섬에 있으면서 태평양이라는 끝없는 바다를 마주하며 1000년 이상을 주저한 것도 이상할 게 없다. 멜라네시아의 피지제도는 오른쪽 아래로 튀어나와, 폴리네시아 삼각 지

이스터섬의 모아이 석상

대의 왼쪽 아래 일부를 잠식하고 있다. 통가와 사모아 두 곳은 피지에서
동쪽으로 항해하는 데 첫 번째 지점이었다. 라피타 문화는 피지에서 더
나아가 통가와 사모아에 이르러 결승선에 도달했다. 토기 제작은 중단
되었지만 사람들은 더 앞으로 나아갔다. 새로운 환경은 라피타인을 폴
리네시아인으로 바꾸었다.

폴리네시아 삼각 지대 이외에, 본체에서 분리된 예외적인 아웃라이
어outlier가 존재한다. 즉 멜라네시아(뉴기니와 솔로몬제도를 포함)와 미크로
네시아에 폴리네시아 방언이 흩어져 있다. 이것은 역이민 그리고 서쪽
으로의 이민 현상일 것이다. 확실히 남도인의 이민에는 서쪽 방향을 향
한 것도 있었다. 그렇지 않다면 그들이 동아프리카의 마다가스카르섬에
도달한 것을 어떻게 해석할 것인가? 이 과정에 대해서는 더더욱 아는 게
없다.

남도인이 지구의 이 막막한 바다를 장렬하게 채운 이래로, 태평양은
세계사의 시야에서 사라졌다. 훗날 서양인이 이 지역에 뛰어들어 그 이
름을 '태평양'이라고 아름답게 명명하긴 했지만, 그들은 도리어 이곳을

극히 평온하지 않은 해역으로 만들어놓았다. 폴리네시아에서 가장 유명한 곳은 물론 하와이다. 하와이는 제2차 세계대전 기간에 일본군이 습격했던 장소다. 이후 태평양은 제2차 세계대전에서 가장 광활한 전쟁터가 되었는데, 이는 세계사의 공동기억 속에 깊이 각인되어 있다. 남도의 낙원인 타히티섬은 1789년에 영국 군함 바운티H. M. S. Bounty호에서 일어난 반란 사건으로 유명해졌다. 핵무기 시대로 접어들어서 타히티 일대는 프랑스의 핵실험 장소가 되었다.

　폴리네시아의 미스터리는 삼각 지대 최동단의 이스터섬이다. 오늘날 칠레 영토에 속하는 이 섬에 서 있는 모아이Moai 석상은 섬주민의 능력 범위를 벗어난 것처럼 보인다. 섬주민 역시 그것들의 목적이 무엇이었는지 기억하지 못한다. 때문에 외계인이 남겨놓은 것이라는 등 각종 근거 없는 억측을 불러일으켰다. 이스터섬의 사례 역시 오늘날 학계에서 활발히 논의되는 대붕괴론에 포함된다. 이스터섬은 한동안 번영했는데, 섬주민이 자원을 낭비하기 시작하면서 무익한 일을 했다는 것이다. 각 집단이 대형 석상을 경쟁적으로 웅장하게 해변에 세웠다. 멀리 떨어진 곳의 석재를 해변 지역으로 운반하기 위해서는 대량의 나무를 벌채해 굴림대를 만들어야 했다. 생태역사학자의 견해에 따르면 섬주민의 음식물 쓰레기 퇴적물을 통해서, 높은 가지에 서식하던 큰 새가 이 섬에 일찍이 존재했음을 알 수 있다. 음식물 쓰레기 퇴적물에는 심해의 물고기 뼈도 있었다. 그런데 나중에는 6피트 이상의 나무가 죄다 벌목되어, 심해의 물고기를 잡는 데 사용할 커다란 배를 만들 목재가 사라졌다.[23] 이는 오늘날 미국식 소비사회에 대한 견책인 듯하다. 이스터섬의 또 다른 미스터리는 '롱고롱고Rongorongo'라는 도안이다. 학자들은 그것이 문자인지의 여부를 아직 확정하지 못했다. 만약 문자라면, 롱고롱고는 독립적으로 발명한 쓰기 시스템이다.

남도인이 이주한 최후의 지점은 뉴질랜드다. 시기는 대략 기원후 1000년 이후로, 이들 남도인은 바로 뉴질랜드의 마오리인이다. 그들은 폴리네시아어에 속한 동부폴리네시아어를 사용한다. 뉴질랜드는 타히티섬과 이스터섬 방향에 편향되어 있으며, 하와이와는 비교적 멀리 떨어져 있다. 바꿔 말하자면, 그들의 선조는 폴리네시아 삼각 지대의 동단에서 서단으로 되돌아왔다. 멜라네시아의 뉴칼레도니아제도가 바로 위쪽에 있지만, 결국엔 뉴질랜드로 들어온 것이다. 더 남쪽으로 가면 남극대륙이다. 그런데 남극으로 가기 전, 이동하던 마오리인이 동남쪽의 채텀Chatham제도에 도달했을 때, 그들이 가지고 갔던 열대식물은 이미 생존할 수 없었다. 그들의 생활방식은 채집과 어렵으로 후퇴했으며, 기껏해야 2000명가량만 살아갈 수 있었다. 그들은 오직 전쟁을 멈추고 남자아이를 거세하는 방법을 택할 수밖에 없었다.[24]

문제는 남도인이 왜 뉴질랜드 인근의 오스트레일리아로 들어가지 않았느냐는 것이다. 그들은 뉴기니를 지난 뒤 오스트레일리아로 갈 수도 있었다. 뉴기니와 오스트레일리아 사이에는 결코 넓지 않은 산호Coral해가 존재하는데, 두 곳은 지구 역사에서 일찍이 연결된 적이 있다. 뉴기니 맞은편에는 오스트레일리아 퀸즐랜드해안을 따라 대보초The Great Barrier Reef가 펼쳐져 있다. 항해로 이주해야 하는 남도인으로서는 대보초를 지나갈 수가 없었다. 하지만 남도인은 급격한 변화를 겪으면서 폴리네시아인이 된 뒤로, 오스트레일리아의 동남단 즉 오늘날 오스트레일리아에서 가장 번화한 곳에 도달할 수 있었다. 이번에는 결코 두려운 길이 아니었다. 오늘날 학자들의 추측에 의하면, 남도인은 심지어 남아메리카에 도달했다가 다시 귀항했다. 폴리네시아인이 이주한 뉴질랜드는 오스트레일리아의 동남쪽에 자리하므로 대보초 문제가 없었다. 또한 오스트레일리아는 뉴질랜드 서쪽에 자리하므로 바람과 해류가 순풍과 순류다. 그런데도 그들이 오스트레일리아로 가지 않은 이유는 사람이 없는 섬의 환경에 익숙해져서 이미 원주민이 있는 곳에는 흥미를 느끼지 못해서였을까?

홀시된 미크로네시아

미크로네시아 문화는 멜라네시아·필리핀·폴리네시아 문화의 혼합이다. 미크로네시아 언어는 남도어족 오세아니아어군에 속한다. 마리아나 제도의 차모로Chamorr어와 팔라우의 팔라우Palau어를 제외하면, 미크로네시아 언어는 전체적으로 피지-폴리네시아어에 비교적 가깝다. 피지어와 폴리네시아어를 통합한 피지-폴리네시아어는 중부오세아니아어에 속한다.[25] 차모로어와 팔라우어는 지리상으로는 미크로네시아에 속하지만 언어상으로는 미크로네시아도 아니고 폴리네시아도 아닌, 중동부 말레이폴리네시아Central-Eastern Malayo-Polynesian어군에 속한다. 이러한 범주의 파생은 지금도 여전히 진행 중인 단계다.

　미크로네시아는 태평양 전쟁사에서야 비로소 역사책에 기록될 수 있었다. 캐롤라인제도 야프Yap섬의 스톤머니Stone Money는 인류학자의 관심 영역에 들어갔다. 돌은 도처에 있지만 야프섬의 스톤머니는 도넛처럼 생긴 무거운 돌로, 최대 직경은 12피트이며 황금보다도 운반하기 어렵다. 그 가치는 크기와 역사에 따라 정해지는데, 역사가 오래되고 외부의 멀리 떨어진 섬에서 운반해온 것의 가치가 가장 높다. 스톤머니는 야프섬의 실제적인 통용화폐였으며, 특정 교역에서는 아직도 스톤머니를 사용한다. 따라서 야프섬의 경제는 결코 자연경제가 아닌 화폐경제다. 무거운 돌 화폐인 스톤머니는 땅에 놓아두되 은행에 맡길 필요가 없다.

　냉전이 끝나자, 미국은 중국에 대한 봉쇄를 해제하고 일본-류큐琉球-타이완을 잇는 중국 포위 벨트를 철수하고 미크로네시아 일선으로

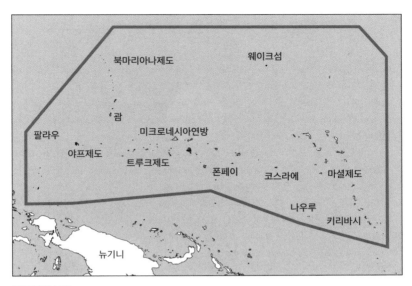

미크로네시아

물러섰다. 이로써 미크로네시아는 미국의 아시아-태평양 방어선의 최전선이 되었다. 이 방어선은 미국이 국방을 맡고 있는 팔라우와 미크로네시아연방, 미국령 괌, 미국자치령 북마리아나제도 그리고 최북방의 일본령 남방제도까지 연결되어 있다. 표면적으로는 미국이 완전히 마음을 놓고서 일본·류큐·타이완·필리핀 일선을 긴장이 이미 느슨해진 무대로 옮긴 듯하지만, 실질적으로는 압력솥의 크기를 대형으로 바꾼 것에 불과하다.

주

1. Peter Bellwood, "The Austronesian Dispersal and the Origin of Language," *Scientific American*, vol. 265, no. 1 (July 1991), pp. 70~75.

2. Peter Bellwood, "The Pacific," UNESCO, *History of Humanity, Volume III, From the Seventh Century BC to the Seventh Century AD* (Paris, London & New York: UNESCO, 1996), pp. 435, 437.

3. L. A. Reid, "Austro-Tai Hypotheses," *Encyclopedia of Language and Linguistics*, 2nd edition (2006), pp. 609~610.(http://www.sciencedirect.com/science/article/pii/B008044854202109X), 검색일 2013/7/16.

4. Robert Blust, "The Linguistic Value of the Wallace Line," *Bulletin of the Institute of History and Philology, Academia Sinica*, vol. 138 (1982), pp. 231-250.

5. Hui Li, et. al., "Paternal genetic affinity between western Austronesians and Daic populations," *BMC Evolutionary Biology*, 2008, Vol. 8, Special Section, pp. 1-12.

6. M. Ross, "Malayo-Polynesian Languages," *Encyclopedia of Language and Linguistics*, 2nd edition (2006), pp. 457~462. (http://www.sciencedirect.com/science/article/pii/B008044854202109X), 검색일 2013/7/16.

7. Michael Dunn, "Contact and Phylogeny in Island Melanesia," *Lingua*, 119 (2009), 1664~1678. (www.sciencedirect.com), 검색일 2013/9/19.

8. "Pioneers of Island Melanesia," *2004 Annual Report of Max-Planck-Institut für Psycholinguistik*. (www.mpi.nl/institute/annual-reports/archive-annual-reports/MPI-Anrep-2004-print.pdf), 검색일 2013/9/19.

9. "Papua New Guinea," *Ethnologue: Languages of the World*. (http://www.ethnologue.com/country/PG/languages), 검색일 2013/7/17.

10. 외부에서 유입된 영어·중국어 등은 계산에 포함하지 않았다.

11. John Edward Terrell, "Introduction: 'Austronesia' and the great Austronesian migration," *World Archaeology*, Vol. 36, Issue 4 (Dec. 2004), pp. 586~590.

12. Joaquim Fort, "Population expansion in the western Pacific (Austronesia): A wave of advance model," *Antiquity: A Quarterly Review of World Archaeology*, Vol. 77, Issue 297 (Sept. 2003), pp. 520~530.

13. Brian Fagan, *Beyond the Blue Horizon: How the Earliest Mariners Unlocked the Secrets of the Oceans* (New York: Bloomsbury Press, 2012), p. 41.

14. Brian Fagan, *Beyond the Blue Horizon: How the Earliest Mariners Unlocked the Secrets of the Oceans*, pp. 30~33.

15. Ibid, p. 60.

16. Patrick V. Kirch, Jennifer G. Kahn, "Advances in Polynesian Prehistory: A Review and Assessment of the Past Decade (1993-2004)," *Journal of Archaeological Research*, Vol. 15, Issue 3 (Sept 2007), p. 197.

17. Ibid, p. 198.

18. Bryan Sykes, *The Seven Daughters of Eve* (London: Gorgi Books, 2002), pp. 111~112.

19. 토르 헤위에르달은 고대 페루의 뗏목을 따라 만든 콘티키호를 이용해 페루에서 4300해리를 항해하여 프랑스령 폴리네시아의 투아모투Tuamotu제도에 도달함으로써 아메리카에서 오세아니아로의 이주설을 증명했다.

20. Bryan Sykes, *The Seven Daughters of Eve*, pp. 134.

21. Colin Richards, "The substance of Polynesian voyaging," *World Archaeology*, Vol. 40, Issue 2 (June 2008), pp.210~211.

22. Patrick V. Kirch, Jennifer G. Kahn, "Advances in Polynesian Prehistory: A Review and Assessment of the Past Decade(1993~2004)," p. 200.

23. Jared Diamond, *Collapse: How Societies Choose to Fail or Succeed* (New York: Viking, 2005), pp. 102~108.

24. Ibid, pp. 55~56.

25. 피지는 지리상 멜라네시아에 속하지만 언어상으로는 폴리네시아 쪽으로 기울어 있다. 그런데 피지어는 오세아니아어 아래의 중부태평양어에 속한다. C. Geraghty, "Fijian," *Encyclopedia of Language and Linguistics*, 2nd edition (2006), p. 485. (http://www.sciencedirect.com/science/article/pii/B008044854202109X), 검색일 2013/7/16. 피지어는 전체 폴리네시아어와 대등하며, 폴리네시아어에 비해 이 지역에서 더 우세한 듯하다.

제7장

티그리스-유프라테스강 유역
고대 문명의 밝은 부분과 어두운 부분

여기서는 티그리스-유프라테스강 유역 문명의 기원부터 청동기시대의 종결까지를 다룰 것이다. 티그리스-유프라테스강 유역의 청동기시대는 세 시기로 나뉜다. 초기는 주로 수메르 시대와 아카드제국을 가리키고, 중기는 주로 고바빌론제국을 가리키며, 말기는 주로 카시트 왕조를 가리킨다. 이후의 아시리아제국과 신바빌론제국은 철기시대로 들어가는데, 이에 대해서는 별도의 장에서 논할 것이다.

여기에서는 오래된 논의를 새로운 각도에서 조명해보려 한다. 제2장에 따르면, 인류 문명의 최초 돌파 지역은 고대 근동이지만 그 단초를 연 곳은 결코 대하 충적평야가 아니라 티그리스-유프라테스강을 둘러싼 충적평야와 아라비아사막 북쪽 가장자리의 '산측 부메랑 지대', 특히 이스라엘-요르단고지였다. 이 산측 지대에서 신석기혁명의 발걸음은 이미 선先도시 단계에 도달했다. 하지만 기후가 나날이 건조해지면서 이 지역의 고대인은 결국 농경과 목축 중에서 목축을 발전시켰다. 선도시 단계가 출현한 지 3000년 뒤에야 최초의 도시 문명이 티그리스-유프라테스강과 나일강 유역에서 탄생했다. 이 지역에서는 농경과 목축 중에서 필연적으로 농경이 중심 지위를 차지했다. 따라서 고대 근동에서는 농경 문명과 유목-방목 지대 간의 상호 영향이 지속적으로 유지되었다.

환아라비아 유목-방목 복합 지대가 애초에 어떠했는지는 알 수가 없다. 후에 이 지대는 셈어족 집단이 활동하는 장소가 되었다. 티그리스-유프라테스강 문명은 수메르인이 창조했을 것이다. 이를 계승한 것은 바로 이곳을 차지한 셈족으로, 세월이 지나 오늘날의 이라크로 이어졌고 아랍 국가의 일원이 되었다. 티그리스-유프라테스강 유역 고대사를 다루면서 만약 티그리스-유프라테스강 유역의 충적평야만 언급한다면, 달의 밝은 부분만 볼 수 있을 뿐 그 전모는 볼 도리가 없다.

수메르인이 최초로 기초를 닦은 이들일까

티그리스-유프라테스강 삼각주의 최초 취락인 우바이드는 유프라테스 하구에 자리했는데, 기원전 6500년에 이미 사람이 거주하기 시작했고 농경 단계로 진입한 것은 기원전 5400년이다. 기원전 4000년에 이르러서, 티그리스-유프라테스강 문명 대변인으로서의 우바이드의 지위는 우루크Uruk에게 빼앗기고 말았지만 도시로서의 우바이드는 지속되었다.[1] 이 긴 시간 속에서 우바이드에서 진행된, 유토기 신석기시대에서 금석병용 시대로의 발전을 비롯해 바퀴의 발명, 계급 분화의 명료화 등을 찾아볼 수 있다.

세계사의 첫 번째 거대도시 우루크 상상도

'사막의 베니스' 우루크

우바이드 제1기는 에리두Eridu(기원전 5400~기원전 4700)라고도 하는데, 북방 사마라 문화의 흔적을 보여준다. 오늘날 이라크 최남단에 자리한 에리두는 강우량 127밀리리터 선 이남이다. 인류가 처음으로 매우 건조한 토지에서 농경을 하게 되면서 의지한 것은 지하수다. 이들 사마라 농부는 북방의 강력한 집단에 의해 강제로 에리두로 옮겨왔을 것이다. 제2장에서 서술했듯이, 우바이드 제2기(기원전 4800~기원전 4500)에 이미 관개 수로가 출현했다. 사마라와 에리두 간의 교량은 초가마미 유적지다. 이곳에서 처음으로 출현한 인공 관개 수로 시스템이 우바이드 제2기에 채택되었다. 우바이드 제2기의 관개 수로는 규모가 매우 방대하며, 대량의 노동력과 중앙집권적인 관리가 필요했다.

우바이드 제3기~제4기(기원전 4500~기원전 4000)에 이르러서는 수백 년의 경작 결과, 관개농업의 우세가 이미 두드러졌으며 인구가 급증하고 도시화가 심화되었다. 비록 에리두 주변은 여전히 대형 촌락이 대부분이긴 했지만 말이다. 우바이드 양식(할라프 유적지에 존재)은 북방의 강한 세력이었던 할라프 문화(제2장 참조)를 대신하여 최종적으로는 페르시아만 아라비아반도 해안 지대부터 지중해 동부 연안에 이르는 무역의 중추가 되었다.

오늘날 여러 책에서는 대부분 '우바이드'를 문화기文化期로 칭하고 '에리두'를 도시 이름으로 칭하는데, 여기서도 이를 따르기로 한다. 에리두인이 수메르인인지에 대해서는 아직 정설이 없다. 문헌에 나오는 이야기에 따르면, 에리두에 가장 먼저 문명을 가져온 왕은 아다파Adapa로, 그는 해상의 딜문(오늘날 페르시아만의 바레인Bahrain)에서 왔다. 또 어떤 신화에서는 아다파가 영생을 획득할 기회를 놓쳤다고 하는데, 이는 『구약성경』에 나오는 아담의 원형인 듯하다. 수메르학의 태두 레오나드 울리Leonard Woolley(1880~1960)는 수메르인이 바다에서 왔으며, 티그리스-유프라테스강 유역의 원주민은 셈족으로 바로 아카드인이라고 본다.[2] 최근의 관점에 따르면 에리두는 세 가지 생태 시스템이 한데 모인 곳으로, 세 시스템은 모두 사막에서 담수를 얻었다. 첫째는 북방 사마라에서 비롯된 노동 밀집형 관개농업으로, 수로를 만들고 벽돌집에 거주한 것이 특징이다. 둘째는 오늘날 페르시아만 아라비아 연안 지대의 어렵 문화다. 갈대집에 거주했던 이들은 아마도 수메르인일 것이다. 셋째는 장막에서 거주하며 산양과 면양을 기르던 셈족 목축민으로, 환아라비아 유목-방목 복합 지대의 쐐기를 박은 이들이다.[3]

티그리스-유프라테스강 문명의 신화에 따르면, 우루크 여신 이난나Inanna는 에리두의 주신 엔키Enki에게 가서 문명을 빌린다. 엔키는 이난나에게 문명을 빌려준 뒤 후회하면서 되받으려 했으나 이미 때가 늦었다. 이 이야기는 에리두가 티그리스-유프라테스강 문명의 대변인 지위를 우루크에게 양도했음을 생생하게 묘사하고 있다. 우루크는 아람Aram어에서 에레크Erech로 발음되는데, 아랍어에서는 이라크다. 우루크는 금석병용 시대부터 초기 청동기시대까지(기원전 4500~기원전 3100) 존재했다. 이 도시는 최초에 두 개의 우바이드 소小취락이 병합해 이루어졌다.

우루크의 지구라트

가장 아래층인 우루크 제18~제14층은 우루크기期가 아닌 우바이드기에 속한다. 우루크 '에안나Eanna' 신역神域의 제4a층에서는 최초의 설형문자 점토판이 출토되었는데, 아마도 인류 최초의 문자일 것이다. 에안나는 여신 이난나를 경배하기 위한 신전군이다. 이보다 더 오래된 것은 거대한 지구라트zigurat('높은 곳'이라는 뜻으로, 성탑聖塔, 단탑段塔이라고도 한다. 고대 메소포타미아의 각지에서 발견되는 건축물로, 일종의 신전이었다 - 옮긴이)인 아누Anu 지구라트4로, 천신 아누에게 바쳐진 것이다. 지구라트 위에는 '하얀 신전'이라는 웅장한 신전이 안치되어 있다.

우루크의 중요성은 다음 몇 가지 예에서 알 수 있다. 아누는 수메르 시기에 신족神族의 아버지였는데, 이난나는 비록 그의 딸이지만 천후天后의 지위를 지녔다. 메소포타미아 문명에서 가장 중요한 서사시 『길가메시』의 주인공 길가메시는 전설 속의 우루크왕이다. 하지만 이것들이 우루크기가 이미 수메르 문명이었음을 직접적으로 증명해줄 수는 없다.

티그리스-유프라테스강 충적평야의 초기 청동기시대는 젬데트 나스르Jemdet Nasr기(기원전 3100~기원전 2900)로 규정된다. 이 간략한 시기는 우루크 문화가 지방화된 것으로, 선先왕조 시대에서 왕조 시대로의 과도기로 규정된다. 시공간적으로 모두 과도 단계였던 것이다. 젬데트 나스르기는 나름의 특징을 지니고 있다. 독자적인 토기 양식을 지닌 이 문화는 우루크 에안나 신역의 설형문자를 추상적 방향으로 더욱 발전시킴으로써 훗날 쐐기 형태로 잘 알려진 문자를 만들었다. 이 설형문자는 아직 해독되지 않았지만 수메르 문자일 가능성이 우루크 문자일 가능성보다 훨씬 크다.

설형문자와 『수메르 왕명표』

설형문자 해독의 첫째가는 공로자는 동인도회사의 장교였던 헨리 롤린슨_{Henry Rawlinson}(1810~1895)이다. 1843년, 그는 바그다드 주재 외교관으로 근무하던 기회를 이용해 오늘날 이란의 케르만샤_{Kermanshah}주 베히스툰_{Behistun} 암벽 비문의 탁본을 떴다. 베히스툰 비문은 고대 페르시아제국 다리우스 1세의 공덕비로, 고대 페르시아어·엘람어·아카드어로 기록되어 있다. 헨리 롤린슨은 독일 하노버 출신 고언어학자 게오르크 프리드리히 그로테펜트_{Georg Friedrich Grotefend}(1775~1853)가 고대 페르시아어를 해독한 것에 근거해, 아카드어 부분을 대조함으로써 이를 해독했다.

　설형문자 점토판이 더 많이 출토될수록 고언어학자들은 셈어족의 아카드어 이전에 보다 더 오래된 언어가 존재할 것이라는 의심을 품게 되었다. 셈어가 자음을 글자의 뿌리로 삼는 것과 달리 설형문자는 음절을 사용한다. 1855년, 헨리 롤린슨은 니푸르_{Nippur}, 라르사_{Larsa}, 우루크에서 비_非셈어 설형문자 점토판을 발견했다고 발표했다. 1869년, 또 다른 유럽 고언어학자는 아카드왕의 존호인 '수메르와 아카드의 왕'에 근거해서, 아카드에 선행하는 수메르어가 있다고 단정했다. 이후 수메르학이 점차 세상에 알려지게 되었다.

　수메르학의 중요 문헌인 『수메르 왕명표_{Sumerian King List}』는 수메르어로 기록되어 있다. 이 왕명표는 티그리스-유프라테스강 유역 각지에서 발견되었는데, 현재 16부가 존재한다. 왕명표에서는 왕권이 하늘로부터 왔으나 한 도시에서 다른 도시로 전이될 수 있다고 언명한다. 여기에는 고대 티그리스-유프라테스강 유역의 정치 상황이 많이 반영되어 있다. 이 왕명표는 메소포타미아 문명 자체의 역사 기록으로, 시작 부분은 전설이다. 홍수 이전의 왕은 모두 수만 년을 통치했다고 한다. 홍수 이후의 세 왕조는 키시_{Kish} 제1왕조, 우루크 제1왕조, 우르_{Ur} 제1왕조다. 홍수 이후로는 통치자의 수명이 1000년 혹은 수백 년 정도로 단축된다. 우루크 왕조 중기 이후로는 재위자의 수명이 점점 정상화되는데, 아마도 밑을 만한 역사시대로 접어든 듯하다. 또한 이 시기와 관련해서는 증거 사료도 출토되었다. 『수메르 왕명표』에서 앞뒤로 이어진 왕조는 같은 시기에 병존한 경우가 많다. 왕명표는 자연스럽게 정치 도구로 변했는데, 마지막 판본에서는 이신_Isin의 패권을 합법화하려고 시도했다. 이신은 당시에 라르사를 비롯한 여러 도시국가와 패권 쟁탈을 벌였다.

초기 왕조 스케치

『수메르 왕명표』에서 홍수 이후 첫 번째 왕조인 키시 제1왕조는 그 유적지의 연대가 젬데트 나스르기에서 시작된다. 우루크는 에리두 시기(우바이드 초기)에 시작되었다. 우르의 거주 역사 역시 우바이드기까지 거슬러 올라갈 수 있다. 하지만 취락의 탄생과 패권을 장악한 왕조의 건립은 별개의 일이다. '왕명표'를 고고학 층차와 동일시해서는 안 된다. 고고학적 의미에서, 수메르사의 '초기 왕조 제1기'(기원전 2900~기원전 2800)와 '초기 왕조 제2기'(기원전 2800~기원전 2600)의 역사는 그다지 분명하지 않다. 초기 왕조 제1기와 관련해서 그 어떤 명문銘文도 출토되지 않았고 왕의 이름도 보이지 않는다. 초기 왕조 제2기는 우루크의 명왕名王이자 서사시의 영웅인 길가메시의 연대다. 왕명표에 따르면 길가메시는 126년 동안 재위했던 전기적 인물이다. 초기 왕조 제2기와 관련해 출토된 문헌은 대부분 해독할 수 없는데, 후기의 명문에는 왕명표에 나오는 왕들이 출현한다. '초기 왕조 제3기 a'(기원전 2600~기원전 2500) 시대에는 설형문자에서 음절문자로 변한다. 이전 시기의 상형 부호와 다른 이 문자는 해독할 수 있다. '초기 왕조 제3기 b'(기원전 2600~기원전 2500/2450)[5]는 아카드의 사르곤이 통일 왕조를 세우기 직전이다.

　　우르 제1왕조는 『수메르 왕명표』에서 홍수 이후 세 번째 왕조로, 고고학 연대상 초기 왕조 제3기 a 초기에 속한다. 우르의 엔시_ensi 혹은 루

메스칼람두그의 황금투구

푸아비

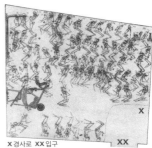
X 경사로 XX 입구
거대한 죽음의 구덩이 PG 1237

수메르 설형문자 점토판

독수리 석비

갈lugal인 메스칼람두그Meskalamdug가 재위한 때는 약 기원전 27세기 후반
이다.[6] 메스칼람두그는 왕명표에는 보이지 않지만 출토 문물이 그의 존
재를 증명해준다. 메스칼람두그의 무덤은 1924년에 영국 고고학자 레
오나드 울리에 의해 발굴되었다. 발굴된 문물 중에서 특히 유명한 것은
메스칼람두그의 황금투구다.

　　레오나드 울리는 1922~1934년에, 1800기의 무덤이 있는 우르왕가
의 묘지에서 푸아비Puabi의 무덤을 발굴했다. 기원전 2600년 전후에 활
약한 푸아비는 아카드인이었지만 수메르의 우르 제1왕조에서 중요한
역할을 했다. 푸아비의 인장은 그녀의 지위가 닌nin 혹은 에레쉬eresh, 즉

여왕 혹은 여사제에 해당했음을 말해준다. 74명의 시녀가 그녀를 따라 순장되었다. 그들은 아마도 음독하거나 독약에 의해 죽임을 당했을 것이다. 우르 제1왕조의 이 순장의 규모는 훗날에 사람은 물론 신에 대한 제사 의례에서도 출현한 적이 없다. 레오나드 울리는 이 순장 묘혈을 '거대한 죽음의 구덩이 PG 1237'[7]이라고 칭했다.

수메르의 전국 시대와 아카드의 통일

수메르사에는 패권을 다투던 전국戰國 시대가 없으며, 아카드의 통일 이전은 모두 초기 왕조에 속한다. 설명의 편의를 위해서, 우르 제1왕조가 쇠락한 뒤 진입한 상태를 '전국 시대'라고 칭하기로 한다. 마지막 단계의 쟁패전은 라가시Lagash와 움마Umma 사이에서 벌어졌다. 먼저 라가시왕 에안나툼Eannatum이 수메르를 통일했고, 동쪽으로 엘람의 일부분을 병탄했으며 서쪽으로는 마리Mari에게 공물을 바칠 것을 요구했다. 초기 왕조 제3기 b의 문물 '독수리 석비'는 바로 라가시의 에안나툼이 움마와의 전쟁에서 승리한 것을 기념하는 비다.

라가시는 한때 쇠락했는데, 에안나툼의 조카 엔테메나Entemena가 다시 움마를 격파하고 라가시의 패권을 재건한다. 라가시의 마지막 왕인 우루카기나Urukagina(기원전 2380?~기원전 2360?)는 아마도 역사에 기록된, 최초의 법전을 반포한 이다. 우루카기나는 최초의 개혁자로 후세에 알려진 사람이기도 하다. 그는 과부와 고아의 세금을 면제하고, 맹인에게 식량을 보조하고, 도시에 장례비를 부담하게 하고, 부자가 가난한 이로부터 구매할 때는 반드시 은으로 지불하게 했다. 만약 가난한 이가 팔고자 하지 않는다면 부자나 사제가 힘으로 빼앗을 수 없었다. 그런데 최근의 페미니즘 사관에서는 우루카기나의 민중 친화적인 이미지를 수정했다. 그들은 우루카기나가 후궁을 50명에서 1500명으로 확충했으며, 왕

사르곤

비의 주관하에 사제로부터 몰수한 대량의 토지를 차지했음을 지적한다. 우루카기나가 반포한 법령은 여성이 남성에게 불경스러울 경우 중형에 처해졌음을 말해준다.

우루카기나는 결국 움마에게 멸망된다. 움마는 통일 제국을 건립하지만 곧 셈어족의 아카드인에게 자리를 빼앗긴다. 움마제국을 건립한 이는 루갈자게시Lugal-Zage-Si다. 루갈자게시는 우루크를 수도로 삼고, 그의 영토를 '위 바다로부터 아래 바다에 이르기까지의 모든 땅', 즉 지중해에서 페르시아만에 이르는 땅이라고 공언했다. 아마도 루갈자게시는 처음으로 지중해에 도달한 티그리스-유프라테스강 유역의 맹주일 것이다.

아카드의 사르곤Sargon(재위 기원전 2371~기원전 2316)은 움마제국을 멸망시키고 '수메르와 아카드의 왕'이 된다. 사르곤의 출신에 관한 기록은 매우 단편적이다. 그는 키시왕정의 일원으로 말해지는데, 그 범주 안에 속했을 것이다. 하지만 그는 처음으로 셈족으로서 수메르인의 왕

나람-신의 기념비 　　　　　　라가시의 '엔시' 구데아

이 된 인물이다. 사르곤은 기존의 이름난 도시에 들어앉지 않고 새로운
수도 아카드Agade를 따로 건설했다. 그곳이 어디였는지 지금은 알 수 없
다. 사르곤은 수메르에 무력을 먼저 사용한 뒤 유화책을 썼다. 그는 엔
시 50명의 연합군을 격파하고 수메르의 이름난 도시의 성벽을 무너뜨
렸다. 이후 사르곤은 문화적 회유 정책을 채택했다. 그는 자신의 딸 엔헤
두안나Enheduanna를 우르가 숭배하는 달신 난나Nanna(신Sin이라고도 한다)의
대사제가 되도록 했다. 한편 '수메르와 아카드의 왕'이라는 사르곤의 칭
호는, 수메르와 아카드를 명백히 별개의 단위로 간주함으로써 수메르
의 우선성을 인정하되 통치자가 다른 집단임을 명시한 것이다. 사르곤
은 수메르 도시국가를 속주로 전락시키고 아카드인을 지방관으로 파견
했다. 아카드제국에서부터 아카드어가 점점 수메르어를 대신해 티그리
스-유프라테스강 유역의 공식 언어가 되었다. 제국이 확장하면서 아카
드어는 서남아시아의 국제어가 되었고, 수메르어는 종교 의례의 목적

우르의 지구라트

으로 보존되었다.

사르곤은 제국의 영토를 북쪽으로는 타우루스산맥까지 확장하고 동쪽으로는 엘람까지 정복했다. 그가 세운 고대 서남아시아의 첫 번째 대통일 제국은 이후 이 지역의 제국의 본보기가 된다. 사르곤의 손자 나람-신Naram-Sin(재위 기원전 2254~기원전 2218)은 기념비에서 '사계四界의 왕'이라는 존호를 계속해서 사용했다. 나람-신은 자신의 딸을 우르의 달신 신Sin의 여사제로 임명했는데, 이는 아카드가 수메르를 통치하는 모델이 되었던 듯하다. 주목할 만한 점은, 나람-신의 이름에 신Sin(난나에 해당하는 아카드어가 신Sin이다)이 포함되어 있다는 사실이다. 나람-신 시대에 제국이 전성기에 도달하지만, 자그로스산맥 지대의 구티Guti인의 침입이 이미 시작되었다. 쿠티인은 마침내 아카드제국을 무너뜨리고 중앙집권을 와해했으며, 수메르의 도시국가들은 독립하게 되었다.

고기상학자는 아카드제국의 쇠망이 '4200년 전의 사건' 때문이라고 본다. 지구의 기온 변화로 인해 기원전 22세기에 건조화가 지속되면서 흉작이 초래되고 인심이 흉흉해졌다. 동일한 사건으로 인해, 이집트에서는 고왕국이 붕괴되고 분열의 시기인 제1중간기가 찾아왔다.

수메르의 부흥기, 우르 제3왕조

아카드제국 이후 티그리스-유프라테스강 유역은 구티인의 시대(기원전 2230?~기원전 2112?)였다. 구티인은 매우 원시적이었다. 그들은 중앙집권적 통일을 유지하는 방법도 몰랐고, 관개 수로조차 정비하지 않았다. 남쪽 수메르의 여러 나라는 자주권을 유지하고자 그들에게 공물을 바쳤다. 구티인의 시대에서 가장 유명한 수메르 통치자는 라가시의 '엔시' 구데아Gudea(재위 기원전 2144~기원전 2124)다. 구데아의 업적은 주로 문화적 측면에 있다. 그는 운하와 신전을 만들었으며, 가난한 이들의 채무를 면제해주고 여자가 토지를 계승할 수 있게 하는 등 사회 개혁을 실시했다.

구티인이 티그리스-유프라테스강 중하류를 지배한 기간은 대략 한 세기다. 구티인으로부터 수메르인의 지배권을 되찾은 것은 우루크와 우르다. 우루크와 우르의 지도자는 혼인으로 연결되어, 우르 제3왕조를 열었다. 우르 제3왕조는 수메르제국이 아직 형성되기 이전으로, 이전의 사르곤 모델에 따라서 북쪽으로 영토를 확장했지만 단지 충적평야 이북 즉 오늘날 '알자지라'로 불리는 지역까지였다. 우르 제3왕조의 건립자 우르남무Ur-Nammu(기원전 2112~기원전 2095)는 '수메르와 아카드의 왕'이라는 존호를 계속해서 사용했다. 그는 역사상 최초로 법전을 반포한 통치자의 한 명이다. 우르남무의 아들 슐기Shulgi(기원전 2047~기원전 1999) 역시 명군이었다. 두 부자는 수메르 문예 부흥을 대표한다. 수메르어는 다시 정부의 공문서와 문학에 사용되는 언어가 되었지만, 아카드어를 배제하지는 못했다. 서사시 『길가메시』의 수메르 판본이 최종적으로 정형화된 것 역시 바로 이때일 것이다. 우르 제3왕조가 세운 지구라트는 가장 유명한 랜드마크다.

이신, 라르사, 북방의 아시리아와 에쉬눈나Eshnunna가 우르에서 벗어나 독립한 것은 제국이 와해될 전조였다. 우르 제3왕조 말기에 이르러서, 제국은 서쪽의 유목·방목민인 아모리Amori인의 습격을 자주 받았다. 기원전 2000년 전후에 동쪽 엘람인이 우르를 침공함으로써 수메르인은 마침내 역사 무대에서 내려오게 된다. 수메르인은 메소포타미아 문명의 준거 틀을 남겼다. 수메르인의 퇴장으로 고대 서남아시아는 청동기시대 중기로 진입한다. 중국은 이때 청동기시대로 진입하게 되는데, 초기 상나라에 해당한다.

오늘날 신사학 조류의 중요한 일환인 환경생태사에서는, 토지에 염분이 축적되는 염화 현상이라는 각도에서 우르 제3왕조의 멸망을 설명한다. 그것은 물론 과도한 개발로 빚어진 결과였다. 종교 문헌은 기원전 2400년부터 기원전 1700년 사이에 이 지역의 생산력이 계속해서 감소했음을 말해준다. 밀 재배에서 염분에 강한 보리 재배로 전향했다. 밀 재배가 완전히 포기된 때는 바로 중앙집권적인 통제가 전면적으로 와해된 시기이기도 하다.[8] 확실히 이것은 수메르 문명의 종말이자 티그리스-유프라테스강 삼각주의 조종을 울린 것이다. 이후 티그리스-유프라테스강 유역 역사의 중심은 북쪽으로 옮겨갔다. 바로 티그리스-유프라테스강 유역의 허리 지점에 해당하는 바빌론 그리고 보다 북쪽의 티그리스-유프라테스강 유역 충적평야 바깥의 아시리아다.

아모리인과 셈어족

아모리인은 티그리스-유프라테스강 유역의 사람들에 의해 야만인으로 간주되었다. 이 집단의 이주로 인해, 수메르인의 우르 제3왕조 말에는 티그리스-유프라테스강 사이에 270킬로미터에 달하는 방어용 성벽을 쌓기도 했다. 오늘날 학자들 사이에서 아모리인의 원래 거주지에 대한 논쟁이 이어지고 있는데, 어느 곳이든 간에 환아라비아 유목-방목 복합 지대라는 커다란 범위에서 벗어나지 않는다. 아모리어는 셈어족이라

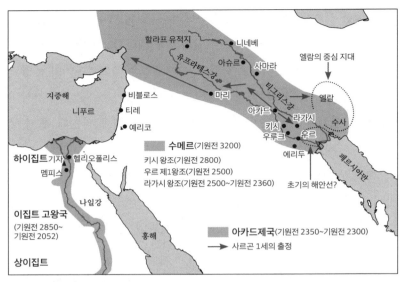

수메르를 대신하여 흥기한 셈족의 아카드제국

는 커다란 나무의 한 갈래다. 그런데 이것이 어디서 자랐는지에 대해 말하자면 조금 복잡하다.

셈어족은 동과 서의 양대 갈래로 나뉜다. 먼저 서부셈어파에 대해 알아보자. 서부셈어파는 다시 셋으로 나뉜다. 전문가들은 서부셈어파라는 커다란 우산 아래에 중간층 즉 중부셈어군과 남부셈어군이 존재했는지에 대해서는 확정하지 못했다. 아무튼 이 가설의 중부셈어군 아래에는 서북셈어가 있는데, 아모리어는 바로 여기에 속하며 그 아래에는 우가리트Ugarit어와 가나안Canaan 제어, 아람Aram 제어, 현대 히브리어와 현대 아람 제어가 있다.

중부셈어군에서 서북셈어가 파생되었다. 또한 중부셈어군은 남부셈어군과 더불어 아랍어를 탄생시켰다. 그리고 아랍어 → 고전 아랍어(『코란』의 언어) → 현대 아랍 제방언으로 이어졌다. 가장 서쪽에 자리한 남부셈어군에서는 서남셈어가 단독으로 파생되어 현대 에티오피아어

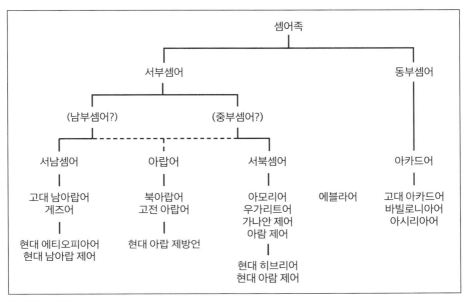

셈어족의 하위 계통

와 현대 남아랍(예멘 일대) 제어로 이어졌다.

　골치 아픈 것은 동부셈어파다. 여기서 파생된 것은 아카드어로, 그 자손인 고대 아카드어 → 바빌로니아어 → 아시리아어가 오늘날 모두 소멸한 것도 당연하다. 티그리스-유프라테스강 유역 역사에서 이들 고어는 고대 문명과 더불어 소멸한 것이다. 그런데 문제가 있다. 아모리어는 분명히 서부셈어파 아래 중부셈어군의 서북셈어에 속하는데, 바빌로니아어는 어째서 동부셈어파에 속하는 것일까? 바빌론제국은 아모리인이 세운 것이지만, 바빌론 시대에 티그리스-유프라테스강 지역의 주민은 고대 아카드어로부터 바빌로니아어를 파생시켰다. 이후 아시리아가 패권을 잡은 시대에, 바빌로니아어는 시대와 더불어 아시리아어가 되었다. 이것이 바로 티그리스-유프라테스강 유역에서 동부셈어파의 전체 노정이다. 서쪽에 머문 아모리인은 페니키아어(가나안어)의 가까운 조상이자 오늘날 히브리어의 먼 조상이 되었다. 티그리스-유프라테스강 유역으로 진입해 왕조를 세운 이들은 아카드어를 일신하여 이 일대에서 셈어를 강화했다. 이로써 수메르어는 더욱 사라지게 되었다.[9]

셈어라는 큰 나무에서 갈라진 가지 중 에블라Ebla어는 아모리어와 아카드어 사이에 낀 언어다. 마치 대장과 소장 사이에 걸린 맹장처럼 에블라어는 아모리어와 아카드어 사이의 틈에 둘 수밖에 없다. 하지만 에블라어는 고대 서남아시아 연구에 큰 공헌을 했다. 지금의 시리아 알레포 서남쪽에 있었던 고대 도시 에블라는 기원전 3000년과 기원전 2000년 두 차례 흥성했다. 그 유적지가 1964년에 발견되었는데, 1만7000점의 설형문자 점토판이 출토되었다. 여기에 사용된 것은 수메르어다. 에블라어는 아카드어 이후 처음으로 기록을 갖춘 셈어로서, 위로는 동부셈어파의 아카드어를 계승하였으며 아래로는 서부셈어의 우가리트어·아람어·가나안어의 효시가 되었다.

셈어족의 이러한 분포와 계보는 무엇을 말해주는 것일까? 처음으로 환아라비아 유목-방목 복합 지대에서 티그리스-유프라테스강 유역으로 진입한 이들이 아카드인이고, 아마도 이들이 수메르 문명의 창조에 참여했을 것임을 말해준다. 심지어 수메르인이 해상에서 도래하기 이전에 아카드인이 원주민이었을지도 모른다. 우르 제1왕조 '우르 왕가의 묘지'의 여주인 푸아비는 바로 아카드인이다. 아카드인의 한 갈래는 시리아에 머물며 에블라 고대 도시국가를 건설했다. 도시 생활로 진입한 이때 에블라 역시 수메르화되었음을 기록을 통해 알 수 있다. 고대 도시국가 에블라는 아모리인의 대이동 이전에 멸망하는데, 아마도 사르곤 혹은 나람-신에게 멸망당했을 것이다. 어쩌면 보다 이전에, 지중해까지 이르렀음을 자랑했던 루갈자게시에게 멸망당했을 수도 있다.

에블라어가 아카드어와 아모리어의 교량이라면, 이는 무엇을 말해주는 것일까? 셈족이 그들의 본향으로부터 제2차 민족의 대이동(아모리인)을 폭발시켰음을 말해준다. 그 본향은 아라비아반도일 것이다. 이곳은 끊임없이 서남아시아에 이민자를 제공했다. 기원전 2000년 무렵 제3차 대이동이 이루어졌는데, 바로 아람어 집단의 도래였다. 이스라엘 백성이 가나안 지역에 진입한 것 역시 바로 이때다. 제4차는 아랍인으로, 기원전 1000년부터 지속적으로 침투했고 7세기의 이슬람 정복에 이르러 절정에 도달했다. 이들에 의해 오늘날 근동은 아랍어 지역이 되었다. 수메르 문명이 셈족 문명의 기초를 다져준 뒤 세계사에서 조용히 사라졌다고 말할 수 있을 것이다.

아모리인은 문화 수준이 아카드와 에블라보다 낮았기에 야만인으로 취급되었다. 인류의 문명은 고대 근동에서 먼저 획기적 발전을 이루었다. 농경과 목축은 기원을 함께했는데, 건조한 지대에서는 목축을 발전시켰다. 한편 마찬가지로 건조하지만 큰 강이 흐르는 지역에서는 농경을 발전시켰다. 이는 달의 밝은 부분과 어두운 부분처럼 실제로는 일체였다. 도시 문명의 근교에 방목 지대가 존재했다. 환아라비아 유목-방목 복합 지대는 글자 그대로 오아시스 농업과 2차 생산물을 포함하며, 비정주 생활방식을 장거리 유동형 활동으로 전환시켰다(제2장 참조). 물론 이러한 구조를 농경과 도시화에 견줄 수는 없다. 하지만 아모리 시대의 도래로 고대 서남아시아는 청동기시대 중기로 진입하게 되었다. 아모리인은 문명의 추동자이기도 했다.

아모리 왕국들과 바빌론제국 이전

아모리인의 도래로 티그리스-유프라테스강 유역 역사의 새로운 장이 펼쳐졌다. 그들은 수메르의 도시국가 시대를 끝내고 왕국 제도를 택했다. 수메르인은 아카드인의 대통일에 이르러서까지도 특정 주신主神의 장원莊園인 도시국가를 변화시키지 않았다. 즉 성주城主는 지상의 관리자에 불과한 신권 통치의 형태였다. 반면에 왕국은 세속화 경향을 상징한다. 아모리 시대에는, 이전에 신전의 사제가 독점했던 경제생활을 부농과 대상인이 나눠 가졌다. 하지만 문화에 있어서는, 중단된 적이 없는 수메르 모델의 허상이 대체로 유지되었다. 왕권의 합법화를 제외하곤 니푸르와 이 도시의 주신 엔릴의 인가를 받아야 할 필요가 더 이상 없었다.[10]

아모리 왕국으로는 얌하드Yamkhad, 카트나Qatna, 아모리인이 점거했던 마리·아시리아·라르사, 아모리인이 새롭게 세운 바빌론이 있다. 얌하드·카트나·마리는 유프라테스강 상류에서 시리아에 이르는 일대, 아시리아는 티그리스강 상류, 라르사는 수메르의 원래 자리, 바빌론은 유프라테스강 중류에 자리했다. 최종적으로 바빌론이 전대미문의 웅대한 대제국을 세웠으며, 함무라비 재위 기간(기원전 1728~기원전 1686, 혹은 기원전 1792~기원전 1750)에 전성기에 도달했다. 함무라비가 정의의 신 샤마시Shamash로부터 법전을 받는 모습이 새겨진 비석이 현재 루브르 박물관에 소장되어 있는데, 거의 모든 세계사 교과서에 그 사진이 수록되어 있다.

함무라비 법전은 우루카기나 법전, 우르남무 법전 등과는 다르다. 우루카기나·우르남무 법전은 모두 수메르 법전이다. 함무라비 법전은 아카드어로 기록되었다. 법전을 돌에 새겨서 많은 사람들이 볼 수 있는 곳에 두고, 통용어를 아는 이들이 읽을 수 있도록 했다. 물론 당시에 문맹률이 높긴 했지만 법의 적용은 투명했다. 함무라비 법전의 '눈에는 눈, 이에는 이'라는 가혹한 원칙은 지금 사람들이 잘 알고 있지만, 증거가 부족하면 반드시 무죄 추정의 원칙을 적용하는 사법 정신이 포함되었다는 것에 대해서는 아는 사람이 별로 없다. 함무라비 법전은 무죄 추정 원칙을 명시한 가장 이른 법전 가운데 하나다.

함무라비 사후 각지에서 잇따라 반란이 발생했다. 함무라비의 계승

함무라비가 정의의 신 샤마시로부터
법전을 받는 내용의 부조

함무라비 법전

암미사두카의 금성 운행표

자는 이에 대처할 방법을 점차 상실했다. 하지만 지방화된 바빌론은 기원전 16세기 중기까지 여전히 유지되었다.[11] 소아시아에서 남하해 침략한 히타이트인에 의해 함락된 바빌론은 나중에 카시트Kassit인에게 점거된다. 히타이트인과 카시트인은 고대 서남아시아의 신흥 민족이었다. 히타이트인은 인도-유럽 민족이고, 카시트인은 일찍이 아카드제국을 멸망시킨 구티인과 마찬가지로 자그로스 산지 민족이다. 그런데 바빌론 함락은 인도유럽인이 선도했다. 이것은 티그리스-유프라테스강 유역 역사의 새로운 장인 청동기시대 후기에 속한다.

바빌론 시기와 관련된 중요 문헌으로는 함무라비 법전 외에도 '암미사두카Ammisaduqa의 금성 운행표'라는 점토판이 있다. 암미사두카는 함무라비 이후의 네 번째 왕이다. 이 점토판에 새겨진 것은 금성의 운행을 관찰한 천문 기록이다. 점토판 자체는 신新아시리아 시기의 것이지만, 학자들은 점토판의 천문 기록이 가장 이르게는 암미사두카 시기인 약 기원전 17세기부터 시작된 것이라고 믿는다. '암미사두카의 금성 운행표'는 최초의 천문학 문헌으로, 여기에 기록된 금성의 주기는 기원전 2000년 무렵 바빌론의 역사 연대를 추정하는 데 도움이 된다.

역시 아모리인이 통치한 마리는 함무라비에 의해 멸망된 고국 가운데 하나로, 유프라테스강 서쪽 기슭에 자리했다. 마리는 수메르 왕조 초기에 이미 존재했으며, 아모리인의 대이동 시대에 이르러서는 아모리인의 국가가 되었다. 마리 유적지는 1933년에 고고학자에 의해 발견되었다. 유적지의 내용이 매우 풍부한데, 발굴 작업이 아직 끝나지 않았다. 최대 수확은 마리의 역사와 관련된 2만5000점의 아카드어 점토판이다.

수메르-아카드-바빌론의 신
수메르 문명은 각 도시국가를 특정 신의 지상의 장원으로 간주했으며,

통치계층인 사제가 그 관리자이고 백성은 종이라 여겼다. 도시국가의 수호신의 지상 대리인에 해당하는 관리자를 '엔' 혹은 '엔시'라고 했다. 이 명칭이 '루갈'로 변했을 때, 성주는 이미 정치화·군사화되었다. 그런데 자세한 내용은 여전히 논쟁 중이다. 티그리스-유프라테스강 유역의 고대 문명에는 사르곤 왕조라는 삽입곡이 있긴 했지만, 통치자가 사제에서 제왕으로 변한 것은 바빌론 시기에 완성된 듯하다. 따라서 수메르 문명 최초의 웅장한 건축은 모두 신전이다. 이는 이집트와 다른 점이다. 문명 단계로 진입하자 군주 파라오를 신격화한 이집트의 경우, 가장 웅장한 건축은 모두 왕릉이다.

수메르-아카드 신화는 아눈나키Anunnaki 신족神族으로 이루어져 있다. 신족의 아버지 안An은 셈어로 아누Anu라고 하며, 하늘을 상징한다. 엔키Enki는 셈어로 에아Ea라고 하며, 땅과 지혜를 상징한다. 엔릴Enlil은 대기·천둥·왕권을 상징한다. 우투Utu는 셈어로 샤마시라고 하며, 태양과 정의를 상징한다. 난나는 셈어로 신Sin이라고 하며, 달신이자 지혜를 상징한다. 니누르타Ninurta는 아마도 수메르의 원래 명칭을 내내 보존했을 것이다. 다만 기르수Girsu 도시국가에서는 니누르타를 닝기르수Ningirsu라고도 했는데, 전쟁의 신이다. 닌후르사그Ninhursag는 산의 여신으로, 풍요를 상징한다. 이난나는 이슈타르Ishtar라는 셈어 명칭으로 잘 알려져 있는데, 하늘의 부인이자 성애의 여신이고 전쟁의 신이다. 여기서는 가장 중요한 신을 언급했을 뿐이고, 수메르의 신은 수없이 많다.

수메르 도시국가 중에는 우루크가 가장 오래되었다. 우루크의 중심은 두 신의 신전으로, 아누 신전과 이난나를 섬기는 에안나 신역이다. 아누와 이난나는 훗날에 각각 아눈나키 신족의 아버지와 하늘의 부인이 된다. 엔키는 우루크보다 오래된 에리두의 주신으로, '땅'과 '문명'의 개념을 상징하며 물과 창세와도 관계가 있다. 이는 수메르의 서광기까지 거

아눈나키 신족

아누

엔키

엔릴

우투

닌후르사그

이슈타르

난나

니누르타

슬러 올라갈 것이다. 우르는 달신 신Sin을 모시던 지방으로, 셈족과 깊은 관계가 있을 것이다. 시나이반도의 명칭은 '신'에서 비롯되었다. 아누는 인간사에 별로 관여하지 않았으므로, 바빌론이 흥기하기 전까지는 니푸르의 주신 엔릴이 신들의 왕이었다. 패권이 교체되는 수메르 도시국가 체제에서는, 그 어떤 도시국가의 맹주와 주신이라 하더라도 니푸르 엔릴의 신전 '산의 집'(에쿠르Ekur)이 부여한 합법화를 거쳐야만 했던 듯하다.[12]

이상의 내용은 다음을 말해준다. 고대 티그리스-유프라테스강 유역의 도시국가는 나름의 문화가 반영된 우주관을 지녔다. 도시국가들 간에는 전쟁이 존재했으므로 오늘날 유럽연합과 같지는 않았다. 하지만 니푸르의 권위는 유럽 의회보다 컸다. 니푸르는 맹주에게 합법성을 부여하는 권력을 지녔다. 그렇지만 니푸르가 패권을 잡는 경우는 드물었다. 때문에 하늘 높이 떨어져 있는 아누를 대신해서 신들의 왕이 된 엔릴이 하늘과 땅의 정치 질서를 상징했는데, 이에 대해 수메르인은 공감대를 형성했다. 바빌론이 흥기한 뒤, 경전에는 이름이 보이지 않던 마르두크Marduk가 엔릴을 대신해 신들의 왕이 되었다. 이후 바빌론이 기복을 겪긴 했지만, 마르두크의 신전 '에사길라Esagila'(꼭대기가 하늘처럼 높은 집)는 중심의 지위를 줄곧 유지했다.

바빌론의 창세 신화는 『구약성경』 「창세기」의 저본이 되었다. 그 상세한 내용은 바빌론의 창세 서사시 「에누마 엘리쉬Enuma Elish」에 나온다. 이것은 바빌론 시기의 수정판으로, 바빌론 시기에 수호신으로 급부상한 마르두크가 신들의 왕으로 나온다. 그 내용은 다음과 같다. 바다를 상징하는 남무 티아마트Nammu-Tiamat는 신들의 고조모다. '혼돈'의 존재인 그녀는 어린 신들의 타도 대상이 된다. 그녀의 배우자 아프수Apsu는 담수를 상징하며, 제5세대 신 엔키(에아)에게 진압된다. 티아마트는 어린 신들을 없애고자 마음먹는다. 티아마트를 상대할 수 없었던 신들은 마르두

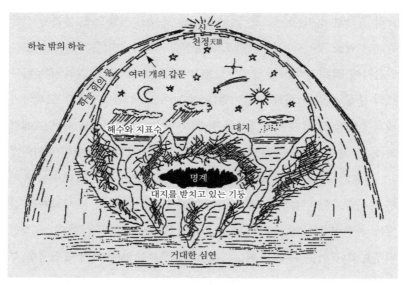

고대 티그리스-유프라테스강 유역의 우주관

크를 신들의 왕으로 추대하여 나가서 싸우게 한다. 고조모 티아마트부터 계산하면, 신들의 왕 안(아누)은 제4세대이고, 고조부 아프수를 진압한 엔키(에아)는 제5세대이며, 에아의 아들 마르두크는 제6세대다. 마르두크는 고조모 티아마트를 죽이고 그 시체로 하늘과 땅을 창조하는 임무를 맡는다. 엔키가 아프수(담수)를 진압하고 티아마트(해수)에 대항하는 신화는, 에리두에서 관개 시스템을 구축하던 시대, 즉 강이 페르시아만 해수와 만나는 티그리스-유프라테스강 삼각주를 개척하던 시대로 거슬러 올라간다. 마르두크의 배역은 나중에 첨가된 것으로, 새롭게 굴기한 바빌론을 반영한다.

　고대 티그리스-유프라테스강 유역의 우주관은 다음과 같이 형상화할 수 있다. 세계는 기본적으로 창조주가 혼돈의 물을 둘로 쪼개어 만들어진 것이다. 하나는 위로 들어올려져 하늘이 되고 다른 하나는 땅에 눌려 지하수가 되었으며, 거대한 동물의 사지가 그 사이를 떠받치고 있다.

개념적으로 이것은 『회남자淮南子』 「남명覽冥」에서 여와女媧가 "거북의 다리를 잘라 네 기둥四極을 세웠다"고 한 것과 약간 비슷하다. 하지만 여와는 '하늘을 받치는 네 기둥이 무너지고 구주九州의 땅이 찢어져 하늘은 두루 덮지 못하고 땅은 두루 싣지 못한' 상황에서 복원 작업을 한 것일 뿐, 애초의 창세주가 누구인지는 알 수 없다. 바빌론 창세 신화와 직접적으로 관계가 있는 것은 『구약성경』 「창세기」다. 「창세기」에서는 하느님이 홍수로 세상을 멸하고자 하늘의 창문들을 모두 열고서 40일 동안 비가 땅에 쏟아지게 했으며, 세상이 거의 모두 물에 잠겨 혼돈의 상태로 돌아갈 정도였다고 한다. 만약 그랬다면, 잠수함이 아닌 다음에야 노아의 방주라 해도 소용이 없었을 것이다.

메소포타미아 고대 문명의 또 다른 중심 신화는 이난나와 그 남편 두무지Dumuzi의 이야기다. 두무지는 『수메르 왕명표』에서 홍수 이전 다섯 번째 왕으로, 통치 기간은 3만6000년에 달한다. 이난나 신화에는, 이난나가 명계로 내려갔다가 부활하는 내용이 있다. 또한 두무지로 이난나의 '죽음을 대신'하는 내용도 있다. 이는 훗날 지중해 일대에서 유행한, 수난과 부활이라는 신화의 원형이다. 수난과 부활 신화의 원초적 영감은 계절의 순환과 농경의 주기다. 만물이 죽는다는 법칙과 죽음을 피할 수 없는 인간의 운명을 연관시키고, 만물의 소생을 보면서 생명의 재생을 갈망했던 것이다. 이난나와 두무지의 이야기는 '신성한 결혼'(히에로스 가모스Hieros gamos)과도 관련이 있다. 인간의 성교와 대지의 풍요를 동일시했던 것이다.[13]

수메르 도시국가의 종교 의례 가운데 하나는 통치자와 이난나 역할의 최고 여사제가 에안나 같은 신전에서 신성한 결혼을 행하는 것이었다. 최고 여사제는 두무지를 상징하는 젊은 남자를 선택할 수도 있었다. 고대 근동 일대에서 유행한 신전의 창녀 제도 역시 여기서 변천된 것이다. 이는 송옥宋玉의 「고당부高唐賦」를 연상하게 한다.

옛날 초楚나라 양왕襄王이 송옥과 운몽대雲夢臺에서 노닐다가 멀리 고당관高唐觀을 바라보았다. 그 위에만 유독 운기雲氣가 있었는데, 험준한 산과 같은 그 운기가 곧장 위로 솟아오르더니 홀연히 모습을 바꾸면서 잠깐 동안에도 변화가 무궁했다. 왕이 송옥에게 물었다. "이것이 무슨 기운인가?" 송옥이 대답했다. "조운朝雲이라고 하는 것입니다." 왕이 물었다. "무엇을 조운이라고 하는가?" 송옥이 대답했다. "예전에 선왕께서 고당을 유람하시다가 피곤해서 낮잠이 드셨는데, 꿈속에서 한 여인이 나타나 이렇게 말했습니다. '소녀는 무산巫山의 여인으로 고당의 객客인데, 왕께서 고당을 유람하신다는 소식을 들었습니다. 원컨대 잠자리 시중을 들고자 합니다.' 이렇게 해서 선왕께서는 그 여인과 정을 나누셨습니다. 여인은 떠나가면서 작별 인사를 드렸습니다. '소첩은 무산 남쪽의 높은 산 험준한 곳에 지내면서 해가 뜨면 아침 구름朝雲이 되고 해가 지면 비가 되어 내립니다. 아침저녁으로 양대陽臺의 아래에 있답니다.' 날이 밝은 뒤에 보니 과연 그 말과 같아서 사당을 짓고 '조운'이라 부르게 된 것입니다."

고당관은 지구라트를 연상하게 한다. 성교가 운우雲雨와 관계있는 것 역시 풍요 의례와 관련된 듯하다.

『길가메시』 서사시

현존하는 『길가메시』 아카드 판본은 아시리아제국의 수도였던 니네베 Nineveh의 도서관 유적에서 출토되었다. 그런데 주인공 길가메시는 『수메르 왕명표』 우루크 제1왕조의 왕으로, 126년 동안 재위한 전설적 인물이다. 길가메시 왕은 남다른 공적을 세웠기에 훗날 많은 전설이 그에게 덧붙여졌을 것이다. 그의 이름을 제목으로 삼은 서사시뿐 아니라 여러 독립적인 길가메시 전설이 있다.

서사시에서는 길가메시의 혈통이 3분의 2는 신이고 3분의 1은 인간이라고 말한다. 길가메시는 지나치게 제멋대로였기에 우루크의 주민은 고통을 견디지 못하고 신들에게 하소연한다. 신들은 길가메시와 자웅을 겨룰 정도로 강인한 인간 엔키두Enkidu를 창조해 이 야생 인간을 인간 세상에 보낸다. 그런데 뜻밖에도 엔키두는 길가메시에게 패배한다. 길가메시와 엔키두는 친구가 된다. 이후 길가메시는 삼나무 숲을 지키는 괴물 훔바바Humbaba를 정복하고자 한다. 도시국가의 건축 재료를 얻고자 했던 것이다. 엔키두는 길가메시를 말리려 한다. 그러자 길가메시는, 인간의 수명은 정해져 있으니 불후의 공적을 세워 사후에 이름을 남겨야 한다고 주장한다. 결국 둘은 함께 훔바바를 죽인다.

길가메시의 용맹함에 반한 여신 이슈타르(이난나)가 그에게 청혼하는데, 뜻밖에도 거절을 당하고 모욕까지 당한다. 이슈타르는 아버지 아누에게 하소연하여, 하늘의 황소를 풀어서 우루크를 유린하게 한다. 하늘의 황소는 결국 엔키두에게 죽임을 당하고, 신들은 엔키두를 죽게 만든다. 길가메시는 애통해했고 죽음에 대한 두려움이 생겨났다. 그는 불사의 방법을 얻기 위해 조상 우트나피쉬팀Utnapishtim을 찾아가기로 결심한다. 우트나피쉬팀은 유일하게 영생을 획득한 사람이기 때문이다. 길가메시는 산 넘고 물 건너 먼길을 갔다. 그는 온

길가메시

갖 역경을 거쳐 죽음의 바닷가에 이른다. 긴 장대를 이용해 죽음의 바다를 건넌 길가메시는 우트나피쉬팀이 살고 있는 섬에 도착한다. 우트나피쉬팀은 자신의 영생은 지혜의 신 에아(엔키)의 보살핌 덕분이라고 길가메시에게 말해준다. 주신 엔릴이 일찍이 인류를 혐오하게 되어 홍수로 세상을 쓸어버리기로 결정했는데, 에아가 우트나피쉬팀에게 방주를 만들게 했으며 대홍수로 인류가 전멸하고 오직 그의 가족만 살아남았다는 것이다. 홍수로 세상을 멸하려 한 것, 방주, 물이 빠지길 기다린 것 등 서사시에서 묘사한 상황이 『구약성경』과 매우 유사하다. 『구약성경』이 『길가메시』서사시를 그대로 따른 것임을 알 수 있다. 우트나피쉬팀은 실망한 길가메시를 위로하며, 바다 깊은 곳 불로초가 있는 장소를 알려준다. 길가메시는 불로초를 손에 넣지만, 돌아오던 길에 샘에서 목욕을 하던 중 뜻밖에도 뱀이 나타나 그것을 먹어버린다. 뱀은 허물을 벗고 떠난다. 이 역시 『구약성경』「창세기」에서 뱀으로 인해 인간이 에덴동산을 잃게 되는 이야기의 원본인 듯하다.[14]

메소포타미아 고대 문명의 숫자 체계, 천문, 역법

메소포타미아 고대 문명의 유산은 『구약성경』이야기를 통해 인구에 회자될 뿐만 아니라, 60진법의 유산 역시 오늘날 보편적으로 응용되는 시간 단위에 깊이 각인되어 있다. 현대인은 10진법을 정상적인 상태로 보고 60진법을 확실히 부자연스럽게 여긴다. 소수점을 발명하기 이전에는 작은 수로 빚어지는 불편을 큰 단위의 진법이 부분적으로 해결해주었다. 게다가 '0'이라는 부호가 없었던 상황에서, 큰 단위의 진법은 비교적 적은 숫자로 큰 수를 나타낼 수 있게 해주었다.

바빌론의 역법은 일월합력日月合曆이다. 1년은 12달로 나뉘고, 초승달이 서쪽 지평선에 처음 나타날 때가 월초이며, 윤달을 삽입해야 했다.

티그리스-유프라테스강 유역 고대 역법의 '월력'은, 달이 차고 이지러지는 삭망 주기인 29.53일에 토대를 두고 있다. 기원전 432년, 아테네 천문학자 메톤Meton은 태양력과 태음력을 조화시킨 메톤 주기를 발표했다. 음력은 354일뿐으로, 매년 양력보다 11일이 부족하다. 메톤은 19개의 태양년 주기와 235개의 삭망월 주기가 거의 맞아떨어진다는 것을 계산해냈다. 만약 19년마다 일곱 개의 윤달을 넣는다면 태양력과 태음력을 일치시킬 수 있다.

바빌론의 천문학자는 기원전 6세기 말에 이미 그렇게 했다. 태음태양력은 메소포타미아 유역의 고대 문명이 우리에게 남겨준 유산이다. 메소포타미아 문명이 양력을 전면적으로 채택하지 않은 것은 아마도 수메르인의 6진법(사실은 60진법이다)과 관계가 있을 것이다. 그들은 일찍이 기원전 21세기에 60진법에 따라 나머지를 반올림해, 달의 삭망 주기를 30일로 잡았다. 태음태양력의 360일 역시 60의 승수乘數다. 메소포타미아 문명에서 한 달을 보다 작은 단위로 쪼개는 방식은, 매월 초승달부터 시작해 6일을 1주기로 삼는 것이었다. 7·14·21·28일은 '부적당한 날'이었다. 이를 이용해 오늘날 통용되는, 6일에 안식일 1일을 더한 일주일 제도의 기초를 마련했다.

다음은 단지 추측이다. 메소포타미아 문명이 월력을 완전히 버릴 수 없었던 또 다른 이유는, 이 문명이 지니고 있는 '달의 어두운 면' 때문일 것이다. 그건 바로 선사시대에 형성된 환아라비아 유목—방목 복합 지대를 기초로 한 셈어족 집단이다. 바로 이 어족의 아라비아인이 최후에 티그리스-유프라테스강 유역을 지배했다. 이슬람의 역법은 순음력으로, 알라가 결정한 것이다. 이슬람에서 양력은 사용이 금지되었다. 이슬람의 상징은 초승달이다. 수렵에서 방목에 이르기까지, 시간을 계산하는 데 달의 주기를 이용하는 것으로 충분했다. 농경사회의 파종과 수확 주기는 반드시 태양 주기로 측정해야만 했다. 티그리스-유프라테스강 유역의 경우, 태양 주기와의 부합도가 나일강만큼 규칙적이진 않았다. 태양력이 티그리스-유프라테스강 유역에서 존재할 자연스런 이유가 나일강 유역만큼 충분하지 않았던 것이다.

인류에게 온기를 주는 태양은 만물이 생장하도록 해주는 에너지다. 달은 이에 비할 바가 아니다. 하지만 메소포타미아 문명에서는 달신이 태양신보다 상위다. 우르의 지구라트는 달신 난나에게 바친 것으로, 난나의 셈어 명칭은 신Sin이다. 난나의 아내 닌갈Ningal은 소를 키우는 사람들이 숭배한 갈대의 여신이다. 이들 부부의 아들이 바로 태양신 우투(샤마시)다.

더 이른 시기의 수메르 문명이 어땠는지는 확실하지 않지만, 바빌론의 수학자는 최초로 원을 360도로 나누었는데 이는 메소포타미아 문명의 60진법과 관계가 있다. 원은 360도로 나뉘고, 1년 역시 360일로 나뉘는데 나머지는 윤일이다. 그들은 하루를 24시간으로 나누었다. 오늘날 통용되는 시·분·초의 시간 계산 단위 역시 메소포타미아 문명의 60진법의 유산이다.

바빌론 신화에서는 반구 모양의 궁창이 대지를 덮고 있으며, 대지는 대해에 둘러싸여 있다고 보았다. 그런데 기원전 1000년에 이르러서 바빌론 천문학은 신화적 우주관과 거리를 두고 상당한 독립성을 갖게 되었다.[15] 바빌론 천문학에는 명확한 지구 개념이 없었기 때문에 지구 중심설은 아니다. 또한 천체의 궤도가 반드시 원이라고 하지도 않았다. 이는 모두 훗날의 그리스인이 설정한 것이다. 바빌론 천문학이 그보다 더 흥미를 가졌던 것은 천체의 좌표로, 황도黃道 개념을 발명했다.[16] 바빌론 천문학은 지구 자전축의 경사 각도를 태양이 이동하는 궤적에 투사함으로써 일식과 월식의 주기를 계산해냈다. 또한 황도에 적도라는 또 다른 좌표를 추가했다. 태양은 매년 두 차례 지구의 적도 위를 직각으로 비춘다. 적도면이 황도면과 교차하는 지점이 두 군데가 생겨나 매년 춘분과 추분이라는 절기를 형성한다. 또한 태양의 남중고도가 가장 높을 때와 가장 낮을 때 각각 하지와 동지가 된다. 바빌론 천문학이 가장 관심을 가진 것은 이러한 좌표와 주기성으로, 지구 중심설과 태양 중심설은 그들이 토론했던 부류가 아니다. 그리스인부터 시작된 지구 중심설과 태양 중심설 간의 논쟁은, 무한한 우주 속에서 구체적인 방위를 추구하려는 집념이다. 코페르니쿠스 이후 시대인 오늘날, 우리의 사고는 여전히 이러한 집념에서 벗어나지 못하고 있다. 바빌론 천문학은 전과학前科學으로 평가되었지만, 오히려 이것이 오늘날 컴퓨터를 이용한 가상 시뮬레이션 정신에 보다 가까울지도 모른다.

60진법을 사용한 메소포타미아 고대 문명은 황도 12궁zodiac의 발원지이기도 하다. 기원전 1000년 이전에 바빌론 천문학자는 하늘을 12구역으로 나누었다. 춘분점에서 태양의 위치를 천구의 경도經度의 기점으로 삼아 황도대를 12개 부분으로 나눈 것이다. 그 내용은 하늘을 그물망처럼 연결시켜서 그 안에 인간사를 담아내는 것이다. 점성학과 천문학이 아직 분화되지 않았던 시대에 12궁은 하늘의 좌표 시스템이었다. 오늘날에는 12궁이 개인의 숙명을 헤아리는 시스템으로 전락했다. 황도 12궁은 심오한 신의 뜻에 기대지 않고 천인상응天人相應의 법칙을 해독하는 데 의지하는 신앙으로, 지금까지도 건재하다.

메소포타미아 고대 문명은 현대적인 측정기구가 없었음에도 이상의 성취를 이루었다. 부호 시스템을 사용해서 지구를 둘러싼 우주를 체계적으로 정리하고, 시간을 도식화함으로써 사람들이 사용할 수 있도록 했다. 육안으로 2000여 년을 관찰해낸 이러한 성취는 신바빌론제국 시대에 꽃과 열매를 맺는다.

주

1. 여기서 사용한 연대는 모두 상대적인 것이다. 인용한 자료에 따라서, '짧은 연대기' 계통도 있고 여기에 64년을 더한 '중간 연대기'도 있다. 양자는 사건 사이의 선후 순서를 나타내는 것이지, 정확한 연대를 나타내는 것은 결코 아니다. 기원전 1000년 이전 메소포타미아 문명의 연대는 대부분 정확하지 않고 개략적이다.

2. C. Leonard Woolley, *The Sumerians* (New York & London: W.W. Norton & Company, 1965), pp. 12~13.

3. Gwendolyn Leick, *Mesopotamia: The Invention of the City* (London: Allen Lane, 2001).

4. 지구라트에 해당하는 것이 통천대通天臺다. 통천대는 『삼보황도三輔黃圖』에 나오는데, '통천대'라는 항목에서 다음과 같이 『한무고사漢武故事』를 인용했다. "감천궁甘泉宮에 통천대를 세웠는데, 지상에서의 거리가 100여 장丈이나 되어 비구름도 그 아래에 있었다. (…) 무제武帝 때 태을泰乙에게 제사지내며 통천대에 올랐고, 여덟 살 여자아이 300명을 춤추게 하여 신선을 불러오게 제사지냈다. 통천대는 후신대候神臺라고도 하고 망선대望仙臺라고도 하는데, 신명神明을 기다리고 신선을 바라보는 것이다."

5. '기원전 2600~기원전 2500/2450'은 중간 연대기에 근거한 것이다. 짧은 연대기에 따른다면 '기원전 2500~기원전 2375'다.

6. 엔en, 엔시ensi, 루갈ugal은 모두 수메르의 왕을 가리키는 호칭이다. 엔과 엔시는 성주城主일 뿐이고, 루갈의 등급이 더 높다.

7. PG는 '개인 무덤private grave'의 약칭이다.

8. Charles L. Redman, *Human Impact on Ancient Environments* (Tucson, AZ: The University of Arizona Press, 1999), pp. 135-136.

9. Mattanyah Zohar, "Pastoralism and the Spread of the Semitic Languages," in Ofer Bar-Yosef and Anatoly Khazanov, eds., *Pastoralism in the Levant: Archaeological Materials in Anthropological Perspectives* (Madison, Wisconsin: Prehistory Press, 1992).

10. Georges Roux, *Ancient Iraq*, new edition (London & New York: Penguin Books, 1964), pp. 180~181.

11. 기원전 1000년 이전의 티그리스-유프라테스강 유역 역사의 연대는 모두 상대적인 것이다. 아주 짧은 연대기, 짧은 연대기, 중간 연대기, 긴 연대기의 네 가지 계산법이 있다. 고대 바빌론제국의 멸망 연도는 각각의 연대기에 따르면 기원전 1499년, 기원전 1531년, 기원전 1595년, 기원전 1651년이 된다. 본문에서 사용한 연대는 대부분 중간치에 해당한다.

12. Georges Roux, *Ancient Iraq*, new edition, p. 88.

13. Samuel Noah Kramer, *The Sacred Marriage Rite: Aspects of Faith, Myth, and Ritual in Ancient Sumer* (Bloomington, Indiana: Indiana University Press, 1969).

14. 내가 1966년에 쓴 「바빌론 문학巴比倫文學」을 참고했다. 이 글은 『역사의 조감歷史的鳥瞰』(孫隆基, 臺北: 大西洋出版社, 1970)에 수록되었다. 여기서 나는 서사시의 중요 부분을 번역했는데, 당시의 고대 근동사 참고서 및 신화학의 주석을 첨가했다.

15. Francesca Rochberg, "A consideration of Babylonian astronomy within the historiography of science," *Studies of History and Philosophy of Science*, vol. 33, issue 4 (December 2002), pp. 661-684. (http://www.sciencedirect.com/science/article/pii/S0039368102000225), 검색일 2013/3/15.

16. 가장 이른 기록에 따르면, 니네베Nineveh의 아시리아인이 기원전 700년 무렵에 이미 황도를 계산했다. 그들은 계절에 따라 황도를 네 부분으로 나누고, 태양과 함께 뜨고 지는heliacal 별자리를 성도星圖로 나타내고, 행성과 항성을 구분하고, 행성의 궤도주기를 대략적으로 계산해냈다. 이로써 그들은 일식과 월식을 예측하고, 한 달의 길이를 대략 29.5일로 설정했다. 최초의 성도는 모두 별자리와 달의 관계로 추산한 것이다. Benson Bobrick, *The Fated Sky* (Simon & Schuster, 2006), p. 16.

제8장

고대 이집트 :
명계를 동경한 태양의 나라

하늘의 태양, 땅의 강, 인간 세상의 왕은 각각 하나뿐

대하 유역의 모든 문명 중에서 이집트 문명은 농작물에 물을 대기 위한 인공 수로를 만들지 않은 유일한 문명이다. 이집트 문명은 강의 자연 범람을 통해 양육된 문명이다. 이 강이 바로 나일강이다. 나일강의 주기적 범람은 절대적으로 연주기이지 월주기가 아니다. 나일강은 매년 6월부터 9월까지 범람하면서 퇴적물을 가져다준다. 10월부터 이듬해 2월까지 농작물이 영양을 공급받아 자라고 2월에서 6월 사이에 수확하게 되는 것은 모두 나일강 덕분이다. 태양의 주기가 달의 주기를 대신하게 된 것도 나일강 때문이다. 이집트는 세계사에서 처음으로 달 주기의 단점을 극복하고 태양력을 채택한 고대 문명이 되었다.

나일강 유역에 살던 고대인은 선왕조 시대에 이미 태양년이 약 365일이라는 것을 계산해냈다. 또 달의 규칙성을 이용해 소주기를 정했는데, 소주기는 30일이라는 정수整數를 부여받았다. 이렇게 해서 태양의 주기에는 12개의 달이 있게 되었다. 해마다 남는 5일은 몇몇 중요한 신의 생일로 삼았는데, 이는 메소포타미아 문명에서 달의 주기에 편입되지 않은 날을 상서롭지 못한 금기일로 간주했던 것과는 매우 다른 사유 방식이다.[1]

하늘에는 두 개의 태양이 없고, 땅에는 하나의 강만 있었다. 양자의 규칙을 장악해 태양력을 발명할 수 있었던 것은 나일강 때문이다. 이곳에서는 '세상이 하나의 영역이고 왕은 오직 한 명'인 대통일 구조가 만들어졌다. 이집트사의 독특한 점은, 문명 시기로 진입한 때가 나일강 유역이 정치적으로 통일된 시기와 비슷하다는 것이다.

이집트는 태양의 나라였다. 파라오는 태양신의 화신이었다. 하늘에 있는, 파라오의 아버지 역시 태양이었다. 모든 백성의 신 역시 태양이었다. 후에 어떤 파라오는 세력이 과도하게 팽창된 태양신 신전의 제사장을 제압하고자 했는데, 그가 생각해낸 방법은 새로운 태양신을 만드는 것이었다. 한편 이집트 달의 신은 그 기능이 소멸되고 다른 직분을 맡게 되었다.

나일강, 시리우스, 시나이반도

고대 이집트에서 나일강은 '한 해의 시계'였다. 강의 높이를 측량하는 나일강의 수위계(나일로미터nilometer)는 당시에 가장 정확한 달력이었다. 이집트인은 하늘에서 가장 밝은 별의 방위를 이용해 그것을 보다 정밀하게 조정했다. 나일강이라는 한 해의 시계 외에도 '항성 시계'를 이용했던 것이다. 시리우스Sirius(천랑성天狼星)는 해마다 한 차례 태양과 함께 떠오른다. 이를 힐라이어컬 라이징heliacal rising이라고 하는데, 마침 나일강이 범람하는 시기다. 고대 이집트의 역법은 이를 기준으로 한 해의 시작을 정했다. 또한 지평선에서 연속적으로 떠오르는 36개의 항성 그룹인 데칸Decan 별들도 시간 관측에 이용했다. 열흘마다 새로운 데칸이 태양과 함께 등장하는데, 이들 데칸의 기준이 되는 것이 시리우스다. 36개의 데칸이 각각 10일씩 모습을 나타내는데, 고대 이집트인은 그들의 태양력을 10일을 주기로 분할했다.

이집트의 나일강 유역은 장사진長蛇陣 형태의 평지다. 그 양쪽 기슭은 대칭적으로 사막에 둘러싸여 있으며, 약간의 구릉이 존재할 뿐이다. 이집트인은 불모지와 외국을 동일한 상형부호로 지칭했다. 이집트인은 외국에 가면 일망무제의 지평선을 볼 수 없어 폐소공포증이 생겼는데, 그들에게 지형의 불규칙함은 길이 험난해서 예기치 못한 일을 만나기 십상인 것으로 여겨졌다. 국경을 나가면 바로 아시아 방목민의 지대로, 견실하게 뿌리를 내리기 어려울 것이라고 여겨졌던 곳이다.[2]

이집트 인구가 가장 밀집된 곳은 나일강이 지중해로 흘러 들어가는

태양의 나라 이집트의 입구에 자리한 '달신'의 땅 시나이반도

삼각주였다. 그런데 이집트인은 지중해를 식민화하는 데는 전혀 관심이 없었다. 고대 지중해 세계의 연안에서는 오직 그리스인과 페니키아인이 식민지를 두었을 뿐 이집트인의 식민지는 없었다. 그리스 정복자가 알렉산드리아(기원전 332)를 세우기 전까지는 이집트에는 해변도시가 없었다. 기록에 따르면, 이집트에서는 기원전 7세기가 되어서야 해군이 생겼다.[3] 고대 지중해에서 이집트의 지위와 행보는, 세계가 근대 초기로 진입한 뒤 중국의 지위·행보와 상당히 유사하다. 즉 이집트는 통일을 이룬 독립적인 천하였다.

　　태양의 나라 이집트의 입구는 공교롭게도 셈족의 달신 신Sin의 땅, 시나이Sinai반도다. 바로 '견실하게 뿌리를 내리기 어려웠던' 유목-방목민의 근거지이자 이집트 국경에서 가장 돌파되기 쉬운 모퉁이다. 이집트는 아시아의 유목 민족 힉소스에게 처음으로 정복되었는데, 그들은 시나이 방향에서 왔다. 이스라엘 백성의 이집트 탈출 역시 시나이를 지나서 가나안으로 들어간 것이었다.[4] 이집트와 티그리스-유프라테스강 유역 사이에는 환아라비아 유목-방목 복합 지대가 존재했다. 봄갈이와 추수 시기와 같은 주기 틀이 없었던 유목민은 달 주기만 따르면 됐다. 그들은 달 주기에 신성성을 부여했다. 셈어 집단은 일찌감치 티그리스-유프라테스강 유역에 침투했는데, 메소포타미아 문명의 중심 도시 우르의 주신은 바로 신Sin이었다. 티그리스-유프라테스강 유역에서는 태양력이 태음력를 대체한 적이 없으며 양자가 병존했다. 전적으로 태양의 나라였던 이집트의 입구에, 달 주기만으로 시간을 계산하는 유목-방목민이 자리를 차지하고 있었던 것이다. 이는 네메시스nemesis라고 할 만하다. 오늘날에는 태양력을 엄금하는 무함마드 신도의 초승달이 그려진 깃발이 근동 지역에 두루 꽂혀 있다.[5] 한편 고대 이집트의 태양 부호는 기독교 신앙의 십자가 위에 보존되어 있다.

아시아·아프리카 두 대륙과 관계 있는 고대 이집트어

옛 분류법에서는 고대 이집트어를 함Ham어족에 포함시켰다. 함어족은 셈어족에 상대하여 말하는 것으로, 두 명칭 모두 『구약성경』에 나오는 노아의 두 아들에서 비롯되었다. 오늘날 새로운 분류법에서는 양자를 모두 아프로아시아Afroasia어족에 편입시키는데, 이는 크게 다음의 여섯 갈래로 나뉜다.

1. 고대 이집트어와 오늘날 그 후예인 콥트Copt어
2. 셈어: 지금도 존재하는 살아 있는 언어로는 남부셈어와 중부셈어가 있다. 남부셈어는 예멘·에티오피아 등지에 분포해 있다. 중부셈어는 아랍어와 히브리어다.
3. 오모Omo어: 남부오모어와 북부오모어로 나뉜다. 대부분 에티오피아

일대에 분포해 있다.

4. 쿠시Cushi어: 동부쿠시어·남부쿠시어·북부쿠시어·중부쿠시어로
나뉜다. 에티오피아·소말리아·케냐·탄자니아에 분포해 있다.

5. 차드Chad어: 차드·나이지리아·카메룬에 분포해 있다.

6. 베르베르Berber어: 북아프리카 연안 및 사하라 내륙의 니제르 일대에
퍼져 있다.[6]

이집트는 아프리카와 관계가 매우 깊다. 이집트 고대 문명의 기원을
탐구하려면 사하라사막과 누비아Nubia의 선사시대 문화에 많은 힘을 기
울여야 한다. 오늘날에는 함어족과 셈어족을 함께 묶어서 본다. 고대 이
집트어는 아라비아와도 관계가 깊다. 남부셈어는 에티오피아 일대의 모
퉁이에 분산되어 있지만, 셈어족의 핵심은 오히려 아라비아에 존재한
다. 아라비아에 존재하는 셈어는 아프로아시아어족에서 유일하게 아프
리카 밖으로 뻗어나간 일원이다. 아라비아와 사하라사막은 사실상 하나
로 이어진 사막 연속체인데, 나일강 오아시스 지대에 의해 좁고 길게 나
뉘어져 있다. 이곳을 나누는 또 하나는 바로 홍해다.

선사시대에서 초기 왕조 시대로

나일강 유역은 티그리스-유프라테스강 유역과 마찬가지로, 농목혁명
의 발원지가 아니다. 나일강 유역은 농목혁명의 수준을 '문명'으로 끌어
올린 장소다. 이집트의 공헌은 이스라엘·요르단 산측 지대의 신석기혁
명에 자원을 제공한 것이다. 나일강 유역에서 기원한 중석기 무샤비 문
화가 지중해 동부 연안으로 이동해 이 지역 후기 구석기시대의 케바라
Kebara 문화와 융합함으로써 신석기혁명의 문턱에 해당하는 나투프 문화
를 촉진했다. 시나이반도와 연결된 네게브사막의 수렵성 하리프 문화는

나일강 파윰 오아시스 지대 후기 세석기 문화의 연원이다. 하리프 문화는 지중해 동해안 나투프 후기의 동물 순화와 융합해 환아라비아 유목-방목 복합 지대를 형성한, 방목 문화의 시조다. 이집트는 농경 문명과 방목 문명의 외조모 격이다.

하마 뼈에 새긴 여성 조각상

바다리Badari 유적지는 지금까지 알려진 바에 의하면 이집트에서 가장 먼저 농경과 목축이 출현한 곳으로, 오늘날 이집트 경내 나일강의 중간 지점에 해당한다. 시간상으로는 기원전 5500~기원전 4000년 무렵이다. 바다리 묘지에서는 인류사에서 가장 오래된, 유약 처리를 한 구슬이 출토되었다. 또 하마 뼈에 새긴 여성 조각상(약 기원전 4000년)이 유명한데, 현재 영국박물관에 있다. 바다리 지역은 고대 이집트의 통일 이후 '상이집트'로 불렸다. 동일한 지역에서 바다리 문화 이후에 금석병용의 나카다Naqada 1기가 출현했는데, 암라트Amrat 문화라고도 하며 기원전 4000~기원전 3500년에 해당한다. 암라트 문화에서는 정밀한 원통형 흑도를 제작했다. 훗날 초기 왕조의 특징적 문물이 되는 화장용 팔레트cosmetic palette도 출토되었으며, 당시에 이미 '하이집트'와 무역을 했던 흔적도 있다. 그 뒤의 나카다 2기는 게르제Gerze 문화라고도 한다. 기원전 3500~기원전 3200년에 해당하며, 당시의 히에라콘폴리스 유적지에서는 굴신장과 자연 건조된 미라가 출토되었다.

나카다 3기는 선왕조에서 초기 왕조로의 과도기로, 제0왕조에 해당한다. 시간상으로 기원전 3200년~기원전 3000년에 해당하며 여전히 동일한 지역에 존재했다. 이때 아비도스Abydos와 히에라콘폴리스 같은 도

금석병용의 나카다 1기: 암라트 문화

나카다 2기: 게르제 문화

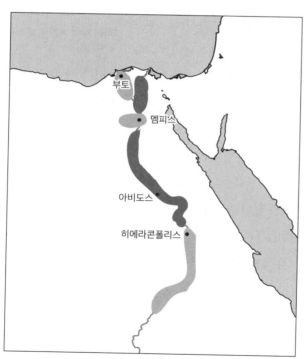

나카다 3기: 상·하이집트에 모두 도시국가가 출현한 시기

시들이 출현한다. 히에라콘폴리스는 통일 왕국이 흥기한 지역이다. 후
대에 히에라콘폴리스에 세워진 호루스Horus 신전의 저장고에서는 '전갈
왕의 곤봉'이 출토되었다. 석회암 재질의 곤봉머리에는 전갈 도상이 새
겨져 있다. 상이집트의 스코르피온Scorpion 2세는 바로 이집트 제1왕조의
첫 번째 왕인 나르메르의 아버지다.

　나카다 3기에 이르러, 상·하이집트에 모두 도시국가가 출현한다.
나일강 삼각주의 하이집트에서 중요한 곳은 부토Buto였다. 이집트 역사
에서 왕조 시기는 나르메르가 상·하이집트를 통일한 데서 시작된다. 히
에라콘폴리스의 호루스 신전 저장고에서 나르메르의 팔레트가 나왔는
데, 여기엔 나르메르가 권력을 행사하는 도상이 새겨져 있다. 팔레트의
앞면은 상이집트의 길쭉한 원형의 흰 왕관(헤제트Hedjet)을 쓴 나르메르가
꿇어앉은 전쟁포로를 몽둥이로 내려치는 모습이다. 팔레트의 뒷면은 하
이집트의 기괴한 형태의 붉은 왕관(데슈레트Deshret)을 쓴 나르메르가 의
장대를 대동하고서 두 줄로 배열된 목 잘린 시체를 살피는 모습이다. 목
잘린 시체는 통일이라는 대업의 대가代價다. 흰 왕관과 붉은 왕관이 하나
로 합쳐진 것이 통일 왕국의 왕관(프쉔트pschent)이다.

상이집트의 흰 왕관　　　　　　하이집트의 붉은 왕관

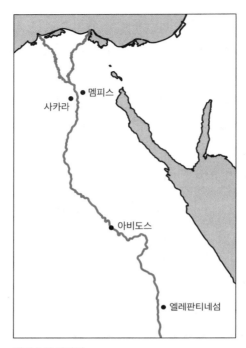

멤피스의 사카라

통일 왕국의 수도는 하이집트(북방)의 멤피스Memphis로, 나일강 삼각
주의 초입에 자리했다. '죽은 자들의 도시' 네크로폴리스necropolis(도시 가
까이에 형성된 묘지)는 나일강 서쪽 기슭의 사카라Saqqara에 있었다. 서쪽은
죽음을 상징하며, 훗날 모든 명계의 방위가 된다. 네크로폴리스에는 귀
족의 무덤이 집중되어 있다. 통일 이후, 상이집트의 아비도스에 제1왕
조·제2왕조 제왕의 무덤이 세워졌다. 아마도 초기 왕조의 제왕은 상이
집트의 고향에 장사지내는 관습을 따랐던 듯하다. 사카라와 아비도스 두
곳 모두에 무덤을 만든 경우도 있는데, 그중 한곳은 유해가 없는 묘(세노
타프cenotaph)였다. 초기 왕조에서 고왕국으로의 과도기에 비로소 아비도
스에서 멤피스로 천도했다고 보는 사람도 있다. 그렇다면 제왕이 사카라
에 묻히게 된 제2왕조부터 유해가 없는 묘가 존재하게 되었을 것이다.[7]

고왕국과 대피라미드 시대

수메르 도시국가에서 가장 웅장한 건축은 신전이다. 신전은 신이 지상에서 머무는 곳이며, 거주민은 신의 종이고 통치자는 관리자에 불과했기 때문이다. 이집트에서는 애초부터 국왕을 신으로 받들었으므로 가장 웅장한 건축은 왕릉이다. 왜 궁전이 아니었을까? 이것은 고대 이집트의 영생 신앙과 관계가 있다. 영생은 현생보다 훨씬 중요했다. 초기에는 영생의 특권이 제왕과 그의 은총을 입은 이에게만 주어졌던 듯하다. 고왕국 제3왕조부터, 즉 멤피스가 수도로 확실히 자리 잡은 이후에 피라미드형 건축이 생겨났다. 가장 대표적인 것이 사카라에 있는 조세르$_{Djoser}$(기원전 2650~기원전 2600)의 계단식 피라미드다. 이는 마스터바$_{mastaba}$, 즉 등받이가 없는 의자 형태의 무덤에서 기원했는데, 제2왕조에 이르러서 계단식의 중첩 구조물이 출현했다. 조세르의 무덤은 이미 피라미드 형태다.

그런데 계단식 피라미드에서 제4왕조 쿠푸$_{Khufu}$(재위 기원전 2589~기원전 2566)의 대피라미드로의 변화는 혁명을 나타낸다. 그것은 설계와 건축학 측면에서의 창조를 요구한다. 이전 사람들은 도달하지 못했던 정확함을 계산해내고 이전 사람들은 극복하지 못했던 역학$_{力學}$ 측면의 어려움을 해결해야 했다. 또한 그것은 관념의 혁명을 필요로 했다. 계단식 피라미드는 '하늘사다리'로, 인간 세상에서 천당으로 걸어 올라간다는 의미가 있다. 한편 쿠푸의 대피라미드가 본뜬 것은 태양이 그 빛의 근원에서 아래를 두루 비추는 이미지다. 이러한 관념이 없었다면 계단식 피라미드가 삼각형으로 변해야 할 필요도 없었을 것이다.

고대 이집트가 사라진 지 2000년이 지난 오늘날에 고대 이집트 3000년 역사를 돌이켜볼 때 그 역사를 한 묶음으로 간주하는 경향이 있다. '파라오'라는 존호는 제18왕조에 출현했지만, 오늘날 교과서에서는 나일강 문명이 파라오의 이집트에서 시작되었다고 말한다. 같은 맥락에서의 시각차로 인해 우리는 파라오가 처음부터 태양신의 화신이었다고 생각한다. 통일 왕국이 형성되기 이전에는 각지마다 그곳의 신이 존재했다. 통일 왕국이 흥기한 곳인 히에라콘폴리스의 토템은 천공신 매(호루스)였다. 국왕은 호루스의 화신이었다. 호루스의 태양화는 제3왕조 전후였던 듯하다.

하부구조의 지지가 없다면 상부구조(이데올로기)의 변혁은 제대로 이루어질 수가 없다. 조세르의 계단식 피라미드는 그의 재상인 임호테프mhotep가 세운 것이라고 한다. 만약 임호테프가 실존 인물이라면, 그는 인류사에서 처음으로 모든 것에 만능인 대가였을 것이다. 임호테프는 재상이자 건축가이자 의사였다. 그는 후세 이집트인에 의해 신으로 받들어졌다. 그리스인은 그를 그리스의 의술의 신과 동일시했다. 그리스의 장인의 신은 대장장이이므로 청동기시대의 임호테프와 엮을 수는 없겠지만 아무튼 기술자의 조사祖師라고도 할 수 있는 임호테프와 같은 기술자가 있었기에 피라미드의 기적이 가능했던 것이다.

쿠푸의 삼각 피라미드 기저 부분의 수평 오차는 약 15밀리미터다. 네 변의 길이는 각각의 차이가 평균 40밀리미터를 넘지 않는다. 각 능선은 동서남북을 가리키는데, 오차는 12각분arc of minutes 이내다. 피라미드의 원래 높이는 146.5미터인데, 바람에 침식되어서 지금은 138.8미터다. 때문에 꼭대기가 중심에서 얼마나 떨어져 있는지 데이터를 측정할수는 없지만, 주변 사선의 각도는 매우 정확하다.[8] 이 정도의 정확도로 석조 건축물을 짓는 것은 도전이었다. 현재의 피라미드 체적에 근거해 계산하자면, 청동 도구를 사용해 채석장에서 230만 개의 돌 블록을 잘라내야 했다. 기중기와 트롤리가 발명되기 이전의 시대에 총 590만 톤의 돌을 현장으로 운반해서 그것들을 쌓아올렸던 것이다. 게다가 돌 사이의 간격은 0.5밀리미터를 유지했다.[9] 오늘날 그토록 많은 비의학秘義學과 SF 작품에서 대피라미드에 대해 각종 기이한 상상을 하는 것도 당연하다.

1954년에 쿠푸 대피라미드 옆의 지하 암반 토굴에서 배를 발견했는데, 바로 '태양의 배'다. 이 배는 제왕의 '사후 승천'을 위한 것이었다. 고대 이집트 신화에 따르면, 태양의 운행에도 배가 필요하다. 이 배는 기껏해야 왕족과 대신의 죽은 영혼을 제왕과 함께 불후의 세계로 데려다줄 수 있었을 뿐이다. 이는 귀족들이 그들의 무덤인 마스터바를 네크로폴리스에 세우고자 했던 이유를 말해준다. 그런데 일반 백성은 어땠을까? 만약 제왕이 더 이상 그 기능을 발휘하지 못한다면, 당시로서 우주비행 계획보다 더 많은 비용이 소요되는 프로젝트를 온 나라가 계속 지지할 필요가 있었을까? 이에 대한 답은 바로 피라미드 건설이 고왕국과 함께 자취를 감춘 데 있다.

전해지는 사료와 연대기의 문제

고왕국 시대에 관한 이야기를 마치기 전에 언급할 게 있는데, 고대 이집트에서 문자의 사용은 제1왕조의 건립과 거의 동시에 발생했다는 사실이다. 이집트 선왕조 시대에 이미 도문陶文이 존재했지만 실제 문자와는 관계가 적다. 때문에 이집트의 문자가 티그리스-유프라테스강 유역에서 전해졌다고 보는 사람도 있지만, 이집트의 상형문자는 독자적 체계를 이루었다. 고대 이집트에서 문자 사용은 통일된 국가와 동시에 출현했다는 점에서 건국 과정의 일부로 간주할 수 있다. 도문에서 완벽한 문자 체계로 직접 비약한 이집트의 상형문자가 돌연변이라면, 중국의 갑골문은 왜 그것이 불가능한가?

고대 이집트어는 19세기에 이미 프랑스 학자 장프랑수아 샹폴리옹

서기

팔레르모 석비

Jean-Francois Champollion(1790~1832)에 의해 해독되었다. 해독의 열쇠는 나폴레옹 원정군이 나일강 하구에서 발견한 로제타석Rosetta Stone이다. 여기에는 세 종류의 문자가 새겨져 있다. 고대 이집트 상형문자인 신성 문자(히에로글리프hieroglyphs), 민중 문자(데모틱demotic), 고전 그리스 문자다. 이 문자들이 동일한 내용을 서술하고 있다. 고대 이집트 문자는 돌에 새겨졌을 뿐만 아니라 대량의 파피루스에도 보존되었다. 이집트의 건조한 기후 덕분에 파피루스는 쉽게 썩지 않았다. 파피루스에는 대부분 글자를 흘려서 썼는데, 이를 신관문자(히에라틱hieratic)라고 한다. 고대 이집트에서 매우 중요한 직업은 서기였다.

이집트 문자 해독의 안내서로서 그 어느 것도 로제타석을 대체할 수 없다. 한편 그 내용은 그리스계 이집트 제왕(프톨레마이오스Ptolemaeus 5세)을 칭송하는 것으로, 기원전 196년에 작성된 포고문이다. 이집트의 기나긴 역사는 『수메르 왕명표』와 같은 계보에 의지할 수밖에 없다. 가장 유명한 것은 팔레르모석Palermo Stone이다. 이것은 '고왕국 왕가의 연대기'

284

석비의 커다란 조각으로, 시칠리아 팔레르모시 고고학박물관에 보관되어 있어서 팔레르모석이라고 불린다. 다른 곳에 소장된 조각들도 있다. 이 석비는 고대 이집트 제1왕조에서 제5왕조까지의 국왕 및 중대한 활동에 관한 기록을 제공한다. 제5왕조 시기에 새겨진 이 석비에는 호루스 이전 수천 년 동안의 통치자가 기재되어 있다. 이것에 따르면 호루스 신이 메네스Menes에게 왕권을 준 것이 인간 세상의 파라오의 시작이라고 한다. 메네스는 바로 나르메르다.

다음으로 『투린 왕명표The Turin King List』는 신왕국 제19왕조의 파라오 람세스Rameses 2세(재위 기원전 1279~기원전 1213) 시대의 파피루스 문헌인데, 신관문자로 기록되었다. 1820년에 룩소르Luxor에서 발견되었고, 현재 이탈리아 토리노(투린)의 이집트박물관에 소장되어 있다. 『투린 왕명표』는 현재까지 범위가 가장 광범한 이집트 왕명표다. 여기서도 역시 메네스를 이집트 제1왕조의 첫 번째 제왕으로 기록하고 있다.

'사카라 석판' 역시 람세스 2세 시대의 것인데, 1861년에 사카라의 관료 무덤에서 출토되었다. 이 석판은 람세스 2세부터 거슬러 올라가면서 제1왕조의 아홉 번째 왕 카아Qa'a와 일곱 번째 왕 아네지브Anendjib까지 총 58명의 왕을 열거하고 있다. 그런데 제2 중간기, 이민족 정복자인 힉소스, 이단 파라오 아케나텐Akhenaten(재위 기원전 1353~기원전1336, 혹은 기원전 1351~기원전 1334)과 관련된 사항은 죄다 누락시켰다. 이 석판의 순서는 제12왕조 통치자의 배열에서만 정확하다.

『아비도스 왕명표The Abydos King List』는 카르투슈cartouches라는 윤곽 안에 파라오의 이름이 배열된 형태다. 이 왕명표는 제19왕조의 파라오 세티Seti 1세(재위 기원전 1290~기원전 1279) 때 세워진 아비도스 신전의 벽에 새겨져 있다. 제7왕조와 제8왕조의 여러 파라오의 이름이 다른 기록에는 전해지지 않는데, 오직 『아비도스 왕명표』에서만 보이기 때문

사카라 석판

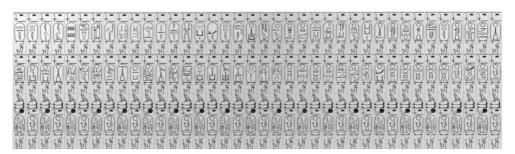

『아비도스 왕명표』

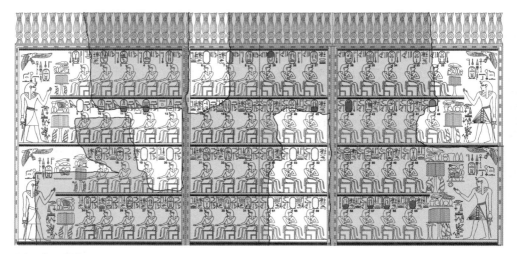

『카르나크 왕명표』

에 더욱 가치가 있다. 그런데 이 왕명표에도 '비정통'의 파라오는 삭제되어 있다. 이집트사에서 유일한 여제女帝인 하트셉수트Hatshepsut(재위 기원전 1479~기원전 1458), 이단 파라오 아케나텐, 아케나텐의 동생 스멘크카레Smenkhkare(재위 기원전 1335~기원전 1334), 아케나텐의 아들 투탕카멘Tutankhamun(재위 기원전 1332~기원전 1323), 제위를 찬탈한 아이Ay(재위 기원전 1323~기원전 1319, 혹은 기원전 1327~기원전 1323)가 바로 그 예이다.

『카르나크 왕명표The Karnak King List』는 카르나크 신전군 가운데 제18왕조의 파라오 투트모세Thutmose 3세(재위 기원전 1479~기원전 1425)의 아크-메누Akh-menu 벽면에 기록되었던 것이다. 현재로서는 61명의 왕 중에서 39명만 판별 가능한데, 잔존한 부분 중에서 가장 앞자리를 차지하고 있는 이는 제1왕조의 스네프루Snefru(기원전 2600~?)다. 이 왕명표의 장점은 다른 왕명표에 나오지 않는 제1왕조와 제2 중간기의 파라오들을 나열하고 있다는 것이다.

기원전 3세기에 이집트 역사가 마네토Manetho가 편찬한 『이집트사Aegyptiaca』에서는 이집트사를 세 개의 왕국과 두 개의 중간기로 나누었다. 그는 숫자를 이용해 이집트 왕조를 배열했는데, 이런 체계는 지금까지도 사용되고 있으며, 다른 고대 문명의 분기법에도 응용되었다. 마네토의 저술은 티그리스-유프라테스강 유역의 역사를 총결한 베로수스Berossus의 『바빌론사Babyloniaca』와 동시기이며 사마천의 『사기』보다는 약간 이르다. 세계사의 긴 흐름 속에서 보자면 세 사람은 거의 동시대인이었다고 할 수 있다. 그런데 마네토와 베로수스는 그리스 통치자의 지시에 따라 그리스인이 정복한 고대 문명을 평가한 것이다. 한편 사마천은 제국의 청춘기에 후대 왕조의 정사正史가 되는 전범을 수립했다.

이집트의 왕명표는 수메르의 것과 마찬가지로, 정확한 연대를 제공하지 못한다. 왕명표가 각 시대를 관통한다 하더라도 중간에는 여전히 공백이 존재한다. 또한 같은 왕조에 관한 기록일지라도 상호 모순되는 것이 많다. 게다가 거의 모든 왕명표는 왕이 재위한 햇수를 제공하지 않는다. 마네토의 왕조 구분은 학계에 받아들여지긴 했지만, 왕조들 간에는 전승 관계가 아닌 동시대에 존재한 경우도 있다. 기원전 6세기 이전의 이집트사 연대는 논쟁의 여지가 있다. 역사서가 제공하는 연대는, 선후 순서를 확정하는 데 있어서 아예 없는 것보다는 조금 낫다. 고고학은 기껏해야 대부분 커다란 시대를 알려줄 뿐이고, 연도의 경우에는 여전히 문헌에 의지할 수밖에 없다. 세계사 최초의 확실한 연도는 주나라 여왕厲王이 도망간 공화共和 원년인 기원전 841년이다.

고대 이집트의 신들

파라오는 매의 신 호루스다. 그가 날마다 하늘을 가로지르는 태양이 된 데는 과정이 있게 마련이다. 호루스의 숭배지는 히에라콘폴리스였다. 호루스의 가장 원시적 형태는 천공의 신이었던 듯한데, 태양과 달이 호루스의 두 눈이라는 설이 후세에도 존재했다. 히에라콘폴리스는 통일 왕국이 흥기한 곳이다. 통일 왕국이 세워진 뒤, 태양은 국가의 신이 되었다. 호루스가 '태양화'된 것이 초기 왕조 혹은 고왕국 초기인지는 좀 더 검토해야 한다. 바로 이 시기에 호루스는 국가의 신 라Ra의 아들이 되었거나 라와 하나로 합쳐졌다. 파라오는 호루스이고, 라는 전체 이집트의 태양신이었다.

　통일 왕국이 흥기한 곳이라고 해서 반드시 전국적인 종교 중심의 지위를 획득할 수 있었던 것은 아니다. 진·한제국은 모두 관중關中에서 흥기했지만, 봉선封禪 의식은 제노齊魯의 타이산泰山으로 가서 거행해야 했던 것이 그 예다. 고왕국의 종교 중심지는 따로 있었다. 그 가운데 한 곳이 헤르모폴리스Hermopolis다. 이곳에서는 여덟 신 오그도아드Ogdoad를 받

들었다. 오그도아드는 창세 이전 혼돈의 여덟 측면을 상
징한다. 그것은 물·무형·무한·어둠이 각각 남신과 여신
한 쌍으로 체현된 것이다. 헤르모폴리스의 신화에서 말하
길, 태초에 태양신 라가 태초의 물 위로 솟은 언덕에 있던
알을 깨고 나왔다고 한다.

토트

태양신 라를 탄생시킨 알은 토트Thoth의 선물이다. 그
알은 따오기 형태의 토트가 낳은 것이다. 이로써 토트는
혼돈과 질서의 교량이 되었다. 토트는 태양의 배를 호위
하는 신 가운데 한 명이기도 하다. 따오기 머리 혹은 비비
머리를 하고 있는 토트의 직능은 매우 많다. 그는 신들의
중재자이자 마법·기록·과학의 우두머리이며, 사자의 심
판에도 참여한다. 후에 토트는 헤르모폴리스의 원래 주신
을 몰아내고 그 자리를 차지하게 된다. 그리스인은 토트
를 그리스 신화의 헤르메스Hermes와 동일시했다. 그래서
토트의 숭배지를 헤르모폴리스 마그나Hermopolis Magna라고
칭했다. 이집트어로 이곳의 원래 명칭은 크문Khmun이다.

아툼

크문은 상이집트의 종교 중심이었다. 하지만 고왕국
의 수도는 이미 하이집트로 옮겨졌다. 때문에 나일강 삼
각주, 멤피스 동북에 자리한 태양의 도시 헬리오폴리스
Heliopolis의 지위가 더욱 중요해졌다. 태양신 라는 헬리오폴
리스의 주요 아홉 신 '그랜드 엔네아드Grand Ennead' 가운데
가장 높은 지위를 차지한다. 라는 전국적인 태양신으로,
헬리오폴리스에서 지역화된 그의 명칭은 아툼Atum이다.
때문에 라는 아툼 라Atum-Ra라고도 칭했다. 중왕국 이후 테
베가 흥기하면서 그곳의 태양신 아문Amun(아멘·아몬·암

아문 라

몬)이 주신이 됨에 따라, 라는 아문과 합쳐져서 아문 라Amun-Ra가 된다.

라와 악신 아펩Apep의 전투는, 바빌론 신화에 나오는 마르두크와 티아마트의 전투와 비슷하다. 아펩 역시 혼돈과 암흑을 상징하지만 라의 윗세대는 아니다. 라와 아펩의 전투에서는 죽고 다치는 일이 없었던 듯하다. 또한 그들의 전투는 창세와 무관하다. 신왕국 시대에 이르러서 이 신화의 판본이 변하게 된다. 태양(라)은 밤이 되면 반드시 지하세계를 거치게 되는데, 이때 혼돈의 신인 커다란 뱀(아펩)의 공격을 받는다. 태양은 반드시 적을 이겨야만 이튿날 동쪽에서 떠오를 수 있다. 때로는 아펩이 승리해 폭풍우와 지진이 일어난다. 만약 아펩이 낮에 잠시 동안 라를 삼키면 일식이 일어난다.

라와 악신 아펩의 전투가 창세 신화는 아니지만, 헬리오폴리스의 주요 아홉 신은 천지만물이 자리잡게 된 것을 상징한다. 라의 딸 테프누트Tefnut는 비와 이슬의 여신이다. 테프누트는 자신의 오빠인 대기의 신 슈Shu와 결혼하여 대지의 신 게브Geb와 천공의 여신 누트Nut를 낳았다. 공기(슈)가 누트를 떠받치고 게브는 대지에 누워 있으면서, 하늘과 땅이 나뉘었다.[10] 암소 형상의 누트의 사지는 세계를 떠받치는 네 기둥을 상징한다. 이 신화에서도 네 다리로 하늘과 땅을 나누고 있긴 하지만, 그 정신은 바빌론의 마르두크가 고조모인 혼돈의 여신 티아마트를 죽이고 그 사지로 하늘과 땅을 나눈 것과는 사뭇 다르다.

암소 이미지의 누트는 암소 여신 하토르Hathor를 연상하게 한다. 하토르는 그 어떤 신의 계보에도 속하지 않지만, 고대 이집트에서 가장 많이 숭배된 신 가운데 하나다. 통일 국가가 각지의 신화를 종합하려고 하면서 불가피하게 혼란을 빚었다. 때문에 하토르는 태양신 라의 딸이자 라의 어머니이며 라의 배우자가 되었다. 그나마 논쟁이 적은 것은, 하토르가 바로 '라의 눈'이라는 점이다. 하토르는 뿔 사이에 태양 원반을 이고 있는 형태로 표현된다. 천공의 여신 누트가 암소화된 것은 하토르의 이미지를 차용한 것이다. 이 두 여신은 일찌감치 천상의 은하수와 연관되었는데, 라는 날마다 태양의 배를 타고 누트의 몸 위를 항행했다. 하토르는 생명을 주는 어머니로서, 죽음의 신 아누비스Anubis를 낳았다. 삶이 있으면 죽음이 있게 마련이기 때문이다.

헬리오폴리스 신의 계보에서 제4세대에 속하는 세트Set or Seth는 악신이다. 세트는 형 오시리스Osiris를 질투해서 그를 죽인 뒤 14조각으로 나누어 이집트 각지에 뿌린다. 오시리스의 아내 이시스Isis는 13조각을 모아서 합쳤는데, 남근이 없어서 금속으로 그것을 대신해 관계를 맺고 호루스를 낳는다. 부활한 오시리스는 저승을 주관했으며, 나일강의 신이기도 했다. 오시리스의 신화는 수난 당하고 부활한 신의 원형 가운데 하나다(다른 하나는 수메르의 '이난나'다). 세트의 배우자 네프티스Nephthys는 언니 이시스를 도와 오시리스를 부활하게 했다. 네프티스와 이시스는 죽은 이의 수호신이 된다. 네프티스는 주로 죽음을 상징하고, 이시스는 재생을 상징한다.

파라오의 화신인 호루스 역시 헬리오폴리스신의 계보에 편입되었다. 호루스는 오시리스와 이시스의 아들로, 이 셋의 조합은 기독교의 성 聖 삼위일체 형상과 유사하다. 젖먹이 호루스가 어머니 이시스의 품에 안긴 신상은 성모가 성자를 안고 있는 상의 원형이다. 그런데 호루스의 삼촌 세트는 기독교식의 사탄으로 변하지는 않았다. 이집트 신화는 호루스와 세트의 투쟁을 영속화했다. 그들의 전투는 질서와 혼란, 낮과 밤의 대항을 상징한다. 이 전투는 통일 신화이기도 하다. 호루스는 상이집트를 상징하고, 세트는 하이집트를 상징한다. 양자는 물론 어느 하나라도 없어서는 안 된다. 기독교식의 선악 이원론으로 단순화할 수 없다. 세트는 이집트에서 숭배를 받았다. 신의 왕 라는 세트를 계승자로 생각했

아누비스

호루스와
그의 어머니 이시스

지만, 다른 신들은 호루스의 편이었다고 한다. 파라오의
화신인 매의 신 호루스는 훗날 국가의 신 라와 일체가 되
어 라-호라크티Re-Horakhty라고 칭해졌다.

물론 수도 멤피스의 신 역시 이집트 신들 가운데 한
자리를 차지한다. 멤피스의 세 명의 주신 역시 성스러운
일가를 이룬다. 그런데 중요한 역할은 죄다 아버지 신에
게 부여되었다. 그 신이 바로 프타Ptah다. 프타는 장인의
신이자 기예의 신이다. 그는 자신의 생각으로 세계를 설
계한 창세주다. 어머니 신은 사자 머리의 세크메트Sekhmet
다. 세크메트는 전쟁과 의술의 신으로, 나중에는 역시 태
양화된다. 머리에 태양 원반을 얹고 있는 세크메트는 라
의 딸이기도 하다. 하지만 세크메트는 이시스처럼 유명하
진 않다. 프타와 세크메트의 아들 네페르템Nefertem은 이름
이 바뀌어 경전에는 보이지 않는다. 네페르템은 태양이
새벽녘에 새롭게 태어나기까지 머무는 푸른 연꽃을 상징
한다. 또한 아름다움을 상징한다. 네페르템은 원래 혼돈
과 심연인 눈Nun의 아들이었는데, 프타와 세크메트의 일
가로 편입된 것이다. 네페르템이 상징하는 푸른 연꽃은
삼각주의 생태 시스템과 관계가 매우 밀접한 듯하다.

이집트인은 사람이 죽은 뒤에 심판을 받는다고 믿었
다. 심판관은 사망의 신 아누비스로, 자칼의 머리를 하고
있다. 그는 악신 세트와 네프티스의 아들이다. 그런데 보
다 이른 판본에서는 아누비스를, 암소 여신 하토르와 황
소 신 므네비스Mnevis로 현현한 신의 왕 라의 아들로 간주
한다. 아누비스는 죽은 자의 영혼을 명계에서 맞이해 그

의 심장을 저울로 잰다. 심장은 영혼이 존재하는 곳이다. 저울의 한쪽에는 정의의 여신 마아트Maʼat가 제공한 깃털이 올려져 있는데, 저울에 심장을 달아 기울어지면 생전에 죄를 지은 것이다. 그러면 아누비스는 그 심장을 곁에 있는 악어 신 아미트Ammit에게 던져 먹어치우게 한다. 심판의 모든 과정은 현장에 서 있는 토트가 기록한다.

마아트

문제는 이상의 윤곽이 완전해진 게 신왕국 시기라는 사실이다. 고왕국 시기에 영생은 파라오와 그 주변 인물의 특권이었다. 오직 그들의 시신만 미라화될 수 있었다. 일반 백성은 그러한 권리가 없었고 그것을 누릴 소비력도 없었다. 영생의 민주화는 신왕국 시기가 되어서야 이루어진다.

아미트

고왕국 구조의 와해

제5왕조의 가장 뚜렷한 새로운 발전은 지방 세력인 노메스nomes의 대두다. 지방 관직은 세습되었다. 이집트사에서 무덤은 중앙과 지방 간 세력 부침의 바로미터다. 지방 통치자인 노마르크nomarch는 내세의 출로를 중앙에 의지할 수 없다고 여기게 되었다. 때문에 그들은 무덤을 중앙의 네크로폴리스가 아닌 지방에 조성했으며, 갈수록 공을 들였다.

기왕에 파라오와 함께 태양의 배에 탈 수 없게 된 이상, 노마르크는 명계의 지배자 오시리스를 향하게 되었다. 이로써 이집트 종교사의 새로운 장이 열렸다. 오시리스는 본래 나일강의 신으로, 그 신화는 고대 이집트의 명

맥인 나일강이 해마다 범람하면서 토지에 소생의 힘을 가져다주던 것을 반영한다. 이는 풍작과 관계가 있다. 농경의 주기로 인해 오시리스는 죽은 뒤 부활한 신이 되었고, 이어서 일반인의 사후 영생을 주재했다. 오시리스가 재생할 수 있었던 건 아내 이시스의 공로다. 이시스와 오시리스 신화는 기본적으로 수메르의 이난나와 두무지 신화와 동일한 형태다. 그런데 이난나의 비중이 이시스보다 훨씬 컸다. 이시스의 중요성은 헬레니즘 시대와 로마 시대에 이르러서야 선명해진다. 이때 이시스는 기독교 성모 숭배의 직접적인 효시가 된다.

고왕국은 제6왕조에 이르러서 중앙의 권위가 전면적으로 붕괴된다. 기원전 2180년 무렵이다. 북아프리카의 강우량이 연이어 감소해 나일강의 수위가 내려가고 기근이 빈발했다. 고기상학자는 고왕국이 끝장난 것을 '4200년 전 사건'의 탓이라고 본다. 지구의 기후 변화로 인해 기원전 22세기는 끝이 없는 가뭄의 시기가 되었다. 흉작이 들고 도처에 이재민이 가득했다. 지구 전체의 건조화는 아카드제국의 쇠망을 초래하기도 했다.[11] 오늘날의 지구 온난화 역시 전 지구적인 기온 변화와 관계가 있으며, 전적으로 인위적 요소 때문만은 아닌 듯하다.

고왕국의 신은 천하의 질서를 유지하는 데 철저히 실패했다. 우주비행 계획보다 더 많은 비용이 소요되는 피라미드 프로젝트는 이로써 방치되었고, 이후 이집트에서는 더 이상 실시되지 않았다.

중왕국 시대: 표면 아래의 지속적인 변혁

고왕국이 끝장나고 노메스들이 각자 발호하면서, 이집트사는 '제1 중간기'로 진입한다. 마네토의 왕조표에 따르면, 이 시기는 제7왕조에서 제11왕조까지를 포함한다. 중앙이 부재하는데 어째서 '왕조'라고 칭하는 것일까? 제7왕조와 제8왕조에는, 유명무실하지만 멤피스에 여전히 '중

앙'이 존재했다. 그런데 그 뒤로는 중앙이라고 할 만한 게 없었다. 제9왕
조에는 제왕이라고 칭한 이가 존재했는지 알 수 없으며 중앙이 어느 곳
이었는지도 알 수 없다. 제10왕조에서는 중이집트의 헤라클레오폴리스
Herakleopolis와 상이집트의 테베가 패권을 다투는 국면이 전개되었다. 중
이집트는 삼각주 남쪽의 파윰 오아시스 근처로, 헤라클레오폴리스는 중
부에서 세력이 강한 노메스였다.

테베는 초기 왕조의 발원지인 히에라콘폴리스-아비도스 지역보다
더 남쪽에 자리했는데, 남쪽 누비아Nubia까지 세력을 펼칠 수 있었다. 테
베의 제11왕조는 사실 제10왕조 시기와 중첩된다. 기원전 2055년 전후
에 테베의 제11왕조가 이집트를 재통일했다가 기원전 1985년 무렵에
제12왕조에게 제위를 빼앗긴다. 제12왕조 때 이집트사는 '중왕국'으로
진입한다. 과거에는 중간기를 부정적으로 봤던 것과 달리, 오늘날 이집
트학에서는 중간기에 지방이 인프라를 강화했고 심지어는 이집트 남쪽
변경에서 새로운 영토를 개척했음을 발견했다.

제12왕조 초기에는 각 지역 신앙의 중심지마다 공적비가 분포했다.
이는 왕권이 지방의 종교 세력을 눌렀음을 말해주는데, 중앙에서 파견
한 관리가 노마르크에 대한 통제를 강화했다. 중왕국 시대의 파라오 역
시 보다 강력하게 누비아를 통제했다. 중앙에서는 더 이상 대피라미드
를 건설하진 않았지만, 여전히 대규모 프로젝트를 시행했다. 바로 파윰
오아시스 지역에 인공 운하를 만든 것이다. 이 인공 운하는 나일강의 범
람을 조절하고 관개 면적을 확대하는 데 크게 공헌했다. 이로써 그 일대
가 드넓은 옥토로 변해, 세수를 늘리고 국력을 강화하는 데 큰 도움이 되
었다.

테베가 중심지였던 만큼 테베의 신의 계보 역시 자연스럽게 대두되
었다. 그런데 이집트의 신들의 전당은 이미 죄다 채워져서 빈 자리가 없

| 태양신 아문 | 아문의 아내 무트 | 아문과 무트의 아들 콘수 |

었던 듯하다. 때문에 테베의 태양신 아문Amun이 고왕국의 라와 하나로 합쳐져서 아문 라가 되었다. 아문의 아내 무트Mut는 누트와 이시스의 지위에 미치지 못했으며, 이집트 전역에서 숭배되던 암소 여신 하토르의 지위에는 더더욱 미치지 못했다. 아문과 무트의 아들 콘수Khonsu는 이름이 바뀌어 경전에 보이지 않는데, 이집트에서 중요성이 떨어지는 달신이다. 보다 이른 시기 헤르모폴리스 신의 계보 중에는 달신을 겸직한 헤르오폴리스 신의 토트가 있었다. 이와 관련해 다음과 같은 신화가 전해진다. 태양력에는 360일밖에 없는데, 이 안에 끼지 못하는 5일이 존재한다. 원래 360일 어느 날에도 누트 여신은 출산할 수 없었다. 토트가 콘수와 내기를 해서 이긴 결과, 달빛의 72분의 1을 얻어내 1년에 5일을 더하게 된다. 이렇게 더해진 닷새 동안 누트는 오시리스, 대大호루스(하토르의 남편인 호루스), 세트, 이시스, 네프티스를 낳는다.

선사시대에 지중해 동부 연안은 일찍이 이집트의 연장 지대였다. 역사시대로 진입한 이후 이집트는 지속적으로 이 지역과 관련을 맺었다.

중왕국이 바다와 육지 두 루트를 통해 이 지역과 교류했다는 기록이 많다. 특히 오늘날 레바논 경내의 비블로스Byblos가 이집트의 중요한 무역 상대였다. 이집트는 비블로스로부터 삼나무와 송지松脂를 수입했다. 이집트의 수출품은 이집트 특유의 파피루스 풀로 만든 종이였을 것이다. '비블로스'는 후세에 그리스인이 명명한 것으로, 그들은 비블로스 항구를 통해 이집트의 파피루스를 들여왔다. 비블로스는 파피루스papyrus를 뜻한다. 고대의 종이인 비블로스에서 히브리 성경 바이블Bible이라는 명칭이 유래했다.

이집트는 비블로스에 큰 영향을 끼쳤다. 비블로스의 통치자는 이집트의 칭호와 상형문자를 채용했다. 이집트는 크레타섬과도 무역 관계를 맺었다. 하지만 접촉 범위는 변두리에 한정되었던 듯하다. 유프라테스강과 시리아가 만나는 지점에 자리한 마리는 고대 근동사 연구의 보고다. 이 지역에서 출토된 왕실 문서 2만5000점의 아카드어 점토판에서는 '이집트'를 언급한 글자가 단 하나도 없다.[12]

고고학의 발굴 사료는 오늘날 포스트식민주의 사유와 어긋난다. 서양 역사학의 아버지 헤로도토스는 『역사』에서, 이집트 사제가 들려준 다음 이야기를 전하고 있다. 중왕국 시기의 파라오 세소스트리스Sesostris가 군대를 이끌고 원정에 나섰는데, 지금의 시리아와 터키에서 북상해 캅카스 지역을 지나 지금의 우크라이나로 들어간 뒤 다시 남쪽으로 지금의 루마니아, 불가리아, 그리스 동부까지 갔다. 그리고 왔던 길을 따라 회군했다. 세소스트리스는 캅카스에 이집트인의 식민지를 남겼다. 최근 들어 아프리카 중심론에 입각한 미국 저서에서는 이를 이용해 유럽 문명이 아프리카에서 기원했음을 논증했다.[13]

중왕국은 명계의 신 오시리스의 황금시대였다. 오시리스는 고왕국의 '피라미드 텍스트', 즉 파라오 묘실 벽면에 적힌 기도문에 등장한다.

고왕국이 와해되던 기간에 노마르크는 오시리스 숭배에 크게 의지했다. 제11왕조의 건립자 멘투호테프Mentuhotep 2세 무덤에 두 줄로 놓인 파라오의 석상에 채용된 형상이 바로 오시리스다. 중왕국 시기에는 오시리스의 주신전이 아비도스에 있었다. 오시리스는 각 영혼의 심판관으로서, 명계의 신 아누비스의 지위를 대신했다. 아누비스는 죽은 자의 영혼을 심판하는 임무를 여전히 주재했으며, 저승 문지기의 역할도 유지되었다. 급이 내려간 아누비스는 미라 제작자의 직업신이 되기도 했다. 신왕국 시대에 이르러, 사후에 미라가 되는 것은 통치계층의 특권에서 평범한 일로 변했다. 이러한 영생의 민주화 과정에서 오시리스는 대중으로부터 숭배를 받는 존재가 되었다.

힉소스인의 침입

제12왕조 때 어떤 고관의 무덤 벽에는 아시아인이 가족과 가축을 이끌고 이집트로 이주하는 모습이 그려져 있다. 중왕국의 최고봉이었던 제12왕조 때 이미 아시아인이 대거 이주해 들어왔다. 제12왕조는 후계자가 없어 중단되었다. 그 뒤를 이은 허약한 제13왕조(기원전 1802~기원전 1649)는 파윰 인근에 도읍을 정했다. 제13왕조에서는 처음으로 셈어 명칭의 파라오가 등장하는데, 켄제르Khendjer다. 그는 아마도 왕위를 찬탈했을 것이다. 사카라에서 켄제르의 피라미드 기단이 발견된 것으로 보아, 그는 피라미드 프로젝트를 회복하려고 시도했던 듯하다. 이 미완성 피라미드는 높이가 38미터로 추측된다. 147미터에 달하는 쿠푸의 대피라미드와 비교하면, 켄제르의 피라미드는 그저 꼭대기가 뾰족한 커다란 무덤일 뿐이다.

제13왕조와 병존한 왕조는, 나일강 삼각주 중부에 독립적으로 존재한 제14왕조다. 이때 삼각주 이남 지역은 누비아인이 차지했다. 제13왕조와 제14왕조는 모두 힉소스인이 세운 제15왕조로 대체된다. '힉소스'는 그리스어다. 이집트인은 그들을 '이국 땅의 통치자'로 칭했다. 이집트의 역사학자인 마네토는 그들을 '양치기의 왕'이라는 의미의 힉소스라고 칭했다. 힉소스인의 침입으로 이집트에 전차가 전해졌을 것이다. 전차의 유래가 중앙아시아이기 때문이다. 힉소스인은 한동안 인도-유럽 집단으로 여겨졌고, 심지어는 후르리인(다음 장 참조)으로 여겨지기도 했다. 이런 설은 이제 이미 수정되었다. 그들은 가나안에서 유래했는데, 여러 집단으로 구성되었으며 서부셈어 집단이 중심이었다.

힉소스인이 이집트 전역을 통치하진 않았다. 힉소스인의 수도는 아시아의 문호에 가까운 아바리스Avaris였다. 반드시 언급해야 할 것은, 이집트의 악신 세트가 힉소스인이 유일하게 숭배하는 신이 되었다는 사실이다. 이는 일신교가 확립되기 이전으로, 불가사의한 일이다. 세트는 사막의 신으로, 시나이반도에 접한 힉소스 왕조가 세트를 받든 것은 이해하기 어렵지 않다. 정말 불가사의한 것은 이집트 종교와 역사에서 세트가 차지하고 있는 지위다. 세트는 형 오시리스를 살해했고, 어린 호루스는 삼촌 세트를 피해 지내며 성인으로 자란다. 세트는 호루스를 죽이려 하지만 실패하고, 이렇게 해서 둘은 영원한 적이 된다. 둘의 투쟁은 고대 이집트의 대립쌍을 상징한다. 즉 세트와 호루스는 혼란과 질서, 사막과 관개 문명을 상징한다. 또한 각각 상이집트와 하이집트를 상징한다. 호루스는 나일강 왕국을 대표하고, 세트는 이방인의 신이다.[14] 멤피스의 신론神論에 따르면, 게브는 원래 상이집트를 세트에게 주고 하이집트를 호루스에게 주려 했는데 나중에 생각이 바뀌어서 이집트 전부를 호루스에게 주었다. 이것은 확실히 통일 신화다. 그런데 이는 역사적으로 상이집트가 하이집트를 누르고 통일을 이룬 것과는 상반된다. 여기에는 현대인으로서는 알 수 없는 이치가 담겨 있을 것이다.

호루스와 세트의 영원한 투쟁에서, 호루스는 세트를 거세한다. 이에 세트는 불모의 사막이 된다. 세트는 호루스의 한쪽 눈을 빼앗는데, 빛을 잃은 눈은 달이 된다. 이로써 호루스는 전적으로 태양신이 된다. 만약 세트가 오시리스를 죽이지 않았다면, 오시리스는 사람들로부터 경배받는 수난과 부활의 신이 될 수 없었을 것이다. 오시리스와 호루스 부자는 각각 이집트의 명계와 현세의 신이 되었다. 이집트는 세트를 신봉하는 신도들을 억누르지 않았다. 세트는 계속해서 참배되었고 사제도 있었다. 중고 시대 유럽의 경우, 예수의 수난절 전후에 유대인 배척이나 살인과 같은 폭동이 발발하기 일쑤였다. 이에 비춰보면 고대 이집트인의 신앙은 더욱 불가사의하다. 그들은 세트가 반드시 존재해야만, 낮이 있으면 반드시 밤이 있는 것처럼 세계의 양극이 형성될 수 있다고 여겼다. 또한 통일 이후에도 이중 왕국 가운데 하나라도 없어서는 안 된다고 여겼다. 하이집트 왕국의 존재가 이원 대칭을 위해 구축되었을 것이라고 생각하는 학자도 있다.[15]

좁고 긴 나일강 지대의 양쪽 바깥은 온통 사막이다. 물론 이곳에 거주하는 사람들이 있었겠지만, 세트가 이들 사막 방목민의 신이었을까? 이집트 전체를 놓고 말하자면, 하이집트는 비옥한 삼각주이고 상이집트는 사막화된 편이었다. 이는 쟁론의 여지가 없는 사실이다. 파라오의 대관식 부조에는 호루스와 세트가 파라오의 양쪽에 있는데, 이 둘은 왕권에서 하나라도 없어서는 안 되는 부호였다. 파라오의 대관식 부조는, 이집트 왕권은 세트와 화해한 호루스이며 이집트 왕국은 혼란과 화해한 질서임을 말해준다.

호루스가 태양신이 되자, 대칭의 논리에 따라서 세트는 달신이 된 것일까? 명확한 설은 없다. 다만 말할 수 있는 것은, 세트로 인해 천공신 호루스가 태양과 달을 모두 맡을 수는 없게 되었다는 것이다. 세트가 연신年神을 나누는 달임을 말해주는 흔적이 있다. 바로 이집트 신화에서 사람의 몸을 갖추지 않고 원래의 동물 형태를 유지한 신인 신성한 소 아피스Apis에 관한 내용이다. 오시리스를 상징하는 아피스는 신전에서 받들어져 사육되다가 28년이 되면 성대한 제사 의례 속에서 살해된다. 이는 오시리스가 28세에 세트의 손에 죽은 것에 해당한다. 이것은 한 해가 달의 주기로 나뉘는 것을 상징한다.[16] 헬리오폴리스에서는 신성한 소 므네비스 숭배가 있었다. 므네비스는 태양신 라의 한 측면으로, 훗날 아피스와 동일시되었다.

　나일강의 연주기는 기본적으로 태양력에 부합한다. 시나이 방향에서 이집트로 진입한 아시아 유목-방목민이 세트만 숭배한 것은 세트가 달의 주기를 상징했기 때문이 아닐까? 여기서 가리키는 것은 달의 주기이지 달신이 아니다. 또한 이집트 본토의 신이지 외국인이 가져온 신이 아니다. 제15왕조 이후 테베가 이끈 복국復國 운동은 태양 숭배를 새로운 고조기로 끌어올리게 된다. 당시에는 아문 신전보다 더 태양화된 조치를 통해 테베의 태양교를 제압한 파라오가 출현하기까지 했다.

　제16왕조가 북방 제15왕조의 후계인지, 남방의 테베 정권인지에 대해서는 아직 정설이 없다. 제17왕조는 테베에 있었던 게 비교적 확실하다. 제16왕조는 아마도 테베 지역 왕국의 하나였을 것이며, 왕조의 마지막 두 파라오 때 복국 전쟁이 벌어졌다. 대통일 국면을 다시 만든 이는 제17왕조 파라오 카모세Kamose(재위 기원전 1555~기원전 1550)로, 그는 제18왕조를 건립한 아흐모세Ahmose 1세(재위 기원전 1550~기원전 1525)의 형이다. 이것이 '신왕국'의 시작으로, 여기서 파라오의 이름 중 처음으로 '모세Moses'라는 이름이 나오게 된다.

하늘로 올라가기와 저승으로 내려가기

고대 이집트 문화는 장례가 중심이다. 피라미드가 이를 잘 대변한다. 고왕국 제5왕조 때부터 전해진 '피라미드 텍스트'는 일련의 주문으로, 피라미드의 묘실 벽에 새겨지거나 관에 쓰였다. 이는 전적으로 파라오의 승천을 돕기 위한 용도였다. 하늘에 오르는 방법으로는 인공 비탈, 계단, 사다리가 이용되었다. 심지어는 날아가는 방법도 있었다. 파라오는 이렇게 승천하여 태양신 라와 결합했던 것이다. 즉 내세는 하늘에 있었다. 때문에 가장 이른 시기의 피라미드는 죄다 계단 형태였다. 주문에는 게브·아누비스·토트·오시리스 등의 신이 언급된다. 그런데 오시리스의 지위는 결코 두드러지지 않았다. 제6왕조에 이르러, 파라오의 전용이었던 장례 주문은 세 명의 왕비에게도 사용이 허락되었다.

제1 중간기에 이르러, 피라미드 텍스트의 사용권은 고관과 노마르크가 차지하게 된다. 새로운 내용이 첨가되었기 때문에 이집트 학자는 이 시대의 판본을 '코핀Coffin 텍스트'라고 칭한다. 중왕국 시대에 이르러, 이 일련의 주문은 부유한 백성들까지 구매할 수 있게 된다. 코핀 텍스트는 그저 피라미드 텍스트의 증보판이 아니라, 전체적인 방향성의 변화가 반영된 것이었다. 강조하는 내세가 더 이상 하늘이 아니라, 오시리스가 통치하는 명계(두아트Duat)가 된 것이다. 때문에 죽은 이의 이름 앞에 '오시리스'가 붙게 되었다. 죽은 영혼은 모두 오시리스의 심판을 받는다는 새로운 주제가 생겨난 것이며, 문헌에는 천칭저울이 언급되어 있다. 파라오도 예외는 아니었던 듯하다. 중왕국 시대에 이르러, 파라오는 생전에 호루스이고 사후에는 오시리스가 된다. 사실상 오시리스의 형상은 미라화한 파라오다. 피부는 푸른빛을 띠고 머리에는 파라오의 왕관을 썼으며, 손에는 타작용 도리깨와 목자의 지팡이를 쥐고 있다.

신왕국 시대 및 그 이후에 집대성된 판본은 후세에 『사자의 서Book of

the Dead』라고 칭해졌다. 『사자의 서』는 피라미드 텍스트와 코핀 텍스트를 포함하며, 가장 늦은 시기의 것에는 신왕국이 끝난 뒤 제3 중간기에 첨가된 부분도 있다. 『사자의 서』는 죽은 이의 영원이 명계로 가는 길의 험난함을 전면적으로 그려냈다. 그 길에는 온갖 괴물이 가득한데, 주문의 도움이 없으면 절대 지나갈 수 없다. 이는 『초사楚辭』의 「초혼招魂」과 유사하다. 「초혼」에서는 동서남북 사방 어디로도 갈 수 없게 된 죽은 이의 영혼에게, 하늘로도 올라가지 말고 땅으로도 내려가지 말라고 경고한다.

> 혼이여 돌아오라!
> 그대는 하늘로 올라가지 마오.
> 호랑이와 표범이 아홉 개의 문을 지키면서,
> 하계의 사람들을 물어뜯어 해친다오.
> 한 남자는 머리가 아홉인데,
> 하루에 9000그루의 나무를 뽑아낸다오.
> 승냥이와 이리가 눈을 부릅뜨고,
> 떼를 지어 오간다오.
> 사람을 휘두르며 장난치다가,
> 심연에 던져버린다오.
> 상제에게 목숨을 바친 후에야,
> 눈을 감을 수 있다오.
> 돌아오라, 돌아오라!
> 그곳으로 갔다가는 위험에 처할지니.
>
> 혼이여 돌아오라!

그대는 저승에 내려가지 마오.

토백土伯은 구불구불하게 생겼는데,

그 뿔은 예리하다오.

두툼한 등과 피 묻은 엄지손가락을 하고서,

사람을 쫓아 재빨리 달린다오.

눈은 셋이고 호랑이 머리에,

그 몸은 소처럼 생겼다오.

그들은 죄다 사람 잡아먹길 즐기니,

돌아오라, 돌아오라!

스스로 재난을 당하게 될지니.

「초혼」이 전하는 메시지는 하늘로 올라가거나 저승으로 내려가는 게 인간 세상으로 돌아오는 것보다 못하다는 것이다. 반면에 고대 이집트의 믿음은 '명계'로 가는 것이 영생을 얻는 데 필수적이라는 것이다. 죽은 이의 영혼이 거듭된 위험을 거친 뒤 오시리스 앞에 이르면, 저울로 심장의 무게를 재는 절차가 시작된다. 이 장면은 『사자의 서』제125장 주문에 가장 완벽하게 묘사되어 있다. 시험을 통과한 영혼은 오시리스의 '갈대의 들'에서 영원히 거주하게 된다.[17] 그곳은 곤충·뱀·악어가 없는 나일강 삼각주로, 죽은 이의 영혼은 그곳에서 신을 보게 되고 먼저 세상을 떠난 양친을 다시 만나게 된다.

그런데 파라오의 승천에만 힘썼던 고왕국 시대에, 일반 백성에게는 영생의 길이 없었던 것일까? 최초의 죽음의 신 아누비스는 죽은 파라오를 어떻게 할 수 없었을뿐더러 오시리스에 의해 대체되었다. 죽은 파라오는 일찌감치 오시리스와 동일시되었다. 그렇다면 최초의 죽음의 신 아누비스는 누구를 관리했던 것일까? 왕조 이전 선사시대 무덤에서 굴신장 형태의 시신이 출토된 것을 보면, 죄다 하늘을 향해 있지 않고 죽음의 방향인 서쪽을 향하고 있다.[18] 태양신과의 결합은 파라오의 특권으로, 태양신에게 제사지내는 것은 중국의 천자가 천단에서 제사지내는 것과 같은 것이었으며, 일반 백성의 일이 아니었다.

오시리스는 천신이 아닌 나일강의 신이다. 전 세계적으로 지하수는 황천黃泉이다. 태양신 아문 라 역시 오롯이 하늘에만 있는 게 아니라, 날마다 반드시 황천으로 내려가 악신 아펩의 영역을 지나야 했다. 아펩의 공격을 막아내야 이튿날 비로소 하늘로 올라갈 수 있었다. 이는 죽은 이의 영혼이 사방에 살기가 도사린 지하세계를 지나가야만 영생에 이를 수 있는 것과 같다.

사실상 답은 일목요연하다. 피라미드가 '하늘에 이르는 사다리' 형태에서 '태양의 빛이 아래를 두루 비추는' 형태로 변화한 것도 그렇고, 이집트 장례 문화의 전체적인 의도는 사후의 명계와 관련된 일을 다루고자 하는 것이다. 이러한 신앙은 선왕조 시대, 즉 중앙 왕권이 태양력의 권위로 이집트를 통일하기 이전까지 거슬러 올라간다. 오시리스의 무덤은 아비도스에 있다.[19] 이곳은 선왕조 시대 상이집트의 중심이었다. 헬리오폴리스는 왕국의 통일 이후 부상한 종교 중심지로, 이곳의 태양신은 국가의 주신이 되었다.

태양의 나라 이집트는 명계에 대해 상당히 긍정적인 태도를 지니고 있었다. 오시리스·마아트·토트는 모두 명계에 존재한다. 명계는 죽은 이의 영혼을 시험하는 곳일 뿐 영원한 형벌의 장소가 아니다. 고대에 달을 숭배했던 유목-방목민의 계승자가 이슬람교라면, 이집트 태양교의 계승자는 기독교다. 그런데 기독교의 태양은 영락없는 하늘의 뜨거운 태양으로, 명계를 철저히 악마의 것으로 만들었다.

주

1. David Ewing Duncan(戴維·歐文·鄧肯), 丘宏義 譯注, 『抓時間的人: 人類探索日曆的智慧接力』(臺北: 雙月書屋, 1999), pp. 23~25.

2. John A. Wilson, "Egypt," in H. & H. A. Frankfort, John A. Wilson, Thorkild Jacobsen, William A. Irwin, eds., *The Intellectual Adventure of Ancient Man: An Essay on Speculative Thought in the Ancient Near East* (Chicago & London: The University of Chicago Press, 1977), pp. 38~39.

3. Charles Freeman, *Egypt, Greece and Rome: Civilizations of the Ancient Mediterranean*, Second Edition (Oxford and New York, 1999), p. 64.

4. 히브리『구약성경』의 '신Zin 광야'는 동쪽으로 약간 치우쳐 있는데, 소사막인 네게브사막을 가리킨다.

5. 초승달과 별이 함께 있는 표지는 무함마드가 발명한 것이 아니다. 이 표지가 이슬람 세계에서 널리 사용된 것은 오스만제국에서부터다. 하지만 초승달 표지는 고대 티그리스-유프라테스강 유역에서 비롯되었는데, 달신 신Sin을 상징한다. 신Sin과 동행하는 것은 이슈타르 여신을 상징하는 금성이다. 그런데 신과 이슈타르는 종종 태양신 샤마시와 함께한다. 초승달과 금성의 조합은, 중고 시대 유럽 귀족의 가문을 상징하는 방패 휘장에도 나타난다. 오늘날 이 표지는 이슬람의 전용이 되었다. 물론 이것은 애초부터 달을 선양하고 태양을 폄하했던 것과 관계가 깊다.

6. Stephen A. Wurm, "The Most Ancient Languages Revealed by Writing," in UNESCO, *History of Humanity, Scientific and Cultural Development*, vol II, *From the Third Millennium to the Seventh Century* (Paris, London & New York: UNESCO, 1996), p. 70.

7. Michael A. Hoffman, *Egypt Before the Pharaohs: The Prehistoric Foundations of Egyptian Civilization* (New York: Alfred A. Knopf, 1984), pp. 280~281.

8. Janey Levy, *The Great Pyramid of Giza: Measuring Length, Area, Volume, and Angles* (Rosen Publishing Group, 2005), p. 17.

9. I. E. S. Edwards, *The Pyramids of Egypt*, Revised Edition (Penguin Books, 1986), p. 285.

10. Donald B. Redford, *The Ancient Gods Speak: A Guide to Egyptian Religion* (Oxford & New York: Oxford University Press, 2002), p. 155.

11. Vivien Gornitz, "Ancient Cultures and Climate Change," in Vivien Gornitz ed., *Encyclopedia of Paleoclimatology and Ancient Environment* (The Netherlands: Springer, 2009), p. 7.

12. Charles Freeman, *Egypt, Greece and Rome*, pp. 56~57.

13. Martin Bernal, *Black Athena, The Afroasiatic Roots of Classical Civilization*, vol II, *The Archaelogical and Documentary Evidence* (New Brunswick, NJ: Rutgers University Press, 1996), chapters 5 & 6.

14. Herman Te Velde, "Seth," in Donald B. Redford, ed., *The Oxford Encyclopedia of Ancient Egypt* (Oxford & New York: Oxford University Press, 2001), vol. III, p. 270.

15. 하이집트를 대표하는 붉은 왕관(데슈레트) 도형은 나카다에서 출토된 토기 조각에 최초로 나타난다. 나카다는 히에라콘폴리스의 북쪽이긴 하지만 상이집트 범위에 속한다. Edmund S. Meltzer, "Horus," in Donald B. Redford, ed., *The Oxford Encyclopedia of Ancient Egypt*, vol. II, p. 120.

16. 이 설의 출처는 1911년『브리태니커 백과사전』제11판이다. Wallis Budge, *Osiris or the Egyptian Religion of Resurrection*, Part 1(Whitefish, MT: Kessinger Pub., 2003, p. 62)에서는 달이 만월이 된 뒤에 세트에게 먹혀서 점차 초승달로 변한다고 했다. Olal E. Kaper는「Myths」(Donald B. Redford, ed., *The Ancient Gods Speak: A Guide to Egyptian Religion*, p. 263)에서, 오시리스의 사망 및 부활의 주기는 어느 시대에 이르러서 달의 주기와 동일시되었다고 했다. 또한 세트가 오시리스의 몸을 14조각으로 나누었는데, 오시리스의 아내 이시스가 그의 몸을 되살린 것은 달이 이지러졌다가 다시 차오르는 14일에 해당한다고 한다. 이집트의 오랜 역사에서, 이에 대해서는 각 시대와 지역에 따라 각각의 판본이 존재한다. 오늘날 우리는 기껏해야 대략적으로 종합할 따름이다.

17. E. A. Wallis Budge, *Osiris or the Egyptian Religion of Resurrection*, Part 1, pp. 80, 156.

18. Michael A. Hoffman, *Egypt Before the Pharaohs*, pp. 110, 194, 196.

19. Ibid, p. 67.

제9장

청동기시대
중후기의 고대 근동

고대 바빌론제국의 흥기와 쇠락(기원전 1830~기원전 1531)은 근동 지역 청동기시대 중기 전반부의 획기적인 사건이다. 함무라비가 세상을 떠난 뒤 다섯 명의 왕을 거치면서 제국은 점차 약해져, 원래 바빌론성의 핵심 지대로 범위가 축소되었다. 이로써 티그리스-유프라테스강 남쪽의 문명 기원 지대는 청동기시대 중기를 통틀어 비교적 소극적인 지위에 놓여 있었다. 청동기시대 중기로 진입한 이후 근동의 변수는 인도유럽인의 도래였다. 인도유럽어족은 가설적인 본향으로부터 사방으로 확산되었다. 주류의 설명에 따르자면, 인도유럽어족의 본향은 지금의 우크라이나와 캅카스 이북이며 그들이 이곳에서 출발해 유럽과 인도에 이르렀으며, 고대의 서남아시아로도 들어갔다고 한다. 인도유럽인의 도래로 인해 청동기시대 중기의 근동에는 세 왕국이 더해졌다. 바로 히타이트Hatti, 미탄니Mitanni, 카시트다.

고대 근동의 무대에 등장한 인도유럽인

아나톨리아에서 건국한 히타이트에 대해 먼저 알아보자. 아나톨리아고원은 이란고원과 마찬가지로 서남아시아 산측 부메랑형 지대와 연결되어 있다. 아나톨리아고원의 신석기시대 유적지는 산측 지대와 거의 동시대의 것이다. 이 지역은 청동기시대로 진입한 뒤 낙후되었다가, 청동기시대 중기에 이르러 비로소 문화가 회복되어 번영했다. 대표적인 것이 서부의 트로이Troy II-V기 및 중부의 히타이트다. 여기서의 '히타이트'는 원주민으로, 훗날 인도유럽인이 이주해 들어온 뒤 그 명칭을 그대로 사용했는데, 이 둘을 동일시하면 안 된다.

아나톨리아의 선사시대 유적지에 대해서는 제2장에서 간단히 소개했다. 여기서는 인도유럽인이 들어오기 직전부터 알아보기로 한다. 아나톨리아반도 서남쪽 구석에 베이세술탄Beycesultan 유적지가 있는데, 그 문화적 특징은 에게해 및 크레타 지역과 관계가 있다. 이 유적지 제13층에는 섬멸의 흔적이 있다. 그 위의 제12층에는 새로운 문화가 출현했는데, 시간상으로는 기원전 2000년 무렵이다. 이 문화는 기원전 1400년 무렵까지 지속적으로 유지되었는데, 아마도 인도유럽인이 아나톨리아 서북쪽 귀퉁이에서 남하해 이루어졌을 것이다. 이러한 설이 성립된다면, 지금의 유럽에서 아나톨리아로 들어온 인도유럽인은 서북 방향에서 아나톨리아반도로 진입해 서북쪽 귀퉁이에서 상당 시간 머물러 지냈다. 따라서 그들이 도래한 시점은 기원전 2200년 전후까지 거슬러 올라갈 수 있다.[1] 베이세술탄 제11층과 제12층 사이에는 단층이 출현하는데, 이는 바로 인도유럽인의 도래와 관계가 있다.

베이세술탄은 기원전 1750년에 이르러 다시 파괴된다. 당시 베이세술탄에서는 이미 궁정 문화가 펼쳐졌는데, 역시 인도유럽족에 속하는 히타이트 고왕국의 공격을 받은 아르자와Arzawa 왕국이 이 문화의 주인공이다. 대부분의 히타이트 학자는 이 왕국이 인도유럽어족인 루비인Luwians의 것이었다고 본다. 이상은 베이세술탄 유적지의 위치에 근거해서, 인도유럽인이 서북쪽 귀퉁이에서 고대 근동으로 진입했다는 가설을 살펴본 것이다.

어떤 이는 인도유럽인이 동방으로부터 아나톨리아로 이주해 온 것이라고 본다. 이 설에서는 인도유럽인의 진입 시기를 기원전 1900년까지로 내려 잡는다. 또한 캅카스 지역에서 진입했다고 보는데, 오늘날 소아시아 동쪽에 있던 당시의 유적지들이 전부 파괴된 흔적이 그 고고학적 증거다. 캅카스로부터의 침입은 도미노 효과를 일으켰다. 아나톨리아에서부터 시작하여 에게해를 거쳐 그리스반도와 발칸에까지 영향을 미쳤으며, 이 지역 최초의 인도유럽어군이 나타나게 된다. 이로써 그리스어가 이 지역 최초의 인도유럽어라는 오랜 설은 수정되었다.[2] 최초의 인도

아나톨리아반도 서남 지역의 베이세술탄 유적지

베이세술탄 제12층에서 출토된 문물

유럽어는 루비어Luwian였을 것이다. 하지만 루비어가 오늘날 그리스 지역에 침입한 것은, 히타이트인이 동북 혹은 서북 방향에서 오늘날 터키로 진입한 것과는 필연적 관계가 없다. 양자 모두 나름의 설명이 가능하다.

어느 방향이었든 간에 기원전 1900년 무렵에 이르러, 아나톨리아의 원주민 문명은 침입한 인도유럽인에게 이미 압도되었다. 이 인도유럽인을 '히타이트인'이라고 통칭하는데, 여기엔 적어도 세 개의 집단이 존재한다. 즉 루비인, 팔라이인Palaites, 네사인Nesites이다. 네사인은 반도의 중심 지대, 즉 원주민이 히타이트라고 부르던 지역을 정복했다. 바로 네사인이 훗날 대제국을 세우고 그 제국을 '히타이트'로 명명한다.[3] 그들은 가장 가까이에 있던 시리아 지역에서 설형문자를 차용해 그들의 인도유럽어를 기록했다.

출토된 루비 문자를 통해 히타이트의 분포를 살펴보면, 그 범위는 최서단에서 시작해 아나톨리아 동부를 향해 퍼져 있었던 듯하다. 히타이트제국이 멸망한 뒤 루비인이 세운 나라는 동남쪽 귀퉁이에 한정되어 있었다. 이는 인도유럽인이 어느 방향에서 아나톨리아반도로 진입했는지와는 무관한 듯하다. 루비인이 개척자였든 잔류자였든, 제국의 역사 속에서 그들은 서부 지역으로부터 확산되었고 최후에는 동남쪽에 집중되었다. 팔라이어의 흔적은 대부분 히타이트제국의 일부에 한정되어 있는데, 오늘날 터키 내지의 북쪽 지역이다. 불확실한 이유로 인해, 제국을 세운 네사인의 언어가 기원전 13세기에 이르러 루비어로 대체된다. 히타이트제국 공식어로서의 네사어 문헌은 기원전 16세기부터 기원전 13세기까지만 나타난다.

이집트학과 아시리아학에 비하면, 히타이트학은 매우 늦게 시작되었다. 1876~1880년, 영국의 아시리아학 학자 아치볼드 헨리 세이스Archibald Henry Sayce(1846~1933)는 시리아 석각의 히타이트 상형문자를 판별해냈다. 1882년 런던에서 그는 히타이트가 『구약성경』에 나오는 작은 집단이 아님을 공포했다. 즉 영어의 '히타이트Hittite'는 한동안 존재했던 대제국이라는 것이다. 당시에 이를 믿는 사람은 많지 않았다. 1887년에 이집트의 엘 아마르나El-Amarna(제18왕조의 이단 파라오 아멘호테프의 새로운 수도였다)에서 설형문자 점토판이 출토되었는데, 그중에는 히타이트제국의 외교 문서도 있었다. 독일 고고학자 휴고 빙클러Hugo Winckler(1863~1913)는 1906년부터 히타이트 수도 하투샤를 발굴하다가 왕실 문서에 해당하는 3만여 점의 점토판을 발견했다. 이 점토판은 설형문자로 기록되었다. 이후로 발굴 작업은 줄곧 독일 고고학회가 주관했다. 시리아에서 발견된 상형문자는, 초기의 히타이트 학자가 히타이트 문자라고 여겼지만 오늘날 루비 문자인 것으로 판명되었다.

히타이트어의 출토로, 일찌감치 구축된 인도유럽어족의 근본이 흔들렸다. 만약 인도유럽어족이 성립한다면, 히타이트어는 그 최초 형태다. 그런데 히타이트어는 인도유럽어족의 양대 갈래인 인도이란어 및 유럽어와는 사뭇 다르다. 이들 사이에 상관성이 있는 것은 그 선조가 먼 친척이었기 때문일 것이다. 때문에 어떤 학자들은 히타이트어가 인도유럽어족의 자녀 관계가 아닌 자매 관계라고 주장한다.

히타이트제국의 기원지인 네사Nesa는, 고대 그리스어로 할리스Halys강이라 칭해진 오늘날 터키에서 가장 긴 강의 중류에 자리했다. 히타이트제국은 나중에 하투샤Hattusa에 도읍했다. 하투샤는 할리스강 만곡부의 내부, 즉 네사의 서북쪽에 자리했다. 당시 이곳은 본래 히타이트인의 땅이었고, 그들은 이곳을 하투스Hattus라고 칭했다. 히타이트제국의 수도 하투샤 유적지의 소재지는 오늘날 터키의 보가즈코이Bogazköy다. 이곳 성벽에는 미케네의 사자문과 비슷한 사자문이 있다. 독일 고고학 팀은 이곳에서 제국의 국가 문서를 발견했는데, 3만여 점에 달하는 점토판은 히타이트학 사료의 보고다.

히타이트 고왕국 시대의 무르실리Mursili 1세(기원전 1556~기원전 1526, 혹은 기원전 1620~기원전 1590)는 기원전 1595(혹은 기원전 1531)년에 바빌론을 공격해, 한동안 휘황찬란했던 고대 바빌론제국을 멸망시켰다. 하지만 히타이트인은 바빌론을 점거하지 않고 대대적으로 약탈한 뒤 떠났다. 그들이 남긴 권력의 공백을 메운 것은 카시트인이다. 히타이트인은 사실 바빌론을 뒤흔들 힘이 없었는데, 아마도 바빌론이 매우 허약한 상태임을 간파하고서 약탈을 자행했을 것이다. 카시트인의 동맹(고용병) 신분으로서 약탈을 자행했을 수도 있다.

무르실리 1세는 바빌론을 약탈하고 귀국한 뒤 피살된다. 히타이트는 쇠약해지고 '중간기'로 들어선다. 한편 동쪽에 이웃한 미탄니 왕국(기

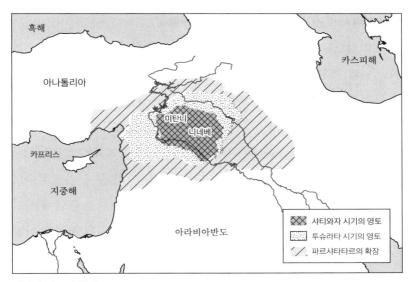

미탄니 영토의 확장

원전 1500~기원전 1300)의 세력이 강해진다. 미탄니 왕국은 후르리인을 기본으로 하는데, 오늘날 추정에 따르면 후르리인은 북동캅카스어족에 속한다. 후르리인은 일찍이 기원전 2300년 무렵에 이 지역으로 들어와 우르케시Urkesh라는 나라를 세웠다. 우르케시는 아카드제국에 의해 토벌된다. 후에 후르리인은 아카드왕 나람-신Naram-Sin의 인척이자 동맹으로서 함께 에블라를 공격한다. 히타이트 시대의 후르리인은 인도유럽인의 선도자로서 미탄니 왕국을 세우게 된다.

히타이트인은 티그리스-유프라테스강 유역의 정치 질서를 파괴한 뒤 스스로 다시 내란에 빠지고 말았다. 동부의 아시리아 역시 독립국가의 지위를 상실하게 된다. 한편 티그리스-유프라테스강 상류와 시리아 지역의 인도유럽인은 마침내 후르리인을 조직해 미탄니 왕국을 건립한다. 미탄니 왕국은 기원전 15세기 상반기에 전성기에 이르러, 가나안에서의 이집트의 지위에 도전장을 내민다.

아시아의 새로운 도전에 직면한 이집트 신왕국

당시 이집트는 이민족에 의해 지배되던 제2중간기(기원전 1650~기원전 1550)였다. 제17왕조 말기에 힉소스인을 몰아낸 제18왕조는 테베에 도읍을 정했다. 이로써 이집트 역사는 '신제국' 시기로 진입한다. 제18왕조는 본능적으로 국방선을 가나안 일선까지 확장했다. '고대 이집트의 나폴레옹'이라고 칭해지는 투트모세Thutmose 3세(재위 ?~기원전 1425)는 일찌감치 대외 원정을 시도하고자 했지만 그의 고모 하트셉수트Hatshepsut(재위 기원전 1503~기원전 1482)가 여왕으로 재위한 동안에는 일단 자제할 수밖에 없었다. 투트모세 3세는 제위에 오른 뒤 군사를 이끌고 아시아로 들어갔다. 가장 유명한 출정은 메기도Megiddo 전쟁(기원전 1479)이다. 투트모세 3세는 미탄니가 배후에서 지지하던 가나안의 도시국가 연맹을 격파했다. 이 전쟁은 가나안의 집단 기억에 아주 깊은 인상을 남겼다. 메기도 전쟁이 벌어진 장소는 훗날 『구약성경』에 나오는, 세계의 종말에 벌어질 전쟁인 아마게돈Armaggedon의 원형이 되기까지 했다.

히타이트 신제국이 기원전 14세기 후반에 흥성하게 되었을 때, 미탄니는 내리막길에 접어들었다. 히타이트 신제국의 건립자는 수필루리우마Suppiluliuma 1세(재위 기원전 1350~기원전 1322)다. 그는 미탄니를 약화시켰고, 이집트가 이단 파라오 아케나텐의 종교개혁으로 혼란스러운 틈을 타서 시리아를 차지했다. 현존하는 고대 문헌 중에는 히타이트어로 기록된 『미탄니 말 조련사 키쿨리Kikkuli Treatise on Horse-training』(기원전 1400)가 있는데, 전투마를 조련시키는 노하우를 담고 있다. 미탄니인은 이런 방면에서 선도적이었던 듯하다. 그들은 전차를 개량했지만 국력이 모자랐다. 그 결과 이는 도리어 히타이트제국의 확장에 유리하게 작용했다.

기원전 1380년 무렵, 수필루리우마는 미탄니왕 마티와자Matiwaza와 평화조약을 체결한다. 조약에 등장하는 미탄니의 신은 기본적으로 미트

히타이트의 승리자 수필루리우마 1세와 그 뒤를 따르는 미탄니 전쟁포로

라·바루나·인드라 등 인도-아리아인의 신과 동일하다. 말 조련사 키쿨리의 기록에 남겨진 미탄니 용어 역시 일반적인 인도이란어파가 아니라 인도-아리아인의 것에 가깝다. 히타이트인이 발칸 혹은 캅카스로부터 고대 근동으로 들어온 인도유럽인이라면, 미탄니인은 인도에서 비롯되었을까, 아니면 남아시아 아대륙으로 진입하지 않은 아리아인에서 비롯되었을까? 이 수수께끼에 대해서는 지금까지도 확실한 답이 없다.

히타이트제국은 수필루리우마 1세와 무르실리 2세(재위 기원전 1321~기원전 1295) 때 전성기에 이른다. 베이세술탄 유적지와 관련이 있는 아르자와는, 히타이트가 쇠락한 중간기에 다시 강대해져(기원전 15세기~기원전 14세기) 이집트와 동맹을 맺고서 국제 권력의 반열에 오른다.[4] 히타이트 신왕국이 중흥하자 이를 막아내기 위해 아르자와는 22개의 나라로 구성된 아수와Assuwa 동맹에 참가한다. 기원전 1300년 무렵, 아르자와는 무르실리 2세에게 멸망당해 세 개의 왕국으로 나뉜다. 보다 이른 시기의 히타이트 국왕 투드할리야Tudhaliya는 기원전 1400년 무렵에 아수와 동맹을 격파했다. 아수와 동맹의 명칭이 훗날 '아시아'라는 명칭의 바탕이 되었다고 보는 사람도 있다.[5]

이집트사의 아마르나 시대

후방을 견고히 다진 히타이트는 마침내 지중해 동부 연안에서 이집트와 자웅을 겨룰 조건을 갖추게 된다. 이집트의 파라오 아케나텐은 국내의 종교개혁으로 인해 국외에 마음을 쓸 여유가 없었다. 그는 테베의 아문 신전을 제압하기 위해서 자신의 이름도 '아문(아멘)의 종'을 의미하는 아멘호테프Amenhotep 4세에서 아케나텐으로 바꾼다. 아케나텐은 '아텐의 종' 혹은 '아텐의 빛나는 영혼'이라는 의미다. 그는 수도 역시 새로운 곳으로 옮기고, '아텐의 지평선'을 의미하는 아케타텐Akhetaten이라고 명명했다. 새로운 신 아텐은 여전히 태양신이었다. 그런데 이제 강조된 것은 아텐의 빛으로, 그것은 공중으로부터 뻗어 내려와 인간세상을 위로하는 손길을 상징한다. 게다가 아텐은 유일신이 되었던 듯한데, 다른 신은 모두 사라졌다. 무덤에서의 오시리스 역시 출현하지 않는다.[6] 때문에 아텐 숭배는 일신교의 원조로 여겨진다. 파라오 아케나텐은 새로운 종교의 대제사장이 되었다. 하지만 이후 역사가 증명하듯, 아케나텐의 종교개혁은 결코 성공하지 못했다.

아케타텐의 현재 명칭은 아라비아어의 아마르나Amarna다. 학자들은 이집트사에서 매우 특별했던 이 시대를 '아마르나 시대'라고 명명했다. 아마르나 유적의 폐허에서 380여 점에 달하는 외교 문서가 출토되었다. 이는 아케나텐 및 그의 아버지 아멘호테프 3세 때의 국가 문서로, 당시의 국제어였던 아카드어로 새겨진 점토판이다. 대부분의 점토판은 가나안 속국이 종주국 이집트에 보낸 것이지만, 미탄니·히타이트·아시리아·바빌론처럼 이집트와 형제급인 나라에서 보낸 것도 있다. 학자들은 이에 근거해서 청동기시대 후기 근동의 국제관계를 재구성할 수 있었다.

아마르나 시대의 예술 역시 이집트 역대의 표준화된 양식에서 현저

아텐에게 제사를 올리고 있는 아케나텐　　　　　투탕카멘

히 벗어나 있다. 목은 길어지고 이마와 코는 경사화되는 경향을 보이는
데, 오히려 매우 자연스러워졌다. 이는 아케나텐이 표준적인 양식을 채
택하지 않고 개인의 얼굴을 강조했음을 말해준다. 고대 이집트 예술사
에서 매우 드문, 아케나텐 일가의 즐거운 장면을 표현한 벽의 부조에서
는 어린아이의 활발함을 묘사했을 뿐만 아니라, 파라오의 튀어나온 배
와 여성화된 하체까지도 표현했다. 아케나텐의 왕후는 미모의 네페르티
티Nefertiti(기원전 1370~기원전 1330)로, 생생한 모습의 두상이 베를린 신박
물관에 소장되어 있는데 마치 20세기의 작품 같다.

　　아케나텐의 계승자는 그의 아들 투탕카멘Tutankhamun(재위 기원전
1332~기원전 1323)이다. 1922년에 투탕카멘의 무덤이 출토되었는데, 유
일하게 도굴된 적이 없었던 덕분에 투탕카멘은 세상에서 가장 잘 알려
진 파라오가 되었다. '살아 있는 아문(아멘)의 초상'이라는 의미의 투탕
카멘이라는 이름에서 알 수 있듯이, 그의 즉위 이후에 아문 신앙이 부활

했다. 투탕카멘은 20세 이전에 죽었는데, 살해당했을 가능성도 있다. 투탕카멘의 왕비이자 누나인 안케세나멘Ankhesenamun은 아마도 히타이트의 수필루리우마 1세에게 편지를 썼을 것이다. 안케세나멘은 수필루리우마 1세에게 그의 아들을 자신의 남편감으로 보내달라고 요청했다. 신하에게 시집갈 운명에서 구해달라는 것이었다. 결국 그녀는 권신이었던 아이Ay와 결혼하게 된다. 아케나텐의 아버지 아멘호테프 3세는 일찍이 두 명의 미탄니 공주를 첩으로 받아들였는데, 적장자가 없을 경우 이들의 소생이 왕위를 계승할 수 있었다. 당시 이집트는 미탄니와 동맹을 맺어 공동으로 히타이트에 맞설 필요가 있었다. 그런데 투탕카멘의 미망인이 왕위를 신하에게 주는 것보다는 히타이트 왕자를 남편으로 맞길 바란다고 명확히 밝힌 것이다. 혈통의 순수성을 지키기 위해 남매 간 혼인을 했던 이집트 왕실로서는, 안케세나멘의 이런 조치가 히타이트 왕족의 대등한 지위를 인정하는 것과 같았다. 히타이트 왕자는 이집트에 도착하기도 전에 살해되었을 것이다.

카데시 전투

수필루리우마 1세는 이로 인해 고대 근동의 양대 강국을 합병할 기회를 놓쳤다. 그의 후계자는 제19왕조의 파라오에게 끊임없이 위협을 가했다. 히타이트 신제국이 흥기하자 일찍감치 이집트와 미탄니의 동맹이 이루어졌다. 이집트는 아멘호테프 3세 시대에 비로소 히타이트와 화친하게 된다. 제19왕조의 세티Seti 1세(재위 기원전 1290/1294?~기원전 1279)는 제18왕조 아케나텐 이전에 이집트가 아시아에서 누렸던 패권을 다시 잡아보고자 했지만, 그의 앞에는 강적인 히타이트가 있었다. 세티 1세는 지중해 동부 연안으로 여러 차례 진군했다. 그는 먼저 가나안의 여러 나라를 굴복시킨 뒤 군대를 이끌고 시리아로 북상했다. 그리고 오늘날 시

아부심벨 신전의 벽화에 묘사된 카데시 전투

리아 중부에 자리한, 히타이트의 거점 카데시Kadesh를 차지했지만 오래 가진 못했다. 이후 세티 1세의 아들 람세스Ramesses 2세(재위 기원전 1279~기원전 1213)는 카데시를 놓고서 히타이트제국과 쟁탈전을 벌이게 된다. 세티 1세는 서쪽으로 리비아를 정벌하고 남쪽으로 누비아를 정벌하기도 했다.

람세스 2세가 아시아에서 상대해야 했던 이는 히타이트의 무와탈리Muwatalli 2세(재위 기원전 1295~기원전 1272)다. 양자의 적대관계가 정점에 이르러 카데시Kadesh 전투(기원전 1286?~기원전 1274?)가 벌어지게 된다. 이집트의 신전과 왕릉 벽에 이 전투에 관한 자세한 기록이 있다. 비록 편향된 시각이긴 하지만 그 기록을 통해 다음을 알 수 있다. 친히 출정한 람세스 2세는 뜻밖의 상황을 여러 차례 맞닥뜨리게 된다. 그는 히타이트의 가짜 포로가 제공한 거짓 정보에 속아, 히타이트 대군이 아직 멀리 있다고 여긴 채 계속해서 북쪽으로 진군한다. 사실 무와탈리의 히타이트 대군은 바로 강 하나를 사이에 두고 있었다. 무와탈리는 히타이트 전차 부대를 출동시켜 오론테스Orontes강을 건너게 한다. 그리고 이집트 대군의 꼬리에 있던 라Ra 사단의 측면을 공격하여 철저히 격파한다. 라 사단의 잔존 세력은 람세스 2세가 이끌고 있던 사단과 합류하고, 히타이트군

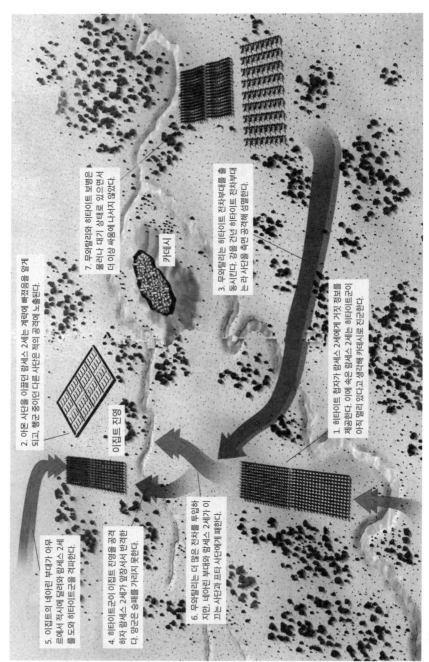

카데시

이집트 진영

7. 무와틸리와 히타이트 보병은 물러나 대기 상태로 있으면서 더 이상 싸움에 나서지 않았다.

3. 무와틸리는 히타이트 전차부대를 출동시킨다. 강을 건넌 히타이트 전차부대는 아몬 사단을 측면 공격해 섬멸한다.

2. 아몬 사단을 이끌던 람세스 2세는 계략에 빠졌음을 알게 되고, 행군 중이던 다른 사단은 적의 공격에 노출된다.

1. 히타이트 첩자가 람세스 2세에게 거짓 정보를 제공한다. 이에 속은 람세스 2세는 히타이트군이 아직 멀리 있다고 생각해 카데시로 진군한다.

5. 이집트의 네아린 부대가 아무르에서 적시에 달려와 람세스 2세를 도와 히타이트군을 격파한다.

4. 히타이트군이 이집트 진영을 공격하자 람세스 2세가 응장서서 반격한다. 하지만 적군은 승패를 가르지 못한다.

6. 무와틸리는 더 많은 전차를 투입하지만, 네아린 부대와 람세스 2세가 이끄는 사단과 포티 사단에게 패한다.

카데시 전투

322

은 북상하여 이집트 진영을 공격한다. 람세스는 아몬Amon 사단과 라 사단의 잔존 세력을 이끌고 반격했으며, 양군은 승패를 가리지 못한다. 이집트의 네아린Ne'arin 부대가 아무루Amurru에서 적시에 달려와 람세스 2세를 도와 히타이트군을 격파한다. 이때 이집트의 프타Ptah 사단 역시 남쪽에서 달려와 합류함으로써 이집트가 역전승하게 된다.

아부심벨Abu Simbel의 신전 벽에는 람세스 2세가 카데시 전투에서 무용을 떨치는 장면이 그려져 있다. 람세스 2세의 장례 신전(라메세움)의 부조에도 히타이트군이 참패하는 모습이 표현되어 있다. 카데시 전투에서 히타이트군의 매복 작전은 실패하고 이집트군이 역전승하여, 히타이트 전차부대는 엄청난 손실을 입었다. 하지만 이것은 이집트의 전술적 승리에 불과했다. 이집트군은 카데시를 함락하지 못했다. 이집트군은 보급선이 너무 긴 탓에 남쪽으로 철수한다. 카데시 전투 이후 결국 히타이트인이 시리아 전부를 차지하게 되고, 이집트의 세력 범위는 가나안으로 축소된다. 또한 이집트는 자주 반란에 직면하게 된다. 람세스 2세는 어쩔 수 없이 다시 북쪽으로 원정을 가게 된다. 기원전 1296(혹은 기원전 1271)년에 그는 다푸르Dapur를 공격했다. 다푸르는 아마도 카데시의 북쪽에 자리했을 것이다. 람세스 2세는 다푸르를 함락하긴 했지만 오래 가진 못했다. 이집트와 히타이트는 결국 상대를 철저히 격파하지 못한 채, 평화조약을 맺음으로써 세력 범위를 정하게 된다.[7]

당시 히타이트의 동쪽에서는 아시리아의 위협이 날로 심해졌다. 아시리아가 미탄니를 병탄한 것도 바로 이 시기다. 히타이트의 속국 미탄니의 멸망으로 인해 히타이트와 아시리아 사이에는 완충지대가 사라지게 된다. 히타이트가 일찍이 카시트-바빌론과 체결한 반아시리아 연맹 역시 종결을 고했다.[8] 카데시 전투가 있은 지 16년 후, 히타이트 국왕 하투실리Hattusili 3세(재위 기원전 1267~기원전 1237)는 마침내 이집트와 '카데시 평화조약'(기원전 1259?)을 맺는다. 이집트는 적어도 가나안을 굳게 지킬 수 있었다. 히타이트는 람세스 2세에게 공주를 시집보냈다. 이 평화조약의 이집트어 판본은 카르나크Karnak 아문 신전의 벽에 새겨져 있다. 독일 고고학 팀은 1906~1908년에 히타이트 수도 하투샤에서 발굴한 왕실 문서고의 3만 점에 달하는 점토판에서 히타이트어 판본을 찾아냈다.

히타이트의 서쪽 지역과 에게해의 관계

에게해에 가까운, 히타이트 서쪽의 아히야와Ahhiyawa는 일찌감치 히타이트인의 시야에 들어왔다. 아히야와인은 아마도 그리스 아카이아Achaea인일 것이다. 호메로스는 미케네 전사를 아카이아인이라고 칭했다. 그렇다면 아카이아인의 공격을 받은 트로이는 바로 히타이트 문헌에 나오는 윌루사Wilusa일 것이다. 히타이트는 윌루사와 내내 우호적인 관계를 유지했던 듯한데, 공수攻守 동맹을 맺기까지 했다. 이는 아마도 서부의 강국 아르자와에 공동으로 맞서기 위해서였을 것이다.

호메로스 서사시가 사실이라면, 윌루사는 아히야와인에게 멸망당했다. 히타이트 문헌에도 이에 대한 기록이 있게 마련이지만, 문헌은 결코 완전하지 않고 단지 추적할 만한 실마리가 존재하는 정도다. 히타이트 정부는 우가리트(오늘날 시리아 경내의 최대 항구도시)에 아히야와인의 상품에 대한 운송 금지 명령을 내린 적이 있다. 트로이는 여러 차례 파괴되고 재건되었기 때문에, 트로이가 함락된 일이라 할지라도 호메로스 서사시에 나오는 망국의 비통함이 관련 자료에 반드시 나타나는 건 아니다. 호메로스의 서사시에서도 아카이아인이 점령군을 남겨두었다고는 하지 않았는데, 그들은 아마도 공로 없이 돌아갔을 것이다. 목마 작전으로 트로이를 폐허로 만든 이야기는 훗날에 첨가된 것이다. 그러니 이 일이 히타이트 문헌에서 거대한 반향을 일으킬 것은 없었다.

히타이트 문헌에 출현하는 밀라완다Millawanda는 한동안 아히야와인의 통제 아래에 있었는데, 훗날 고대 그리스의 도시국가 밀레투스Miletus와 동일시된다. 밀레투스는 서양 철학의 탄생지다. 만약 밀레투스가 히타이트 문헌의 밀라완다라면, 철학 기원지로서의 밀레투스의 역사는 청동기시대로까지 거슬러 올라갈 수 있다. 아히야와·밀라완다의 지명에 대해서는 히타이트 학자마다 견해가 다르다. 어떤 이는 아히야와인이 아카이아인이라는 것을 기본적으로 부정하는데, 아히야와인이 에게해와는 무관하며 순전히 소아시아 내륙에 속하는 집단 내지 오래된 나라였을 것이라고 추측한다.[9] 또한 밀라완다는 마르마라해 일대였을 것이라고 추측한다. 하지만 그렇다면 고전 그리스 이전의 미케네 역시 강력했는데, 에게해 맞은편에서 전쟁을 일으킨 적이 없었을까? 또한 히타이트 문헌에 흔적을 남기지 않을 수 있었을까?

말석에 자리한 바빌론

아마르나의 외교 문서에는 카시트-바빌론의 국가 문서도 있는데, 이집트가 보기에 카시트-바빌론은 형제급에 속하는 나라였다. 사실 청동기 중후기 근동의 패권 경쟁에서 카시트-바빌론은 비교적 소극적인 방관자의 태도를 취했다. 티그리스-유프라테스강 유역 하류의 패권 시대는 이미 지나갔다.

카시트 왕조를 세운 카시트인은 자그로스 산지 민족이다. 하지만 카시트인은 아카드를 멸망시킨 구티인과는 다른데, 통치계층 중에는 인도유럽인이 있었다. 인도유럽인이 카시트인에게 전차 사용법을 가르쳐주었을 것이다. 카시트인은 438년 동안(기원전 1595~기원전 1157) 바빌론을 통치했다. 고대 바빌론제국이 히타이트인에게 멸망당한 뒤, 카시트인이 그 틈을 채웠을 때는 이미 여덟 번째 왕이 재위했을 때였다. 그로부터 80년 뒤에 카시트인은 사람들에게 잘 알려져 있지 않은 소위 '바닷가의 땅the Sealand'을 멸망시킨 뒤에야, 토양이 이미 염화鹽化된 수메르 지역을 비로소 다시 바빌론 치하에 둘 수 있었다. 티그리스-유프라테스강 중하류를 견고히 한 카시트인에게는 유역 전체를 통일하려는 야심이 없었다. 그들은 아시리아와 두 차례의 협정을 맺어 사마라 일대를 분계선으로 삼았다. 이로써 티그리스-유프라테스강 유역은 정식으로 남방의 바빌로니아와 북방의 아시리아로 나뉘게 된다.[10] 아무튼 카시트인이 바빌론을 차지하기 이전에 건국했던 때부터 계산하자면, 카시트 왕국은 총 576년 9개월 동안 존재했다.[11] 그런데 티그리스-유프라테스강 유역에서 카시트 왕국의 역사는 상당히 홀시되었다.

카시트인은 설형문자로 기록한 자국어를 남기지 않았다. 단지 아카드어 문헌에 보이는 카시트 이름과 용어를 통해서, 카시트어가 이란의 엘람어와 얼마간 연관이 있을 것이라고 추측할 따름이다. 카시트인 중에 인도유럽인이 있었다는 것은 그들이 숭배했던 신의 이름을 통해서 추측할 수 있는데, 카시트인은 아카드와 바빌론의 신을 더 많이 숭배했다.

카시트인은 수메르의 성스러운 도시 우르를 재건하고 거대한 지구라트를 남겼다. 카시트 왕조는 히타이트인에 의해 포로가 되었던 마르두크 신상을 되찾아왔다. 또한 카시트인은 신의 말씀을 빙자하여 히타이트인의 거주지에서 24년 동안 머물렀는데, 외지에서 바빌론의 무역을 촉진하기 위해서였다고 한다.[12]

카시트인은 티그리스-유프라테스강 유역의 옛 문명을 매우 존중했다. 카시트인의 공적은 바빌론의 문화유산을 구한 것이다. 그들은 천문과 의학 서적을 베껴 쓰고 정리하고 분류했다. 또한 그들의 서기書記는 방언과 구별되는 바빌론 표준어를 제정했다. 하지만 카시트인은 바빌론의 종교를 보다 미신적이고 숙명적인 방향으로 향하게 한 듯하다.

청동기시대의 총붕괴

고대 근동의 청동기 후기의 국제 질서는 일련의 민족 대이동으로 인해 종지부를 찍게 된다. 연구가 충분히 이루어지기 전에는, 이 민족 대이동을 하나의 조류로 간주했다. 이 민족들은 발칸에서 남하했는데, 한 갈래는 그리스반도로 들어가 미케네 문명을 끝장내고(제10장 참조) 고전기의 도리아인이 되었으며 에게해 지역의 대혼란을 조성했다. 다른 한 갈래는 아나톨리아로 몰려 들어가 히타이트제국을 멸망시켰다. 바다에서 급습한 이들은 오늘날 시리아 북부의 항구도시 우가리트를 지도에서 지워버리고 키프로스의 청동기 문명을 때려 부순 뒤, 지중해 동부 연안을 따라 남하하며 공격을 자행하면서 기세등등하게 이집트로 돌진했지만 이집트 국경 밖에서 저지되었다. 서에서 동으로, 북에서 남으로 오면서 모든 것을 쓸어버린 이들은 이집트인에 의해 '해양 민족the Sea Peoples'으로 칭해졌다. 이 명칭은 그들이 바다에서 왔다는 것 외에는 우리에게 아무것도 말해주지 않는다.

　문명 세계의 총붕괴에 관한 이상의 그림은 로마제국의 쇠망사에 빗댈 수 있다. 그런데 로마제국의 멸망은, 흉노가 유럽으로 와서 고트인이 도망치게 된 때부터 시작해 마지막으로 랑고바르드인이 이탈리아를 침입하면서 일단락을 고하기까지, 즉 4세기 후반부터 6세기 후반까지 꼬박 두 세기에 걸쳐 진행되었다. 만약 노르만인(바이킹인)에 의한 최후의 게르만족 대침입까지 계산에 넣는다면, 잇따른 민족 이동의 해일과 여진은 10세기에 이르러서야 비로소 잠잠해진 것이다. 잇따른 민족 이동의 공통된 유인誘因은 문명 지대의 약화다. 하지만 각각의 구체적인 이동

람세스 3세 장례 신전의 기념비에 새겨진 '해양 민족' 전쟁포로의 형상

에는 특수한 시공간적 배경이 있으며, 그것들을 하나의 과정으로 뭉뚱 그려 보아서는 안 된다.

　제19왕조의 람세스 2세는 왕위에 오른 지 2년째 되던 해에 해양 민족의 침입에 대처해야 했다. 람세스 2세는 나일강 삼각주에서 침입자를 격파하고 전쟁포로를 자신의 군대에 편입시켜 히타이트제국과 전쟁하던 전방으로 그들을 보냈다. 이는 전조에 불과했다. 전쟁포로로서 재편성된 해양 민족은 전방으로 가서, 전성기의 히타이트제국과 싸웠다. 청동기시대 후기 문명의 총붕괴까지는 아직 어느 정도의 시간이 있었지만, 미래의 골칫거리가 비롯될 징조가 보였다. 해양 민족은 람세스 2세의 아들인 파라오 메르네프타Merneptah(재위 기원전 1213~기원전 1203)가 재위한 기간에 또 침범했다. 메르네프타는 나일강 삼각주 서단에서 해양 민족과 리비아인의 연합군을 격파했다.

　이때 그리스반도와 히타이트 내륙에서는 대멸망이 잇따랐다. 청동기시대의 찬란한 문명인 미케네 왕국과 히타이트제국이 잇따라 지도에서 사라졌다. 기원전 1200년 전후, 그리스반도의 미케네 궁전을 중심으로 한 문명이 금세 멸망한 것이다. 그리스반도는, 문자 사용이 소실되고 청동공업이 쇠락하고 도기 제작이 조잡해진 암흑의 시대로 접어들었다. 400년 뒤에 문명의 서광이 다시 나타났을 때는 이미 철기가 보편적으로 응용되었으며, 다른 방언이 사용되었고, 페니키아어를 응용해 개조한 자모가 출현했다. 또한 정치 조직은 왕국이 아닌 도시국가였다. 이러한 단열은 상당히 심각한 것이었다. 오늘날의 고고학은 도리아인의 침입설을 대폭으로 수정했다. 어떤 궁전들은 확실히 불태워졌고, 어떤 궁전들은 지진으로 파괴되었다. 지진은 예전에도 발생했지만 이때부터는 더 이상 재건되지 않은 것인데, 이

파라오 메르네프타

는 이미 최후의 날이 도래했음을 말해준다. 야만족의 침입에서 대부분 부유한 도시만 공격당했는데, 이 기간에 농촌 인구 역시 격감했다. 아마도 급성 전염병이 창궐했을 것이다. 이는 고고학으로 증명할 수 없는 일이지만, 가장 설득력을 지닌다.[13] 도리아인은 미케네의 내륙이 황폐화된 이후에야 이주해 들어온 것이다.

히타이트의 멸망에 대한 기존의 상당히 편리한 해석은, 북방 야만족의 한 갈래가 그리스반도로 진입한 한편 또 다른 갈래인 프리기아Phrygia 인이 동쪽 아나톨리아로 진입해 히타이트제국을 멸망시켰다는 것이다.

사실상 프리기아인의 도래는 히타이트제국 멸망보다 400년 이후의 일이다. 그들이 히타이트인을 맞닥뜨렸을 리는 없다. 약간의 실마리에 따르면, 하투실리 3세부터 마지막 왕 수필루리우마 2세에 이르기까지 히타이트제국에는 계속해서 기근이 발생했다. 큰 강이 없는 아나톨리아의 험한 산지에서는 외국으로부터 구제 식량을 들여오는 것도 불가능했다. 결국엔 중앙 정부조차도 해변 지역으로 옮겨갔을 것이다. 군대가 철수한 상태에서 내륙은 북방의 산지 민족에게 점령되었을 것이다.[14]

히타이트제국의 멸망은 천천히 진행되었을 것이다. 때문에 히타이트제국의 소멸로 발생한 영향은 크지 않았다. 그것은 현대 소련의 해체와는 전혀 다른 것이었다. 히타이트는 멸망한 뒤 후세에 완전히 잊혔다가 19세기의 고고학 발굴을 통해 비로소 다시 세상의 빛을 보게 된다. 히타이트제국이 점차 통제력을 잃어가던 시기는, 해양 민족이 동지중해에서 가장 활개를 치던 때였다. 지중해 동부의 항구도시 우가리트는 망국 직전의 위급함을 알리는 점토판 문서를 남겼다. 우가리트 국왕이 키프로스 국왕에게 토로한 내용으로, 자국의 부대와 선박이 죄다 종주국인 히타이트에 의해 서부 지역으로 이동한 탓에 현재 국방이 부실한 상태라는 것이다.[15] 이로써 우가리트는 역사에서 사라졌다. 근대 고고학이 우가리트를 세상에 다시 드러나게 했다. 키프로스 역시 해양 민족의 공격을 받았는데, 그 이후 이 섬의 주민은 그리스 이민자로 대거 채워졌다.

우가리트와 키프로스의 기록이 가장 명확하기 때문에, 해양 민족의 소굴이 아마도 오늘날 터키와 시리아의 겨드랑이에 해당하는 실리시아Cilicia였을 것이라는 생각을 불러일으킨다. 실리시아는 로마 시기에 이르러서도 여전히 지중해의 해적 총본부였다. 우가리트의 멸망은 아마도 파라오 메르네프타의 나일강 삼각주 전투 이후일 것이다. 해양 민족에게는 장기간 출몰하던 기지가 있었고, 그들은 지중해 동부 연안 전역에서 빈번한 소란을 일으켰다. 하지만 해적(9세기~10세기의 바이킹인을 포함)이 전체 문명의 멸망을 가져올 수 있었던 적은 없다.

인정할 수 있는 것은, 청동기시대 후기의 국제 질서가 붕괴되어가고 있었다는 사실이다. 파라오 메르네프타 시기에, '이집트 탈출'을 한 이스라엘인은 이집트제국의 아시아 세력 범위였던 가나안에서 정복 활동을 펼쳤다. 카이로박물관에 소장된, 해양 민족과 리비아인을 상대로 승리를 거둔 메르네프타의 전승기념비에는 '이스라엘'이 처음으로 언급되어 있다. 제20왕조의 파라오 람세스Ramesses 3세(재위 기원전 1186~기원전 1155)는 해양 민족의 이주 물결을 국경에서 막아내고 그들에게 심한 타격을 주게 된다.

기원전 1178(혹은 기원전 1175)년, 대략적으로 미케네와 히타이트가 멸망한 뒤에 람세스 3세는 나일강 삼각주에서 아시아에 가장 가까운 곳, 즉 훗날에 그리스인이 '펠루시움Pelusium'이라고 칭한 곳의 해전과 육전에서 해양 민족의 침입을 물리쳤다. 육상 전투 그림에서 묘사한 해양 민족은 처자식을 데리고 있으며, 전쟁에 임한 모습이 전혀 아니다. 이들은 이집트의 무력에 의해 차단된 이민의 흐름이다. 학자들은 이집트 파라오의 기념비에 묘사된 해양 민족의 형상을 통해 그들이 크레타섬, 시칠리아섬, 사르디니아섬, 코르시카섬 등지에서 왔을 것이라고 추측한다. 또 어떤 이는 그들을 그리스의 유민으로 본다. 앞에서 언급한 수정주의의 견해에서는 해양 민족의 근거지를 실리시아에 두는데, 그들의 기원지가 아나톨리아 서부 내륙이고 그들은 아마도 대기근의 이재민일 것이라고 본다. 그런데 이재민이 그렇게 쉽게 도적 떼가 되어 순식간에 해상 집단으로 전환되고 거대한 함대를 만들 수 있었을까?

실리시아가 람세스 2세 때 이미 해적의 소굴이 되었다고 해보자. 당시는 아직 이집트와 히타이트 두 제국의 전성기였다. 람세스 3세의 펠루

시움 전투는 그로부터 한 세기가 지난 뒤다. 실리시아라는 해적 소굴이 있었다 하더라도 설마 그 구성원에게 고정적인 근거지가 있었겠는가? 인정할 수 있는 건 다음과 같다. 청동기시대 후기에 이르러 지중해, 특히 동부의 해상 교통이 이미 상당히 발달했고 상인과 외교 사절의 여행도 매우 원활했다. 그렇다면 비교적 낙후한 지중해 서쪽 지역에서 풍요로운 동쪽을 기습할 루트도 당연히 열렸을 것이다. 서쪽 지역의 세력은 동부의 문명 지대가 쇠퇴하길 기다렸다가 기회를 엿보아 움직였던 것이다.

　해양 민족의 대침입이 근동의 청동기시대 총붕괴의 유일한 전선戰線은 결코 아니다. 앞에서 말했듯이, 동시에 발생한 이스라엘인의 이집트 탈출은 이집트의 아시아 몫을 잠식했다. 또한 기원전 1155년, 엘람Elam 인은 바빌론을 함락하고 카시트 왕조를 멸망시켰다. 카시트 왕조는 그 어떤 왕조보다도 오랫동안 바빌론을 통치했으며, 대체로 안정과 풍요를 유지했다. 카시트 왕조는 전쟁을 일삼지 않았고 그닥 다채롭지 않았으며, 후대인에게 등한시된 왕조다. 카시트 왕조는 멸망 이후 역사 속에서 먼지로 뒤덮였다. 청동기시대 말기의 전체적인 상황을 놓고 보면, 아마르나 국제 질서 속에서 또 하나의 형제급 국가가 멸망한 것이다. 이집트는 해양 민족의 침입을 막아내긴 했지만, 신왕국 역시 기원전 12세기 중기(람세스 4세 시대)에 끝이 난다. 철기시대로 들어선 이집트는 별로 볼 것이 없다.

주

1. J.G. MacQueen, *The Hittites and Their Contemporaries in Asia Minor*, revised and enlarged edition (London, UK: Thames & Hudson, 2001), p. 27.

2. J.G. MacQueen, *The Hittites and Their Contemporaries in Asia Minor*, revised and enlarged edition, p. 35.

3. 이 책에서는 'Hittite'와 'Hatti'로 각각 인도유럽어에 속하는 신히타이트와 인도유럽어에 속하지 않는 구히타이트를 나누어 칭하는 방법을 취하지 않았다. 양자는 원래 하나의 명칭인데, 『구약성경』의 영역英譯으로 인해 문제가 파생된 것이다.

4. Manuel Robbins, *Collapse of the Broneze Age: The Story of Greece, Troy, Israel, Egypt, and the Peoples of the Sea* (New York: Authors Choice Press, 2001), p. 36.

5. Martin Bernal, *Black Athena, The Afroasiatic Roots of Classical Civilization* (New Brunswick, NJ: Rutgers University Press, 1996), p. 201.

6. Cyril Aldred, "Egypt: The Amarna Period and the End of the Eighteenth Dynasty," in *The Cambridge Ancient History*, Third Edition, vol II, Part 2, *History of the Middle East and the Aegean Region c. 1380-1000 B.C.* (Cambridge and New York: Cambridge University Press, 2006), pp. 51~52.

7. R. O. Faulkner, "Egypt: From the Inception of the Nineteenth Dynasty to the Death of Ramesses III," in *The Cambridge Ancient History,* Third Edition, vol II, Part 2, pp. 227~229.

8. J. M. Munn-Rankin, "Assyrian Military Power, 1300~1200 B.C.," in *The Cambridge Ancient History,* Third Edition, vol II, Part 2, p. 282.

9. J.G. MacQueen, *The Hittites and Their Contemporaries in Asia Minor*, pp. 39~41.

10. Georges Roux, *Ancient Iraq*, new edition (London & New York: Penguin Books, 1992), p. 248.

11. D.J. Wiseman, "Assyria and Babylonia, c. 1200~1000 B.C.," in *The Cambridge Ancient History*, Third Edition, vol II, Part 2, p. 447.

12. C.J. Gadd, "Hammurabi and the End of His Dynasty," in *The Cambridge Ancient History*, Third Edition, vol II, Part I, *History of the Middle East and the Aegean Region c. 1800-1380 B.C.* (Cambridge, UK & New York, 2006), p. 226.

13. Manuel Robbins, *Collapse of the Bronze Age*, pp. 141~142.

14. Ibid, pp. 195~203.

15. Ibid, pp. 187~188.

제10장

에게해의
고대 문명

트로이 전쟁

기원전 8세기에 살았다고 전해지는 시인 호메로스는 인류 문명에 『일리아드』와 『오디세이』라는 두 서사시를 남겼다. 그 내용은 기원전 12세기 초의 트로이 전쟁과 관련된 것이다. 트로이는 오늘날 터키 서북쪽, 다르다넬해협 초입에 자리했다. 그리스인은 호메로스의 출생지를 고대 그리스 이오니아Ionia인의 도시 스미르나Smyrna, 즉 오늘날 터키의 이즈미르Izmir라고 본다. 또 다른 설에서는 고대 그리스 이오니아해안의 키오스Chios섬이라고 하는데, 이곳은 지금도 그리스 영토에 속한다. 소아시아 서쪽 끝에 자리한 키오스섬은 터키와 작은 해협을 사이에 두고 있다. 전통적인 견해에서는, 호메로스가 에게해 중부에 자리한 키클라데스Cyclades제도의 이오스Ios에서 죽었다고 본다.

지리적으로 보자면, 호메로스가 살았던 곳은 유럽과 아시아에 끼어 있는 지점이다. 그가 에게해 양쪽 기슭의 전쟁을 서사시로 읊은 것은, 고대 그리스 문명의 기초 텍스트를 창작한 것이다. 아나톨리아가 청동기 시대로 진입한 뒤, 가장 먼저 이곳을 대표한 지역은 내륙의 히타이트와 에게해에 접한 트로이다. 트로이 유적지는 적어도 9층으로 이루어져 있다. 즉 연속적으로 거주한 자취를 지니고 있는 것이다. 하지만 1870년대 이전까지 트로이는 그저 이야기일 뿐이었다. 일반적인 유럽인은 트로이가 허구이며 시인의 상상일 뿐이라고 생각했다. 어떤 독일 상인이 자비를 쏟아 이 유적지를 발굴함으로써 트로이는 세상의 빛을 보게 된다.

이 아마추어 고고학자는 바로 하인리히 슐리만Heinrich Schliemann (1822~1890)이다. 그는 어려서부터 아버지한테서 들은 트로이 전쟁 이야기에 매혹되었다. 아버지는 그저 이야기를 해준 것이었지만, 아이는 그것을 사실로 여겼다. 그리고 이 도시를 발굴하겠다는 평생의 뜻을 품었다. 훗날 슐리만은 장사를 해서 부를 쌓는다. 자신의 꿈을 이루기 위해서 자금을 마련한 것이었다. 1873년에 그는 마침내 소원을 이루게 된다. 그는 호메로스 서사시가 제공한 단서에 근거했다. 즉 트로이는 스카만데르Scamander강 북쪽 평원의 산비탈에 있다고 했는데, 결국 터키의 히살리크Hissarlik에서 트로이 유적지를 발견한 것이다.[1] 사실 슐리만은 이곳에 와서 살던 영국 아마추어 고고학자의 도움을 받았다. 세상을 깜짝 놀라게 한 대발견은 공동으로 이룬 것이다. 당시에 고고학은 아직 전문화가 이루어지지 않았을 때였다. 때문에 유적지 발굴은 지하자원을 탐측하는 행위와 큰 차이가 없었다. 트로이 발굴의 공신 슐리만은 트로이 유적지를 파괴하기도 했다. 전면적인 복원 작업은 20세기 미국과 독일의 전문 발

트로이 전쟁의 목마

미케네 무덤에서 출토된 황금 가면

굴 팀에 의해 이루어졌다. 이 작업은 여전히 진행 중이다. 적어도 9층으로 이루어진 트로이 유적지에서, 전쟁으로 파괴된 제7층 A가 바로 호메로스 서사시에 나오는 트로이라고 추정된다.

고고학자가 평생에 걸쳐 트로이 같은 유적지를 발견한 것만으로도 후세에 이름을 남기기에 충분한데, 슐리만은 연속으로 두 곳을 발굴했다. 그는 트로이 전쟁의 또 다른 적수였던 아카이아인의 맹주 미케네 역시 다시 세상의 빛을 보게 하고 싶었다. 1876년에 슐리만은 그리스반도 남단의 미케네에서 무덤을 발굴했다. 슐리만이 가장 먼저 미케네를 발견한 것은 아니다. 그리스 고고학자 키리아코스 피타키스Kyriakos Pittakis(1798~1863)가 이미 1841년에 미케네의 '사자문'을 발굴했다. 슐리

만은 국제적 명사로서의 명성과 자원에 힘입어 이곳을 전면적으로 발굴한 것이다.

미케네의 무덤에는 비교적 오래된 수혈식 무덤shaft grave과 보다 나중의 돔 형태의 무덤tholos grave이 있다. 수혈식 무덤에 있던, 장례용 황금 가면을 쓴 시신을 두고 슐리만은 그가 아가멤논Agamemnon 왕이라고 했다. 그리스와 트로이의 전쟁 이야기에 따르면, 아가멤논 왕은 트로이를 공격해 승리를 거둔 뒤 귀국하자마자 왕비와 그 정부에 의해 암살된다. 슐리만의 끼워 맞추기식 태도는 일찍이 트로이 발굴에서도 찾아볼 수 있다. 그는 트로이 유적지에서 출토된 황금 장신구를 '헬레네 왕비의 장신구'라고 칭했다. 그는 미케네 무덤의 시신이 진짜 아가멤논 왕이라고 생각했다.[2] 하지만 오늘날의 연구에 따르면, 이 가면의 연대는 기원전 1550~기원전 1500년이다.

미노스의 미궁

슐리만은 여전히 만족하지 못했다. 그는 더 나아가서, 호메로스가 "검푸른 바다 가운데에 놓였다"고 시처럼 묘사한 미노스 왕국을 발굴하고자 했다. 크레타섬으로 간 슐리만은 발굴에 착수하기 전에 세상을 뜨고 말았다. 그가 완수하지 못한 일은 영국 옥스퍼드대학의 고고학자 아서 에반스경Sir Arthur Evans(1851~1941)이 완성하게 된다. 크레타섬을 무대로 한 유명한 그리스 신화에 의하면, 크레타의 국왕 미노스는 해마다 소년·소녀를 바치라고 아테네에 요구한다. 미궁迷宮으로 보내진 그들은 소머리 괴물 미노타우로스Minotaur에게 잡아먹힌다. 아테네 왕자 테세우스Theseus는 미노타우로스를 죽이고자 제물로 바쳐진 이들의 행렬에 자진해서 합류한다. 테세우스는 아버지 아이게우스Aegeus와 약속하길, 임무를 성공하고 돌아오게 되면 배의 깃발을 흰 깃발로 바꾸겠다고 했다. 테세우스는 크레타섬에서 미노타우로스를 죽인 뒤, 공주 아리아드네Ariadne의 가르침대로 실타래의 실을 따라 미궁에서 탈출한다. 아리아드네는 테세우스와 함께 도망친다. 하지만 낙소스Naxos섬에서 아리아드네는 테세우스로부터 버림을 받는다. 테세우스는 돌아오는 중에 깃발을 바꾸기로 한 것을 잊는다. 테세우스의 아버지는 그가 임무에 실패한 것이라 생각하고 바다에 투신해 죽는다. 이로 인해 그 바다는 '에게해Aegean Sea'라고 명명되었다.[3]

아서 에반스는 1900년에 크레타의 크노소스Knossos에서 발굴에 착수해 청동기시대의 궁전을 출토했다. 그 이전에 이미 크레타섬의 문명을 '미노스'라고 명명한 이가 있었는데, 에반스의 발굴을 통해 실물로 증명된 것이다. 미노스 문명은 마침내 그리스보다 오래된 또 다른 에게해 문명의 명칭이 되었다. '미노스궁'으로 명명된 크노소스궁의 복도는 미궁과 상당히 비슷하다. 기둥은 나무로 만들어졌는데, 위가 굵고 아래가 좁은 형태이고 나무의 아래쪽이 위를 향하고 있다. 이는 목재에서 뿌리가 다시 자라는 것을 방지하기 위한 듯하다. 왕비의 침실에서는 서양 최초의 수세식 변기(인더스강 유역 문명보다는 늦다)가 발견되었다.

크노소스궁의 중심은 '옥좌의 방throne room'이다.[4] 석제 왕좌 주변에는 벽화가 그려져 있다. 크노소스궁은 아름다운 벽화로 인구에 회자된다. 놀랍고 이상한 것은 통치자의 상이 보이지 않는다는 사실이다. 통치자의 복식에 대해서도 그 어떤 정보가 없다. 이는 이곳의 왕에 대한 관념이 이집트 및 티그리스-유프라테스강 유역과는 매우 달랐음을 말해준다.[5] 크노소스궁 벽화에는 허리가 가는 남성, 권투하는 소년, 돌고래와 문어 등이 그려져 있다. 가장 유명한 것은, 맹렬하게 돌진하는 소의 뿔을 두 손으로 잡고 소의 등 위로 공중제비를 넘는 그림이다. 이는 오늘날 생리학으로 보자면 불가능한 일이다. 이 벽화의 곡예 장면은 오늘날 스페

뱀을 쥐고 있는 여신

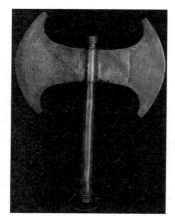

양날 도끼

인의 투우와 비슷하다. 벽화 중에는 소의 희생을 나타낸 것도 있는데, 종교 제의의 중요한 일환이었던 듯하다. 크노소스 유적지에는 소뿔 형태의 제단이 있는데, 이런 형태의 제단은 훗날 근동 각지에 두루 퍼진다.

크노소스 유적지에서 출토된 양날 도끼 역시 소의 뿔에서 영감을 얻은 것인 듯하다. 소에 대한 이러한 숭배가, 당시 그리스반도 사람들이 보기엔 나쁜 신인 소머리 괴물 미노타우로스에 대한 숭배로 간주되었다. 하지만 고대 이집트에서는 여신 하토르가 소뿔을 머리에 쓰고 있었으며, 신성한 소 아피스에 대한 숭배 역시 이집트에서 내내 지속되었다. 미노스 문명에도 여신 숭배가 있었다. 양손에 각각 뱀을 쥐고 있는 여신의 상은, 허리가 꽉 조이는 긴 치마를 걸치고 가슴을 드러낸 모습이다. 캉캉 스타일의 치마는 마치 19세기 파리 여성의 패션 같다.

미노스 문명의 소 숭배와 여신 숭배는 아마도 이집트와 관계가 있을 것이다. 티그리스-유프라테스강 유역의 여신 숭배와 비교하자면, 이집트의 여신은 늘 태양 숭배에 가려졌고 크레타섬에는 뚜렷한 태양 숭배가 없었다. 소 숭배는 확실히 이집트에서 발달했다. 크레타섬의 문자는 최초 단계에서는 이집트 상형문자의 영향을 받았을 것이다. 하지만 아나톨리아의 루비 상형문자의 영향을 받았을 가능성도 배제할

| 미노스 문명의 선형문자 | 미노스 문명의 쇠뿔 형태의 제단 |

수 없다. 크레타섬의 문자는 독특한 선형문자로 발전했는데, 전문가들은 그것을 선형문자 A$_{Linear A}$와 선형문자 B로 나누었다.

선형문자의 해독 과정은 그 자체로 역사에 기록될 만하다. 1936년에 85세의 아서 에반스경이 크레타섬의 고고 발견에 관한 전시회를 왕실 아카데미에서 열었는데, 14세의 마이클 벤트리스$_{Michael Ventris}$(1922~1956)가 그 전시회에 들르게 된다. 크레타 선형문자가 아직 해독되지 않았다는 것을 알게 된 벤트리스는 마침내 이 난관을 돌파하겠다는 뜻을 세운다. 이후 그는 선형문자 B를 해독했는데, 교통사고로 사망했다. 선형문자 A는 지금까지도 해독되지 않았다. 벤트리스 본인도 뜻밖이라 여긴 것은, 선형문자 B는 매우 오래된 그리스어인데 선형문자 A는 무엇인지 알 수 없고 양자 간에는 선명한 단층이 나타난다는 점이다.[6]

선형문자 B를 해독하기는 했지만 거기에서 인명을 찾아내지는 못했다. 크노소스궁에서 출토된, 문자가 새겨진 점토판은 죄다 창고의 물품과 지출에 관한 기록이다. 하지만 이는 그리스인이 에게해 지역으로 진입한 연대를 훨씬 더 앞으로 끌어올리기에 충분하다. 즉 그들의 도래는 청동기시대 총붕괴 때의 '야만족의 대이동'의 일환이 아니었던 것이다. 점토판의 기록은 그리스인의 도래 이전에 존재했던 원주민의 문명을 밝히는 데도 도움이 된다. 20세기 초에 출토된 그 기록으로 인해 서양사의 제1장을 다시 쓰게 되었다. 그 충격은 이처럼 거대했다. 프로이트는 미노스 문명을, 의식되지 않은 마음의 상태인 무의식에 비유하기도 했다.

그리스인이 도래하기 이전

에게해가 '그리스'로 변하기 이전, 우리에게 알려져 있는 최초의 청동기 문화는 남쪽과 북쪽에 각각 존재했다. 북방의 청동기 문화는 렘노스Lemnos, 레스보스Lesbos, 키오스Chios, 사모스Samos 등의 섬과 트로이 임해 지역에 집중되어 있다. 에게해 동북쪽에 속한 이곳들이 트로이와 관련이 있는 것은 이상할 게 없다. 트로이는 아나톨리아의 가장 오래된 문화 중심지 두 곳 가운데 하나다. 남방의 청동기 문화는 에게해 중앙의 키클라데스제도에 자리한다. 서쪽으로는 그리스의 아티카Attica반도, 즉 훗날의 아테네 소재지를 포함하며, 동남쪽으로는 도데카네스제도The Dodecanese까지 뻗어 있다. 도데카네스제도는 12개의 큰 섬과 150여 개의 작은 섬으로 이루어져 있으며, 소아시아의 서남 기슭에 바싹 달라붙어 있으면서 크레타해의 동쪽 가장자리를 구성한다. 에게해 청동의 납 성분 분석에 따르면, 그것은 유럽 대륙이 아닌 북쪽에서 비롯되었을 것으로 보인다. 에게해 열도는 청동 기술의 전파 벨트가 되었다. 렘노스섬의 폴리오크니Poliochni는 유럽 최초의 반半도시화된 중심지였고, 키클라데스제도에서는 최초의 광석 채굴과 야금의 증거가 출토되었다.[7]

북에게 문화의 핵심은 섬이다. 그 동북·서북 양측의 대륙 지역에 트로이와 트라키아가 있으며, 에게 문화의 특징은 비교적 옅다. 섬주민의 선조는 기원전 4000년 말에 소아시아에서 이곳으로 들어왔을 것이다. 처음엔 동방의 특징을 지녔지만 오랜 시간이 지나면서 섬 문화의 특징이 발현되었다. 섬에서는 농업경제가 이루어지기 어려웠기 때문에 섬

에게해 고대 문명 연구의 중심인 키클라데스제도의 문화 전승

주민은 바다로 나아가야만 했고, 대다수 취락이 소아시아 임해 지역을 향한 동쪽 기슭에 자리 잡게 되었다. 하지만 당시에 돛단배를 사용한 흔적은 없으며, 노를 저어 항해했다. 렘노스섬의 폴리오크니는 빠른 속도로 발전했는데, 다르다넬해협의 초입에 자리하여 에게해와 흑해의 요로를 장악할 수 있었던 덕분이다. 북에게 지역의 초기 청동기 문화는 죄다 동시에 파괴되었는데, 공격을 받았던 게 분명하다. 청동기시대 중기에 들어섰을 때, 트로이를 제외하곤 재건된 곳이 하나도 없다. 이와 상반되게 키클라데스제도에서는, 기존의 항구 취락 외에도 산언덕에 촌락이 출현했는데 아마도 북방에서 온 난민이 세웠을 것이다.[8]

청동기시대 중기에 이르러, 키클라데스제도의 문화는 왕성해지기 시작했다. 그 경로는 남쪽의 크레타섬과는 판이하며, 궁전 중심의 경제로 나아가지 않고 상업도시를 세웠다. 섬에는 경작지가 많지 않기에 식량은 크레타와 그리스 대륙에 의지해야 했다. 기원전 2000년 전기에 크레타는 이미 강세 문화가 되었다. 기원전 16세기 중기, 키클라데스의 항구도시는 대부분 미노스의 특징을 나타냈다. 하지만 크레타화 이전의

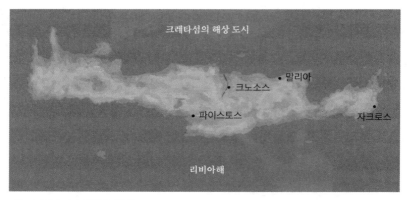

크레타섬의 해상 도시

말리아

크노소스

파이스토스

자크로스

리비아해

미노스 문명의 4대 행정 중심

키클라데스 초기 및 중기 예술(기원전 3300~기원전 2000)은 보기 드문 특
징을 지녔다. 즉 반들반들 윤이 나고 추상적인 선으로 그려진 사람의 모
습은 현대 입체파로 여겨질 정도다. 사실상 이 시기의 키클라데스 예술
은 현대 조소의 영감이 되기도 했다. 하지만 키클라데스 후기에 이르면
미노스 문명에 흡수되고 만다.

크레타섬의 청동기시대 초기, 즉 '궁전 이전 시기'에는 별다른 움직
임이 없었다. 크레타섬 제1궁전기는 기원전 1900년 무렵에 시작되었다.
그것은 궁전 중심의 경제로, 이러한 형태는 훗날 미케네 문화에 이르러
완비된다. 즉 궁전, 숭배의 중심, 집회소, 창고, 작업장으로 이루어진 총
체다. 크레타 유일의 문자가 새겨진 점토판이 궁전의 창고에서 발견되
었는데 모두 창고의 물품과 지출에 관한 것으로, 이는 궁전의 중심적 지
위를 잘 말해준다. 크레타섬을 중심으로 하는 미노스 문명은 해상국가
thalassocracy의 특징이 뚜렷하다. 전성기 크레타에는 4대 궁전 중심이 있었
다. 중부 북향의 크노소스, 중부 남향의 파이스토스Phaistos, 동북부 해변
의 말리아Malia, 최동단 해변의 자크로스Zakros다. 이들 궁전은 모두 동일
한 모델을 기초로 만들어진 것이다.[9]

크레타섬 크노소스에서 서남쪽 파이스토스를 향해 선을 그어보면, 중요한 중심은 전부 이 선의 동쪽에 자리한다. 이 선 가까이의 서쪽 지역에도 유적지가 있긴 하다. 섬의 극서부는 상당히 황량했던 듯하다. 전체적인 구도를 보면, 키클라데스제도 및 아시아 해안을 향한 방향이 비교적 번영했다. 그리스반도가 발전 지대가 된 것은 훗날의 일이며, 그 즈음에는 크레타가 쇠락하게 된다.

최초 시기의 궁전은 기원전 1750년 무렵에 파괴되는데, 그 원인은 아마 지진이었을 것이다. 혹은 외적의 침입 때문일 수도 있다. 재난 이후 재건된 제2궁전기는 이전보다 더 찬란했다. 하지만 기원전 1625년 무렵, 에게해의 티라Thera섬(오늘날의 산토리니Santorini)의 화산 대폭발로 형성된 거대한 해일의 파급 범위가 수백 마일에 달했고 전체 섬의 절반 이상이 해저로 가라앉았다. 이는 아마도 후세에 플라톤이 말한 '아틀란티스 대륙의 침몰'에 관한 전설의 원형일 것이다. 산토리니 화산 폭발로 인한 화산재는 멀리 북아프리카 해안까지 이르렀다. 그러니 크레타가 화산 폭발의 영향을 얼마나 받았을지 가히 상상이 간다. 키클라데스제도 최

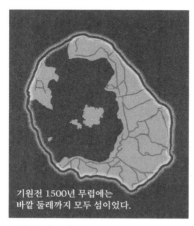

기원전 1500년 무렵에는
바깥 둘레까지 모두 섬이었다.

티라섬(산토리니)

티라섬

키클라데스제도와 에게해에서 티라섬의 위치

남단의 산토리니는 말리아와 크노소스 꼭대기에 자리한다. 산토리니섬의 아크로티리Akrotiri는 당시 중요한 상업 중심으로, 크레타의 무역 상대였다. 1967년에 현대적 고고학 발굴을 통해 이곳의 청동기시대 취락을 발견했다.

크레타가 받았을 타격을 지나치게 과장해서는 안 된다고 보는 전문가들도 있다. 크레타가 복원력을 지녔다는 것이다. 하지만 산토리니 화산 폭발 이후, 키클라데스제도에 분포한 취락에서 미노스의 특징은 감소하는 한편 미케네의 특징이 점차 강해졌다. 기원전 1450년에 이르러, 제2궁전기의 중심은 크노소스를 제외하고 전부 파괴된다. 기원전 1400년 무렵, 이곳은 미케네인의 통치하에 놓인다. 그리스어 이전의 선형문자 A가 그리스어 선형문자 B로 대체된 것도 바로 이때다.

에게해의 헬레니즘화

예술사와 고고학에서는 '헬라딕Helladic'이라는 용어로 그리스 본토의 청동기 문화를 구분한다. 초기는 세 단계로 나뉜다. 기원전 2800~기원전 2100년은 인도유럽인 이전에 속한다. 기원전 2100년~기원전 1550년은 단층을 보이는 '중기 헬라딕'으로, 미냔 도기Minyan ware가 출현했다. 한동안 학자들은 이 도기가 이곳에 들어온 새로운 집단, 즉 그리스인을 대표한다고 여겼다. 하지만 현재 학계에서는 이를 인정하지 않는다. 심지어 도기의 형태를 집단과 동일시하는 것부터 문제가 있다고 본다. 또 어떤 이는 미냔 도기가 단층을 나타내는 것은 결코 아니라고 본다.

미냔 도기를 차치하더라도, 학계에서는 기원전 3000년부터 기원전 2000년 사이에 새로운 집단이 에게해 지역에 들어왔다는 것을 인정하는 편이다. 그들은 아마도 이오니아인과 아이올리스Aeolis인일 것이다. 어떤 이는 미케네인이 기원전 16세기에 이곳에 들어왔고 뒤이어 기원전

중기 헬라딕의 미냔 도기

12~기원전 11세기 즈음에 도리아Doria인이 도래했다고 본다. 오늘날의 견해로는, 이오니아인·아이올리스·미케네인이 먼저 들어왔고 다음으로 도리아인이 들어왔다고 본다.

에게해 지역에 새로운 집단이 도래한 시기를 셋으로 나눈다면, 가장 처음은 중기 청동기시대로의 과도기에 발생했다. 이는 앞에서 언급했던, 히타이트인이 고대 근동으로 진입한 것과 동일한 시기에 이루어진 흐름이다. 이 과도기에 인도유럽인이 발칸에서 나와 아나톨리아로 들어왔다. 그리스반도에 머문 이들은 그리스인의 조상(이오니아인과 아이올리스인의 공동 조상)이 되었고, 소아시아로 들어간 이들은 루비인과 히타이트인이 되었다. 또 인도유럽인은 캅카스로부터 소아시아로 진입했을 것이다. 중부에 모여 살던 이들은 히타이트인이 되고, 서부에 모여 살던 이들은 루비인이 되었다. 이주의 흐름은 계속되어, 바다를 건너 발칸으로 들어가서 그리스인의 조상이 되었다. 인도유럽어족의 이 대가족 중에서 히타이트어·그리스어·아르메니아어는 모두 이른 세대의 것으로, 가까운 친척과 같다. 그 다음은 미케네 그리스인의 도래로, 후기 청동기시대로의 과도기에 이루어졌다. 그들은 발칸 최남단의 펠로폰네소스반도로 들어와 정착했다. 마지막 세 번째는 도리아 그리스인의 도래로, 청동기시대 총붕괴 시기 또는 그 후속으로 이루어졌을 것이다.

그리스인의 대이동을 두 흐름으로 나눈다면, 이오니아인·아이올리스인·미케네인이 동일한 흐름에 속한다. 그리스인의 대이동을 로마제국 멸망사에 있어서 게르만족의 대이동과 비교해보자. 게르만족의 대이동 과정은 무려 700년에 달하며, 10여 차례의 흐름으로 나뉜다. 4세기 말 서고트인이 가장 먼저 로마 세계로 들어온 이래, 5세기 초의 반달Vandal인, 5세기 중반의 프랑크인·앵글로색슨인·동고트인, 6세기의 랑고바르드인, 8~11세기의 바이킹인으로 이어졌다. 바이킹인은 또 여러 갈래로 나뉘어 서로 다른 지역으로 들어갔다. 문제는 게르만족의 대이동은 관련 기록이 있지만, 청동기시대 중후기 에게해 지역의 경우에는 고고학 정보에 의지할 수밖에 없다는 것이다. 에게해 지역에서 이루어진 민족 대이동이 단지 세 차례의 흐름에 그치지는 않을 것이다.

그리스반도에서 미케네 문명은 '후기 헬라딕 제1기'(기원전 1550~기원전 1500)에 번창하기 시작해서 '후기 헬라딕 제3기'에 멸망했다. 이 모든 것은 후기 청동기시대에 속한다. 미케네인은 기원전 1450년 무렵에 크레타를 정복했고, 그리스 본토에도 궁전 경제를 구축했다. 이 경제 형태는 미노스의 궁전 경제를 계승한 것으로, 궁전을 전체 경제의 중심으로 삼았으며 모든 작업장은 궁전에서 소비할 것을 제공하는 데 힘썼다. 이는 티그리스-유프라테스강 유역의 신전 경제와는 다르며, 무덤 중심의 이집트 문화와도 다르다. 전문가의 견해에 따르면, 후기 헬라딕 특히 제2기의 문화 수준은 중기 헬라딕에 비해 훨씬 높았다. 향촌의 문명이 궁전 문명으로 대체되었고, 매우 빠른 속도로 크레타를 따라잡았다. 헬라딕과 미노스 문명의 특징을 혼합한 이 문명은 확실히 새로운 출발점이었다. 이것이 근동의 정복자에서 비롯되었을 가능성도 있다.[10]

미케네 세력은 그리스반도 남부에 있었고 키클라데스제도에도 널리 퍼져 있었다. 에게해 맞은편 기슭의 밀레투스Miletus에는 미케네식 성벽의 흔적이 존재한다. 미케네 도기를 통해 미케네의 상업 네트워크를 추적할 수 있다. 즉 서쪽으로는 사르디니아섬, 이탈리아반도, 몰타에 이르고, 동쪽으로는 레반트(지중해 동부 연안)와 이집트에 이른다. 심지어는 나일강을 거슬러 올라간 지역에서도 미케네 도기가 출토되었다.[11] 미케네 문명은 그리스의 영웅 시대였다. 흑해에서 미케네인의 모험은 아르고호의 선원들(아르고너츠Argonauts)이 황금 양털을 탈취하는 신화에 반영되었을 것이다. 미케네인의 마지막 위업은 바로 트로이 공격일 것이다. 이는 훗날 호메로스 서사시에서 불후의 이야기로 남게 된다.

미케네의 궁전은 기원전 1190~기원전 1150년에 버려졌다. 이후 '암흑 시대'로 들어가게 된다. 이는 문자 기록의 중단, 인구 격감과 도시의 몰락, 왕국의 파멸과 궁전 경제의 소실, 국제무역의 쇠락, 지방의 폐쇄성 증가, 금속의 심각한 부족 및 장식품 제작에 조악한 철 사용 등으로 표현된다. 기원전 900년 무렵에 철제 병기가 보편화되고, 문화에 단층이 출현했다. 화장이 분묘로 대체되고 새로운 신이 출현했으며, 언어와 문자의 단층이 일어나 미케네어가 고전 그리스 제어로 대체되고 자모字母가 선형문자를 대체했다.

암흑 시대를 만든 것은 누구일까? '도리아인의 침입설'은 편리한 해석일 뿐 지금까지도 적합한 해석은 없다. 미케네 문명 붕괴기에 펠로폰네소스반도 이북의 코린토스Korinthos지협地峽에서 성벽 공사가 있었던 건 확실하다. 하지만 이것이 남침하는 가상의 적을 막기 위한 것이라고는 할 수 없다.[12] 청동기시대 후기의 미케네어가 그리스어로 해독된 뒤, 도리아인 역시 외래인이 아니었을 가능성이 크게 높아졌다. 때문에 내부의 피압박 집단이 봉기했을 가능성도 배제할 수 없다. 또한 도리아인의 침입을 같은 시기 혹은 보다 이른 시기에 발생한 '해양 민족의 대이동'과 관련짓기는 어렵다. 게다가 해양 민족의 대이동 역시 미케네 문명의 붕괴와 반드시 관련이 있는 것은 아니다. 연해 도시는 무사했던 반면, 내륙

의 농촌이 대부분 사라졌기 때문이다. 때문에 전염병이 창궐했을 가능성도 있다.[13]

청동기시대 총붕괴기의 인구 격감 현상은, 새로운 이민자가 대거 몰려 들어왔다는 침입설에서 설정한 현상과 서로 어긋난다. 미케네 시대는 기원전 1200년 무렵에 끝이 난다. 그런데 도리아인이 펠로폰네소스반도 중남부에 정착한 것은 기원전 950년이 되어서다. 그러므로 도리아인은 침입한 게 아니라 공백을 채운 듯하다. 미케네 문명이 붕괴된 뒤 도리아인이 정착하기까지는 200여 년의 간격이 존재한다. 때문에 철제 병기를 사용하는 외적이 청동기 문화의 미케네를 정복했다고 할 수 없다. 이는 우리가 고대사를 추측할 때의 상상력이 얼마나 부족한지 말해준다.

고전 그리스를 향한 과도기

그리스 지역이 암흑 시대로부터 벗어난 최초의 흔적은 보다 선진적인 물레 기술을 이용해 제작한 원기하학 양식Protogeometric style의 도기인데 기원전 11세기 중기에 시작되었다. 이어서 기원전 9세기~기원전 8세기의 기하학 양식Geometric style이 나타났고, 그 뒤로 기원전 8세기~기원전 7세기의 동방화 양식Orientalizing style이 나타났다. 동방화 양식 시기와 중첩되는 게 아르카익기다. 이는 도기 분류법보다 훨씬 개괄적인 3분기법, 즉 아르카익기·고전기·헬레니즘기에서 첫 단계에 해당한다. 아르카익기는 기원전 800년을 기점으로 잡고, 하한선은 기원전 480년, 즉 제2차 페르시아 전쟁의 종결을 기준으로 삼는다.

나는 이 하한선이 너무 늦을뿐더러 아테네 중심론의 혐의에서 벗어날 수 없다고 본다. 아테네는 고전의 전범으로 여겨진다. 하지만 아테네 고전기의 상한선이 그리스 세계 전체 고전기의 기원을 대표하는지에 대해서는 토론의 여지가 있다(제13장 참조). 만약 도기 형태의 발전을 기준

그리스 아르카익기의 도시국가와 부락 지역의 분포

으로 삼는다면, 동방화 양식 이후의 흑회식 도기(붉은 바탕에 흑색 그림)는 여전히 아르카익기 중후기(기원전 620~기원전 480)에 편입시켜야 한다. 한편 그 뒤의 적회식 도기(검은 바탕에 적색 그림)는 고전기 전체에 걸쳐 존재했다. 흑회식 도기와 적회식 도기를 이전 시기의 도기와 비교하자면, 이전의 도기가 고고 유물이라면 이 두 종류의 도기는 소장 예술품에 속한다. 비전문가는 흑회식 도기와 적회식 도기를 구별하는 게 쉽지 않다.

도기라는 단서만 가지고 추적한다면, 고전기의 상한선은 흑회식 도기가 주도했던 시기까지 더 거슬러 올라갈 수 있다. 하지만 '고전'이라는 용어를 사용하려면 다른 요소들도 고려해야만 한다. 그것은 예술사의 다른 전승 계보와도 얽혀 있다. 아르카익기의 나체의 젊은 남성상(쿠로스kouros)은 표준화된 이집트 모델에서 여전히 벗어나지 못했으며 약간 경직된 자세를 보여주는데, 동방화 양식의 여운을 지닌다. 따라서 '고전'

기원전 9세기~기원전 8세기의 기하학 양식

의 확립은 그리스 자체의 조소 풍격의 확립이어야만 한다. 이밖에도 고려해야 할 것이 있는데, 아테네 시대가 도시국가의 성숙기를 대표한다는 사실이다. 아르카익기는 여전히 도시국가 형성 단계에 있었던 듯하다. 정치 제도의 변화라는 각도에서 보자면, '고전'이라는 용어는 아테네의 동의어일 수밖에 없다.

아르카익기는 도시국가가 많이 세워진 시대다. 이 도시국가들은 미케네 시대의 왕국과는 달랐다. 이것은 새로운 구조적인 변화였다. 아르카익기는 식민 시대이기도 하다. 에게 지역에서 나간 그리스인은 지중해 연안 곳곳에 도시국가를 건설했는데, 지중해 북부 연안과 흑해가 다수를 차지한다. 지중해 남부 연안과 서부는 페니키아인의 식민 공간으로, 시작은 그리스인보다 조금 일렀다. 이 신그리스는 호메로스가 노래한 구그리스와 종적인 차이가 있었던 반면, 동시대 페니키아와는 도리어 횡적인 유사성이 존재했다. 미케네의 왕국이 청동기시대 근동의 왕국과 유사했듯, 고전 그리스의 도시국가는 페니키아의 상업 도시국가와 유사했다. 심지어 어떤 이는 그리스의 도시국가가 페니키아 도시국가를 모델로 삼았다고 본다.

기원전 9세기~기원전 8세기에 가장 활약했던 그리스 도시국가는 아테네가 아니라 후세에 이미 잊힌 에우보이아Euboea 섬이다. 에우보이아섬은 아테네가 있는 아티카반도와 가까운 길쭉한 섬이다. 이 섬의 도시국가는 페니키아인과 가장 먼저 무역 관계를 맺었고, 시리아에 상인들의 거점을 세우기까지 했다. 또한 페니키아인의 뒤를 따라 서지중해로 들어와, 이탈리아 서남 기슭에 식민지를 세웠다. 에우보이아섬의 그리스 자모는 라틴 자모의 원조가 되었으며, 오늘날 서유럽의 문자 체계를 창출했다.[14] 헤로도토스의 견해에 따르면, 페니키아 왕자 카드무스Cadmus가 그리스인에게 자모를 전수했다고 한다. 역사언어학 연구에 따르면, 그리스인은 모음이 없는 페니키아 문자에 자음을 추가했다. 즉 그들이 사용하지 않는 페니키아 자음을 모음으로 사용한 것이다.[15] 이는 근동의 자모와 유럽의 자모를 구분하는 분수령이 되었다. 동방화 단계를 단지 그리스 전前고전기의 기초를 다진 단계로 귀속시킬 수 있을까? 고전 그리스의 기점이 바로 아시아 쪽에 자리했던 그리스 도시국가일까?(제13장 참조)

적회식 도기

흑회식 도기

아르카익기의 그리스 조각상

주

1. Leonard Cottrell, with a new introduction by Peter Levi, *The Bull of Minos*, *The Discoveries of Schliemann and Evans* (London: Bell & Hyman Limited, 1984), pp. 36, 44.

2. Ibid, pp. 53, 71.

3. 이 신화 내용은 영국 역사소설가 메리 리놀트Mary Renault(1905~1983)의 *The King Must Die*(1958), *The Bull from the Sea*(1962) 등의 저서에 담겼다. 그녀는 테세우스가 깃발을 바꾸는 것을 잊은 것이 고의라고 본다.

4. 전문가의 견해에 따르면, '옥좌의 방'은 미노스 문명 전성기의 것이 아니라 이 섬이 미케네인에게 점령된 뒤에 설치된 것이라고 한다. Cf. Frank H. Stubbings, "The Rise of Mycenaean Civilization," *The Cambridge Ancient History*, Third Edition, Volume II, Part 1, *History of the Middle East and the Aegean Region, c. 1800-1380 B.C.* (Cambridge, UK & New York: Cambridge University Press, 2006), p. 655.

5. F. Matz, "The Zenith of Minoan Civilization," *The Cambridge Ancient History*, Third Edition, Volume II, Part 1, *History of the Middle East and the Aegean Region, c. 1800-1380 B.C.* (Cambridge, UK & New York: Cambridge University Press, 2006), p. 571.

6. Leonard Cottrell, *The Bull of Minos*, pp. 210~219.

7. Christos Doumas, "The Aegean World: The Early Bronze Age(3000~1500 BC)," in UNESCO, *History of Humanity, Scientific and Cultural Development*, Vol. II: *From the Third Millennium to the Seventh Century BC* (Paris, London & New York: UNESCO through Routledge, 1996), p.146. 폴리오크니 유적지는 7층으로 나뉘는데, 트로이처럼 역사가 유구하다. 폴리오크니는 트로이 전쟁 중에 아카이아인의 보급 기지이기도 했다. "Lemnos," in Michael Grant, A *Guide to the Ancient World: A Dictionary of Classical Place Names* (Barnes & Noble Books, 1986), p. 338.

8. Christos Doumas, "The Aegean World: The Early Bronze Age(3000~1500 BC)," in UNESCO, *History of Humanity, Scientific and Cultural Development*, Vol. II: *From the Third Millennium to the Seventh Century BC*, pp. 147~148.

9. Michel Sakellariou and Christos Doumas, "The Aegean World: The Middle and Late Bronze Age (2100~1100 BC)," in UNESCO, *History of Humanity, Scientific and Cultural Development*, Vol. II: *From the Third Millennium to the Seventh Century BC* (Paris, London & New York: UNESCO through Routledge, 1996), p. 157.

10. Frank H. Stubbings, "The Rise of Mycenaean Civilization," *The Cambridge Ancient History*, Third Edition, Volume II, Part 1, *History of the Middle East and the Aegean Region, c. 1800-1380 B.C.*, pp. 630~633, 642.

11. Charles Freeman, *Egypt, Greece and Rome: Civilizations of the Ancient Mediterranean*, Second Edition (Oxford, UK and New York: Oxford University Press, 2004), p. 125.

12. Manuel Robbins, *Collapse of the Bronze Age: The Story of Greece, Troy, Israel, Egypt, and the Peoples of the Sea* (New York: Authors Choice Press, 2001), p. 125.

13. Ibid, pp. 132, 141.

14. Charles Freeman, *Egypt, Greece and Rome: Civilizations of the Ancient Mediterranean*, Second Edition, pp. 140~148.

15. Ibid, p. 132.

제11장

고대 근동이
철기시대로 진입하다

상고사의 청동기시대와 철기시대의 구분은 19세기 초의 덴마크 고고학자로부터 비롯된 것이다. 철기는 보편화된 이후 현대까지도 적용되므로, 소위 철기시대의 하한선은 없다. 청동기시대는 초기·중기·후기의 세 시기로 나뉘지만, 철기시대는 이런 구분이 없다. 청동기와 철기의 구분은, 청동기에서 철기로 넘어가는 측면에서만 의의가 있다. 이 두 단계의 단층은 오직 고대 근동에서만 뚜렷한 편이다. 세계의 다른 지역에서는 '청동기시대 총붕괴'와 같은 격변이 없었다(제9장 참조).

남인도에 대해서는, 세계에서 가장 먼저 철기시대로 진입했다는 견해까지 있다. 세석기시대에서 신석기·청동기 등의 시대를 모두 생략한 채 곧장 철기시대로 넘어갔다는 말이기 때문에 이 견해는 널리 받아들여지지 않았다. 석기시대에서 직접 철기시대로 진입한 곳으로는, 사하라사막 이남의 아프리카가 있다. 철기가 아프리카대륙 전체로 널리 퍼진 시기는 단조鍛造(금속을 두들기거나 눌러서 필요한 형체로 만드는 일 – 옮긴이) 기술이 전해진 9세기다.[1] 중국의 경우, 청동기에서 철기로의 이행 시기에 대해서는 확실히 말할 수 없는데 일반적으로 학계에서 받아들이는 시기는 전국 시대다.[2] 하지만 중국의 경우, 제기祭器는 내내 청동을 사용했으며, 진나라 때까지도 청동 병기가 여전히 광범하게 응용되었다. 진나라 병마용의 병기도 모두 청동이며, 진시황이 천하의 병기를 몰수해서 12개의 동상을 주조했다는 설도 있다.

청동에서 철로: 신·구 질서의 교체

여기서는 고대 근동의 철기시대에 대해서만 다루고자 한다. 이전의 설에서는, 히타이트가 통치한 아나톨리아가 고대 세계에서 가장 먼저 철기를 사용한 지역으로, 기원전 2000년까지 거슬러 올라간다고 보았다. 이 지역에서 최초로 철기를 제조한 것은 기원전 2500년이지만 널리 보급되지는 않았다. 아이러니하게도, 청동기시대 총붕괴로 가장 철저히 무너진 게 히타이트제국이고 철기시대에 이르러 완전히 사라진 것 역시 히타이트제국이다. 그런데『구약성경』에서 뜻밖에도 히타이트인이 다윗왕의 부하장수로 등장한다. 고고학 발굴 이전에 그 누가 그들의 전신이 초강력의 힘을 지닌 제국이었음을 짐작할 수 있었겠는가. 투탕카멘의 무덤에 부장된 두 자루의 철제 단검은 히타이트의 예물이라고 여겨진다. 그런데 청동기시대의 아나톨리아에서 출토된 철기는 이집트보다 많지 않고, 병기는 극소량이다.

청동기시대에는 철기가 없었으며 철기의 제조가 혁명을 가져왔다는 생각은 잘못된 것이다. 사실, 티그리스-유프라테스강 유역에서 철을 사용한 흔적은 기원전 4000년까지 거슬러 올라갈 수 있다. 철은 주조해서 만드는 게 아니라 단조해서 만드는 것이기 때문에 생산비용이 높은 편이라서 보급되지 못했다. 청동기에서 철기로 이행하게 된 전제는 기술의 개량이다. 침탄법carburization의 도입으로 철을 더 단단하게 만들고 더 빨리 제작할 수 있게 되었다. 또한 시장이 커지면서 가격도 내려갔다. 현재까지 발견된 것 가운데 비교적 이른 시기의 제철 유적지는 오늘날 요르단의 텔 엘-함메Tell el-Hammeh로, 기원전 930년 무렵에 해당한다.

그런데 청동에서 철로의 이행이 처음에는 결코 진보를 의미하는 게 아니었다. 그것은 마치 후퇴와 같았다. 완비된 일련의 제철 기술로 대체하는 것은 결코 간단한 일이 아니었다. 바빌론의 경우, 기원전 7세기에 이르러야 비교적 완비된 철기 기술을 갖추게 된 흔적과 기록이 있다.[3] 이전까지는 청동기시대 총붕괴의 원인에 대해, 철기를 사용하는 해양 민족의 침입을 구문명이 막아내지 못했기 때문이라고 여겼다. 하지만 이 설은 일찌감치 성립할 수 없게 되었다. 비교적 새로운 견해에 따르면, 총붕괴 시기에 구리와 주석의 공급원이 중단되었다고 한다. 확실히 출토물 중에는 기존의 청동기가 끊임없이 다시 주조되었고 장신구가 철제로 대체된 흔적이 있다. 사람들은 공급이 부족해진 청동 원료를 대신해 비교적 값이 싼 제철 기술을 모색해야 했다.

하지만 가설에는 반박이 따르는 법이다. 즉 청동 원료의 부족 현상이 보편적인 것은 아니었으며, 총붕괴 시기에 구리 특히 주석 공급이 부족했다는 확실한 증거가 없다는 것이다. 하지만 이런 반박 역시 부분적인 자료에 근거한 게 아닐까? 만약 모든 게 예전과 같다면 대체 무엇이 총붕괴란 말인가? 역대로 새로운 집단이 도래하여 구문명을 대체한 경우는 매우 많다. 하지만 그것이 반드시 문명의 몰락을 나타내는 것은 아니다. 그런데 청동기시대 총붕괴는 근동의 기존 국제 질서를 완전히 쓸어버렸고, 에게해 지역에서는 심지어 400년 가까이 암흑 시대가 빚어졌다. 이는 오늘날 금융위기 폭풍이 사회·경제 질서의 해체를 초래할 수 있는 것과 비슷하다. 청동은 고대 사회 경제 질서의 기초였고, 총붕괴는 기초 층위의 와해였다.

철기시대를 향한 과도기에서, 후기 청동기시대의 국제 질서는 대대적으로 바뀌었다. 미케네 문명과 히타이트제국은 역사에서 사라졌고, 지중해 동부 연안 가나안의 거대도시와 키프로스가 모두 큰 재난을 당했다. 이들 유적지는 이후 20세기에 이르러서야 다시 세상의 빛을 보게 된다. 또한 4세기가 넘도록 이어져온 카시트-바빌론이 멸망했다. 이집트는 온전하긴 했지만, 아시아에 있는 영토를 전부 잃었고 해양 민족 블레셋Philistia인이 가자Gaza 및 연해 일대를 점령했다. 내륙 산지에서는 '이집트 탈출'을 한 이스라엘 백성이 땅을 차지했다. 내륙 시리아사막의 아람인은 아모리인(제7장 참조) 이후 또 한 차례 셈족의 대이동을 통해 유프라테스 전역을 위협했다. 아람인과 관련이 있지만 생활 형태는 정주형에 가까웠던 칼데아인은 티그리스-유프라테스강 중하류 일대에서 활약했다. 기원전 12세기~기원전 10세기, 바빌론에서는 제4~제8왕조가 잇따라 출현했다. 그야말로 격동의 시대였다.[4]

　당시 티그리스-유프라테스강 유역에서 협소한 핵심 지대를 지켜낸 나라는 티그리스 상류의 아시리아뿐이다. 후기 청동기시대에 아시리아는 끊임없이 성장했다. 이로 인해 히타이트가 오랜 적수인 이집트와 손을 잡게 되고 카시트-바빌론과도 원교근공遠交近攻(먼 나라와 교류하고 가까운 나라를 공격한다 – 옮긴이)의 군사 동맹을 맺게 된다. 하지만 히타이트와 카시트의 멸망으로 아시리아가 마냥 편해진 건 아니다. 새로운 셈족 대이동의 흐름에 직면해, 아시리아는 다시 핵심 지대로 움츠러들게 된다. 거센 물결 속의 반석처럼 버티면서 멸망되지 않았을 따름이다.

신제국 이전의 아시리아

아시리아 지역의 최초 유적지는 신석기시대의 텔 하수나Tell Hassuna로, 티그리스강 상류에 자리했다. 아시리아인은 이 지역의 아시리아 도시국가에서 발흥했는데, 수호신의 이름이 아슈르Ashur였고 국왕은 이 신의 최고 제사장이었다. 초기의 아시리아에 대해 고고학자들이 주목하여 언급하는 것은, 기원전 1920~기원전 1840년 및 기원전 1798~기원전 1740년에 상인들의 거점(카룸karum)을 소아시아에 건설했다는 것이다. 주로 금속을 구매하기 위해서였는데, 오늘날 발굴된 상업 거점은 카네시Kanesh 등지다. 이들 상업 거점은 인도유럽족의 히타이트인이 도래하기까지 유지되었고, 히타이트제국의 핵심 지대로 편입되었다. 물론 이들 상업 거점은 히타이트인이 티그리스-유프라테스강 유역 고대 문명의 영향을 받는 데 어느 정도의 역할을 했다.

　아시리아는 티그리스-유프라테스강 유역의 오래된 나라로, 아카드 시대에 이미 존재했다. 오늘날에는 아카드인을 수메르인의 계승자가 아

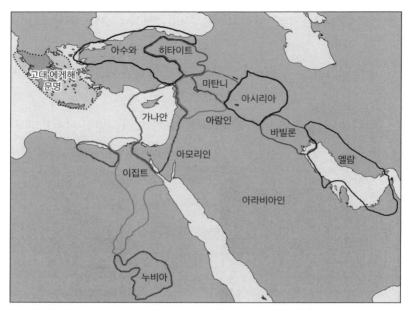

아시리아가 굴기하기 이전, 아마르나 시대의 고대 근동의 국제관계망

닌 동시대인으로 보는 경향이 있다. 역시 셈어족에 속하는 아시리아인은 일찌감치 티그리스-유프라테스강 유역 상류에 정착했을 것이다. 이들은 하류의 수메르인과 동시대를 살았을 가능성이 있다. 하지만 지리적으로 북쪽으로 치우쳐 있었고, 문명은 뒤쳐져 있었다. 기원전 3000년부터 기원전 2000년 사이에 또 다른 셈족인 아모리인이 침입했을 때, 아시리아는 그들에게 정복되었다. 이후 샴시-아다드Shamshi-Adad 1세(재위 기원전 1813~기원전 1791)는 고아시리아 왕조를 세운다. 아시리아는 훗날 대제국으로 발전한다. 이집트학의 시대 구분을 본떠서, 아시리아제국 이전을 회고할 때 '고아시리아'라고 한다. 고아시리아는 바빌론의 함무라비에 의해 함락되어 오랫동안 바빌론의 속국 지위에 있었다. 함무라비의 고대 바빌론제국 역시 아모리 정복 왕조다.

제7장에서 언급했듯, '서북셈어' 집단에 속하는 아모리인이 티그리

소아시아에 건설한 상인들의
거점 중 하나인 카네시

스-유프라테스강 유역을 정복하고 바빌론에 수도를 세웠다. 아모리인
은 피정복민의 언어를 바꾸지 않았다. 피정복민은 여전히 동부셈어파
에 속했고 정복자 역시 거기에 동화되었다. 한 계통으로 이어지는 아카
드어 → 바빌로니아어 → 아시리아어는, 동부셈어파의 세 개의 발전 단
계이자 티그리스-유프라테스강 유역을 토대로 한 세 개의 제국을 반영
하는 것이기도 하다. 이 3대 제국은 모두 사라졌고 그 언어도 함께 사라
졌지만, 티그리스-유프라테스강 유역의 고어의 말단에 해당하는 아시
리아어 성분은 오늘날 동부 시리아어에 여전히 보존되어 있다. 그것의
학문적 전문 용어는 '아시리아 신아람어Assyrian Neo-Aramaic'로, 사용자는
21만 명가량이다. 역사상 아람인은 청동기시대 총붕괴기 때 티그리스-
유프라테스강 유역에 있던 또 다른 서북셈족으로, 아람어는 아시리아
와 페르시아 두 제국의 통용어가 되었다. 아람어의 통용어 지위는 훗날
그리스 정복자와 새로운 셈족 아라비아인에 의해 대체된다.

　　수메르인과 거의 같은 시대를 보낸 아시리아인은 아카드제국, 우르
제국, 고대 바빌론제국을 거치면서 영원한 이인자인 듯했다. 고대 바빌
론제국이 무너진 뒤, 아시리아의 소재지 티그리스 상류는 후르리인의
지배를 받게 된다. 제9장에서 언급했듯이, 후르리인은 인도유럽인의 영
도 아래 미탄니라는 강국을 세운다. 미탄니는 한동안 서쪽의 히타이트
를 압박하고 남방의 이집트 신왕국을 위협했다. 하지만 남하하려는 원

대한 계획은 '고대 이집트의 나폴레옹' 투트모세 3세에 저지당하고, 북방으로의 확장은 수필루리우마 1세 때 중흥한 히타이트 신제국에 제압당한다. 수필루리우마 1세는 미탄니 서반부의 양대 도시인 카르케미시Carchemish와 알레포Aleppo를 병탄했다. 미탄니의 동반부는 히타이트의 속국이 된다. 히타이트가 미탄니의 동반부를 병탄하지 않은 것은 아시리아와의 완충 지대를 남겨두기 위해서였다. 그런데 아시리아의 살마네세르Shalmaneser 1세(재위 기원전 1274/1265?~기원전 1245/1235?)가 미탄니를 멸망시킨다. 종주국인 히타이트는 미탄니를 미처 구하지 못해 위세가 크게 꺾이게 된다.

히타이트제국 말기에 이르면 이집트와 우호적인 방향으로 외교 정책이 전환되고, 카시트-바빌론과 군사 동맹을 맺어 아시리아에 공동으로 대응한다. 카시트-바빌론은 일찍이 티그리스-유프라테스강 유역을 남북 둘로 나누어서 남쪽 구간은 바빌론이 차지하고 북쪽 구간은 아시리아가 차지하기로 아시리아와 협의했다. 이는 아카드나 고대 바빌론제국이 전역을 통일해온 제국의 전통에 어긋나는 것으로, 이 협의로 인해 티그리스-유프라테스강 유역이 두 개의 국가로 나뉘었다. 카시트-바빌론과 아시리아 양국이 상호 존중한다고는 하지만 변경에서는 충돌이 발생하게 마련이었다. 그 원인은 대부분 상업 요충지를 둘러싼 쟁탈이었다. 이런 식의 긴장이 상존했기 때문에 카시트인이 히타이트제국과 군사 동맹을 맺게 된 것이다. 그 결과 아시리아인의 남하를 초래한다. 투쿨티 니누르타Tukulti-Ninurta 1세(재위 기원전 1243~기원전 1207)는 바빌론을 멸망시키고 이 지역을 8년 동안 직접 통치했다. 하지만 결국엔 바빌론의 재건을 막을 수 없었다. 이상의 역사는 대체로 아시리아 왕국의 중기(기원전 1365~기원전 1056)에 속한다.

철기시대에 이르러 실력을 떨치기 시작한 아시리아

청동기시대 총붕괴의 시기에 아시리아 역시 150년에 달하는 암흑 시대에 진입했다. 하지만 아시리아는 핵심 지대를 지켜냈으므로, 재기하기에 적합했다. 아시리아 '신제국'은 대략 기원전 934년에 시작되어 기원전 612년에 끝이 난다. 아시리아 신제국은 청동기에서 철기로 전환하던 고대 근동에 적응한, 완전히 새로운 산물이다. 청동기시대 후기에는 이집트와 히타이트 양강이 대치하면서, 지중해 동부 연안을 놓고 싸웠다. 이제 국제 정치 무대의 중앙이 다시 티그리스-유프라테스강 유역으로 되돌아왔는데, 그 상류에 아시리아가 있었다.

일찍이 아시리아의 살마네세르 1세는 미탄니를 공격할 때, 그들의 동맹 내지 용병이었던 알라무Ahlamu와 싸웠다. 훗날에 알라무는 티그리스-유프라테스강 유역과 히타이트 간의 통로를 끊어놓는다. 알라무는 방대한 부락 동맹을 조직해, 유프라테스강 전역 및 페르시아만 입구까지 위협했다. 알라무는 아시리아 문헌에서 '아람인'으로 정식 명명되었다. 아람인의 세력이 급증한 것은 시리아사막의 건조화가 심화된 것과 관계가 있을 것이다. 청동기시대 총붕괴 역시 기온의 변화와 관계가 있을 것이다. 민족의 대이동은 징후일 뿐이다. 기원전 11세기에 아람인은 시리아 일대에 널리 퍼졌다. 역시 이곳으로 새로 와서 건국 중에 있던 이스라엘 백성은 늘 아람인과 전쟁을 했다.『구약성경』에 나오는 사울·다윗·솔로몬 등의 왕은 모두 이러한 경험을 했다. 아람인 역시 건국 중에 있었는데, 그 가운데 가장 강했던 나라가 다마스쿠스다.

아시리아 신제국의 설립자는 아다드-니라리Adad-nirari 2세(재위 기원전 911~기원전 891)다. 그 출발점은 아람인의 대포위를 돌파하기 위한 것이었다. 아람인은 기원전 11세기~기원전 10세기에 이미 유프라테스강 서쪽 기슭부터 티그리스강 상류까지 널리 퍼졌다. 아람인은 여러 나라

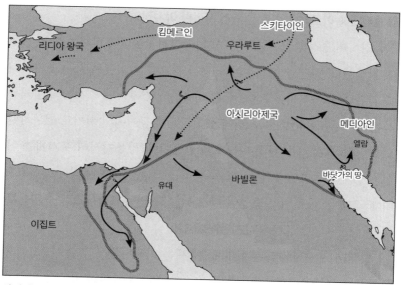

아시리아제국의 전성기 지도

를 세우는 동시에 남방의 바빌론 지역으로 침투했다. 아시리아의 또 다른 방어선인 티그리스강의 동북 기슭을 지나면 적의를 품은 산지 민족이 있었다. 중간에 낀 아시리아는 나가서 반격하지 않는다면 어차피 앉아서 죽을 날을 기다려야 하는 상황이었다.[5] 아다드-니라리 2세는 대반격에 착수했다. 그는 아람·후르리·신히타이트의 토지를 정복했을 뿐만 아니라 대규모의 집단 강제 이주를 단행하고 바빌론을 공격하기도 했다.

아시리아의 서진 정책은 아슈르나시르팔Ashur-nasir-pal 2세(재위 기원전 883~기원전 859) 시기에 더 심화된다. 아람인을 공격하는 이 대전략은 파급력이 대단했다. 아슈르나시르팔 2세는 우회하여 포위 공격하는 전술을 택했다. 먼저 티그리스-유프라테스강 유역 이북의 타우루스산맥 일대를 소탕했는데, 그 범위는 동북의 우라르투(지금의 아르메니아)에서 오늘날 터키 경내의 프리기아에 이른다. 후방의 근심이 사라진 뒤, 아슈르나시르팔 2세는 남하하여 아람인과 신히타이트를 분쇄했다. 이로써 바다가 없는 국가인 아시리아가 지중해까지 이르러 페니키아인에게 조공을 요구하게 된다. 아슈르나시르팔 2세는 관리를 파견해 현지의 통치자를 대신하게 했으며, 전쟁포로를 이용해 새로운 수도 칼후Kalhu를 건설했다. 칼후는 후대인이 『구약성경』을 따라 님루드Nimrud라고 칭하는 곳이다.

아시리아라는 전쟁 기계가 일단 작동하기 시작하자 멈추기는 어려웠다. 이어서 살마네세르 3세(재위 기원전 859~기원전 824)는 서쪽·북쪽·남쪽 삼면에서 출격하는 정책을 택했다. 그는 아람인의 두 대국인 하맛Hamath(지금의 하마Hama)과 다마스쿠스에 큰 타격을 준다. 기원전 853년에 다마스쿠스는 페니키아의 아르왓Arvad, 이스라엘, 이집트 등 열두 왕을 규합해 반격한다. 이 전쟁의 범위는 갈수록 확대되어, 끝내 아시리아가 이스라엘과 이집트를 공격하게 된다. 아시리아는 살마네세르 3세 사후, 여러 아들이 왕위를 놓고 다투게 된다. 즉 어린 왕이 제위에 오르고 왕후가 국정을 맡고 고관이 권력을 휘두르는 시기로 진입한다. 아시리아의 일시적 쇠락 덕분에 이스라엘과 이집트는 살아남는다.

아시리아는 티글라트 필레세르Tiglath-Pileser 3세(재위 기원전 745~기원전 727) 때 다시 전쟁을 시작한다. 당시에 가는 곳마다 당할 자가 없었던 아시리아인은 사방으로 출격했다. 북쪽 타우루스산맥의 여러 민족과 나라를 소탕하고, 소아시아로 진격해 들어가 동남쪽에서부터 서남쪽 카리아Caria에 이르렀다. 아람과 페니키아 그리고 이스라엘에 이르기까지, 지중해 동부 연안에 있던 나라는 하나도 무사하지 못했다. 심지어 키프로스의 그리스인에게까지 영향이 미쳤다. 티글라트 필레세르 3세는 남쪽으로 가서 바빌론과 엘람을 격파하고 바빌론의 왕좌를 차지한다.

이스라엘의 경우, 티글라트 필레세르 3세의 뒤를 이은 두 명의 아시

살마네세르 3세

티글라트 필레세르 3세

리아 왕이 재위하는 동안에 멸망당한다. 먼저 살마네세르 5세(재위 기원
전 727~기원전 722)는 이스라엘의 수도 사마리아_{Samaria}를 함락했다. 그의
계승자 사르곤_{Sargon} 2세(재위 기원전 722~기원전 705)는 이스라엘인을 집
단으로 강제 이주시킨다. 역사상 '사라진 10지파'가 바로 이들이다. 이
스라엘 왕국은 단계적으로 잠식되었는데, 집단 강제 이주는 티글라트
필레세르 3세 때 이미 시작된 것이다. 센나케리브_{Sennacherib}(재위 기원전
705~기원전 681) 때의 가장 유명한 사건은, 남방에 남아 있던 이스라엘
백성의 유대 왕국을 침략한 것이다. 『구약성경』에 따르면, 센나케리브의
군대는 신이 내려보낸 천사에게 모조리 죽임을 당한다. 이것은 센나케
리브의 전승 기념비의 기록에 부합하지 않는다. 하지만 예루살렘이 요
행히 생존한 것은 사실이다. 만약 이때 겨우 생존한 이스라엘 백성마저
섬멸되었다면, 훗날 유대인은 있을 수 없고 기독교·유대교·이슬람교
도 있을 수 없었을 것이다.

센나케리브의 아들 에사르하돈_{Esarhaddon}(재위 기원전 681~기원전 669)은
유대 왕국의 후원자인 이집트를 공격한다. 에사르하돈이 기원전 671년
에 이집트 멤피스로 진입하자, 쿠시_{Kush}인이 세운 이집트 제25왕조의 파

에사르하돈

아슈르바니팔

라오는 상이집트로 달아난다. 에사르하돈이 군대를 철수한 뒤, 쿠시인이 즉시 세력을 회복한다. 기원전 669년에 에사르하돈은 다시 친히 출정하지만 도중에 사망한다.[6] 아슈르바니팔Ashurbanipal(재위 기원전 668~기원전 627)은 부왕의 이집트 전쟁을 계승했다. 그는 나일강 삼각주에 꼭두각시 파라오를 앉힌다. 하지만 테베를 차지한 쿠시인이 계속해서 항전하면서, 친아시리아 군주 네코Necho 1세(재위 기원전 672~기원전 664)를 죽인다. 네코 1세의 아들 프삼티크Psamtik 1세(재위 기원전 664~기원전 610)는 이집트를 이끌고 다시 독립을 획득한다. 그는 아버지의 입장을 바꾸지 않고 계속해서 아시리아의 동맹임을 자임했다.

바빌론에 대해서는 뜻대로 할 수 없었던 아시리아

고대 근동사에서 아시리아는 이때 전무후무한 경지에 도달하게 된다. 그런데 아카드부터 시작해서 역대의 티그리스-유프라테스강 유역 제국이 모두 이 일대 전체를 통치했던 데 비해, 아시리아의 동서 양쪽 날개는 붕새가 날개를 펼친 것 같았지만 티그리스-유프라테스강 유역 하류의 바빌론에 대해서는 아시리아도 어찌할 도리가 없었다. 후기 청동기시대에 아시리아가 이 지역에 침입한 뒤, 카시트 왕국은 엘람인에게 멸망당한다. 이후 이신_{Isin}에 바빌론 제4왕조가 건립되는데, 그 왕 네부카드네자르_{Nebuchadnezzar} 1세(재위 기원전 1126~기원전 1103)가 엘람인을 격파한다. 하지만 그의 사후에 바빌론 일대는 장기간의 불안정기에 빠지고, 청동기시대 총붕괴가 빚은 암흑 시대로 접어든다. 철기시대 초기에 이르러, 바빌론 일대는 강국을 꾸릴 수 없었지만 아시리아는 오히려 이 약점을 이용하지 못했다. 아시리아는 남쪽 인접국에 간섭하면서 스스로 이 지역의 혼란에 종종 말려들었다.

아시리아가 맞닥뜨린 상대는 배반과 복종을 손바닥 뒤집듯 하던 현지인뿐만 아니라 이미 티그리스-유프라테스강 하류로 침투한 유목민인 아람인, 칼데아인, 수투인_{Suteans}도 있었다. 아시리아인이 남하한다면, 이 복잡한 혼란의 근원과 상대해야만 했다. 때로는 바빌론 동쪽의 엘람 역시 이 혼란에 가세했다. 아시리아는 신제국을 세운 아다드-니라리 2세 때부터 끊임없이 남하하면서, 바빌론에 유화 정책과 강압 정책을 병행했다. 아시리아는 바빌론의 북쪽 영토를 잠식하는 한편, 바빌론 문화에 대해서는 상당한 존중을 표하며 이 지역의 신을 존경하고 신전을 보수했다. 하지만 바빌론인은 결코 감사해하지 않은 듯하다. 바빌론인은 자주 아람과 칼데아 용병을 고용하고 엘람인과 결탁했다. 심지어 칼데아인의 왕조가 출현해 아시리아와 대항하기까지 한다. 아시리아 왕 살마네세르 3세와 티글라트 필레세르는 바빌론을 멸망시켰지만, 아시리아는 바빌론에 관리를 두어 직접 다스리는 대신 괴뢰 정권을 세우는 경향이 있었다. 티글라트 필레세르 3세와 그 아들 살마네세르 5세는 바빌론 국왕을 겸임하기로 했다. 그 뒤를 이은 사르곤 2세는 칼데아 왕조를 몰아내야만 바빌론 왕을 자임할 수 있었다. 센나케리브는 자신의 아들을 바빌론의 왕좌에 앉히지만 재위 6년에 엘람인에게 피살된다. 이에 센나케리브는 바빌론을 소탕하고 신전을 죄다 파괴한다.

이러한 조치는 아시리아 왕이 바빌론 신을 공경하던 정책에 어긋나는 것이었다. 결국 센나케리브는 훗날 아들들에게 살해되는데, 바빌론인은 이를 천벌이라 여겼다. 센나케리브의 뒤를 이은 에사르하돈은 바빌론을 재건하고 바빌론 왕위를 맡는다. 에사르하돈은 바빌론 민중의 환심을 사기 위해 노력했다. 에사르하돈은 맏아들이 이미 죽은 상황에서, 둘째아들 샤마시 슘 우킨Shamash-shum-ukin(재위 기원전 668~기원전 648)을 바빌론 왕위 계승자로 삼고, 셋째아들 아슈르바니팔을 아시리아 왕위 계승자로 삼는다. 아버지가 죽은 뒤, 바빌론 자주自主 운동의 영향을 받은 둘째는 셋째에 반기를 들고 아시리아제국의 수도를 바빌론으로 옮길 생각까지 한다. 결국 이 반란은 평정되고, 아시리아 군대가 바빌론을 점령한다.

아시리아는 바빌론에 대해 오스트리아-헝가리제국 같은 '2중 제국' 정책을 쓴 듯하다. 아시리아는 바빌론을 한편으로는 진압하면서, 다른 한편으로는 회유하려 했다. 이는 아시리아의 다른 점령지에서는 드문 일이었다. 하지만 노골적인 군사 점령은 궁지에 이른다. 아람인과 동시기에 티그리스-유프라테스강 유역으로 진입한 칼데아인이, 아시리아가 민심을 잃은 것을 이용해 바빌론에서 재빨리 권력을 탈취한다. 칼데아인은 아시리아제국에 조종을 울린 세력 가운데 하나다.

동쪽과 북쪽에서 비롯된 근심

티그리스강 유역에 자리한 아시리아는 자그로스산맥의 방위선을 특별히 중시했다. 티그리스-유프라테스강 유역에 자리한 나라로서는, 예로부터 이 지역의 산지 민족을 반드시 막아야만 했다. 아카드제국은 산지의 구티인에게 멸망당했다. 구티인의 북쪽에 있던 룰루비Lullubi는 수메르시대의 전설에 이미 보인다. 아카드제국과 우르 제3왕조 모두 룰루비를 상대로 군사를 동원했다. 티그리스강 북쪽 지대에 자리한 아시리아는 끊임없이 출정해 룰루비와 싸워야 했다. 룰루비와 관련된 기록은 기원전 7세기까지 계속 이어진다. 이후 룰루비의 위협은 미미해지고, 자그로스산맥 배후의 이란고원 전체가 새로 흥기한 이란인의 차지가 된다. 메디아인Medes이 먼저였고, 페르시아인이 그 뒤를 이었다. 훗날의 근동은 이들에게 속하게 된다.

아시리아 동북, 유프라테스강 유역 바깥에는 새롭게 흥기한 우라르투Urartu가 있었다. 아시리아인은 한동안 그곳을 나이리Nairi의 땅이라고 불렀다. 우라르투는 미탄니가 멸망한 이후, 후르리인이 반Van호와 우르미아Urmia호 일대 즉 지금의 아르메니아고지에 세운 새로운 국가다. 우라르투는 처음엔 부족 연맹일 뿐이었는데, 기원전 9세기에 이르러서 통일 왕국이 되었으며 아시리아에 큰 부담을 주었다. 아시리아는 후기 청동기시대의 투쿨티 니누르타 1세부터 철기시대의 아슈르나시르팔 2세, 살마네세르 3세, 샴시-아다드 5세(재위 기원전 824~기원전 811), 살마네세르 4세(재위 기원전 783~기원전 773)에 이르기까지 우라르투를 상대로 끊임없이 군대를 동원해야 했다. 아시리아가 기원전 8세기에 쇠락하자 우라르투는 서남아시아의 제일 강국이 되기도 했다. 우라르투가 아시리아를 대신할 기회가 있었던 듯하다. 하지만 기원전 8세기 말부터 우라르투는 초원 민족 킴메르Cimmer인과 아시리아의 협공을 계속해서 받아 쓰러진 채 재기하지 못했다.

이상의 내용을 이해하려면, 우라르투의 전략적 위치를 파악해야만 한다. 우라르투의 핵심은 지금의 아르메니아지만, 크게는 타우루스산맥 지대다. 오늘날 터키 서부의 서타우루스산맥부터 시작해, 중앙타우루스산맥(안티타우루스산맥이라고도 한다), 동남타우루스산맥, 내內타우루스산

기원전 9세기~기원전 6세기의 우라루트 왕국

맥에 이르기까지 연결되는 지역이다. 그 동단이 바로 제2장에서 말한 산측 부메랑 지대의 아치형 천장으로, 티그리스-유프라테스강 유역의 꼭대기를 직접적으로 가로지른다. 이곳에서 대국이 형성되는 건, 아시리아에게 매우 큰일이었으며 바빌론의 경우와는 상당히 다른 상황이었다. 늙은 바빌론은 아시리아와 경쟁할 힘이 이미 없었다. 티그리스-유프라테스강 유역은 문명의 어머니이기에 이 지역을 수중에 넣어야만 제국의 패업을 완수할 수 있었다. 한편 우라르투는 고대 근동을 위해 북방 야만족을 막아내는 임무를 맡고 있었다. 내타우루스산맥 동북은 캅카스산맥으로, 초원 민족은 이 방향에서 서남아시아로 진입하게 마련이었다. 먼저 히타이트 등의 인도유럽인이 있었고, 이제 킴메르인이 등장했다.

킴메르인 역시 인도유럽인으로, 본래는 캅카스산맥 이북에서 지냈다. 킴메르인은 스키타이Scythai인에게 쫓겨서 남하하게 되고, 우라르투는 킴메르인의 침공을 받아 쇠약해진다. 결국 우라르투는 사르곤 2세에게 격파된다. 파죽지세의 킴메르인은 아시리아인에게 문제로 여겨졌고,

사르곤 2세는 기원전 705년에 킴메르인을 아나톨리아로 몰아낸다. 그들은 타우루스산맥을 따라 서쪽으로 가서 프리기아를 멸망시키고, 리디아Lydia 왕국의 수도 사르디스Sardis를 공격했다. 킴메르인은 한동안 위세를 떨쳤지만 마침내 리디아에 격파되어 역사에서 사라진다. 하지만 아시리아가 치른 대가는 매우 컸다. 기원전 705년의 전투에서, 근동의 맹주인 사르곤은 사망하고 만다. 이것은 불길한 조짐이었다. 훗날에 스키타이인이 같은 방향에서 남하해, 이란인·칼데아인과 손잡고 아시리아 제국을 소멸시킬 터였다.

아시리아 시대에 대한 평가

제국의 멸망(기원전 612)은 매우 갑작스럽게 찾아왔다. 아시리아는 멸망 직전에 잠시 힘을 발휘했는데, 아슈르바니팔 때 무력과 문화가 최고봉에 이르렀다. 아슈르바니팔은 이집트를 정복하고, 아나톨리아 동남쪽의 실리시아Cilicia를 병탄했다. 바빌론에서 그는 형의 반란을 평정했다. 그리고 동맹인 엘람을 징벌했는데, 기원전 647년에 엘람의 수도 수사Susa를 불태웠다. 엘람은 멸망한 것과 마찬가지였다. 또한 아슈르바니팔은 수도 니네베에 체계를 갖춘 대형 도서관을 세계사에서 처음으로 세웠으며, 진귀한 점토판 문헌을 대량으로 수집해 후대인에게 3만여 점의 귀한 연구 자료를 남겨주었다. 현재 샌프란시스코 아시아예술박물관 앞에는 실제 사람 크기보다 큰 아슈르바니팔상이 세워져 있다. 한 손은 작은 사자를 안고, 다른 한 손은 점토판을 들고 있는 모습이다. 아슈르바니팔은 최초의 도서관 설립자로 존중받는다.

아슈르바니팔 이후 세 명의 국왕은 모두 세계 통사에 그 이름이 기록될 만한 인물이 못 된다. 앞의 두 왕은 재위한 기간이 매우 짧았고 세 번째 왕은 마지막 왕이다. 마지막 왕은 기원전 627년부터 기원전 612년

니네베 도서관에 있는 아슈르바니팔 국왕 상상도

아슈르바니팔상

까지 겨우 버텼는데, 수도 니네베와 함께 멸망했을 것이다. 니네베 전투는 칼데아-바빌론, 이란의 메디아인, 페르시아인, 스키타이인이 연합해 아시리아 수도를 공격한 것이다. 성이 파괴된 뒤 니네베는 오래도록 황폐했다. 수도가 망한 뒤, 아시리아의 한 장군이 오늘날 시리아와 터키 경계에 있는 하란Harran으로 수도를 옮긴다. 그는 마지막 동맹인 이집트의 도움을 받아 최후의 발버둥을 쳤지만, 기원전 605년에 메디아인과 칼데아-바빌론의 연합군에게 멸망당한다. 아시리아 멸망의 원인은 왕위 쟁탈이지만, 보다 근본적인 원인은 제국의 자원이 이미 고갈된 데 있었다. 아시리아는 수메르-아카드-바빌론으로 이어지는 고대 문명 원조의 말단에 자리했다. 아시리아 역시 이러한 맥락의 제국 전통을 최대의 극한까지 지탱하고자 했다. 동서 양 날개를 원조 문명의 핵심까지 뻗었을 뿐만 아니라 동쪽으로는 이란고원에 이르고 서쪽으로는 아나톨리아와 이집트에 이르렀다. 이것은 바로 훗날에 아시리아를 대신할 페르시아제국의 틀이기도 하다. 아시리아는 이렇게 나아갔지만 새로운 시대로 진입할 힘이 없었다. 아시리아의 거의 모든 국왕은 끊임없이 정복지로 출정해야 했고, 결국엔 사면초가에 빠졌다.

아시리아는 고대 근동 원조 문명의 팽창 버전이자 빛나는 석양볕에 가까웠다. 그 뒤의 피날레는 칼데아였다. 수메르-아카드-바빌론의 건축과 예술은 아시리아 신제국에 이르러서 가장 훌륭한 단계에 도달했다. 하지만 아시리아는 '고대의 나치'라는 악명을 얻었다. 아시리아의 예술은 티그리스-유프라테스강 고대 문명의 예술에서 처음으로 동태적인 형태를 보여준다. 동서로 정벌하는 모습의 궁전 부조 벽화에는, 전쟁포로의 가죽을 벗기고 사지를 자르고 말뚝을 박아 죽이는 등의 가혹한 형벌과 집단 강제 이주의 참상이 생생하게 표현되어 있다. 또한 점령한 도시 전체에서 자행한 살육을 기념비에도 과시하고 있다. 이후의 페르시아제국 역시 전쟁포로를 다룰 때 같은 식으로 폭력적이었을 것이다. 페르시아제국은 죄증을 남기지 않았을 따름이다.

아시리아의 도서관이 니네베에만 있었던 것은 아니다. 하지만 유독 니네베의 것은 세계사에서 매우 드문 문화유산이다. 아시리아 왕들은 모두 각지 문헌을 수집하고 보존하려는 열성을 지녔다. 이는 그들이 지방관에게 하달한 명령을 통해 알 수 있다.[7] 수메르-아카드-바빌론으로 이어지는 고대 원조 문명의 말단에 자리한 아시리아는 이 전통의 유산 전체를 정리해 우리에게 남겨준 듯하다. 여기엔『구약성경』의 창세 신화와 홍수 신화의 원시적 영감인 '창세 서사시'와『길가메시』도 포함된다.

세계사의 아시리아 시대는 보편적 의의를 지닌 두 가지 유산을 우리에게 남겨주었다. 하나는 아람어의 보급이다. 아람인은 철기시대 초에 이미 근동의 대집단이 되었다. 유목-방목민 출신인 아람인은 도시국가를 건립한 뒤, 국제 무역에서 뛰어난 능력을 발휘했다. 그들은 무역의 편의를 위해 페니키아 자모를 채택했는데, 사용이 간단해 순식간에 퍼져나갔다. 아시리아는 아람인을 끊임없이 정벌해 그들을 제국 각지에 집단으로 강제 이주시켰다. 그 결과 아람어는 고대 근동의 통용어가 되었다. 아람어는 아시리아제국의 통용어뿐 아니라 뒤를 이은 페르시아제국의 통용어가 된다. 통용어로서의 아람어의 지위는 또 다른 서북셈어인 아라비아어에 의해 대체될 때까지 지속되는데, 이는 기원후의 일이다. 예수가 전도하면서 사용한 언어가 바로 아람어였다. 아람어는 원시 기독교의 전달 매체였던 것이다. 아람 자모는 인도 산스크리트어 자모의 형성에 영향을 주었으며, 중앙아시아의 소그드Sogd어에도 영향을 주었다. 소그드어는 몽골어와 만주어 자모의 원조가 된다.

아시리아 시대는 이스라엘의 예언 운동에도 영향을 주었다.『구약성경』에 따르면, 아시리아는 이스라엘 백성의 머리 위에 걸린 검과 같았다. 아시리아는 이스라엘 백성을 막막한 위기감 속에서 살아가게 만들었다. 결국 이스라엘 왕국은 멸망당하고 이스라엘 백성은 10지파를 상실한다. 남방의 유대 왕국은 더욱 불안한 나날을 보내다가 결국 칼데아 제국에게 멸망당하고 바빌론으로 추방된다. 살길을 찾고자 애쓰던 선지자들이 기독교·유대교·이슬람교를 선도하게 될 예언 운동을 일으켰다. 그들의 호소는 칼데아 시대까지 지속되었지만 그 기본적인 심리상태는 아시리아 시대에 빚어진 것이다. 선지자들은 '선민'이 멸망당한 역설을 적절히 설명해야 했고, 마침내 선민의 수난 사관을 발전시켰다. 즉 선민이 그들과 약속한 야훼를 배신하자 야훼가 이민족 정복자를 이용해 그들을 징벌했다는 것이다.

이는 인류사에서 지역을 초월한 세계사의 첫 번째 버전이자 목적론을 지닌 최초의 '역사 철학'이다. 주인공은 고난을 받는 이스라엘 백성이고, 야훼는 감독이다. 아시리아 등의 강국은 야훼가 불러온 엑스트라다. 이스라엘 선지자들의 상상력이 얼마나 창조적인가! 아시리아제국의 토벌 격문에는, 이미 어떤 지역을 정벌하기 전에 그곳 거주민의 죄악이 하늘까지 닿았음을 성토하는 내용이 보인다. 그곳 거주민의 신이 아시리아인을 초청해 그들을 징벌하게 했다는 것이다. 해당 지역을 함락한 뒤, 아시리아인은 일반적으로 그 지역의 신상을 가져갔다가 상황이 진정된 다음에 다시 되돌려놓았다. 기원전 701년, 아시리아는 예루살렘을 포위했을 때 이런 식의 격문을 포고했다. 아무튼 당시 예루살렘은 함락되지 않았다.[8]

만약 아시리아가 끼어들지 않았다면, 세계사에서 이후의 유대 복국론과 메시아론은 있을 수가 없었다. 역사가 그렇게 진행되지 않았다면, 기독교라는 보편적 구세주형 종교의 등장은 상상하기 어렵다. 때문에 야훼를 역사의 신이라고 하는 것은 조금도 지나치지 않다. 야훼는 아시리아제국을 고대 유대교의 수정관受精管으로 배치하고, 로마제국을 기독교의 요람으로 배치했다.

가나안, 페니키아와 이스라엘

청동기시대 총붕괴 이전, 가나안 지역에 있었던 두 거대도시는 우가리트와 비블로스다. 북시리아에 자리한 우가리트는 가나안인과 후르리인이 섞여 지내던 곳으로, 청동기시대 후기에는 히타이트제국의 세력 범위에 있었다. 비블로스는 중왕국시대에 이집트 문화권의 일원이었으며, 이집트 파피루스의 집산지였다. 비블로스의 페니키아 명칭은 그발Gebal이다. 그리스인은 파피루스를 '비블로스'라고도 발음했고 여기서 『구약성경』의 영어 명칭인 바이블Bible이 유래했다.

페니키아인은 그 주위의 가나안인과 크게 다르지 않았다. 페니키아는 해안 지역화된 가나안이라고 할 수 있는데, 청동기시대 중기에 이미 크게 활약했다. 페니키아의 도시국가 가운데 가장 오래된 시돈Sidon은 신석기시대에 이미 사람이 거주했다. 이곳이 중요한 항구가 된 것은 훗날의 일이다. 페니키아인의 또 다른 이름난 도시 티레Tyre는 청동기시대 총붕괴 이후 시돈인이 재건한 것이다. 페니키아 도시의 특징은 해변에 바짝 붙어 있다는 것이다. 심지어 섬 위에 자리하여 제방에 의지한 채 대륙과 이어져 있는 도시들도 있었다. 이들 항만 도시의 황금기는 청동기시대 총붕괴 이후였다. 바로 우가리트와 비블로스가 쇠락하여 거의 사라지고 히타이트와 이집트 두 제국의 시대가 이미 지나간 상태에서 아시리아는 아직 흥기하기 전인 공백기로, 약 기원전 11세기~기원전 10세기에 해당한다. 이 시기는 페니키아인이 지중해 각지를 식민화하기 시작한 때이기도 하다. 제2차 대이동의 흐름은 기원전 7세기 상반기에 있었는데, 에사르하돈이 페니키아를 상대로 군대를 동원하면서 촉발된 것이다.[9] 대부분 지중해 남부 해안에 자리한 페니키아 식민지 역시 바다 쪽으로 뻗어 나온 곳에 세워졌는데, 내륙과의 분규를 최대한 피하기 위해서였다. 때문에 페니키아가 식민지에서 뿌리를 내린 정도는 그리스의 해외 식민지에 한참 미치지 못했다.

페니키아인은 무역 외에 제조업으로도 유명하다. 그들은 최초로 유리공업을 발전시켰다. 또한 자줏빛 염료로 물들인 옷감도 제조했는데, 이는 훗날 왕의 의복에 사용된다. 인류에 대한 페니키아의 가장 큰 공헌은 일련의 자모를 만들어낸 것이다. 페니키아 자모가 최초의 자모인지의 여부는 지금도 여전히 논쟁 중이지만, 가장 널리 통용된 자모다. 지중해에서의 페니키아인의 상업 활동을 통해 페니키아 자모 역시 서방에 널리 퍼졌고, 훗날 서양 자모의 원조가 된다. 페니키아 자모에서 변형되어 나온 아람 자모는, 아람인이 근동 곳곳으로 퍼지면서 기타 아시아 자모의 형성에 영향을 주었다. 즉 산스크리트·소그드·위구르 문자에 영향을 주었고, 몽골어와 만주어 자모의 탄생을 촉진시켰다.

해양 민족의 대침입으로 가나안 해안에 블레셋인이 들어오게 된다.

기원전 900년 무렵의 페니키아 자모	𐤀	𐤁	𐤂	𐤃	𐤄	𐤅	𐤆	𐤇	𐤈	𐤉	
기원전 750년 무렵의 최초의 그리스 글자(약간 이후의 서부 변형체 포함)	A	B	Γ	Δ	E	F	Z	H	Θ	I	
기원전 650년 무렵의 에트루리아 자모	A	ß	𐌂	𐌃	𐌄	𐌅	I	𐌇	⊗	I	
기원전 500년 무렵의 라틴 자모	A	B	C	D	E	F	G	H		I	
기원전 1세기 무렵의 라틴 자모	A	B	C	D	E	F	G	H		I	
중세기의 라틴 자모	A	B	C	D	E	F	G	H	I	J	
유럽인이 첨가한 부호들	À		Ç	Đ	É				Î		

모든 서양 자모의 원조인 페니키아 자모

블레셋인은 아마도 크레타섬에서 비롯되었을 것이다. 가나안에 정착한 뒤 그들은 점차 서북셈어 집단의 일부로 변했을 것이다. 블레셋인은 일찍이 가나안 남부 지역의 맹주였고, 이스라엘 백성은 그들에게 예속되어 있었다. 하지만 다윗이 이스라엘인을 이끌고 굴기한 뒤, 블레셋인의 세력은 쇠락했다. 이러한 변화는 페니키아에게도 매우 유리했다. 『구약성경』에 따르면, 페니키아는 다윗의 계승자 솔로몬과 우호적인 관계를 유지했다.

이스라엘 백성의 이집트 탈출이 청동기시대 총붕괴의 일환이었는지의 여부는 지금까지도 여전히 논쟁거리다. 어떤 사람은 이스라엘인이 이집트 제2중간기에 힉소스인을 따라서 이집트로 들어왔다고 본다. 훗날 '요셉을 알지 못하는 새 왕'이 이스라엘인을 괴롭히기 시작하는데, 이 새 왕은 이집트에서 힉소스를 몰아내고 신왕국 제18왕조를 연 파라오를 가리킨다. 만약 이스라엘인의 이집트 탈출을 이 기간으로 본다면, 당시는 이집트제국이 아시아에서 영토를 개척하던 시기다. 이는 이집트의 아시아 속지가 이스라엘인에게 점거된 상황과는 너무나 부합하지 않

Y	Y	Ŧ	O	?	w	φ	4	W	+								
M	N	Ξ	O	Π	M	Q	P	Σ	T		Y			Φ	X	Ψ	
Y	Y	⊞	O	1	M	Q	?	?	T		Y			φ	X	Y	
M	N		O	P		Q	R	S	T		V				X		
M	N		O	P		Q	R	S	T		V				X	Y	Z
M	N		O	P		Q	R	S	T	U	V	W			X	Y	Z
	Ñ		Ø					Š		Ü							

제11장 고대 근동이 철기시대로 진입하다

는다. 이집트 탈출을 제19왕조 람세스 2세의 시대로 보아도 동일한 문제가 생긴다. 당시는 바로 신제국의 전성기였기 때문이다. 람세스 2세는 이집트 탈출과 어느 정도 관련이 있긴 하다. 그는 나일강 삼각주에 인접한 시나이반도에서 대규모 토목공사를 진행했는데, 이집트 경내 이스라엘 백성의 거주지였던 고센Goshen이 바로 그곳에 있었다. 때문에 이스라엘 백성이 토목공사에 동원되었다는 설에 부합하는 듯하다. 그런데 당시 일부 사람들이 도주하는 것은 가능했겠지만 전全 민족이었을 리는 없다. 그 '민족'은 아직 탄생하지도 않았을 때다.

유대-기독교 전통을 독실하게 믿는 이가 아닌 다음에야, 「출애굽기」를 역사 기록으로 간주하려는 사람은 없을 것이다. 「출애굽기」의 목적은 역사를 기록하는 게 아니라 신의 뜻을 알리는 데 있다. 하지만 「출애굽기」를 순전한 허구로 본다면, 또 다른 허구적인 견해에 문을 활짝 열어주게 된다. 예를 들어 '중앙산지설'에 의하면, 이스라엘 백성은 줄곧 가나안에 있었으며 이집트 탈출이라는 일은 아예 존재하지 않았다. 소위 '이집트 탈출'은 은유에 불과할 뿐이라는 것이다. 즉 종주국 이집트가 속국 가나안을 상대로 가렴주구를 일삼자 토지를 빼앗긴 평지의 백성이 사마리아 산지로 도망쳤는데, 이곳에서 그들은 토지가 국왕의 소유가 아니라 신이 허락해준 것이라는 새로운 종교를 만나게 되었다고 한다.[10] 사마리아는 이스라엘 백성이 이집트 탈출 이후 최초로 모인 지점이 확실하다. 하지만 '이집트'를 고난의 부호로만 간주하는 것에는 어폐가 있다. 이런 식의 생각이 더 나아갈 경우, 거짓 역사의 수렁에 빠지게 된다. 예를 들면, 이집트 제18왕조의 파라오 아케나텐이 이집트에서 일신교의 종교개혁을 추진하다가 실패한 뒤 시나이반도로 쫓겨나 모세가 되었다는 식이다.[11]

「출애굽기」에는 역사의 알맹이가 있다. 하지만 거기에 묘사된 이스라엘은 이스라엘 민족이 이미 형성된 이후의 회고로, 다윗왕 이후에 구상된 것이다. 이집트 탈출은 여러 차례 나뉘어 발생했다. 마지막이 요셉의 백성과 일부 레위인the Levites이었다.¹² 훗날 그들은 먼저 탈출했던 이들 및 가나안을 떠난 적이 없는 이들과 역사적으로 묶이게 된다. 어떤 지파가 그 안에 포함되고 배제되었는지 혈통을 가지고 따지는 건 아무 의미가 없는 문제다. 건국 이후에는 그들 모두 동류同類가 된다. 총 12지파라는 숫자는 결코 확실한 게 아니지만, 문헌에서는 그 숫자를 충족시켜야 했다.

『구약성경』의 기록에 따르면, 다윗왕은 기원전 11세기~기원전 10세기에 이스라엘 연합 왕국을 세웠고, 그 아들 솔로몬에 이르러서 극성기에 도달했다. 솔로몬은 이스라엘의 신을 위해 첫 번째 성전을 지었다. 솔로몬 사후에 그 아들은 민심을 얻지 못했고 왕국은 둘로 분열되었다. 북방 이스라엘 왕국의 중심은 사마리아 산지였다. 이곳은 이스라엘 백성이 가나안에서 최초로 둥지를 틀었던 장소다. 남방 유대 왕국의 중심은 다윗의 새로운 수도 예루살렘이었다. 이 분열이 '이스라엘'이라는 새로운 집단이 완전히 결합되지 않은 데서 비롯된 것인지, 이집트에서 탈출한 이들이 가나안 고향에 머물러 있던 이들과 마침내 분가한 것인지는 알 수가 없다. 연합 왕국이 존재했는지에 대해서도 고고학상의 증거가 없다. 회의론자들은 청동기시대 총붕괴의 암흑기에 이처럼 휘황찬란한 왕국이 어디서 생겨났는지 의심한다. 하지만 어느 한 지역의 암흑이 다른 지역의 광명일 수 있음을 알아야 한다. 페니키아의 황금시대는 히타이트와 이집트가 쇠망하고 아시리아와 바빌론 역시 암흑에 빠진 때였다. 유대인의 집단 기억은 끊임없이 연합 왕국을 회고했다. 그들은 반드시 다윗왕의 후손에서 '메시아'가 나온다는 신념 속에서, 유대인의 첫 번째 국가가 일찍이 존재했다는 것을 믿고 받아들였다.

철기시대로 진입한 이집트

철기시대로의 진입은 근동 전체를 놓고서 말하는 것이다. 이집트가 발걸음을 같이했는지는 여전히 논쟁거리가 있다. 청동기시대 말 국가 질서의 총붕괴를 분수령으로 삼는다면, 제20왕조의 마지막 파라오 람세스 11세(재위 기원전 1107~기원전 1078/1077?)는 적당한 선택일 것이다. 그의 시기는 바로 이집트 신왕국의 폐막에 해당한다. 이때에 이르러, 이집트 신왕국은 아시아 지역의 영토를 죄다 상실했고 본토 역시 해체 중이었다. 아케나텐이 일찍이 종교개혁 조치를 통해 제압하려 했던 테베의 아문 신전이 이제는 정말 국가의 중심이 되어 파라오보다도 세력이 컸다. 람세스 11세는 누비아 총독의 병력을 이용해 아문 신전의 대제사장을 몰아내려 했다. 하지만 결국 람세스 11세, 아문 신전의 대제사장 헤리호르Herihor(재위 기원전 1080~기원전 1074), 하이집트 총독 스멘데스Smendes(재위 기원전 1077/1076?~기원전 1052)의 삼인 통치가 이루어진다. 람세스 11세는 실질적으로는 이름뿐인 왕이었다. 스멘데스는 제21왕조의 건립자가 되어 나일강 삼각주 동북의 타니스Tanis에 도읍을 정하고 이집트의 절반을 통치한다. 상이집트는 테베의 아문 신전 대제사장의 근거지가 되었으며, 헤리호르는 파라오의 칭호를 사용하기까지 했다. 이집트는 누비아를 상대로 전쟁을 했고, 누비아는 이집트로부터 독립하게 된다. 이로써 이집트는 황금 산지를 잃고 더 이상 번영하지 못한다.

제21왕조부터 이집트는 '제3중간기'로 진입했다. 역사 무대의 중앙에서 벗어난 이 시기의 이집트사는 명확하지 않다. 제21왕조 중기에 이르러, 남북의 두 왕정은 한 사람이 통치한 듯하다. 그는 파라오와 대제사장을 겸칭했지만, 그에 대립하는 지방 세력이 쇠퇴하진 않았다. 제22왕조부터 아문 신전의 대제사장은 대부분 왕의 아들이나 왕의 동생이 맡았다. 제22왕조의 수도는 테베가 아닌 타니스였다. 제22왕조를 세운 셰

숑크Sheshonk 1세(재위 기원전 945~기원전 924)는 리비아인이었으므로 이 왕조를 리비아 왕조라고도 한다.

'제3중간기'는 결코 적절한 명칭이 아니다. 그 뒤로 왕국 단계가 아닌 망국의 시기로 접어들었기 때문이다. 제1중간기는 노메스가 형성되어 분치分治가 이루어졌고 제2중간기는 힉소스가 들어와 주인 노릇을 하는 등 주된 맥락이 있었던 반면, 제3중간기는 총체성이 없다. 제3중간기는 단지 시기적 구분이고, 그 안에는 안정과 혼란이 혼재해 있었다. 제22왕조의 세숑크 1세는 아시아로 진군했으며, 신왕국의 영토를 회복하는 기세를 보이기도 했다. 제23왕조는 수도가 어디였는지조차 확실하지 않은데, 아마도 테베였을 것이다. 제23왕조와 타니스의 제22왕조는 일정 시기 중첩되는데, 각각 남쪽과 북쪽에 왕조를 형성했다. 제24왕조는 나일강 삼각주 서북의 사이스Sais에 수도를 두었고, 파라오는 두 명뿐이었다. 제24왕조의 첫 번째 파라오는 상이집트를 상대로 군대를 동원해, 누비아 출신의 상이집트 파라오 피예Piye(?~기원전 721)를 놀라게 했다. 피예는 제25왕조를 세운 왕으로, 재위 당시에 제24왕조를 멸망시켰다.

제25왕조의 수도는 나파타Napata로, 본래 쿠시 왕국의 수도였다. 쿠시 왕국은 제24왕조보다 건국 시기가 이른데, 지금의 수단에 있었던 왕국이다. 쿠시인이 북상해 이집트에 왕조를 세운 것은 이민족이 들어와 주인이 된 셈인데, 그들은 문화적으로 이미 이집트에 동화되었다. 이어서 아시리아인의 정복으로 제3중간기는 끝이 난다. 고대 이집트 역사의 시대 구분 틀은 어수선해 보인다. 아시리아인이 이집트를 침입한 목적은 팔레스타인에 대한 쿠시 왕조의 간섭을 없애기 위한 것으로, 이집트 자체에는 전혀 관심이 없었다. 때문에 아시리아는 삼각주에 네코 1세를 대리인으로 세웠다. 네코는 본래 사이스의 태수였는데, 아시리아의 아슈르바니팔에 의해 기원전 670년에 '사이스와 멤피스의 왕'으로 책봉된다. 이는 당시 12명의 공동 통치자Dodecarchy의 우두머리 격이었다. 누비아인의 쿠시 왕조는 여전히 상이집트에 자리를 잡고 있었다. 네코 1세는 아마 그들과의 전투에서 죽었을 것이다. 네코 1세의 아들은 아시리아로 도망치고, 아시리아인은 기원전 664년(혹은 기원전 663)에 다시 남하해 테베를 약탈한다. 이로써 누비아인은 이집트에서 물러나게 된다.

아시리아인은 삼각주에서 쿠시 왕조와 결탁한 다른 왕들을 징벌하고, 네코 1세의 아들 프삼티크 1세를 지지했다. 이는 프삼티크 1세가 이집트를 통일하고 제26왕조를 세우는 데 도움이 되었다. 프삼티크 1세는 먼저 그리스와 카리아 용병을 고용해 삼각주의 기타 세력을 두려워 떨게 만들었다. 그리고 '아문의 아내'라 불리는, 테베의 누비아 출신 여제사장에게 자신의 딸을 양녀로 맞아 후계자로 삼게 했다. 이로써 프삼티크 1세의 딸은 장차 '아문의 아내' 직위를 잇게 된다. 후에 이 직위는 파라오와 동등한 지위를 갖게 된다. 그의 딸이 '아몬의 아내'의 계승자가 된 뒤로, 프삼티크 1세는 비로소 '상·하 이집트의 왕'이라 칭하게 된다.[13] 이는 신왕국이 해체되면서 테베와 삼각주가 상호 대등하게 존재해오던 체제를 여전히 유지한 듯하지만, 제20왕조 이래 처음으로 비교적 안정적인 대통일을 이룬 것이다. 프삼티크 1세의 외교 정책은 매우 현명했다. 당시 이집트에는 큰 위협이 닥쳐오고 있었으니, 바로 칼데아의 신바빌론제국이 막 부상하는 중이었다. 프삼티크 1세는 그리스인을 용병으로 고용하면서 그리스인과 좋은 관계를 유지했다. 그는 그리스인의 이주를 환영하기까지 했다. 때문에 헤로도토스의 시야에 들어왔던 것이다.

프삼티크 1세의 아들 네코 2세(재위 기원전 610~기원전 595)는 아시리아를 지원했으며, 시리아 북부까지 무력을 확장하기도 했는데 이는 제19왕조 이래로 없었던 일이다. 이집트 신왕국을 회복하려던 그의 꿈은 칼데아인의 신바빌론제국에 의해 분쇄되었다. 만약 그가 성공했다면, 이집트의 제3중간기 이후에 제2신왕국이 존재했을 것이다. 철기시대로 진입한 이후 이집트의 물질 문명은 총체적으로 제고되었지만, 전체 근동에서는 이미 새로운 구조가 출현했다. 그것은 낡은 틀에 갇힌 이집트를 앞선 것이었다.

네코 2세는 불행히도 실패의 사례로 간주된다. 그의 어떤 생각은 사실상 시대를 앞섰다. 그는 지중해와 인도양을 통하게 하고자 수에즈 운하의 건설을 구상한 첫 번째 인물이다. 착공은 했지만 안타깝게도 완성하지 못했다. 그는 이오니아 그리스인을 모집해 이집트의 첫 번째 해군을 창설했다. 가장 불가사의한 것은 네코 2세가 페니키아인을 고용해 아프리카를 한 바퀴 도는 항해를 시킨 일이다. 헤로도토스는 2년이 걸린 이 항해를 기록했다. 홍해에서 출발한 그들은 도중에 육지로 올라가서 추수를 하기도 했으며 추수를 마친 뒤 계속 항해했는데, 아프리카의 어떤 지점을 돌았을 때 태양이 오른쪽에서 떠올랐고(헤로도토스 자신은 이 일을 믿을 수 없다고 말한다), 마침내 헤라클레스의 기둥(지브롤터)을 지나 이집트로 돌아왔다고 한다.[14]

제3중간기는 제25왕조에서 끝난다. 이어진 제26왕조는 두루뭉술하게 '말기'로 귀속된다. 유산流産되어 버린 이 제2신왕국을 그 뒤의 망국기와 묶어서 말기 왕조라고 한다. 페르시아제국은 이집트의 제26왕조를 멸하고 이집트를 키프로스·페니키아와 합병했으며 총독을 두어 다스렸는데, 이것이 고대 이집트사의 제27왕조로 간주된다. 이집트는 제28·29·30왕조 때 페르시아인으로부터 독립해 지냈다. 제28왕조는 페르시아 통치에서 벗어났지만 고작 6년 동안 존재했다. 제29왕조는 페르시아인에 대항하며 아테네의 원조를 얻어냈다. 제30왕조는 팔레스타인과 시리아를 공격하기도 했다. 제30왕조는 그리스 용병을 고용하는 정책을 이어나갔지만, 페르시아 역시 그리스 용병을 고용했다. 기원전 343년부터 기원전 332년 사이에, 페르시아가 이집트를 두 번째로 정복한다. 시간은 매우 짧았지만 이 시기의 이집트를 제31왕조로 본다. 알렉산더가 페르시아제국을 공격함으로써 이집트는 해방된다. 그리고 이 고대 문명은 마침내 그리스인과 로마인의 통치기로 들어가 새로운 시대 속에 융합된다.

주

1. Basil Davidson, *Africa in History: Themes and Outlines*, Revised and Expanded Edition (New York and London: A Touchstone Book, 1995), p.23.

2. 장광즈와 쉬줘윈은 편의상 중국 철기시대의 시작을 기원전 500년으로 잡았다. Chang Kwang-chih and Cho-yun Hsu, "The Eastern Zhou from 800 to 300 BC," in UNESCO, *History of Humanity, Scientific and Cultural Development*, Vol. III: *From the Seventh Century BC to the Seventh Century AD* (Paris, London & New York: UNESCO through Routledge, 1996), p. 491.

3. J. A. Brinkman, "Babylonia in the Shadow of Assyria (747~626 B.C.)," in *The Cambridge Ancient History*, Second Edition, vol III, Part 2 (Cambridge & New York: Cambridge University Press, 1993), p. 21.

4. Georges Roux, *Ancient Iraq*, New Edition (New York & London: Penguin Books, 1992), pp. 277~281.

5. Ibid, p. 280.

6. A. K. Grayson, "Assyria: Sennacherib and Esarhaddon (704~669 B.C.)", *The Cambridge Ancient History*, Second Edition, Vol. III, Part 2 (Cambridge, UK and New York: Cambridge University Press, 1993), pp. 124~125.

7. A. K. Grayson, "Assyrian Civilization," in T*he Cambridge Ancient History*, Second Edition, vol. III, Part 2 (Cambridge & New York: Cambridge University Press, 1993), p. 227.

8. Charles Freeman, *Egypt, Greece and Rome, Civilizations of the Ancient Mediterranean*, Second Edition (Oxford & New York: Oxford University Press), p. 96.

9. W. Culican, "Phoenicia and Phoenician Colonization," in *The Cambridge Ancient History*, Second Edition, vol. III, Part 2 (Cambridge & New York: Cambridge University Press, 1993), p. 486.

10. Manuel Robbins, *Collapse of the Bronze Age: The Story of Greece, Troy, Israel, Egypt, and the Peoples of the Sea* (New York: Authors Choice Press, 2001), p. 268.

11. 이는 프로이트가 『모세와 일신교』에서 주장한 것이다. 이 책은 아들이 아버지(교주)를 죽이고 죄책감을 갖게 되었다는 정신분석학적 견해를 담고 있다. 거짓 역사를 만들고자 하는 사람만이 이를 이집트학으로 간주할 것이다.

12. O. Eissfeldt, "Palestine in the Time of the Nineteenth Dynasty, (a) The Exodus and Wanderings," in *The Cambridge Ancient History*, Third Edition, vol. II, Part 2 (Cambridge & New York: Cambridge University Press, 2006), p. 323.

13. T. G. H. James, "Egypt: The Twenty-Fifth and Twenty-Sixth Dynasties," in *The Cambridge Ancient History*, Second Edition, Vol. III, Part 2, pp. 706, 709, 771.

14. Herodotus, translated by David Grene, *The History* (Chicago and London: The University of Chicago Press, 1988), pp. 293~296.

제12장

페르시아제국과
페르시아 전쟁

근동과 인더스강 유역 사이에 자리한 이란고원은, 오늘날 기존의 견해에 도전하며 세계사에서 가장 오래된 문명의 자리를 놓고 각축을 벌이고 있다. 21세기 초에야 세상에 공개된 지로프트 문명은 그러한 잠재력을 지닌다. 현재로서는 지로프트 문명의 문물 대부분이 불법적으로 획득된 것인 데다 원래의 자리에서 이미 벗어났기 때문에, 그 연대에 대해서는 논쟁의 여지가 있다. 완전한 보고서도 아직까지 나오지 않은 상태다. 하지만 그 문물은 모두 정밀하게 제작되었으며 상당히 고유한 특징을 지닌다.

이란의 첫 번째 문명: 엘람

지로프트에 대해서는 기다려야 확실한 것을 알 수 있다. 현재로서는 비교적 확실한 엘람 문명을 이란 고대사의 기점으로 볼 수밖에 없다. 엘람은 지리적으로 수메르에 바싹 붙어 있었다. 엘람 문명의 핵심은 오늘날 서이란 후제스탄Khuzestān주에 있었다. 엘람 최초의 수도인 수사는 티그리스-유프라테스강 유역의 지류인 카룬Karūn강의 저지대에 자리했다. 때문에 이 지역은 티그리스-유프라테스강의 양하兩河 유역이라기보다는 삼하三河 유역이다. '삼하'라는 명칭이 유행하지 않은 것은 수원水源·종족·문화 각 방면에서 엘람이 독립성을 유지하며 독자적이었기 때문이다.

티그리스-유프라테스강의 수원은 북방의 타우루스산맥이지만 카룬강의 수원은 자그로스산맥이다. 카룬강과 티그리스강은 삼각주에서 한데 모인 뒤 페르시아만으로 흘러 들어간다. 기원전 3200~기원전 2700년, 카룬강의 분수령에 자리한 수사 지역이 고원 지대 문화의 영향을 받기 시작한다. 이 가장 오래된 문명을 '원시 엘람 문명'이라고 하는데, 티그리스-유프라테스강 유역의 문명과는 확실히 근원이 같지 않다.

엘람의 문물

이미 해독된 엘람 설형문자

수메르 문명과 어깨를 나란히 하는 이 고대 이란 문명이 제1세대 문명 고국에 들어가지 않는 것은 엘람인에 대한 오늘날 사람들의 인식이 매우 빈약하기 때문이다. 사람들은 단지 엘람인이 수메르인과 셈어족 민족의 이웃이라는 것만 알 뿐이다.

최근에 발견된 이란 동남부 지로프트 문명의 문자를 두고 어떤 이들은 세계사에서 가장 오래된 문자라고 한다. 그것은 엘람 문명보다 300년이나 이르다. 후에 엘람이 그 문자를 채택한 것이다. 하지만 양자의 언어가 같았는지는 별개로 논해야 한다. 엘람 문자는 훗날 다른 어족의 아카드 문자를 차용하기도 한다.[1] 원시 엘람 문자Proto-Elamite(기원전 3100~기원전 2900)는 설형문자로, 1000개의 부호를 사용했다. 해독되지 않았기 때문에 그것이 엘람어와 관계가 있다고 인정할 수는 없다. 원시 엘람 문자 이후, 엘람 선형문자가 기원전 제3천년기의 마지막 4분의 1 시기에 잠시 출현했다. 엘람 선형문자는 극소수의 비문에 보이는데, 아마도 엘람어를 기록하는 데 사용되었을 것이다. 또한 당시에 이미 음절을 기록하는 단계로 들어갔을 것이다. 엘람 선형문자는 아직까지 해독되지 않았다.[2] 이미 해독된 것은 엘람 설형문자(기원전 2500~기원전 331)로,

개량된 아카드 문자를 차용한 것이다. 엘람 설형문자는 130개의 부호를 사용하는데, 그 수가 다른 설형문자에 비해 적은 편이다. 엘람 최초의 역사 기록 역시 대략 아카드 시대에 출현했는데, 기원전 2300년 무렵이다. 엘람어는 고립어로 판명되었다.

엘람은 티그리스-유프라테스강 문명과 인더스강 유역 고대 문명 사이에 끼어 있기 때문에 어떤 언어학자는 엘람-드라비다어족을 설정하고자 하기도 한다. 엘람이 티그리스-유프라테스강 지역과 인도가 이어지는 중간 지점에 자리한 데다가, 엘람어와 드라비다어가 기존의 어떤 언어 체계로도 분류되지 않기에 양자를 일가로 묶으려는 것이다. 이 가설은 널리 받아들여지지 않았다. 그런데 보다 동쪽의 지로프트 문명이 출토되면서, 엘람과 인더스강 유역 문명의 연관 가능성은 더욱 커졌다. 하지만 지로프트의 부호와 인더스강 하라파 문명의 부호가 유사성이 있는지 여부는 여전히 논쟁 중이다. 엘람 문자는 아카드 이전 단계에서는 지로프트 부호를 사용했다. 기원전 제3천년기의 마지막 4분의 1에 해당하는 시기에 엘람은 아카드제국으로부터 벗어난다. 독립한 엘람 왕국은 아카드 문자를 버리고 선형문자를 사용하고자 하기도 했다.

원시 엘람 문명의 뒤를 이은 것은 '고엘람 시대'(기원전 2700~기원전 1600)다. 이 시기는 수메르인의 침입으로 시작되었다. 고엘람 시대에 엘람의 첫 왕조인 아완Awan 왕조(기원전 2400~기원전 2100)가 세워진다. 아완 왕조의 성립은 아카드제국보다 약간 이르지만 아카드제국보다 더 오래 지속되었다. 아완 왕조의 마지막 왕은 사르곤 사후에 독립을 선포하고, 아카드 문자를 폐기했으며, 수사를 중심으로 발전시키고, 인근의 안샨Anshan을 정복했다. 아완 왕조는 자그로스의 산지 민족 구티인에게 멸망당한다. 그다음의 시마시Simash 왕조(기원전 2100~기원전 1970)는 구티인과 우르 제3왕조의 공격에 대응해야만 했다. 수사가 우르 제3왕조의

엘람의 문물

슐기에게 정복된 적도 있지만, 우르 제3왕조가 쇠락하자 시마시 왕조가 우르 제3왕조를 멸망시킨다. 시마시 왕조의 뒤를 이어 흥기한 에파르티 Eparti 왕조(기원전 1970~기원전 1770)는 고대 바빌론제국과 동시기에 존재했는데, 함무라비에 의해 티그리스-유프라테스강 유역에서 쫓겨나고 만다.

'중기 엘람 시대'(기원전 1500~기원전 1200) 안샨에서 생겨난 여러 왕조부터 시작해서 엘람 신제국이 굴기하기까지 이어진다. 안샨의 통치자는 '안샨과 수사의 왕'이라고 자칭했으며, 본토화 정책을 힘써 추진했다. 엘람 문자의 사용을 확대하고, 이란고원의 신을 숭배했다. 하지만 티그리스-유프라테스강 문명의 영향을 지워버릴 수는 없었다. 수사의 남쪽 45킬로미터 지점의 초가 잔빌Chogha Zanbil 지구라트는 티그리스-유프라테스강 유역 이외의 지역에 존재하는 매우 드문 지구라트로, 기원전 1250년 무렵에 세워졌다.

이 시기에 엘람의 주요 상대는 카시트의 바빌론 제3왕조였다. 바빌론 제3왕조가 북방에 있는 중왕국 시기의 아시리아에 의해 쇠약해진 반면, 동쪽의 엘람은 전성기를 맞이한다. 엘람의 맹주 슈트루크 나훈테

Shutruk-Nakhunte(재위 기원전 1185~기원전 1155)는 바빌론을 상대로 여러 차례 군대를 동원했다. 그 전리품에는 마르두크 신상과 함무라비 법전 석비도 있었다. 수사 유적지에서 발굴된 것이 바로 이 석비다. 슈트루크 나훈테는 결국 카시트 왕조를 멸망시키고, 자신의 큰아들을 바빌론 왕으로 세운다. 하지만 이 큰아들은 3년도 되지 못해 현지인에게 쫓겨난다. 이어서 바빌론 제4왕조의 네부카드네자르 1세(재위 기원전 1126~기원전 1103)는 수사를 공격해 마르두크 신상을 되찾아간다.

청동기시대 총붕괴로 인해 바빌론은 약 150년 동안의 암흑 시대로 접어들었다. 엘람의 역사 기록은 3세기가량 중단되었다. 이후 '신엘람 시대'(기원전 1100~기원전 640)의 제2단계로 들어선다. 이 시기의 두 가지 주제는 다음과 같다. 첫째는 엘람인이 바빌론인과 동맹을 맺어, 근동의 맹주 아시리아제국에 공동으로 맞선 것이다. 둘째는 인도유럽족의 도래다. 이 두 방면에서 엘람은 모두 패자였고, 거의 멸망하게 된다. 엘람인은 바빌론과 아시리아의 분쟁에 말려든 결과, 기원전 640년에 수사가 아시리아의 아슈르바니팔에게 파괴되어 엘람은 멸망한 것과 다름없게 되었다. 이후 엘람은 여러 작은 나라로 분열되어 수십 년 동안 간신히 유지된다. 진정으로 엘람을 역사 무대에서 몰아낸 건 이란인의 도래다. 이란고원 서부의 이란인은 본래 아시리아제국의 속국이었지만 결국엔 아시리아의 멸망을 가져온다. 아시리아에 의해 멸망 지경에 이른 엘람은 회복을 꾀하기도 했지만 곧이어 이란인의 페르시아에게 멸망당한다.

이란인은 언제 이란고원으로 진입했을까

이란인은 대략 기원전 2000년 초에 중앙아시아 초원에서 이란고원으로 진입했다. 처음으로 진입한 이들을 '인도-아리아인'이라고 칭한다. 그중 한 갈래가 동쪽 인도로 내려가서 인더스강 유역 고대 문명을 대체했기 때문이다. 다른 한 갈래는 서쪽으로 가서 미탄니 왕국을 건립했다. 두 번째로 진입한 이들은 서이란인으로, 훗날의 메디아인·페르시아인·파르티아인이다. 세 번째로 진입한 이들은 동이란인으로, 거의 전부가 이란고원 주위에 분포했다. 여기에는 박트리아인, 소그드인, 코라스미아Chorasmia인, 사카Saka인, 마사게타이Massagetae인, 알라니Alani인, 스키타이인이 포함된다.[3] 페르시아제국을 건립한 이는 서이란인이다.

이란고원으로 진입한 이란인에게 이렇다 할 만한 정복 활동은 없었다. 엘람 또는 엘람과 관련이 있을 법한 지로프트를 제외하면, 고고학이 북방에서 발견한 것은 석기시대의 유적지뿐이고 다른 문명은 없다. 이란인이 전차를 몰면서 거침없이 이란고원을 정복했다는 것은 신화다. 이란 학자에 따르면, 기원전 3000년 이전에 근동에서 말이 길들여진 것은 나귀와의 교배를 위해서였을 것(식용의 가능성도 있다)이라고 한다. 말이 전차를 몰게 된 것은 기원전 21세기~기원전 18세기다. 전차는 기본적으로 서남아시아의 산물로, 초원 민족은 바퀴에 대해 몰랐다. 기마는 초원 민족의 발명이지만, 그 시대는 아직 도래하지 않았다. 이란인은 이란고원으로 들어온 뒤에야 비로소 전차 모는 방법을 배웠다. 그들은 수레를 타고 이곳에 온 게 아니다. 그들은 걸어 다니며 소를 방목하는 이들로, 소들이 한 지역의 풀을 다 먹어치우면 계속해서 새로운 목초지를 찾아 나아가야 했기에 이주했던 것이다. 이러한 이민의 방식은 매우 더디고 점진적이었다. 또한 고고 유적을 남겼을 리도 없다. 아리아인이 인도로 진입했을 때, 그 귀족들은 전차 사용법을 알았지만 다른 이들은 여전히 걸어 다니면서 소를 몰았다.[4]

서이란인이 자그로스산맥 지대로 들어간 시기는 매우 늦은 듯하다. 기원전 8세기 이전, 이란고원 서부의 이란화는 두드러지지 않았다. 이란인이 역사 기록에 등장한 것은 아시리아 신제국의 출정 기록에서인데,

아직은 북쪽의 메디아인을 가리키는 것이었다. 엘람 지역을 접수한 페르시아인은 엘람과 아시리아가 잇따라 멸망한 뒤에야 역사 무대에 나타난다.

페르시아제국의 탄생

이란인 중에서 가장 먼저 세력을 형성한 이들은 메디아인이다. 메디아인은 기원전 836년 아시리아 왕 살마네세르 3세의 기록에 처음 등장한다. 그의 후계자는 메디아인을 토벌해야만 했다. 아시리아제국은 마침내 기원전 612년에 칼데아 왕국, 메디아인, 스키타이인의 연맹에게 멸망당한다. 메디아인은 기원전 625~기원전 549년에 그들의 제국을 세운다. 이는 메디아인의 왕 키악사레스Cyaxares(재위 기원전 625~기원전 585)가 메디아 각 부족을 통일한 때부터 계산한 것이다. 메디아인의 수도 엑바타나Ecbatana는 지금의 하마단Hamadan으로, 티그리스강 유역에서 멀지 않은데 자그로스산맥을 넘으면 바로였다. 아시리아를 멸망시키기 이전, 이란 서부의 메디아 정권은 이미 이란고원 각 부족의 중심이 된 듯하다. 훗날에 페르시아제국은 바로 이러한 부족 연합체 구조를 계승해 주州로 진일보시켰다.

키악사레스는 칼데아 왕국과 동맹을 맺고 자신의 딸을 칼데아 왕국의 개국 군주 나보폴라사르Nabopolassar(재위 기원전 626~기원전 605)의 아들에게 시집보낸다. 바로 훗날 왕위를 잇게 되는 네부카드네자르 2세(재위 기원전 605~기원전 562)다. 네부카드네자르 2세는 유대 왕국을 멸망시키고, 솔로몬의 성전을 불태우고, 이스라엘 후예를 바빌론으로 강제 이주시킨다. 때문에 그는 『구약성경』에서 신의 선민을 박해한 원흉으로 나온다. 네부카드네자르 2세는 걸작 '공중정원'을 남기기도 했다. 전하는 말에 의하면, 그는 메디아에서 온 왕후가 고지에 있는 고향을 그리워하자

그녀를 위해 공중정원을 지었다고 한다.

메디아인 및 신바빌론 왕국과 경계를 접하고 있던 우라르투 왕국은 기원전 612년 전후에 메디아인의 지지를 받던 아르메니아인에 의해 멸망한다. 이후 아르메니아인은 기원전 585년부터 기원전 550년 사이에 메디아인에게 합병된다. 아르메니아가 굴복한 뒤 타우루스산맥에 장애물이 사라지자, 메디아인은 거침없이 아나톨리아로 쳐들어가 카파도키아Cappadocia를 점거할 수 있었다. 이로써 메디아는 할리스Halys강을 사이에 두고 리디아 왕국에 대적했다. 메디아인의 뒤를 이은 페르시아인이 리디아 왕국을 멸망시킴으로써 페르시아제국은 마침내 에게해에 도달할 수 있게 된다.

메디아제국의 강역이 이미 아시리아제국보다 커졌을 즈음, 메디아제국은 이란고원 및 타우루스산맥의 동단을 포괄하고 소아시아까지 뻗어 들어갔다. 하지만 티그리스-유프라테스강 유역으로 진입할 수는 없었다. 그러니 이집트 등 고대 문명의 중심으로는 더더욱 진입할 수 없었다. 티그리스-유프라테스강 유역은 메디아제국의 동맹인 칼데아 왕국의 세력 범위였다. 칼데아 왕국을 신바빌론제국 혹은 바빌론 제10왕조라고도 한다. 메소포타미아 문명의 석양볕이었던 칼데아 왕국은 아시리아제국의 실패를 되풀이했다. 네부카드네자르 2세는 기원전 597년에 이스라엘 백성 중 남은 두 지파가 세운 유대 왕국을 멸망시켰으며, 끊임없이 페니키아인을 공격해 그들을 굴복시켰다. 또한 아시리아인과 마찬가지로, 네부카드네자르 2세 역시 이집트 원정에 나서지만 성과 없이 돌아왔다. 후에 바빌론제국 역시 페르시아인에게 멸망당한다. 그 전신인 아시리아제국이 메디아인에게 멸망당했듯이 말이다.

페르시아인은 칼데아 왕국으로부터 근동을 접수하기 전에 먼저 메디아인을 꺾어야 했다. 기원전 550년, 메디아제국의 마지막 군주 아스티아게스Astyages(재위 기원전 584?~기원전 550)는 페르시아인 외손자 키루스Cyrus 2세(재위 기원전 559~기원전 530)에게 멸망당한다. 키루스의 시조는 아케메네스Achaemenēs다. 이렇게 해서 키루스가 세운 왕조는 아케메니드Achaemenid 왕조로 명명되었다. 키루스의 선조는 엘람의 안샨을 차지한 뒤 '안샨 왕'이라 칭했다. 수사 동남쪽의 안샨은 지금의 이란 파르스Pars 주다. 그리스어로 '페르시스Persis'라고 불린 이곳은 마침내 페르시아의 발상지가 된다.

키루스 2세는 기원전 546년에 리디아 왕국을 멸망시켰다. 이듬해에는 에게해안의 이오니아 그리스 도시국가를 복속했다. 기원전 539년에는 칼데아 왕국을 멸망시켰다. 리디아의 멸망과 관련해서, 헤로도토스의 『역사』에 재밌는 이야기가 있다. 페르시아와의 대전을 앞두고, 리디아 왕 크로이소스Croesus는 아폴론을 받드는 델포이 신전으로 신탁Delphi Oracle을 받으러 사람을 보냈다고 한다. 그런데 대답은 애매한 것이었다. "만약 페르시아인과 전쟁하게 된다면, 강대한 제국을 무너뜨리게 될 것이다!" 크로이소스는 키루스 2세를 상대로 전쟁을 치른 결과, 참패하고 포로가 된다. 죽음을 겨우 면한 크로이소스는 몹시 화가 나서 델포이 신탁소에 사자를 보내 질책했다. 평소에 봉헌한 금과 은이 적지 않은데 왜 그런 고약한 속임수에 걸려들게 했는지 따졌다. 그러나 예언은 결코 틀리지 않았으니, 크로이소스가 때려 부순 것은 바로 그 자신의 제국이었다![5]

페르시아인이 근동의 통치자가 되다

알렉산더의 동방원정 이후 헬레니즘 시대가 펼쳐졌다고 한다면, 페르시아제국의 시대는 이란이 근동을 통제한 시대라고 할 수 있다. 이 시대는, 아시리아제국 뒤 단명한 칼데아라는 티그리스-유프라테스강 시대의 마지막 악장 이후의 완전히 새로운 악장이었다. 칼데아는 네부카드네자르

2세 시대에 매우 강성했는데, 아시리아제국의 복사판이라고 할 정도였다. 하지만 네부카드네자르 2세가 사망한 뒤 2년도 되지 않아 칼데아 왕조도 멸망하고 만다. 칼데아 시기가 메소포타미아 문명 천문학의 최종 과학적 산물을 우리에게 남겨주긴 했지만, 칼데아 왕조가 멸망하면서 바빌론이라는 나라도 사라졌다.

칼데아인과 아람인은 계통적으로 매우 가까운 집단이다. 둘은 거의 동시에 즉 청동기시대 총붕괴 시기에 티그리스-유프라테스강 지역으로 들어왔다. 칼데아인이 자리를 잡은 곳은 최남방의 소위 '바닷가의 땅' 지대로, 토양이 이미 염화鹽化된 고대 수메르의 남단을 가리킨다. 칼데아인은 아마도 바빌론인에게 외국인으로 간주되었을 것이다.[6] 하지만 칼데아인은 사실상 이미 바빌론인에게 동화되었다. 심지어 칼데아인은, 아시리아에 의해 억압받던 바빌론의 독립 쟁취를 상징하기도 한다.

메소포타미아 문명의 마지막 편에 해당하는 나부-나이드Nabû-na'id(그리스인은 나보니두스Nabonidus로 칭함, 재위 기원전 556~기원전 539)는 매우 기이한 피날레였다. 이에 대해서는 지금까지도 만족할 만한 해석이 없다. 나는 환아라비아 유목-방목 지대와 티그리스-유프라테스강 유역을 동일한 총체의 두 측면이라는 틀로써 설명해보려 한다. 나부-나이드는 즉위 초에, 바빌론인의 환심을 사기 위하여 최선을 다했다. 그는 마르두크의 신전을 보수하고 마르두크의 신년제를 크게 받들었다. 하지만 시간이 지날수록 그는 본래의 모습을 드러냈다. 나부-나이드는 시리아 북부의 하란 출신으로, 그의 아버지 혹은 어머니가 바로 이곳의 주신인 달신 신Sin의 대사제였다. 나부-나이드는 메디아인으로부터 이 지역을 빼앗고자 했다. 신Sin의 신전을 재건하는 것이 필생의 염원이었던 그는, 이를 위해서 키루스와 반反메디아 동맹을 맺기까지 했다.

기원전 555년, 나부-나이드는 바라던 대로 마침내 하란으로 들어가 신Sin의 신전을 위한 기초를 다졌다. 하지만 이후 그의 행보는 어긋나게 되는데, 아텐 신만 받들었던 이집트 제18왕조의 파라오 아케나텐과 비슷하다. 나부-나이드는 바빌론으로 돌아갈 뜻이 없었다. 그는 아들 벨사살Belshazzar(재위 기원전 553~기원전 539, 『구약성경』에서는 네부카드네자르 2세의 아들로 오인되었다)에게 바빌론 국왕의 직무를 대행하게 했다. 나부-나이드는 군사를 이끌고 남하해 사해死海 남쪽의 에돔Edom 왕국을 멸망시켰다. 그는 먼저 이집트를 공격한 뒤, 아라비아사막 깊숙이 들어가 타이마Tayma(테마Tema) 오아시스에 새로운 수도를 세우고, 10년 내내 그곳에서 머물렀다. 이후 바빌론의 형세가 긴박해지자 비로소 바빌론으로 돌아갔다.

타이마가 중요한 상업 거점이었고 일찍이 아시리아인도 이곳을 점령한 적이 있다는 식으로 나부-나이드의 행보를 해석할 수는 없을 듯하다. 그런 일이라면 장군을 보내서 해결할 수도 있었다. 수도까지 타이마로 옮긴 것은 전혀 설명할 수가 없다. 게다가 페르시아 측의 위협이 날로 심각해지는 상황에서 아라비아를 개척하는 것은 급선무가 아니었다. 나부-나이드는 아마도 달신을 숭배하는 모든 유목-방목민을 통일하라는 신Sin의 계시를 받았을 것이다. 그가 이집트를 공격한 건 아마도 신Sin의 땅(제8장 참조) 시나이반도를 점령하려는 계획이었을 것이다. 페르시아인이 이미 메디아제국을 병탄하고 바빌론이 매우 위태로운 상황에서, 나부-나이드의 아라비아 제국몽은 현실적이지 않았다. 또한 달신만 받들려는 그의 행위는 대대적으로 마르두크 사제들의 미움을 샀다. 나부-나이드가 자리를 비운 동안 바빌론에서는 오래도록 신년제가 거행되지 않았다.

신Sin은 수메르 문명 때부터 우르의 주신이었다. 티그리스-유프라테스강 유역의 신들 계보에서 달신의 중요성은, 수메르 문명의 건립 초에 이미 셈족의 요소가 스며들었음을 말해준다. 티그리스-유프라테스강 유역의 달신이 이집트의 달신보다 훨씬 중요하긴 했지만 결국 여러 신들 중 하나였다. 그런데 나부-나이드는 오직 달신만 받들고자 했다. 게다가 그 달신은 아람인의 달신으로, 오랫동안 농경 문명에 젖은 우르의 달신 신Sin과는 거리가 있게 마련이었다. 그 결과 종교개혁이 이루어졌다. 이 개혁은 사람들로부터 환영받지 못했다. 나부-나이드의 아라비아 제국몽은 시기상조였다. 아라비아인의 초승달 제국은 기원후의 무함마드를 기다려야 했다.[7] 기원전 539년, 바빌론의 마르두크 사제들은 키루스의 내통자가 되었고, 키루스는 옛 전통을 회복한다는 기치로 바빌론을 차지한다. 이후 티그리스-유프라테스강 유역을 본토로 하는 고국古國은 더 이상 없었다.

키루스의 아들 캄비세스Cambyses 2세(재위 기원전 530~기원전 522)는 이집트를 멸망시키고, 페르시아 왕과 파라오를 겸하면서 이집트 제27왕조(기원전 525~기원전 404)를 열었다. 캄비세스 2세의 이집트 원정은 매우 부정적인 측면에서 알려졌다. 기원전 523년에 그는 대군을 서부 사막 깊숙이 보내 시와Siwa 오아시스의 암몬Ammon 신탁소를 공격하게 했는데, 5만 대군은 결국 되돌아오지 못했다고 한다. 이는 역사의 현안懸案이 되었으며, 오늘날에는 소설의 소재가 된다. 이집트인이 숭배하던 신성한 소 아피스Apis를 캄비세스 2세가 죽였다고도 한다. 이후 캄비세스 2세는 말에 올라타다가 실수로 자신의 칼에 대퇴부가 찔려 죽게 되는데, 바로 그가 신성한 소를 찌른 부위와 같았다고 한다. 페르시아제국을 연구하는 학자들에 따르면, 캄비세스 2세가 그렇게 포악하진 않았다. 그는 현지의 관습에 따라 이집트의 신을 공경했다. 다만 부차적인 신전에 대한 지원이 이전 왕조에 미치지 못했을 따름이다. 암몬 신탁소를 공격한 건 확실히 있었던 일이다. 그곳이 반항군의 근거지였기 때문이었는지는 알 수 없으나, 이집트 문화를 파멸하려는 조치는 아니었다. 공을 세우길 좋아한 캄비세스 2세는 서진하여 북아프리카의 카르타고를 공격할 계획이었다. 하지만 페르시아의 페니키아 해군이 협력하지 않아서 결국 그만둘 수밖에 없었다.[8]

티그리스-유프라테스강 유역, 지중해 동부 연안, 이집트, 옛 히타이트의 땅 등 적어도 고대 근동 전체가 이제 페르시아의 차지가 되었다. 이 근동 제국은 에게해안까지 뻗어갔는데, 역사상 전례가 없었던 일이다. 페르시아제국은 자그로스산맥 이동까지 자신의 세력 범위에 넣었는데, 캄비세스 2세의 계승자 다리우스Darius 1세(재위 기원전 522~기원전 486)에 의해 세력 범위가 인도까지 확장된다.

다리우스의 왕위 찬탈

다리우스 1세

다리우스 1세는 찬탈자다. 그런데 찬탈의 대상은 캄비세스 2세의 동생 바르디야Bardiya였다. 바르디야는 캄비세스 2세가 이집트에서 돌아오는 중인 상황을 틈타 자신이 통괄하고 있던 메디아에서 제위에 올라 각지의 지지를 획득했다. 캄비세스 2세는 이 소식을 들은 뒤 죽었는데, 사인은 알 수 없다. 캄비세스 2세의 신하 다리우스는 즉시 찬탈자를 토벌하기 위한 전쟁을 개시하면서 바르디야가 가짜임을 세상에 알렸다. 제국 각지의 지지를 받은 이 새로운 왕은 제위에 오른 지 일곱 달 뒤 살해되고 만다. 이토록 신속한 전개에 대해서는 지금까지도 아직 만족할 만한 설명을 내놓은 이가 없다. 다리우스 역시 아케메니드 가문 출신이다. 게다가 다리우스는 종가의 후손이지만 키루스의 혈통은 그렇지 않다. 이제 키루스의 후손이 끊겼으니 다리우스가 왕통을 잇게 된 것이다. 하지만 제왕이 왕위에 오를 당시에 조부와 부친이 모두 건재한 경우는 역사상 매우 드물다. 서열을 따지자면 왕위는 다리우스의 차례가 아니었다. 다리우스가 찬탈자를 토벌하던 기간에, 파르티아와 히르카니아Hyrcania의 총독이었던 부친은 여전히 중립을 엄수했다.[9]

다리우스가 제위를 탈취한 사건의 배경은 조로아스터교 개혁을 둘러싼 투쟁이다. 다리우스는 가짜 바르디야의 본래 정체가 마구스Magus 가우마타Gaumata라고 폭로했다. 마구스 집단(마기Magi)은 조로아스터교의 사제 계급으로, 메디아 시대에 득세했다. 헤로도토스는 그들이 메디아인의 여섯 부족 가운데 여섯 번째 부족이라고 여기기까지 했다.[10] 만약 다리우스의 폭로가 사실이라면, 마구스를 약화시키려는 캄비세스 2세의 정책에 불만을 품은 마구스 집단이 캄비세스 2세의 동생 바르디야를 지지했을 것이라는 게 역사가들의 추측이다. 그런데 다리우스는 바르디야를 사칭한 이가 마구스 '가우마타'라고 지명했다. 다리우스 본인은 자라투스트라Zarathustra의 신도로, 그는 자신이 진리의 주主 아후라 마즈다Ahura Mazda의 명을 받았다고 여겼다. 이후 아후라 마즈다의 명을 받았다는 표현은 페르시아 제왕이 '신의 명을 받았다'는 표준용어가 되었으며, 마구스 집단은 아후라 마즈다의 사제가 된다. 다리우스 시대에는 마구스 집단과 자라투스트라의 신도가 확실히 대립적이었다. 후에 마구스 집단은 자라투스트라의 제자라는 명목을 내걸고서 옛 다신교를 지킨다.

다리우스 1세는 페르시아제국을 재편했다. 그는 제국의 세수 제도를 보다 효율적으로 정리하고, 다릭daric이라는 화폐를 주조했다. 페르시아가 통치한 것이 하나의 국가가 아닌 하나의 세계였던 당시 상황에서 화폐의 통일은 불가능했다. 때문에 다릭이라는 화폐가 각지에서 주조한 화폐를 대체할 수는 없었지만, 적어도 다릭은 각 지방 화폐의 공동 기준이 되었다.[11] 헤로도토스의 관찰에 따르면, 타국을 멸망시킨 뒤 속주를 두던 아시리아인의 조치는 키루스 시대에 이미 계승했다. 이후 페르시아는 20개의 속주(사트라피satrapies)를 두었다. 화폐 주조권을 지니고 세습의 경향이 있는 총독(사트라프satraps)이 정치·경제·형벌을 독점하고 독립하는 것을 방지하기 위해, 페르시아 정부는 군사와 징세 업무를 담당하는 관리를 따로 두고서 중앙의 지시를 받게 했다. 또한 해마다 '왕의 귀' 혹은 '왕의 눈'이라는 감독관을 보내 각 속주를 감시하게 했다.[12] 키루스 시기는 이런 제도의 시작 단계였다. 키루스가 접수한 속주는 이전 아시리아제국의 것으로, 아시리아 이외의 지역에서도 이 일련의 제도를 그대로 순조롭게 모방할 수 있었을까? 제국의 제도가 완비된 것은 다리우스 1세 때로, 그는 계속해서 영토를 확장해 속주를 23개로 늘렸다.

　중앙이 효율적으로 각지에 도달할 수 있게 해준 '왕의 길'은 다리우스 1세 때 완성된 것으로, 길을 따라 역참도 설치했다. 헤로도토스에 따르면, 이 길의 총 길이는 2500킬로미터에 달했다. 기점은 엘람의 옛 수도 수사이고, 종점은 리디아의 옛 수도 사르디스였다. 왕의 길은 수사에서 출발해 티그리스강을 따라 북상해 티그리스-유프라테스강 상류에 이르고, 서쪽으로 방향을 바꿔 아나톨리아로 들어가 카파도키아를 통과해 곧장 사르디스에 이르렀다. 이는 기본적으로 이란고원에서 근동으로 진입하는 남쪽 요충지와 근동 전체를 연결하는 벨트였다. 이 벨트의 역참은 원래의 길과 연결되어 근동 각지에 이를 수 있었다.

이란과 근동은 '국경 밖'과 '중앙'의 관계였을까

제국의 대동맥을 통해서 우리는 몇 가지 단서를 찾을 수 있다. 헤로도토스는 페르시아제국 동부의 도로망에 대해서 몰랐을 것이다. 이란고원에 도로망이 없었을 리가 없다. 그랬다면 제국의 동반부는 근본적으로 지켜낼 수가 없었을 것이며, 페르시아제국은 엘람을 새로운 중심으로 하는 근동에 치우친 제국으로 바로 돌아가고 말았을 것이다. 페르시아제국의 역사를 훑어보면, 페르시아 중앙 정부는 동부 변강을 매우 중시했다. 키루스는 카스피해 동부의 초원 민족 마사게타이인을 직접 정벌하러 갔다가 전사했다. 키루스는 지금의 카슈미르에 간다라Gandhara주를 설치했고, 다리우스 1세는 인도까지 확장해 지금의 파키스탄에 힌두시Hindush주를 설치했다.

이란고원 중부에는 두 개의 대사막이 있다. 카비르사막Dasht-e Kavir과 루트사막Dasht-e Lut이다. 서남부는 수도권인 페르시스다. 동쪽으로 가면 페르시아만 연안의 건조 지역인 마크란Makran이 있는데, 중부의 두 대사막과 마찬가지로 거주하기에 적합하지 않다. 이란 집단은 티그리스-유프라테스강 유역 평원 가까이의 자그로스산 동측에 분포했다. 메디아에서 페르시스에 이르는 북남 수직 지대가 바로 고대 근동을 차지한 이란 정복자의 근거지다. 그 동쪽의 거주 가능한 지역은 메디아에서 동이란과 하중河中(트란스옥시아나)을 향한 좁고 긴 회랑 지대다. 이 회랑 지대는 동이란인의 거처까지 통하는데, 중국 간쑤의 하서주랑河西走廊처럼 좁고 길다. 카스피해 남쪽의 이 회랑 지대는 하서주랑과 마찬가지로 훗날에 실크로드의 이란 구역이 된다.

페르시아제국이 내내 이란고원에 도시를 건설하지 않은 것은 그럴 뜻이 없어서였을까, 아니면 땅은 넓고 사람은 적어서였을까? 훗날 마케도니아의 알렉산더는 동방원정을 통해 페르시아제국을 정복하고 곳곳

다리우스 1세가 세운 새로운 수도 페르세폴리스

에 도시를 건설한다. 그리고 그중 많은 곳을 알렉산드리아라고 명명한다. 알렉산더가 선택한 곳은 바로 원래 도시화가 이루어지지 않은 지점이었다. 그의 목적은 대부분 후방 보급을 용이하게 하려는 것이었다. 페르시아제국이 이란 지역에 도시를 전혀 건설하지 않은 것은 아니다. 그런데 모두 도읍이었으며 자그로스 산등성이 가까이에 자리하고 있었다. 이는 산 곁의 오래된 문명 지대를 제어하기 위해서였다. 일찌감치 존재했던 엘람의 옛 수도 수사는 자그로스산맥 남쪽에 자리했는데, 티그리스-유프라테스강 유역의 충적평야를 마주보고 있는 이곳은 단지 지리상으로만 이란 지역으로 귀속될 뿐이다. 페르시아가 흥기한 곳인, 수사 동남쪽의 안샨은 일찍이 엘람 왕국의 강역이었다. 키루스는 안샨 북쪽에 파사르가다에Pasargadae를 건설했는데, 안샨과 메디아의 수도 엑바타나 사이에 근거지를 마련하기 위해서였다. 이후 다리우스 1세는 파사르가다에의 서남쪽 가까이에 페르세폴리스Persepolis를 건설한다. 페르세폴리스는 그리스어로 '페르시아의 도시'를 의미한다. 자그로스산 서쪽에서, 페르시아제국의 유일한 경성은 바빌론이었다. 페르시아제국에서는 왕을 대표해 왕자를 바빌론에 주재하도록 하는 게 건국 초의 관례였다.[13] 자그로스산 양측에 펼쳐진 페르시아제국의 수도군群은 긴밀하게 이어져 있었다. 산의 동쪽에 자리한 대부분은 지리상으로는 이란고원에 속하지만, 실질적으로는 근동이라는 '역사 지대'가 확장된 무대였다.

그렇다면 페르시아제국의 동서 양쪽의 관계는, 원나라 때의 다두大都·상두上都·허린和林이 철의 삼각편대를 이루고 그 배후에 그것을 뒷받침하는 광대한 몽골부락이 국경 밖의 권력 집단으로 존재하면서 문명 지대의 중화中華를 제어했던 것과 같을까? 이는 페르시아인이 이란인 집단에 속한다는 의식을 지녔는지, 근동을 정복하는 데 동원한 병력이 모두 이란족이었는지, 제국을 건립한 이후에 청나라의 팔기八旗와 유사한 군대의 주둔지가 출현했는지를 살펴봐야 한다. 이밖에도 페르시아의 통치에 반항했던 지역이 자그로스산의 서쪽 즉 근동 일대에 집중된 경향이 있었던 반면에 이란고원은 상대적으로 평온했는지를 살펴봐야 한다.

다리우스 1세의 아들 크세르크세스Xerxes(재위 기원전 485~기원전 465)는 즉위문에서 이렇게 말했다. "나는 (…) 국왕 다리우스의 아들로, 아케메니드인이고 페르시아인이며 페르시아인의 아들이고, 아리안이고 아리안의 종자다."[14] 여기서 크세르크세스는 자신의 종족에 대해 언급했으며, 그 종족이 속한 보다 더 큰 집단인 아리안에 대해서도 언급했다. 사실상 '이란'은 '아리안'의 별칭이다. 하지만 이것을 근거로 페르시아인이 이란고원의 각 종족을 자신의 종족이라 여겼다고 결론 내릴 수는 없다. 크세르크세스가 가리킨 범위를 확정할 수 없기 때문이다.

페르시아제국의 통용어(링구아 프랑카lingua franca)는 아람어로, 페르시아 중심과 서부 속주 사이에 오간 공문에 사용한 용어다.[15] 아람어에도 많은 방언이 있다. 페르시아제국 정부는 그것을 제국 아람어Imperial Aramaic로 표준화했다. 우리로서는 이란고원의 아람화의 정도를 헤아리기 어렵다. 오늘날의 이슬람 세계에서도, 현대 이란어는 아랍 문자를 채용했지만 아랍어로부터 여전히 독립성을 유지하고 있다. 다리우스는 왕위 찬탈에 성공한 뒤 베히스툰Behistun 암벽에 자신의 공적을 새겼다. 여기에 사용된 세 종류의 언어, 즉 고대 페르시아어·엘람어·아카드어는 모두 설형문자로 기록되었다. 장중한 상황에서 사용되었던 엘람어와 아카드어는 훗날의 라틴어처럼 사死문자였다. 설형문자로 적힌 고대 페르시아어 점토판은 최근에 페르세폴리스에서 대량으로 출토되었다. 하지만 지금 사람들이 알 만한 위대한 문학은 남기지 않았다. 조로아스터교 경전 『아베스타Avesta』조차, 독특한 풍격을 지닌 고대 동이란어로 쓰였다. 『아베스타』에 사용된 언어는 훗날 경전 언어인 아베스타어가 되는데, 페르시아제국의 공식어보다 사람들에게 잘 알려져 있다. 공식어가 중기 페르시아어로 변했을 때는, 개량한 아람 자모를 사용했으며 그 용도는 광범하지 않았다. 문제는 표준적인 고대 페르시아어가 이란고원 각 종족의 공동 국어가 되기에 충분했는가, 즉 문자와 종족을 함께하는 '이란 민족'이 존재했느냐는 것이다.

페르시아제국의 반란이 대부분 서부에 집중되어 있었다는 것은 비교적 인정할 만하다. 그리스 도시국가, 이집트, 바빌론은 페르시아제국의 치하에 있었다. 이집트와 바빌론은 모두 마케도니아의 알렉산더를 구세주로 간주했다. 근동에서 이 그리스 정복자에게 가장 힘써 반항한 이들은 페니키아인이다. 그 이유는 양자가 역대로 무역의 경쟁 상대였기 때문이다. 페르시아제국의 동반부에 관한 사료는 매우 부족하다. 페르시아제국과 관련된 역사 사건 대부분의 출처가 그리스인의 기록이기 때문이다. 하지만 간접적인 사료 역시 동반부에 대반란이 있었다는 흔적을 보여주는 건 매우 적다. 즉 페르시아제국이 서반부에서 행한 군사행동을 유발할 만한 대반란이 동반부에서는 드물었다. 알렉산더는 해방자로서 이집트와 바빌론에 진입했다. 하지만 그는 페르세폴리스를 공격할 때는 마음껏 약탈하고 성을 불태웠다. 알렉산더의 동방원정 기간에 벌어진 몇 차례의 대전투는 모두 서부에서였다. 알렉산더가 이란고원으로 들어온 이후로는 비교적 잠잠했던 듯한데, 땅은 넓고 사람은 적었기 때문이다. 이후 알렉산더는 카스피해 남쪽의 회랑 지대를 따라서 동이란 및 인근 내륙아시아 지역의 이란 종족이 사는 지역인 아리아나Ariana · 박트리아 · 소그드 등지로 들어가서야 매우 힘든 전투를 맞게 된다. 이 과정에서 제국의 교체와 민족 투쟁이 있었다.

　　페르시아제국은 대군을 집결시킬 때 각 속주의 부대를 소집했다. 페르시아제국 군대의 핵심은 당연히 페르시아인이었다. 그들은 납세할 필요가 없었는데, 핵심 중의 핵심은 중앙의 친위 부대인 '불멸의 부대'였다. 친위 부대는 1만의 병력을 늘 유지했는데, 결원이 생기면 바로 보충했다. 때문에 불멸이라는 의미를 갖게 되었다. 불멸의 부대 병사들 중에는 메디아인과 엘람인도 있었다. 이밖에도 페르시아제국 군대에는 페르시아인 대군, 메디아인 대군, 이란 각 지역의 지방 부대가 있었다. 인도와 아프리카 부대(에티오피아인)도 일부 있었다.[16] 페르시아제국은 각 집단의 인재를 활용했다. 예를 들면 페르세폴리스를 세울 때는 이집트와 그리스의 건축가를 동원했다. 하지만 총독은 모두 페르시아인이었다. 다리우스 1세 시기의 고급 장교 15명도 모두 페르시아인이었다.[17] 제2차 페르시아 전쟁 기간, 크세르크세스 휘하의 고급 장교 40명도 모두 페르시아인이었다. 더 심한 사실은, 그 절반이 황제의 친척이었다는 것이다. 총독들 역시 중요한 자리에는 자신과 가까운 사람만 등용했다. 하위 관리의 경우에 한해 실무 능력을 갖춘 현지인을 썼다.[18] 이것은 정식 관료 체제이고, 이밖에 중앙 정부 및 속주 정부에서도 능력을 갖춘 지방 사무 전문가를 많이 양성했다. 페르시아 전쟁을 통해 알 수 있듯이, 그들은 종종 페르시아인의 정책 결정을 좌우할 수 있었다.

　　아나톨리아 서부의 상황에 관한 연구에 따르면, 많은 페르시아 지주가 이 지역에 영지를 갖고 있었으며 이 집단에는 투항한 그리스 관리도 포함된다. 그들의 장원은 가장 좋은 토지를 차지했다. 그들은 구릉 지대에 대해서는 전혀 손을 쓰지 않았다. 지방의 군대는 이들 지주 귀족에게 의지해 있었으며, 속주 총독의 관할하에 지방 군대가 동원되었다. 소위 '왕의 길'이란, 비교적 안전한 이 지대를 지나가는 좁은 길이었을 따름이다.[19] 페르시아 서부에서의 이런 통치를 '팔기 자제'의 주둔 방식으로는 설명할 수 없다. 페르시아제국 서부의 군대는 훗날 갈수록 그리스 용병에게 의지했고, 해군은 페니키아인·이집트인·키프로스인·실리시아인, 심지어는 귀순한 이오니아 그리스인에게 의지했기 때문이다. 페르시아의 수도권 상황은 더 엉망이었던 듯하다. 왕이 수사와 페르시스 지역을 왕래하는 데도 산지 민족 욱시이Uxii에게 반드시 통행료를 내야 했다.[20] 이상을 통해 보자면 페르시아라는 고대 제국이 지역을 통제한 정도는 제2차 세계대전 기간에 중국을 침략했던 일본군의 상황과 비슷하다. 즉 풍요로운 지대를 통제한 것 외에는, 단지 점과 선만 지배했을 뿐면은 지배하지 못했다. 양자의 차이점이라면, 페르시아제국의 경우에는 점령 지역의 전면적인 항쟁에 맞닥뜨리진 않았고 평소에 서로 평화롭게 지냈다는 것이다.

세계사에서 조용히 사라진 바빌론

히브리 『구약성경』으로 인해 페르시아인은 아시리아인과 칼데아인에 비해 관대했던 것처럼 보인다. 페르시아인은 이스라엘의 백성을 해방시켜 고국으로 돌아가게 했으며 성전을 다시 세우도록 자금을 대주었다. 기독교도는 유대교의 옛 경전을, '신약'에 상대적인 말로 '구약'이라고 했다. 구원자 키루스는 심지어 예수에 비유되었다. 앞에서 언급했듯이, 페르시아인이 피정복자를 다루는 잔혹한 수단은 아시리아인에 비해 전혀 뒤지지 않았다. 단지 그것을 석각에 새겨 자랑하지 않았을 뿐이다. 페르시아인이 역적에게 시행한 혹형에는 오관五官을 잘라내는 것(그중 입을 자르는 것은 입술이나 혀를 베는 것을 가리킨다)이 있었다. 또 천천히 죽게 하는 형벌로 '보트the boat'라는 게 있었다. 이것은 또 다른 고급 문명인 중국에서 생각해낸 능지처참보다도 훨씬 더 머리를 짜낸 형벌이다. 사람을 발가벗긴 뒤 사지를 벌려 작은 뗏목에 묶는다. 그리고 그 위에 또 다른 작은 뗏목을 덮는다. 이렇게 해서 마치 몸이 뒤집힌 자라처럼 머리와 손발만 밖으로 나와 있게 만든다. 이후 형벌을 받는 사람에게 계속해서 음식을 먹인다. 당연히 뗏목에 배설하게 되고 배설물로 인해 구더기가 생겨난다. 구더기가 그의 몸을 뒤덮기 시작하면서 몸이 조금씩 썩어 문드러진다. 아직 죽지는 않았지만 구더기에게 잠식되는 것이다. 구더기에게 야금야금 먹히면서 죽어가는 것이다. 이렇게 해서 죽이는 데는 열흘에서 보름이 걸렸다.

바빌론의 최후의 멸망을 통해 볼 때, 페르시아제국이 정복지를 통치하는 수단이 유화적인 방식에서 고압적인 방식으로 전환되었음을 알 수 있다. 이러한 변화는 페르시아와 이집트의 관계에서 이미 그 단초를 찾을 수 있다. 다리우스는 제1차 페르시아 전쟁에서 실패한 뒤, 군사를 총동원하여 다시 그리스 원정에 나서고자 했지만 이집트에서 일어난 반란 때문에 실행에 옮기지 못하고 여한을 품은 채 죽었다. 그의 계승자 크세르크세스는 기원전 484년에 이집트의 반란을 평정했다. 이전에는 페르시아 정복자 대부분이 현지화 전략을 써서 피정복지의 왕호를 채택했다. 하지만 크세르크세스는 이러한 조치를 바꿔서 직접적으로 페르시아 대왕으로서 군림했다.

바빌론인은 페르시아의 왕자를 자신들의 왕으로 받아들였는데, 크세르크세스가 왕위에 오른 뒤 '바빌론 왕, 사방의 왕' 앞에 '페르시아와 메디아의 왕'이라는 칭호가 더해졌고 바빌론에 총독을 파견해 통치했다. 기원전 482년, 바빌론인이 반란을 일으켜 총독을 죽였으며 반란에 앞장선 이가 스스로를 '바빌론 왕'이라 칭했다. 페르시아인은 반란을 진압하고 바빌론을 철저히 파괴했다. 네부카드네자르의 웅장한 성벽이 파괴되고, 마르두크 신전과 지구라트와 수많은 신전이 파괴되었다. 18피트 높이의 마르두크 황금 신상 역시 약탈되어 금화로 주조되었다. 이후 바빌론에서는 왕위에 오를 때 마르두크 신상의 손을 잡는 의례를 더 이상 거행하지 않았으며, 반란을 일으킬 여지를 철저히 차단했다. 마르두크 신전의 사제 중에서 감히 항의하는 자는 모두 죽임을 당했다. 바빌론 일대의 부호의 재산은 죄다 몰수되어 페르시아인에게 하사되었다. 페르시아제국 정부는 시리아를 바빌론에서 분할해 속주로 만들었다. 바빌론은 아시리아와 합병됨으로써 지역 정체성을 상실하고 만다.[21]

페르시아 전쟁의 범위와 원인

역사서에서는 일반적으로 페르시아와 그리스의 두 차례 전쟁만을 그리스-페르시아 전쟁이라고 한다. 즉 역사학의 아버지 헤로도토스가 묘사한 페르시아 전쟁이다. 여기서는 이러한 전통적 견해를 조정할 필요가 있다. 알렉산더가 페르시아제국을 멸망시킨 정복전쟁 역시 그리스-페르시아 전쟁이다. 이 세 차례 전쟁에서 그리스와 페르시아의 충돌은 내내 이어졌으며, 다른 모순에 의해 가려진 측면들도 있다. 예를 들면, 페르시아가 그리스 도시국가들의 전쟁에 말려들었지만 그리스는 결코 통일된 적이 없으므로 내전에 말려든 것이라고는 할 수 없다. 페르시아는 다자 구조에서 한 부분이었을 뿐인데, 재력이 충분했기 때문에 최후에 결정적 작용을 할 수 있었던 것이다. 또한 그리스인끼리 싸우던 전쟁의 불길이 페르시아 영토까지 번졌다. 이밖에 페르시아의 이집트 정복전쟁에 그리스인이 개입하기도 했다. 그리스인은 이집트 독립운동을 직접적으로 도왔는데, 이집트의 용병으로 고용되기도 했다. 페르시아 역시 이집트를 정벌하면서 그리스 용병을 이용했다. 페르시아가 이집트를 해결하려면 반드시 먼저 그리스 문제를 해결해야 했다. 양자는 맞물린 고리와 같았다. 이처럼 비교적 완전한 그림이, 가장 다채로웠던 두 차례의 페르시아 전쟁에 의해 단순히 무대의 배경으로서 빛이 바래고 말았다.

여기서 페르시아를 전면에 내세우는 이유는 페르시아의 역할이 한결같았기 때문이다. 한편 그리스는 이오니아에서 아테네·스파르타·마케도니아에 이르기까지 역할을 여러 번 바꾸었다. 페르시아제국은 에게해 연안에서 많은 그리스 도시국가를 통치했다. 거대하고 통일된 페르시아제국 경내에 존재한다는 것은 도시국가의 발전에 장점이 많았던 게 사실이다. 하지만 에게해 맞은편의 독립한 그리스 도시국가의 부추김으로 인해, 페르시아로부터의 독립을 시도한 도시국가도 물론 있었다. 또한 페르시아의 다리우스는 스키타이 문제를 해결하기 위해서, 유라시아의 분계선을 넘어 발칸으로 진입했다. 이는 그리스 본토에 대한 직접적인 압력이었다.

키루스는 초원에서 유목하며 지내던 인도-이란인Indo-Iranians[22]을 정벌하다가 전사했다. 이들 인도-이란인 사이에서 스키타이인은 세력이 강대해져, 모든 시대를 통틀어 북방 초원 민족의 통칭이 되었다. 그들은 다뉴브강에서 돈강 일대까지 차지한 채 초원과 흑해의 통상로를 끊어놓았다. 기원전 513년, 다리우스는 트라키아의 보스포루스해협에서 600척의 배로 부교浮橋를 만들고 군대를 이끌고서 유럽으로 들어갔다. 군대를 이끌고 북상한 다리우스는 스키타이인을 볼가Volga 유역까지 몰아갔다. 하지만 스키타이인은 다리우스 군대와 유격전을 벌였고, 다리우스는 아무 성과 없이 되돌아와야 했다. 다리우스는 아시아로 돌아가기 이전에 트라키아를 정복해 미래의 북진 기지로 삼았다. 페르시아는 유럽·아시아·아프리카에 걸친 제국이 되었고, 그리스 본토와 경계를 접하게 되었다.

당시 페르시아제국은 그리스의 최선진 지역이었던 그리스 도시국가를 차지하고 있었다. 이들 도시국가는 애초에 독립국이 아닌, 리디아 왕국의 속국이었다. 페르시아인은 그것을 접수했을 따름이다. 앞에서 언급했듯이, 리디아 국왕 크로이소스는 그리스 문화를 앙모했다. 페르시아인의 입장은 서로 평화롭게 지내면 된다는 것이었으므로, 속주에 속한 그리스 도시국가에 대한 통치는 대부분 참주tyrants를 통해 이루어졌다. 에게해 양안의 도시국가의 정치는 일반적으로 도시국가 내부의 귀족파와 평민파, 그리고 이 양자를 능가하는 참주의 권력이 각축을 벌이는 양상이었다. 페르시아로서는 일인 통치가 과두寡頭 정권 혹은 다두多頭 정권보다 편리하고 안정적이었기 때문에 속주의 도시국가에 참주를 세웠다. 참주 역시 낙하산으로 떨어진 것이 아니라 도시국가 정치 내에서 생겨났으며, 도시국가는 고도의 자치를 향유했다. 페르시아 전쟁의 도화선이었던 '이오니아 반란'은 결코 평민파가 일으킨 게 아니라 페르시아인 스스로 화근을 키운 것으로, 바로 참주가 일으킨 것이었다.

이오니아 반란

밀레투스Miletus의 참주 히스티아에우스Histiaeus(?~기원전 494)는 일찍이 다리우스 왕이 스키타이를 상대로 벌인 전쟁에 참여했다. 당시 스키타이인은 다뉴브강에 놓은 부교를 지키고 있던 참주들에게 사람을 보내, 다리를 파괴해서 페르시아 대왕의 귀로를 끊어놓자고 건의했다. 갓 페르시아에 복종한 트라키아 케르소네소스Thracian Chersonese의 참주 밀티아데스Miltiades(기원전 550~기원전 498)는 찬성했지만, 히스티아에우스는 다리우스에 대한 충성을 지켰다. 무사히 귀환한 다리우스는 히스티아에우스에 대한 감사의 표시로 그가 요구한 땅을 하사하는데, 그 땅은 유라시아의 요충지였다. 페르시아의 어떤 장군이 히스티아에우스를 의심했고, 다리우스는 결국 히스티아에우스를 중앙 정부의 참모로 불러들였다. 하지만 서부 지역에 원대한 계획을 갖고 있던 히스티아에우스는 밀레투스에서 참주 대행으로 있던 자신의 생질이자 사위인 아리스타고라스 Aristagoras(?~기원전 497)에게 밀사를 보내 반란을 일으키게 한다. 반란 평정의 책임자 신분으로서 서부 지역으로 되돌아가려는 게 히스티아에우스의 심산이었다.

아리스타고라스 본인은 일찍이 리디아 총독을 부추겨서 함께 낙소

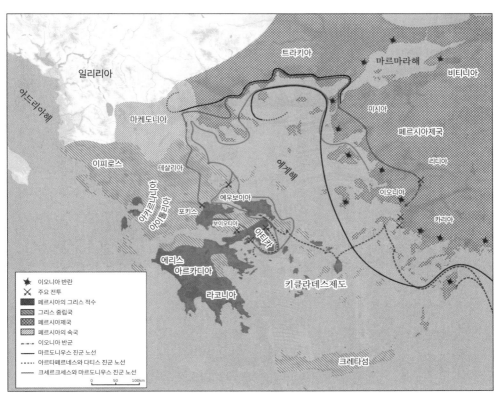

페르시아 전쟁 기간의 그리스 세계

스Naxos섬을 공격한 적이 있다. 그는 낙소스섬에서 내응하는 이들이 있다고 했지만 결국 실패하고 만다. 정치 생명이 끝장날 상황에서 아리스타고라스는 돌연 밀레투스 민주정의 우두머리로 변신한다. 당시 페르시아가 소집한 그리스 속주의 연합군이 아직 해산하지 않은 상태였다. 아리스타고라스는 사람을 보내 군대에 있던 참주들을 체포한 뒤, 페르시아에 함께 맞서고 페르시아인의 함선을 약탈하자고 도시국가 부대를 선동한다. 반란의 불길은 순식간에 소아시아의 에게해안 전체로 퍼져나갔다.

이오니아의 밀레투스가 먼저 반란을 일으킨 것이기 때문에 '이오니아 반란'(기원전 499~기원전 493)이라고 하지만 그 범위는 이오니아를 훨씬 넘어선다. 이오니아 북쪽의 아이올리스와 남쪽의 도리아 지역, 내지의 비非그리스족 카리아인, 마지막으로는 트라키아인에게 속한 보스포루스해협과 마르마라해 지역까지 그 영향에 휩싸였다. 키프로스섬의 왕국 역시 이 기회를 빌려 독립했다. 이 기간에 다리우스는 반란 평정 책임자 히스티아에우스를 에게해 지역으로 보내 반란을 평정하게 하지만 히스티아에우스는 도리어 반란에 가담한다. 히스티아에우스는 밀레투스인에게 받아들여지지 않자 마침내 독자적으로 반란을 일으켜 에게해와 흑해에서 해적 활동을 했는데, 이곳은 바로 그가 일찍이 다리우스로부터 얻어냈던 유라시아 요충지다. 이오니아 반란 기간에 아리스타고라스는 직접 스파르타로 가서 도움을 청하지만 거절당한다. 하지만 그는 아테네와 그 이웃나라인 에레트리아Eretria를 설득해, 군대를 보내 바다 건너 기슭의 동포를 도와주겠다는 약속을 받아낸다. 사실은 아리스타고라스는 엄청난 전리품으로 그들을 유혹했던 것이다. 그들은 거침없이 쳐들어가 페르시아의 속주 리디아의 수도 사르디스를 공격하고 불태웠다. 이로써 페르시아제국의 내란이 국제 분쟁으로 바뀌게 된다.

페르시아아인이 그리스 본토를 침범하다

이오니아 반란은 제국의 서쪽 변경을 온통 뒤흔들었다. 페르시아인의 입장에서 보자면, 이미 그들에게 복종한 그리스한테서 뒤통수를 맞은 격이었으며 아테네와 에레트리아의 행위는 그야말로 불량국가의 행위였다. 이오니아 반란은 기원전 493년에 평정되지만 페르시아인은 분노를 거둘 수 없었다. 게다가 독립적인 그리스가 존재하는 한, 제국 경내의 그리스 도시국가에게는 외부 원조자가 있는 셈이었다. 기원전 492년, 다리우스는 사위 마르도니우스Mardonius(?~기원전 479)를 보내 그리스 본토를 공격하게 한다. 마르도니우스는 아테네로 가는 도중 이오니아 도시국가들에서 페르시아인이 세운 참주를 폐위시키고 민주정부를 세운다. 이는 후방의 민심을 안정시키기 위한 조치였을 것이다. 마르도니우스는 해협을 지나 유럽에 이른 뒤 마케도니아를 복종시켰다. 그리고 아테네를 공격하기 위해 남하했는데, 해군이 아토스Athos산에서 폭풍을 만나 함대가 파괴되어 더 이상 남하할 수 없었다. 기원전 490년, 다리우스는 장군 다티스Datis와 아르타페르네스Artaphernes 두 사람을 보내, 아일랜드 호핑Island hopping 전략을 쓰도록 했다. 이들은 에게해의 각 섬을 정복하면서 에레트리아에 이르러 그곳을 쑥대밭으로 만들고 그곳 사람들을 노예로 팔았다. 이렇게 불량국가 하나가 징벌을 받았고, 이제 남은 건 아테네였다.

이어서 벌어진 페르시아 전쟁은 바로 당사자 페르시아와 국제법(당시에 이런 제도가 있었다고 가정한다면)을 위반한 불량국가 간의 결산이었다. 아테네는 그리스의 맏형 스파르타에게 도움을 청하지만, 스파르타인은 카르네이아Carneia 종교 제례 기간이므로 반드시 보름달이 뜬 다음이라야 출병할 수 있다고 둘러댄다. 오직 아테네의 이웃나라인 플라타이아Plataea만 중장보병을 보낸다. 페르시아의 징벌군은 에레트리아를 끝장낸 뒤 마라톤 평원에 상륙한다. 그런데 이들은 작은 두 나라의 시민군에게 격파된다. 이 승리를 기획한 사람은 트라키아 케르소네소스의 이전 참주였던 밀티아데스다. 그는 바로 다뉴브강의 다리를 파괴해 다리우스를 돌아가지 못하게 하자고 주장했던 사람이다. 당시 신변에 불안을 느낀 밀티아데스는, 페르시아에 대항한 이오니아 반란에 참가한다. 이후 그는 실패하고 아테네로 도망친다. 아테네인은 밀티아데스가 이전에 행한 불법 통치를 이유로 그를 3년 동안 감금한다. 이후 페르시아가 침공하자 아테네는 밀티아데스를 기용하게 된다. 페르시아와의 전쟁을 통해 '마라톤'은 시대를 초월한 의의를 갖게 되는데, 바로 자유를 위한 싸움을 상징한다.

다리우스는 군대를 총동원해 그리스 공격을 준비했지만 이집트의 반란으로 인해 그리스 공격이 계속 지연되고 만다. 10년의 시간이 흐른 기원전 480년, 다리우스의 아들 크세르크세스는 제2차 페르시아 전쟁을 일으킨다. 크세르크세스는 46개국으로부터 18만~20만 명(헤로도토스는 500만이라고 했다)의 병사와 1200척의 전함을 끌어 모았다. 크세르크세스는 대군의 행진을 위해서 헬레스폰트해협에 부교를 두 개 만들게 하고, 전에 마르도니우스 함대가 곤란에 빠졌던 아토스산 지협에 운하를 뚫게 했다. 페르시아군은 아토스산 지협의 운하를 지나서 테르모필레Thermopylae와 아르테미시움Artemisium에 이르렀다. 좁은 테르모필레 협곡에서, 페르시아 대군은 스파르타 왕 레오니다스Leonidas(재위 ?~기원전 480)의 소규모 군대의 저항에 부딪쳤다. 마지막 한 사람이 남을 때까지 싸운 스파르타 군대에 의해 페르시아 대군의 진격은 이틀 동안 지연되었다. 이 전투의 상징적 의미는 실제보다 훨씬 크다. 이 전투를 통해 '테르모필레'는 수의 열세에도 불과하고 용감히 맞서 싸우다가 장렬한 죽음을 맞이한 기념비가 되었다.

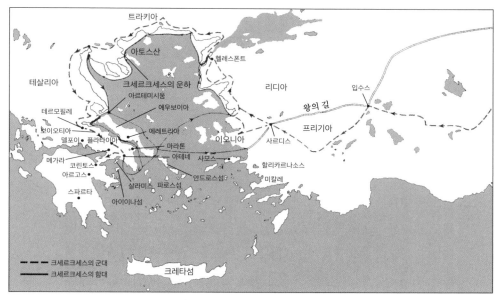

페르시아-그리스 전쟁(제2차 페르시아 전쟁)

테르모필레 전투와 같은 시기에, 그리스의 항전 연합 해군은 에우보이아섬 북단의 아르테미시움에서 페르시아 해군을 맞아 싸웠지만 승부가 나지 않았다. 비교적 약한 그리스 함대는 아테네가 있는 아티카반도 남단의 살라미스Salamis 만으로 철수했다. 아테네의 이웃인, 테베Thebes를 중심으로 한 보이오티아Boeotia는 기본적으로 친페르시아 국가였다. 페르시아인은 제집에 돌아온 듯 편안함을 느낀 반면, 아테네는 함락되고 만다. 아테네 함대는 살라미스만에 정박하고 난민을 철수시켰다. 연합 함대 총사령관은 스파르타가 차지했다. 스파르타인은 코린토스 지협에 방벽을 쌓았는데, 이는 그리스반도의 북부를 포기한 것과 마찬가지였다. 국난이 닥친 아테네에는 위대한 장군 테미스토클레스Themistocles(기원전 524~기원전 459)가 있었다. 그는 10년 동안 해군력 강화를 끊임없이 추진했는데, 이번에야말로 유용하게 쓰이게 된 것이다. 테미스토클레스는

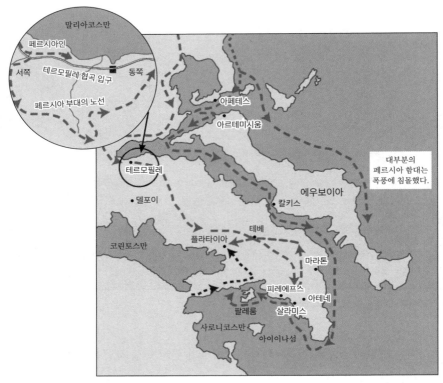

테르모필레와 살라미스 전투

기만전술을 썼다. 그는 크세르크세스에게 편지를 보내 그리스 연합군의
퇴로를 차단하라고 했다. 이로써 테미스토클레스는 스파르타 함대가 살
라미스만에서 빠져나가지 못하게 만들었다. 페르시아의 페니키아와 이
집트 해군은 살라미스만으로 진입한 뒤, 익숙하지 않은 지형 때문에 패
전하고 만다. 페르시아의 해군 장수였던 크세르크세스의 동생은 여기서
전사했다. 바다 가까이 육지전에서는 크세르크세스의 셋째 조카(혹은 생
질)가 전사했다.[23]

  살라미스만 해전에서 패하자, 페르시아 왕 크세르크세스는 격노하
여 페니키아 해군 책임자를 사형에 처했다. 페니키아인은 결국 함대를

테르모필레의 레오니다스 기념벽

이끌고 귀국했고, 이집트 해군도 불안한 나머지 떠나갔다. 이로써 페르시아는 에게 해에서의 제해권을 잃게 된다. 크세르크세스 본인은 본국으로 돌아가고, 마르도니우스에게 그리스 전장을 지키게 했다. 기원전 479년 8월, 그리스 동맹군은 펠로폰네소스반도에서 북상해 스파르타 장군 파우사니아스Pausanias의 인솔 아래 플라타이아

스파르타 왕 레오니다스의 동상

부근에서 페르시아군과 격전을 펼쳤다. 마르도니우스가 전사하고, 페르시아 점령군은 소멸되었다. 같은 날, 그리스 동맹군은 에게해 맞은편 기슭 밀레투스 부근의 미칼레Mycale에서 페르시아 해군 잔병을 섬멸했고 페르시아의 두 사령관은 모두 전사했다고 한다. 페르시아는 전군의 절반에 해당하는 병력 손실을 입었다. 제2차 페르시아 정벌은 여기서 종결된다.

전쟁 이후 아테네의 테미스토클레스와 스파르타의 파우사니아스는 모두 영웅이 된다. 그런데 고대 그리스인에게는 절개를 잃는 것에 대

한 금기가 없었다. 테미스토클레스와 파우사니아스, 두 풍운아의 말로를 통해 이를 엿볼 수 있다. 미칼레 전투 이후, 그리스인은 그리스 동맹을 결성한다. 스파르타는 이 동맹이 아테네인의 손에 들어가는 것을 막기 위해서 파우사니아스를 보내 동맹군을 통솔하게 한다. 하지만 오래지 않아서 파우사니아스가 페르시아와 내통한다는 소식이 전해졌다. 범汎그리스 세력을 장악한 파우사니아스는 페르시아인과 교역하면서, 자신이 전全그리스의 왕이 되는 것을 페르시아가 지지해주길 바랐다. 또한 그는 크세르크세스의 사위가 되려는 과욕을 부렸으며, 일상생활에서 벌써부터 페르시아 옷을 입고 거들먹댔다. 스파르타는 동맹군의 압력을 받아 파우사니아스를 본국으로 소환해 심문하고자 했다. 파우사니아스는 신전으로 도피했지만 그 안에 포위되어 갇힌 채 결국 굶어 죽었다.

　테미스토클레스는 전쟁 이후에도 여전히 해군력 강화책을 견지했으며, 이후의 아테네제국을 위한 기초를 다졌다. 하지만 그는 많은 정적을 만들었다. 스파르타인은 전쟁 이후 아테네의 방벽 재건을 저지하고자 했지만 테미스토클레스에게 뒤통수를 맞은 적이 있다. 테미스토클레스는 파우사니아스의 반역 행위에 연루되기까지 한다. 기원전 472년(혹은 기원전 471), 결국 그는 도편추방제에 의해 10년간 국외로 추방된다. 테미스토클레스는 우여곡절을 겪은 끝에 페르시아 크세르크세스의 아들 아르타크세르크세스Artaxerxes 1세(재위 기원전 465~기원전 425)의 신하가 된다. 페르시아인은 소아시아 서북 모퉁이 지역의 세 곳을 그에게 식읍食邑으로 주었다. 하지만 결국 테미스토클레스는 타향에서 객사했다. 그가 일찍이 살라미스만에서 크세르크세스에게 보냈던 거짓 투항 서신은 수서양단首鼠兩端(머리만 내놓은 쥐가 주위를 살핀다는 뜻으로, 주저하며 결단을 내리지 못한 채 기회만 엿보는 태도를 가리킨다 – 옮긴이)으로 간주할 수도 있다. 테미스토클레스는 스파르타를 비롯한 남그리스 동맹국이 도망치려 한다는 군사 정보를 페르시아에 알림으로써 페르시아가 연합군의 퇴로를 차단하게 만들었다. 이로써 그는 배수진을 치고 싸우는 효과를 거둘 수 있었다. 만일 전쟁에서 패한다면, 그가 페르시아에 몰래 보낸 편지는 아테네의 죄를 감면받는 데 도움이 될 수 있을 터였다. 게다가 그 자신의 앞길에도 도움이 될 수 있었다. 페르시아제국 역사가 옴스테드A. T. Olmstead가 페르시아인이 그리스를 공격한 것을 두고 필요 이상의 짓이었다고 한 것도 당연하다. 높은 관직과 돈으로 매수할 수 있는 우두머리가 그리스 각 나라마다 존재했기 때문이다. 미래의 길흉에 대한 예언을 장악하고 있던 그리스 신전조차 페르시아인에게 매수되어, 항전해봐야 희망이 없다는 신탁을 여러 차례 하기도 했다.

페르시아에 반격을 가한 델로스 동맹

페르시아군이 대패한 뒤 그리스는 반격 상태로 들어갔다. 페르시아는 에게해 지역 전체를 급속히 상실한다. 가장 먼저 결성된 그리스 동맹은 기원전 479~기원전 478년에 트라키아 지역의 헬레스폰트(다르다넬)해협과 보스포루스해협을 점령해, 페르시아의 유럽 진입로를 차단하고 키프로스를 해방시켰다. 스파르타인은 아시아의 다른 그리스 도시국가를 해방시키는 데 흥미를 느끼지 못하고 바로 돌아갔다. 영도권은 결국 아테네인의 수중에 떨어졌다. 특히 파우사니아스 사건으로 인해 동맹국은 스파르타에 대한 신뢰를 잃었다. 그들은 결국 아테네와 델로스 동맹을 결성한다. 델로스 동맹은 동맹의 금고를 델로스Delos섬에 두었던 데서 생겨난 명칭이다.

기원전 469~기원전 466년, 이미 에게해안을 상실한 페르시아제국은 키프로스섬을 마주하고 있는 소아시아 남쪽의 팜필리아Pamphylia에서 해군과 육군을 집결한 뒤 해안을 따라 북상하여 에게해 동쪽 연안의 그리스 도시국가를 소탕했다. 아테네는 장군 키몬Cimon(기원전 510~기원전 450)을 팜필리아로 보내 팜필리아를 델로스 동맹에 가입하게 한 뒤 부근에 정박해 있던 페르시아 함대와 대본영을 급습했다. 이 에우리메돈 Eurymedon 전투에서, 페르시아인이 재건한 페니키아·실리시아·키프로스 함대가 섬멸된다. 이로써 페르시아제국은 이후 15년 동안이나 에게해를 도모할 기력을 상실한다.

그런데 이때 델로스 동맹 내부에서 이미 균열이 나타났다. 페르시아 제국으로부터 해방된 동맹국이 이제는 아테네제국의 억압을 받게 된 것이다. 아테네는 동맹국에게 페르시아를 상대로 싸우길 강요하면서 끊임없이 동맹국을 탄압했다. 아테네의 경제 역시 전쟁에 의지해서만 번영할 수 있는 상태로 변했다.[24] 보수파 키몬이 대승한 뒤, 페리클레스 Pericles(미래의 아테네 지도자) 같은 도시국가의 급진파 역시 군대를 이끌고 지중해 동부 연안을 휩쓸었다. 에게해 바깥까지 전쟁이 만연했다. 기원전 460년, 델로스 동맹은 키프로스를 다시 해방시킨 뒤 이집트로 원정해 리비아 왕조의 복국을 도왔으며, 곧바로 멤피스까지 공격했다. 그리스군은 자신의 기지로부터 너무 멀리 떨어졌고, 그 결과 페르시아군에게 섬멸된다. 이후 아테네는 승전을 거두지 못한다. 기원전 451년에 연로한 키몬은 키프로스로 출정했다가 사망하고 만다.

페르시아제국도 내부의 문제가 한가득했던 탓에, 승세를 몰아 추격할 힘이 없었다. 기원전 449년, 아테네가 칼리아스Callias를 델로스 동맹을 대표하는 사자로 보내 페르시아와 화해조약을 맺음으로써 반세기 동안 이어진 쌍방의 전쟁 상태가 끝나게 된다. 그리스 측에서는 키프로스와 이집트에 개입하지 않기로 약속하고, 페르시아 측에서는 에게해에 전함을 파견하지 않기로 약속했다. 이로써 소아시아 연해 일대는 비무장 지대가 되었다. 연안의 그리스 도시국가는 이론상 독립국이 되었다.

하지만 이는 아테네인이 이 지역을 상대로 징수하는 것을 제지하지 못했다. 페르시아인 역시 법률상 징세권을 포기하지 않았으며, 권토중래할 기회만을 기다렸다.

그리스의 내부 불화와 페르시아 총독

기회가 마침내 찾아왔다. 페르시아제국으로부터 해방된 동맹국을 아테네가 부려먹은 게 광범한 불만을 불러일으켰고, 스파르타의 맏형 지위도 위태로워진 것이다. 아테네와 스파르타, 그리고 그 동맹은 마침내 펠로폰네소스Peloponnesian 전쟁(기원전 431~기원전 404)을 일으킨다. 여기서는 페르시아와 관련된 부분만 다루기로 한다. 스파르타의 육군이 아테네의 본토를 여러 차례 침범했지만, 아테네는 줄곧 해상에서 우세를 차지했다. 그런데 기원전 415~기원전 413년에 시칠리아 원정에 나선 아테네의 육해군 부대가 전멸하는 재난을 당하게 된다. 아테네의 동맹국은 잇따라 아테네의 통제로부터 벗어났으며, 페르시아의 중앙 정부는 소아시아의 두 총독에게 아테네 관련 업무를 책임지고 처리하게 한다. 리디아와 카리아 총독이자 소아시아의 모든 군무를 통솔하는 티사페르네스Tissaphernes(?~기원전 395), 그리고 그의 통솔을 받는 프리기아 총독 파르나바조스Pharnabazos는 스파르타와 동맹을 맺어 공동으로 아테네에 맞섰다.

파르나바조스 총독은 스파르타의 해군 장군 리산더Lysander(?~기원전 395)와 뜻이 맞았다. 하지만 티사페르네스 총독은 다른 견해를 지녔다. 그는 자신의 브레인인 아테네의 망명 정객 알키비아데스Alcibiades(기원전 450~기원전 404)의 책략을 택했다. 즉 스파르타와 아테네가 서로 힘이 다할 때까지 싸우게 만들어서 페르시아가 어부지리를 거둔다는 것이었다. 하지만 수사로부터 전해진 명령은 스파르타를 적극적으로 지지하라는 것이었다. 또한 새로 제위에 오른 아르타크세르크세스 2세(재위 기원전

404~기원전 459/458)가 동생 소小키루스(?~기원전 401)를 보내 그 일을 책임지게 했다. 물주 페르시아는 스파르타가 강력한 함대를 만들도록 자금을 지원했다. 스파르타는 기원전 405년에 아이고스포타미Aegospotami에서 아테네 해군을 섬멸하고 아테네가 흑해로부터 들여오는 식량 루트를 끊어놓았다. 리산더는 마침내 아테네를 점령하고 투항을 강요했다.

아테네는 끝장날 위기였다. 남은 문제는 더 까다로웠다. 스파르타가 그리스 각국의 자유를 회복한다는 기치를 들고 아테네에 선전포고한 것이다. 한편 전쟁 이후 실업 상태였던 대량의 군인이 소키루스에게 의탁했다. 소키루스는 돈을 쏟아부어 1만3000명의 그리스 용병을 모집한 뒤 형의 왕위를 찬탈하고자 동쪽으로 진격했다. 소키루스는 스파르타와 전시 동맹 관계를 유지하고 있었기에 스파르타를 후원자로 둔 셈이었다. 소키루스는 그리스 용병을 이끌고 파죽지세로 진격했지만, 쿠낙사Cunaxa 전투(기원전 401)에서 전사한다. 고용주를 잃은 그리스 용병은 적의 영토를 떠나 귀환하기 위해서 멀고먼 길을 지나 마침내 흑해에 이른다. 이들 '만인대'의 장정 이야기는, 만인대의 지휘관 중 한 명이었던 크세노폰Xenophon(기원전 430~기원전 354)의 『소아시아 원정기』(아나바시스Anabasis)라는 고전 명저에 기록되어 있다. 만인대 1만3000명 중에서 남은 이는 6000명이었는데, 이들은 마침 소아시아를 공격하려는 스파르타에 합류할 수 있었다. 스파르타는 왕 아게실라우스Agesilaus 2세(기원전 444~기원전 360)를 보내 명장 리산더와 협력하게 함으로써 연해 지역을 제어했으며, 스파르타의 육군은 소아시아 내지로 깊숙이 들어갔다.

페르시아 정부는 총독 티사페르네스가 여러 차례 패전했다는 구실로 그를 처형했다. 사실 티사페르네스는 스파르타를 지원하는 것에 내내 반대했으며, 소키루스가 군사를 일으키기 전에 페르시아 왕에게 경고하기도 했다. 하지만 페르시아 태후는 티사페르네스로 인해 자기 아들의 죽음이 초래되었다며 그를 죽게 만들었다. 티사페르네스는 궁중 정치의 희생물이 되었던 것이다. 파르나바조스 총독은 아테네의 옛 장군 코논Conon(기원전 444?~기원전 394?)을 불러 해군을 새로 조직했는데, 코논은 펠로폰네소스 전쟁 당시 리산더의 적수였다.

스파르타와 페르시아의 전쟁이 폭발한 뒤, 그리스 본토의 두 숙적 아테네와 코린토스는 적에서 친구가 된다. 아테네와 코린토스는 테베·아르고스와 반反스파르타 연맹을 맺어 코린토스 전쟁(기원전 395~기원전 387)을 일으키고, 파르나바조스 총독으로부터 거액을 지원받는다. 스파르타 왕 아게실라우스와 장군 리산더는 본국으로 귀환해 전쟁에 참여한다. 기원전 394년, 코논이 이끈 페르시아-아테네 연합 함대는 크니도스Cnidus 전쟁에서 스파르타 함대를 섬멸한다. 이로써 스파르타는 해상권을 잃게 된다. 아테네가 다시 패권을 노리자, 페르시아는 스파르타가 해군을 재건하도록 자금을 지원해야 할 필요성을 느낀다. 이는 죽임을 당한 티사페르네스 총독의 책략이 내내 정확했음을 증명한다. 이제 수습하기 어려운 혼전이 빚어졌다. 스파르타와 아테네는 서로 싸우는 한편 각기 페르시아를 공격했다. 페르시아는 친스파르타파와 친아테네파로 분열되었다.

스파르타는 우선 페르시아와 화해하면서, 아시아에 있는 그리스 도시국가의 독립을 희생시키기로 결정한다. 아테네는 스파르타가 해방자 역할을 포기함으로써 자신의 식민지를 회복할 수 있게 된 뒤에야 평화에 합의한다. 페르시아는 키프로스와 이집트의 반란을 해결하기 위해서 되도록이면 빨리 그리스 문제를 해결하고자 했다. 페르시아로서는, 페르시아 전쟁 이전의 국경을 회복하고 에게해는 분산된 상태를 유지하기만 한다면 만족스러웠다. 기원전 387년, 페르시아 대왕 아르타크세르크세스 2세의 중재를 통해 화의가 이루어진다. 아시아의 그리스 도시국가는 죄다 페르시아 소유가 되었으며, 다른 곳(주로 에게해의 섬)은 세 곳만 아테네의 소유로 하고 나머지는 일률적으로 독립했다. 스파르타는 '대왕의 화약'(안탈키다스Antalkidas 화약)의 첫 번째 감독자가 되었다. 이후 대왕의 화약은 국제법이 되었으며, 법규를 위반한 나라를 제재하려는 그리스 도시국가는 모두 대왕의 화약의 감독자임을 명분으로 삼았다.

기원전 372년부터 기원전 362년 사이에, 아나톨리아에서는 '총독의 반란'이 폭발한다. 내지에 자리한 카파도키아의 총독 다타메스Datames(재위 기원전 385~기원전 362)가 중앙과 사이가 틀어지자 반란을 일으켰다. 페르시아가 소아시아에서 가장 민감하게 여겼던 헬레스폰트 프리기아Hellespontine Phrygia의 총독 대리 아리오바르자네스Ariobarzanes(?~기원전 362)는 일찍이 대왕의 화약을 조정하는 데 참여했던 인물인데, 다타메스가 반란을 일으키자 이에 호응했다. 다타메스의 반란에 호응한 이들 중에는 아르메니아 총독도 있었다. 페르시아 중앙 정부는 반란 지역 인근의 총독을 동원해 반란을 토벌하고자 했다. 때문에 아나톨리아 전체에서 대란이 일어났다. 반란자는 이집트의 지원을 얻었고, 스파르타 왕 아게실라우스 2세는 용병 신분으로 아리오바르자네스에게 고용되었으며, 아테네는 아리오바르자네스와 그의 세 아들에게 시민권을 주었다.[25] 이 반란은 결국 페르시아 중앙에 의해 평정된다.

그런데 아리오바르자네스를 대신한 아르타바주스Artabazus(기원전 389~기원전 329)가 새로운 왕 아르타크세르크세스 3세(기원전 425~기원전 338)를 상대로 반란을 일으킨다. 이 반란은 아테네와 테베의 협조를 얻어 기원전 356년까지 이어졌다. 결국 아르타바주스는 마케도니아의 필리포스Philippos 조정으로 도망친다. 아르타바주스가 고용한 그리스 용병의 우두머리이자 그의 사위인 로도스섬의 멘토르Mentor of Rhodes(기원전 385~기원전 340)는, 페르시아를 위해 이집트 평정에서 공로를 세운 것에 대한 보상으로 아르타바주스의 사면을 요청한다. 페르시아 중앙 정부는 아르타바주스를 사면했으며, 그가 귀국한 뒤 요직에 임명했다.[26] 훗날 아르타바주스는 알렉산더의 침략에 맞서 싸우다가 패하여 투항한다. 페르시아가 멸망한 뒤 아르타바주스는 마케도니아제국의 박트리아 총독으로 임명된다. 멘토르의 동생 로도스의 멤논Memnon of Rhodes(기원전 380~기원전 333) 역시 일찍이 아르타바주스와 함께 마케도니아로 도망쳤다가 함께 사면을 받아 페르시아로 되돌아왔다. 멤논은 형 멘토르가 죽은 뒤 형의 부대를 물려받고 형수(아르타바주스의 딸 바르시네Barsine, 기원전 363~기원전 309)를 아내로 삼는다. 멤논은 훗날 마케도니아인이 소아시아를 침공했을 때 페르시아제국에서 유일하게 유능하게 나라를 지킨 장군이다. 멤논이 전사한 뒤, 바르시네는 알렉산더 대왕의 정부가 된다. 이상에서 살펴본 것처럼, 페르시아의 서부 상황은 에게해의 전란과 얽혀 있었다. 전투 인원 역시 한데 뒤섞여 서로 구별하기 어려운 상태였다.

소키루스가 군사를 일으켰을 때, 아게실라우스의 스파르타군이 소아시아의 내지로 침투한 일과 만인대가 티그리스-유프라테스강 유역까지 진군한 일은 모두 페르시아제국이 이제 종이호랑이에 불과하다는 사실을 드러냈다. 후에 그리스인은 총독의 반란과 그 뒷일에도 개입하게 된다. 이 모든 것은 훗날 알렉산더 대왕의 동방원정의 리허설이었다. 페르시아는 풍부한 자금을 이용했다. 페르시아는 무력으로 그리스를 격파한 게 아니라, 그리스 스스로 단결하지 못한 덕을 본 것이다. 페르시아 역시 깨뜨리기 어려운 철통은 아니었다. 기원전 4세기 내내 그리스에서는 이소크라테스Isocrates(기원전 436~기원전 338) 같은 언론인들이, 그리스인이 단결한다면 페르시아제국을 취하는 것은 손쉬운 일이라며 그리스인을 고취했다.[27]

주

1. "Jiroft iii. general survey of excavations," in *Encyclopaedia Iranica* (http://www.iranicaonline. org/articles/jiroft-iii-general-survey-of-excavations), 검색일 2014/3/7.

2. "Elam iv. Linear Elamite," in *Encyclopaedia Iranica* (http://www.iranicaonline.org/articles/ elam-iv), 검색일 2014/3/7.

3. I.M. Diakonoff, "Media," *The Cambridge History of Iran*, vol. 2, *The Median and Achaemenian Periods* (Cambridge and New York: Cambridge University Press, 1985), pp. 47~53.

4. Ibid, pp. 46, 49.

5. Herodotus, translated by David Grene, *The History* (Chicago & London: University of Chicago Press), pp. 55, 76.

6. A. T. Olmstead, *History of the Persian Empire* (Chicago & London: The University of Chicago Press, 1959), p. 35.

7. 의미심장한 것은, 이스라엘인과 아라비아인의 공동 시조 아브라함이 칼데아의 우르에 서 출발해 하란을 거쳐 성지 가나안에 이르렀다는 것이다. 아브라함의 고향을 '칼데아 의 우르'라고 칭하는 것은 물론 착오다. 『구약성경』을 편찬한 시대에는 바빌로니아가 칼데아로 칭해졌다. 아무튼 아브라함은 달 숭배의 중심지로부터 또 다른 달 숭배의 중 심지를 거친 뒤에야 성지에 도착한 것이다.

8. A. T. Olmstead, *History of the Persian Empire*, pp. 89~92.

9. Ibid, p. 110.

10. Herodotus, translated by David Grene, *The History*, p. 81.

11. A. T. Olmstead, *History of the Persian Empire*, p. 189.

12. Ibid, p. 59.

13. 페르시아제국 중후기에 이르면 왕자가 극동의 박트리아, 소그드 등지에 봉해져 그곳 을 지키게 된다.

14. A. T. Olmstead, *History of the Persian Empire*, p. 231.

15. Ibid, p. 116.

16. Ibid, p. 238.

17. 메디아인과 페르시아인은 늘 동일하게 취급된다. 키루스 역시 절반은 메디아 혈통이다.

18. J. M. Cook, "The Rise of the Achaemenids and Establishment of Their Empire," in *The Cambridge History of Iran*, vol. 2, *The Median and Achaemenian Periods*, pp. 279~280.

19. Ibid, pp. 274, 277.

20. Ibid, p. 284.

21. A. T. Olmstead, *History of the Persian Empire*, pp. 234~237.

22. '인도-이란인'은 모호한 명사다. 다만 이 말이 인도유럽인의 범위보다는 좁고 이란 인 범위보다는 넓다는 것은 알 필요가 있다. 인도-이란인은 인도로 들어온 아리아인, 이란고원으로 들어온 이란인, 그리고 이란고원으로 진입하지 않은 넓은 의미에서의 이 란인을 통칭한다.

23. A. T. Olmstead, *History of the Persian Empire*, p. 255.

24. A. R. Burn, "Persia and the Greeks," in *The Cambridge History of Iran*, *vol. 2*, *The Median and Achaemenian Periods*, p. 335.

25. "Ariobarzanes," in *Encyclopedia Iranica* (http://www.iranicaonline.org/articles/ariobarzanes-greek-form-of-old-iranian-proper-name-arya-brzana), 검색일 2013/7/8.

26. "Artabazus," in *Encyclopedia Iranica* (http://www.iranicaonline.org/articles/artabazus-gk), 검색일 2013/7/8.

27. A. R. Burn, "Persia and the Greeks," in *The Cambridge History of Iran*, vol. 2, *The Median and Achaemenian Periods*, p. 355.

제13장

'고전기의 그리스'를
새롭게 정의하다

그리스 세계를 어떻게 정의할 것인가

그리스 문명은 애초부터 티그리스-유프라테스강 유역이나 이집트와는 달랐다. 그리스 문명은 대하 문명이 아니며, 지중해와 흑해에 분산되어 있었다. 그리스 도시국가는 여러 곳에 분포되어 있었으며, 대부분 내지 깊숙한 곳이 아닌 연해 지대에 자리했다. 따라서 경작은 주업이 아니었으며, 해로를 통해 각지와 통상하면서 경제 작물(예를 들면 술, 감람유)과 수공업품(예를 들면 토기 예술품)을 판매했다. 아놀드 토인비Arnold Toynbee는 그리스가 계승한 것은 고대 대하 유역의 문명이 결코 아니라 미노스-미케네의 해양 문명이라고 보았다. 또한 에게해 연안에는 비옥한 땅이 있긴 했지만 해변의 작은 영역만 농경에 적합했다.[1] 이러한 생존 형태가 내지의 남이탈리아 혹은 지금의 프랑스 남부로 이식되었는데, 토지 분쟁을 피하기 위해 근해 하구 지역에 머물면서 원주민을 무역 대상으로 삼았다. 그리스 문명과 유사한 동시대 문명은 페니키아였다. 페니키아 역시 지중해 연안에 두루 식민지를 두었다. 하지만 페니키아는 본토 가나안 문명과 철저히 분화되지 못하고 과도하게 그 영향을 받은 탓에, 페니키아의 해외 식민지는 원주민과 융합하는 거점이 되지 못했다. 페니키아인은 그리스인에 비해 내지로 더 깊이 들어가지 않았는데, 심지어는 해안에서 떨어진 섬에 식민지를 두기도 했으며 그리스인으로부터 겁쟁이라고 조롱당하기도 했다. 페니키아는 국제 환경과는 동떨어져 있었으므로, 지중해의 문명화에 있어서 그 역할이 그리스인처럼 명확하지는 않다.

내륙에 자리한 그리스 도시국가도 있었지만 이들은 일반적으로 역사 무대의 중앙에서 멀리 떨어져 있었다. 유일한 예외는 스파르타다. 스파르타는 이웃나라를 노예화하는 방식으로 해외 식민을 대체했다. 국가가 토지를 소유하고 통제하는 것에 기초하여 구축된 스파르타 정권은 상공업을 억제함으로써 이러한 원시 형태를 유지했다. 이 예외를 제외하면 그리스 도시국가는 주로 상공업 도시와 상업 거점(해외 식민지)이었다. 더 나아가 상업 네트워크를 갖춘 제국(예를 들면 아테네)으로 발전하기도 했다. 도시국가(폴리스polis)는 그리스인의 기본적 조직 형태이자 공인된 정체政體(국가의 조직 형태)였다. 몇몇 취락의 주민이 자원하여 마을을 합병한 뒤 다른 도시국가의 승인을 얻으면 그것이 바로 나라를 세우는 것이었다. 타국을 멸망시키는 데 있어서, 스파르타가 이웃나라인 메세니아Messenia를 농노화한 것을 제외하면 가장 심한 경우는 도시국가를 해체하여 마을이 되게 하는 것이었다.

도시국가는 넓은 영토의 대국을 건립하는 데 뜻이 있었던 것도 아니고 자국의 시민을 점령군으로서 외지에 장기간 머물게 할 힘도 없었다. 따라서 적대적인 폴리스는 해체하는 게 해결 방안이었다. 하지만 사실 그런 일이 발생하는 경우는 드물었다. 일반적으로 승리국은 패배한 적국에 자국 친화적인 정권을 심었다. 대부분 승리국의 정치 체제에 부합하는 형태가 채택되었는데, 과두정치·민주정치·참주정치라는 몇 가지 선택에서 벗어나지 않았다. 그리스인의 경제 형태가 몇 가지 형태의 정치 체제에 영향을 주었다. 도시국가는 농지에 대한 조세를 국가에 납부하지 않기 때문에 중앙 왕권이 탄생하기 어려웠다. 토지귀족은 대장원을 소유하지 않았으며, 세력이 있어도 독단적으로 행동할 수는 없었다. 도시국가는 대부분 토지귀족, 농민과 노동자, 상공업자 간의 긴장 속에서 균형을 유지했다. 토지귀족의 과두정치와 노동자·농민 대중의 민주정치 간의 투쟁이 그치지 않았으며, 신흥 상공업자를 대표하는 이들은 대부분 이 양자를 벗어나 참주정치를 택했다.

이들 정치 체제가 반복되는 규율은 결코 모국에서 해외 식민지로 전해진 것이 아니라, 양자의 정치 생태의 유사성으로 인해 평행적으로 발전한 것이다. 이러한 평행적인 발전은 다른 방면에서도 나타났다. 에게해가 그리스의 근본이긴 했지만, 각지에 분산되어 있던 도시국가 대부분이 나름의 공헌을 했다. 여러 방면에서, 해외의 그리스 식민지에서 먼저 창조가 이루어졌고 이것이 그리스반도의 모국에 영향을 주었다.

통일된 정치 조직이 없었던 그리스인에게, 세 종류의 주요 방언이 존재했고 같은 종류의 자모字母를 사용했으며 '호메로스 서사시'를 기초 텍스트로 존중했다는 것 외에 유일한 연계망은 공동의 종교와 그 기념일이었다. 방언과 자모의 분포는 에게해 밖의 경우 각각의 도시국가가 어디에 식민지를 건설하느냐에 따라 정해졌기 때문에 오직 에게해 지역에서만 그것의 체계적 양상을 찾을 수 있다. 그리스인의 3대 방언의 분포 지역을 보자면, 아이올리스어가 북부, 이오니아어가 중부, 도리아어가 남부에 분포했다. 이들 방언의 분포 지역이 크레타섬을 포함한 에게해 일대를 세 구역으로 나누었다. 소아시아의 이오니아는 이오니아 반란의 기원지이자 페르시아 전쟁의 도화선이었다. 이오니아어에서 아테네인의 아티카 방언을 다시 나눌 수 있는데, 아테네의 특수한 성취 덕분에 아티카 방언은 고전 그리스어가 된다. 이는 메카 일대의 북아라비아 방언이 오늘날의 경전 아라비아어가 된 것과 마찬가지다.

이상의 3대 방언 외에, 역사 무대에 비교적 적게 등장한 방언도 있다. 펠로폰네소스반도 내지에는 아르카디아Arcadia 방언이 있었다. 아르카디아인은 본래 미케네인이었을 것이다. 암흑기에 도리아인의 침입 또는 이동으로 인하여 미케네인은 내륙 고지로 도주했고, 결국 고전 그리스 세계 밖으로 밀려났다. 역사언어학자들은 키프로스섬에서도 미케네인의 방언을 발견했는데, 이를 아르카도-키프로스 방언이라고 통칭한다. 추측하기로는 청동기시대 총붕괴기에 키프로스섬으로 도주한 이들이 사용했을 것이라고 한다. 아무튼 이는 이미 에게해의 범위에서는 벗어난 것이다. 이밖에도 고전기에는, 그리스반도에 면한 이오니아해[2]의 에피루스Epirus 지역 방언인 서북그리스어가 있었는데 도리아어에 비교적 가까웠다.

그리스 정체성: 기초 텍스트와 공동 기념일

호메로스의 서사시는 그리스인의 기초 텍스트로, 이스라엘 백성의 기초 텍스트인 히브리『구약성경』이 지닌 지위에 비유할 수 있다. 양자의 성립 시기는 엇비슷하다. 호메로스 서사시가 정리되고 기록된 것은 기원전 6세기이고, 히브리『구약성경』의 기록 연대는 바빌론 유수 이후인 약 기원전 5세기다. 양자의 정신이 딴판이기 때문에 여태 이런 식의 대비는 해본 적이 없을 것이다.

호메로스 서사시와 그 신화 영역에 등장하는 신들의 행위는 오늘날 사람들이 요구하는 도덕 수준보다 낮다. 그들은 보통 사람과 마찬가지로 배우자가 있고 간통도 저지른다. 신들의 왕인 제우스와 아폴론 역시 인간 여성을 탐하고 심지어는 미소년을 납치하기도 했다. 명계의 왕 하데스는 조카인 페르세포네Persephone를 강제로 납치해 아내로 삼았다. 대장장이의 신 헤파이스토스는 아테나를 강간하려다 미수에 그쳤다. 우주를 주재하는 1세대 신의 지위는 부친을 제거하고 빼앗은 것이다. 그리스인은 이런 신들에 대해 전혀 불경스럽게 여기지 않았다. 그리스인의 이러한 종교는 생명에 대한 환희의 종교이며 죄책감이란 결코 없는 종교다.

히브리『구약성경』의 하느님은 분노의 독신남이다. 그는 툭하면 인류를 섬멸하는 방식으로 인류의 사악함을 징벌한다. 그 사악함에는 동성애도 포함된다. 또 인류는 하느님이 먹지 말라고 금한 선악과를 몰래 먹은 뒤 부끄러움을 알고 몸을 가리게 되었다. 육체 자체가 사악한 것으로 변한 것이다. 칼 융의『욥에 대한 응답Answer to Job』(1952)에 따르면, 이러한 하느님의 심리는 보통 사람보다도 균형을 잃은 상태다. 그는 육화肉化하여 예수가 되어서야 비로소 진화한 셈이다.

호메로스는 맹인 시인이었다고 전해진다. 그의 양대 서사시는 기원전 8세기까지 거슬러 올라갈 수 있다. 『일리아드』와 『오디세이』 외에도 동일한 운율을 사용해서 지은, 신에 대한 일련의 찬가인 『호메로스 찬가Homeric Hymns』가 있다. 호메로스가 서사시에 사용한 언어를 호메로스식 그리스어Homeric Greek라고 한다. 이는 고대 이오니아어에 다른 방언 특히 아이올리스 방언이 섞인 것이다. 이 경전적인 언어는 '서사시 그리스어Epic Greek'라고도 한다. 서사시 그리스어로 글쓰기를 한 이로는 또 헤시오도스Hesiod가 있다. 그의 생애는 자세하지 않은데, 약 기원전 8세기 후반에 활약했다. 헤시오도스 역시 두 가지의 기초적 텍스트를 고전 문명에 남겨주었다. 『노동과 나날Works and Days』과 『신들의 계보』(테오고니Theogony)다. 『신들의 계보』는 올림피아 신족神族의 계보다. 세계가 어떻게 혼돈으로부터 시작되었으며, 3세대 신이 어떻게 파생되었는지 이야기한다. 제3세대가 바로 최고신 제우스를 위시한 올림피아 신족이다.

올림피아 신족은 그리스반도에서 가장 높은 올림푸스산에 거주하며, 최고봉 미티카스Mytikas는 제우스의 보좌다. 테살리아Thessaly에 있는 올림푸스산은 아이올리스인의 본향이다. 에게해 맞은편 기슭의 아이올리스는 그들이 뻗어나간 곳이다. 올림푸스 신산의 소재지에서 중요한 신전이나 기념일의 흔적을 찾아볼 수 없는데, 이는 테살리아 지역이 고전기에 빛이 바랬던 것과 관련이 있는지도 모르겠다. 한편 펠로폰네소스반도 서부의 엘레이아Eleia에 있는 올림피아Olympia는 그리스 전체의 운동회 장소였다. 여기서 주기적으로 운동회를 거행한 목적은 천왕 제우스를 경배하기 위해서였다. 이곳의 제우스 신상은 조각의 거장 페이디아스Pheidias(기원전 480~기원전 430)가 만든 것으로, 고대 세계 7대 불가사

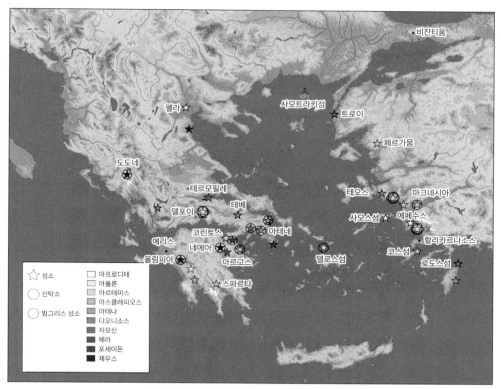

그리스 에게해 지역의 주요 종교 성소

의 중 하나다.

　이외에도 그리스 세계의 주요 신전과 신탁소가 에게해 연안에 널리 분포해 있었으며, 그 숭배는 범그리스적이었다. 각지의 참배자가 이곳에 모여드는 것은 범그리스적인 정체성 강화에 유용했다. 코린토스만 북쪽의 델포이 신탁소는 태양신 아폴론을 모신 곳으로, 파르나소스Parnassus산 중턱에 자리했다. 델포이 신탁소에는 '옴파로스Omphalos'(대지의 배꼽)라는 돌이 있는데, 세계의 중심으로 여겨졌다. 신탁소의 영험한 여사제를 피티아Pythia라고 한다. 피티아는 땅의 갈라진 틈에서 나오는 수증기를 흡입하고 무아지경의 상태에 빠져 미래를 예측할 수 있었다. 그

올림푸스산

올림피아의 엘레이아 유적지

델포이 신탁소

리스인의 국가로 여겨져야만 델포이에 금고를 설립할 자격이 주어졌는데, 이 금고는 주기적인 제사 비용에 대비한 것이었다. 로마인은 그리스인이 아니었으므로, 전쟁의 승리에 대한 감사로 신에게 제사지내기 위한 용도의 금은과 봉헌물을 우방인 마살리아Massalia(훗날의 마르세유)의 금고에 보관해야 했다.[3]

아폴론신의 탄생지인 델로스섬은 키클라데스제도의 중심으로 여겨졌다. 이오니아인은 이곳에서 해마다 축제를 열어 아폴론의 생일을 경축했다. 아테네인은 페르시아 전쟁 이전에 델로스섬을 지배했다.[4] 아테네 본토의 엘레우시스Eleusis는 본래 독립 왕국이었는데, 후에 아테네에 병탄되어 아테네의 종교 중심지가 되었다. 전체 그리스에 있어서, 엘레우시스는 지모신 데메테르Demeter 숭배의 중심지였다. 데메테르 신전에서는 비의(엘레우시스 비의Eleusinian Mysteries) 방식으로, 데메테르의 딸 페르세포네가 명계의 왕 하데스에게 납치되어 명계로 가게 되자 데메테르가

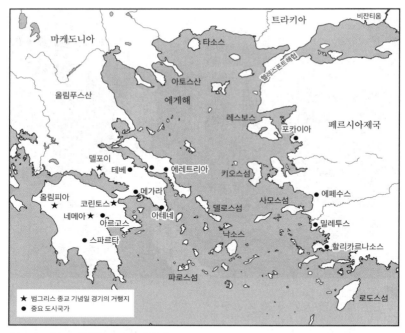

범그리스 종교 기념일 경기의 거행지

딸을 지상으로 되찾아온 이야기를 재연했다. 이 신화 자체는 대지의 풍
작과 불모不毛라는 자연 주기를 설명하는 것이다. '수난과 부활'이라는
이 모티프는 훗날 기독교 이교異敎의 원천 가운데 하나이기도 하다.

　에게해 북단의 사모트라케Samothrace섬에는 '위대한 신들의 신전'이
라는 신전 단지가 있다. 이곳에서는 이름이 숨겨진 신들을 숭배했다. 주
신은 대모신으로, 그 연원은 그리스인의 도래보다 이를 것이다. 이 지역
은 그리스의 외연인 트라키아이지만, 이곳 비의의 범汎그리스성은 엘레
우시스보다 전혀 덜하지 않다. 알렉산더 대왕의 부모 필리포스Philippos와
올림피아스Olympias 공주(기원전 375~기원전 316, 이웃나라 에피루스왕의 질
녀)는 이곳의 비의에 참가했을 때 첫눈에 반한다.[5] 훗날 이곳은 마케도니
아 왕국의 국가 신전이 된다.

엘레이아 올림픽 경기 장소

범그리스 종교 기념일 경기대회는 주로 다음의 네 개가 있었는데, 그 거행지는 모두 중요한 신전이 있는 곳이었다.

1. 올림픽 경기(기원전 776~기원후 393): 올림피아의 엘레이아에서 4년 마다 한 번씩 거행되었다. 천신 제우스를 경배하기 위한 것이었다. 엘레이아인이 심판 헬라노디카이Hellanodikai를 맡는 영예를 누렸다.
2. 피티아 경기(기원전 586~기원후 394): 델포이에서 4년마다 한 번씩 거 행되었다. 태양신 아폴론을 경배하기 위한 것이었다.
3. 네메아Nemea 경기(기원전 6세기~?): 아르고스의 네메아에서 2년마다 한 번씩 거행되었다. 천신 제우스를 경배하기 위한 것이었다.
4. 이스트미아Isthmia 경기(기원전 582~?): 코린토스지협 부근에서 2년 마다 한 번씩 거행되었다. 바다의 신 포세이돈을 경배하기 위한 것 이었다.[6]

기원전 776년은 그리스사의 기년紀年의 시작이다. 이후로는 4년 주기의 올림피아드로 연대를 계산했는데, 이는 세계 각지에서 제왕의 연호 혹은 집정관의 이름 혹은 신이 강생한 해를 이용해 연도를 나타낸 것과는 매우 다르다. 또한 이것은 그리스의 통일성이 건강한 문화에 대한 공동 인식에서 비롯되었음을 그 어떤 것보다도 잘 설명해준다. 범汎그리스 운동회가 거행되는 동안에는 어떤 전쟁이라도 멈추어야 했다. 정치상 통일되지 않은 그리스인이 마침내 정신상의 통일을 이루어낸 것이다. 올림픽 경기에 참가할 수 있느냐는 그리스인으로 인정되느냐를 판결하는 기준이었다. 기원전 504년 혹은 기원전 500년 즈음, 엘레이아의 헬라노디카이가 마케도니아의 알렉산더 1세(재위 기원전 498~기원전 454)를 반신半神 헤라클레스의 후손이라고 확정한 뒤 알렉산더 1세는 올림픽 경기에 참가할 것을 허락받는다. 또한 마케도니아는 비로소 그리스의 일원으로 인정된다.[7] 하지만 그 신분은 여전히 견고하지 않은 것이었다. 훗날 필리포스가 무력으로 그리스를 통일했을 때, 마케도니아는 다시 야만인으로 불리게 된다.

그리스인이 운동경기로 신을 경배한 것 역시 매우 독특한 일이다. 마차 경기 외의 다른 종목의 선수는 모두 전라로 경기에 임했다. 그리스인은 결코 육욕에 빠진 게 아니었다. 완벽한 육체를 만들고 건강한 육욕을 추구해야만 건강한 정신이 깃든다는 것, 이것이 바로 그리스인의 종교였다. 그들이 조각한 신상들도 이러한 정보를 말해준다. 니체가 『도덕의 계보Genealogy of Morals』에서 그리스 이후의 기독교 2000년 역사를 인간성 퇴보의 기록으로 본 것도 당연하다.

아테네 중심의 고전관을 수정할 수 있을까
최근 인문학계에서는 중심론을 제거하는 게 유행이다. 이것이 지나친 아테네 중심론을 교정하는 데는 도움이 될 수 있겠지만, 전복시킬 수 있는지는 별개의 일이다. 이는 지역의 전복 외에 분기법의 전복과도 관련된다. 제10장에서 언급했듯이, 그리스 전체의 고전기는 아테네의 고전기보다 일찍 시작되었을 것이다. 아테네의 고전기는 일반적으로 페르시아 전쟁이 종결된 뒤부터 계산한다. 아테네가 페르시아 전쟁으로 인해 부각되기 이전에 이미 고도의 문화를 발전시킨 그리스 지역은 적어도 세 곳이 있다. 아시아의 에게해안, 그리스 본토의 에게해안, 이탈리아 남부의 대그리스Magna Graecia다.

그리스 문화의 발전은 아시아에서 선행되었다. 호메로스는 소아시아의 이오니아에서 출생했고 키클라데스제도에서 사망했다고 한다. 이 두 곳은 에게해에서 그리스 문화가 동에서 서로 확산된 것의 상징으로 간주할 수 있다.[8] 헤시오도스는 소아시아 아이올리스의 시마Cyma에서 태어났다. 후에 그는 아버지를 따라 그리스대륙의 산지에 있는 작은 성 아스크라Ascra로 이주했다. 그리스 고전기의 기점을 기초 텍스트의 출현을 기준으로 잡는다면, 그리스 고전기가 아시아에서 비롯되었다고 하는 게 어찌 타당하지 않겠는가?

소아시아의 12개 도시국가인 도데카폴리스Dodecapolis의 아이올리스 동맹은 그리스인의 첫 번째 도시국가 연합으로, 기원전 8세기에 성립했다. 그중 스미르나Smyrna가 가장 중요한데, 『신약성경』의 이름난 도시다. 그리고 시마는 헤시오도스의 출생지다. 이오니아 동맹은 기원전 7세기 중기에 성립했다. 헤로도토스에 따르면, 이오니아 동맹의 구성원은 12개 도시다. 그중 카리아에 세 곳이 있었는데, 밀레투스Miletus, 미우스Myus, 프리에네Priene다. 여기서 명확히 해둘 게 있는데, 카리아 원주민은 그리스인이 아니다. 그리스에서 이주해온 이들은 그들을 비천한 자로 간주했다. 카리아의 세 도시는 카리아의 원주민이 아닌 이오니아인이 세운 도시국가다. 이오니아 본토와 리디아에 있었던 도시는 에페수스Ephesus, 콜로폰Colophon, 레베두스Lebedus, 테오스Teos, 클라조메나에Clazomenae, 포카에아Phocaea다. 12개 도시 중 나머지는 키오스Chios, 에리트라이Erythrae, 사모스Samos'다. 다음으로 도리아인의 6개 도시 동맹인 도리아 헥사폴리스Dorian Hexapolis가 있는데, 연대는 명확하지 않다. 그중 크니도스Cnidus와 할리카르나소스Halicarnassus는 카리아인의 지역에 있었다. 그리스 역사의 아버지 헤로도토스가 바로 할리카르나소스 출신이다.

그리스 건축의 이오니아 양식은 이오니아에서 먼저 시작된 뒤 그리스 세계로 두루 전파되었다. 도리아 양식은 그리스 본토에서 비롯되었다. 코린토스 양식 역시 대부분 그리스 본토에서 비롯되었지만 시기는 약간 늦다. 이상을 통해 보자면, 그리스 모母도시가 반드시 창조의 중심이었던 것은 아니다. 모도시와 자子도시의 공헌은 비슷할 뿐만 아니라 때로는 자도시가 주도하기도 했다.

아시아의 그리스 도시국가들은 일찍이 리디아 왕국을 종주국으로 받들었고, 나중에는 페르시아제국의 세력 범위에 포함되었다. 하지만 이 도시국가들은 서양 철학의 탄생지다(제14장 참조). 철학을 아테네로 들여온 이는 클라조메나에 사람 아낙사고라스Anaxagoras(기원전 510~기원전 428)다. 참주 폴리크라테스Polycrates(재위 기원전 538~기원전 522)의 통치 기간에 사모스섬은 아마도 거대한 함대를 지닌 첫 번째 그리스 도시국가였을 것이다. 사모스섬은 페르시아의 동맹이 되기도 한다. 폴리크라테스는 물을 끌어오기 위해서 1036미터에 달하는 에우팔리노스Eupalinos 터널을 뚫었는데, 이것은 역사상 최초로 기하학에 근거해 뚫은 터널이다. 에우팔리노스 터널과 사모스섬의 헤라이온Heraion(헤라의 신전) 및 피타고리온Pythagoreion은 모두 유네스코 세계문화 유적지다. 피타고리온은 피타고라스(기원전 570~기원전 495)로 인해 생겨난 명칭으로, 사모스섬

소아시아에 있던 그리스 식민지

출신의 피타고라스는 세계적 인물이다.

에올리아Aeolia 해안의 레스보스Lesbos섬은 그리스 음악의 아버지 테르판더Terpander의 탄생지다. 기원전 700~기원전 640년 즈음에 활약한 테르판더는, 공명통에 세로로 네 개의 현이 있던 것에 세 개의 현을 더해서 키타라kithara를 발명했다. 키타라는 오늘날 기타의 시조다. 테르판더의 곡은 자신이 지은 서정시와 호메로스의 시를 위한 것이었다. 기원 전 676년, 테르판더는 스파르타의 아폴론 제전 음악 경연에서 상을 받았다. 그는 오랫동안 스파르타에 거주하면서 스파르타 학파를 창립했다. 고대 그리스 시의 선구자 미틸레네의 알카이오스Alcaeus of Mytilene(기원 전 620~?) 역시 레스보스섬 사람이다. 그는 여성시인 사포sappho(기원전 630/612~기원전 570?)의 애인이었다고 한다. 사포는 동성애자이기도 했는데, 사포로 인해 '레스보스인'이라는 말은 여성 동성애자와 동의어가 되었다. 이들은 모두 페르시아제국이 흥기하기 이전 리디아 왕국 시대의 그리스인이다.

이탈리아 남부의 대그리스 지역은 역사 무대의 조명이 그다지 밝지 않은 곳이다. 이곳은 아시아해안에 인접한 그리스와는 다르다. 아시아해안에 인접한 그리스 역시 그리스 이민자가 세우긴 했지만, 아시아의 선진적인 문화를 흡수할 수 있었던 덕분에 고전 시대로 먼저 진입할 수 있었다. 이탈리아의 그리스인은 낙후 지역의 개척자로, 로마의 문명화에 많은 영향을 주었다. 대그리스 지역이 본토에 비해 선진적인 것도 있었다. 로크리Locri는 그리스 세계에서 처음으로 성문법전을 통과시킨 도시국가다. 이 법전은 유럽 최초의 것이기도 하다.[10] 입법자 잘레우쿠스Zaleucus는 대략 기원전 7세기 사람이다. 기원전 6세기에 대그리스 역시 그리스 철학의 형성에 참가했다. 사모스의 피타고라스는 일찍이 이 지역의 크로토네Crotone로 이주해 그의 학파를 세웠으며 여제자를 받아들였다. 시칠리아에서는 세계적 거장인 아르키메데스(기원전 287~기원전 212)가 나왔는데, 당시는 이미 로마 시대와 가까웠다.

중심론을 제거하려는 어떠한 시도라도, 기껏해야 역사 무대의 조명이 다른 구석진 곳을 더 비추도록 할 수 있을 뿐 그리스 본토의 중심적 지위를 배제할 수는 없다. 그리스 본토의 아테네에서처럼 집중적으로 솟아나온 창조적인 에너지는 인류 역사상 단지 몇 차례만 출현했다. 일찍이 청동기시대 그리스 문명의 영광을 창조했던 미케네가 자리한 그리스 본토의 펠로폰네소스반도에는, 아테네와는 또 다른 세계적으로 특이한 도시국가 스파르타가 있었다. 스파르타는 도시국가 이전 시대의 흔적을 그리스 핵심 지대의 그 어떤 곳보다도 더 많이 보존하고 있었다. 스파르타에서는 시간과 사회 구조가 모두 동결되었던 듯하다. 하지만 스파르타 역시 아테네와 마찬가지로 '현대'적인 형태를 미리 시도했다고 할 수 있다. 스파르타는 현대 서양의 몇몇 현상을 앞서 구현했다. 스파르타는 파시스트 경찰국가를 떠올리게 할뿐더러 공산주의의 평등주의 매력을 내뿜기도 한다.

스파르타는 어떻게 군사국가가 되었나

스파르타는 펠로폰네소스반도 남동부의 라코니아_Laconia_에 자리했다. 스파르타는 다섯 개의 부락으로 이루어졌는데, 그곳 사람들은 스스로를 라케다이몬_Lacedaemon_인이라 칭했다. 그런데 라케다이몬인이라고 해서 모두 스파르타 공민公民인 것은 아니었다. 스파르타 공민은 출생권에 근거한 것이 아니라 엄격한 선발을 통해 주어지는 자격증서였다. 그런데 우리가 글에서 스파르타인_Spartans_이라는 용어를 사용할 때는 종족적 의미를 가리키는 것이지, 공민적 의미(스파르티아테스_Spartiates_)를 가리키는 것은 아니다. 이 종족은 청동기시대 총붕괴기에 침입한 도리아인의 후대다. 이들은 점차 군사국가를 만들어가면서, 핵심 지역 바깥의 사람들을 이등 공민인 페리오이코이_Perioikoi_로 삼았다. 또한 반도 서부의 메세니아_Messenia_를 정복해 그곳의 주민 전체를 국가 소유의 농노인 헬로트_Helots_로 삼았다.

엥겔스는, 스파르타인이 자신들보다 수적으로 많은 다른 씨족을 노예로 부리면서 사회 형태를 원시공산주의로 동결시켜 놓았지만 이러한 사회를 유지한 것은 노예제 생산방식이었다고 보았다. 토인비 역시 유사한 추리를 했는데, 그는 스파르타를 '정체된' 문명으로 귀속시켰다. 정체되었느냐의 여부는 정의定義와 관련된 문제로, 여기서는 일단 본질을 탐구하는 건 차치하고 스파르타가 어떻게 군사국가가 되었는지 살펴보기로 한다.

스파르타는 고대 전체주의 경찰국가가 되기 이전, 윌 듀란트Will Durant가 말한 황금시대를 거쳤다. 스파르타는 일찍이 시의 고향이었다. 스파르타는 그리스 음악의 아버지 테르판더를 레스보스섬에서 스파르타로 초청해 카르네이아 제전의 노래 경연에 참가하도록 했으며, 그를 스파르타에 머물게 하면서 공민으로 삼았다. 테르판더의 후계자 티르타이오스Tyrtaeus(생졸년 미상) 역시 외지인이었는데, 그는 아마도 아테네 지역에서 왔을 것이다. 이밖에도 고대 그리스 9대 시인의 한 사람인 알크만Alcman(생졸년 미상)도 있다. 알크만은 리디아 출신으로, 멀리 스파르타까지 왔다고 한다. 그는 외국인 혐오증이 아직은 없었던 현지인으로부터 환영을 받았다. 시의 합창은 스파르타풍으로 변했으며, 훗날 아테네의 극작가들이 합창 가사를 쓰기 전까지는 항상 도리아 방언을 사용했다.[11] 스파르타 음악이 이미 군가의 방향으로 나가고 있었음을 합창의 형식이 말해준다.

이 시기는 마침 스파르타가 그들이 노예로 삼은 이웃 메세니아를 진압하기 위해 제2차 메세니아 전쟁(기원전 685~기원전 668)을 벌인 때다. 스파르타는 이 기간에 '그레이트 레트라Great Rhetra'라는 법전을 제정함으로써 스파르타의 운영 체계에 혁명을 가져왔다. 이를 제정한 사람은 전기적인 입법자 리쿠르고스Lycurgus다. 리쿠르고스는 고대 그리스의 칠현七賢 가운데 한 명이다. 하지만 그가 실존 인물인지 의심하는 이들이 여

스파르타 소년의 엄격한 군사 훈련

전기적인 입법자 리쿠르고스

전히 존재한다. 때문에 여기서는 스파르타 헌법에 대해서만 말하기로 한다. 그레이트 레트라에서 규정한 내용은 다음과 같다. 아기아드Agiad 가문과 에우리폰티드Eurypontid 가문의 두 명의 세습 국왕은 모두 전설의 시조인 헤라클레스의 후손이다. 두 명의 세습 국왕 중 아기아드 가문의 왕이 연장자다. 왕을 견제할 수 있는 이들로, 다섯 명의 감독관인 에포로이ephoroi가 있었다. 스파르타의 다섯 부락을 대표하는 이들의 권력은 왕보다도 컸다. 하지만 왕은 세습인 데 반해 에포로이는 1년 임기였다. 전쟁이 나면, 한 명의 왕은 출정하고 다른 한 명의 왕은 수도에 남았으며 감독관 한 명이 군대를 감독했다. 그레이트 레트라에서는 두 개의 의회를 두도록 규정했다. 하나는 '평등한 자의 민회'(호모이오이의 아펠라Apella of Homoioi)다. '평등한 자'란 스파르타 공민(스파르티아테스Spartiates)을 말한다. 9000명으로 이루어진 평등한 자 중에서 28명의 원로를 선출하고 여기에 두 명의 세습 왕을 더해 30명으로 구성된 또 하나의 의회가 바로 종신직 원로원 게루시아Gerousia다. 이는 권력 기구가 서로 제어하도록 한 훗날 로마공화국의 헌법에 비해서도 손색이 없다. 이는 씨족사회의 흔적이라기보다는 사회 시스템의 산물이다.

리쿠르고스의 우생법優生法에는 현대 나치의 요소가 깃들어 있다. 두 왕가를 제외하고, 태어난 모든 아이들은 원로원으로부터 합격 검사를 받아야 했다. 병약한 아이는 산에 버려졌다. 살아남은 스파르타 남자아이들은 7세부터 20세까지 집(특히 어머니)을 멀리 떠나 지내면서 아고게agoge라는 스파르타식 교육을 받았다. 스파르타 교육은 몸과 마음이 모두 우수한 전사와 미래의 엘리트를 길러내기 위한 것이 주요 목적으로, 국가지상주의와 전쟁에서 목숨을 아끼지 않는 정신을 주입했다. 리쿠르고스는 스파르타의 성벽을 헐었고, 스파르타는 그리스 세계에서 유일하게 성벽이 없는 도시국가가 되었다. 이는 스파르타 남성에게 자신의 몸이 성벽이라는 책임감을 갖게 하기 위해서였다. 스파르타 교육은 군사훈련 위주로, 여기에는 고통을 참는 능력을 키우는 것도 포함되었다. 이밖에 단체생활을 위해 수렵·노래·춤 및 사교 능력도 배양했다. 또한 일부러 음식을 모자라게 주어서 몰래 훔쳐 먹게 했다. 훔치다 잡히면 엄중히 처벌했는데, 이는 생존 훈련의 일환이었다. 이는 또한 마르고 강인한 군인의 몸을 만드는 것이기도 했다. 18세가 되면 소년들은 모두 예비군이 되는데, 뛰어난 자는 비밀경찰인 크립테이아Krypteia로 들어가서 헬로트를 비밀리에 감시하고 죽이는 임무를 맡았다. 이들은 칼 한 자루만 가지고 어두운 밤에 활동했는데, 이는 적진의 후방에서 생존할 수 있도록 하는 특수 훈련이었다.

스파르타인은 다른 그리스인에게 기형적인 존재로 간주되지 않았다. 오히려 스파르타 교육은 그리스 세계에서 명성을 누렸다. 다른 도시국가의 귀족 엘리트는 자제를 스파르타에 입학시키고 싶어 했는데, 스파르타는 그들을 매우 엄격하게 선발했다. 즉 훌륭한 조상을 둔 몇몇 집안, 그리고 스파르타 사절을 환대했거나 국가로부터 의뢰받은 외국인에 한정했다. 스파르타 교육은 결코 그리스 교육 정신에 위반되지 않았다.

체육을 중시하고 강인한 성격을 배양하는 측면에서 특히 그랬다. 스파르타는 다만 이런 측면에 더욱 심혈을 기울였을 따름이다.

스파르타의 교육 단계에 따라 20세가 된 학생은 공민군公民軍에 들어갈 수 있었으며 공동식사 제도인 시시티아syssitia에 가입해야만 했다. 만약 10년이 지나도록 받아주는 시시티아가 없는 채로 30세가 되면 공민증을 얻을 수 없었고, 평범한 라케다이몬인이 되었다. 30세는 공민으로서 투표할 수 있고 관직을 맡을 수 있으며 결혼할 수 있는 연령이었다. 공동식사 제도가 있었기에 가정생활의 비중은 줄게 마련이었다. 가정은 출산을 위한 곳일 따름이었다.[12]

플루타르크Plutarch(46~120)가 남긴 리쿠르고스 전기에 따르면, 리쿠르고스는 통치계층의 공산주의를 실시했다. 그는 라코니아의 토지를 3만 개의 구역으로 똑같이 나누었다. 그중 스파르타에 있는 9000개를 공민에게 각각 분배함으로써 그들을 평등한 자로 만들었다. 토지에 예속된 헬로트는 국가 재산이었다. 리쿠르고스는 금과 은 대신 철로 만든 화폐를 상용하게 했다. 그는 외부와의 통상을 장려하지 않았으며 모든 것을 자력갱생하게 했다. 스파르타에는 항구가 있었고 훗날 아테네와 전쟁할 때 함대를 만들기도 하지만, 내륙 국가가 되는 것을 선택했다. 이로써 스파르타는 토지 공유제에 의한 '평등한 자'의 통치를 유지했다.

헬레니즘 시대로 접어든 뒤, 스파르타는 착취할 수 있는 이웃나라가 없어졌다. 리쿠르고스 체제 역시 파괴되고, 스파르타 사회의 빈부 양극화는 날로 심해진다. 하지만 리쿠르고스의 공산주의 이상은 여전히 사회 혁명의 에너지가 되기에 충분했다. 아기스Agis 4세(재위 기원전 244~기원전 241), 클레오메네스Cleomenes 3세(재위 기원전 235~기원전 219), 나비스Nabis(재위 기원전 207~기원전 192), 이들 세 왕은 잇따라 부채장부를 소각하고 농노를 해방시킴으로써 공민의 범위를 확대했다. 또한 토지를 균등히 나누고, 권세가를 대표하는 에포로이를 파면하거나 죽이기까지 했다. 이로써 스파르타는 그리스반도에서 가난한 이들이 동경하는 혁명 성지가 된다. 동시에 스파르타는 사방의 이웃나라를 위협하는 불량국가가 된다. 이에 로마가 개입하게 되고 스파르타는 결국 멸망한다. 스파르타의 혁명은 망국 이전의 석양볕이었다(제15장 참조).

아테네의 직접민주제

아테네의 관할지 아티카반도에 자리한 중요한 지점으로는 아테네시, 피레아스Piraeus항, 엘레우시스 신전, 토리코스Thorikos 은광銀鑛이 있었다. 아테네의 수호신은 아테나였다. 아테나는 아테네의 수호신이 되기 위해 바다의 신 포세이돈과 경쟁했다고 한다. 포세이돈이 삼지창으로 바위를 치자 소금물이 솟아나왔는데, 앞으로 아테네가 바다에 의지해 패권을 잡을 터이니 매우 적당한 선물인 듯했다. 한편 아테나는 아테네인에게 올리브나무를 주었고, 아테네인은 아테나를 선택했다. 올리브유는 아테네의 주요 수출품이다.

아르카익기에 정치 체제가 변화하기 이전, 그리스 도시국가에는 일찍이 군주가 있었다. 고전기에 이르러서는 스파르타에만 여전히 군주제가 있었고, 그것도 왕이 둘이나 존재했다. 아테네에서 군주제의 흔적은 집정관인 아르콘archon인데, 이는 복수로 구성되었다. 그중 하나인 바실레우스basileus는 호메로스 서사시에서 왕이라 칭해졌지만, 아테네에서는 최고 제사장으로 격하되었다. 또 하나는 군사 집정관인 폴레마르크polemarch다. 마지막으로 에포뉴모스eponymous 아르콘이 있는데, 이 아르콘의 이름으로 연도를 표시했다. 아르콘은 훗날에 아홉 명으로 늘어난다.

고대 아테네의 최고 의회는 귀족 원로원인 아레오파고스Areopagus 의회로, 아르콘이 임기를 마친 뒤 그 구성원이 되었다. 사회가 변화하면서 아테네가 동요하자, 부락법을 대체할 입법의 필요성이 대두되었다. 엥겔스는 『가족, 사유재산 및 국가의 기원』(1884)에서 이 과정을 씨족 혈연 단위에서 지역 단위로, 원시 공산사회에서 국가로 넘어가는 전범으로 삼았다. 사유제와 지역 단위가 혈연 친족 관계를 부식시킨 것은 사회 계급 분화의 증후다. 첫 번째 성문법은 기원전 7세기에 드라콘Dracon이 반포한 법으로, 강자의 이익을 대표했으며 가혹한 것으로 유명하다. 예를 들면, 채권자의 사회적 지위가 채무자보다 높을 경우에 채무자는 노예로 전락했다. 드라콘의 법률은 죄의 경중을 따지지 않고 모두 사형에 처했다. 훗날 '드라코니안draconian'이라는 단어는 영어에서 엄형준법嚴刑峻法의 대명사가 된다.

드라콘의 엄형준법은 계급 모순과 지역 충돌이 첨예화되었음을 보여준다. 이러한 사회의 위기는 야심가가 권력을 탈취하는 데 유리했다. 결국 참주정치가 출현하고, 아테네 헌법은 참주에 의해 몇 차례 전복된다. 기원전 594년, 아레오파고스 의회는 현자 솔론Solon(기원전 638~기원전 558)에게 권력을 맡기고 개혁을 단행하게 했다. 솔론은 먼저 빚을 진 아테네 공민이 노예로 전락하는 것을 금지했다. 하지만 지나치게 급진적인 것을 피하기 위해서, 재산을 기초로 공민을 4등급으로 나누었다. 관직은 중상층에게만 개방하되, 모든 공민이 민회에 참가할 수 있었다. 민회 에클레시아Ecclesia는 입법권뿐만 아니라 민중 법정인 헬리아이아Heliaia의 기능도 지녔다. 모든 구성원이 돌아가면서 배심원이 될 권리와 의무를 갖게 된 것은 이후의 일이지만, 그 기초는 솔론이 닦은 것이다. 전해지는 사료에 따르면, 솔론은 400인회(불레Boule)를 만들었다고 한다. 400인회는 일상적인 안건을 처리하는 행정기구로, 그 구성원은 수입에 따른 4등급의 공민 중에서 상위 두 계급에 한정되었다. 이는 출신이 아닌 자산으로 참정권을 결정한 것이다. 솔론은 고대 그리스의 칠현 가운데 한 명이 된다.

솔론의 친척 페이시스트라투스Peisistratus는 기원전 546년 무렵에 호위대를 이용하여 권력을 탈취해 아테네의 참주가 된다. 그는 기원전 546년부터 기원전 527/528년 사이에 정권을 장악했다. 독재자 페이시스트라투스가 권력을 장악하는 데는 우여곡절이 많았다. 통치 기간에 그는 솔론이 만든 법을 철저히 집행했으며, 공상업자와 소농에게 유리한 일련의 정책과 조치를 취했다. 이로써 씨족 귀족의 권력은 더욱 약화되었고, 아테네는 더욱 번영하고 강성해졌다. 페이시스트라투스는 아테네의 문화사업을 중시하여, 아테네 전체의 축제 파나테나이아Panathenaea를 만들고『호메로스 서사시』를 정리했다. 그의 아들 히피아스Hippias는 아버지의 훌륭한 정치를 잇지 못하고 기원전 510년에 아테네에서 추방된다.

아테네 참주 정권을 무너뜨린 이는 클레이스테네스Cleisthenes(기원전 570~?)다. 역사서에서는 그를 '아테네 민주주의의 아버지'라고 칭한다. 하지만 참주정치에서 민주정치로 가는 길은 결코 순조롭지 않았다. 히피아스를 몰아내는 데 참여했던 이사고라스Isagoras가 아르콘으로 뽑힌 뒤 스파르타를 끌어들여 귀족 통치의 부활을 시도하면서 400인회를 해산했다. 하지만 이사고라스는 결국 축출된다. 이사고라스와 마찬가지로 귀족 출신인 클레이스테네스는 대세에 순응했다. 기원전 508년(혹은 기원전 507년), 클레이스테네스는 솔론의 개혁을 기초로 한 발 더 전진했다. 그는 아테네의 네 개의 혈연 씨족을 해체하고 거주지에 따라서 열 개의 새로운 인공 부족으로 재편했다. 그리고 다시 인구 비율에 따라서 기초 행정구역인 데메deme를 나누었다. 데메의 구성원만이 공민이었다. 공민의 신분증(피나키아pinakia)에는 본인의 이름, 아버지 이름, 데메의 이름이 기재되어 있었는데, 공직에 나갈 때 반드시 이 신분증을 지녀야 했다. 클레이스테네스는 솔론의 400인회를 500인회로 늘리고 각 데메에 50명씩 할당했다. 위원의 임기는 1년으로, 평생 두 번 이상 맡을 수 없었다.

500인회 위에는 50명의 집행위원회(프리타네이스prytaneis)가 있었는데, 매달(한 달은 36일) 한 차례씩 다시 선출했다. 정부기구의 구성원은 자산에 따라 결정되는 게 아니라 추첨으로 이루어졌다.

어느 정도 정착된 아테네의 민주 체제는 대체로 다음과 같다. 민회는 전체 아테네인을 대표한다. 그 아래에는 추첨으로 선출된 500인회가 민회에서 제기한 법안에 대해 토론하고 통과 여부를 결정한다. 민회에서는 법을 집행할 관리와 행정 관리를 직접 선출하는데, 여기에는 최대 권력을 가진 10인의 장군(스트라테고이strategoi)이 포함된다. 민중 법정은 30세 이상의 공민 가운데 매년 추첨으로 6000명의 배심원을 선출하는데, 열 개의 부족에 각각 600명씩 할당해 10조로 편성했다. 각 조에서 판결을 내릴 사람은 현장에서 추첨으로 결정되었다. 판결을 내리는 데 하루를 넘기는 경우는 드물었으며 뇌물이 오고갈 가능성은 철저히 차단되었다.

클레이스테네스가 패각추방제, 즉 도편추방제(오스트라시즘ostracism)를 만들었고, 기원전 487년에 이 제도가 처음으로 사용되었다고 한다. 6000명 이상의 공민이 누군가를 추방하기로 투표를 통해 결정하면, 죄명과 관계없이 그를 10년 동안 아테네에서 추방할 수 있었다. 이는 참주가 다시 등장하는 것을 막기 위한 조치였다. 살라미스 해전의 영웅 테미스토클레스의 정적이었던 귀족당의 아리스티데스Aristeides(기원전 530~기원전 468)는 도편추방제에 의해 아테네에서 추방된다. 일화에 따르면, 어떤 문맹인이 아리스티데스에게 도자기 조각에다 아리스티데스의 이름을 써달라 했다고 한다. 둘은 아는 사이가 아니었다. 아리스티데스는 호기심에 "그가 무슨 잘못을 했소?"라고 물었다. 문맹인의 대답은 이랬다. "나는 여태 그 사람을 본 적이 없소. 하지만 그를 '정의로운 자'라고 부르는 게 듣기 싫어서 그렇다오." 아리스티데스는 문맹인의 요구대로 자신의 이름을 적어주었다.

페르시아 전쟁은 아테네의 민주화를 촉진했다. 특히 제2차 페르시아 전쟁에서 아테네는 해군에 의지해 승리를 거두었는데, 해군에 참가한 이들 대부분이 평민이었다. 이들은 갑옷과 말을 스스로 장만할 수 있는 유산자와는 서로 다른 당파에 속했다. 아테네가 강대한 해군을 건설하도록 고취했던 테미스토클레스는 민주당의 지도자가 된다. 그는 전쟁에서 승리한 뒤, 서로 손을 잡은 스파르타인과 아테네의 귀족당에 의해 추방된다. 테미스토클레스의 민주당을 계승한 에피알테스Ephialtes(?~기원전 461)는 아레오파고스 의회의 권력을 완전히 약화시켜, 살인 사건을 심사하는 법정으로 전락하게 만들었다. 에피알테스가 암살된 뒤, 민주당의 지도자 페리클레스Pericles(기원전 495~기원전 429)는 빈민이 공민의 의무를 이행할 수 있도록 배심원에게 수당을 지급하는 안건을 기원전 451년에 통과시켰다. 심지어 그는 국가 축제의 입장권을 제공함으로써 빈민도 함께 향유할 수 있게 했다. 또한 아르콘이 될 자격을, 재산이 적거나 없는 아테네의 제3·제4 등급에게도 개방했다. 아르콘의 선발은 이전부터 이미 추첨에 의해 이루어졌지만, 후보의 자격은 매우 엄격했다. 양친이 모두 아테네 공민이고, 신체에 결함이 없고, 추문에 휩싸인 적이 없고, 조상을 존경하고, 병역과 조세를 회피한 적이 없다는 것을 입후보자가 반드시 증명해야 했다. 아르콘 후보가 되기 위해서는 일생이 모든 국민에게 투명하게 공개되어야 했다.[13]

역사상 아테네와 같은 직접민주제가 출현한 경우는 드물다. 모든 공민은 다른 사람이 자신을 대표하게 할 필요 없이 직접 국정에 참가했으며, 나라를 다스리는 것은 반드시 이행해야 하는 의무가 되었다. 현대 민주정치에서와 같은 "정부가 나한테 무슨 소용이냐"라는 현상이 출현할리가 없었던 것이다. 전체 공민이 민회에 참가하고, 500인회와 배심원은 각자 맡은 일이 있었다. 500인회에서는 매달 50명의 집행위원을 선출했고 매일 한 명의 위원장을 뽑았다. 모든 공민에게는 하루 동안 국가의 원수가 될 기회가 있었다.

아테네의 민주는 직접민주제에 기초한 것이었으므로 범위가 협소할 수밖에 없었다. 아테네 민주제에서, 여자는 기본적으로 참정권이 없었으며 외국인과 노예는 더 말할 것도 없다. 외국인과 노예의 수는 아테네 전성기에 국내 인구의 절반이 넘었다. 누구나 돌아가면서 하루씩 국가 원수를 맡는 제도에서 어떻게 이민자를 용납할 수 있었겠는가? 페리클레스는 기원전 451년에 공민은 반드시 부모가 모두 공민이어야 한다는 법을 통과시켰다. 그 결과 페리클레스는 자승자박하게 된다. 그의 애인 아스파시아Aspasia(기원전 469~기원전 406)는 고대 그리스 여성의 역사에 이름을 남긴 드문 인물로, 페리클레스와 어울리는 지적인 여성이었다. 하지만 그녀는 밀레투스인이었다. 때문에 아테네 황금시대의 민주제 지도자 페리클레스의 자녀는 결국 시민권을 얻을 수가 없었다.

아테네 민주제는 폭민暴民정치로 전락하는 경향이 있었다. 특히 페리클레스의 황금시대가 지나간 뒤, 아테네 폭민정치의 최대 오점은 소크라테스Socrates를 사형에 처한 것이다. 1980년대 이래로 서양의 학문 사상에서는 군중심리학이 쇠퇴하고, 이성적인 군중 및 '집단지성이 개인지성보다 낫다'는 사상이 흥기하면서 수정주의 풍조가 나타났다.[14]

아테네의 황금시대인 아테네제국

페르시아를 격파한 뒤 아테네는 기원전 478년에 델로스 동맹Delian League을 조직한다. 150개의 도시국가로 구성된 델로스 동맹의 금고는 신성한 섬 델로스에 두었다. 델로스 동맹으로 인해 아테네의 제국주의적 지배력이 확대된다. 동맹의 금고는 기원전 454년에 아테네로 옮겨진다. 기원전 447년, 아테네는 모든 동맹국에게 아테네의 은화를 사용할 것을 강제한다. 기원전 465년, 아테네는 에게해 북단에 식민지 암피폴리스 Amphipolis를 건설하고 타소스Thasos의 광산업을 침해한다. 이에 타소스는 페르시아 쪽으로 돌아서는 한편 스파르타에게 원조를 청했다가 아테네 로부터 호된 공격을 당한다. 성벽이 헐리고, 함대가 몰수되고, 광산업을 빼앗기고, 매년 벌금을 내야 했다. 이보다 이른 기원전 471년, 키클라데 스제도의 낙소스는 동맹에서 탈퇴하려고 했다가 아테네에 의해 진압되 어 성벽이 헐리고 함대가 몰수되었다. 결국 에게해와 마르마라해는 아 테네제국의 내해가 되었다. 아테네는 흑해에서 지중해로 진입하는 곡물 운송선의 각 종착지를 자세히 지정했다. 기근이 든 동맹국 메토네Methone 는 아테네의 허락을 받아야만 식량을 들여올 수 있었다. 하지만 아테네 라는 중심이 없으면, 에게해는 페르시아제국이 이 해역으로 진입하는 것을 저지할 역량을 모을 힘이 없었던 듯하다.

아테네의 지도자 페리클레스는 바로 페르시아의 습격을 피한다는 것을 구실로, 델로스 동맹의 금고를 아테네로 옮겼다. 이 공동 금고는 아 테네를 강대하게 만들었다. 아테네는 이 자금을 이용해, 말을 듣지 않는 동맹국을 상대로 전쟁을 일으켜 복종시킬 수 있었다. 페리클레스는 동 맹국의 분담금을 아테네를 건설하는 데 사용했으며, 페르시아에 의해 불태워진 아크로폴리스를 재건하는 데 주로 사용했다. 역사상 최대의 공금 유용을 통해, 아테네는 인류사에서 보기 드문 예술의 최고봉을 성 취하게 된다. 페리클레스는 고전 그리스의 가장 위대한 건축예술가 페 이디아스를 초빙해 아크로폴리스의 총설계를 맡겼다. 페이디아스는 아 크로폴리스 중심의 파르테논Parthenon 신전을 직접 설계했으며, 두 개의 거대한 아테나 신상 즉 아테나 파르테노스Athena Parthenos와 아테나 프로 마코스Athena Promachos를 제작했다. 건축가 므네시클레스Mnesicles는 아크

아크로폴리스와 프로필라이아 상상 복원도

로폴리스의 관문인 프로필라이아Propylaea를 설계했다. 기원전 421~기원전 407년에 므네시클레스는 아테네 아크로폴리스의 에레크테이온Erechtheion 신전을 설계했을 것이다. 이 신전은 아테네의 반신半神적인 선왕 에리크토니오스Erichthonios를 기념하기 위한 것이다. 에레크테이온 신전은 여인상 형태의 현관 기둥 카리아티드Caryatid로 유명하다. 기둥 역할을 하는 여섯 소녀상이 신전 현관을 떠받치고 있는데, 이는 사람 형태의 기둥 양식을 처음으로 시도한 것이다. 당시는 펠로폰네소스 전쟁이 일어나기 직전으로, 아테네제국의 황금시대는 이미 종말에 다가가고 있었다.

아테네의 고전기(그리스의 고전기는 말할 것도 없다)는 이 황금시대보다 훨씬 길다. 그리스 희극의 3대 거장인 아이스킬로스Aeschylus(기원전 525/524~기원전 456/455), 소포클레스Sophocles(기원전 497/496~기원전 406/405), 에우리피데스Euripides(기원전 480~기원전 406)는 대략 아테네제

아이스킬로스　　　　　　　　소포클레스　　　　　　　에우리피데스

국의 황금시대에 활약했다. 희극은 비교적 늦게 출현했는데, 거장 아리
스토파네스Aristophanes(기원전 446~기원전 386)는 이미 황금시대의 끝자락
에 해당한다. 철학자의 경우, 소크라테스(기원전 469~기원전 399)와 플라
톤(기원전 428/427~기원전 348/347)에서 아리스토텔레스(기원전 384~기원
전 322)에 이르기까지, 이들이 활약한 시대는 모두 아테네 황금시대에서
몰락기로 넘어가던 때다. 페이디아스 이후의 또 한 명의 뛰어난 조각가
프락시텔레스Praxiteles(기원전 390~기원전 320)는 이미 헬레니즘 시대의 문
턱에 해당한다.

그리스의 외침과 내분

이 책에서는 페르시아 전쟁을 페르시아제국과 관련된 장에 배치했다.
기존 통사에서는 모두 페르시아를 그리스사의 약간 어두운 부분으로 간
주했기에, 페르시아는 그리스 본토를 침략했을 때와 마케도니아에 의해
멸망될 때만 잠깐 그 모습을 나타냈을 뿐이다.[15] 이제 또 다른 시도를 해
보고자 한다. 즉 그리스 세계의 외부의 적과 내부의 투쟁을 한데 엮어서
다룰 것이다. 앞에서 이미 보았듯이, 그리스를 상대로 한 페르시아의 전

쟁 역시 페르시아제국의 내란과 한데 뒤엉켜 있었다. 페르시아의 적대자인 그리스도 마찬가지 상황이었다. 외부의 침략을 막기 위한 것이든 내부 투쟁을 막기 위한 것이든, 그리스 본토와 아시아의 그리스 도시국가와 이탈리아 남부의 대그리스를 연결지어 살펴야만 비로소 역사의 맥락을 명확히 정리할 수 있다.

그리스 도시국가 간의 전쟁은 앞의 세 지역에서 나란히 진행되었다. 페르시아 전쟁의 경우, 표면상으로는 에게해 지역만 관련된 듯하지만 사실상 살라미스 해전이 일어난 해(기원전 480)에 카르타고는 시칠리아섬을 공격했는데 그 부대가 30만 명에 달했다고 한다. 이는 헤로도토스의 과장이지만, 카르타고가 넓은 영토에서 수많은 병사를 징집했다는 데는 의문의 여지가 없다. 이 전쟁은 유래가 깊다. 시칠리아 동부 코린토스인의 식민지 시라쿠사Syracusa는 외부에서 온 참주 겔론Gelon(?~기원전 478)에게 정복된 뒤 시칠리아 동부의 수도가 되었다. 시칠리아 서부는 카르타고의 세력 범위였는데, 겔론은 시칠리아섬 전체를 정복하고자 했다.

기원전 480년, 페르시아 크세르크세스의 대군이 아테네의 국경까지 접근했다. 아테네는 시라쿠사에 사자를 보내 원조를 요청한다. 겔론은 대규모 병력을 약속하면서 아테네가 받아들일 수 없는 조건을 제시한다. 자신이 반드시 총사령관을 맡아야 한다는 것이었다. 이는 아테네의 요청을 완곡히 거절하려는 교묘한 구실이었다. 겔론은 사실 양다리를 걸치고 있었다. 그는 그리스 본토로 사람을 보내 전쟁을 관망하게 했다. 만약 페르시아가 승리한다면 즉시 페르시아에 복종하고 페르시아와 연합해 카르타고에 대항할 요량이었다. 후에 시라쿠사는 히메라Himera에서 카르타고의 대군을 격파한다. 그래서 살라미스와 히메라 전투가 동시에 발생했다고 말하는 사람도 있다. 이름난 시인 핀다로스Pindar(기원전 522~기원전 443)의 찬가에서는 두 전투를 함께 언급했다. 또한 페르시아인이 페니키아인을 통해 카르타고와 동맹을 맺었다는 견해도 나오게 된다. 시칠리아는 페르시아 전쟁의 서부 전장으로 말해지는데, 만약 카르타고가 승리했다면 카르타고와 페르시아가 합작해 그리스 본토를 협공했을 거라는 견해도 있다.[16] 이상 세부사항의 정확성은 별로 의미가 없다. 아무튼 이는 전체 그리스의 정체성을 빚어내는 공동의 기억이 되었다.

이제 조명등을 무대 중앙으로 돌려보자. 투키디데스Thucydides(기원전 460~기원전 395)는 제2차 페르시아 전쟁이 끝나고 펠로폰네소스 전쟁(기원전 431~기원전 404)이 폭발하기까지의 50년을 '펜테콘타이티아Pentecontaetia'라고 칭했다. 이는 바로 아테네제국의 전성시대다. 아테네의 패권은 스파르타와의 전쟁을 촉발했다. 이와 관련된 역사의 주요 출처는 투키디데스의 『펠로폰네소스 전쟁사』다. 투키디데스는 이 전쟁의 참여자이기도 한데, 그는 아테네의 적대자인 스파르타의 소재지 펠로폰네소스반도로 이 전쟁을 명명했다. 헤로도토스가 페르시아와 그리스의 전쟁을 '페르시아 전쟁'이라고 칭한 것처럼 말이다. 투키디데스는 헤로도토스의 뒤를 이어 서양 역사학의 시조 반열에 들었다.

아테네의 적대자로는, 스파르타를 선두로 한 펠로폰네소스 동맹 외에도 테베를 선두로 한 보이오티아Boeotia 동맹 그리고 코린토스·마케도니아 등이 있었다. 그중 유일하게 코린토스만 강대한 해군이 있었다. 환環에게해 및 마르마라해 지대에 자리한 아테네의 동맹국은 바로 아테네로부터 혹사당하는 델로스 동맹이었다. 전쟁의 도화선은 아테네와 코린토스의 두 차례 전투였다. 이후 전쟁은 이탈리아 남부 대그리스의 식민지 도시국가까지 퍼졌다.

전쟁의 제1단계는 기원전 431년부터 기원전 421년까지다. 스파르타는 육지에서 공세를 취했고, 아테네는 육지에서 수세를 취하는 한편 해상에서 공세를 취하면서 상로가 원활히 통하도록 했다. 스파르타는 북쪽 아테네 근교를 약탈했는데, 경작지를 잃은 아테네인 대다수는 아테네와 피레아스항을 연결하는 장성長城 안쪽으로 몰려들었다. 이 장성은 해상권 강화를 주장한 테미스토클레스 시대에 건설된 것이었다. 아테네의 지도자 페리클레스는 육지에서는 나가서 싸우지 않는 전략을 썼다. 오랜 싸움에 스파르타가 지쳐버리게 만들려는 의도였다. 그런데 좁은 공간에 인구가 너무 밀집되는 바람에 도리어 아테네에 전염병이 창궐하고, 페리클레스 본인도 이 전염병 때문에 죽는다(기원전 429).

페리클레스가 죽은 뒤 젊고 혈기왕성한 클레온Cleon(?~기원전 422)이 정권을 잡는다. 클레온 역시 평민파였으나 그는 페리클레스의 온건한 정책에 반대하며 공세로 전환했다. 그는 해로를 통해 스파르타 서부에 노예로 있던 메세니아로 원정하여, 스팍테리아Sphacteria 전투(기원전 425)에서 스파르타 수비군을 포로로 잡았다. 스파르타는 화의를 청했다. 전쟁은 여기서 끝날 수 있었지만 클레온은 이를 거절하도록 아테네인을 설득한다. 이 어리석은 결정 때문에 전쟁은 기원전 421년까지 이어진다. 아테네는 여러 차례 패전하고 클레온은 전사했으며, 스파르타 역시 헬로트의 반란에 직면했다. 마침내 기원전 421년에 스파르타와 아테네는 니키아스Nicias 평화조약을 맺는다.

이 평화조약에서는 애초에 50년의 평화를 보장했다. 하지만 알키비아데스Alcibiades(기원전 450~기원전 404)가 주도하는 아테네의 주전파가 3년 뒤 전쟁을 개시한다. 당시 스파르타의 명성은 상당히 추락한 상태였는데, 올림픽 운동회의 주최 도시에서조차도 배제되었다. 그런데 아테네와 그 동맹국이 기원전 418년의 남침 전쟁(만티네이아Mantineia 전투)에서 패하면서 스파르타가 다시 힘을 내게 된다. 기원전 415년, 아테네는 스파르타의 후예인 멜로스Melos섬 주민들에게 동맹 가입을 강요한다. 이를 거절한 멜로스인은 남자는 다 죽임을 당하고 여자와 아이는 노예로 팔리는 운명을 맞는다. 아테네인은 이곳으로 이민하여 인구를 채웠다. 알키비아데스는 이제 아테네제국을 서지중해까지 확장할 꿈을 꾸었다. 만약 그가 아테네 민주정치의 구속을 받지 않았다면, 알렉산더 유형의 미치광이가 출현했을지도 모를 일이다.

펠로폰네소스 전쟁 전기에, 아테네 해군은 이미 시칠리아섬에서 소규모의 전쟁을 치렀다. 이제 알키비아데스는 시칠리아를 정복하길 꿈꾸는데, 이로 인해 강한 시라쿠사와 충돌을 일으킬 수밖에 없었다. 식민시 코린토스를 건설한 시라쿠사의 통치자는 도리아의 후예이자 스파르타의 동족이었다. 주화론자인 귀족파 니키아스(평화조약을 맺은 인물)는 평화조약을 무효화하는 것에 반대했지만, 아테네 민회는 알키비아데스의 제안을 통과시킨다. 민회는 알키비아데스와 니키아스에게 각각 군의 지휘를 맡긴다. 대군이 출발하기 직전, 헤르메스의 신상이 훼손되는 사건이 벌어진다. 알키비아데스는 이 신성 모독 사건에 연루되지만, 귀족파는 알키비아데스가 군대를 이끌고 출정한 뒤에야 민회를 통해 그를 단독으로 소환한다. 소환되어 재판을 받아야 할 상황에 놓인 알키비아데스는 결국 변절하여 스파르타로 투항한다.

이 일은 지금까지도 이해하기 어렵다. 아테네의 수구파는 늘 풍기문란과 신에 대한 불경이라는 죄명으로 새로운 인물을 공격했다. 그들은 훗날 이 죄명으로 소크라테스에게 사형을 언도하기도 한다. 알키비아데스는 소크라테스의 동성 연인으로, 두 안건이 관련된 것은 아닐까? 아무튼 아테네의 시칠리아 원정(기원전 425~기원전 413)은 재난이 되었다. 스파르타는 시라쿠사의 요구에 응했고, 시칠리아로 군대를 보낸다. 아테네의 반역자 알키비아데스가 스파르타를 위해 내놓은, 조국 아테네에 맞설 계책은 모두 급소를 찌르는 것이었다. 아테네 측의 통솔자였던 반전파의 니키아스는 결국 전군이 전멸하는 결말을 맞는다. 역사학자 대부분은 시칠리아 원정을 아테네 패망의 전주로 간주한다.

아테네가 계속해서 패배하자 동맹국들은 반란을 일으키고, 페르시아는 스파르타에 협조한다. 하지만 그들의 행동은 느렸고, 아테네에게는 예비 함대가 있었다. 덕분에 아테네는 잠시 더 버틸 수 있었다. 당시 알키비아데스는 스파르타 왕비와 관계를 맺는데, 그녀가 임신하자 알키비아데스는 페르시아 총독 티사페르네스가 있는 곳으로 도망간다. 티사페르네스는 왕명을 받들어 스파르타를 지원하긴 했으나, 알키비아데스의 건의에 귀를 기울여 아테네와 스파르타가 소모전을 벌이도록 하는 정책을 택했다(제12장 참조). 당시 아테네 내부에서는 '400인 정부'와 '5000인 정부'라는 두 차례 정변이 잇따라 발생했다. 국외에 있던 해군은 두 정권에게 모두 불만이었다. 그들은 알키비아데스를 지휘관으로 영입한다. 알키비아데스는 스파르타군을 격파하고, 이를 이용해 아테네에서 자신의 지위를 회복한다. 하지만 페르시아의 원조를 아테네 쪽으로 끌어올 수 있다고 했던 그의 호언장담은 완전히 허사가 된다. 페르시아제국은 왕의 동생 소키루스를 보내 스파르타를 돕게 하면서 풍부한 자원으로 스파르타를 힘껏 지지했다. 스파르타에서는 명장 리산더가 출현하고, 상황은 아테네에게 불리하게 바뀐다. 알키비아데스가 군비를 마련하러 잠시 자리를 비운 사이에 아테네 함대는 결국 리산더에게 격파된다. 알키비아데스는 아테네를 떠나 소아시아로 피신하는데, 나중에 확실하지 않은 상황 속에서 암살당한다.

결국 아테네는 리산더에 의해 함락되었다. 교전 기간에 아테네와 스파르타의 정치적 전략은 복종한 나라에 자기편의 정권을 심는 것이었다. 아테네는 민주정을 세우려 했던 반면, 스파르타는 과두정을 세우려 했다. 스파르타의 리산더 장군은 아테네로 쳐들어가, 아테네의 민주정을 폐지하고 30인 참주가 다스리는 친스파르타 정권을 아테네에 세우고 떠난다.[17] 페르시아 내부에서는 소키루스의 왕위 찬탈 사건과 만인대 사건이 발생한다. 스파르타인은 아테네제국을 접수한 뒤에도 전시에 소키루스와 맺은 동맹을 유지하면서 페르시아의 중심을 향해 전쟁을 개시한다. 얼마 뒤 아테네인은 30명의 참주를 몰아낸 다음 테베·코린토스·아르고스Argos와 반스파르타 동맹을 맺고, 페르시아의 금전적 지원을 받아 코린토스 전쟁을 촉발시킨다. 페르시아는 세력 균형자의 지위를 회복한다. 기원전 387년에 페르시아는 '대왕의 화약'으로 교전 양측을 중재하고 아시아 에게해안에 대한 통치를 회복한다(제12장 참조).

스파르타는 대왕의 화약의 감독자가 되었는데, 이는 에게해의 다른 한쪽에서의 스파르타의 패권을 페르시아가 인정한 것이다. 스파르타의 통치는 페르시아인이나 아테네인의 통치에 비해 더 고압적이었다. 스파르타는 각 그리스 도시국가에 하르모스트harmost라는 지휘감독관을 두었다. 스파르타는 각 도시국가의 자유를 회복한다는 기치를 내걸었지만, 노동자와 농민을 대표하는 민주정치 및 상공업자의 이익을 대표하는 참주정치를 곳곳에서 무너뜨리는 한편 스파르타의 구미에 맞는 토지 귀족의 과두정치를 수립했다.

그리스의 경찰이었던 스파르타는 시칠리아의 침입에 맞서는 데 앞장서기도 했다. 시칠리아 시라쿠사의 참주 디오니시우스Dionysius 1세(약 기원전 432~기원전 367)는 일찍이 아드리아해를 시라쿠사의 내해로 만들었다. 기원전 385년, 시라쿠사는 해협 맞은편 에피루스Epirus 왕국에 간섭하고 그리스 본토로 군대를 보냈으며 일리리아Illyria인이 에피루스를 공격하도록 유발했다. 에피루스인은 그리스인이고, 일리리아인은 인도유럽인이다. 스파르타는 테살리아·마케도니아와 연합해 시라쿠사의 군대를 몰아냈다.

대왕의 화약은 페르시아에 너무 많은 것을 내주었다. 페르시아의 앞잡이질을 한 스파르타는 비난의 대상이 된다. 자기에게 유리할 때면 대왕의 화약을 수호하고, 자기에게 불리하면 그것을 무시하는 게 스파르타의 행태였다. 기원전 385년, 스파르타는 묵은 빚을 끄집어낸다. 코린토스 전쟁 중에 자기를 배반했던 동맹국 만티네이아_{Mantinea}를 징벌한 것이다. 스파르타는 만티네이아를 여러 마을로 해체했는데, 이는 각 도시국가의 자주를 보장한다는 대왕의 화약의 규정을 위반한 것이다. 대왕의 화약의 문제는, 아시아의 그리스 도시국가를 페르시아에 나눠주었기 때문에 애초부터 도시국가의 자주 원칙에 위배된다는 것이다. 또한 그리스 본토에는 각 지역마다 초^超도시국가 동맹이 있었는데, 동맹의 일원은 자주권을 부분적으로 포기해야만 했으며 동맹 가운데 강한 도시국가가 맹주가 되게 마련이었다. 아테네는 또다시 자신을 필두로 한 동맹을 조직한다. 스파르타는 감히 아테네에 도발하지 못한 채 그 아래의 맹주에게 손을 댄다. 북쪽 칼키디키_{Chalcidice} 반도의 올린투스_{Olynthus}와 보이오티아 동맹의 테베가 모두 스파르타의 간섭을 받았다. 스파르타는 대왕의 화약을 관철시키기 위해 테베를 점거했는데, 이로써 대왕의 화약을 어긴 셈이다.

스파르타의 일방주의로 인해 마침내 테베와 아테네가 손잡고 스파르타에 맞서게 된다. 테베는 두 명의 지도자 덕분에 역사 무대의 중앙에 잠깐 등장하게 된다. 그 두 사람은 에파미논다스_{Epaminondas}(기원전 418~기원전 362)와 펠로피다스_{Pelopidas}(?~기원전 364)다. 그들은 시대의 획을 그은 전투인 레우크트라_{Leuctra} 전투(기원전 371)에서 스파르타를 격파한다. 그리고 스파르타의 펠로폰네소스 동맹을 해체하고, 헬로트로 전락한 메세니아를 해방시킨다. 이제 테베가 대왕의 화약의 감독자가 된 것이다.[18]

테베는 펠로폰네소스반도의 다른 지역들도 해방시키고, 북쪽의 테살리아와 마케도니아에 간섭했다. 또한 마케도니아의 왕자 필리포스를 볼모로 요구했다. 필리포스는 테베에서 알게 된 방진方陣을 발전시켜 마케도니아 방진을 개발한다. 그는 그리스 통일의 패업을 완성하는데, 덕분에 그의 아들 알렉산더는 페르시아제국의 정복자가 될 수 있었다. 테베의 굴기는 외교 혁명을 가져왔다. 테베로 인해, 숙적 아테네와 스파르타가 동맹이 되었고 시칠리아의 시라쿠사 역시 군대를 파견해 스파르타를 도왔다. 하지만 스파르타는 이미 빈껍데기였다.

이제 울지도 웃지도 못할 상황에 놓인 것은 페르시아였다. 페르시아 왕은 자신의 '대왕의 화약'이 그리스 도시국가의 국제법이 되는 것을 목도했다. 그에게 가장 필요한 것은 그리스 도시국가 간에 전쟁이 멈추면 그들의 병사를 고용해 이집트의 반란을 진압하는 일이었다. 기원전 367년, 스파르타가 수사에 사신을 보내자 테베와 아테네도 손해를 보지 않기 위해 재빨리 움직였다. 그 결과 페르시아의 아르타크세르크세스 2세가 다시 한번 중재 역할을 맡게 된다. 그는 테베 쪽으로 기울어 있었다. 아테네는 에게해의 해상권을 다시 갖게 된다. 스파르타의 경우, 페르시아를 상대로 모반을 일으킨 소아시아 총독과 결탁한 나쁜 행적이 있었다. 기원전 372~기원전 362년, 이들 총독이 잇따라 반란을 일으키는 한편 스파르타는 토지와 노동력을 테베에 빼앗긴다. 스파르타의 아게실라우스 2세는 테베와의 전쟁에 필요한 자금을 모으기 위해서 페르시아의 반란자에게 용병을 제공했다가 페르시아 정부로부터 냉대를 받게 된다.

이때 테베는 본국에서 회의를 열어 그리스 도시국가들을 참석하게 한 뒤 페르시아 대사에게 평화 조항을 낭독하게 하지만 아무도 거들떠보지 않는다. 테베는 외교상 철저히 실패했다. 기원전 364년, 테베의 장군 펠로피다스는 북쪽 테살리아로 진군해 그곳의 참주인 페라이의 알렉산더 Alexander of Pherae(재위 기원전 369~기원전 358)를 격파한다. 이 키노스케팔라이 Cynoscephalae 전투에서 펠로피다스는 전사한다. 기원전 362년, 테베의 에

파미논다스는 만티네이아Mantinea 전투에서 스파르타와 아테네 그리고 그들 동맹을 상대로 싸워 이기지만 전사한다. 테베의 패업을 이룩한 펠로피다스와 에파미논다스의 죽음과 더불어 테베의 패업 역시 끝나고 만다.[19]

일찍이 기원전 377년에 아테네는 스파르타에 맞서기 위해 두 번째 동맹을 결성하면서, 델로스 동맹 때의 악행을 다시는 저지르지 않겠다고 맹세했다. 당시 스파르타로부터 압박을 받던 도시국가들이 모두 동맹에 가입했는데, 테베까지도 거기에 포함된다. 훗날 테베가 굴기하면서 패권을 휘두르기 시작하자 아테네는 스파르타의 친구가 된다. 아테네가 만든 두 번째 동맹은 이미 존재할 필요가 없어진 것이다. 하지만 맹주 아테네는 예전의 버릇을 떨치지 못하고 점차 제2의 아테네제국이 되어갔다. 마침내 '동맹시 전쟁Social War'이 촉발된다. 키오스·로도스·코스Cos는 친아테네의 민주정부를 전복시키고, 비잔티움의 협조 아래 동맹에서 탈퇴한다. 아테네는 해군을 파견해 이들을 토벌하려 했지만 잇따라 패배한다. 이는 마케도니아의 필리포스 2세(알렉산더 대왕의 아버지)와 페르시아의 개입을 초래한다. 필리포스 2세는 이 기회에 이익을 챙기려 했다. 그는 아테네를 돕는다는 구실로 마케도니아의 영토를 확장했다. 기원전 356년, 페르시아에서는 또 다른 총독의 반란이 있었다. 아테네 해군 대장은 총독의 반란에 용병으로 참가해 군비를 조달하고 싶었다. 하지만 페르시아 대왕 아르타크세르크세스 3세는 아테네에 대항하는 반군에게 자금을 대주는 방식으로 아테네를 협박하며 군대를 철수하도록 강요했다. 제2의 아테네제국은 이로써 끝이 난다.

남은 것은 익숙한 이야기다. 즉 마케도니아가 그리스의 도시국가들과 페르시아제국을 어떻게 정복했으며, 어떻게 그리스의 고전기를 끝내고 헬레니즘 시대를 열었는가에 관한 것이다.

주

1. Arnold J. Toynbee, *Hellenism: The History of a Civilization* (New York and London: Oxford University Press, 1959), pp. 19, 22.

2. 이오니아해라는 명칭은 오해를 불러일으킬 수 있다. 이오니아해는 이탈리아를 맞대고 있는 해역이다. '이오니아해'에는 다음 두 가지 의미가 있다. (1) 아드리아해와 동의어 (2) 아드리아해의 남쪽 연장으로, 이탈리아의 동단 오트란토Otranto 해협이 분계선이다. 이상 두 '이오니아'의 'o' 발음은 서로 다르다. 본래 양자는 관련이 없으며 동일한 이름을 갖게 된 것은 우연의 일치다. 하지만 이 해역의 섬들(성지聖地인 코르푸Corfu를 포함)이 '이오니아제도'인 탓에, 에게해 이오니아 방언 지역에 해당하는 섬들과 동일시되기 십상이다. "Ionian Islands," in Michael Grant, *A Guide to the Ancient World, A Dictionary of Classical Place Names* (U.S.A.: Barnes & Noble, Inc., 1997), p. 309.

3. T. J. Cornell, "Rome and Latium to 390 B.C.," *The Cambridge Ancient History*, 2nd Edition, Vol. VII, Part II, *The Rise of Rome to 220 B.C.* (New York and Cambridge: Cambridge University Press, 1989), p. 299.

4. "Delos," in Michael Grant, *A Guide to the Ancient World, A Dictionary of Classical Place Names*, pp. 211~212.

5. Sabine Müller, "Philip II," in Joseph Roisman and Ian Worthington, eds., *A Companion to Ancient Macedonia* (West Sussex, UK: Wiley-Blackwell, 2010), p. 170.

6. N. J. Richardson, "Panhellenic Cults and Panhellenic Poets," in *The Cambridge Ancient History*, Second Edition, vol. V, *The Fifth Century B.C.* (Cambridge & New York: Cambridge University Press, 1992).

7. Johannes Engels, "Macedonians and Greeks," in Joseph Roisman and Ian Worthington, eds., *A Companion to Ancient Macedonia*, pp. 92~93.

8. 최근에는 호메로스의 출생지를 그리스반도의 에우보이아로 보는 사람도 있다. cf. Charles Freeman, *Egypt, Greece and Rome, Civilizations of the Ancient Mediterranean*, Second Edition (Oxford, UK & New York: Oxford University Press, 2004), p. 134.

9. '이오니아 동맹'은 이오니아 도시국가들이 앞장선 정치 조직이 분명하다. 이오니아 동맹과 당시 이오니아의 지리적 구분은 별개의 일이다. 이오니아 동맹은 고언어학자의 방언 분포도에서도 그 구역이 완전히 동일한 것은 아니다.

10. "Locri Epizephyrii," in Michael Grant, *A Guide to the Ancient World, A Dictionary of Classical Place Names*, p. 351.

11. Will Durant, *The Life of Greece* (1939, Fine Communications reprint 1997), p.77.

12. Nigel Kennell, "Agoge," in Roger S. Bagnall, et. al., eds., *The Encyclopedia of Ancient History* (West Sussex, UK: Wiley-Blackwell, 2013), vol. I, pp. 191~192.

13. Will Durant, *The Life of Greece*, p. 263.

14. 1981년에 노벨문학상을 받은 엘리아스 카네티Elias Canetti(1905~1994)가 1960년에 내놓은 『군중과 권력Crowd and Power』은 아마도 군중심리학의 폐막작일 것이다. 이 책은 1980

년대에 비로소 명성을 떨쳤다. 집단지성에 관한 대표작으로는 제임스 서로위키_{James} Surowiecki의 『대중의 지혜』가 있다. *The Wisdom of Crowds: Why the Many Are Smarter Than the Few and How Collective Wisdom Shapes Business, Economies, Societies and Nations* (New York: Doubleday, 2004).

15. 히브리사에서는 페르시아를 이스라엘 백성의 해방자로 부각시킨다.

16. David Asheri, "Carthaginians and Greeks," in *The Cambridge Ancient History*, Second Edition, vol. IV, P*ersia, Greece and the Western Mediterranean, 525 to 479 B.C.* (Cambridge & New York: Cambridge University Press, 2006), pp. 771~774.

17. '30인 참주'는 훗날에 붙여진 명칭이다. 스파르타의 정책은 일반적으로 수구적인 귀족 과두정을 심는 것이었으며, 전민의 민주 및 일인 권력의 참주에 반대했다. 때문에 여기서 친스파르타 경향의 30명은 합법성을 잃은 과두 통치자를 의미한다.

18. Robin Seager, "The King's Peace and the Second Athenian Confederacy," in *The Cambridge Ancient History*, Second Edition, vol. VI, *The Fourth Century B.C.* (Cambridge & New York: Cambridge University Press, 2006), pp. 156~186.

19. J. Roy, "Thebes in the 360s B.C.," in *The Cambridge Ancient History*, Second Edition, vol. VI, *The Fourth Century B.C.*, pp. 187~208.

제14장

인류사의
'축의 시대'

'축의 시대Axial Age'라는 명제를 제시한 이는 독일 철학자 칼 야스퍼스Karl Theodor Jaspers(1883~1969)다. 20세기 중반에 그는 예수의 강림을 세계사 '축'으로 간주한 헤겔의 기독교 중심론을 수정했다. 칼 야스퍼스는 이 정의를 확장 적용하여 중국 선진 시기의 제자諸子, 이란의 조로아스터교, 팔레스타인의 예언 운동, 고대 그리스의 호메로스와 철학자들을 포괄했다. 이들은 모두 기원전 800년부터 기원전 200년 사이에 존재했다. 축의 시대는 오래된 정신 질서를 뒤집고 신화 시대의 종결을 선고했다. 그 성취는 인간의 '정신화'다. 눈부셨던 상고 시대가 이제 역사의 배경막으로 떠밀려 들어갔다. 만약 세계 각지에서 상술한 몇 개의 중심을 뒤쫓지 않았다면, 그곳은 낙후되거나 도태되었을 것이다. 앞으로 제2차 축의 시대가 빚어질 수 있겠지만, 적어도 지금 우리는 여전히 1차 축의 시대가 만들어놓은 사유 틀에 놓여 있다.[1]

조로아스터교의 정신적 유산

조로아스터교는 인류 최초의 보편 종교라고 할 수 있다. 그 창시자는 자라투스트라다. 조로아스터교 연구의 권위자 중에는, 자라투스트라의 생졸년이 기원전 628~기원전 551년이고 그 활동 범위가 동이란족의 코라스미아라고 보는 사람이 있다.[2] 어떤 사람은 조로아스터교 경전『아베스타』의 가장 오래된 부분과 아리아인의『리그베다』와의 유사점에 근거해, 그 연대를 기원전 11세기~기원전 10세기경으로 수정하고 활동 지점 역시 이란고원 및 그 주변 바깥인 중앙아시아로 설정했다. 제12장에서 언급했듯이, 조로아스터교 경전『아베스타』는 독특한 풍격을 지닌 고대 동이란어로 쓰였다.『아베스타』에 사용된 언어는 훗날 경전 언어인 아베스타어가 된다. 조로아스터교는 고대 페르시아제국에서 형성되었고, 사산제국(224~651)에 이르러 국교가 된다.

제12장에서 언급했듯이 다리우스는 자라투스트라 신도였다. 다리우스는 왕위를 찬탈하는 과정에서, 마구스 가우마타를 격파해야 했다. 마구스 집단(마기Magi)은 오히려 훗날에 조로아스터교의 사제 계급이 된다. 그들은 메디아 시대에 이미 득세했다. 헤로도토스는 마구스가 메디아인의 여섯 부족 중에서 여섯 번째 부족이라고 여겼다. 마구스는 본래 페르시아인의 일부가 아니며, 이스라엘 12지파 중 레위인과 유사한 역할을 수행했다. 메디아제국 시기에 이미 마구스는 사제 계급의 지위를 얻었다. 다리우스는 왕위를 획득한 뒤 모든 문서에서 밝히길, 자신은 진리의 주 아후라 마즈다의

마구스

명을 받았다고 했다. 이는 페르시아 제왕이 '신의 명을 받았다'는 표준 용어가 된다. 한편 아마도 캄비세스를 모살하고 다리우스에게 진압되었을 마구스 집단은 아후라 마즈다의 사제가 된다. 이는 마구스 집단이 매우 견고히 뿌리내리고 있었음을 말해준다. 자라투스트라의 신도에게 사제가 있었음을 알려주는 사료는 없다. 그런데 마구스 집단이 그들의 사제가 된다. 이는 대체 누구의 승리일까? 단언하기 어렵다. 아무튼 그 산물이 바로 조로아스터교다.

『아베스타』에서 가장 오래된 부분인 『가타스Gathas』에 의하면, 자라투스트라가 선양한 교의는 일신교다. 이는 일신교의 원조로 오해받는 아케나텐의 종교개혁보다 원조의 자격이 더 있다. 다리우스와 크세르크세스는 모두 '대지와 하늘을 창조하고 인간과 인간의 행복에 필요한 것들을 창조한' 주主 아후라 마즈다를 받들었다.[3] 훗날 마구스 집단은 자라투스트라의 교의를 완전히 무시한 채 자라투스트라를 명분으로 내세워, 요마로 확정되었던 신들까지 회복시키고 셈어족의 신을 섞어 넣었다. 최고신 아후라 마즈다에서 비롯된 추상적 자질, 예를 들면 성령·정녕正

念 · 진리 · 힘(금속) · 경건(흙) · 건강(물) · 장생(식물)이 죄다 인격화되었으며, 이것들 각자가 숭배를 받았다. 전문가의 연구에 따르면, 그 전환점은 아르타크세르크세스 1세 때였다고 한다. 아르타크세르크세스 1세는 새로운 달력을 반포할 때, 『가타스』에 나오는 신과 여기에 들어가지 않은 신을 이용해 달과 날을 명명했다. 이로써 교의가 혼합되었는데, 이는 마구스화된 경전the Younger Avesta이 출현하도록 길을 마련해준 격이다.[6] 자라투스트라의 교의가 조로아스터교로 변화하는 과정에서, 아시리아 시대 셈어 집단의 여신 아나히타Anahita를 받아들이기도 했다.[5] 또한 훗날 로마 후기에 성행하면서 기독교와 각축을 벌이게 되는 미트라Mithra 역시 『아베스타』에 등장한다.

조로아스터교도는 오늘날 대부분 인도 뭄바이에 존재한다. 그들은 신전의 성화가 꺼지지 않고 계속 타오르도록 지킨다. 때문에 조로아스터교는 한때 '배화교'라고 잘못 칭해진 적도 있다. 사실 그것은 불의 신을 숭배하는 게 아니다. 불은 광명을 상징한다. 이는 광명의 주, 즉 지상신 아후라 마즈다이다. 광명은 '진리'이기도 한데, 아베스타어로는 '아사asa'라고 하며 고대 페르시아어로는 '아르타arta'라고 한다. 이것과 대립되는 측면은 '거짓말'(드루즈druj)이다.[6] '아르타'라는 용어는 고대 페르시아어에서 매우 성행했다. 많은 왕호와 귀족의 이름에 이것이 포함되었다. 페르시아 왕호인 아르타크세르크세스가 바로 그 예다. 조로아스터교의 역사적인 변천을 생략한 일반적인 서술에서는 조로아스터교를 이원론으로 설명한다. 즉 진리의 주 아후라 마즈다와 거짓의 신 아흐리만Ahriman이 우주적 범위에서 싸우고, 인류 역시 두 진영으로 나뉘며, 역사 역시 선악의 투쟁이다. 여기서 역사의 종말에는 선악에 따른 최후의 심판이 이루어진다.

아흐리만은 중고 시대 페르시아어 명칭이고, 고대의 명칭은 앙그라

마이뉴Angra Mainyu다. 천마天魔 아흐리만의 첫 번째 악행은 최고신이 창조한 완전한 인간의 원형인 가요마르드Gayomard와 우주의 신성한 소를 죽인 것이다. 신성한 소 게우시 우르반Geush Urvan은 원래 아후라 마즈다에 예속되지 않은 독립된 신으로, 제물로 바쳐진 모든 '동물의 혼'의 총합이다. 고대에 동물의 지위는 인간보다 낮지 않았다.[7] 게우시 우르반이 '피살된 우주의 신성한 소'가 된 것이 변천의 결과인지는 알 수 없지만, 후기에 나온 팔라비Pahlavi(중고 시대 페르시아어) 경문에서는, 게우시 우르반의 시신이 모든 동물의 생명의 근원이 되었다고 한다.[8] 아마도 본래는 제사 의례에서 비롯되었을 이 신화가, 선악 이원 투쟁의 신학 속으로 포함되었을 것이다. 이 이원 대립은 본래 광명과 암흑의 대립이 아니었다. 최고신 창조주는 광명을 창조했으며 암흑도 창조했다. 마치 낮과 밤 가운데 하나라도 없으면 안 되는 것처럼 말이다.[9] 원초의 이원 대립은 진리와 거짓의 대립이었을 것이다. 거짓의 신을 암흑의 신과 동일시한 것은 후기에 발생한 변화다.

『아베스타』의 가장 오래된 경문에서, 천마 앙그라 마이뉴는 단지 한 차례 출현하며 분량 역시 제대로 갖추지 못하고 있다. 훗날 마구스 집단은 앙그라 마이뉴와 아후라 마즈다의 분신인 '성령' 스펜타 마이뉴Spenta Mainyu의 투쟁을 최고신의 대립으로 바꾸었다. 이러한 이원론 판본은 사산 왕조에 이르러서 표준 버전이 된다.[10] 사산 왕조에 이르러, 조로아스터교는 창조주이자 시간의 화신인 주르

스펜타 마이뉴

반Zurvan 숭배로 바뀐다. 또한 아후라 마즈다와 아흐리만은 주르반이 낳은 쌍둥이로 바뀌는데, 이 둘은 서로가 상극이다. 애초에 주르반은 자식을 낳고자 1000년 동안 번제燔祭를 올렸는데, 자식이 생길 기미가 없자 의심하는 순간 아후라 마즈다와 앙그라 마이뉴(아흐리만)가 동시에 잉태되었다.[11]

고정불변의 조로아스터교는 없지만, 조로아스터교가 인류 정신사에 이바지한 공헌은 이후의 종교에 선악의 이원 개념을 제공했다는 것이다. 인간은 그 가운데 하나를 선택해야만 하고 모든 인간이 구원을 받는 것은 아니라는 이념을 통해, 역사는 선악이 투쟁하는 무대가 되었다. 기독교는 기본적으로 이러한 이념의 틀을 보존했다. 후기 조로아스터교 역시 초기 경문에 나오는 기복자祈福者 사오쉬안트Saoshyant를 1000년이 끝날 때마다 강림하는 구세주로 변모시켰다. 이들 사오쉬안트는 모두 자라투스트라의 정액이 보존된 호수에 처녀가 몸을 적셔 잉태함으로써 탄생했다.[12] '미래의 기복자'로부터 우리가 볼 수 있는 것은 천년왕국과 재림의 기독교 메시아뿐만 아니라 대승불교의 미래불, 이슬람 시아파 중 이스마일파의 구세주인 마흐디Mahdi의 원형도 있다.

고대 인도의 베다 시대

4대 『베다』는 고대 인도 아리안 문명의 기초 텍스트다. 그 핵심은 본집本集인 『삼히타Samhitas』로, 기원전 1500~기원전 1000년 무렵에 성립되었다. 『삼히타』는 만트라mantra, 즉 주문을 담고 있다. 만트라는 하늘의 계시에서 비롯된 것으로, 힌두교 전통에서 신의 소리를 직접 들음으로써 성립된 슈루티Shruti 전통이다. 이후의 경서는 스승에서 제자로 전해진 스므르티Smrti 전통이다. 신에 대한 찬가인 『삼히타』가 성립된 뒤 산문 형식의 주석서가 출현하는데, 『범서梵書』(브라마나Brahmanas)와 『삼림서森林書』

(아란야카Aranyakas)다. 이들 주석서가 출현한 시기는 이미 후기 베다 시대로 진입했을 때다.[13] 이후 시가 형식의 철학적 대화록인 『베단타Vedanta』('베다의 말미'를 의미)가 등장한다. 『범서』 시기는 아리안 문명의 동천東遷을 반영하는 듯하다. 즉 새로운 요소와 전前아리안적 요소가 베다 체계에 침투했으며, 베다의 말미에 이르러서는 업(카르마karma)과 윤회(삼사라 samsara) 사상이 형성되기 시작했다.

『베다』의 천신은 바루나Varuna와 쌍둥이dvandva 형제인 미트라Mitra다. 인도와 이란의 근원이 같다는 공통된 인식에 근거하자면, 바루나는 고대 페르시아의 아후라 마즈다의 인도 버전이며, 미트라Mitra는 고대 페르시아의 미트라Mithra에 대응한다. 미트라Mitra는 모든 계약과 승낙의 보증자다. 이는 진리arta를 지키며 '거짓'을 가장 사악한 것으로 간주하던 신앙에서, 미트라Mithra가 중심적 지위에 놓여 있었음을 말해준다. 그런데 쌍둥이 신 바루나와 미트라는 훗날 힌두교에서 모두 자취를 감춘다. 『리그베다』에서조차도 출현 빈도가 가장 높은 신은 다음과 같다. 우레의 신이자 전쟁의 신 인드라Indra, 불의 신 아그니Agni, 성스러운 음료를 신격화한 소마Soma. 소마는 조로아스터교의 하오마haoma와 명백히 대응하지만, 인드라와 아그니는 베다교의 신인 듯하다. 인드라는 모든 데바deva, 즉 천신의 수장으로, '모든 데바의 주Devānām Indra'로 불리며, 불교에서 제석천으로 변해 악마 아수라Asura와 싸운다. 조로아스터교의 선신 아후라Ahura가 베다교에서는 아수라로 변했고, 조로아스터교에서는 다에바daeva(인도의 데바)를 악한 정령으로 만들었다.[14] 세계 고대 종교사에서의 이러한 대대적 분가는 인도-이란계 내부의 대분열과도 관계가 있는데, 현재 우리로서는 이를 제대로 알지 못한다.

이밖에도 조로아스터교의 아르타arta에 대응하는 『베다』의 개념은 리타Rta로, 질서를 의미한다. 리타는 우주와 인간계 및 제사 의례의 질서로, 모든 법칙을 포괄한다. 질서의 수호자는 쌍둥이 신 바루나와 미트라로, 조로아스터교에서 아후라 마즈다가 아르타의 수호자 역할을 하는 것과 동일하다. 질서는 모든 신 역시 반드시 준수해야 하는 법칙이다. 그런데 이 질서라는 개념이 훗날 인도의 종교사에서 자취를 감추게 된다. 그 대신 흥기한 것이 '법상法相'(다르마dharma)이다. 질서 및 그 수호자인 바루나와 미트라가 쇠미해짐에 따라서, 신이 아닌 개인이 자신의 전생前生·금생今生·내생來生을 장악한 존재가 된다. 때문에 법상관에 수반하여 흥기한 것이 윤회와 업 관념이다.

훗날의 힌두교에서, 인드라·아그니·소마는 모두 무대 중앙의 지위를 잃게 된다. 그들을 대신한 것은 비슈누와 시바다. 비슈누는 비교적 나중에 출현한 『야주르베다Yajur Veda』에서 처음으로 최고신(유일신은 아니다)으로 승격된다. 시바의 경우, 훗날 베다교의 루드라Rudra와 동일시된다.[15] 훗날의 힌두교에서는 비슈누와 시바 위에 대범천(브라마Brahma)을 두게 된다. 대범천은 베다교의 생주生主 프라자파티Prajapati와 무리하게 동일시된다. 프라자파티는 모든 주신主神에 대한 존호일 따름이다. 인도 종교사에서 대범천 단계는 조로아스터교의 주르반 단계와 비교할 수 있지 않을까? 사산 시기에 아후라 마즈다와 앙그라 마이뉴는 모두 주르반이 낳은 존재로 말해진다. 여기서 한 명은 선이고 다른 한 명은 악이기에, 조로아스터교는 비로소 전형적인 이신교가 된다. 힌두교에서 비슈누와 시바는 결코 선악의 화신이 아니라, 우주 전체의 대범천 안에서의 생성과 파괴라는 두 측면이다. 오래된 것의 파괴 없이는 새로운 것이 생성될 수 없다. 때문에 양자는 모두 '선'이다.

인도 종교는 선악 이원론으로 바뀌지 않았다. 따라서 인도 종교는 훗날 유대교·기독교·이슬람교 등 소위 '아브라함계'의 길을 걷지 않았으며, 세계의 또 다른 종교 체계인 법상계(다르마계)에 속하게 되었다. 인도에서 신은, 시간의 마지막인 최후 심판에서 선악에 상벌을 주는 최고 심판자가 아니다. 인도에서는 신 역시 우주의 법을 거역할 수 없다. 이 양대 체계의 갈림길은, '축의 시대'에 인도 종교가 양성되던 때에 이미 그 단서가 나타났다. '질서'인 리타를 수호하는 천신이 당시에 이미 쇠미해졌지만, 제사의 질서를 관장하는 브라만은 무한 팽창 중이었다. 심지어는 신의 존재마저 브라만의 제사에 달려 있다고 여겨졌다. 전통적인 질서로는 합리화할 수 없는 인간세상의 갖가지 불평등이 이제 윤회·업보를 이용해 설명이 가능해졌다. 사람들이 속한 종성種性인 바르나varna는 전생의 업의 결과다. 좁은 의미의 브라만교는 고대 베다교의 타락이며, 힌두교로 개조되기 이전의 종교사 단계에 해당한다.

베다 체계의 마지막 단계에서 『우파니샤드』(오의서奧義書)가 출현한다. 그 발전의 중심은 이미 갠지스강 평원으로 옮겨갔다. 그 내용은 브라만의 제사 종교에 대한 부정을 뚜렷이 반영하며, 육도윤회六道輪廻에서 벗어나고자 한다. 여기서 신앙의 길은 신아神我인 아트만ātman이 우주의 본원인 '범梵'(브라마Brahma)으로 회귀하고자 하는 것이며, 환상幻相인 마야maya로부터 '해탈'(모크샤moksha)하고자 하는 것이다. 불학佛學의 경우에는 더욱 극단적인데, 신아와 범조차도 아예 공空으로 돌린다.

고대 인도의 종교 쇄신

축의 시대에 남아시아의 종교 전통은, 베다를 받드는 정통파인 아스티카āstika와 베다를 권위로 받들지 않는 비정통파인 나스티카Nāstika로 분열된다. 나스티카는 불교와 자이나교에서만 성공적이었으며, 이밖에 언급할 만한 것은 순세외도順世外道(로카야타파Lokāyata), 즉 차르바카Cārvāka와 사명외도邪命外道(아지비카ājīvika)가 있다.[16] 순세외도는 유물론을 제창하면서, 영혼과 내세의 업을 부인했다. 때문에 향락주의로 왜곡될 수 있었다.

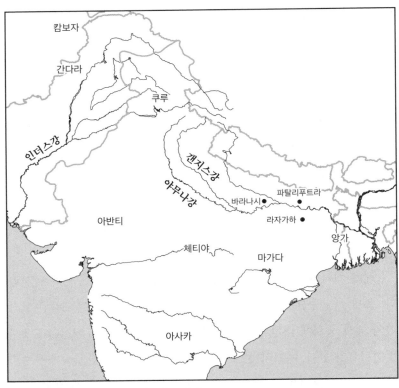

기원전 600년경 고대 인도의 십육대국 시대

사명외도는 절대적 결정론으로, 자신의 업에 대한 개인의 자유 의지를 부정했다.[17]

　권위가 붕괴된 이 시대의 역사 배경은, 불경과 자이나교 경전 및 힌두교 경전 『푸라나Puranas』를 통해서 그 일부를 알 수가 있다. 당시는 인도사의 십육대국 시대(16마하자나파다스Mahajanapadas, 기원전 600~기원전 300)였다. 지리적으로는 인더스강 상류 즉 오늘날의 펀자브에서 갠지스강 삼각주 일대에 이르는 지역에 대부분 집중되어 있었다. 이 지역의 가장 서북쪽은 캄보자Kamboja와 간다라Gandhara인데, 여기서부터 시작해서 오늘날 인구가 가장 밀집한 힌두스탄 평원, 갠지스강과 인더스강 사이의 쿠루Kuru가 있고, 갠지스강 유역을 따라서 내려오면 하류의 마가다Magadha와 앙가Anga에 이른다. 갠지스강 하류는 당시 역사무대의 중심이었다. 이밖에 데칸고원의 북쪽 빈드야산맥에서도 아반티Avanti, 체티야Chetiya 등의 도시국가가 출현했다. 데칸고원 남단의 아사카Assaka의 경우, 그 위치가 정확한지, 심지어 아사카가 존재하긴 했는지조차 알 수가 없다. 이상의 지리적 분포는 뜻밖의 느낌을 주는데, 인더스강 중하류(즉 고대 인더스강 유역 문명의 본향)가 공백이기 때문이다. 아마도 이 지역은 건조화로 인해 문명으로부터 버림받은 듯하다.

고타마 싯다르타

석가모니Śākyamuni(기원전 563~기원전 483), 즉 고타마 싯다르타Gautama Siddhartha는 히말라야 산기슭의 석가족釋迦族의 카필라바스투Kapilavastu라는 도시국가 출신이다. 그를 '붓다Buddha'라고 존칭한다. 기원전 527년에 싯다르타는 녹야원(사르나트Sarnath)에서 설법을 행했다. 일반 신도들을 대상으로 한 그의 설법은 사성제四聖諦와 팔정도八正道에 관한 것이었다. 사성제란 고苦·집集·멸滅·도道이다. 팔정도란 정견正見(바른 견해), 정사유正思惟(바른 사유), 정어正語(바른 말), 정업正業(바른 행동), 정명正命(바른 생활), 정정진正精進(바른 정진), 정념正念(바른 알아차림), 정선정正禪定(바른 선정)이다. 석가모니 사상에서 핵심적으로 전해지는 정수精髓는 연기법緣起法에 있다. "이것이 있으므로 저것이 있고, 이것이 생기므로 저것이 생기며, 이것이 없으므로 저것도 없고, 이것이 없어지므로 저것도 없어진다." 이를 오늘날 포스트구조주의 화법으로 표현하자면, '주체는 타자를 수립함으로써 구축되는 것'이다. 불학이 제창하는 것은 이러한 구축을 제거하는 것으로, 양자는 모두 소멸된다. 포스트구조주의에서는 타자화된 자가 자신의 피被구축성에 근거해, 구축한 자의 주체성을 전복할 것을 주장한다. 포스트구조주의가 몰두하는 것은 탈권奪權이지, 모든 것을 공空으로 만드는 게 아니다.

불학의 창조성은 무아 윤회론을 제시한 데 있다. 이는 훗날 힌두교가 주장한 유아 윤회론과 다르다. 『우파니샤드』 사상에 담긴, 범梵과 신아神我가 하나라는 학설은 중세기 힌두교 사상에 이르러서 꽃이 핀다. 불교에서는 아我란, 우주 법상의 인因·과果와 연기緣起가 잠시 우연히 일치한 것에 불과하다. '아'에 집착하여 '업'이 계속해서 이어지도록 만드는 것은 무명無明(아비드야Avidya)이다.

자이나교에는 신아 개념이 없다. 그 대신 '지바jiva' 개념이 있다. 만물은 모두 생명이 있으므로 불살생不殺生(아힘사ahimsa)이라는 명제를 제창한 자이나교는, 불살생이야말로 인간이 윤회의 고통에서 해탈하는 유일한 방법이라고 본다. 『범서』에는 현세에서 무엇을 먹으면 다른 세계에서는 그것에 의해 먹힌다는 인과응보의 법칙이 담겨 있다. "현세에서 사람이 소를 먹으면 다른 세계에서는 소가 사람을 먹는 것이다." 브라만교 시대에는 이 무시무시하고 숙명적인 평행 우주를 바로 제사를 통해서 해소할 수 있었다. 개혁가들이 브라만의 제사가 업을 상쇄할 수 있음을 더 이상 믿지 않게 되면서, 애초에 안전보장의 의미를 지녔던 불살생은 마침내 만물을 해치지 않는 윤리적 차원까지 격상된다.[18]

자이나교에는 24조祖가 있는데, 제23조 파르슈바Parshva부터 역사인물에 속한다. 제24조가 바로 자이나교의 실질적 창시자인 바르다마나 마하비라Vardhamāna Māhavira(기원전 540~기원전 468)다. 자이나교의 정경正經은 454년 발라비Vallabhi 집회에서 최종적으로 형성되었다. 마하비라는 현

자이나교의 상징

세의 마지막 티르탕카라tirthankara (나루를 만드는 자, 구원자)가 된다.

불교와 자이나교의 교주가 포교하던 시대에 십육대국 중 마가다가 강성했는데, 중국 전국칠웅戰國七雄의 진秦나라와 같았다. 마가다를 강성하게 만든 핵심 인물은 빔비사라Bimbisara (기원전 558~기원전 495?)다. 불교 문헌에서는 빔비사라 왕이 불교 신도였다고 말하며, 자이나교 문헌에서는 빔비사라 왕이 자이나교 신도였다고 말한다.[19] 빔비사라가 두 종교를 모두 받아들였을 수도 있지만, 종교 문헌을 역사 문헌으로 간주하지 않도록 경계해야 한다. 불교와 자이나교 문헌에서는 모두 빔비사라가 그의 아들 아자타사트루Ajatasatru (아사세阿闍世, 기원전 492~기원전 460)에게 죽임을 당했다고 한다. 아자타사트루 시대의 마가다는 이미 갠지스강 유역 전체로 확장되었다. 불교의 제1차 결집대회는 아자타사트루 시대에 거행되었다. 아자타사트루 사후, 몇 대가 지난 뒤 마가다에는 시슈나가Shishunaga 왕조가 출현한다. 시슈나가 왕조는 바이샬리Vaisali로 천도했다. 이후 난다Nanda 왕조, 마우리아 왕조가 차례차례로 들어섰다.

마우리아 왕조와 불교

찬드라굽타 마우리아Chandragupta Maurya(재위 기원전 324~기원전 300)는 마가다 출신으로, 크샤트리아 계급이었을 것이다. 일찍이 그는 알렉산더를 만났고, 이 그리스 정복자를 본보기로 삼아서 인도반도에 통일 제국을 세웠으며 결국 그리스 세력을 몰아냈다. 카우틸랴Kautilya(혹은 차나키야Chanakya)는 찬드라굽타 마우리아가 마우리아 왕조를 세우는 데 협조한 브라만 지식인으로, 『아르타샤스트라Arthasastra』(실리론實利論)라는 책을 썼다. 책의 내용은 중국 선진 시대 법가法家의 권술權術 사상과 비슷하다. 카우틸랴는 '인도의 마키아벨리'라고 불린다. 『아르타샤스트라』에서는 제왕의 통치술을 알려주고 있다. 각종 분야에 스파이를 이용할 것을 건의하면서, 정부에게 불리하지 않도록 공무원을 너무 뭉치지 않게 하는 동시에 효율이 떨어지지 않도록 공무원을 너무 흩어지지도 않게 하고 오직 명령에만 복종하게 만들어야 한다고 주장한다. 『아르타샤스트라』에서는 외국을 12개의 권역으로 나누었다. 본국과 가장 가까운 나라를 적국으로 규정하고 다음을 우방, 그다음을 우방의 우방으로 규정했다. 가장 바깥의 두 권역은 중간 왕과 중립 왕인데, 중간 왕이 적국과 동맹을 맺지 않도록 힘껏 저지해야 한다고 주장한다. 『아르타샤스트라』에서는 현대의 참호 전술까지 이미 구상하고 있으며, 전쟁에서 폭발물을 응용해야 한다고 언급한다. 당시 폭발물이라는 게 폭약을 가리킬 리가 없으니 아마도 무술巫術과 관계가 있을 것이다.[20]

찬드라굽타의 손자 아소카 왕(아육왕阿育王, 기원전 304~기원전 232)은 북인도의 통일 대업을 완성하기 위해, 동쪽 해안 지역에 자리한 칼링가Kalinga공화국을 공격해 처참한 살육을 자행했다. 이로 인해 아소카 왕은 불교에 귀의하게 된다. 이는 불경에 전해지는 이야기다. 이후 아소카 왕은 불법을 선양하는 칙령을 새긴 돌기둥을 제국 각지에 세운다. 돌기둥에는 담마_{Dhamma}, 즉 다르마가 산스크리트어의 방언체인 프라크리트_{Prakrit}어로 적혀 있는데, 그 내용은 불학의 '법상'과 사뭇 다르다. 아소카 왕의 칙령에 담긴 덕목은 자비·성실·정결·겸허·불살생·비폭력·절약, 스승에 대한 존경, 부모에 대한 공경과 같은 실용 윤리다. 이것을 심오한 도리로 논한 게 아니라 국법으로 삼았던 것이다.²¹ 이 담마를 단순히 제국을 통치하는 사상적 도구로만 보아서는 안 된다. 아소카 왕은 사방으로 포교사를 보내 담마를 선양했다. 그 효과가 가장 두드러진 곳이 남인도·스리랑카·동남아였다. 이런 의미에서, 담마는 우주의 대법大法이고 이 우주 대법을 선양한 아소카 왕은 불교의 전륜왕轉輪王이 된다. 아소카 시대는 또 다른 의미에서도 불교사의 이정표인데, 수도 파탈리푸트라_{Pataliputra}에서 거행된 제3차 집결대회는 소승과 대승으로 분화하기 전 마지막 불교 대회였다. 당시는 인도 불교의 황금시대였다.

중국에서의 축의 시대

중국 문명은 독특하게도 원고사에 '신화 시대'가 결핍되어 있다. 중국에 창세 신화가 있을 수도 있지만, 경서로 성립된 공식적인 세계 기원론은 없다. 중국에서는 신화인물의 인간화가 철저히 이루어져 신화 시대 전체가 파묻혔다. 세계 각지의 신화를 살펴보면, 폭력과 패륜이 난무한다. 중국의 경우, 이러한 것들이 신화와 더불어 진압되었는데, 중국인은 사회화 방면에서 조숙했다고 자랑할 수 있겠지만 정신적 동경과 더불어 인성 중의 수성獸性이 모두 지나치게 일찍 진압된 것이 아닐까?

축의 시대로 진입한 뒤, 인도·그리스 등지의 철학은 모두 다원多元적 신의 세계와 우주를 하나의 최고 원리로 추상화하고자 시도하면서 차이와 변동을 불변의 영원계로 간략화했다. 중국 문명의 기초 텍스트『주역周易』에서는 '변역變易'을 본체화했다. 이 본체는 "머물지 않고 변동하면서 사방을 두루 흘러 다닌다." 이는 인도·그리스·서양 철학에서 변화를 현상계로 간주하는 반면 불변의 영원성이야말로 본체계라고 규정한 것과는 완전히 배치된다. 조물주의 개념이 없으며 자연의 조화造化 자체가 바로 자발적인 조물造物(무슨 '주主'가 아니다)이라는 중국 문명의 설정과 역易 철학은 서로 밀접한 관계가 있다. 이러한 우주관으로 인해 중국 문명의 현세적 취향이 빚어졌다. 인간사의 변화를 중시하고 성쇠의 이치를 살피면서, 역사의식이 고도로 발달하게 마련이었다.

중국의 축의 시대에서 첫 번째로 일가를 이룬 사상은 유가儒家다. 세상에 전해지는 유가 문헌에서 주 왕조의 주공周公은 문명 전체의 기본적 대법大法을 다진, 역사상 극소수의 입법자로 말해진다. 그의 주요 공헌은 다음 세 가지다. 종법宗法, 봉건封建, 천명天命. 주공은 가족의 '인륜'을 정치 제도의 중추로 삼고, 왕조의 성쇠를 천도天道와 연결지었다. 근대 이전에 거의 모든 정치 체제는 신권神權적인 요소가 있는데, 고대 중국의 천天은 추상적인 것으로, 인격이 없다. 중국에서 정치 체제의 힘은 윤리화된 인간관계에서 비롯되었다. '천명은 일정하지 않으니天命靡常' 권력을 보증해주는 것은 오직 '덕德'이라고 하면서, 덕을 쌓는 데 중점을 두었다. '천도는 멀고 인도는 가깝다天道遠, 人道邇'는 사상이 중국의 축의 시대에 형성되었다.

공자(기원전 551~기원전 479)는 주 왕실이 쇠퇴하고 예악禮樂이 붕괴되던 시대에 태어났다. 그는 주공을 모범으로 삼아 주례周禮를 회복하고자 했는데, 사실은 붕괴된 구질서에 새로운 정신인 인仁을 불어넣고자 했던 것이다. 간단히 말하자면 '인'이란, 두 사람 간의 관계의 실천 속에서 체현되는 인간 됨됨이의 본질이다. 두 사람으로 이루어지는 관계에는 군신·부자·부부·형제·친구가 있다. 모든 인간관계의 정수精髓를 인으로 간략히 일원화할 수 있다. 공자는 봉건사회의 등급인 군자와 소인

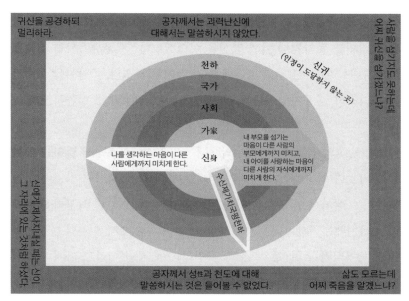

유가의 사상 체계

을, 인仁의 실천이라는 기준에 따라 새롭게 정의했다. 또한 그는 가르침에 차별이 없는 '유교무류有教無類'를 처음으로 실천함으로써 고대에 귀족에게만 한정되었던 지식을 평민 계급에게 보급했다.

미국 철학자 허버트 핑가레트Herbert Fingarette의 견해에 따르면, 세속으로부터 신성의 영역을 분별해내는 것이 종교 경험이라고 한다면, 공자는 세속의 인륜을 신성화했다.[22] 훗날 『사서四書』의 하나가 된 『대학大學』에서는 수신修身-제가齊家-치국治國-평천하平天下의 순서가 동심원을 이루는데, 개인을 핵심에 두고 볼 때 신身 → 가家 → 사회 → 국가 → 천하로 확산된다. 이는 모두 인간 세계의 영역이다. 이 동심원의 바깥은 인정人情이 도달하지 않는 곳으로, 유가에서는 이를 신귀神鬼의 영역으로 두었다. 공자의 제자가 이 영역에 대해 공자의 견해를 여쭌 적이 있는데, 그 결과는 다음과 같다. "공자께서 성性과 천도에 대해 말씀하시는 것은 들어볼 수 없었다."삶도 모르는데 어찌 죽음을 알겠느냐?""사람을 섬기지도 못하는데 어찌 귀신을 섬기겠느냐?""공자께서는 신에게 제사지내실 때는 신이 그 자리에 있는 것처럼 하셨다.""귀신을 공경하되 멀리하라.""공자께서는 괴력난신怪力亂神에 대해서는 말씀하시지 않았다."

도가道家의 시조인 노자老子의 경우, 전해지는 사료에서 말하는 것처럼 공자보다 연장자인지 아니면 장자보다 더 늦은 시기에 만들어진 인물인지는 여기서 알아볼 수 있는 문제가 아니다. 노자를 허구의 인물이라고 하기에는, 『사기』「노장신한열전老莊申韓列傳」에서 노자의 출신지에 대해 '초楚나라 고현苦縣 여향厲鄕 곡인리曲仁里 사람'이라고 마치 현대의 신분증처럼 자세히 밝히고 있다. 하지만 노자의 생졸년은 여전히 분명하지 않다.

공자는 세속의 인륜을 신성화했고, 노자는 자연을 신성화했다. 노자의 자연은 바로 '도道'다. "사람은 땅을 본받고, 땅은 하늘을 본받고, 하늘은 도를 본받고, 도는 자연을 본받는다." 노자의 도를 조로아스터교의 아르타와 베다교의 리타에 비교할 수 있는 유일한 점은, 그것이 우주를 주재하는 법칙이라는 것이다. 하지만 노자의 도는 신의 보증이 필요 없다. 그것은 오롯이 내재적으로 자동화된 것이다. 그것은 유물론적 법칙성을 갖추고 있다.

노자의 '도'는 유가의 인仁 및 예악과 경쟁하면서 보다 우위를 차지하고자 한다. "도가 상실된 뒤에 덕이 대두하고, 덕이 상실된 뒤에 인仁이 대두하고, 인이 상실된 뒤에 의義가 대두하고, 의가 상실된 뒤에 예禮가 대두한다." 자연계 자체는 어질지 않다. 때문에 성인의 '인'은 사실상 어질지 않은 것이다. "천지는 어질지 않으니, 만물을 짚으로 만든 개芻狗처럼 여긴다. 성인도 어질지 않으니, 백성을 짚으로 만든 개처럼 여긴다." 공자가 일원화한 인은 두 사람 사이의 모든 관계의 정수인데, 노자는 '하나―'를 받들었다. "하늘은 하나를 얻어 맑고, 땅은 하나를 얻어 편안하고, 신은 하나를 얻어 신령하고, 계곡은 하나를 얻어 그득하고, 만물은 하나를 얻어 생장하고, 왕은 하나를 얻어 천하를 바르게 다스린다." 인륜 관계의 상태로 보자면, 홀아비·과부·고아 그리고 자식 없는 노인은 매우 불행하다. 하지만 노자는 이렇게 말한다. "사람들은 외롭고 부덕하고 불선한 것을 싫어하지만, 왕은 스스로를 그렇다고 칭한다. 그러므로 사물은 덜어냄으로써 도리어 증가하고, 혹은 더함으로써 도리어 감소한다." 고아와 과부는 가여운 존재이지만, 제왕은 굳이 스스로를 '고가孤家' '과인寡人'이라 칭했다. 제왕과 상대가 될 만한 사람은 아무도 없기 때문이다. 이처럼 쌍을 이루지 못한 경우에 자신은 감소된 것일까, 아니면 증가된 것일까?

노자는 천지가 분화되기 이전의 단일한 상태야말로 본원本源이라고 보았다. "혼돈으로 이루어진 사물이 있는데, 하늘과 땅보다 먼저 생겼다. 소리도 없고 형체도 없으며, 홀로 서서 변함이 없다. 순환하며 운행하면서 멈추지 않으니, 천지의 어머니가 될 만하다." 이처럼 하나로 귀속되는 것은 인도 철학이나 그리스 철학의 정신과는 상반된다. 또한 인도와 그리스 철학의 본체론本體論은, 허망하고 유동적인 현상계에서 불변의 영원계에 이르고자 한다. 한편 노자 철학의 본체는, 홀로 서서 변함이 없고 단일한 차원으로 환원되면서도 순환하며 운행하면서 멈추지 않는 것이다. 이는 노자 철학의 영감이 『역경』에서 비롯되었음을 말해준다. 『역경』이라는 기초 텍스트는 유가의 지도 원칙이기도 하다. 유가는 다음과 같이 『역경』의 '양강陽剛'이라는 측면으로부터 영향을 받았다. "하늘의 운행은 강건하니, 군자는 스스로 강건해지기 위해 쉼이 없어야 한다."

노자의 경우, 역易 철학의 '음유陰柔'라는 측면이야말로 도의 원초적 상태에 보다 가깝다고 본다. 노자가 보기에 양강의 '유위有爲'가 분화를 초래한 반면에 음유의 '자복雌伏'은 기회를 엿보아 움직이고, 뒤늦게 출발하나 먼저 이르고, 부드러움으로 강함을 이기는 것이다. 그래서 다음과 같이 주장한다.

- 되돌아가는 것이 도의 운동이며, 유약한 것이 도의 운용이다.
- 아무것도 하지 않되, 하지 않는 것이 없다.
- 그러므로 성인은 하나를 틀어잡아 천하의 법도로 삼는다. 스스로 드러내지 않기에 분명히 드러나고, 스스로 옳다 하지 않기에 진실이 뚜렷해지고, 스스로 공을 추구하지 않기에 공을 이루고, 스스로 자랑하지 않기에 오래도록 유지된다. 오로지 다투지 않기에 천하가 그와 다툴 수 없다.
- 그러므로 성인은 자신을 뒤로 하지만 오히려 자신을 앞에 두게 되며, 자신을 도외시하지만 오히려 자신을 보존하게 된다. 이는 사사로움이 없는 것이 아니겠는가! 때문에 그 사사로움을 이룰 수 있다.

이는 부드러움으로 강함을 이기고, 상대가 먼저 공격하길 기다렸다가 상대를 제압하고, 상대의 힘을 빌려 상대에 타격을 줌으로써, 두 사람을 매개로 '한 사람'을 이롭게 하는 것임을 까발린 것이다. 확실히 노자는 '어질지 않음'을 제창했다. 때문에 후대 사람들은 그의 사상을 윤리화(사실은 용속화庸俗化)할 필요가 없었으며, 도리어 노자가 병가兵家와 법가 사상의 연원임을 강조했다.

노자의 사상은 기본적으로 조로아스터교와 상반된다. "혼돈으로 이루어진 사물이 있는데, 하늘과 땅보다 먼저 생겼다"는 노자의 사유는 후기 조로아스터교의 주르반에 비유할 수 있다. 하지만 음양陰陽에 대한 노자의 평가는 조로아스터교와 상반된다. 주르반은 광명과 암흑이 미분화된 총체적 상태인데, 분화된 뒤 아후라 마즈다는 광명을 상징하고 아흐리만은 암흑을 상징한다. 여기서 암흑은 사악함이다.[23] 노자는 도리어 음陰이 승리한다고 보았다. 암흑이 광명을 이긴다는 것이다. 하지만 중국에서 빛과 어둠은 결코 바른 것과 사악한 것으로 규정되지 않는다. 음과 양이 서로 보충해야만 태극太極이 형성될 수 있다. 그런데 '되돌아가는 것이 도의 운동'이라는 노자의 사유가, 조로아스터교에서는 오롯이 '거짓의 신'에게 귀속되는 것이다. 노자의 사유가 병가에서는 '싸움에서 기만술을 써도 좋다'는 식으로 운용되었다. 또한 유가의 신성화된 세속 인륜 속에서 중국식의 개체 보존과 출세의 도道는, 물러남으로써 나아가고 약한 것으로써 강한 것을 이기는 것이었던 듯하다.

노자는, 유가가 채용한 역학易學에 담긴 '하늘의 운행은 강건하다'는 측면을 기본적으로 부정했다. 노자가 보기에, 유가의 성인聖人이 무엇인가를 하면 할수록 천하는 더욱 어지러워진다. "성인이 죽지 않으면 큰 도둑이 그치지 않는다." 도가의 성인은 유가의 성인과 정반대다. "성인의 다스림은 그 마음을 비우고 그 배를 채우며, 그 뜻을 약하게 하고 그 뼈를 강하게 한다. 항상 백성을 아는 게 없고 욕심이 없게 만든다." 도가에서 가장 이상적인 상태는 다음과 같이 자연으로 돌아가는 것이다.

나라는 작게 만들고 백성은 적게 만든다. 각종 도구가 있더라도 사용하지 않는다. 백성이 죽음을 중시하게 만들고 먼 곳으로 이주하지 않게 만든다. 배와 수레가 있더라도 그것을 탈 일이 없다. 무기와 병사가 있더라도 그것을 쓸 일이 없다. 백성이 새끼 매듭을 지어 기록하던 시절로 돌아가게 만든다. 달게 먹고, 아름답게 입고, 편안히 거주하고, 삶을 즐긴다. 이웃한 나라가 서로 마주 보이고 닭과 개 소리가 들려오지만, 백성은 늙어 죽을 때까지 서로 왕래하지 않는다.

전국 시대(기원전 403~기원전 221) 초에 유가와 첨예하게 대립한 것은 묵가墨家다. 묵자墨子(기원전 468~기원전 376)의 학설은 다음의 10대 원칙으로 귀납할 수 있다. 겸애兼愛·비공非攻·존천尊天·사귀事鬼·상현尙賢·상동尙同·절용節用·절장節葬·비악非樂·비명非命. 이 모든 항목이 유가와 정면으로 대립한다. 유가는 가족으로부터 출발해, 관계가 가까운 사람부터 시작해서 먼 사람에게까지 인仁을 실천할 것을 주장했다. 반면에 묵가는 무차별의 '겸애'를 주장하며 유가에 반박했다. 유가는 가까운 사람을 가까이하고 존귀한 사람을 존귀하게 대할 것을 주장했다. 반면에 묵가는 인재 등용에 있어서 출신을 불문하고 현명한 사람을 높이는 '상현'의 원칙으로 유가에 반대했다. 유가는 예악을 중시하고, 특히 삼년상을 중시했다. 반면에 묵가는 음악을 비판하고非樂, 절약節用과 간소한 장례節葬를 주장했다. 유가의 예악은 '제사지낼 때 신이 그 자리에 있는 것처럼' 하지만, 그 정신은 '귀신을 공경하되 멀리하라'는 것이다. 그런데 성대한 장례에 반대한 묵가는 오히려 '귀신을 섬길 것事鬼'을 주장했다. 유가의 군자가 두려워해야 할 세 가지 중에는 '천명天命'이 있다. 반면에 묵가는 운명을 부정非命했다. 유가는 결코 전쟁을 좋아하지 않지만, 왕실을 높이고 오랑캐를 물리치는 존왕양이尊王攘夷를 위해서는 의로운 전쟁을 주장했다. 이와 관련해 묵가는 반드시 유가를 겨냥한 것은 아니지만, 겸애라는 전제에서 출발하여 공격에 반대하는 '비공'의 결론을 도출했다.

묵가는 정부부터 사회 기층에 이르기까지 사상을 통일할 것을 최초로 주장하기도 했다. 묵가는 사상이 통일되지 않은 데서 천하의 분쟁이 비롯되었다고 본다.

한 사람이면 한 가지 의견이 있고, 두 사람이면 두 가지 의견이 있으며, 열 사람이면 열 가지 의견이 있다. (…) 사람은 각자 자기 의견이 옳다 하고 다른 이의 의견을 그르다고 하기 때문에 서로 비난한다. 그래서 가정 안에서는 아버지와 아들, 형과 동생 간에도 원망하고 미워하며 흩어져 서로 화합할 수가 없다.

이를 해결하는 방법은, 하나의 의견을 받드는 '상동尙同'이다. "위에서 옳다고 하는 것은 반드시 다들 옳다고 하고, 위에서 그르다고 하는 것은 반드시 다들 그르다고 해야 한다. 위에서 잘못이 있으면 간언하고, 아래에 선한 자가 있으면 그를 추천해야 한다." 사회의 각 조직마다 지도자를 두고, 민중은 비판과 투쟁을 통해 지도자의 견해를 승인하며, 그러한 승인이 상층 조직으로 올라가 결국에는 중앙과 일치하게 된다.

천자가 옳다고 하는 것은 반드시 다들 옳다고 하고, 천자가 그르다고 하는 것은 반드시 다들 그르다고 해야 한다. 그대의 선하지 못한 말을 버리고 천자의 선한 말을 배우라. 그대의 선하지 못한 행동을 버리고 천자의 선한 행동을 배우라. 그러면 어찌 천하가 어지러워질 것이라 말할 수 있겠는가?

꼭대기의 천자는 위의 하늘과 뜻을 함께하며 하늘의 뜻을 체현한다. 하지만 이러한 승인만으로는 아직 부족하다. 반드시 상벌이라는 기제가 있어야 한다. "지금 천하 사람들로 하여금 귀신이 선인에게는 상을 주고 악인에게는 벌을 준다는 것을 믿게 한다면, 천하가 어찌 어지럽겠는가!"

"옛날의 성왕聖王은 하늘과 귀신이 좋아하는 바를 잘 알고 하늘과 귀신이 미워하는 바를 피함으로써 천하의 이로움을 더하고 천하의 해로움을 없애고자 했다." 묵자의 겸애는 하늘과 귀신을 받드는 것과 하나로 통한다. "위로는 하늘을 높이고, 가운데로는 귀신을 섬기며, 아래로는 사람들을 사랑하는 것이다." 묵가가 훗날에 사라지게 된 주요 원인은 가족 관계를 대체하는 사회 개혁을 추진하고자 했기 때문이다. 이는 유가가 사회의 흐름을 잘 따르면서 인륜을 아예 국가의 뼈대로 삼고 사회 집단을 신성한 영역으로 전환시킨 것과 대비된다. 묵가의 사회단체는 가족·혈연에 근거를 두지 않았으며, 심지어는 이를 없애고자 했다. 묵가의 신성성은 외부의 힘에 달려 있었는데, 이러한 외재적인 신성 영역은 결국 빚어지지 못했다. 묵가의 겸애는 서양 기독교의 박애와 가장 가까운 것으로 여겨졌다. 묵가의 신귀 역시 의지를 지닌 초자연적 형체와 가장 유사한 듯하다. 그 상벌 기제는 신의 심판과 유사하다. 묵가에는 교주(거자巨子)가 있으며, 그 조직은 교회와 비슷하다. 만약 교회라고 한다면 그것은 교의가 없는 교회다. 묵가가 받든 하늘과 귀신은 좋아하거나 미워하는 게 있으며 의지도 있지만, 몰개성적이며 신화도 없다. 볼테르는 "신이 존재하지 않는다면 신을 발명할 필요가 있다"고 말했다. 인간의 필요에 의해서 말이다. 묵가는 사회를 제어하는 데 뜻을 두었지만, 신성성이라는 게 없었다. 묵가의 절용·절장·비악·비명 등의 원칙은 죄다 종교에 불리한 것이다. 하늘과 귀신을 받들면서도 비용을 절약하려는 것은 그야말로 하늘과 귀신을 값싼 사회적 기능으로 전락시키는 것이다.

전국 시대에 도가와 묵가를 동시에 상대한 유가의 투사는 맹자孟子(기원전 372~기원전 289)다. 맹자가 공격한 도가의 대표자는 양주楊朱다. 맹자가 노자까지는 공격하지 않았는데, 이로 인해 노자가 후기에 나왔다는 상상을 불러일으켰다. 양주는 도가의 원조일 것이다. "털 한 가닥을 뽑아 천하를 이롭게 할 수 있을지라도 그렇게 하지 않는다"는 것이 지금까지 전해지는 그의 말이다. 털은 '내 몸'의 것이고, 천하는 '몸 밖'의 것이다. 이는 '어질지 않음'을 지키는 노자의 명제에 기본적으로 부합한다. 맹자는 사회도 국가도 안중에 없고 제 몸만 지키려는 양주의 이기주의를 두고 무군無君, 즉 군주가 없는 자라고 비난했다. 맹자는 또 다른 극단인 묵가를 공격했는데, 겸애를 주장한 묵가를 무부無父, 즉 아버지가 없는 자라고 비난했다. "아버지가 없고 군주가 없으면, 이는 짐승이다." 이는 아마도 철학 논쟁 가운데 가장 유명한 인신공격일 것이다.

공자는 성性과 천도天道에 대해 말하지 않았지만, 맹자는 인성이 본래 선하다고 보았다. 맹자의 사상 체계에는 기초적 형태의 본체론이 갖추어져 있다. 맹자는 우주 본체를 '호연지기浩然之氣'로 도덕화했는데, 이는 선한 인성과 동질의 것이다. 호연지기는 각자 정도의 차이가 있으며, 반드시 꾸준히 길러야만 커지는 것이다. "호연지기는 의義와 도道와 짝하니, 이것이 없으면 줄어든다. 호연지기는 의를 쌓아서 생겨나는 것이지, 의가 난데없이 닥쳐서 그것을 취하는 게 아니다."

맹자는 공자의 인仁을 정치 강령인 인정仁政으로 풀어냈다. 전국 시대에 이르러, 주례로 돌아간다는 건 이미 불가능해졌다. 공자가 주례에서 추출한 인의 정수가 이제 새로운 정치의 지도 정신이 된 것이다. 이 새로운 정치가 바로 왕도王道였다. 맹자는 왕업과 패업霸業을 구분했으며, 이익보다 의를 앞세웠다. 또한 "백성이 귀하고, 사직은 그다음이며, 군주는 그보다 가볍다"는 민본주의 사상을 제시했다. 맹자의 천명관은 "하늘은 우리 백성이 보는 것을 통해 보고 하늘은 우리 백성이 듣는 것을 통해 듣는다"는 『상서尙書』「태서泰誓」의 명제에서 더 나아갔다. 그는 탕왕湯王과 무왕武王의 혁명을 근거로, 혁명을 합법화했다.

인仁을 해치는 자를 적賊이라 하고 의를 해치는 자를 잔殘이라고 합니다. 인과 의를 해친 자를 일부一夫(한 명의 보잘것없는 사내)라고 합니다. 일개 사내인 주紂를 죽였다는 말은 들었지만 군주를 시해했다는 말은 듣지 못했습니다.

"윗사람을 범하길 좋아하지 않으면서 난을 일으키길 좋아하는 자는 여태 없었다"고 한 공자가 맹자의 이 말을 들었다면, 기가 막히지 않았을까?

전국 시대 도가의 거장 장자莊子(기원전 369~기원전 286)는 '만물이 하나이니, 죽음과 삶도 하나'라는 명제를 제시했다. 만물은 각기 그 본성을 따라 자연에 순응하며, 저마다 그 존재의 이치가 있다. 그것을 인공적으로 왜곡하지만 않는다면 "어떤 사물이든 그렇지 않은 바가 없고 어떤 사물이든 불가한 바가 없다." 만물은 각기 다르며 우열이 없다. 끝까지 캐보면 그것들은 모두 전체의 일부분이다. "나뉘는 것은 형성되는 것이고, 형성되는 것은 파괴되는 것이다. 모든 사물은 형성과 파괴의 구분이 없으며 다시 통하여 하나가 된다." 만물을 궁극의 총체로 환원하고자 했던 장자의 시도를 조로아스터교 및 인도 종교 전통에서의 유사한 시도와 비교해보면, 큰 시사점을 얻을 수 있을 것이다. 조로아스터교는 세계를 선악 이원으로 귀납했으며 마지막으로 주르반에 선악 이원의 닻을 내렸다. 인도인은 대범천을 생성과 파괴라는 두 힘의 통합적 원리로 보았다. 이 두 힘은 숭배받는 신(비슈누·시바)이기도 하다. 『역경』의 영향을 받아 형성된 중국 사유에서는 음과 양에 선악이 없다. 이는 둘 중 하나가 지나치면 잘못이며, 기본적으로 상호 보충하며 변화를 추동한다는 형이상 원리다. 양자의 상호 보충성은, 이것이 없으면 저것도 없다는 불학에 비유할 수 있다. 하지만 모든 것이 공空이라는 사유를 초래하지는 않았으며, 도리어 양자가 대비되며 존재한다는 것을 말해준다. 이는 『노자』에서 이미 분명히 보인다.

아름다운 것을 아름답다고 모두가 아는 것은, 추한 것이 존재하기 때문이다. 착한 것을 착하다고 모두가 아는 것은, 착하지 않은 것이 존재하기 때문이다. 그러므로 있음과 없음이 서로를 낳고, 어려움과 쉬움이 서로를 생성하고, 긴 것과 짧은 것이 서로를 형성하고, 높음과 낮음이 서로 의지하며, 음音과 성聲이 서로 조화를 이루고, 앞과 뒤가 서로를 뒤따른다.

차이를 소멸시킨 이 총체는 '공'이 아니라, 실재하는 가장 높은 차원의 추상이다. 노자는 이를 '자연'이라 이름하고, 장자는 이를 '대괴大塊' 즉 대지라고 이름했다. 장자는 유한한 형체와 대지의 간극에 대해 비탄했다. "대지는 나에게 형체를 부여하고, 삶을 주어 나를 수고롭게 하고, 늙음을 주어 나를 편안하게 하고, 죽음을 주어 나를 쉬게 한다. 나의 삶을 좋다고 여기기 때문에, 나의 죽음도 좋다고 여긴다." 만약 달관하지 못하면 단편적인 것과 소아小我에 집착하게 된다. "일단 형체를 받았으면 목숨이 다할 때까지 이것을 잘 보존해야 한다. 그런데 사물과 서로 대립하기도 하고 서로 순응하기도 하면서, 말달리듯 질주하며 멈추지 못하니 슬프지 않은가?" 만약 달관한다면, "천하에 추호秋毫(가을철 매우 가늘어진 짐승의 털)의 끝보다 큰 것이 없으며, 태산은 작다. 요절한 아이보다 더 오래 산 자가 없으며, 팽조彭祖는 단명한 것이다. 천지가 나와 더불어 살고, 만물이 나와 더불어 하나다." 장자는 자신의 몸을 잘 지키면서 몸 밖의 사물을 추구하지 않았던 양주의 원칙에 충실했다. 장자는 몸을 잘 보전하여 천수를 누리라는 강령을 제시했다.

우리의 생은 유한하지만 앎은 무한하다. 유한한 것으로써 무한한 것을 좇으면 위태롭다. 그런데도 앎을 추구한다면 위태로울 따름이다. 좋은 일을 해서 명성을 얻으면 안 되고, 나쁜 일을 해서 형벌을 받으면 안 된다. 자연의 도리를 기준으로 삼아 따른다면, 몸을 지킬 수 있고 생명을 온전히 할 수 있으며, 어버이를 봉양할 수 있고 천수를 누릴 수 있다.

천수를 누리는 것은 자연스럽지 않은 요절을 피하는 것인데, 뒤집어 보자면 불로장생을 추구하는 것 역시 자연을 위반하는 것이다. 선진 시대 도가에는 이런 맥락의 사상이 없었다. 한나라에 이르러서, 육체의 영구함을 추구하는 방술方術이 도가에 섞여 들어와 도교의 주류가 되었다. 이밖에 노자와 장자 간에도 차이가 있다. 장자는 인도 철학에 가깝고, 노자는 음모술이라는 의심을 받는다. 전국 시대에는 신한申韓(신불해申不害·한비韓非)에 가까운 일파도 있었지만, 주류를 차지한 것은 청정무위清靜無爲의 황로술黃老術이다. 정치 철학으로서 황로술의 지배는 한나라 초까지 이어졌다. 현담玄談이 성행한 위진魏晉 시대에 이르러서는, 황로가 조용해지는 한편 노장老莊이 주류가 된다. 장자의 사유는 선진 시대의 명학名學에도 공헌했다. 장자·혜시惠施·공손룡公孫龍 등은 고대 그리스 철학에 관한 부분에서 다시 살펴보기로 하겠다.

전국 시대 최후의 유가는 순자荀子(기원전 312~기원전 230)다. 서로 다른 시대의 정신으로 인해, 순자는 맹자와 전혀 다른 인성론 명제를 제시했다. "사람의 본성은 악하니, 선한 것은 작위적인 것이다." 순자는 인성이 본래 악하다는 명제에서 출발해, '예치禮治'를 주장했다. 또한 사람의 힘으로 하늘을 제어할 것을 주장하며, 문명의 역량을 찬양했다. 순자의 두 제자는 한비와 이사李斯다. 이들은 모두 전국 시대 유가의 끝이 아니라, 법가 전승의 최고봉이다. 법가의 이상은 관중管仲의 '부강'으로, 전국 말기에 법가를 집대성한 인물이 한비(약 기원전 280~기원전 233)다. 한비는 상앙商鞅의 법法, 신불해의 술術, 신도慎到의 세勢를 종합해, 완전한 법가의 이론 체계를 세웠다. "유가는 글로써 법을 어지럽히고, 협객은 무력으로 금령을 범한다"고 여겼던 한비는 전체주의 통치 사상의 창시자다. 한비의 체계를 실행에 옮긴 사람은 이사와 진시황이다.

중국의 축의 시대의 일원화 충동은 결코 형이상의 측면에서 표현되지 않았다. 고대 이란과 고대 인도에서 종교화된 주르반·대범천과 비교했을 때, 중국의 '천'은 상당히 창백하다. 중국의 '도'는, 모든 것에 파고드는 아르타·다르마와 차이가 크다. 고대 중국의 일원화에서 최대의 성취는 가家와 국國의 동형화同型化다. 진시황이 통일하기 훨씬 이전에, 공자는 난리를 평정하여 질서 있는 세상을 회복한다는 발란반정撥亂反正의 강령을 내놓았다. 『설문說文』에서는 '정正'에 대해 "하나로써 그치게 한다一以止"고 했는데, '하나一'를 지킴으로써 난을 그치게 할 수 있다는 말이다. "천하가 어찌해야 안정되겠느냐?"는 양양왕梁襄王의 질문에, 맹자는 "통일되면 안정된다"고 대답했다. 유가와 경쟁했던 묵가는 가·국·천하가 흩어져 서로 화합할 수가 없는 것을 해결하고자 했으며, 상동의 강령을 제시했다. 이들 강령의 완성자는 법가다. 법가가 이루어낸 통일은 세계사에서 가장 오래도록 이어진 정치 형태일 것이다.

이스라엘 백성의 예언 운동: 역사 일원론의 선민관

축의 시대의 또 다른 측면은 이스라엘 백성의 예언 운동이다. 그 중요성은 기독교·유대교·이슬람교의 앞길을 마련했다는 데 있다. 기독교에 의해 『구약성경』으로 간주되는 유대인 경전의 열왕列王 시대부터 그 배경을 살펴볼 수 있다. 경전 텍스트에 따르면, 국가가 분열하고 강대한 이웃나라가 호시탐탐 노리는데 왕은 도리에 어긋나 민심이 떠나가자, 이 시기에 많은 선지자가 출현해서 사람들을 일깨우고 옳은 길로 돌아가고자 했다.

제11장에서 지적했듯이, 이스라엘 백성의 통일 왕국이 일찍이 존재했는지 증명할 출토 사료가 현재까지는 없는 상태다. 하지만 전해지는 경전의 자료에 따르면, 기원전 931년 솔로몬 왕 사후에 이스라엘 백성은 남방의 유대 왕국과 북방의 이스라엘 왕국으로 분열되었다. 이 두 왕국은 역사에 기록되어 있다. 이스라엘 왕국은 아시리아에 멸망당하고, 유대 왕국은 칼데아에 멸망당한다. 솔로몬 이후 시대의 예언 운동은 북방에서 비롯되었다. 이스라엘 왕국의 왕 아합Ahab(재위 기원전 869~기원전 850)과 왕비 이세벨Jezebel이 조상 대대로 숭배해온 신 야훼Yahweh를 배반하자 선지자 엘리야Elijah가 떨쳐 일어나 투쟁함으로써 민중의 신앙을 만회했다. 이는 텍스트가 말해주는 이야기다. 사실 이세벨은 페니키아 공주로, 그녀로서는 다른 민족의 신을 인정해야 할 의무가 전혀 없었다. 아합이 가나안의 신 바알Baal을 숭배한 것은, 이스라엘인이 일찌감치 정착 생활을 하게 되면서 사막의 폭풍의 신 야훼가 그다지 적합하지 않았기 때문이다. 한편 엘리야는 근본주의자로, 이스라엘 백성의 문화 정체성을 힘써 지키고자 했다.

남방 유대 왕국의 시각에서 보자면, 북방의 이스라엘 왕국은 기본적으로 정통성이 부족했다. 이스라엘 왕실은 다윗과 솔로몬의 후예가 아니었다. 이러한 정통성은 아마도 나중에 구성된 것인 듯하다. 북방 이스라엘 왕국의 10지파와 남방 유대 왕국의 2지파는 강력했던 솔로몬 왕 사후에 즉시 분열한다. 아마도 원래의 통일이 매우 억지스러웠던 듯하다. 남과 북의 두 집단은 아마도 서로 다른 시기에 이집트로부터 탈출했을 것이다. 어쩌면 북방에 있던 이들은 가나안에서 오래도록 거주했을 것이다. 때문에 일찌감치 지역적 균열이 존재했던 것이다. 기원전 8세기, 남방에서는 대선지자 이사야Isaiah가 나타나, 앞장서서 다윗을 치켜세웠다. 이사야는 다윗의 왕국이 영원하며 미래에 반드시 다윗의 후대에서 메시아가 나타날 것이라고 말하면서, 메시아가 '열방을 비추는 빛'이 될 것이라고 공언했다. 이사야는 다윗의 초기 근거지였던 시온Zion산의 지위를 힘써 끌어올렸다. 북방 왕국의 사마리아가 남방 예루살렘의 지위에 한참 미치지 못했음은 더 말할 것도 없다. 지리적 지위가 결여된 이스라엘 왕국에는 정통성이 없었다.

북방 왕국이든 남방 왕국이든, 기원전 8세기에는 모두 사회적·경제적 변혁을 겪었다. 페니키아와 블레셋인의 화폐경제와 도시문명으로 인해, 내륙 고지에 거주하던 이스라엘 방목민의 생활방식이 바뀌면서 도시와 농촌의 분화 및 빈부 격차를 초래했다. 원래는 부족 전체를 돌보았던 부족신 야훼가 이제 어느 한쪽의 편에 설 것인지 결정해야만 했다. 이 결정은 선지자들에 의해 이루어졌다. 선지자는 전체의 양심이다. 선지자들은 부자와 권세가의 불의함을 질책하며, 야훼가 장차 그들을 징벌할 것이라고 경고했다. 이렇게 해서 기쁨과 노여움이 일정하지 않던 사막의 폭풍의 신이 공의公義를 주재하는 하느님으로 승격된 것이다.[24] 선지자가 경고한 징벌 역시 곧 도래할 터였다.

선지자 이사야가 활약한 기원전 8세기는 아시리아제국이 이스라엘을 호시탐탐 노리고 있던 시기다. 이스라엘 백성은 오랫동안 망국의 그림자 아래 놓여 있었다. 살마네세르 5세(재위 기원전 726~기원전 722)가 북방의 이스라엘 왕국을 멸망시켰을 때, 북방의 10지파는 전부 쫓겨나고 이로써 역사에서 사라진다. 남방의 2지파는 위기 속에서 살 길을 강구했다. 바로 이러한 때에 종교개혁이 일어난 것은 당연하다. 그 결과는 불관용의 일신교를 향해 발전하는 것이었다. 야훼는 본래 이스라엘 백성의 부족신이다. 이스라엘 백성 역시 고대 근동의 다른 집단과 마찬가

다윗의 별

지로 타인의 신의 존재를 인정했다. 각 부족은 스스로를 자신들이 숭배
하는 신의 특혜를 받은 집단, 즉 선민이라고 여겼다. 하지만 외부인이 그
신을 숭배한다고 해도 괜찮았다. 여러 집단이 뒤섞여 사는 상황에서는
더욱 그러했다. 유대 왕국의 제13대 왕 히스기야Hezekiah(기원전 739~기원
전 687)와 제15대 왕 요시야Josiah(재위 기원전 649~기원전 609)가 고대 유대
신앙의 불순한 성분을 대대적으로 제거하기 전에는, 심지어 성전에서도
다른 신을 받들었다.[25]

　　선지자 이사야의 영향을 받은 히스기야는 다른 신들의 신상을 파
괴했으며, 야훼 숭배를 예루살렘 성전에 집중시켰다. 히스기야는 이집
트 탈출을 기념하는 유월절Passover을 강조했는데, 각지에 흩어져 있던
이스라엘 백성에게 함께 유월절을 지키자고 했다. 히스기야의 계승자
(므낫세)는 히스기야의 개혁을 부정하면서, 다시 성전 안에서 우상을 숭
배했다. 요시야에 이르러 근본주의의 열광을 회복한다. 요시야는 대사

제에게 솔로몬 성전을 보수하도록 했는데, 그 과정에서 훗날 「신명기 Deutoronomy」라고 칭해지는 문헌이 발견되었다. 이 문헌은 기존의 성서와 더불어 '모세 오경'이 된다. 요시야는 이를 계기로 신의 명령을 받은 것처럼 히스기야의 종교개혁을 심화했다. 그는 오직 야훼만을 섬기는 운동을 다시 펼치며 모든 우상을 제거하고 그 사제를 진압했다.

요시야 때부터 선교를 시작한 예레미아Jeremiah는 유대가 망하기 전 마지막 대선지자였다. 그는 하느님을 저버린 동포를 있는 힘을 다해 질책했다. 예레미아의 예언은 통곡에 가까운데, 훗날 그는 자신의 예언이 들어맞는 것을 목도하게 된다. 기원전 586년, 칼데아 대군이 예루살렘을 함락한 것이다. 유대의 모든 지도층과 대부분의 백성이 포로가 되어 바빌론으로 끌려갔다.

이처럼 편협한 민족주의에 대체 어떤 보편성이 있다고 후세에 이를 축의 시대에 자리매김하게 했을까? 민족주의는 확실히 이스라엘 백성의 선민 심리를 강화했다. 하지만 그들이 생존하던 총체적인 환경은 멸망의 날이 곧 도래한다는 결말을 지향하고 있었다. 이 역설을 해결하기 위해서, 히브리의 예언 운동은 반드시 역사 속에서 통합성을 찾아야만 했다. 야훼는 역사의 신이다. 야훼는 이방인의 손을 빌려 그의 선민을 징계한다. 야훼가 이스라엘 백성과 언약했음에도, 그들은 실망스럽게 행동했고 만방의 빛이 되라는 큰 임무를 짊어지지 못했기 때문이다. 예언 운동은 매우 편협한 민족주의에서 출발해 선민 중심의 역사 일원론을 구축했다. 이것이 바로 인류의 첫 번째 역사 철학이다. 동시에 야훼 역시 분노의 하느님에서 공의의 하느님으로 전환되었다. 또한 기독교의 자비의 하느님이 배태되었다. 훗날 기독교는, 모든 인류가 선악 이원으로 나뉘어 대결하는데 선한 신의 편에 서는 신도만이 '선택받은 자'라는 조로아스터교의 교의를 이용함으로써 유대 부흥론의 속박에서 벗어나 가장 강력한 보편 종교가 된다.

히브리 『구약성경』은 어떻게 형성되었나

훗날 기독교의 『구약성경』인 히브리 『구약성경』은, 바빌론으로 추방된
뒤 다시 고향으로 돌아온 전前 유대 왕국 후예의 편찬을 통해 최종적으
로 성립되었다. 바빌론 추방 이전에 고대 유대 신앙은 이미 보편 신앙으
로 전환되는 중이었지만 여전히 예루살렘 성전에 집중되어 있었다. 유
대 왕국이 멸망할 때 성전은 불태워졌고, 추방된 동안에 신앙은 오직 경
전에만 보존되었다. 신앙과 그 지리적 위치의 어긋남은 유대 신앙이 보
편 종교로 탈바꿈하는 데 큰 도움이 되었다. 고향으로 돌아온 이들은 경
전을 다시 정리했고 이는 최종 완성판이 된다. 문제는 이 최종 완성판에
역대 각 판본의 내용이 함께 보존되었다는 것이다. 그것들을 조화시키
고자 했지만 결과적으로는 분노의 하느님, 공의의 하느님 그리고 맹아
단계에 있던 자비의 하느님이 병존하게 되었다. 훗날 기독교의 하느님
은 이러한 모순을 계승했다. 마치 가정폭력 전과자가 자선가로 개조된
격이다!

　성서학의 고등 비평higher criticism은 문서 가설Documentary hypothesis, DH을
통해, 히브리 『구약성경』의 문서를 다음의 층위로 나누었다. J=야휘스트
Yahwist 문서, E=엘로히스트Elohimist 문서, P=제사장Priestly 문서, D=신명기
Deuteronomist 문서, R=편집자Redactor 문서.

- J=야휘스트 문서: 유대교 『구약성경』에서 가장 오래된 층위로, 남방
유대 왕국의 경서이며 기원전 950년 무렵에 성립되었다. 「창세기」와
「출애굽기」의 절반 및 「민수기」의 단편을 차지한다. 인간의 특징을
지닌 하느님을 묘사하고 있으며, 이 하느님은 유대 왕국의 역사와 인

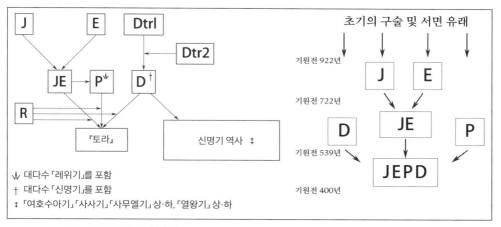

히브리 『구약성경』의 형성

물에 특별히 관심을 갖는다.

- E＝엘로히스트 문서: 이스라엘 왕국이 멸망한 뒤 북방의 사제가 남쪽으로 피해 오면서 가져온 것으로, 여기서 신의 명칭은 '엘로힘'이라는 가나안의 신명을 사용하고 있다. 이 텍스트에서는 야휘스트 문서의 서사가 많이 중복되는데, 「창세기」의 3분의 1을 차지하고 「출애굽기」의 절반을 차지하며 「민수기」의 단편을 차지한다. 인간의 특징을 지닌 하느님을 묘사하고 있으며, 처음에는 엘로힘(가나안 신의 복수형 명사)이라는 명칭을 사용하다가 시나이산에서의 번제燔祭 사건에 관한 서술 이후로는 야훼라는 명칭을 사용한다. 엘로히스트 문서의 중심은 북방 이스라엘 왕국 및 실로Shiloh 지방의 사제 집단이다. 엘로히스트 문서는 기원전 850년 무렵에 성립되었다.

- D＝신명기 문서: 요시야 왕이 솔로몬 성전을 보수할 때 발견한 「신명기」로, 모세 오경 가운데 「신명기」에 한정되어 있지만 다른 네 경전의 단편이 중복되기도 한다. 신명기 문서에서 주장하는 신학 사상은 오경을 뛰어넘어 「사사기」와 「열왕기」 등 이후의 경전과도 연결된

다. 이런 의미에서 「신명기」에서 「열왕기」까지를 '신명기 역사'라고 한다. 신명기 문서는 기원전 650~기원전 621년 무렵에 성립되었다. 하느님에 대한 명칭은 야휘스트 문서와 엘로히스트 문서의 것을 절충해, 야훼 엘로하이누_{YHWH Elohainu}(야훼는 우리의 하느님)라고 했다.

- P=제사장 문서: 세계世系(조상으로부터 대대로 내려오는 계통)·날짜·숫자·법률의 편찬에 관심을 두고 있는데, 기원전 550~기원전 400년 무렵에 성립되었다. 바빌론 추방 시기에 사제들이 앞의 각종 텍스트를 종합하고자 했던 것으로, 야휘스트 문서 및 엘로히스트 문서와 부분적으로 중복된다. 그런데 내용은 레위_{Levi}족 아론_{Aaron} 계열 사제 집단에 유리하도록 개찬되었다. 제사장 문서는 「창세기」의 5분의 1을 차지하며, 「출애굽기」의 상당 부분을 차지하고, 「레위기」의 거의 전부를 차지한다. 이 텍스트에서 묘사하는 것은 어질지 않은 하느님으로, 명칭은 '엘로힘'이다.

- R=편집자 문서: D·P·JE를 합쳐서 모세 오경으로 편찬한 것이다. 문서 가설에서 가정하기로는, 페르시아 대왕 키루스가 JE와 P간의 대치되는 역사 및 P와 D 간의 대치되는 율법을 감안해 그것을 통일하고자, 유대인의 귀환을 이끌었던 에스라_{Ezra}에게 편찬 작업을 명했다고 한다. 에스라는 레위족 아론 계열의 사제다. 때문에 편집자 문서는 제사장 문서와 비슷하다. 하지만 에스라는 공정한 편이었다. 그는 제사장 문서를 이용해 다른 텍스트를 사장시키지는 않았다. 히브리 『구약성경』의 형태가 최종적으로 고정된 것은, 키루스가 유대의 후예를 석방해 고향으로 돌아가게 한 뒤의 일이다. 편집자의 손을 거친 텍스트는 앞의 여러 전통이 합쳐진 것으로, 유대인의 귀환 이후 다시 편집된 것이다.

모세 오경은 유대인의 신앙에서 '토라Torah'라고 칭해진다. 훗날 토라에 느비임Nevi'im(예언서)과 케투빔Ketuvim(성문서)이 더해진다. 이 셋이 유대교 성경인 『타나크Tanakh』를 구성한다. 유대교 『구약성경』 전체가 기독교의 손에 의해 『구약성경』으로 강등되었는데, 기독교에서 『구약성경』의 목적은 단지 『신약성경』을 설명하기 위한 것일 뿐이다. 한편 고대 유대 신앙의 또 다른 계파인 사마리아Samaria파는 바빌론 추방 시기에 고향에 머물러 있던 사람들로, 훗날 나라를 되찾은 이들은 그들을 잡종으로 간주하며 경전의 수정 작업에 참여하지 못하도록 했다. 때문에 사마리아파는 그들 자신의 모세 오경을 갖게 되었으며 그 후속 부분은 인정하지 않았다. 사마리아파 유대교도는 오늘날 700여 명이 존재한다. 보편 종교화의 거센 파도는 이처럼 무자비하게 원래 종교의 신앙인의 입지를 없애버렸다.

고대 그리스 철학 여행: 신화 → 물활론 → 개별자와 보편자

호메로스와 그리스 철학 사이에는 헤시오도스의 『신들의 계보』(제13장 참조)가 있다. 이 기초 텍스트가 그리스 신화의 큰 틀을 제공했다. 하지만 그리스 정신이 히브리식 종교 운동의 정신과 달랐던 만큼, 『신들의 계보』는 『구약성경』 「창세기」의 지위를 얻지 못했다. 하지만 그것은 우주에 내재된 불변의 질서라는 결론을 이미 도출했다. 그리스 철학은 『신들의 계보』에서 의인화된 신을 물질화한 데서 탄생했다.[26]

그리스 현자들의 출신지와 활동 지점은 초기에 모두 아시아 이오니아해안에 집중되어 있었다. 이곳은 철학의 발원지가 되었다. 철학의 아버지 탈레스(기원전 624~기원전 546)는 이오니아의 밀레투스 출신으로, 그의 학파를 밀레투스 학파라고 한다. 그는 '만물의 근원은 물'이라는 철학 명제를 제시했다. 이것은 서방 철학의 본체론 사유의 시작이다. 그런

철학의 발원지 이오니아

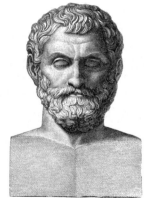

탈레스

데 이것이 대체 유물론의 서광일까, 아니면 천지가 분화하기 이전 혼돈의 물이 등장하는 근동 창세 신화의 개량된 버전일까?

탈레스의 제자 아낙시만드로스(기원전 610~기원전 546)는 만물의 궁극적 본체를 '무한의 것'인 아페이론Apeiron이라고 보았다. 아낙시만드로스는 첫 번째 우주론자다. 그는 신화학 모델이 아닌 기계론으로 우주를 해석한 첫 번째 사상가다. 아낙시만드로스는 대지가 무한의 우주에 떠 있다고 보았는데, 이로써 어떤 것이 거대한 바다를 담고 있느냐에 관한 탈레스의 문제를 해결했다. 아낙시만드로스가 말한 지구는 원통형으로, 높이가 직경의 3분의 1이라고 했다. 이는 기하학적인 사유를 유도했다. 아낙시만드로스는 동물의 생명이 아주 먼 옛날에 바다에서 기원했다고 보았다. 이는 '만물의 근원은 물'이라는 스승의 명제를 보존한 것이다. 이처럼 생명을 탄생시킬 수 있는 물질을 근대 유물론의 관점에서 보아서는 안 된다. 그것은 일종의 물활론이다. 아낙시만드로스의 제자 아낙시메네스(기원전 585~기원전 525)는 만물의 근원은 공기라고 보았다. 그리스 초기 철학에서의 원소는 물·공기·불을 막론하고 모두 생명력을 지닌 살아 있는 물질이었다. 초기 그리스의 원소론은, 중국의 오행상생

五行相生의 물질관 역시 사실은 물활론이라는 시사점을 준다.

피타고라스(기원전 582~기원전 507)는 사모스Samos에서 태어났다. 사모스는 이오니아의 남쪽에 자리하지만 이오니아 동맹에 속했다(제13장 참조). 피타고라스는 나중에 이탈리아반도 남부의 대그리스로 이주한다. 피타고라스는 만물의 근원은 수數라고 여겼다. 그는 '피타고라스 정리'를 발명했다. 피타고라스를 과학사에 편입시키는 이들은 그가 한 교파의 교주임을 등한시하게 마련이다. 피타고라스의 신도는 한때 대그리스의 크로토네를 지배하기도 했다. 그의 사상 체계에서 '수'는 우주의 통합적 원리를 찾고자 했던 시도 가운데 하나다. 다른 학파와 달리, 피타고라스는 본체를 자연 원소와 결부시키지 않고 수학적 관계와 결부시켰다. 오늘날의 자연과학은 수학과 떨어질 수 없다. 피타고라스는 수를 본체로 신비화했다.

헤라클레이토스(기원전 535~기원전 475)는 이오니아의 에페수스에서 태어났다. 그는 만물의 근원은 불이라고 주장했으며, 세계의 본질이 끊임없이 변화함을 강조했다. 그는 "사람은 같은 강에 두 번 발을 담글 수 없다"라고 말했다. 헤라클레이토스의 본체론은 중국의 역학에 가장 가깝다. 즉 표면적 현상이 아닌 변화를 우

아낙시만드로스

피타고라스

헤라클레이토스

제논

파르메니데스

아낙사고라스

주의 본질로 본 것이다. 헤라클레이토스는 사물에 내재된 모순의 통일을 믿었다. 즉 로고스logos에 따라서 만물이 생성된다는 것인데, 변화 역시 로고스에 의한 것이다. 이는 역학에서 나온 도道와 비교할 수 있을 듯한데, 안타깝게도 헤라클레이토스의 사상은 현재 단편적으로만 남아서 자세히 알 수 없다.

　대그리스 지역에서의 철학 활동 역시 그리스 본토보다 일찍 이루어졌다. 파르메니데스(기원전 515~기원전 450)는 이탈리아반도 서남 기슭의 엘레아Elea에서 엘레아 학파를 세웠다. 그는 세계의 궁극적 본체를 불변의 존유存有, Being(존재存在)라고 했다. 이는 헤라클레이토스의 끊임없이 변동하는 본체와 대립될 뿐만 아니라 밀레투스 학파의 자연 원소설과도 전혀 다른 것이다. 파르메니데스의 존유는 물활론에서 벗어난 것이다. 또한 어떤 특정 물질을 만물의 본체로 확정하지 않았으며, 철학을 물질 세계로부터 영원불변의 추상 원리에 대한 사유로 끌어올렸다.

　엘레아 학파의 제논(기원전 490~기원전 430)은 본체가 정지하여 불변한다는 명제를 지지했다. 그는 운동이 허망하다는 것을 논증했다. 날아가는 화살은 공중에서 수많은 지점을 통과하게 되는데, 매순간마다 한 지점에 머물 수밖에 없다. 즉 한 순간의 화살은 어느 점에 머물러 있고 다음 순간에도 어느 점에 머물러 있다. 이것을 모으면 여전히 정지해 있는 것이다. 따라서 화살은 사실 움직이지 않는다는 것이다. 이 설은 선진 시대의 명가 공손룡이 말한, "빠르게 날아가는 화살은 움직이지 않으면서 정지하지도 않는 때가 있다"는 명제와 매우 비슷하다. 또한 공손룡은 "날아가는 새의 그림자는 움직이지 않는다"는 것을 논증했다. 제논의 가장 유명한 역설은 '아킬레스와 거북의 경주'다. 만약 거북이 먼저 출발한다면, 아무리 빨리 달리는 아킬레스라 할지라도 영원히 거북을 따라잡을 수 없다는 것이다. 아킬레스는 반드시 양자 간의 거리를 따라잡아야 하기 때문이다. 이 거리를 따라잡으려면 먼저 거리의 절반부터 따라잡아야 하는데, 이 절반에는 또 절반이 있으며 이런 식으로 끊임없이 절반이 존재한다. 장자 역시 "한 자 길이의 채찍을 매일 반씩 잘라 버린다면 만 년이 걸려도 다 자를 수 없다"는 명제를 제시했다.

대그리스 지역에서는 여전히 탈레스 계통의 물활론자가 이어졌지만, 그것을 종합하는 방향으로 발전했으며 사물 배후의 동적 원리를 찾고자 했다. 엠페도클레스(기원전 490~기원전 430)는 시칠리아 남안의 아그리겐툼Agrigentum에서 활동했다. 엠페도클레스는 탈레스의 불, 아낙시메네스의 공기, 헤라클레이토스의 불 등을 종합했다. 그는 세계가 흙 · 물 · 바람 · 불의 4대 원소로 이루어져 있으며 사랑과 미움이라는 두 힘의 작용에 의해 그것들이 변화한다고 보았다. 이는 중국의 음양오행설과 상당히 유사하다.

철학을 이오니아에서 아테네로 들여온 아낙사고라스(기원전 500~기원전 428)는 페리클레스의 친구였다. 아낙사고라스는 물질불멸론을 주장했으며 우주질서의 배후에 이성인 누스nous가 존재한다고 주장했다. 이 누스가 헤라클레이토스의 사상 체계에서는 로고스logos라는 명칭으로

소크라테스

플라톤

아리스토텔레스

출현하기도 했는데, 이는 도道에 대한 중국 철학의 탐구와 유사하다. 아테네에서는 철학의 중심이 자연계로부터 인간사로 전환되는 경향을 나타냈다. 궤변론자(소피스트) 프로타고라스(기원전 490~기원전 420)는 '인간은 만물의 척도'라는 명제를 제시했는데, 이는 포스트모더니즘 철학의 입맛에 맞는 것이다. 소크라테스(기원전 470~기원전 399)는 소피스트 출신이지만 그들을 뛰어넘었다. 그는 변증법으로 절대 진리에 도달하고자 했는데, 이를 진리의 산파술이라고 한다. 그는 철학이 진리 추구를 위한 것이라는 사유 전통을 세웠다. 하지만 니체부터 시작된 현대 철학에서는 소크라테스가 서양 철학을 진리 제조업의 잘못된 길로 2000여 년 동안 오도했으며 지금까지 이르렀다고 질책한다. 소크라테스의 진리 추구는 보수파에 의해 대중을 현혹시키는 언술로 간주되었고, 결국 소크라테스는 아테네의 민주정부에 의해 사형에 처해진다.

소크라테스는 '진리 추구'라는 강령을 제시했고, 그의 제자 플라톤(기원전 427~기원전 347)은 그리스 철학의 각 학파를 종합해 완성해야 할 임무가 있었다. 플라톤은 물질의 변동을 관찰하는 자연철학을 계승하는 한편 피타고라스 학파의 수, 엘레아 학파의 불변의 존유 등 영원성에 대한 추구 역시 계승했다. 플라톤의 해결 방법은 이원화였다. 즉 진리를 영원한 '이데아'의 세계로 절대화하고, 물질세계를 감각의 현상 세계로 상대화했다. 전자는 보편자를 대표하고, 후자는 비본질적인 개별자를 대표한다. 영원한 보편에 대한 인간의 인식을 오관五官이 가로막기 때문에, 오직 이성적 사유만이 경험 세계보다 진실한 이데아의 세계를 장악할 수 있다. 개별자의 현상계는 이데아계의 그림자이므로, 이데아의 세계로 돌아가려는 것은 본원으로 회귀하려는 충동이다. 플라톤주의는 훗날 '영혼과 육체의 대립'의 동의어로 변했으며, 고대 유대 신앙이 기독교로 전환되는 데 있어서 중심 역할을 했다.

플라톤의 제자 아리스토텔레스(기원전 384~기원전 322)는 생물학·물리학·형이상학·논리학·수사학·윤리학·정치학·시학의 창립자다. 아리스토텔레스의 천문학 연구는 유럽 중세 과학의 원칙이 된다. 실증 학문의 창시자인 그는 경험론을 인정해야만 했다. 아리스토텔레스는 스승 플라톤처럼 감각의 현상계를 이성의 장벽으로만 간주할 수는 없었다. 그는 결국 스승의 이데아계와 현상계를 상호 불가결한 사물의 두 측면으로 간주했다. 하지만 양자에 등급의 차이를 두었다. 즉 어떤 사물이든 형상과 질료를 지닌다고 보되, 형상을 질료보다 우위에 두었다. 질료에 목적을 부여하는 것이 형상이라고 할 수 있다. 그런데 저차원의 단계에서 고차원의 단계로 향해 나아가는 연쇄 속에서, 형상의 형상을 계속 추구하다 보면 어떠한 질료도 포함하지 않은 '순수 형상'에 도달하게 되는데 이것이 바로 제1동인(부동不動의 동자動者)이다. 아리스토텔레스는 플라톤의 보편자와 개별자라는 이원론을, 내재적인 목적을 추구하는 연쇄적 조합인 엔텔레키entelechy로 전환시켰다. 훗날 기독교는 아리스토텔레스의 제1동인을 신으로 간주했다. 하지만 아리스토텔레스의 제1동인은 결코 조물주가 아니며, 그의 우주 정역학靜力學 구조에서 정점을 차지할 뿐이다.

아리스토텔레스는 에게해 북단 칼키디키Chalcidice 반도의 스타게이라Stageira에서 태어났다. 그가 출생하기 전에 이 도시국가는 이미 마케도니아에게 멸망당했다. 아리스토텔레스는 스승 플라톤과 마찬가지로 아테네에 대학을 세웠다. 두 사람이 세운 대학(아카데미와 리케움)은 고전 문명과 존망을 함께했다.

아테네는 모든 별이 받드는 달이었지만, 그리스 철학에서 빛나는 별들은 그리스 세계 전체에 분포되어 있었다. 예를 들면, 원자론을 제창한 데모크리토스(기원전 460~기원전 370)는 변방이라고 여겨지던 트라케Thrace의 아브데라Abdera에서 태어났다. 데모크리토스의 스승인 밀레투스 학파의 레우키푸스(기원전 5세기)는 아리스토텔레스에 의해 소크라테스 이전의 자연철학 유파로 귀속되었지만, 한편으로는 '현대과학의 아버지'라는 명예를 지니기도 한다. 레우키푸스에 이르러 자연철학은, 일상생활의 단계에서 감지되는 흙·물·바람·불 등의 원소를 최소 단위로 환원했다. 또한 그것들의 상호작용을, 목적론·제1동인·궁극원인 등의 형이상 개념이 아닌 기계적 운동으로 해석했다. 물론 이는 물활론을 뛰어넘었으며, 이후 서양의 과학적 사유를 위한 기초를 다졌다.

원자론은 본체론 및 철학적 우주론에서 변화해 나온 과학 학설이다. 고대 그리스 철학에서는 아직 지식론이 나오지 않았고, 보다 근본적인 지식의 기초 문제를 언급할 수는 없었다. 때문에 여전히 우주론과 본체론이라는 의제를 사용할 수밖에 없었다. 하지만 과학이 물질 현상을 연구하는 것은 그 불변의 법칙성을 탐구하기 위함이며, 이를 지식론 의제라고 할 수도 있다. 축의 시대의 조건에서, 불변의 법칙성은 우주를 일원화하는 기능을 지녔다. 현존하는 사료에 따르면, 헤라클레이토스가 처음으로 코스모스kosmos라는 용어를 응용해 단일·불변의 질서인 '세계질서'를 표현했다. "누구에게나 한결같은 질서인 코스모스는, 신이나 인간이 만든 것이 아니다. 그것은 과거에도 한결같았고 현재에도 한결같으며 미래에도 한결같을 것이다. 적당한 정도로 타오르고 적당한 정도로 꺼지는 영생의 불이다."²⁷ 만물이 수시로 변한다고 주장하는 사상가로서, '과거에도 한결같았고 미래에도 한결같은' 질서관을 제시한 것은 확실히 놀라운 일이다. 사실상 헤라클레이토스는 처음으로 '로고스'라는 철학 범주를 세웠을 것이다. 코스모스는 헤시오도스의『신들의 계보』에 나오는 혼돈(카오스chaos) 개념과 대립하는 것으로, 질서의 총화다. 피타고라스의 수, 파르메니데스의 존유, 플라톤의 이데아, 아리스토텔레스의 형상은 모두 불변의 질서를 추구한다. 이것들은 모두 수시로 변하는 사물의 형상 속에서 영원성을 추출하고자 했던 시도다. 플라톤과 아리스토텔레스는 영원계와 그 대립면인 변화하는 경험 세계를 비교적 전면적이고 체계적으로 고찰했다. 이 이원적 철학의 방법은 종교적 방향으로 들어갈 수 있었다. 플라톤의 영육의 대립적 사유는 훗날 고대 유대 신앙을 철저히 개조해 기독교로 전환시켰다. 아리스토텔레스의 최고의 순수 형상은 서양 중고 시대에 신의 철학적 외피가 되었다. 이상의 고대 그리스 철학자들이 구축한 것은 과학적 지식의 기초인, 경험적 개별자와 이성적 보편자의 결합이다. 경험적 개별자는 단지 개별적인 재료일 뿐이고, 오직 이성적인 추상 사유만이 모든 것을 틀어쥘 수 있으며 보편자를 이끌어낼 수 있다.²⁸

주

1. Karl Jaspers, trans. by Michael Bullock, *The Origin and Goal of History* (New York: Routledge, 2010), pp. 1~21.

2. R.C. Zaehner, *The Dawn and Twilight of Zoroastrianism* (New York: G.P. Putnam's Sons, 1961), p. 33.

3. A. T. Olmstead, *History of the Persian Empire* (Chicago & London: The University of Chicago Press, 1959), p. 133.

4. M. Schwartz, "The Religion of Achaemenian Iran," *The Cambridge History of Iran*, vol. 2, *The Median and Achaemenian Periods* (Cambridge, UK & New York: Cambridge University Press, 2003), p. 669, 692~693.

5. Johannes G. de Casparis, et. al., "Ideologies and the First Universal Religions," in UNESCO, *History of Humanity, Scientific and Cultural Development*, vol. III, *From the Seventh Century BC to the Seventh Century AD* (London & New York: Routledge, 1996), p. 63.

6. "asa," *Encyclopaedia Iranica* (http://www.iranicaonline.org/articles/asa-means-truth-in-avestan), 검색일 2013/6/16.

7. A.T. Olmstead, *History of the Persian Empire*, p. 234.

8. M. Schwartz, "The Religion of Achaemenian Iran," *The Cambridge History of Iran*, vol 2, *The Median and Achaemenian Periods*, p. 670.

9. R.C. Zaehner, *The Dawn and Twilight of Zoroastrianism*, p. 51.

10. M. Schwartz, "The Religion of Achaemenian Iran," *The Cambridge History of Iran*, vol. 2, *The Median and Achaemenian Periods*, pp. 681, 697.

11. "Ahriman," *Encyclopaedia Iranica* (http://www.iranicaonline.org/articles/ahriman), 검색일 2013/6/17.

12. R.C. Zaehner, *The Dawn and Twilight of Zoroastrianism*, pp. 299, 317.

13. Wendy Doniger, *The Hindus: An Alternative History* (New York: The Penguin Press, 2009), pp. 166~167.

14. R.C. Zaehner, *The Dawn and Twilight of Zoroastrianism*, p. 39.

15. Wendy Doniger, *The Hindus: An Alternative History*, pp. 76, 120.

16. 사명외도를 '생명파'라고 번역하기도 하는데, 이는 비교적 긍정적 의미의 번역이지만 역시 오도할 우려가 있다.

17. Johannes G. de Casparis, et. al., "Ideologies and the First Universal Religions," in UNESCO, *History of Humanity, Scientific and Cultural Development*, vol. III, *From the Seventh Century BC to the Seventh Century AD*, p. 57.

18. Wendy Doniger, *The Hindus, An Alternative History*, pp. 148~149.

19. V.C. Srivastava, "India from the 6th Century BC to the 3rd Century AD," in G.G. Pande, ed., *History of Science, Philosophy and Culture in Indian Civilization*, Vol. I, Part 2, *Life, Thought and Culture in India*, from c. 600 BC to c. AD 300 (New Delhi: Pauls Press, 2001), p. 27.

20. Jawaharlal Nehru, *The Discovery of India* (New Delhi: Penguin, 2004), pp. 143~144.

21. V. C. Srivastava, "India from the 6th Century BC to the 3rd Century AD," in G.G. Pande, ed., *History of Science, Philosophy and Culture in Indian Civilization*, Vol. I, Part 2, pp. 40~42.

22. Herbert Fingarette, *Confucius: The Secular as Sacred* (New York: Harper and Row, 1972).

23. Robert Charles Zaehner, *Zurvan: A Zoroastrian Dilemma* (Biblo and Tanno Publishers, 1955), p. 56.

24. Arnold J. Toynbee, "The change in the Jews' concept of the character of Yahweh," in *A Study of History*, Vol. XII, *Reconsiderations* (London: Oxford University Press, 1961).

25. Arnold J. Toynbee, "Was there one only, or more than one, civilization in Syria in the last millennium BC?" in *A Study of History*, Vol. XII, *Reconsiderations*.

26. Debiprasad Chattopadhyaya, et. al., "Concept of Nature, Philosophy and Science," in UNESCO, *History of Humanity, Scientific and Cultural Development*, vol. III, *From the Seventh Century BC to the Seventh Century AD*, p. 12.

27. "Heraclitus," *Stanford Encyclopedia of Philosophy* (http://plato.stanford.edu/entries/heraclitus/), 검색일 2013/6/22.

28. 왕필王弼, 『주역周易』 주注: "그러므로 계통으로부터 찾아가면 사물이 비록 번다하더라도 하나를 잡아서 제어할 수 있다故自統而尋之, 物雖衆, 則知可以執一御也."

제15장

알렉산더와
헬레니즘 시대

마케도니아가 페르시아제국을 멸망시킴으로써 그리스 문화는 근동·이란·인도, 심지어 중앙아시아까지 확산된다. 이는 인류사에서 유라시아 대륙을 관통하려는 첫 번째 시도였다. 이는 전체 여정의 절반에 해당한다. 나머지 절반은 두 세기 이후에 한漢제국이 동쪽에서 출발해 헬레니즘 세계와 만날 때까지 기다려야 했다.

페르시아가 그리스에 멸망당한 것은 별안간 벌어진 일이 아니다. 제12장의 결론에서 봤듯이, 페르시아는 그리스의 내부 분쟁에 개입해 최후의 승자가 되었다. 그 대가로 페르시아는, 그리스의 내부 투쟁과 페르시아의 내란이 한데 엮여 운명을 같이하게 되었다. 페르시아 내란에 개입한 그리스 용병이 제국의 내지까지 깊이 들어옴으로써 페르시아의 내부 사정이 노출되고 말았다. 기원전 4세기 전반에 이미 이런 상황이었다. 조건은 성숙되었지만 일이 이루어지기까지는 필리포스와 알렉산더의 등장이 필요했다.

다음에서 언급할 내용은 이렇다. 필리포스 시대에 이르러, 마케도니아인은 모든 힘을 기울여 그리스인이 되길 갈망했다. 하지만 그리스인이 보기에 마케도니아의 군주 제도 및 국왕의 일부다처 제도는 페르시아 궁정에 보다 가까웠다. 페르시아의 그리스 침략 전쟁에서, 마케도니아는 페르시아 속지로 전락했다. 때문에 마케도니아가 페르시아의 영향을 받는 것은 불가피했다. 마케도니아의 군사 제도에서 국왕의 컴패니언Companion은 페르시아제국의 '국왕의 벗'을 본보기로 삼은 듯하다.[1]

더욱 흥미로운 것은 마케도니아 왕실이 페르시아의 세습 총독 집안과 혼담을 나누었다는 사실이다. 마케도니아 왕 필리포스는 지적 장애가 있는 아들 아리다이오스Arridaeus(기원전 359~기원전 317)를 위해 카리아 총독 픽소다루스Pixodarus(재위 기원전 340~기원전 335)의 큰딸과의 혼인을 논의했다. 당시 알렉산더는 부왕과 갈등을 빚었는데, 그는 이복형제의 혼인이 자신의 황태자의 지위를 빼앗으려는 전주라고 오해했다. 알렉산더는 마침내 몰래 카리아로 사자를 보내 자신을 결혼 상대자로 제안했고, 물론 픽소다루스는 황태자인 그를 사위로 삼길 더 바랐다. 필리포스는 아예 이 혼사를 취소하고, 스스로의 가치를 떨어뜨렸다며 알렉산더를 질책한다.[2] 알렉산더는 어려서 세상물정을 잘 모르고 정세를 오판했던 것이다. 그의 부왕이 알렉산더 대신 지적 장애가 있는 사생아를 계승자로 택했을 리가 없을뿐더러 페르시아 총독의 집안을 마케도니아 왕실과 혼인하기에 걸맞다고 여겼을 리도 없다. 알렉산더는 훗날 페르시아 제국을 멸망시키고 페르시아 마지막 황제의 공주와 결혼하며, 세계 정복자가 된다.

마케도니아의 굴기

페르시아–그리스 전쟁을 정말로 끝낸 것은 페르시아와 그리스 사이에 개입한 마케도니아다. 마케도니아는 페르시아·아테네·스파르타를 모두 역사의 뒤안길로 보내고 세계사의 새로운 장을 썼다. 그리스인 중에는 마케도니아에게 굴복했을 때에도 여전히 마케도니아인을 야만인으로 보는 이들이 많았다. 마케도니아는 그리스인이었을까? 이는 자아 정체성, 타인의 인정, 후세의 평가 등의 요소를 통해 점차적으로 구성되는 '사실事實'이다. 이민족을 상대로 마케도니아가 그리스를 대표하거나 선양했다고 볼 수 있을까? 마케도니아의 행정 용어는 아테네의 아티카 방언이었다. 고대 마케도니아어 자체는 남아 있는 게 매우 적다. 지금까지도 고대 마케도니아어의 성격이 명확하지 않은데, 도리아와 에올리아 성분이 있는 듯하다. 마케도니아의 남쪽은 바로 아이올리스인의 고향인 테살리아Thessaly다. 이곳은 올림푸스 신산의 소재지이긴 하지만, 중요한 신전이 없고 이름난 도시국가 역시 없다. 페르시아 대군이 그리스를 침략했을 때 먼저 마케도니아와 테살리아를 경유했는데, 다들 투항했기 때문에 관건은 아테네와 스파르타로 넘어갔다. 때문에 먼저 투항한 지역에는 언급할 만한 영광스런 역사가 없다.

도리아와 에올리아 성분이 마케도니아로 하여금 그리스의 문턱으로 한 발 들어서게 했지만, 마케도니아어에는 일리리아어와 트라키아어 성분도 있다. 마케도니아는 동서로 트라키아와 일리리아 사이에 끼어 있었는데, 트라키아와 일리리아는 모두 그리스어가 아닌 인도유럽어를 사용했다. 트라키아는 심지어 일부가 소아시아로 뻗어서, 에게해 북쪽 기슭부터 흑해 남쪽 기슭까지 펼쳐져 있었다. 마케도니아의 북쪽에 있었던 파이오니아Paeonia 왕국의 언어에는 일리리아어와 트라키아어가 혼합되었던 듯하다. 마케도니아는 주변 나라와 마찬가지로 호메로스 서사시의 왕국 단계에 머물러 있었다. 서사시에서 사용된 '바실레우스basileus'라는 용어가 국왕의 호칭이었다. 일리리아의 남쪽에 있었던 그리스인의 에피루스 왕국 역시 이런 부류에 속했다. 그리스를 마주한 채 에게해를 둘러싼 지대에 형성된 광대한 이들 내지는 죄다 낙후한 지역으로 간주되었다. 그리스 민족인지의 여부를 막론하고 이들 지역은 모두 그리스 선진 도시국가의 문화 패권 아래에 놓여 있었다. 마케도니아의 주변성 역시 짐작할 수 있다.

마케도니아의 군사적 역량은 우환 속에서 탄생했다. 마케도니아는 역대로 서부 일리리아인의 침입을 받았는데, 그 고통을 견딜 수 없었을 뿐더러 오랫동안 공물까지 바쳐야 했다. 알렉산더 대왕의 아버지 필리포스 2세의 전임 국왕(페르디카스 3세)은 일리리아에 대항하기 위해서 상비군 보병을 창설했지만 전사했다.[3] 필리포스가 에피루스 공주 올림피아스(알렉산더의 어머니)와 결혼한 것도 에피루스 왕국과의 동맹을 통해 일리리아인에 공동으로 맞서려는 의도였다.

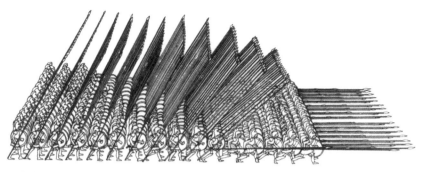
테베의 방진을 개량한 마케도니아 방진

마케도니아의 패권이 움튼 때는 테베가 영웅을 자처했던 시기다. 테베는 레우크트라Leuctra 전투(기원전 371)에서 스파르타에 심한 타격을 입혔다. 이번에는 스파르타가 일찍이 펠로폰네소스 전쟁에서 패전했던 것과는 달랐다. 레우크트라 전투에서 테베는 펠로폰네소스반도로 거침없이 쳐들어가서, 스파르타에 의해 수세기 동안 노예로 지내던 메세니아인을 해방시키고 그들이 나라를 되찾도록 도와주었으며, 스파르타의 토지와 노동력을 빼앗았다. 사나운 호랑이 스파르타의 이빨이 뽑힌 것이다. 당시 북방의 테살리아와 마케도니아 역시 야심을 펼치려 했는데, 테베가 북상해 그들을 토벌했다. 이는 북방에 이미 강국의 기상이 생겨났음을 말해준다. 테베의 북벌 중에 마케도니아 왕은 자신의 동생을 테베에 볼모로 보내야 했다. 오랫동안 테베에서 볼모로 지내며 그리스 문화의 영향을 받고 친親테베적인 감정을 키운 그는 바로 필리포스로, 훗날의 필리포스 2세(재위 기원전 359~기원전 336)다.

필리포스는 마케도니아로 돌아온 뒤, 기원전 359년에 조카의 왕위를 자기가 차지하고 일련의 개혁에 착수한다. 일찍이 필리포스의 형(페르디카스 3세)이 상비군을 창설해, 지주의 무장 기사를 마케도니아 군대의 직업 군인으로 전환했다. 필리포스는 테베로부터 배운 방진方陣, 즉

레우크트라 전투에서 위력을 떨쳤던 사선진법斜線陣法을 마케도니아 방진으로 개량했다. 즉 밀집 대형隊形에 13~21피트의 긴 창(사리사sarissa)을 이용하는 것이었다. 테베의 군사 혁명은 그리스 전통의 중장보병(호플리테스hoplites)을 방진병方陣兵(팔랑기테스phalangites)으로 바꾸었다. 로마 군단(레기온legions)에 의해 대체되기 전까지, 방진 작전은 가장 선진적인 전투 방식이었다. 이밖에도 필리포스는 기병·방진병·궁수의 다병종 혼합 전법을 채택했다.

필리포스는 동쪽으로 확장하면서, 훗날 필리피Philippi로 명명되는 평원을 트라키아로부터 빼앗았다. 이곳은 금은이 많이 나는 곳으로, 필리포스의 군비 제공처가 된다.⁴ 자원이 있다 하더라도, 상비군을 갖추는 것은 마케도니아 같은 왕국만이 할 수 있는 일이었다. 그리스 도시국가에서는 전쟁이 나면 시민군을 징집했고, 평소에는 군대를 떠나 있었다. 그런데 야심가가 민회를 이용해 친위대를 두도록 허가받을 경우, 정변이 발생해 참주 정권을 세우기 십상이었다. 이런 나쁜 사례가 자주 있었다. 훗날 시민군 제도는 손상되었고, 도시국가는 차라리 돈으로 용병을 고용할지언정 독재관이 상비군을 통제하도록 하지는 않았다. 필리포스는 바로 그런 독재관 격이었다. 무력 통일의 대업을 완성하는 일은 오직 그였기에 가능했다.

필리포스는 근린의 발칸 왕국들을 평정해 뒷걱정을 제거하는 한편, 에게해 지역 서북쪽을 놓고 남방의 아테네와 쟁탈전을 벌였다. 이 지역을 손에 넣은 뒤 마케도니아는 비로소 바다로 나갈 출구를 갖게 되었다. 이와 동시에 필리포스는 남하하여 인보 동맹의 전쟁에 개입했다. 이 전쟁을 신성 전쟁the Sacred Wars이라고도 한다. 인보 동맹은 그리스 도시국가들이 델포이 신탁소를 지키기 위해 설치한 조직이다. 명목상 아테네와 스파르타 역시 그 구성원이었지만, 델포이를 점령한 포키스Phocis를 징벌하기 위한 전쟁이 발발한 당시의 종주는 테베였다. 필리포스는 이 10년 전쟁의 마지막 단계에 개입해, 기원전 346년에 포키스를 격파하고 단번에 동맹의 맹주가 된다. 이로써 마케도니아의 세력은 그리스 핵심 지대까지 이르게 되는데, 여기서 더 남하하다가 아테네의 제지를 받게 된다. 하지만 필리포스는 북방에서 테살리아의 집정관(아르콘archon)으로 뽑혀, 테살리아의 재화와 기병을 지배할 수 있게 된다.[5] 테살리아의 기병은 그리스 세계에서 일류였다. 테살리아의 기병, 마케도니아의 방진, 노가 3단으로 이루어진 아테네의 군용선(트라이림trireme)은 그리스의 3대 전쟁 기기다.[6] 필리포스는 이 셋 중에서 둘을 얻게 된 것이다.

신성 전쟁이 끝난 뒤, 필리포스는 아테네와 남북을 나눠서 다스릴 계획이었다. 그런데 그는 동쪽으로 트라키아의 땅을 잠식하면서 금광과 은광을 빼앗았을 뿐만 아니라 아테네가 흑해로부터 식량을 들여오는 일도 위태롭게 만들었다. 아테네는 심지어 페르시아와 동맹을 맺고 싶을 정도였으니, 마케도니아와 아테네의 충돌은 불가피했다. 아테네의 정치 지도자 데모스테네스Demosthenes(기원전 384~기원전 322)는 필리포스를 비난하는 연설에서 마케도니아가 가장 열등한 야만인이라면서, 마케도니아에서는 자격을 갖춘 노예를 구매할 수도 없다고 지적했다.[7] 그리스인은 페르시아인도 야만인이라고 했다. 결국 데모스테네스의 말은 마케도니아인이 페르시아인보다도 열등하다는 의미다.

필리포스의 패업을 다진 것은 기원전 338년의 카이로네이아Chaeronea 전투다. 필리포스는 아테네와 테베 연합군을 격파했다. 이 전투에서 테살리아 기병대를 이끈 사람은 필리포스의 아들 알렉산더다. 이제 그리스 전체가 필리포스의 발아래에 엎드리게 되었다. 필리포스는 코린토스 동맹을 결성했다. 그는 동맹에 자유롭게 가입한다는 방침을 유지하면서, 메세니아와 동등한 자격의 스파르타가 동맹에 가입하지 않는 것을 허락했다. 당시 마케도니아는 코린토스와 테베 등지에 군대를 주둔시키고 있었다. 각 동맹국은 역량에 따라서 병력을 제공해야 했다.[8] 그리스는 이제 통일된 병사 공급원 및 군사 독재관(스트라테고스 아우토크라토르 strategos autokrator)을 갖게 되었고, 내부의 전투도 멈추었다. 이제 페르시아 정벌을 목전에 두고 있었다.

필리포스는 불행하게도 기원전 336년에 암살당한다. 당시 마케도니아는 이미 1만 명의 군대를 아시아로 진입시켰고, 페르시아 정벌을 개시했다. 알렉산더는 기원전 334년에 그리스·트라키아·테살리아 및 마케도니아 본토에서 온 3만7000명의 대군을 직접 이끌고 아시아로 들어가는데, 이는 훗날의 일이다. 역사가의 추측에 따르면, 중년(46세)의 필리포스가 꿈꾼 것은 기껏해야 소아시아를 포괄하는 정도였다. 하지만 아직 세상물정을 모르던, 성장 중에 있던 알렉산더는 세계의 끝까지 가고자 했다. 때문에 동성애와 관련하여 필리포스의 죽음을 초래한, 치정에 얽힌 살인은 확실히 세계사를 다시 쓰게 만들었다.[9]

훗날 '대제'가 되는 알렉산더는 바로 알렉산더 3세(재위 기원전 336~기원전 323)다. 그는 필리포스와 에피루스 공주 올림피아스Olympias 사이에서 태어났다. 알렉산더가 13세일 때, 필리포스는 그를 위해 아리스토텔레스를 스승으로 모셔왔다. 이는 역사상 보기 드문 거물의 만남이다. 아리스토텔레스의 영향 아래, 알렉산더는 호메로스의 『일리아드』에 빠져들었다. 젊은 나이에 죽었지만 영웅의 전당에서 길이 빛나는 아킬레스 Achilles는 알렉산더의 본보기가 되었다. 알렉산더가 페르시아제국을 공격한 건 22세였을 때다. 10년 뒤 그가 세상을 떠났을 때 나이는 겨우 32세였다. 당시 그는 이미 세계적인 도시(코스모폴리스cosmopolis)를 세웠다. 그의 스승이 쓴 『정치학』에서 가장 이상적인 정치 체제는 소도시국가(폴리스)였을 뿐이다.

알렉산더가 세계를 정복하다

기원전 334년 4월, 알렉산더는 헬레스폰트해협의 아시아 방면에 자리한 아비도스Abydos에 상륙했다. 그가 아시아로 들어간 뒤 첫 번째로 한 일은 트로이로 가서 아킬레스의 묘에 제사를 지낸 것이다. 이는 일찍이 페르시아의 왕 크세르크세스가 그리스를 침략하러 가는 길에, 트로이에서 망령에게 제사를 지낸 것과 같은 맥락이다. 크세르크세스는 아시아를 위해 복수하려는 뜻을 품고 있었다.[10] 이는 분명히 유럽과 아시아가 대결하는 양상이었다. 5월, 알렉산더는 그라니코스Granicus에서 격렬한 전투를 치렀다. 전쟁이 시작되기 전, 페르시아의 그리스 용병 대장 로도스섬의 멤논(기원전 380~기원전 333)은 청야淸野 전술을 써야 한다고 주장했다. 하지만 페르시아 전방의 현지 총독들은 멤논의 말을 듣지 않았다. 결국 페르시아는 그라니코스 전투에서 대패한다. 이후 페르시아는 멤논을 서부군 총사령관에 임명한다. 멤논에게는 300척의 전함이 있었고, 다른 병력은 증원 중이었다. 그는 곧장 마케도니아로 쳐들어갈 계획이었다. 이 그리스 군인은 알렉산더의 강력한 적수였다. 멤논은 결코 평범한 사람이 아니었다. 그는 일찍이 필리포스가 파견한 선봉부대를 소아시아의 서북쪽으로 물러가게 만든 적도 있다.

바다에서 페르시아 해군과 그리스 연합 함대의 전력 비율은 400 대 160이었다. 병력의 의미 없는 소모를 줄이기 위해서 알렉산더는 아예 해군을 해산시키고 헬레스폰트해협을 경유하는 보급로를 지키도록 소대 하나만 남겨두었다. 또한 육지에서 적의 함대를 격파한다는 전략을 채택해, 그라니코스 전장에서 남하하면서 에게해 동쪽 기슭의 항구인 에페수스·밀레투스·할리카르나소스를 점령하고, 도중에 페르시아의 군항軍港을 빼앗았다. 이것은 위험한 일이었는데, 알렉산더는 지중해의 동부 연안선 전체를 점거해야만 했기 때문이다. 매번의 전투에서 반

아킬레스의 묘에 제사를 지내는 알렉산더

드시 승리해야 하는 것은 물론이고, 각 곳에 주둔시킨 부대가 버텨내야
만 이 전략이 비로소 효과를 거둘 수 있었다. 할리카르나소스를 해결한
뒤, 알렉산더는 아나톨리아 남쪽 기슭을 따라서 동쪽으로 침입한 다음
에 남쪽을 침략해 시리아로 들어갔다. 다리우스 3세(재위 기원전 336~기
원전 330)는 10만 대군을 직접 이끌고 알렉산더를 저지하려 했지만 이수
스Issus 전투(기원전 333~기원전 335)에서 패배한다. 알렉산더는 성공적으
로 남하해 페니키아 도시국가들을 점령한다. 그중에서 가장 힘들었던
것은 티레 포위 공격Siege of Tyre이었다. 섬에 세워진 이 도시는 둑으로 육
지와 연결되어 있었다. 티레의 수비군은 성을 공격하는 알렉산더의 부
대를 향해 붉게 달아오른 흙을 뿌렸다. 기원전 333년 11월에 시작된 악
전고투가 이듬해 8월에 이르러서야 끝이 났다.[11]

　만약 페르시아가 공격을 최선의 수비로 삼는 멤논의 전략을 채택했
다면, 페르시아 해군은 바다를 건너서 맞은편 기슭의 그리스 항구를 차
지할 수 있었다. 그런데 멤논은 아시아 쪽에 있는 레스보스섬 미틸레네

항을 포위 공격할 때 갑작스럽게 전사하고 만다. 멤논의 후임자는 알렉산더와 그리스 본토의 교통을 차단하긴 했지만, 마케도니아인이 이미 페르시아로 깊숙이 들어와 기지를 세운 상태였다. 페르시아 본토가 함락되었고, 알렉산더에게는 커다란 장애물이 없었다. 그리스 도시국가들 중에서 동맹에 가입하지 않은 스파르타만 페르시아로 기울었지만, 모든 게 너무 늦었다. 알렉산더가 티레를 함락한 뒤, 페르시아 해군은 정박할 수 있는 육지가 없었다. 반면에 알렉산더는 페니키아·키프로스·로도스섬의 해군을 획득했다. 알렉산더는 크레타섬에 머물던 페르시아와 스파르타 해군을 무찔렀다.

기원전 331년에 이르러 동지중해의 상황은 평정되었다. 알렉산더는 이집트의 해군까지 얻었다. 재미있는 사실은 아테네의 전함 300척이 채 투입되지 않았는데, 알렉산더는 헬레스폰트해협에서 군수품 운송을 돕도록 단지 20척만 동원했다는 것이다. 그리스 도시국가의 함선이 많긴 해도 알렉산더의 연합 해군에 비해서는 열세인 셈이었다.[12] 여기서 우리는 알렉산더가 군사 천재일 뿐만 아니라 탁월한 모략가임을 알 수 있다. 마케도니아의 그리스 동맹국도 신뢰할 수 없는 상황인데, 알렉산더는 오히려 적국이 있는 곳에서 자원을 얻음으로써 동맹국을 눌러버렸다.

지중해 동부 연안을 소탕한 뒤 알렉산더의 다음 목표는 이집트였다. 알렉산더는 기원전 331년 초 멤피스로 들어가 해방자로서 성대한 환영을 받았다. 그는 즉시 시와Siwa 오아시스의 암몬 신탁소를 방문했고, 제사장은 그를 새로운 '우주의 주主'이자 아문의 아들로 받들었다. 알렉산더의 신격화가 이미 시작된 것이다. 앞으로 알렉산더와 마케도니아 동포 사이에는 한 줄기 그림자가 던져질 터였고, 헬레니즘 시대의 구세주 정권이 세워진 것이다.

알렉산더는 이집트에서 나와 계속 진군해 티그리스강 상류에 이르렀다. 기원전 331년 10월, 다리우스 3세는 가우가멜라Gaugamela에서 10만에 가까운 대군을 규합해 알렉산더를 상대했다. 알렉산더의 부대는 약 4만 7000명이었다. 그리스인의 기록에 따르면 승부가 아직 가려지기도 전에 다리우스 3세는 겁을 먹은 채 도망쳤고 결국 페르시아 군대도 패하여 뿔뿔이 흩어졌는데, 기원전 333년의 이수스 전투와 상황이 매우 비슷하다. 이 기록의 신뢰도는 담보하기 어렵다. 두 전투의 공통점은 부사령관인 파르메니온Parmenion(기원전 400~기원전 330)이 이끄는 비교적 약한 좌익으로 하여금 비교적 강한 압력을 견디게 하면서, 알렉산더 자신은 컴패니언 기병대를 이끌고 우익에서 직접 적군의 중앙을 공격하는 것이었다. 알렉산더가 다리우스 3세를 본격적으로 추격하려는 순간, 파르메니온의 좌익이 위급해져 와해되려는 상황이었다. 알렉산더가 추격을 포기한 이유는 아마도 자신의 부대를 지키기 위해서였을 것이다.

가우가멜라 전투는 페르시아를 멸망시킨 전투다. 같은 달에 알렉산더는 성공적으로 바빌론에 입성한다. 이어서 그는 페르시아제국의 수도 부근을 공격했다. 수사를 함락하고 이란고원으로 들어가 페르시스를 향해 칼을 겨누었다. 기원전 331년 11월에는 욱시아Uxia협곡 전투가 벌어졌는데, 알렉산더는 역대로 페르시아 정부에 통행료를 강요했던 산지 민족 욱시아인을 쳐부순다. 이후 그는 아무런 장애 없이 페르세폴리스로 진입하길 기대했다. 그런데 뜻밖에도 페르시아 관문에서 페르시스 총독 아리오바르자네스Ariobarzanes(기원전 368~기원전 330)로부터 저지를 당한다. 이 전투를 '페르시아의 테르모필레 전투'라고 한다. 희망 없이 고립된 군대가 침입한 적에게 뜻밖의 일격을 가하긴 했지만, 결국 아리오바르자네스는 전사한다.[13] 알렉산더는 다리우스 1세 때 세워진 페르세폴리스로 들어가 그곳을 불태운다. 이것은 아테네를 위한 복수였다. 일찍이 페르시아의 왕 크세르크세스는 테르모필레를 돌파한 뒤 아테네

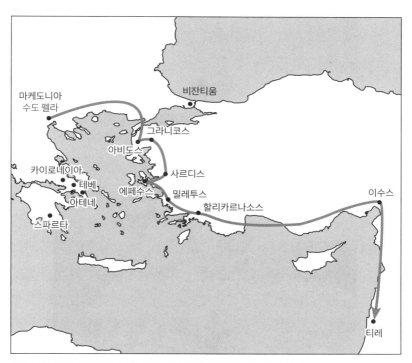

알렉산더가 해안선을 따라 진군하면서 끊어놓은 페르시아 해군 기지

컴패니언 기병대를 이끌고 페르시아 본진을 돌파하는 알렉산더

알렉산더의 동방원정 당시 순국한 페르시스 총독 아리오바르자네스

를 불태운 적이 있다.

다리우스 3세는 동쪽으로 달아났다. 그는 박트리아에서 새로운 부대를 규합하길 바랐지만 자신을 따르던 박트리아 총독 베수스Bessus(?~기원전 329)에게 살해된다. 베수스는 알렉산더가 이것에 만족하길 바랐다. 베수스는 페르시아 동부를 지킬 수 있길 기대했지만, 알렉산더는 동요하지 않고 계속해서 카스피해 남쪽을 따라 동쪽으로 나아가 박트리아와 소그드 지역으로 들어갔다. 상식에 맞지 않는 알렉산더의 이런 행동은 그리스 군대 내에서도 불만을 일으켰다. 그들은 페르시아제국이 이미 멸망했으니 목적이 달성되었다고 생각했던 것이다. 많은 이들이 고

향에 돌아가길 기다렸는데, 그들의 왕은 계속해서 무턱대고 동쪽으로 가려 했다. 알렉산더는 페르시아인을 대거 등용하고, 페르시아 궁정의 예법을 채택했으며, 그리스인의 정서에 맞지 않는 습속을 그리스인에게 강요했다. 이러한 조치는 군대 내에 형성된 불만의 정서와 충돌을 일으켰고 알렉산더의 지도력을 뒤흔들었다.

알렉산더가 카스피해의 남쪽을 따라 중앙아시아(훗날 실크로드에서 이란 지역)로 진군했던 기간에 잇따라 세 개의 사건이 발생했다. 첫 번째 사건은 기원전 330년에 있었다. 드란기아나Drangiana(오늘날 아프가니스탄 경내에 자리한다)로 진군했을 때, 알렉산더의 컴패니언 기병대를 통솔하던 필로타스Philotas(?~기원전 330)가 모반죄로 몰렸다. 이는 군대 내에서 왕을 시해하려는 음모가 자라나고 있었음을 말해준다. 사실 필로타스는 내막을 알았지만 보고하지 않았는데, 이는 대왕을 따라 앞으로 나아가고 싶지 않은 병사들의 마음에 그가 순응했음을 반영한다. 알렉산더와 함께 자란 어렸을 적 친구인 필로타스는, 알렉산더가 이집트에서 아문 라의 아들이라는 칭호를 받은 뒤부터 이미 마음이 떠나기 시작했다. 알렉산더는 필로타스를 사형에 처했다. 그리고 밤에 엑바타나Ecbatana로 사람을 보내 필로타스의 아버지까지 죽였다. 필로타스의 아버지는 바로 두 차례의 대전투에서 좌익을 맡았던 부사령관 파르메니온이다. 당시 파르메니온은 메디아에 주둔하면서, 서쪽에서 동쪽 전선으로의 군수 물자 보급을 책임지고 있었다. 알렉산더의 조치는 물론 미연에 환난을 방지하려는 것이었지만, 필리포스 세대의 노신과 그 파벌을 죄다 제거한 것이기도 하다. 일찍이 지중해 동부 연안이 함락된 뒤, 페르시아제국은 티그리스-유프라테스강 유역 이서의 국토를 전부 내주며 화의를 요구한 적이 있다. 파르메니온은 알렉산더에게 이를 받아들이라고 권고했지만, 알렉산더는 코웃음을 쳤다. 이 노신의 입을 통해서 선왕 필리포스의 야망의 한계가 드러난 셈이다. 파르메니온은 바로 선왕 시기에 선봉부대를 이끌고 소아시아로 들어갔던 사람이다. 알렉산더가 페르세폴리스를 불태웠을 때에도 파르메니온은 반대했지만 헛수고였다. 파르메니온 파벌이 제거된 뒤 이익을 얻은 자는, 알렉산더의 동성 연인 헤파이스티온Hephaistion(기원전 356~기원전 324)처럼 알렉산더와 같은 세대 사람들이었다.**14**

두 번째 사건은 알렉산더가 군대를 이끌고 해발 1만1000피트의 힌두쿠시산맥을 넘어 베수스의 박트리아 근거지를 정복한 뒤, 사마르칸트에서 디오니소스 축제를 축하할 때 벌어졌다. 당시 다들 앞다투어 알렉산더에게 아부하면서 그의 아버지 필리포스를 깎아내렸다. 필리포스 시대의 장군 클레이토스Cleitus(기원전 375~기원전 328)는 일찍이 그라니코스 전투에서 알렉산더의 목숨을 구해준 적이 있다. 연회에서 곤드레만드레 취한 클레이토스는 필리포스를 높이면서 알렉산더를 헐뜯었다. 결국 두 사람 사이에 격한 말이 오갔고, 취한 상태라 정신이 맑지 않았던 알렉산더는 근위병의 창을 빼앗아 클레이토스를 향해 던져 그를 죽이고 만다. 술에서 깬 뒤 알렉산더는 매우 비통해했다. 선왕 때의 중신이 또 한 명 줄어든 것이다.

필리포스 때의 노신은 물론, 알렉산더와 함께 자란 동년배마저도 알렉산더가 스스로를 신격화하는 것에 동의하지 않았다. 심지어 알렉산더는 필리포스를 더 이상 자신의 아버지로 인정하지 않았다. 이제 알렉산더의 부친은 제우스-아문이 되었다. 사람들이 더욱 참기 어려웠던 일은 알렉산더가 패전한 페르시아인을 차별 없이 대하면서 정부의 중심에 받아들인 것이다. 심지어 알렉산더 본인이 페르시아 복장을 하기도 했다. 페르시아의 권세가들은 대왕에게 무릎을 꿇고 절을 했다. 알렉산더는 이 프로스키네시스proskynesis(왕 앞에 무릎을 꿇고 발에 입을 맞추는 페르시아 예법 – 옮긴이)를 그리스인에게도 적용하고 싶어 했지만 성공하지 못한다. 이와 관련해 알렉산더는 아리스토텔레스의 조카 칼리스테네스 Callisthenes(기원전 360~기원전 328)의 반발에 부딪혔다. 스승인 아리스토텔 레스와의 관계로 인해, 알렉산더는 칼리스테네스를 종군 사관史官 및 종 군 학교의 선생으로 임명했다. 아테네인의 도도함을 지닌 칼리스테네스 는, 조정이 갈수록 동방화되는 것을 경멸했다. 게다가 알렉산더는 소그드 일대를 정복한 뒤 소그드의 공주 록사나Roxana(기원전 345~기원전 310)를 아내로 삼았다. 그리스의 앞날은 야만족의 후손이 통치하게 될 터였으 니, 어찌 참을 수 있었으랴! 마침 기원전 328년에 '시동들의 음모' 사건이 발생한다. 시동들의 교사인 칼리스테네스는 일찍이 폭군을 시해하는 일 을 칭송한 적이 있는데, 이번 사건에 연루되어 죽임을 당한다. 이 사건으 로 알렉산더는 아테네에서 천고에 사라지지 않을 오명을 남기게 된다.[15]

같은 해에 마케도니아 원정군은 간다라(지금의 아프가니스탄 동부)에 서 파키스탄 북부에 이르러 인더스강 유역으로 진입해 오늘날 펀자브에 자리한 파우라바Paurava 왕국을 공격했다. 5월에 히다스페스Hydaspes 전투 에서 알렉산더는 승리를 거둔다. 알렉산더는 패전한 포루스Porus를 높이 평가하며 그가 계속 왕으로서 원래의 영토를 통치하도록 했다. 히다스 페스강에서의 전투 이후, 알렉산더는 지금의 물탄Multan에 있던 말리Malhi 족을 공격하다가 하마터면 목숨을 잃을 뻔했다. 이 정복자는 동쪽으로 더 나아가고 싶었다. 그는 세계의 끝에 도달하려는 호기심을 충족하고 싶었지만 병사들이 진군을 거부하면서 귀환을 요구했다. 알렉산더는 인 도에 도시를 세우고 총독을 두었다. 그는 대군을 이끌고 인더스강을 따 라 남하해 하구까지 이른 뒤 해로와 육로로 나누어서 서쪽으로 돌아가 기로 했다. 페르시아만 북쪽 기슭의 죽음의 땅 마크란Makran사막을 가로 지르는 육로에서, 부대가 길을 잃고 많은 이들이 죽고 만다. 사지에서 벗 어난 인원은 절반도 안 된다. 해로의 경우, 본래 육로와 호응해야 했다.

바빌론에서 임종을 맞은 알렉산더

그런데 함대가 출발한 지 얼마 뒤 사라지고 말았다. 그래서 전멸했을 것이라고 여겼는데, 이는 단지 육로와 해로의 소통이 끊긴 데서 빚어진 오해였다.

알렉산더가 옛 페르시아의 수도로 돌아온 뒤, 오피스Opis에서 병사들의 항명 사태가 벌어진다. 그들은 페르시아인을 엘리트 부대에 받아들이는 것에 항의했다. 알렉산더는 9000명의 마케도니아와 페르시아 부대 앞에서 두 민족이 모두 '가족'임을 선언하면서, 그들에게 커다란 술그릇에 담긴 술을 떠서 신에게 술을 올리며 맹세할 것을 요구했다.[16] 알렉산더는 그리스인이 정복자라는 이미지를 최대한 없애고자 했다. 기원전 324년 2월, 그는 솔선수범하여 다리우스 3세의 딸 바르시네-스타티라Barsine-Statira(기원전 340/339?~기원전 320)를 아내로 맞는다. 이와 동시에 페르시아 왕족의 여자를 자신의 장수들과 결혼시켰는데 모두 80쌍가량이었다. 그런데 나중에 대부분 이혼으로 끝을 맺는다. 알렉산더는 아시아 여자를 아내로 삼은 마케도니아 사병 약 1만 명에게 후한 상을 하사했다. 기원전 323년, 알렉산더는 바빌론에서 아라비아반도를 정복할 계획을 구상했지만 6월 11일에 세상을 뜬다.

후계자들의 각축

알렉산더 대제가 사망한 뒤, 제국의 통일을 유지하려는 힘과 제국을 분할하려는 힘이 대결한 결과, 후자가 승리하게 된다. 이 과정을 단계별로 알아보자. 알렉산더가 사망한 직후, 필리포스의 방진을 추억하는 보병들이 알렉산더의 이복형제인 아리다이오스를 왕으로 추대했다. 한편 알렉산더의 컴패니언 기병대의 통솔자이자 천부장(킬리아크chiliarch)인 페르디카스Perdiccas(?~기원전 320)는 록사나가 낳을 유복자를 기다렸다. 페르디카스는 기원전 323년에 바빌론에서 여러 장군들과 분봉 협의를 맺는다. 각자의 근거지를 인정한다는 전제하에 우선 아리다이오스를 국왕으로 인정하는데, 바로 필리포스 3세다. 그리고 록사나가 낳은 아들은 알렉산더 4세(재위 기원전 323~기원전 309)로 받들기로 했다. 이로써 공동 왕체제가 수립되고, 페르디카스가 섭정을 맡는다. 그런데 공동 왕 체제뿐 아니라 섭정 체제 역시 상황을 복잡하게 만들었다.

알렉산더가 사망했다는 소식이 전해지자 그리스 도시국가는 잇따라 독립을 선언했다. 당시 마케도니아를 장악하고 섭정을 맡았던 안티파트로스Antipatros(기원전 397~기원전 319)는 아테네가 이끈 그리스 도시국가의 반란에 맞닥뜨리게 된다. 안티파트로스는 원정군 장군 크라테루스Craterus(기원전 370~기원전 321)와 폴리페르콘Polyperchon(?~기원전 304)이 이끌던 귀국 퇴역 군인을 이용해 반란을 평정한다. 기존의 섭정인 안티파트로스는 이렇게 병력을 보충함으로써 새로운 섭정 페르디카스에 대항하는 중심이 된다. 알렉산더의 어머니 올림피아스는 안티파트로스와 페르디카스 사이에서 저울질하며 정계 복귀를 시도한다. 당시 대프리기아

Greater Phrygia 총독 '외눈박이' 안티고노스Antigonus(기원전 382~기원전 301)는 안티파트로스에게 기울어 있었다. 프톨레마이오스 1세 소테르Soter(기원전 367~기원전 283)는 기원전 322년 하반기에 알렉산더의 장례 행렬을 막고서 그 시신을 이집트로 가져간다. 그는 안티파트로스·안티고노스와 연맹하여 함께 페르디카스를 공격했다.

페르디카스는 에우메네스Eumenes(기원전 362~기원전 316)를 보내 유럽의 공세를 막게 하는 한편, 자신은 주력 부대를 이끌고 이집트를 공격했다. 기원전 321년부터 기원전 320년 사이에, 페르디카스는 이집트를 정벌할 때 무능한 지휘로 인해 자신의 부하에게 살해당한다. 한편 에우메네스는 소아시아에서 벌어진 전쟁에서 마케도니아와 아르메니아의 협공을 격파하고, 아르메니아 총독과 안티파트로스의 수하인 크라테루스를 죽였다. 하지만 페르디카스가 이미 죽은 상황에서, 페르디카스의 적들은 시리아의 트리파라디소스Triparadisus에서 다시 분봉 협의(트리파라디소스 분할 협정)를 맺어 안티파트로스를 섭정으로 선출하고 에우메네스를 제거하기로 결의한다. 안티파트로스는 두 왕을 마케도니아로 데리고 돌아온다. 하지만 트리파라디소스 분할 협정은 영토를 나눈 것과 마찬가지였으며, 알렉산더의 통일 제국이라는 허상은 이미 위험한 징후를 보이고 있었다.

안티파트로스는 죽기 전에, 자신의 직무를 대행하고 있던 아들 카산드로스Cassander(기원전 350~기원전 297)가 아닌 자신의 동료 폴리페르콘이 섭정의 자리를 잇도록 지정했다. 이로써 안티파트로스 사후(기원전 319)에 섭정 지위를 놓고 쟁탈전이 벌어진다. 쌍방이 교전하면서 각자 동맹을 체결했고, 이로 인해 또다시 후계자의 혼전이 펼쳐졌다. 전란 기간에 알렉산더의 어머니 올림피아스는 필리포스 3세를 살해(기원전 317)하고 자신의 외손자 알렉산더 4세가 왕위를 잇게 하려 했는데, 카산드로스가 마케도니아로 회군하여 올림피아스를 죽인다. 당시 알렉산더의 혈통에 여전히 충성했던 인물은 에우메네스다. 에우메네스는 일찍이 필리포스와 알렉산더의 비서를 지냈다. 하지만 그는 마케도니아인이 아닌 트라키아 그리스인이다. 에우메네스는 페르디카스·안티파트로스와는 달리, 왕실과 인척 관계도 없다. 때문에 그는 생존을 도모하기 위해 애썼을 것이다. 에우메네스는 폴리페르콘과 손을 잡기도 했지만 폴리페르콘은 성공하지 못했다. 결국 앞서 벌어졌던 후계자 전쟁이 되풀이되었다. 주된 싸움터에서 패배한 상황에서 에우메네스는, 카산드로스와 연합한 '외눈박이' 안티고노스의 근거지인 이란으로 쳐들어간다. 두 차례의 승전을 거둔 그는 뜻밖에도 마케도니아 병사의 배신으로 적에게 넘겨져 살해된다(기원전 316).

마케도니아 병사들은 확실히 진즉부터 왕실에 충성하지 않았다. 섭정이라는 명목조차 사라졌고, 통일 제국의 허상은 마침내 사라졌다. 초기에는 중앙이 총독의 반란을 진압하기 위한 전쟁이었는데, 나중에는 많은 세력이 합종연횡하는 '후계자 전쟁'(디아도코이Diadochoi 전쟁)으로 선명화되었다. 40여 년 이어진 전쟁의 초기에는 알렉산더의 유지를 계승하려는 이들이 존재했다. 그들은 군웅을 평정하고 천하를 독차지하길 희망했다. 안티고노스와 그의 아들 '공성攻城의 명수' 데메트리오스 폴리오르케테스Demetrius Poliorcetes(기원전 337~기원전 283)에게는 이런 야망이 있었다. 결국 이들에 맞서기 위해 다른 후계자들 즉 프톨레마이오스, 카산드로스, 리시마쿠스Lysimachus(기원전 360~기원전 281), '승리자' 셀레우코스 니카토르Seleucus Nicator(기원전 358~기원전 281)는 연합전선을 펼치게 된다. 전쟁이 몇 년 동안 이어지다가 기원전 311년에 양측은 정전 협정을 맺지만, 1년 뒤 다시 전쟁이 개시된다.

기원전 309년, 마케도니아를 차지하고 있던 카산드로스가 록사나와 알렉산더 4세를 죽이고 모든 후계자가 알렉산더 왕조의 종결을 묵인함으로써 새로운 시대가 시작된다. 안티고노스는 기원전 306년에 왕이라 칭했고, 자신의 아들 데메트리오스 폴리오르케테스에게도 왕의 칭호를 주었다. 하지만 왕국의 범위를 명확히 설정하지는 않았는데, 알렉산더 제국의 전역을 차지하려는 야심이 있었던 것이 분명하다. 셀레우코스와 프톨레마이오스는 기원전 305~기원전 304년에 바빌론과 이집트에서 잇따라 왕이라 칭했다. 기원전 301년, 소아시아 내지 프리기아의 입수스 Ipsus 전투에서 카산드로스·리시마쿠스·셀레우코스의 연합군은 안티고노스를 죽인다. 셀레우코스가 인도에서 제공받은 전투 코끼리가 여기서 결정적 역할을 발휘했다. 안티고노스가 사라진 뒤 셀레우코스의 세력이 과도하게 팽창되자 리시마쿠스와 프톨레마이오스가 손을 잡게 된다.

기원전 297년에 카산드로스가 사망하고 그의 여러 아들은 결국 잇따라 왕위를 잃고 만다. 기원전 294년, 데메트리오스 폴리오르케테스가 그들의 왕위 다툼에 개입한다. 이 '의자 뺏기' 게임에서 데메트리오스 폴리오르케테스는 잠시 마케도니아를 차지하게 된다. 하지만 호시절은 오래가지 않았다. 마케도니아는 서부 에피루스 국왕 피로스Pyrrhus(기원전 319/318?~기원전 272, 제16장에서 다시 살펴볼 것이다)의 공격을 받게 된다. 동시에 리시마쿠스와 프톨레마이오스로부터의 압력도 있었다. 결국 마케도니아 왕국은 다시 피로스와 리시마쿠스에 의해 나뉘고, 나중에는 리시마쿠스가 독차지하게 된다. 데메트리오스 폴리오르케테스는 아시아로 돌아가 재기를 도모하지만 셀레우코스에게 투항한 뒤 감옥에서 죽는다.

아나톨리아 서부와 마케도니아에 근거지를 둔 리시마쿠스는, 서아시아와 페르시아에 근거지를 둔 셀레우코스와 결전을 벌이게 된다. 기원전 281년, 리디아의 코루페디움Corupedium 전투에서 리시마쿠스가 전사

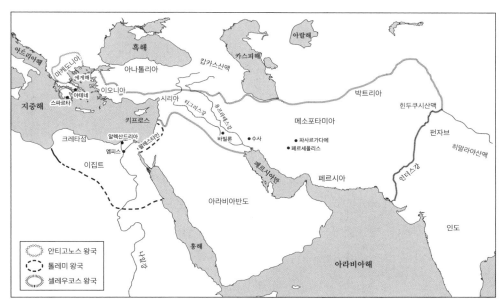

기원전 275년의 헬레니즘 왕국들

한다. 셀레우코스는 곧 마케도니아의 주인이 될 터였다. 프톨레마이오스가 차지하고 있는 이집트를 제외하면, 마침내 셀레우코스가 알렉산더 제국의 접수자가 될 듯했다. 하지만 셀레우코스는 유럽에 발을 들여놓자마자 암살되고 만다. 마케도니아는 셀레우코스를 죽인 프톨레마이오스 케라우노스Keraunos(재위 기원전 281~기원전 279, 케라우노스는 천둥과 번개를 뜻함)의 손에 들어간다. 프톨레마이오스 케라우노스는 이집트 프톨레마이오스 1세의 큰아들이다. 그런데 왕위를 계승한 이는 둘째아들이었다. 왕위를 잃은 프톨레마이오스 케라우노스는 리시마쿠스에게 의탁했다가 나중에 셀레우코스에게 의탁한다. 셀레우코스를 암살할 당시 그는 셀레우코스의 부관이었다. 프톨레마이오스 케라우노스는 마케도니아를 탈취한 뒤 이집트의 왕위를 포기한다고 선포했다.**17**

셀레우코스와 리시마쿠스는 모두 여든 가까운 고령에 사망했다. 이들은 1세대 후계자의 마지막 대표자다. 프톨레마이오스 케라우노스는 2세대로, 제위에 오른 지 오래지 않아 북방 갈리아인의 침입으로 사망한다. 마지막으로 마케도니아를 구한 이는 데메트리오스 폴리오르케테스의 아들 안티고노스 2세 고나타스Gonatas로, 그는 마케도니아에서 세습 왕조를 건립했다.

40여 년에 걸친 후계자 전쟁은 3세대에 이르러서야 끝을 내게 된다. 알렉산더의 유산은 최종적으로 셋으로 나뉜다. 이집트의 프톨레마이오스 왕국, 서아시아와 이란의 셀레우코스 왕국, 마케도니아의 안티고노스 왕국이다. 안타깝게도 그리스에서는 군웅이 각축을 벌인 이 시대를 『삼국연의三國演義』처럼 보다 극적으로 묘사한 작품이 나오지 않았다.

헬레니즘 세계의 만화경

'헬레니즘'이라는 커다란 세계에서 천태만상이 펼쳐졌는데, 가장 중요한 것은 무대 중앙에서 연출된 3대 왕국 간의 평화와 전쟁, 합종과 연횡이다. 중국사의 삼국 시대처럼 3대 왕국은 각자의 근거지가 정해진 뒤, 또다시 영토와 패권을 놓고 싸우게 된다. 셀레우코스 왕국과 프톨레마이오스 왕국 간에는 일곱 차례의 큰 전투가 다음 기간에 벌어졌다. (1)기원전 280~기원전 279년 (2)기원전 274~기원전 272년 (3)기원전 260~기원전 253년 (4)기원전 246~기원전 241년 (5)기원전 219~기원전 217년 (6)기원전 202~기원전 195년 (7)기원전 171~기원전 168년.[18] 전쟁에 참여한 것은 이 두 왕국에 한정되지 않지만, 양자가 주축이 되었다. 전쟁터 역시 시리아에 한정되지 않았다. 프톨레마이오스의 세력이 가장 컸을 때는 키프로스, 소아시아 남부, 에게 지역, 바빌론까지 이르렀다. 셀레우코스 군대의 위력이 가장 강성했을 때는 이집트까지 진입했다. 셀레우코스 왕국과 프톨레마이오스 왕국은 각자 동맹국이 있었다. 예를 들면 마케도니아 왕국, 이집트에 이웃한 키레나이카Cyrenaica (오늘날 리비아 동부), 로마 등이다. 역사가들은 대부분 일곱 차례의 전투 중에서 첫 번째를 생략하고 여섯 차례만 언급한다. 이 여섯 차례의 전투는 범위가 어느 정도인지를 막론하고 모두 양강 쟁탈의 중간 지대인 시리아와 관계가 있었기 때문에 '시리아 전쟁'으로 통칭한다. 생략된 하나는 후계자 전쟁의 실마리로 간주할 수 있고, 가장 마지막 전투는 로마와 셀레우코스 왕국의 충돌 속에 녹아 들어갔다. 마케도니아 왕국과 이집트의 프톨레마이오스도 충돌이 있었는데, 대부분 에게해와 그리스 본토에 집중되었다. 이 전쟁은 그리스 도시국가 연맹이 이집트와 결탁해 북방 마케도니아의 안티고노스를 제압하려 한 것으로, 셀레우코스와 프톨레마이오스 두 왕국 간의 패권 전쟁과 종종 중첩되었다. 마케도니아와 셀레우코스 두 왕국 간에는 충돌이 발생하지 않았는데, 양자 사이에 많은 하위 왕국이 존재했기 때문이다.

3대 왕국 외에도 하위 왕국 혹은 주변 국가들이 존재했다. 일찍이 기원전 303년, 1세대 후계자인 셀레우코스는 알렉산더의 인도 정복지까지 돌볼 수가 없어서 아프가니스탄·힌두쿠시·간다라·인더스강 유역 일대를 신흥 마우리아 왕조에 할양하고 그 대신 찬드라굽타 마우리아로부터 500마리의 전투 코끼리를 받아서 서부 전장에 투입했다.[19] 마우리아 왕조는 나름의 독자성을 지니지만 헬레니즘 세계의 한 부분으로 간주되기도 한다. 찬드라굽타 마우리아의 손자 아소카 왕이 반포한 칙령은 마우리아 왕조의 백성 중에 그리스인이 있음을 말해주는데, 당시 인도의 서쪽에는 그리스어를 사용하는 사람들이 살았다. 훗날 인도는 쿠샨 시대에 접어든 뒤 헬레니즘의 영향으로 대승불교의 탄생이 촉진되기도 한다.

셀레우코스 왕국의 동쪽은 급속히 와해되었다. 동북쪽 끝의 박트리아 총독 디오도투스Diodotus(기원전 285~기원전 239)는 기원전 255년 무렵에 독립을 선포한다. 그는 박트리아 왕국을 세우고 디오도투스 1세가 되어 소테르(구세주)라고 칭했다. 기원전 250년 무렵, 셀레우코스 왕국의 파르티아 총독 안드라고라스Andragoras(?~기원전 238) 역시 배반하고 독립 왕국을 건립한다. 이후 동이란의 파르니Parni인이 기회를 틈타 반란을 일으켜 안드라고라스를 죽이고 파르티아를 탈취해 마케도니아인의 통치에서 벗어난다. 당시 파르니인의 우두머리는 아르사케스Arsaces 1세(재위 기원전 250 혹은 246~기원전 211?)로, 중국 역사서에서는 그를 '안식安息'으로 번역하는데 파르티아제국의 시조다. 극동에 자리한 박트리아와 서쪽 헬레니즘 세계의 접촉은 신페르시아제국 파르티아에 의해 단절된다. 훗날 셀레우코스 왕국에서 유일하게 '대제'로 칭해진 안티오쿠스Antiochus 3세(재위 기원전 222?~기원전 187?)가 파르티아와 박트리아 등지의 배반을 평정하지만, 오래지 않아 로마인과의 전쟁에서 패하고 동쪽 영토는 다시 떨어져 나가게 된다.

신페르시아제국 파르티아의 진정한 확립자는 미트리다테스Mithridates 1세(재위 기원전 171~기원전 138?)다. 그는 이란과 바빌로니아를 병탄하고, 셀레우코스 왕국을 시리아에 한정시켰다. 파르티아는 일반적으로 고대 페르시아의 부흥이라고 간주되지만, 미트리다테스 1세는 헬레니즘을 적극적으로 지지했다. 그는 파르티아 주화에 처음으로 그리스식 두상을 응용했으며, 자칭 '필헬레네Philhellene'(그리스인의 벗)라고 주화에 새기기도 했다. 파르티아제국의 초기는 헬레니즘 세계의 일원이었던 셈이다.

동쪽에서 서쪽까지, 알렉산더제국은 미처 소화하지 못한 영토가 많았다. 아트로파테네Atropatene는 알렉산더 후계자 전쟁 시대의 산물로, 메디아의 일부를 차지했다. 아트로파테네는 오늘날 아제르바이잔의 전신인 셈이다. 아트로파테네를 건국한 아트로파테스Atropates(기원전 370~기원전 321?)는 본래 페르시아제국의 메디아 총독이었는데, 알렉산더에게 투항한 뒤 메디아의 일부를 차지하게 된다. 아트로파테스는 훗날 마케도니아제국의 섭정을 맡게 되는 페르디카스의 장인으로, 후계자 전쟁의 소용돌이에 말려든다. 아트로파테네는 셀레우코스의 병탄 시도에 성공적으로 맞서면서 헬레니즘 세계의 독립적인 동방 국가로 유지되다가 3세기에 이르러서 파르티아의 뒤를 이은 사산 왕조에 병탄된다.

아시리아의 옛 땅에 자리한 아디아베네Adiabene는, 페르시아제국 시대에 이미 주州를 두지 않고 대부분 예속 왕국으로 존속되었다. 한편 페르시아 총독이 관할하는 주는 종종 세습화되었다. 양자의 차이는 명분 혹은 해당 지역의 문화적 특수성에 달려 있었을 것이다. 아디아베네는 잇따라 알렉산더제국, 셀레우코스 왕국, 파르티아제국의 예속 왕국이 된다. 아디아베네 역시 헬레니즘의 세례를 받았지만 헬레니즘화의 정도는 깊지 않았던 듯하다. 아디아베네는 1세기경에 유대교로 개종하는데, 헬레니즘화가 셈족 문화의 속까지 완전히 뒤덮지 못했음을 말해주는 것이다.

동쪽에서 서쪽까지, 알렉산더제국이 메우지 못한 틈도 많았다. 메디아 위쪽의 아르메니아는 철기시대 초 우라르투 왕국의 계승자로, 메디아인의 왕국에 편입되었다가 이후 페르시아제국의 총독 관할 주가 되는데 이때 단일한 형태였는지 둘로 나뉘었는지는 확실하지 않다.[20] 알렉산더는 동방원정 때 아르메니아를 지나지 않았으며, 셀레우코스의 세력 역시 여기까지는 이르지 않았다. 때문에 아르메니아는 독립 왕국으로 존재했다. 다만 셀레우코스의 안티오쿠스 3세 때 그 일부를 침탈했을 뿐이다. 아르메니아의 헬레니즘화 정도에 대해서는 알 수가 없다. 아시리아인의 후예인 아디아베네와 달리, 아르메니아인은 인도-유럽 집단이다. 아르메니아는 303년에 기독교를 국교로 정하는데, 이는 로마보다 이른 것이다. 기독교는 고대 유대 신앙에서 비롯되긴 했지만 헬레니즘화된 종교다.

아르메니아 서쪽의 카파도키아Cappadocia 역시 산지인데, 페르시아제국과 알렉산더는 모두 이곳에 총독을 두었다. 후계자 전쟁에서, 페르시아 권세가가 이곳에 왕조를 세웠다. 카파도키아 왕들의 이름을 살펴보면 모두 페르시아 명칭이지만, 별호別號는 헬레니즘화된 것이다. 예를 들면 유세베스Eusebes, 필로파테르Philopater, 필로메토르Philometor, 필로로마이오스Philoromaios, 필로델포스Philodelphos 등인데, 대부분 프톨레마이오스 국왕의 것과 같다. 이러한 호칭은 세계사의 헬레니즘화 단계를 말해주는 식별 코드다. 카파도키아를 비롯해 아나톨리아 동북부의 폰투스Pontus와 서북쪽의 비티니아Bithynia는 모두 셀레우코스 정권의 힘이 미치지 않는 곳이었다.[21] 폰투스 왕국은 기원전 302년에 카파도키아 왕국에서 분화되어 나왔다. 흑해 연안의 남쪽 기슭 일대는 일찌감치 그리스의 식민植民이 우세를 차지했는데, 페르시아 총독이 왕실 구성원이 된 뒤로 이 일대의 문화에는 그리스와 이란의 것이 종합되었다. 트라키아인의 비티니아는 그리스의 근린으로, 트라키아인의 일부는 마케도니아 왕국 경내에 있었다. 비티니아의 헬레니즘화는 마케도니아가 침입하기 이전에 시작되었다.

소아시아 내지에는, 비교적 원시적인 갈리아인의 마지막 이민 흐름에 해당하는 갈라티아Galatia가 있었다. 기원전 279년, 발칸반도 이북의 갈리아인이 벌떼처럼 남하해 마케도니아 왕 프톨레마이오스 케라우노스를 죽이고, 테르모필레와 신탁소가 있는 성지 델포이에서 그리스 도시국가 연합군에게 저지당한 뒤 북상한다. 트라키아에 남은 갈리아인의 일부는 안티고노스 고나타스로부터 타격을 입는데, 안티고노스 고나타스는 이 공로 덕분에 마케도니아 왕국을 획득한다. 그리스에 남은 갈리아인은 마케도니아와 에피루스 두 왕국이 교전할 때 용병으로 고용되었고 자신의 세력을 발전시키지는 못했다. 북쪽으로 철수한 갈리아인의 일부는 용병 신분으로 전전하면서 소아시아 깊숙이 들어가 갈라티아인이 되는데, 그들은 문맹이었으므로 스스로를 어떻게 칭했는지는 알 수가 없다. 하지만 갈라티아인이라는 명칭은 성 바오로의 「갈라티아인에게 보내는 서간」으로 인해 『신약성경』에 기록되었다.

셀레우코스 왕국과 소아시아의 서쪽 지역 사이에는 많은 나라와 종족이 있었다. 가장 서쪽 영토는, 셀레우코스 왕국이 미처 돌볼 수 없었던 가장 동쪽의 영토와 마찬가지로 따로 떨어져 나가 독립 왕국을 형성했다. 극동의 박트리아는 중국의 서역西域에 자리했고, 극서에는 페르가몬Pergamon 왕국이 있었다. 양자의 찬란한 성취는 3대 왕국에 전해지지 못했다. 하지만 박트리아와 페르가몬은 하위 왕국에서 주요 왕국으로 상승했다. 페르가몬의 기반을 다진 사람은, 후계자 리시마쿠스의 수하였던 필레타에루스Philetaerus(기원전 343~기원전 263)다. 필레타에루스의 배신으로 리시마쿠스는 전투에서 패하여 죽는다. 필레타에루스는 페르가몬의 보물을 가지고 셀레우코스 밑으로 들어가 서부 총독을 맡는다. 필레타에루스는 침입한 갈리아인을 성공적으로 막아낸다. 그가 갈리아인을 보다 동쪽에 있는 갈라티아로 몰아냄으로써 페르가몬은 강성해지게 된다. 페르가몬의 제3대 왕인 아탈루스Attalus 1세(재위 기원전 241~기원전 197)에 이르러서, 소요를 일으키던 갈라티아인을 다시 격파한다. 아탈루스 1세는 박트리아 왕국의 건국자와 마찬가지로 '소테르'라는 존호를 획득한다. 프톨레마이오스의 분화 정책의 부추김 아래, 아탈루스 1세는 아탈루스 왕조를 건립한다.

프톨레마이오스 이집트 왕국에서도 분리해 나간 하위 왕국이 있는

데, 리비아 동부의 키레네Cyrene(키레나이카)다. 일찍이 기원전 7세기에 그리스인이 이곳에 식민지를 건설했는데, 프톨레마이오스 1세가 이 공화국을 병탄했다. 그런데 프톨레마이오스 1세 사후에 그의 사위가 키레네를 차지하고 독립한 뒤, 셀레우코스 왕국과 연합해 이집트를 공격한다. 프톨레마이오스 1세의 사위가 죽은 뒤 키레네는 다시 이집트에 편입된다. 키레네의 원주민은 리비아인으로, 키레네는 다른 토양에 존재했던 헬레니즘 지역이다.

마케도니아 왕국은 앞에서 설명했듯이, 비非도시국가 형태의 헬레니즘 왕국이었다. 마케도니아 왕국 서남쪽의 에피루스는 비교적 낙후된 헬레니즘 왕국이었다. 에피루스는 양쪽으로 각각 마케도니아 및 서쪽의 이탈리아와도 복잡하게 얽혀 있었다. 이탈리아에는 대그리스 지역, 시칠리아섬의 카르타고인, 북방의 로마(제16장 참조)가 포함된다. 시칠리아와 로마는 그리스인의 지역이 아니고 알렉산더가 도달했던 곳도 아니지만 역시 헬레니즘 세계의 외연이라고 할 수 있다.

마케도니아의 남방은 그리스 본토로, 헬레니즘 시대로 진입한 뒤에도 고전 형태의 도시국가가 여전히 남아 있었다. 마케도니아에 맞설 수 있었던 것은 두 개의 도시국가 연맹이다. 즉 펠로폰네소스반도와 그리스 본토 사이의 좁고 긴 코린토스만 북쪽에 자리한 아이톨리아Aetolia 동맹과 코린토스만 남쪽의 아카이아 동맹이다. 아이톨리아 동맹의 단위는 부락이었으며 도시국가가 아니었다. 헬레니즘 시대에 이르러서야 아이톨리아 지역이 통합되지만, 아이톨리아의 자유정신만큼은 도시국가에 뒤지지 않았다. 각 동맹국은 자주적이고 평등했으며, 동맹에는 민회가 있었고, 동맹국의 전체 남자에게 투표권이 있었다. 연방회의는 정책 결정 기능을 지녔는데, 각 도시에서 인구 비례에 따라 파견한 대표 1000명으로 구성되었으며 해마다 한 차례 선출을 통해 우두머리를 뽑았다.[22] 아이톨리아 동맹은 이미 도시국가보다 진보한 대의제와 총통제의 길을 가고 있었던 것이다. 기원전 290년 이후, 이 동맹은 그리스 종교의 중심인 델포이 신탁소를 지배했다.

코린토스만 남쪽의 아카이아 동맹은 일찌감치 존재했지만 내내 생기가 없다가 헬레니즘 시대에 이르러 무력 집단으로서 역사 무대에 등장한다. 아카이아 동맹의 헌법은 아이톨리아 동맹의 것을 모방했지만 보다 포용적이었다. 아이톨리아 동맹의 경우, 아이톨리아 지역을 엄수했다. 아이톨리아 지역 외의 사람도 동맹에 가입하여 동맹원의 신분을 획득할 수는 있었지만 이들에게 정치적 권리는 없었다. 반면에 아카이아 동맹은 자기중심주의 관념이 비교적 옅었으며, 아카이아 지역 외의 사람이 동맹에 가입하는 것을 환영했다. 동맹의 우두머리는 군사령관(스트라테고스)이기도 했는데, 그의 정책 결정을 돕는 기구로는 연방회의 외에도 10인 대표단이 있었다. 이는 아테네 도시국가에 있었던, 10명으로 구성된 스트라테고스 제도를 연상시킨다.

두 동맹이 마케도니아를 막아낼 때, 프톨레마이오스의 이집트가 종종 양자를 좌지우지했다. 두 동맹이 교전을 벌일 때는 어느 한쪽이 마케도니아와 동맹을 맺곤 했다. 로마가 흥기한 뒤에는 로마가 이집트를 대신해 그리스반도의 업무에 발을 들여 놓았다. 로마는 그리스반도의 도시국가 동맹을 반反마케도니아의 도구로 이용했다. 또한 로마는 부의 균등을 도모한 스파르타의 혁명(제13장 참조)을 제압했으며 아카이아 동맹으로 하여금 스파르타를 병탄하게 했다. 최후에는 물론 로마가 그들 전부를 병탄한다.

헬레니즘 시대에, 동맹에 가입하지 않은 도시국가도 매우 중요한 역할을 담당했다. 앞서 말한, 그리스반도의 혁명 성지가 된 스파르타가 바로 그런 경우다. 경제적 역량이 여전히 튼튼했던 아테네는 그리스 세계의 대학 도시가 되었다. 각 학파의 사상가가 범그리스적인 영향력을 발휘하기 위해서 아테네에 대학을 설립했다. 에게 지역은 여전히 아테네의 세력 범위였지만, 고전 시대에 이미 상황이 변하기 시작해 헬레니즘 시대에는 아시아 쪽의 로도스가 새롭게 부상한다. 로도스는 펠로폰네소스 전쟁 후기에야 세 개의 도시국가가 하나로 연합했으며, 알렉산더 사후에 독립을 선포했다. 로도스는 헬레니즘 시대에 가장 잘 관리된 국가라는 명예를 얻었다. 국가가 대중교육을 책임졌고 식량배급제를 실시했으며, 부자가 가난한 사람을 구제했다. 부자가 정치적으로 우위를 유지하긴 했지만 가난한 사람도 부랑자는 아니었다. 모든 시민이 차례대로 함대에서 복무해야 했는데, 전시에는 부자가 선원의 임금을 지불하고 전쟁이 끝난 뒤에는 국가가 이를 상환했다. 관리와 병사는 퇴역한 뒤에도 여전히 퇴역 군인 친목회에서 활동했으며, 계급의 조화 정책은 매우 성공적이었다. 스파르타 말기를 헬레니즘 시대의 '쿠바'라고 한다면, 로도스섬은 마치 오늘날의 북유럽 복지국가 같았다. 로도스는 국제무역에서 아테네의 경쟁 상대였다. 로도스는 운수업을 경영하면서, 특히 대규모의 식량 중계무역을 통해 점차 국제 금융 중심이 되었다. 로도스가 제정한 국제상법이 통용되었고, 로도스는 아테네를 대신해 에게해의 해적을 소탕했다. 로도스는 헬레니즘 세계에서 매우 중요한 세력이 된다. 로도스를 상징하는, 로도스섬 항구에 서 있던 거대한 태양신의 상 콜로서스Colossus는 현대 뉴욕 항구에 있는 자유의 여신상을 방불케 했다.[23]

확실히 헬레니즘 왕국이 주도하는 시대가 되긴 했지만, 이전 시대의 도시국가 및 도시국가 연맹도 여전히 존재했다. 이들은 변화하고 새롭게 발전하기까지 했다. 헬레니즘 시대에는 보다 오래된 역사 층위가 존재했는데, 바로 신전국가temple states다. 이는 메소포타미아 문명 시대가 남긴 골동품이다. 카파도키아 왕국과 폰투스 왕국 경내에는 각각 코마나Comana가 있었는데, 동명의 이 두 자치국의 중심은 신전이었다. 이곳에서 숭배한 신은 그리스인이 키벨레Cybele라고 부르던 대지모신으로, 왕국의 존중을 받았다. 예루살렘 역시 신전국가였는데, 스스로 선민임을 자부했기에 헬레니즘에 동화될 수 없었다. 유대 사제들 중에는 헬레니즘화에 저항하던 열성분자가 존재했다. 예루살렘은 셀레우코스와 프톨레마이오스가 세력을 다투던 곳에 자리했다. 기원전 167~기원전 160년에 예루살렘은, 헬레니즘화를 강제하던 종주 셀레우코스 정권과 정면으로 충돌하는데 최후에는 대제사장이 독립 투쟁을 성공적으로 이끈다.

헬레니즘의 확장과 심화

문화적 의미에서 헬레니즘이란 알렉산더 대왕이 열어젖힌 시대에 그리스 문화가 비그리스인 지역까지 널리 전파되어 형성된 세계적 문명을 가리킨다. 이는 16세기 이후 전 세계가 서구화된 것에 비유할 수 있다. 그 영향을 받은 각 지역의 문화 중에는 헬레니즘이 깊이 침투한 것도 있고 표피에만 닿은 것도 있지만, 아무튼 모두 그 흔적이 남아 있다. 넓은 의미에서의 헬레니즘화는 매우 일찍 시작되었다. 그리스인은 아르카익기에 이미 지중해 연안에서 식민 활동을 했다.

아시아 에게해안의 이오니아와 도리아 지대의 식민 도시국가들, 철학의 탄생지 밀레투스와 이름난 도시 할리카르나소스를 포함한 이 식민 도시국가들은 카리아인의 지역이었다. 카리아인은 비그리스인이지만 그들의 삶터는 고전 그리스의 핵심에 포함된다. 앞에서 말한 페르가몬은 본래 에올리아의 일원이었다. 즉 아시아 에게해 연안의 에올리아 방언 지대에 속했다. 페르가몬은 아르카익기에 이미 원주민 미시아Mysia인의 고향에서 형성되었다. 미시아어는 카리아어와 마찬가지로 인도유럽어족 아나톨리아어파에 속할 것이다. 미시아어는 히타이트어와 마찬가지로 지금은 전부 자취를 감추었다. 페르가몬은 도시국가에서 헬레니즘 왕국으로 발전했는데, 깊숙한 내지의 미시아를 포괄했다. 페르가몬은 이제 더 이상 미시아라는 커다란 배경 속의 에올리아 도시국가가 아니라, 마케도니아인과 각지의 그리스인을 뒤섞어 미시아 백성을 통치하는 왕국이 된 것이다. 그리스인은 일찌감치 이탈리아 남부를 식민했는데, 이 지역을 '대그리스'라고 한다. 대그리스의 요충지 시칠리아는 이곳 원주민인 시쿨리인Sicels으로부터 그 이름이 유래되었는데, 시쿨리인은 그리스인에게 동화되었다. 이탈리아 남부의 섬들 중에서 최강이었던 그리스 도시국가 시라쿠사는 헬레니즘 왕국으로 탈바꿈했다.

심지어 그리스반도에서도 비그리스인 집단이 고전 시대 도시국가 지대를 에워쌌다. 서북의 일리리아, 북방의 마케도니아, 동북의 트라키아는 모두 비그리스인 혹은 절반의 그리스인이었다. 이 지역의 조직은 그리스식의 도시국가가 아니라 부락 동맹이거나 왕국이었다. 이들은 많든 적든 헬레니즘의 영향을 받았는데, 가장 영향을 적게 받은 일리리아는 고전 시대 내내 그리스 세계를 위협하는 야만족이었을 따름이다. 일리리아는 에피루스 왕국과 마케도니아 왕국에게 저지당해 에게해 지역까지는 교란하지 못했다. 트라키아의 에게해 북쪽 지대는 죄다 그리스 도시국가에 의해 개화되었지만, 발칸반도 깊숙이 자리한 트라키아 내지는 일부가 소아시아 서북에 해당하는 곳도 있었으며, 그 헬레니즘화 정도는 지역에 따라 달랐다. 헬레니즘이 가장 심화된 곳은 일리리아와 트라키아 사이에 있던 마케도니아다.

그 자체가 헬레니즘의 산물인 마케도니아는 당시 그리스인이 알고 있던 세계 전체로 헬레니즘을 전파했다. 알렉산더의 동방원정은 고대 근동, 이란고원, 중앙아시아의 하중河中 지역(트란스옥시아나)[24], 인도까지 헬레니즘을 확산시켰다. 천하가 하나로 뒤섞인 이 세계 제국은 통용 그리스

페르가몬의 아크로폴리스

알렉산드리아의 시장

제15장 알렉산더와 헬레니즘 시대

어인 코이네koiné를 만들었다. 한편 근동 일대에서는 페르시아제국 시대에 통용되던 아람어가 우세했다. 근동 고대 문명의 토양 위에 헬레니즘 도시가 이식되었고, 그리스인의 활동 범위는 당시 알려진 세계의 전부로 확장되었다. 알렉산더의 후계자가 세운 국가는 이 과정을 심화했다.

그리스 아르카익기에 이민의 흐름으로 지중해와 흑해 연안에 도시 국가가 세워졌던 것과 달리, 헬레니즘 시대의 도시 건설은 대부분 왕국이 담당했다. 당시에 세워진 도시는 그리스식 도시였지만 왕국 내에 포함되어 있었고 도시의 신분과 의의는 크게 변했다. 이러한 새로운 도시 건설의 흐름은 알렉산더의 동방원정으로 시작되었다. 처음 세워진 곳이자 가장 유명한 도시는 나일강 삼각주의 알렉산드리아다. 이후 서쪽에서부터 동쪽에 이르기까지, 알렉산더의 동방원정을 통해 세워진 도시 중에서 살펴볼 만한 것은 20여 개다. 중앙아시아와 인도에 이르는 원정에서 도시를 세운 것은 군사적 목적이었다. 즉 전략적 요충지를 점거하고, 후방 보급의 원활함을 보장하고, 예비 병력을 확충하기 위한 것이었다. 이렇게 세워진 도시의 주민 대부분은 퇴역 용병이었다. 이집트에 세워진 알렉산드리아는 훗날 헬레니즘 시대에 가장 큰 도시가 되지만, 나머지는 대부분 실패했다.

알렉산더를 모방하는 데 가장 힘쓴 후계자는 셀레우코스 왕조로, 왕조 초기의 두 왕 때에 도시 건설이 집중적으로 이루어졌다. 그 두 왕은 셀레우코스 1세(재위 기원전 305~기원전 281)와 안티오쿠스 1세(재위 기원전 281~기원전 261)다. 셀레우코스 때에는, 그의 아버지를 기념하기 위한 도시 안티오크Antioch를 16개 건설했다. 이밖에도 그의 어머니를 기념하기 위한 도시 라오디케아Laodicea 다섯 개, 그의 페르시아 아내를 기념하기 위한 도시 아파메아Apamea 네 개, 그의 마케도니아 아내를 기념하기 위한 도시 스트라토니케아Stratonicea 한 개 그리고 본인을 기념하기 위한 도시 셀레우키아_{Seleucia} 아홉 개를 세웠다. 셀레우코스의 후계자들이 계속해서 새로운 도시를 지어서 모두 70여 개로 늘어났는데, 어떤 것들은 옛 도시를 개축한 것이었다. 이렇게 세워진 도시에 그리스인이 몰려들어 자치령을 공포하기만 하면 동방 도시가 그리스식 도시로 전환되었다.[25]

헬레니즘 도시 분포도를 빠짐없이 한눈에 살펴본다면, 시리아-페니키아-팔레스타인 일대, 아나톨리아 남쪽 가장자리, 에게해의 양측과 그 내지, 마르마라해 연안에 빽빽하게 분포되어 있음을 발견하게 될 것이다. 일부는 흑해 남쪽 기슭에 있었다. 이밖에 티그리스-유프라테스강 유역과 옛 페르시아의 수도권(페르시스)에도 촘촘히 분포되어 있었다. 이란고원 중부는 두 개의 대사막으로, 공백 지대였다. 다만 카스피해 남쪽의, 중국 하서주랑처럼 좁고 긴 지역인 실크로드 이란 구역에는 몇 개의 도시가 드문드문 분포해 있었다. 이들 도시는 중앙아시아의 하중 지역을 연결시킨다. 그 남쪽에는 박트리아와 간다라가 있고, 그다음은 인더스강 유역의 헬레니즘 취락이다. 지금 우리는 이렇게 놓여진 바둑돌의 형세를 보고 당시 상황을 짐작할 수 있다.

에게해 동남쪽, 아나톨리아 남쪽 가장자리, 시리아-페니키아-팔레스타인 일선은 바로 알렉산더가 육상에서 진군하며, 페르시아제국의 군대가 바다와 육지에서 호응하는 것을 차단했던 지대다. 하지만 이 일대의 정복자는 원래의 도시를 점령했을 뿐 따로 병참 기지를 세울 필요는 없었다. 때문에 이 일대의 도시 대부분은 훗날 프톨레마이오스와 셀레우코스 두 왕국이 국토를 개발하고자 건설한 것이다. 시리아-페니키아-팔레스타인 일선은, 양강이었던 두 왕국이 여섯 차례에 걸쳐 벌인 시리아 전쟁에서의 쟁탈 목표였다. 이 일대의 영토는 기원전 287~기원전 225년에 프톨레마이오스에게 돌아가는데, 당분간 태평성세를 누리면서 도시를 건설할 시간이 충분했다. "시리아 전쟁의 주요 전장은 에게해 지역

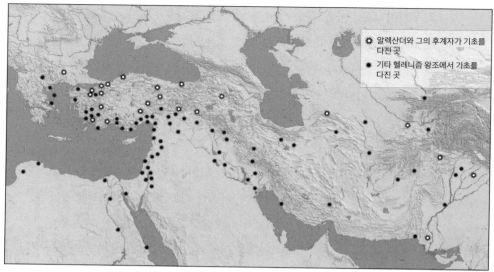

헬레니즘 도시의 건립

과 소아시아였는데, 기원전 220년대까지 그랬다."²⁶ 시리아 일대는 기원전 225~기원전 193년에 셀레우코스 왕국에 의해 차츰 정복된다. 기원전 193~기원전 129년에 셀레우코스 왕국이 이 지역을 통치하게 된다. 당시 셀레우코스 왕국은 이미 소아시아를 잃고 티그리스-유프라테스강 유역도 잃었으며, 시리아-페니키아-팔레스타인이 영토의 전부였다.

티그리스-유프라테스강 유역 및 페르시아주의 헬레니즘 도시는 셀레우코스 왕국의 전성기에 세워졌다. 기원전 305~기원전 240년, 티그리스강에 세워진 셀레우코스 왕국의 수도 셀레우키아는 바빌론을 대신해 티그리스-유프라테스강 유역의 새로운 중심이 되었다. 그 찬란함은 프톨레마이오스 왕국의 알렉산드리아와 어깨를 겨룰 만했다. 기원전 240년부터 로마에 멸망당한 기원전 63년까지 나날이 쇠퇴하던 셀레우코스 왕조는 시리아 왕국으로 몰락하고, 현재 터키와 시리아의 경계인 안티오크로 수도를 옮기게 된다. 안티오크는 알렉산드리아 다음으로 번영했다. 셀레우코스 정권이 세운 '안티오크'와 셀레우코스의 지배를 받던 '예루살렘'은 로마 시대에 이르러 기독교의 요람이 된다. 유대인은 셀레우코스 정권에 맞서 성공적으로 나라를 되찾음으로써 메시아의 도래가 임박했다는 시대 분위기를 조성했다.

그리스 본토와 이집트에는 새로운 도시가 상대적으로 적었는데, 인구가 이미 포화상태였기 때문이다. 이집트의 상황은 보다 심오하다. 프톨레마이오스 정권은 이중 왕국이었다. 즉 헬레니즘화된 외곽이 '미라화된 고대 이집트'라는 내부를 둘러싸고 있는 양상이었다. 프톨레마이오스의 수도 알렉산드리아는 본래 알렉산더 대왕이 세운 것으로, 그의 원래 의도는 자신에 의해 파괴된 티레를 대체하려는 것이었을지도 모른다. 프톨레마이오스 왕조는 이집트의 옛 수도 멤피스를 알렉산드리아로 대체하려 했다. 프톨레마이오스 왕조는 나일강 상류 지역에 프톨레마이스 헤르미유Ptolemais Hermiou라는 도시를 세워 헬레니즘의 중심으로 삼았는데, 이는 또 다른 옛 수도 테베에 필적하는 것이었다. 이로써 고대 상·하 이집트에 존재한 두 개의 수도가 재건된 셈이다. 하지만 전문가를 제외하고 어느 누가 프톨레마이스 헤르미유에 대해서 들어볼 일이 있겠는가? 알렉산드리아의 경우, 이집트에 있지만 이집트에 속하지 않는 세계거대도시였다. 마케도니아인의 왕조는 알렉산드리아에서 이중 왕국을 통치했다. 주민 대부분은 헬레니즘 세계 각지에서 왔고, 이들이 섞여서 알렉산드리아인이 형성되었다. 알렉산드리아인 중에는 유대 시민이 많았다. 이로써 알렉산드리아는 팔레스타인 다음가는 유대인 집중지가 되었다. 이는 유대 역사와 기독교 초기 역사에서 중요한 부분이다.

알렉산드리아는 이집트의 경제 특구였으며, 프톨레마이오스의 내·외 이중 왕국 사이의 숨통이자 식도였다. 프톨레마이오스 왕조가 세운 헬레니즘 도시는 대부분 '외부 제국'에 분포했다. 즉 팔레스타인-페니키

아-시리아 일선, 리비아의 키레나이카, 키프로스, 소아시아의 남쪽 가장
자리다. 외부 제국에서, 프톨레마이오스 왕조는 중상정책을 택했다. 그
활동 범위는 에게해, 지중해 동부 연안, 홍해, 동아프리카 해안, 아라비아
에 두루 퍼져 있었다. 인도까지도 그 활동 범위에 속했다. 한편 내부 왕국
에서, 프톨레마이오스 왕조는 중농정책을 택했다. 그리고 토지 국유제와
계획경제를 이용해 이집트로부터 토지세를 착취했다.[27] 그렇다면 이곳
에 군이 도시 자치령이라는 은혜를 베풀 필요가 있었을까? 프톨레마이
오스 정권은 내부 왕국을 상대로는 결코 헬레니즘을 보급하지 않았다.

헬레니즘 도시는 헬레니즘 문명의 전파 기구였다. 헬레니즘 왕국이
세운 그 밖의 새로운 도시의 경우, 세계 통사에서 상술하기는 어렵다.

고전 그리스 문명의 점진적 변화

'그리스·아시아 문명'과 '그리스·로마 문명'이라는 두 문명은 대승불
교와 기독교의 부화기孵化器였다. 이 장에서는 아직 로마 시대까지 다루
지 않은 데다가 대부분 근동과 그리스에 한정된 지역을 살펴보고 있기
때문에, 고전 그리스 문명이 헬레니즘 시대에 어떻게 변화했는지 알아
보는 것에 만족하기로 한다. 여기서 말하고자 하는 것은, 헬레니즘의 한
쪽만 보고 이를 그리스인이 비그리스 지역을 개화시킨 것으로만 이해해
서는 안 된다는 것이다. 사실 헬레니즘은 다른 문화가 그리스 문화를 어
떻게 풍부하게 만들었는지의 측면으로도 이해되어야 한다. 이는 오늘날
우리가 살아가고 있는 서구화된 시대에서의 상호작용과 마찬가지다.

우선 예술사와 관련해 간단히 언급하기로 한다. 헬레니즘 시대로 들
어와서 예술은 이전보다 비중이 커졌는데, 왕국 혹은 대국의 경우에는
자원이 풍부한 덕분에 웅장한 건축이 출현할 수 있었다. 알렉산드리아
파로스섬의 등대, 거대도시(알렉산드리아)의 박물관, 페르가몬의 대형 제

단, 로도스섬 항구의 거상이 그 예다. 헬레니즘 시대의 조소는 동태를 표현하는 데 겪었던 기존의 난제를 극복했다. 로도스섬에서 제작된 라오콘과 두 아들이 큰 바다뱀에게 물려 고통받는 모습의 군상(라오콘과 그의 아들들Laocoön and his Sons), 페르가몬 국왕이 갈라티아인을 격파한 뒤에 제작한 '죽어가는 갈리아인The Dying Gaul'과 '패전 후 아내를 죽이고 자살하는 갈리아인' 등이 그런 작품이다. 이들 조소에서는 기술적 난제를 극복했을 뿐만 아니라 참상과 고통을 표현했는데, 고전기의 평안한 정신과 취지가 크게 다르다.

고전식 도시국가와 달리, 왕국과 대국의 경우에는 오늘날의 과학원과 유사한 기구를 설립할 자원이 있었다.

로도스섬의 거상에 대한 상상

알렉산드리아·페르가몬 등지에는 일종의 과학 단지가 있었다. 대학 도시 아테네에 세워진 아리스토텔레스의 리케이온(리시움Lyceum) 역시 과학 연구의 노선을 밟았다. 알렉산드리아의 유클리드Euclid는 대략 프톨레마이오스 1세 시대에 활약했다. 그의 『기하학원론Elements』은 기하학의 주춧돌이다. 알렉산드리아는 해부학의 중심이기도 했는데, 프톨레마이오스 정권은 사형수의 시체를 해부용으로 제공했다. 헬레니즘 시대 과학의 또 다른 이정표는 히포크라테스Hippocrates(기원전 460~기원전 370)의 『히포크라테스 전집Hippocratic Corpus』이다. 히포크라테스는 소크라테스와

라오콘과 그의 아들들

동시대인이지만, 『히포크라테스 전집』은 헬레니즘 시대에 이르러서 꽃을 피웠다.

아리스토텔레스의 제자 테오프라스토스Theophrastus(기원전 371~기원전 287)는 스승의 뒤를 이어 리케이온의 원장이 되었다. 테오프라스토스는 아리스토텔레스의 우주목적론에 대해서는 언급이 적었던 반면, 아리스토텔레스의 생물학을 집중적으로 발전시켰다. 아리스토텔레스의 생물학은 인간과 동물을 구별했는데, 테오프라스토스는 더 나아가 동물계와 식물계를 구별했다.[28] 알렉산더의 동방원정은 타지역의 다양한 표본을 테오프라스토스에게 제공해주었다.

그리스인의 시야가 확장되면서 지리학의 성장을 자극했다. 이 방면에서 가장 큰 성취를 이룬 사람은 키레네의 에라토스테네스Eratosthenes(기원전 278~기원전 195)다. 그는 아테네에서 알렉산드리아로 이주해, 도서

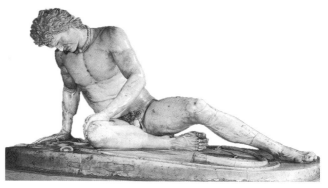

죽어가는 갈리아인

알렉산드리아 도서관(상상도)

관(부속 박물관도 있었다) 관장을 맡았다. 에라토스테네스가 지은 『지리학
Geographica』은 이전 사람에 비해 유럽·아시아·아프리카 세 대륙의 윤곽
을 비교적 정확하게 그려냈으며, 각지의 일조 시간에 근거해서 지구의
원주圓周를 계산했다.

　　일조와 월조月照는 지구 원주를 계산하는 데 관건이다. 사모스의 아
리스타르쿠스Aristarchus(기원전 310~기원전 230)는 이것에 근거해서 태양·
달·지구의 크기를 추산했으며, 태양이 매우 거대하다는 것을 발견했다.

또한 그는 지구가 태양 주위를 돈다고 주장했다. 그의 태양 중심설은 오직 티그리스강 셀레우키아의 셀레우쿠스Seleucus(기원전 190~?)의 지지를 얻었을 뿐이다. 셀레우쿠스에 대해서 우리가 아는 바는 극히 적다. 어쩌면 처음으로 우주 무한설을 주장한 사람이 바로 그일지도 모른다. 헬레니즘 시대의 가장 위대한 천문학자라는 영예는 히파르쿠스Hipparchus(기원전 190~기원전 120)에게 돌아간다. 그는 비티니아 왕국에서 출생했고, 최종적으로 로도스섬에 정착했다. 히파르쿠스는 에라토스테네스의 성도星圖와 바빌론 천문학의 성취를 종합해, 기원전 134년에 1025개의 항성이 들어간 성도를 편찬했으며 밝기에 따라 별의 등급을 분류했다. 또한 그는 세차歲差 운동을 발견하고 계산했다.[29] 히파르쿠스의 업적은 로마 시대 알렉산드리아의 천문학자 클라우디우스 프톨레마이오스(90~168)의 천동설의 토대가 된다. 프톨레마이오스의 체계는 코페르니쿠스의 혁명 전까지 패권을 유지했다. 고대에 태양 중심설 자료는 충분하지 않았고 아직은 기초 단계였다.

헬레니즘 시대의 대그리스에서는 과학의 거장인 시라쿠사의 아르키메데스(기원전 287~기원전 212)가 탄생하기도 했다. 그는 '아르키메데스의 원리'라는 물리학의 법칙을 발견했다. 즉 유체流體(액체 혹은 기체) 안에 있는 물체가 받는 부력은 물체가 밀어낸 액체 혹은 기체의 무게와 같다는 것이다. 아르키메데스는 과학사를 넘어 전설로 진입했다. 그는 각종 뛰어난 무기의 발명가이기도 한데, 예를 들면 고향 시라쿠사가 로마 군대에 포위되었을 때 서로 다른 지점에 반사경을 두고 햇빛을 모아서 로마의 전함을 불태운 일도 있다.

헬레니즘 후기 및 로마 제정 초기에 이르면, 고대 과학 연구의 발전이 뚝 멈춘다. 과학 연구가 생산도구를 개선하는 데 사용되지 않았기에 산업혁명을 유발하지 못했다. 당시의 과학 연구는 그 생명을 유지할 피드백이 결여되어 있었다. 악성 팽창의 경향이 있었던 헬레니즘 시대의 노예경제는 생산도구를 개선할 필요가 없었던 것이다. 이밖에도 흥미로운 것은, 고전 철학이 헬레니즘 시대에 이르러서 철학과 과학으로 나뉘었다는 사실이다. 과학이 더 이상 철학적 도그마에 속박되지 않는 것은 본래 나쁜 일이 아니다. 하지만 헬레니즘 철학은 유물론과 기계론을 철학의 진영에 집어넣었다. 유물론과 기계론은 근대 뉴턴 물리학의 철학적 기초다. 헬레니즘 과학은 유물론과 기계론을 차지하기 위해 철학과 쟁탈전을 벌이지 않았으며, 아예 과학의 철학적 기초를 비워버렸다.

아르키메데스

　　유물론과 기계론을 인질로 삼은 것은 스토아 학파와 에피쿠로스 학파다. 그런데 그들이 관심을 쏟은 것은 윤리학이다. 심지어 그들은 과학 특히 수학이 인생에 무용하다고 보았다. 그들은 아리스토텔레스 특히 플라톤의 형이상학에 반대했는데, 아마도 그것이 인생에 무익하다고 여겼기 때문일 것이다. 그들은 우주론과 본체론에 있어서 소크라테스 이전의 소박유물론으로 회귀했다. 스토아 학파가 채택한 것은, 만물의 근원은 불이라는 헤라클레이토스의 이론이다. 에피쿠로스 학파는 데모크리토스의 원자론을 채택했지만, 이것으로 유물주의적 우주관을 구축한 것이 아니라 은둔을 고취했다. 이러한 심상찮은 논증은 그 시대의 특징을 지닌다. 이 책에서는 하나의 사례를 소개했을 뿐이니, 자세한 내용은 철학사를 따로 참고하길 바란다. 에피쿠로스(기원전 341~기원전 270)는 인간이 걱정을 떨칠 수 없는 이유는 마음에 두 개의 커다란 두려움이 있기 때문이라고 보았다. 바로 신에 대한 두려움과 죽음에 대한 두려움이다. 에피쿠로스는 신이 양질의 원자일 뿐 정신적 힘은 없으며, 인간의 영혼 역시 원자로 구성되어 있고 인간이 죽으면 소멸하며 사후란 존재하지 않기 때문에 두려워할 것이 없다고 주장했다.[30]

스토아 학파와 에피쿠로스 학파의 주장은 각기 뚜렷하지만, 시대적인 측면에서 내려다보면 그들은 동질에 가깝다. 두 학파 모두 마음의 평안을 추구했다. 원자론을 주장한 데모크리토스는 에우티미아euthymia(마음의 편안함), 아타락시아ataraxia(마음의 평정) 등의 윤리학적 이상을 제시했다. 아타락시아는 에피쿠로스 학파의 중심 개념이 되었고, 아포니아aponia(육체의 고통이 없음) 개념으로 발전된다. 아타락시아는 스토아 철학의 아파테이아apatheia(동요하지 않는 정신 상태)와 같은 맥락의 것이다. 이것들은 모두 환경을 제어하고자 하지 않는 상태에서 자신의 마음을 조절하려는 것이다.

고전기 그리스의 개인은 도시국가와 공동체 의식을 지녔다. 이곳에서 나고 자라고 일하면서, 평소에는 국정에 참여하고 전시에는 나라를 지켰다. 각 개인은 몸과 마음을 도시국가에 의지하고 도시국가에 소속되었다. 헬레니즘 시대에 이르러, 도시국가의 허상은 여전히 존재했지만 사실상 거대한 왕국 속으로 침몰되었다. 개인은 상대적으로 해방되었고, 스토아 철학자는 세계시민주의를 주장했다. 다른 한편으로는, 세계화된 환경 속에서 정박할 곳을 찾을 수 없었으니 공동체 의식은 더 말할 것도 없었다. 당시 개인의 정치 도피 경향은 헬레니즘 문학의 최대 성취인 신희극New Comedy에 반영되었다. 신희극의 대가는 메난드로스Menandros(기원전 341/342~기원전 290)다. 신희극은 고전기의 희극과 달랐다. 고전기의 희극은 도시국가의 정치에 대한 시사평론이었다. 그것은 마치 오늘날 인물을 평가하는 유명 방송인과 같았다. 한편 메난드로스의 신희극은 평범한 인물의 일상을 묘사하는 데 집중했는데, 이는 현실

도피의 효과를 지녔다.

일찍이 도시국가의 마지막 시절에 소크라테스가 영혼이 육체의 안위보다 중요하다는 명제를 제시했는데, 이제 영혼의 중요성이 모든 것을 압도하게 된 것이다. 이는 새로운 시대에 철학자들이 세상을 살아가는 이치였다. 이러한 관심이 그들로 하여금 유물론과 기계론을 과학과 멀어지게 했으며, 종교를 갈구하고 종교에 접근하게 했다. 하지만 일반 백성은 나름대로 갈구하는 게 있었다. 비非도시국가화의 결과로, 더 이상 도시국가의 신이나 종족宗族의 유대에 의지할 수 없었다. 개체가 부평초와 같았던 헬레니즘 세계의 도시에서는, 운명의 여신 티케Tyche에 대한 숭배가 맹렬한 기세를 보였다. 시리아에 자리한 50만 인구의 거대도시 안티오크의 티케 신전Tychaion이 그 예이다.[31] 운명의 화신에 대한 숭배는 당시 헬레니즘 세계에 널리 퍼졌던 바빌론 점성술에 의해 강화되었다. 철학자의 아타락시아나 아파테이아는 티케에 대한 철학적 방어라고 할 수 있다. 인간 세상이 어떻게 변하든 운명이 정해져 있는 것이든 간에, 영혼의 깨끗함을 지키는 것이야말로 스스로를 구하는 길이었다. 하지만 평범한 사람들로서는 "인간이 죽으면 소멸하며 사후란 존재하지 않기 때문에 두려워할 것이 없다"는 논리가 매력 없는 것이었다. 소크라테스는 영혼이 육체의 안위보다 중요하다고 했지만, 육체가 없어지면 영혼은 어떻게 존재하느냐는 것이야말로 평범한 이들의 관심사였다.

고전기에는 고대 유대인의 경전에서조차도 사후에 영혼이 영생한다는 개념이 발달하지 않았는데, 헬레니즘 시대에 이르면 그것에 대한 추구가 보편화되었음을 알 수 있다. 동방에서 비롯된 것이든 이집트에서 비롯된 것이든, 헬레니즘 시대의 종교적 숭배는 고전기의 그리스 비의mysteries 모델에 가까워졌으며 원래의 풍요제는 영생을 획득하기 위한 입교의례로 전환되었다.

주

1. Nicholas Victor Sekunda, "The Macedonian Army," in Joseph Roisman, Ian Worthington, eds., *A Companion to Ancient Macedonia* (West Sussex, UK: Wiley-Blackwell, 2010), pp. 447~448.

2. Mary Renault, *The Nature of Alexander* (New York: Pantheon Books, 1975), pp. 59~60.

3. William S. Greenwalt, "Macedonia, Illyria and Epirus," in Joseph Roisman, Ian Worthington, eds., *A Companion to Ancient Macedonia*, p. 288.

4. Zosia Archibald, "Macedonia and Thrace," in Joseph Roisman, Ian Worthington, eds., *A Companion to Ancient Macedonia*, pp. 333~334.

5. Sabine Müller, "Philip II," in Joseph Roisman, Ian Worthington, eds., *A Companion to Ancient Macedonia*, pp. 172~173.

6. Denver Graninger, "Macedonia and Thessaly," in Joseph Roisman, Ian Worthington, eds., *A Companion to Ancient Macedonia*, p. 306.

7. Sulochana R. Asirvatham, "Perspectives on the Macedonians from Greece, Rome and Beyond," in Joseph Roisman, Ian Worthington, eds., *A Companion to Ancient Macedonia*, p.108.

8. Stephanie Lynn Budin, *The Ancient Greeks: New Perspectives* (ABC-CLIO, 2004), p. 82.

9. 필리포스의 사인에 관한 추측은 다음을 참고하라. Mary Renault, *The Nature of Alexander*, pp. 62~63.

10. A. T. Olmstead, *History of the Persian Empire* (Chicago and London: The University of Chicago Press, 1959), p. 250.

11. Mary Renault, *The Nature of Alexander*, pp. 112~115.

12. N. G. L. Hammond & F.W. Walbank, *A History of Macedonia*, vol. III, *336-167 BC* (Oxford: Clarendon Press, 1988), pp. 69~72.

13. "Ariobarzanes," *Encyclopedia Iranica Online*, (http://www.iranicaonline.org/articles/ariobarzanes-greek-form-of-old-iranian-proper-name-arya-brzana), 검색일 2013/7/8. 오늘날 이란인은 이 순국자를 위해 동상을 세웠다.

14. Waldemar Heckal, *The Marshals of Alexander's Empire* (London & New York: Routledge, 1992), pp. 19~31.

15. Mary Renault, *The Nature of Alexander*, pp. 174~176, 185~188. 야만인에 대한 칼리스테네스의 관점은 아리스토텔레스의 견해와 완전히 일치한다. 아리스토텔레스는『정치학』에서 이렇게 말했다. "정당하게 말하자면, 그리스인이 야만인을 통치해야 한다. 야만인은 노예와 본성이 동일하다는 의미다." 칼리스테네스는 원정 중에 계속해서 아리스토텔레스와 서신을 주고받았을 것이다.

16. 그리스 역사학자 니코메디아의 아리안Arrian of Nicomedia(약 86~160)의『소아시아 원정기』(아나바시스Anabasis)가 원래의 출처로, 여기서는 다음 자료에서 재인용했다. "The Mutiny at Opis," *Ancient Warfare Magazine* (http://www.livius.org/aj-al/alexander/

alexander_t25.html), 검색일 2013/7/9.

17. Winthrop Lindsay Adams, "Alexander's Successors to 221 BC," in Joseph Roisman, Ian Worthington, eds., *A Companion to Ancient Macedonia*, pp. 208~224.

18. 다음에 게재된 논문을 참고했다. *Ancient Warfare Magazine*, *Livius: Articles on Ancient History* (http://www.livius.org/su-sz/syrian_wars/1a_syrian_war.html), 검색일 2012/7/17. 이 고대 군사 전문 잡지에서는 앞의 두 차례를 하나로 합쳐서 여섯 차례의 시리아 전쟁으로 보았다.

19. Michael Grant, *From Alexander to Cleopatra: The Hellenistic World* (New York: Charles Scribner's Sons, 1982), p. 84.

20. J. M. Cook, "The Rise of the Achaemenids and Establishment of Their Empire," in Ilya Gershevitch ed., *The Cambridge History of Iran*, Volume 2, *The Median and Achaemenian Periods* (Cambridge, UK and New York: Cambridge University Press, 2003), p. 256.

21. D. Musti, "Syria and the East," in *The Cambridge Ancient History*, Second Edition, Volume 7, Part I: *The Hellenistic World* (Cambridge, UK and New York: Cambridge University Press, 1984), pp. 183~184.

22. Michael Grant, *From Alexander to Cleopatra: The Hellenistic World*, p. 117.

23. Ibid, pp. 108~109.

24. '옥서스(아무다리야)강 너머'를 의미하는 트란스옥시아나는, 대략 아무다리야강과 시르다리야강 사이에 위치한 지역을 아우르는 명칭이다.

25. Michael Grant, *From Alexander to Cleopatra: The Hellenistic World*, pp. 52~53.

26. John D. Grainger, *Hellenistic Phoenicia* (Oxford: Clarendon Press, 1991), p. 67.

27. Michael Grant, *From Alexander to Cleopatra: The Hellenistic World*, pp. 39~40.

28. Ibid, p. 150.

29. 간단히 말하자면, 지구의 자전으로 인해 해마다 춘분점·하지점·추분점·동지점이 이동하는 데 이를 이용해 세차를 계산할 수 있다.

30. Frederick Copleston, *A History of Philosophy*, Volume I, *Greece and Rome* (New York: Doubleday Image Books, 1993), pp. 403~404.

31. "The Tyche of Antioch," in *Ancient Warfare Magazine* (http://www.livius.org/am-ao/antioch/antioch_tyche.html), 검색일 2013/7/22.

제16장

로마의 성장

근동의 고대 문명에서 헬레니즘 시대에 이르면, 세계사 서쪽 끝 무대의 중앙이 서지중해로 이동하는 경향을 보이며 로마 시대를 맞이한다. 오늘날 돌이켜보면, 무대 중앙이 서지중해 북쪽으로 이동하면서 로마가 지중해와 서유럽의 연결고리가 된 것이다. 로마는 소위 '상고'와 '중고'라는 두 역사 시기의 연결고리이기도 하다. 지중해 중앙에 자리한 이탈리아반도는, 두 바다를 제어하는 형세를 지닌 동시에 남북으로 길게 뻗어 있다. 대서양 개발부터 착수해 다른 바다로 멀리 나가면서 이들 지역을 잠시 지배하며 일시적인 패권을 구축했던 훗날의 서유럽에 그리스를 빗댄다면, 한쪽 반구半球를 지키면서 두 대양의 이익을 확실히 거둔 미국에 로마를 빗댈 수 있을 것이다.

이탈리아의 지리 형세와 종족 분포

동일한 이탈리아반도에서도, 동쪽을 향한 곳과 서쪽을 향한 곳이 있다. 전자는 대그리스다. 이탈리아의 발꿈치에 해당하는 칼라브리아Calabria, 발부리에 해당하는 브루티움Bruttium[1], 시칠리아 동쪽 기슭의 시라쿠사가 서쪽에서 이오니아해를 둘러싸고 있었다. 이오니아해의 다른 한쪽 기슭은 그리스반도다. 그리스반도를 통해 에게해 역시 그리스 문화의 또 다른 내해가 되었다. 고전 그리스는 오랜 문명을 지닌 아시아 에게해안에서 배태되었고 에게해 서쪽 기슭 아테네에 이르러서 꽃이 피었다. 반면에 대그리스가 마주보고 있던 곳은 그리스반도 서쪽의 빈약한 뒷골목이었다. 대그리스 자체는 고전 시대와 헬레니즘 시대에 모두 찬란한 문화를 발전시켰고, 스스로 중심이라 여길 만했다. 그런데 서쪽으로 나아가면 카르타고인의 세력 범위였으며, 그리스인은 시칠리아섬까지도 카르타고인과 나눠야 했다.[2] 북쪽으로 진출하는 건 어땠을까? 그리스 도시국가는 이곳 원주민과 평화롭게 지내는 전통이 있었다.

이탈리아반도 서부는 티레니아해를 마주보고 있는데, 이 바다의 서쪽 경계에는 코르시카섬과 사르디니아섬이 있으며, 남쪽 가장자리는 시칠리아섬 북쪽 기슭이다. 티레니아해에도 대그리스의 거점들이 있었는데, 가장 유명한 곳은 소크라테스 이전 철학의 유파[3]를 낳은 도시국가 엘레아다. 엘레아 북쪽의 그리스 도시국가는 쿠마이Cumae다. 쿠마이는 로마에 큰 영향을 주었다. 그리스 본토 에우보이아섬의 그리스인이 이탈리아 서남부를 식민화하면서 쿠마이를 건설했는데, 이곳의 자모는 소위 '서부' 그리스 자모가 된다. 그 분포 범위는 아테네 지역의 아티카를 포괄하지 않으며 에게해의 섬들 및 아시아 해안과도 관계가 없지만, 이탈리아 남부 전체를 휩쓸면서 에트루리아Etruria 자모와 라틴 자모의 원조가 된다. 로마의 라틴 자모는 오늘날 서유럽 자모의 원조가 된다. 쿠마이의 무녀 쿠마이 시빌레Cumaean Sibyl가 이곳의 아폴론 신탁소를 지배했다. 훗날 로마인이 시빌레의 예언집인 『시빌레 신탁서Sibylline Books』를 사들인다. 로마 정부는 담당자를 따로 두고 이 예언집을 국가 서적으로 귀하게 보관했는데, 로마의 국운과 관련된 것이었기 때문이다.

쿠마이는 그리스인의 세력이 도달했던 최북단, 즉 지금의 나폴리만에 자리했다. 쿠마이가 있는 캄파니아Campania 지역은, 티레니아해를 마주한 이탈리아의 3대 평원 중에서 가장 남쪽에 자리했다. 그 위쪽의 라틴 평원(라티움Latium)은 로마가 흥기한 곳이다. 라틴 평원의 북쪽 토스카나Tuscany는 에트루리아인으로 인해 이름을 떨쳤다. 그들이 세운 문명 고국 에트루리아는 로마의 초기 역사에서 중요한 역할을 했다. 이탈리아반도의 중앙산맥은 아펜니노산맥이다. 이 산맥의 지세 덕분에 티레니아해를 향한 지역에 3대 평원이 존재하면서 정주생활에 필요한 비옥한 토양을 제공했던 반면에, 산맥 뒤쪽의 산지는 오직 방목에만 적합했다. 중앙산맥 동쪽으로는 대평원이 없는데, 고대에 이곳은 인구가 희박하

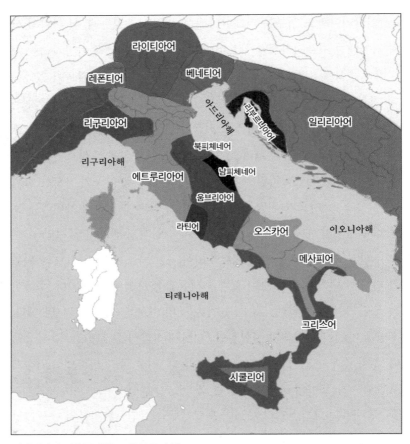

이탈리아반도에 존재한 고대 어군의 분포

고 경제가 낙후된 상태를 유지했다. 이는 아드리아해를 사이에 두고 이탈리아 맞은편 기슭에 있던 발칸반도 일리리아의 낙후한 상태와 비슷했다.

　아펜니노산맥은 리구리아Liguria해 방향에서부터 반도의 남단까지 사선으로 이어지는데, 이 사선의 동북 지역은 포Po강 유역의 큰 평원이다. 포강은 아드리아해 북단의 베네치아만으로 흘러 들어간다. 포강 유역의 북쪽은 알프스산맥이 가로막고 있다. 포강은 이탈리아 경내에서 가장 긴 강으로, 드넓은 충적평야가 펼쳐져 있으며, 오늘날 이탈리아 인구의 3분의 1이 집중해 있는 곳이자 이탈리아의 공업지구다. 포강 유역의 지리적 형세는 이탈리아반도에서 독립해 독자적인 단위를 이룰 만한데, 이탈리아반도보다 알프스산맥과 더 많이 관련되었던 듯하다. 에트루리아인 역시 포강 유역에 거점을 세웠는데, 이곳은 그들의 후방이었다고 할 수 있다. 훗날 갈리아인이 이곳을 근거지로 삼으면서, 에트루리아인과 로마인에게 변경 지대의 우환을 가져온다.

갈리아인이 진입하기 이전, 포강 유역에 있던 고대 종족을 열거하면 다음과 같다. 포강이 바다로 빠지는 곳, 오늘날 베니스가 자리한 곳에는 베네티Veneti인이 있었다. 베네티어는 오늘날 이미 사라진 인도유럽어에 속한다. 베네티어 영역의 바로 동쪽은 발칸의 일리리아어 영역이다. 하지만 베네티어는 이탈리아어와 가까운 관계다. 베네티어 영역의 서쪽은 라이티아Raetia어 영역으로, 알프스산맥의 동쪽 기슭에 분포했다. 라이티아어는 인도유럽어로, 어느 어군에 속하는지는 확실하지 않지만 에트루리아 성분도 있는데, 역사 시기로 진입한 뒤 첨가된 것인지는 알 수 없다. 라이티아어의 서쪽은 레폰티Leponti어 영역으로, 레폰티어는 켈트Celt 어족에 속한다. 갈리아인 역시 켈트에 포함되긴 하지만, 레폰티어가 훗날 이곳에 정착한 갈리아인한테서 반드시 유래한 것은 아니다. 레폰티 서남쪽에는 오늘날 프랑스 남쪽에서 온 소집단인 갈리아인이 있었다. 그 남쪽은 오늘날 리구리아해안으로, 원래는 리구리아인의 땅이다. 리구리아어는 이미 소멸되었는데, 인도유럽어족에 속한다고 보는 이도 있고 인도-유럽 조어祖語에 속한다고 보는 이도 있다.

티레니아해와 면해 있으면서 남쪽으로 토스카나 평원까지 이어진, 포강 유역 이남은 에트루리아인의 세계다. 에트루리아인은 이탈리아 북부에 가장 먼저 문명을 들여온 이들이다. 에트루리아어는 주변의 이탈리아 제어 및 남부의 그리스어와 다르다. 에트루리아어는 인도유럽어족의 일원이 아니며, 이탈리아 북부 및 코르시카섬에 분포한다. 일부 역사 언어학자는 에트루리아어를 위해 티레니아어족이라는 용어를 만들기도 했는데, 이것은 고립어족에 속한다. 또 다른 학자들은 에트루리아어가 인도유럽어족의 아나톨리아어파에 속한다고 보는데, 이는 소아시아 지역과 관계가 있다.

토스카나 평원의 남쪽은 라틴 평원으로, 이 지역의 사람들은 라틴어를 사용하며 로마인이 여기에 속한다. 그 범위는 매우 작은데, 만약 훗날 로마인이 이탈리아를 통일하지 않았다면 라틴어는 기본적으로 여러 이탈리아어 가운데 작은 지류에 불과했을 것이다. 라틴인이라는 큰 부류에는 아펜니노 산등성이에 흩어져 있던 오스카Osca, 움브리아Umbria, 삼니움Samnium 등의 종족이 포함된다. 이 대규모 라틴인 집단 외의 이탈리아인을 사벨리Sabelli인이라고 총칭하는데, 나중에는 이들 모두 라틴화된다. 사벨리인이라는 족명은 로마와의 장기간의 교전으로 인해 역사 기록에 남았다. 이탈리아반도 남단은 그리스인의 식민 지대인데, 시칠리아섬 내지의 시쿨리는 인도유럽족이지만 그 언어는 이탈리아어가 아니다. 시칠리아섬의 서단은 카르타고의 영지로, 셈어족의 교두보였다.

로마 건국자는 호걸인가, 악당인가

로마의 초기 역사와 관련된 최초의 사료는 기원전 1세기의 것이다. 이 자료들은 보다 이른 시기의 기록을 참고했지만, 입으로 전해진 것이 다수를 차지한다. 건국 시대로 거슬러 올라가면 전설의 짙은 안개에 휩싸여 있다. 이들 전설은 여러 개가 합쳐진 것이다. 어떤 전설에 따르면, 로마인의 선조는 아이네아스Aeneas다. 트로이 함락 이후 아이네아스는 트로이에서 도망쳐 멀리 바다를 건너서 전전하다가 이탈리아에 정착했다고 한다. 이 전설은 아우구스투스 시대(제정 초기)에 라틴 시인 베르길리우스Vergilius(기원전 70~기원전 19)의 국민 서사시 『아이네이드Aeneid』의 바탕이 된다. 아이네아스가 아시아에서 라틴 평원에 이른 노정은 호메로스의 『오디세이』를 모방했고, 아이네아스가 이탈리아에서 벌인 전투는 『일리아드』를 모방했다. 그런데 베르길리우스는 여기에 다른 에피소드를 추가했다. 『아이네이드』에는 아이네아스가 도중에 카르타고에 머물면서 카르타고의 여왕 디도Dido와 사랑을 나누고 헤어지는 내용이 들어 있다. 아이네아스가 떠나자 디도는 한을 품고 저주한다. 카르타고인이 대대로 로마인의 원수가 될 것이라는 이 기원신화는 소위 '디도의 저주'로 알려져 있다.

아이네아스는 라틴 평원에서 알바롱가Alba Longa라는 도시국가의 왕의 계보를 세우게 된다. 알바롱가의 공주(레아 실비아)가 전쟁의 신 마르스에게 겁탈을 당해 쌍둥이를 낳는다. 쌍둥이는 황야에 버려지는데, 암늑대의 젖을 먹고 딱따구리가 물어다 주는 음식을 먹으며 자라다가 양치기에게 발견되어 양육된다. 이 쌍둥이가 바로 로물루스Romulus와 레무스Remus다. 두 사람은 훗날 도시를 세우기로 하는데, 도시를 세울 지점을 놓고서 둘 사이에 논쟁이 벌어진다. 결국 로물루스는 레무스를 죽이고 로마의 왕이 된다. 로마의 건국 연도는 훗날 기원전 753년으로 확정되었다. 두 형제는 황야에서 성장했으며, 이들을 따른 사람들은 대부분 각지에서 온 망명자로 죄다 아내가 없었던 듯하다. 로물루스는 이웃 사비니Sabini의 여자들을 강제로 납치함으로써 사비니인과의 전쟁을 유발한다. 전설에 따르면, 이미 로마인의 아내가 된 사비니 여인들의 중재를 통해서 양측은 전쟁을 멈추고 하나로 연합하게 되었다고 한다.

라틴 도시 라비니움Lavinium에는 아이네아스가 남긴 성물聖物이 있었는데, 역사 기록에 따르면 로마의 집정관 혹은 정무관이 해마다 반드시 이곳에 와서 제사를 지냈다고 한다. 이는 중국 역대 통치자가 황제릉에 제사를 지냈던 것과 같다. 이는 로마인이 라틴 동맹을 복종시킨 뒤 취한 공공 관계의 수단이었던 듯한데, 자신의 정체성을 확립하는 것이기도 하다. 로마인은 자신이 에트루리아인이 아니고 그리스인도 아니며 트로이인이라고 선포했다.[4] 암늑대가 쌍둥이에게 젖을 먹이고 있는 유명한 동상은, 기원전 296년이 되어서야 비로소 원로원에서 안치 의례가 성대하게 거행되었다.[5]

전설에는 억지로 그러모은 흔적도 있지만 자연스러운 성분도 있다. 로물루스는 생전에 사비니인의 왕과 '공동왕'으로 통치했다. 또한 로물루스의 계승자는 사비니인 누마 폼필리우스Numa Pompilius(재위 기원전 715~기원전 673)다. 누마 폼필리우스는 사제 출신이었던 듯하다. 그는 로마의 종교 제도의 기초를 다졌다. 그는 아궁이의 여신 베스타의 성화를 지키는 '베스타 처녀Vestal Virgins' 제도를 만들었으며, 최고 제사장(폰티펙스 막시무스Pontifex Maximus) 제도를 창설했다. 로마의 왕은 세습이 아니었는데, 사비니 혈통도 있었고 마지막 세 명의 왕은 심지어 에트루리아인이었다. 에트루리아인 왕은 제5대 왕인 루키우스 타르퀴니우스 프리스쿠스Lucius Tarquinius Priscus(?~기원전 578)부터 시작되는데, 그의 부친은 그리스의 코린토스 출신이었다. 루키우스 타르퀴니우스 프리스쿠스는 먼저 에트루리아로 이주했는데, 이방인 출신으로는 관리가 될 수 없었기에 다시 로마로 이주한다. 그는 제4대 왕(안쿠스 마르키우스)이 죽은 뒤, 자신을 왕으로 선출하도록 민회를 설득해 왕위에 오른다. 이후 그의 뒤를 이은 제6대 왕(세르비우스 툴리우스)은 아마도 에트루리아 용병이었을 것이다. 이 왕은 훗날 사위에게 살해당한다. 이 찬탈자가 로마 왕정의 마지막 왕으로, 기원전 509년에 왕위에서 쫓겨난다. 이후 로마는 공화국이 된다.

기원전 509년에 왕정이 무너지게 된 도화선은, 마지막 왕 '오만한 자' 루키우스 타르퀴니우스 수페르부스Lucius Tarquinius Superbus(?~기원전 496)의 아들이 귀부인(루크레티아)을 겁탈하자 그 여인이 자결한 사건이다. 이 사건으로 로마의 귀족들은 왕을 몰아낸다. 이 일이 만약 사실이라면, 로마의 건국사는 다음과 같다. 그 시조는 타국의 여왕을 농락한 뒤 버렸고, 건국자는 겁탈로 생겨난 사생아이며 형제를 잔인하게 죽였고 이웃나라 여자들을 강제로 납치했으며, 마지막 왕의 아들은 성범죄 사건을 일으켰다. 설령 정말 이런 일이 있었다 하더라도 개국의 역사라고 한다면, 이를 감추거나 왜곡하기 마련이다. 예를 들면 주 왕조의 시조 직稷의 모친 강원姜嫄은 "거인의 엄지발가락을 밟고 잉태했다"고 하는데, 이는 천신에게 겁탈당했음을 함축적으로 표현한 것이다.

왕정 시대의 수수께끼

로마사는 편찬될 당시에 이미 그리스 도시국가 정치관의 영향을 받았는데, 왕조를 세운 자에게 국왕이 아닌 '참주'(타이런트tyrant)라는 칭호를 사용했다. 이 단어는 훗날 유럽어에서 '폭군'을 의미하게 된다. 페르시아와 마케도니아처럼 국왕제가 자리를 잡은 나라는 야만인으로 간주되었다. 로마 왕정의 마지막 왕 타르퀴니우스가 설령 '오만한 자'였다 하더라도 그가 폭정을 자행했는지 지금으로서는 확정하기가 어렵다. 그런데 왕정을 대신한 공화국은 오히려 귀족 과두 정권이었다.

국왕은 대부분 외지인이었고 세습이 아니었으므로 현지 귀족의 지지에 기대야 했는데, 특히 가장 강대한 씨족(겐테스gentes)의 인가를 얻어야 했다. 여러 흔적이 다음 사실을 말해준다. 왕정 시대에 귀족들은 이미 사제권과 원로원 기구를 차지했고, 원로원 기구만 행사할 수 있는 왕권 대행(인테렉스interrex)까지 차지했다.[6] 원로원(세나투스Senatus)은 로물루스가 창설했다고 한다. 로물루스는 건국 당시 씨족(사비니인이 일부 포함되었을 것이다) 가운데 덕망이 높은 100명을 원로로 뽑았다. 후에 다른 종족(예를 들면 에트루리아인)도 원로원에 가입하게 되면서, 로마의 제5대 왕에 이르러서는 원로원 의원의 수가 300명까지 늘어난다. 원로원은 국왕의 국책 자문단이었다. 이밖에도 로물루스는 민회를 창설했는데, 도시국가 전체를 씨족 사회조직인 30개의 쿠리아Curia로 나누었다. 각 씨족마다 한 표의 권력을 행사할 수 있었으며, 회의에서 표결을 진행했다. 쿠리아로 이루어진 민회를 쿠리아회(코미티아 쿠리아타Comitia Curiata)라고 하는데, 당시에 그 권한이 어떤 것이었는지는 명확하지 않다.

제6대 국왕 세르비우스 툴리우스Servius Tullius(기원전 578~기원전 535)의 재위 기간에 제1차 인구 조사를 실시했고 헌정 개혁을 추진했다. 그는 쿠리아회가 입법과 표결을 할 때마다 각 씨족의 이익을 우선시한다는 것을 알고서, 결국 로마 시민의 범위를 더욱 확대해 시민의 군대 조직인 백인대百人隊(켄투리아Centuries)를 단위로 해서 켄투리아회(코미티아 켄투리아타Comitia Centuriata)를 만듦으로써 원로원과 쿠리아회를 제어했다. 오직 켄투리아회만이 선전 포고를 할 수 있었으며, 국가의 최고 관리를 선출하고 그들에게 통치권(임페리움Imperium)을 부여할 수 있었다. 또한 켄투리아회는 특별한 안건에 대해서 최고 법정의 기능을 했다.

세르비우스 툴리우스는 '제2의 로물루스'라고 칭해진다. 그는 로마의 보병을 국제표준화한 듯한데, 그리스인 등급에 준하는 중장보병을 창설했다.[7] 당시 국제화된 중장보병의 갑옷·투구·무기는 스스로 마련해야 했기에 이들은 중산층이었다. 빈민은 경장보병에 배속되었으며 그중엔 투석병도 있었다. 그리스의 예를 보면 기병은 말을 기를 수 있는 귀족의 전유물이었으며, 중장보병이 세력을 얻게 되는 것은 평민 계급의 성장을 의미했다. 아테네의 경우, 해군이 강대해지면서 전민의 민주제가 진일보했다. 그런데 로마의 경우, 말은 국가에서 제공하는 것이었으므로 기병의 신분에 대해서는 확실히 말할 수 없다.[8]

새로운 켄투리아회는 재산의 다과에 따라 등급화된 국민개병제다. 로마 군단의 단위는 켄투리아다. 193개의 켄투리아는 크게 세 종류로 나뉜다. 장교인 기병(에퀴테스equites), 징병제에 바탕을 둔 보병(페디테스pedites)과 잡역병이다. 부유한 시민으로 이루어진 1등급 보병의 수가 가장 많았다. 기병은 18켄투리아로 이루어졌는데, 그중 귀족으로 구성된 것이 6켄투리아였다. 보병을 연령에 따라 살펴보면, 46~60세의 연장병(세니오레스seniores)이 85켄투리아였고 17~46세의 청년병(이우니오레스iuniores)이 85켄투리아였다. 잡역병 5켄투리아 가운데 4켄투리아는 장인과 나팔수 등으로 구성되었고, 아무 재산도 없는 무산자는 1켄투리아뿐이었다. 1켄투리아가 1표를 행사하는 제도에서는, 자산가와 연장자가 우위를 점했다. 켄투리아는 훗날 군사 단위에 부적합해지고 사회등급제가 된다. 켄투리아회는 사회를 여섯 등급으로 나누었다. 계급을 뜻하는 클래스class라는 용어는 라틴어의 클라시스classis에서 나온 것으로, 본래는 '군대'라는 의미다. 공화정 후기가 되면, 오직 켄투리아회의 1등급만이 클라시스, 즉 군대라는 호칭에 부합했고 나머지 등급은 모두 인프라 클라시스infra classis, 즉 하위 군대로 통칭된다.[9]

훗날 공화정기에 치열하게 싸우게 되는 양대 계급인 귀족(파트리키안patricians)과 평민(플레비안plebeians)이 왕정 시대에는 아직 형성되지 않았다. 하지만 켄투리아 중심의 제도 개혁을 통해 귀족의 우세는 왕정 시대에 이미 보장되었다. 이는 세르비우스 툴리우스의 본래 의도가 아니었을 것이다. 그의 제도 개혁은 모든 시민이 참여하는 보다 공평한 조직을 확립하고자 하는 것이었을 따름이다. 그의 제도 개혁은 세금 징수와도 관계가 있는데, 가난한 자는 병역에 종사할 조건이 열악했고 의무의 강도 역시 낮았다. 세금을 적게 내거나 심지어 내지 않기도 했으며, 전국 총동원이 이루어질 때라야 소집되었다. 로마의 부자들은 세르비우스 툴리우스를 증오할 필요가 없었다. 나중에 세르비우스 툴리우스는 사위 타르퀴니우스 수페르부스에게 살해당한다. 아마도 이 마지막 왕이야말로 부자들을 억압했을 것이다. 때문에 그는 왕위에서 쫓겨났고, 왕정이라는 잠재적 위협 역시 송두리째 제거된다.

로마가 라틴 평원의 맹주가 되다

왕정 시대의 마지막 세 왕의 통치기는 에트루리아 왕조였으므로, 한동안 로마가 에트루리아에 귀속된 시기로 해석되기도 한다. 공화정 성립은 정치 체제의 변화인 동시에 독립 운동인 셈이었다. 이는 미국의 독립 전쟁 모델이다. 에트루리아는 12개 도시국가의 동맹으로, 하나의 중앙이 없었으며 각자 독자적으로 통치했다. 로마는 에트루리아 왕의 통치기에 에트루리아의 개별 도시국가들과 자주 전쟁을 치렀다. 에트루리아는 거국적으로 침입하는 일이 결코 없었다. 에트루리아 왕조의 왕은 사실 에트루리아 출신의 개인 모험가 혹은 투기꾼으로, '악당 국부'인 로물루스와 비슷한 종류의 이들이었던 듯하다.

라틴 평원에 대한 로마 패권의 기초가 다져진 건 왕정기다. 타르퀴니우스 수페르부스 때에 왕정이 최고봉에 이른다. 폐위될 당시 그는 출정 중이었다. 왕정이 무너지자 복종했던 지역에서 반란을 일으키는데, 로마공화국은 국면을 수습하며 로마를 재건한다. 기원전 493년에 이르러, 로마는 비로소 승리자의 자세로 라틴 동맹과 조약을 맺게 된다. 이 조약으로 로마의 종주국 지위가 150년 동안이나 지속되었다. 라틴 동맹은 라틴 평원의 도시국가들이 로마에 대항하기 위해서 결성한 동맹 조직이다. 로마는 라틴인이긴 하지만 그 동맹의 일원이 아니었는데, 이제 그들의 우두머리가 되어 새로운 조약을 체결하게 된 것이다. 향후 외적과 맞설 때 각자 일부의 병력을 제공하되 로마인이 총사령관을 맡고, 전리품은 균등하게 나누고, 정복지에 식민지를 세우고, 로마와 라틴 도시국가는 공동으로 이민을 보낼 수 있었다.

라틴 동맹의 또 다른 특징으로, 동맹국 간에 '라틴 시민권'이 있었다. 즉 상호 간의 통혼권, 통상권, 이주권이다. 통상권에는 토지재산권이 포함되었다. 때문에 라틴 시민권은 동맹국 성원이 서로 상대방의 시민이 될 수 있음을 의미한다.[10] 이제 로마는 라틴 동맹에 참가했으니, 이상의 권리를 자연스럽게 동맹국과 함께 나누었다. 하지만 로마에는 자체 시민권이 있었는데, '라틴 시민권'보다 등급이 높았다. 이는 법리상의 골칫거리를 낳게 마련이었는데, 이에 대해서는 다음에서 설명하기로 한다. 이와 더불어서 로마가 그리스의 도시국가제를 뛰어넘어서 대국을 세우고 최종적으로 천하를 통일할 수 있었던 비책도 함께 알아볼 것이다.

공화국 초기의 계급투쟁

공화정기에 원로원의 권력은 크게 상승했다. 원로원은 국가의 재정과 예산을 지배했으며, 고위 관리에 대한 원로원의 결의(세나투스 콘술툼 senatus consultum)를 행사할 수 있었다. 원로원의 결의는 무형식의 제약이었지만 관리들은 일반적으로 이를 따랐다. 만약 원로원의 결의가 민회에서 통과시킨 법률에 저촉될 경우에는 효력이 없었다. 하지만 원로원의 결의는 법률을 해석할 수 있었다. 원로원은 관리 임면권은 없었지만, 긴급한 시기에 정국을 주도하면서 독재관(딕타토르Dictator)을 임명하고 계엄령을 반포할 수 있었다. 고위 관리로 뽑힌 이들은 누구나 자동적으로 원로원의 일원이 되었다. 원로원 의원은 상업에 종사할 수 없었으며 무보수였으므로, 오직 부유한 자산가만이 그 일원이 될 수 있었다.

로마의 관리에 대해 말하자면, 비상시에는 독재관을 두었고 평상시에는 우두머리 역할을 하는 집정관(콘술Consul)이 있었다. 집정관 아래로는 법무관(프라이토르Praetor), 안찰관(아이딜리스Aediles), 재무관(콰이스토르Quaestor), 감찰관(켄소르Censor)이 있었다. 독재관은 비상시의 임시직으로 기한은 6개월이었다. 우두머리 역할을 하는 집정관은 동시에 두 명이 있어서 상호 견제했다. 집정관의 업적을 따지지는 않았으며 그 임기는 1년이고 연임할 수 없었다. 집정관을 사직한 뒤에는 바로 원로원으로 진입했으며, 감찰관에 입후보할 수 있었다. 감찰관 선거에는 전직 집정관만 참가할 수 있었다.

초기의 독재관은 비상시에만 등장했는데, 기원전 202년 이후에는 원로원의 계엄령 반포로 이를 대신했다. 이후의 종신 독재관은 국가 위기와 무관했으며, 군인이 권력을 찬탈하는 수단이었다. 킨키나투스Cincinatus(기원전 519~기원전 430)가 적을 물리친 뒤 독재관의 자리에서 물러나 고향으로 돌아간 일이 미담으로 전해졌고, 미국의 첫 번째 대통령인 조지 워싱턴은 그를 모델로 삼았다. 오직 국난 시기에만 독재관이 있었을 것이라고 일반적으로 생각하지만, 사실 독재관은 계급 모순이 첨예화된 시기에 내부 반란을 해결하기 위한 용도나 타국을 침략할 때 군령을 통일하기 위한 용도로 사용되었다.

전해지는 사료에 따르면, 기원전 494년에 로마 시민(포풀루스populus) 중에 약한 세력이었던 평민(플레비안plebeians)이 가혹한 채무법에 항의하면서 로마 밖 성산聖山(몬스사케르Mons Sacer)으로 집단적으로 철수해 따로 나라를 세울 것을 선포했다. 당시 로마는 외적의 침입에 맞닥뜨린 상태였다. 귀족의 원로원은 즉시 양보하면서 평민이 호민관(트리부니 플레비스Tribuni Plebis)을 설립할 것을 허락했다. 또한 두 명의 평민 안찰관(아이딜리스 플레비Aediles Plebi)이 호민관의 보조자가 되었다. 기원전 471년, 로마는 평민 계급의 평민회(콘실리움 플레비스Concilium Plebis)를 핵심으로 삼아 트리부스 인민회(코미티아 트리부타Comitia Tributa)로 개편할 것을 허락했다. 이로써 모든 시민은 거주지에 따라 트리부스tribus로 조직되었다. 이는 기존에 로물루스가 창설한 쿠리아회와 다른 것이다. 기존에 평민은 자신이 속한 쿠리아에서 외지인으로 간주되었고, 그들이 신세를 지고 있는 각 쿠리아의 혈통 귀족이 그들을 대표했다. 그런데 이제 평민이 자신의 트리부스를 갖게 된 것이다. 새로 성립된 트리부스 인민회는, 재산에 따라 등급을 정한 툴리우스의 켄투리아회의 영향을 일부 상쇄시켰다. 트리부스 인민회에서는 귀족과 평민을 막론하고 모두 투표할 수 있었다. 이렇게 개편한 뒤, 평민회는 트리부스 인민회의 분회가 되었다. 평민회는 평민만 참가할 수 있었으며 호민관이 주재했다. 기원전 287년 이후에는 평민회가 입법권도 지니게 된다. 평민회가 진행될 때 귀족은 문밖에 앉아서 방청하고 의견을 주고받을 수도 있었지만 투표는 할 수 없었다.

사료 비판을 통해 오늘날 역사학자들은 이 시기의 역사에 많은 의심을 갖는다. 특히 기원전 494년부터 기원전 287년까지의 변화가 이처럼 하나의 흐름으로 연관되어 있을까? 기원전 494년의 분규는 채무법 때문이었다. 그것은 빚을 상환할 수 없는 이들이 채무노예가 되는 것에 대한 항의였지, 참정권을 쟁취하려는 것과는 큰 관련이 없었다. 그리스사의 관점에서 로마사를 볼 때 빚어지는 가장 큰 시차視差는, 그리스 도시국가의 평민이 쟁취한 것은 참정권이고 로마의 평민이 요구한 것은 피해로부터 보호받고자 한 것임에도 양자가 늘 동일시된다는 것이다.[11] 로마의 평민은 애초에 본국에서 벗어나 따로 국가를 세우려 한 것이지, 귀족들과 한 자리에서 함께 일하려는 게 아니었다.

기원전 494년의 '평민 철수 투쟁'(세케시오 플레비스secessio plebis)이 거둔 가장 구체적인 성과는 호민관의 설립이다. 호민관은 하루 이상 로마를 떠날 수 없었고 저녁이면 반드시 돌아와야 했다. 또한 억울함을 호소하는 이를 위해 호민관의 문은 항상 개방되어 있었다. 임기 동안 호민관의 신분은 종교적 의미의 신성불가침성을 지녔다. 이는 호민관의 생명의 안전을 보장하기 위해서였다.[12] 호민관은 기원전 457년에 이르면 10명으로 늘어나는데, 이는 기원전 494년이 단지 시작이었음을 말해준다. 만약 당시에 평민이 정말 참정권을 갖게 되었다면, 부채노예 문제는 그와 더불어 해결되어야만 했다. 그런데 어째서 기원전 326년 혹은 기원전 313년이 돼서야 부채노예제(넥숨nexum)를 폐지하는『포이텔리우스 법Lex Poetelia』이 출현했겠는가?[13] 기원전 494년에 평민이 정말 참정권을 갖게 되었다면, 기원전 449년에 다시 발생한 평민 철수 투쟁 역시 설명할 수가 없다.

고대 로마사를 다음과 같이 민권 발전사로 단순화한 내용이 계속해서 교과서에 실려왔다. 기원전 451년에 귀족은 평민의 압력으로, 10인 위원회(데켐비리decemvirate)를 구성해 법률을 명문화하도록 준비시킨다. 10인은 그리스의 여러 나라를 방문하고 특히 아테네 솔론의 입법을 참고해 법률을 제정하여 열 장의 동판에 새겼다. 기원전 449년에 두 번째 10인 위원회가 나머지 2표법表法을 공포한 뒤, 평민이 법률을 위반하고 모르는 일이 없도록 12표법을 카피톨리네Capitoline 언덕 아래 로마 광장(포룸Forum)에 전시했다.

전해지는 사료에는 미심쩍은 게 가득하다. 첫 번째 10인 위원회는 집정관과 호민관 직위를 없애고 독재 기구가 되었다. 귀족 가운데 강경파는 이미 정해진 10표법이 너무 많은 양보를 한 것이라 여겼고, 새로운 10인 위원회가 구성되어 2표법을 추가하게 된다. 당시 로마는 또다시 외적의 침입에 직면해 있었고, 귀족은 양보를 고려했다. 그런데 당

다섯 차례 발생했던 로마의 '평민 철수 투쟁'

시 새로운 10인 위원회의 지도자 아피우스 클라우디우스 크라수스_{Appius}
Claudius Crassus가 평민 여성(비르기니아)을 강제로 차지하려 하자 그녀의 아
버지가 딸의 순결을 지키고자 딸을 죽이는 일이 벌어진다. 이 사건으로
군대에서 반란이 일어나고, 아피우스 클라우디우스 크라수스는 자리에
서 쫓겨났으며 로마는 이전의 제도를 회복한다. 하지만 그의 악법은 이
미 동판에 새겨진 뒤였다. 귀족과 평민의 통혼을 엄금했으며, 채권자가
경내에서는 채무자를 노예로 팔 수 없었지만 티베르강 건너 이방으로
매각할 수는 있었다. 아무튼 전체적으로 보자면, 법률은 투명해졌고 민
심의 이반 역시 잠시 동안 수습되었다. 이상은 의문점이 너무 많은 사건
이다.[16] 집정관과 호민관을 해임하는 것은 위헌이다. 또한 평민 여성을
강제로 차지하려 한 사건은 타르퀴니우스 사건의 복제인 듯하다. 로마
사에서는 공화국을 재건하는 이정표에 또 하나의 성범죄 사건이 기록되
는 것에 개의치 않았다!

로마가 이탈리아를 통일하다

로마 내부의 계급투쟁은 외적과의 전쟁과 병행했다. 내부 모순이 더욱 심화되면, 패망을 초래할 터였다. 반대로 내부 모순이 순조롭게 해결되면, 응집력을 강화해 로마의 국력을 한 단계 끌어올릴 수 있었다. 로마가 라틴 평원을 평정한 뒤 이어진 도전은 아펜니노 산지에서 비롯된 것이었다. 기원전 490년 무렵, 오스카-움브리아어군Oscan-Umbrian에 속하는 아이퀴Aequi인과 볼스키Volsci인이 대거 라틴 평원에 침입했다. 이들의 침입은 일부 지역에 불과했으나, 이탈리아반도 중남부까지 파장이 미쳤다. 당시 이들 민족이 로마를 공격했을 때 로마는 '제1차 평민 철수 투쟁' 중이었다. 로마인은 난관을 하나씩 극복했다. 로마인과 이들 이탈리아인의 전쟁은 단속적으로 지속되었는데, 기원전 495년부터 기원전 330년 무렵까지 이어졌다. 막판에 이르러서, 이 전쟁은 라틴 도시국가의 반란으로 발생한 제2차 라틴 전쟁(기원전 340~기원전 338)과 한데 얽힌 채 로마에 의해 한꺼번에 수습되었다. 이 시기는 로마사에서 매우 감동적이고 비장한 순간이었다.

이어서 로마는 아펜니노 산지보다 남쪽에 있던 또 다른 이탈리아족 삼니움인과 세 차례의 전쟁(삼니움 전쟁)을 치르게 된다. (1)기원전 343~기원전 342년 (2)기원전 326~기원전 304년 (3)기원전 298~기원전 290년에 발생한 이 일련의 전쟁은 장차 이탈리아반도를 통일하는 세력이 라틴 평원일지 아니면 아펜니노 산지일지를 결정짓는 대결이었다. 삼니움인의 공세는 맹렬했다. 원래 에트루리아인과 그리스인이 나눠 가졌던 캄파니아 평원이 죄다 그들 손에 들어갔다. 이후 로마인이 최후의 승리를 거두면서 이 지역은 자연스럽게 로마에 귀속된다. 맹주 로마는 북방 역시 가만두지 않았다. 로마와 에트루리아인이 300년 전쟁을 펼치면서, 타르퀴니Tarquini, 팔레리Falerii, 카이레Caere, 베이이Veii 등 여러 강국이 모두 끝장났다(기원전 396~기원전 351). 원래는 이탈리아를 통합할 엄청난 잠재력을 지녔던 토스카나 평원이 이제 라틴 평원에 종속되고 만 것이다.

로마의 순조로운 확장은 기원전 387년에 갑자기 그 기세가 꺾인다. 포강 유역의 갈리아인이 갑자기 아펜니노산맥을 넘어 에트루리아 남부로 들어온 뒤 티베르강 지대를 급습하자, 로마는 그들을 미처 막아내지 못한 채 함락된다. 오직 카피톨리네 언덕만 함락되지 않았고 로마 전체가 약탈을 당했으며, 로마 정부가 황금 1000파운드를 주기로 동의하자 비로소 갈리아인이 철수했다고 한다. 여러 정황을 통해 볼 때, 갈리아인의 남침은 결코 이민이 아니라 전투단의 행군이었다. 그들은 로마를 유린한 지 몇 달 뒤 시칠리아 시라쿠사의 참주에게 고용되어, 대그리스를 상대로 한 전쟁에 참가한다.[15] 로마가 갈리아인으로 인해 엄청난 재해를 입자, 이제 막 로마의 판도에 들어온 베이이로 수도를 옮길 것을 건의한 사람들도 있었다.

로마는 매우 빨리 회복되었다. 기원전 350~기원전 349년에 갈리아인이 다시 침략하는데, 이번에는 남쪽에서였다. 게다가 시라쿠사의 함대까지 가세했다.[16] 이제 로마의 시선은 남쪽을 향할 수밖에 없었다. 기원전 290년에 삼니움 전쟁이 대략 마무리되자, 로마는 대그리스를 염두에 두게 된다. 이어진 사건은 우리가 비교적 잘 아는 피로스Pyrrhus 전쟁(기원전 280~기원전 275)이다. 로마에 대항하기 위해서 대그리스의 타렌툼Tarentum은 이오니아해의 맞은편에 있는 에피루스 왕국에 도움을 청한다. 에피루스의 왕 피로스(기원전 319?~기원전 272)는 알렉산더 대왕의 친척이기도 하다. 피로스는 전투 코끼리와 군대를 이끌고 이탈리아로 상륙했다. 그의 출현으로, 삼니움인을 비롯한 이탈리아 집단은 다시 세력을 회복하게 된다. 패전을 거듭한 로마는 카르타고와 동맹을 맺는다. 피로스는 시칠리아로 전선을 옮겨 카르타고에게 승리를 거두지만 이를 지키지 못한 채 이탈리아반도로 회군하고 결국 로마에 패배한 뒤 귀국한다. 강인한 로마를 상대로 연전연패를 거듭한 끝에 가까스로 아스쿨룸Asculum 전투(기원전 279)에서 승리한 뒤 피로스는 이렇게 탄식했다. "이런 식의 승리를 한 번만 더 거둔다면 우리는 파멸할 것이다!" 막대한 희생을 치르고 가까스로 거둔 승리를 의미하는, '피로스의 승리'라는 말은 여기서 유래했다. 그리스 국가들은 이제 이탈리아에 있는 식민지를 지킬 수 없게 되었다. 대그리스는 이로써 로마의 동맹국(속국)이 된다. 피로스 전쟁으로 로마는 처음으로 이탈리아 이외의 세력과 충돌을 빚었고, 이로써 국제무대에 등장하게 되었다.

공화국 중기: 평민은 진정으로 귀족과 동등한 권리를 갖게 되었는가

기원전 445년에 로마의 민회는 호민관이 제안한 '카눌레이아 법Lex Canuleia'을 통과시켜, 기원전 449년의 12표법 가운데 평민과 귀족의 혼인을 금지한 조항을 폐지한다. 기원전 376년, 두 명의 호민관이 제안한 법이 민회에서 통과된다. 이 법은 제안한 호민관의 이름을 따서 훗날 '리키니우스 섹스티우스 법Leges Liciniae Sextiae'이라고 명명된다. 이 법안의 내용은 우선 집정관의 직위를 회복하는 것이었다. 갈리아인으로부터 큰 타격을 입은 뒤 로마는 비상 시기의 독재관이 국정을 담당했던 듯하다. 당시는 귀족 계급이 가장 취약한 시기이기도 했다. 때문에 이 새로운 법에서는 해마다 두 명이 맡는 집정관 자리 중 하나는 평민이 갖도록 규정했다. 또한 이 법은 로마의 군사적 정복을 통해 확보한 국유 공유지(아게르 푸블리쿠스ager publicus)의 분배량을 각 시민마다 500유게라iugera로 제한하고, 추가분으로 두 아들 명의로 한 명당 250유게라까지만 인정했다. 이는 공유지가 귀족에게 독점되는 것을 막기 위해서였다. 동일한 목적을 위해서, 공공 방목지에서의 소와 양의 수도 제한했다.

기원전 357년, 평민 출신의 가이우스 마르키우스 루틸루스Gaius Marcius Rutilus가 집정관으로 선출된다. 이듬해 로마 정부는 에트루리아인의 침입을 막기 위해서 그를 독재관에 임명하는데, 역사상 전례가 없는 평민 출신 독재관이다. 기원전 351년, 가이우스 마르키우스 루틸루스는 전직 집정관의 신분으로 감찰관에 선출된다. 귀족 계급의 견고한 보루가 이렇게 하나씩 무너졌다. 기원전 300년, 호민관의 제안으로 '오굴니아 법Lex Ogulnia'이 통과되면서 사제직 역시 평민에게 개방된다. 만약 이 법이 없었다면, 앞서 받아낸 귀족의 양보는 죄다 물거품이 되었을 것이다. 로마의 관리는 정치를 할 때 반드시 먼저 점을 쳐서 길조를 얻어야만 실행에 옮길 수 있었다. 그렇지 않으면 최후의 결과는 자신이 책임져야 했다. 민회를 열어서 관리를 임면하거나 새로운 법을 통과시키더라도, 원로원이 점복관한테서 흉조라는 해석을 얻어내면 그것을 취소할 권리가 있었다.[17] 물론 점복관은 한 명이 아니었다. 오굴니아 법에서는 사제직을 네 명에서 여덟 명으로 늘리고, 평민이 절반을 차지하도록 규정했다. 또한 점복관으로 기존의 네 명 외에 다섯 명의 평민을 추가해야 했다.[18]

귀족에 대한 평민의 최후 일격은 '호르텐시우스 법Lex Hortensia'이었다. 기원전 287년, 피로스 전쟁이 일어나기 직전에 평민과 귀족의 신분 투쟁이 벌어졌다. 야니쿨룸Janiculum 언덕으로 철수한 평민은 따로 국가를 세우고자 했다. 로마 정부는 즉시 평민 출신의 퀸투스 호르텐시우스 Quintus Hortensius를 임시 독재관에 임명했고, 그는 호르텐시우스 법을 통과시킨다. 이후 '트리부스 인민회'의 '평민회'가 전체 시민을 대표하는 입법권을 갖게 된다. 평민회의 입법권은 국민투표의 성격을 지닌 것으로, 원로원은 이를 부결할 권리가 없었다.

여기에 이르면 평민이 완승을 거둔 듯하다. 결과적으로, 근대 의회

제 국가의 하원이 큰 세력을 지닌 상태와 비슷해졌다. 문제는 로마의 귀족 계급이 가만히 앉아서 죽기를 기다렸냐는 것이다. "폭민을 선동해 왕이 되고자 했다"는 죄명으로 귀족이 사형에 처해진 사건이 여러 차례 발생했다. 그중 한 명은 단지 이재민을 구제하려 했을 뿐이었다. 또 한 명은 갈리아인이 카피톨리네 언덕을 공격했을 때 이곳을 지킨 민족 영웅으로, 훗날 백성의 대변자가 되었지만 결국 처형당했다. 비참한 결말을 맞은 귀족을 일일이 열거하기 어려울 정도다. 그렇다면 우리는 귀족의 철저한 후퇴 현상을 어떻게 해석해야 할까?

여기에는 일련의 요소가 관련되어 있다. 우선, 로마 의회의 성격이다. 만약 아테네의 민회로 로마의 의회를 해석한다면 오도하기 십상이다. 원로원이 포함된 로마의 의회는 자체적으로 열릴 수 없고 관리가 소집해야 했다. 집정관이 원로원을 소집하고 그 의장을 임명했다. 원로원은 법을 만들거나 관리를 임명할 수 없었다. 이 일은 표면적으로 민회에 넘겨졌다. 관리는 민선에 의한 것이라고는 하지만 오늘날의 양당 정치처럼 몇 명 중에서 선택하는 것이었다. 민회는 입법기구라고는 하지만 자주성이 없었다. 법안은 반드시 관리가 제출해야 하고, 의회는 이에 대해 토론할 수 없으며 '찬성' 혹은 '반대'로만 답할 수 있었다. 원로원은 입법원이 아니었지만, 법안은 대부분 관리가 원로원의 자문을 받아서 민회에 제출했다. 원로원은 표면상으로는 민회의 민의를 존중하지만, 간접적으로 그것을 부결할 수 있는 방법은 많았다. 길흉의 징조에 대한 점복관의 해석이 그 예다. 이보다 기본적인 방법은 원로원의 비준(아욱토리타스 파트룸auctoritas patrum)이었다.

다음으로, 로마의 민회는 확실히 너무 많았다. 로물루스 시대에 원로원과 동시에 성립된 쿠리아회는 내내 존재했다. 고급 관리를 선출할 수 있는 권력은 이미 켄투리아회로 넘어갔지만, 쿠리아회의 일부 직능은 여전히 잔존했다. 공화정 초기에 출현한 트리부스 인민회는 켄투리아회를 대체할 수 없었으며 역할을 분담했는데, 하급 관리를 선출하는 역할을 담당했다. 트리부스 인민회 아래의 평민회는 평민 출신의 관리를 선출하는 일을 책임졌다. 평민회는 체제 바깥의 권리평등 위원회라고 할 수 있는데, 귀족이 보기에는 권력 찬탈의 성격을 지닌 것이었다. 애초에 평민은 국민의 일부를 데리고 나가서 따로 정권을 세울 작정이었는데, 이제 체제에 남아서 트리부스 인민회 내부에 평민회를 두도록 허락받은 것이다. 이 평민회는 모든 국민을 대상으로 했던 아테네식의 의회는 분명 아니었다.

트리부스 인민회 아래의 평민회가 전체 시민을 대표하는 입법권을 갖게 되면서 이 입법권이 국민투표의 성격을 지니고 원로원은 이를 부결할 권리가 없게 된 시점에, 위험의 임계선에 도달한 듯하다. 이 위협은 공화제 말기가 되어서야 명백히 드러나는데, 이때 이탈리아 농촌은 파산하고 만다. 또한 대량의 실업자가 수도에 집중되어 폭민정치의 기폭제가 된다. 로마 시민의 투표권이 혁명을 폭발시키는 버튼이 되어, 대규모 유혈 사태를 촉발한다. 하지만 기원전 4세기~기원전 3세기까지, 이런 악성 변화는 발생하지 않았다.

이 시기에 주목할 내용은 다음과 같다. 평민은 일단 집정관과 감찰관을 지내면, 사직한 뒤 자동적으로 원로원으로 진입해 원로 계급이 되었다. 원로는 본래 부계 씨족 귀족에서 비롯되었지만, 귀족 출신 모두가 원로원에 들어갈 기회를 갖는 건 아니었다. 그런데 이제 자격이 충분한 평민(플레비안plebeians)도 원로원에 들어가 새로운 통치계층으로 자리잡게 되었다. 로마사 전문가에 따르면, 리키니우스 섹스티우스 법 이후의 새로운 정권은 야망을 지닌 평민 우두머리와 그에 협조한 소수의 귀족이 합작한 중간파 정권이다. 리키니우스 섹스티우스 법이라는 분수령 이전에 집정관을 역임했던 18명의 귀족 가문은 이후 더 이상 정계에 나타나지 않았다. 역대 귀족 가문의 명칭 역시 기원전 367년 이후에는, 정부 당국의 주요 활동을 기록한 파스티fasti에 더 이상 출현하지 않는다. 역사가들은 공화정 초기의 파트리키안patrician과의 혼동을 피하기 위해서, 리키니우스 섹스티우스 법 이후의 새로운 귀족을 칭할 때 노빌리타스nobilitas라는 용어를 사용한다.[19]

원로를 계급이라고 할 수 있을까? 원로에 대한 정의는, 마르크스가 말한 생산수단의 점유제에 따른 게 아니라 로마 정부 당국의 신분 장부에 의한 것이다.[20] 기원전 318년에 통과된 '오비니아 법Lex Ovinia'에서는 원로원의 명부를 확정하던 집정관의 기존 권력을 감찰관에게 넘겼다. 이를 두고 로마사가 테오도어 몸젠Theodor Mommsen은 "원로원이 관리의 권력으로부터 해방되었다"고 했다.[21] 이 말은 아무리 생각해도 이해가 되지 않는다. 집정관은 사직한 뒤 자동적으로 원로가 되는데, 집정관의 임기는 기껏해야 1년이기 때문에 그중에서 원로원에 들어간 이가 분명 많았을 터이다. 원로원의 대부분이 전직 집정관이었을지도 모른다. 집정관과 원로는 이위일체二位一體로 연결된 것이었다. 때문에 마치 백성을 상대로 한 기만책처럼 보이기도 한다. 그런데 사실 그렇지 않다. 공화정의 집정관이라는 직분은 왕정기의 국왕과 관련된 것으로, 원로는 국왕의 자문단, 즉 조정의 신하였다. 소위 '공화' 혁명은 원수의 세습 신분과 종신직마저 없앴다. 한편 조정의 신하는 개인 종신직이자 집단 세습제로 변했다. 하지만 법리상 집정관과 원로원은 여전히 군신 관계였다. 집정관이 원로의 명부를 확정짓는 것은 오직 국왕만이 조정의 신하를 선택할 수 있었던 것과 같았다.

켄소르(오늘날에는 출판 검열관을 가리킨다)로 불리는 감찰관은 고대 로마에서 사회 풍기를 관리했다. 때문에 켄소르를 '풍기 단속관'으로 번역하기도 한다. 켄소르라는 단어는 호적 조사를 의미하는 켄수스_{Census}와 어근이 같다. 고대 로마에서 감찰관은 호적관戶籍官이기도 했다. 고대 로마의 호적은 단순한 호적이 아니라 계급 성분의 등기부이기도 했다. 오비니아 법에서는 원로원의 명부를 확정하던 집정관의 기존 권력을 호적을 관리하던 감찰관에게 넘겼다. 이는 조정의 신하였던 원로의 신분이 명부에 등록된 사회 최고위층으로 전환되었음을 의미한다. 감찰관이 새로운 계급을 근거 없이 발명했을 리는 없다. 감찰관은 득세한 평민 우두머리와 그에 협조한 소수 귀족의 새로운 권력 집단을 인가했을 뿐이다. 한편 감찰관은 '풍기를 어지럽혔다'는 구실로 특정인을 원로원에서 제명할 수 있는 권력을 갖고 있기도 했다.

아무튼 감찰관은 명부의 등록을 관리할 뿐 기존의 계급 범주를 없애지는 못했다. 기존 계급의 등기는 여전히 로물루스가 창설한 쿠리아회에 보존되어 있었다. 쿠리아회의 30개 부계 씨족 귀족이 바로 본래 귀족의 핵심이었다. 19세기 로마사 연구의 기초를 다진 바르톨트 게오르크 니부어_{Barthold Georg Niebuhr}(1776~1831)는 소위 '귀족'이란 최초에 로물루스를 따라서 로마 성을 건축한 이들로, 여기에는 약탈혼으로 인척이 된 사비니인이 포함된다고 보았다. 또한 '평민'은 제4대 왕 때에 이주해오거나 병합된 새로운 이민자라고 한다. 이런 견해가 성립된다면, 귀족은 현지인이고 평민은 외지인인 셈이다. 후자는 오늘날 미국의 그린카드(영주권)를 지닌 이와 유사한데, 거주권은 있지만 시민권은 없다. 그런데 현지인이 외지인의 자손에게 그런 신분을 대대로 유지하도록 강제했기에, 세월이 지나면서 필연적으로 큰 소동이 일어날 수밖에 없었다.

로물루스 이후, 30개 부계 씨족 귀족 집단에서 각각 10명을 대표로 뽑아 원로원을 구성했다. 때문에 원로원 의원의 수는 300명으로 고정되었다. 명문가의 모든 구성원이 귀족이었던 건 결코 아니다. 그중에는 자신을 보호해주는 명문 귀족을 파트로누스_{patronus}(보호자)로 여기면서 그에 종속되어 있던 클리엔테스_{clientelae}(피호인被護人)도 포함된다.[22] 학자들이 팽팽히 맞서는 문제는, 클리엔테스가 제3의 계급이냐는 것이다. 그것은 일종의 관계로, 반드시 신분·지위·자산과 관련이 있는 것은 아니다. 파트로누스의 보살핌 아래 있으면서 집정관에 오른 클리엔테스도 있다. 이런 클리엔테스는 반드시 명문가 출신이었다. 한편 중국의 위진魏晉 시대에 호족 아래 있던 부곡部曲·하인下人·가정家丁과 같았던 클리엔테스도 있었다. 만약 그들이 주인의 성씨를 따른다면 감찰관은 골치가 아팠을 것이다.

왕정 시대의 제6대 왕 툴리우스는 새로운 인구 조사를 바탕으로 따로 켄투리아회를 둠으로써 이 문제를 부분적으로 해결했다. 그는 쿠리아회가 입법과 표결을 할 때마다 각 씨족의 이익을 우선시한다는 것을 감안해, 재산에 근거해 등급을 나눠 투표의 기초로 삼았다. 이로써 감찰관의 명부에 오늘날 영어의 클래스_{class}라는 단어가 출현했다. 재산이라는 기준이 더해지면서 '계급'이 혈연과 성씨를 능가하게 되었는데, 재산에 따라서 모두 여섯 등급으로 나뉘었다. 그런데 툴리우스의 개혁은 주로 로마의 중장보병을 국제표준화하고 국민개병제에 기초한 새로운 의회가 화친과 전쟁 문제에서 투표권을 갖도록 하기 위한 것이었다. 그 의도는 귀족의 실권을 뺏으려는 것이 아니었다. 피호 제도가 전혀 동요하지 않는 상황에서, 평민의 투표는 그들과 보호-피호 관계를 맺고 있는 혈통 귀족의 뜻을 반영한 것이었다. 켄투리아회가 점차 쿠리아회를 대신해 전면적인 의회가 된 이후, 이런 상황은 매우 부적합했다. 때문에 기원전 471년에 트리부스 인민회가 창설되고, 모든 시민은 거주지에 따라 트리부스로 조직되었다. 이는 기존에 로물루스가 창설한 쿠리아회와 다른 것이다. 기존에 평민은 자신이 속한 쿠리아에서 외지인으로 간주되었고, 그들이 신세를 지고 있는 각 쿠리아의 혈통 귀족이 그들을 대표했다. 그런데 이제 평민이 자신의 트리부스를 갖게 된 것이다.

트리부스 인민회는 재산에 따라 등급을 정한 툴리우스의 켄투리아회의 영향을 일부 상쇄시켰다. 이는 평민회가 트리부스 인민회의 분회가 되었기 때문이다. 평민회는 평민 신분만 참가할 수 있었고, 호민관이 평민회의 우두머리였다. 앞에서 언급했듯이, 기원전 287년에 호르텐시우스 법이 통과된 이후 평민회는 오늘날 의회제 국가에서 큰 세력을 지닌 하원처럼 변했다. 그런데 사실상 그렇지 않았다. 원로원이 평민회의 머리를 내리누르고 있었기 때문이다. 원로원은 이론상으로는 입법 기구가 아니었지만, 과두 통치계층이었다.

트리부스 인민회의 출현으로, 호적관의 역할을 하던 감찰관의 손에는 지역에 따른 호적 명부가 더해졌다. 하지만 결국, 로마 사회에서 공화정 말기까지 내내 대립한 귀족과 평민의 양대 계급을 바꾸지는 못한다. 사회의 재산 관계는 이미 변했다. 어떤 귀족은 몰락한 반면 어떤 평민은 부자가 되었다. 하지만 기원전 445년에 카눌레이아 법이 통과되기 이전에는 양자 간의 통혼이 엄격히 금지되었다. 귀족 개념의 강고함은, 로물루스의 개국 시대에 그들이 국민의 핵심이었던 전통에서 비롯된 것이다.[23] 이러한 출신 성분은 원로원과 쿠리아회의 두 기구 속에서 이미 제도화되었고, 이후의 의회 개혁은 기껏해야 이 큰 틀 안에서의 조정에 불과했다. 사실상, 로마 '현지인'의 성분은 여러 차례 새롭게 발명된 것이다. 카이사르의 시조를 신화인물인 트로이의 아이네아스까지 거슬러 올라가 찾긴 하지만, 로마사에서 로물루스의 후손이라고 공언한 사람은 없다. 명문 귀족의 시조라고 해봐야 기껏해야 왕정 시대까지 거슬러 올라간다. 역사 기록에 따르면, 외국의 명문 귀족이 로마로 이주하거나 심지어 적국의 변절자가 로마로 망명하더라도, 즉시 귀족 계급에 편입되었다. 더 황당무계한 것은 라틴 동맹의 라틴 시민권 아래서 동맹국 성원끼리는 통혼이 가능했기 때문에 로마 귀족과 외국 귀족이 혼인을 통해 권세를 높이는 사례가 많았던 반면 평민의 경우에는 카눌레이아 법 이전에는 평민하고만 통혼할 수 있었다는 사실이다. 안팎을 불문하고 평민과 귀족의 차별이 존재했다. 로마 평민일 경우, 그의 로마 시민권이 당연히 라틴 시민권보다 높은 등급이었음에도 그랬다. 이것 역시 법률상의 난제였다.

공화정 중기에 이르면, 평민 계급의 엘리트 역시 명문이 되어 자신의 클리엔테스를 둘 수 있었고 자산 역시 원로원에 들어가지 못한 귀족보다 훨씬 넉넉해졌다. 이들로서는 권한이 주어지지 않고 경시당하는 상황을 갈수록 용납하기 어려워진 것이다. 충분한 자원을 지녀야만 평민 계급의 지도자가 될 자격이 있었다. 대의제가 확립되지 않은 데다 공무원에게 보수가 지급되지 않는 도시국가식 정치에서 일반 평민은 정치에 참가할 겨를도 능력도 없었다. 평민 운동의 우두머리는 우선 시민이 채무노예로 전락하는 것(이 밖에 성범죄 사건도 포함될 것이다)에 대한 빈민의 분노를 이용해 귀족 계급을 뭇사람의 비난의 대상으로 만들었다. 그런 뒤 공유지의 공정한 분배라는 의제를 이용해 귀족 계급의 기반을 점차 잠식했다. 기원전 376년의 리키니우스 섹스티우스 법에서 평민 우두머리가 관직을 담당하도록 허락함으로써, 이들은 원로 계급에 들어가게 된다.

여기서 새로운 의문이 든다. 리키니우스 섹스티우스 법에 의한 이들 새로운 귀족은 왜 적국에서 귀순한 명문 귀족처럼 직접적으로 귀족 신분으로 올라가지 않았을까? 기원전 376년 이후에도 평민과 귀족의 계급투쟁은 확실히 지속되고 있었다. 기원전 287년의 호르텐시우스 법이 반포되고서야 양자의 계급투쟁은 잠시 일단락을 고한다. 이상주의를 품고 있던 평민 신분의 우두머리가 보기에 혁명은 아직 성공하지 않았다. 한편 기회주의자로서는 기존의 대중적 기반을 아직 떠날 수 없었다. 특히 권력이 날로 증가하던 호민관은 오직 평민에게만 허락되었다. 심지어 훗날에는 호민관 경선에 유리하기 위해서 귀족이 평민으로 신분 세탁을 하는 경우도 있었다. 가장 기본적으로 고려할 사항은 물론 경제적 요소다. 귀족 계급은 상업에 종사할 수 없었다. 그들의 존엄한 지위는 토지 자산, 정부 관직, 전쟁에서의 전리품에서 비롯되는 것이었다. 리키니우스 섹스티우스 법 이후의 새로운 귀족이 평민 신분을 버린다는 것은, 재산과 권력의 원천을 포기하는 것과 같았다.

로마가 서지중해를 차지하다

피로스 전쟁(기원전 280~기원전 275) 기간에 카르타고와 동맹했던 로마는 다음 전쟁에서는 카르타고와 적이 된다. 역사학에서는 이 전쟁을 포에니 전쟁Punic Wars이라고 칭한다. 포에니Poeni는 로마인이 페니키아인을 부르던 칭호다. 이탈리아반도를 통일한 로마가 티레니아해에 대한 카르타고의 봉쇄를 타파하려는 건 피할 수 없는 추세였다. 로마사 기록에서, 로마가 이탈리아반도 이외의 세력 가운데 처음으로 조약을 체결한 나라가 바로 카르타고다. 로마가 왕정을 무너뜨린 뒤 기원전 508년에 양국 간 조약이 맺어졌고, 이후 기원전 348년과 기원전 278년에도 조약이 맺어졌다. 이는 사자(로마)와 고래(카르타고)가 서로의 근거지를 확정하기 위한 조치였다.[24] 로마 세력이 이탈리아의 발부리에 도달한 뒤, 도화선은 자연스럽게 이탈리아반도 발부리 맞은편의 시칠리아섬이 되었다. 시칠리아섬은 동쪽으로 이오니아해를 향하고 있는데, 이 방향에서 비롯되는 위협은 이미 피로스의 실패로 인해 제거된 상태였다. 한편 시칠리아섬의 북쪽은 티레니아해다.

제1차 포에니 전쟁(기원전 264~기원전 241)의 결과, 로마의 세력 범위는 시칠리아까지 확대된다. 언급할 만한 점은, 육상 패권국인 로마가 서지중해를 4세기 동안이나 지배한 해양 제국 카르타고를 격파했다는 사실이다. 이전에 로마는 함선이 없었다. 이 전쟁 중에 로마는 비로소 틀을 갖춘 해군을 창설하게 된다. 로마인은 해전에 능숙하지 않았지만 끝에 쇠갈고리가 달린 이동식 다리인 코르부스corvus를 발명해 갈고리를 적함에 단단히 박아서, 바다에서 육상전 방식으로 해양 제국 카르타고를 격파했다. 해군은 카르타고 군사력의 핵심이었다. 육상전에 있어서 카르타고는 대부분 용병에 의지했는데, 그들의 응집력은 로마와 라틴 동맹국의 병농일치제 군대에 훨씬 못 미쳤다.

카르타고는 로마에 막중한 배상금을 지불해야 했고, 용병의 급료를 지불할 힘이 없었다. 이에 기원전 240~기원전 238년의 '용병 전쟁'이 촉발된다. 이 전쟁은 사르디니아섬의 용병한테까지 영향을 미친다. 로마는 기회를 틈타 사르디니아섬과 코르시카섬을 병탄한다. 카르타고는 감히 로마의 미움을 살 수 없어서 영토를 할양하는 것은 물론 많은 배상금을 지불했다. 이 전쟁은 제1차 포에니 전쟁과 제2차 포에니 전쟁 사이의 삽입곡인 셈이다. 전체적인 국면을 놓고 보자면, 티레니아해가 이제 로마의 내해가 되었다. 그 바깥은 보다 넓은 서지중해 해역으로, 여기서 카르타고는 제1차 포에니 전쟁에서의 영토 손실을 메우기 위해서 제어 범위를 도리어 확대하게 된다.

바르카 가문의 하밀카르 바르카Hamilcar Barca(기원전 275~기원전 228)는 제1차 포에니 전쟁에서 카르타고 장군이었다. 그는 로마에 설욕하기 위해, 중앙 정부의 비준을 받아 기원전 238년에 온 집안이 이베리아반도로 이주해 영토 확장에 힘썼다. 그 결과 항구 식민지가 내륙 중심을 지닌 기지로 바뀌었다. 하밀카르 바르카는 황무지를 개간하고 광석을 채굴

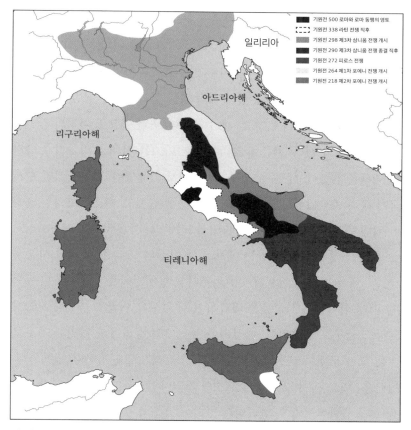

기원전 500 로마와 로마 동맹의 영토
기원전 338 라틴 전쟁 직후
기원전 298 제3차 삼니움 전쟁 개시
기원전 290 제3차 삼니움 전쟁 종결 직후
기원전 272 피로스 전쟁
기원전 264 제1차 포에니 전쟁 개시
기원전 218 제2차 포에니 전쟁 개시

일리리아

아드리아해

리구리아해

티레니아해

제2차 포에니 전쟁이 발발하기 전까지 로마의 판도

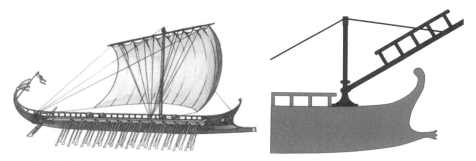

바다에서 육상전 방식으로 해양 제국 카르타고를 격파한 로마 해군의 코르부스

했을 뿐만 아니라 현지인을 훈련시켜 군대를 조직했다. 그를 계승한 이는 둘째 아들 한니발Hannibal(기원전 248~기원전 183?)이다. 카르타고가 이런 작업을 하고 있을 때 로마가 아무것도 모르고 있었던 것은 결코 아니다. 로마는 아드리아해 맞은편의 해적 왕국 일리리아를 정벌해 이 해역의 안전을 확보하느라 눈코 뜰 새가 없었다. 또한 알프스 지역의 갈리아인과도 싸워야 했다. 때문에 로마는 카르타고를 상대로 비교적 소극적인 대책을 취했다. 예를 들면 서지중해에서 약세였던 그리스 식민 도시 국가 특히 마살리아(지금의 마르세유)와 동맹을 맺고, 카르타고의 이베리아 식민지를 에브로Ebro강에서 한 걸음도 벗어나지 못하도록 제한했다.

기원전 219년에 로마는 에브로강 이남의 그리스 식민지 사군툼Saguntum에서 정변을 일으켜, 반反카르타고파가 정권을 장악하도록 돕는다. 이에 한니발은 사군툼을 멸망시킨 뒤 군사를 이끌고 북진해 오늘날 프랑스 남부로 들어간다. 마살리아 부근에서 갈리아와 치열한 전투를 치른 그의 군대는 알프스산을 넘어 포강 유역으로 진입한다. 당시 남은 병력은 3만도 되지 않았다. 알프스의 갈리아인은 이미 로마인에게 고향을 뺏긴 상황이었기에, 한니발은 도리어 그들의 구세주가 되었다. 덕분에 한니발은 이곳에서 병력도 보충할 수 있었다. 로마는 포강 지대와 아펜니노산의 남쪽 기슭에서 벌어진 두 번의 저지전에서 모두 패배하는데, 집정관 한 명이 전사하기까지 했다.

한니발은 직접 라틴 평원으로 남하했다. 그는 병력이 부족한 것을 감안해 아드리아해 쪽으로 방향을 바꾸었다. 그는 로마의 동맹국이 로마를 배신하길 기대했다. 당시 당황한 로마 정부는 두 명의 집정관에게 군대를 이끌고 한니발에 맞서게 했다. 한니발 병력의 세 배가 넘는 로마 군대가 아풀리아에서 한니발의 부대를 섬멸하고자 했다. 이어서 발생한 칸나에Cannae 전투(기원전 215)는 전쟁사의 모범으로 간주되어, 사관학교의 교재로 다루어진다. 한니발은 칸나에 전투에서 뛰어난 전략을 구사했다. 그는 미덥지 못한 갈리아병을 중앙에 배치했다. 로마인은 수적 우세를 믿고 죄다 앞으로 나아갔다. 한니발의 중앙 부대는 로마군을 당해내지 못한 채 뒤로 물러나기 시작했다. 이후 한니발 부대의 정예병으로 구성된 양익이 로마군을 포위하는 형세가 만들어졌다. 로마군은 카르타고군의 갑절이나 되는 수적 우세를 전혀 발휘하지 못했다. 중앙에 갇힌 부대는 아무것도 할 수 없었고, 바깥에 있던 병사들은 카르타고군에게 양파껍질이 벗겨지듯 한 겹씩 소멸되었다. 이 전투로 9만 명의 로마 병사 가운데 절반이 전사하고 생존자는 대부분 포로가 되었다. 군대로 복귀한 병사는 2만 명이 안 된다. 군대를 이끈 집정관 한 명과 80명의 원로가 전사한 칸나에 전투는 로마사에서 전례가 없는 재난이었다.[25]

사람들은 한니발이 왜 승세를 타고서 직접 로마를 공격하지 않았는지 궁금해한다. 한니발은 아마도 4만 병력으로 적의 수도를 공격할 경우, 로마의 전군이 동원된 총력전에 맞닥뜨릴 것이라고 짐작했을 것이다. 칸나에 전투 이후, 이탈리아반도 중남부의 로마 동맹국은 확실히 잇따라 동요하는 기세를 보였다. 때문에 한니발은 이탈리아반도 남쪽을 돌아다니면서 싸우는 방법을 택했다. 한니발이 직접 로마를 공격하지 않는 상황에서, 로마는 결국 독재관 퀸투스 파비우스 막시무스Quintus Fabius Maximus(기원전 280~기원전 203)의 방침을 채택해, 한니발에 맞서 싸우지 않고 상대편을 지치게 만드는 정책을 썼다. 로마는 배반한 동맹국을 가차 없이 공격하는 한편 한니발을 이탈리아반도 남부에 묶어두었다. 한니발을 가장 지지한 곳은 이탈리아 발부리에 해당하는 브루티움이다. 반면에 카르타고 모국의 지지는 결코 적극적이지 않았다. 한니발은 이탈리아에서 15년을 종횡무진하며 오랫동안의 전쟁에 지쳐갔다. 한니발의 침입은 도리어 로마 내부 계급의 단결을 촉진했다. 자원이 풍부한 로마는 군대를 보내, 한니발의 이베리아 근거지와 조국 카르타고를 공격하게 했다. 한니발은 조국을 지키라는 명을 받고 소환된다. 그는 기원전 202년에 카르타고 남쪽 자마Zama 전투에서 처참히 패전한다. 한니발을 격파한 로마 장군은, 한니발의 전술을 모방한 푸블리우스 코르넬리우스 스키피오 아프리카누스Publius Cornelius Scipio Africanus(기원전 235~기원전 183)다. 승리자 로마는 카르타고를 아프리카에 묶어두고 카르타고의 해외 영토를 죄다 점령한다. 카르타고 전쟁의 후유증으로, 로마는 북아프리카와 이베리아를 수습하는 데 두 세기나 걸렸다. 하지만 서지중해가 로마의 내해가 되는 것은 정해진 국면이었다.

로마가 지중해의 맹주가 되다

제2차 포에니 전쟁은 고대 세계에서 공전의 대전이었다고 할 만하다. 이 전쟁은 로마와 카르타고 외의 다른 국가들에도 영향을 미쳤기 때문이다. 로마는 일리리아를 정벌함으로써 이미 그리스반도에 발을 들여놓았다. 또한 한니발은 마케도니아 왕국과 동맹을 맺었다. 한니발이 이탈리아반도를 침입한 지 4년이 지났을 때, 제1차 마케도니아 전쟁(기원전 214~기원전 205)이 발발했다. 로마는 마케도니아의 필리포스 5세(재위 기원전 221~기원전 179)가 한니발을 지원하지 않는 대가로 마케도니아에 일리리아를 내주고 이 전쟁을 끝맺는다. 로마는 서지중해에서 패권을 다진 뒤 그리스인의 자유를 쟁취하도록 한다는 명분으로, 이전의 동맹이었던 아이톨리아 동맹이 마케도니아에 항거하도록 지원한다. 이로써 제2차 마케도니아 전쟁(기원전 200~기원전 196)이 벌어진다. 기원전 197년, 로마는 키노스케팔라이Cynoscephalae 전투에서 마케도니아를 격파하고 그리스의 여러 나라에 대한 간섭을 엄금하는 조약을 맺는다.

당시 알렉산더 대왕의 뒤를 이은 여러 나라 중 셀레우코스 왕국이

다시 강대해지는 추세였다. 안티오쿠스 3세(기원전 223~기원전 187) 치하에서 셀레우코스 왕국은 중흥을 맞이한다. '대제'라는 칭호를 획득한 안티오쿠스 3세는 알렉산더의 원정을 재연하면서 동방의 파르티아·박트리아의 땅을 수복했다. 그는 마케도니아와 이집트가 모두 쇠락한 틈을 타서 세력을 키웠다. 로마라는 외부의 개입이 없었다면, 안티오쿠스 3세는 알렉산더의 제국을 재건했을 것이다. 로마를 더 걱정스럽게 만든 일은 도망간 한니발이 안티오쿠스 3세의 군사 고문이 된 것이다.

안티오쿠스 3세가 그리스에 개입하게 된 것은 아이톨리아 동맹이 요청했기 때문이다. 자유를 쟁취하기 위한 아이톨리아 동맹의 투쟁을 로마가 도와주었지만, 그들은 로마에 전혀 감사해하지 않았다. 로마는 소아시아의 헬레니즘 국가인 페르가몬·로도스와 동맹을 맺는다. 기원전 191~기원전 190년, 로마군은 그리스의 테르모필레와 소아시아의 마그네시아_{Magnesia}에서 셀레우코스 왕 안티오쿠스 3세를 대파한다. 로마와의 강화조약에서, 셀레우코스 왕국은 유럽에 갖고 있던 영토와 소아시아 대부분을 상실한다. 로마의 세력은 마침내 아시아까지 뻗어갔지만 그곳의 영토는 조금도 점령하지 않았다. 로마는 셀레우코스 왕국이 소아시아에서 잃은 영토를 페르가몬 왕국과 로도스에게 준다. 로도스는 상업상의 특권도 획득한다.

아이톨리아 동맹은 징벌을 받아 로마의 속주로 전락했다. 당시 마케도니아는 마지막 발버둥을 치며 로마에 반항했고 제3차 마케도니아 전쟁을 유발했다. 기원전 168년의 피드나_{Pydna} 전투 이후 로마는 마케도니아 왕국을 네 개의 괴뢰 공화국으로 나누었다. 얼마 뒤 마케도니아에서는 왕을 참칭하는 자가 나타나서 왕국을 복원하고자 애썼는데, 이로 인해 마지막 마케도니아 전쟁(기원전 150~기원전 148)이 야기되었다. 마케도니아는 결국 로마의 속주로 전락한다. 기원전 146년에 로마는 구실을 찾아서, 그리스반도에서 독립성을 지니고 있던 아카이아 동맹을 향해 선전포고한다. 로마는 그리스의 유명한 도시 코린토스를 철저히 파괴했는데, 대부분의 남자는 살육되고 여자와 아이는 노예로 팔렸다. 아카이아 동맹은 해체되었다. 로마와 적이 된 적이 없는 소수의 도시국가만 자치라는 허상을 유지할 수 있었을 뿐, 나머지는 죄다 로마의 마케도니아 총독이 관리하게 되었다. 같은 해 로마는 반격할 힘이 없는 카르타고를 섬멸한다. 정복자는 카르타고의 폐허를 짓밟고 완전히 뭉개버렸다. 일찍이 지중해 최대의 도시가 이제 지도에서 사라진 것이다. 로마는 이곳을 아프리카 속주로 만들었다.

페르가몬 왕국의 마지막 왕은 후사가 없었으며, 왕국을 로마공화국에 넘긴다는 유언을 남겼다. 페르가몬 왕국은 결국 기원전 133년에 로마에 귀속되었다. 로마가 페르가몬을 접수하자 아리스토니쿠스Aristonicus가 빈민을 이끌고 반란을 일으키는데, 이는 기원전 129년에야 평정된다. 페르가몬 북쪽의 헬레니즘 국가인 비티니아의 마지막 왕 역시 로마공화국에 왕국을 넘긴다는 유언을 남겼다. 비티니아는 폰투스Pontus 왕국의 미트라다테스Mithradates 6세(재위 기원전 120~기원전 63)를 막아낼 힘이 없었기에, 기원전 74년에 로마가 비티니아를 접수한다. 당시 폰투스의 세력이 팽창해 지중해 세계의 동북쪽 모퉁이를 잠식하고 있었다. 로마는 폰투스와 네 번의 전쟁을 치르고서야 지중해 통일의 마지막 장애물을 제거했다.

로마는 알렉산더를 계승한 나라에 끊임없이 개입했다. 기원전 170년, 셀레우코스 왕 안티오쿠스 3세의 아들로 '신의 현현'이라고 자칭한 안티오쿠스 4세 에피파네스Ephiphanes(재위 기원전 175~기원전 164)는 프톨레마이오스의 이집트가 매우 쇠약해진 것을 보고서 이집트를 정복하고 왕을 포로로 잡는다. 하지만 안티오쿠스 4세는 로마가 두려워서 이집트를 병탄하지는 못한 채 이집트에 괴뢰 정부를 세운다. 기원전 168년, 안티오쿠스 4세는 이집트를 두 번째로 공격하려 했다. 그는 이집트에 속한 키프로스 섬을 병탄하려 했지만 로마의 간섭을 받았다. 이후 셀레우코스와 프톨레마이오스 두 왕국 내부의 정권 쟁탈자는 모두 로마 원로원의 중재를 요구했다. 셀레우코스 왕국이 멸망한 것은, 폰투스 왕국과 아르메니아 왕국이 로마를 상대로 벌인 최후의 도전에 말려들어갔기 때문이다. 로마의 장군 폼페이우스는 로마의 '동방 문제'에 대한 최후 해결책으로 셀레우코스 왕국을 멸망시키고 시리아 속주로 개편했다(기원전 64). 프톨레마이오스 왕조는 로마에게 가장 위협적이지 않았는데, 결국엔 로마 제정 초창기에 로마공화국과 함께 멸망한다.

제국의 확장이 시민권의 확장이었을까

카르타고 전쟁은 로마의 성격을 바꿔놓았다. 그 이전 로마의 정복전쟁은 이탈리아반도를 통일하기 위한 것으로, 카르타고 전쟁에서부터 나타난 극도로 호전적인 전쟁 방식과는 완전히 달랐다. 한니발 전쟁은 특히 이탈리아의 농촌 경제를 파괴했다. 이후 로마의 끊임없는 대외 정복전쟁은 농촌의 파탄을 심화시켰다. 이러한 변화는 로마 자체의 변질을 가져왔다.

　로마가 라틴 동맹과 전쟁을 벌이던 당시에 양자의 발전 수준은 그리스 도시국가에 미치지 못했다. 이처럼 발전 단계가 낙후했기 때문에 로마는 자신의 길을 가게 되었다. 로마가 라틴 동맹에 가입한 뒤 양자 간에 주어진 통혼권·통상권·이주권은 그리스 도시국가들로서는 불가사의한 것이었다. 아테네 황금기의 지도자 페리클레스조차 배우자가 외국인이었기에 자녀가 시민권을 획득할 수 없었던 게 그 예다. 그리스 도시국가의 경우, 예외적인 개인에게 명예 시민권을 수여하는 것 외엔 자국민과 타국민이 섞일 수 없었다. 그리스 도시국가들 간에는 타국을 멸망시키는 일이 드물었고, 상대방을 격파하면 일반적으로 본국의 정치 체제를 그 나라에 심고자 했다. 예를 들면 스파르타는 대부분 귀족 과두정을 육성하려 했고, 아테네는 민주정을 키우고자 했다. 어차피 도시국가는 망할 일이 없었기 때문에 도시국가 내부의 당파는 각자 외국과 내통했으며, 반역죄라는 게 없었다. 타국을 정말로 멸망시키고 자국민을 그곳으로 이주시킨 경우도 없었던 건 아니다. 또한 도시국가를 해체하여 마을이 되게 한 경우도 있다. 하지만 이런 극단적인 조치는 흔한 게 아니었다. 그리스는 최후에 '야만인' 마케도니아에 의해 통일되었다. 하지만 알렉산더 사후에 각 도시국가는 다시 원래의 상태로 돌아갔다.

　비교적 낙후한 상태에 놓여 있던 그리스반도 서부는 라틴 평원처럼 도시국가화가 철저하지 못했다. 이곳에서는 헬레니즘 시대에 이르러서야 아이톨리아 동맹, 아카이아 동맹 등이 출현한다. 동맹국의 전체 남자에게 투표권이 있었고, 연방회의에서는 해마다 한 차례 선출을 통해 우두머리를 뽑았다(제15장 참조). 하지만 이미 때가 늦었고, 나날이 로마의 그림자에 휩싸여가고 있었다. 이탈리아반도에서는 로마가 일찌감치 라틴 동맹을 이용해 세력을 확장했다. 로마가 최초에 라틴 동맹과 맺은 조약에 따르면, 향후 외적과 맞설 때 각자 일부의 병력을 제공하되 로마인이 총사령관을 맡고, 전리품은 균등하게 나누고, 정복지에 식민지를 세우고, 로마와 라틴 도시국가는 공동으로 이민을 보낼 수 있었다. 이에 따라 네 개의 등급이 형성되었는데, 다음과 같이 네 단계로 차례차례 이루어진 것이다. 로마 시민권, 권리(투표권)가 없는 시민권, 라틴 식민지, 라틴 동맹국.[26]

　로마의 시민제는 변호사가 골치 아플 듯한 문제다. 역사 자료가 불분명한 상황에서 로마 시민제를 대략 정리하면 다음과 같다. 라틴 도시국가는 독자적인 정부를 선출할 수 있었고 자치권을 누렸다. 로마는 맹주로, 로마 시민권이 당연히 최고였고 외국인이 로마 시민권을 얻는 것은 물론 최고의 영예였다. 로마의 여성에게는 투표권이 없었으며, 로마 평민의 피선거권은 끊임없이 쟁취해가는 과정에 있었다. 로마는 도시국가에 '권리(투표권)가 없는 시민권'을 부여했는데, 이는 로마의 평민과 별 차이가 없었다. 확실히 이것은 영예였는데, 라틴 동맹 국가의 시민은 개인 신분으로 로마인과 통혼하고 로마에서 부동산을 소유하고 로마로 이민하고 로마 시민권을 획득할 수 있었다. 권리(투표권)가 없는 시민권은 라틴 도시국가에만 한정된 게 아니었다. 에트루리아가 그 예다.

　이탈리아반도에서 로마의 확장은 라틴인의 확장이기도 했다. 양자가 합작해 새로운 정복지에 식민지를 건립하면, 일반적으로 양자가 3분의 2를 차지하고 현지의 원주민이 3분의 1을 차지하면서 새로운 도시가 세워졌다. 여기에는 반++그리스화된 도시국가제 논리가 여전히 작동했다. 이렇게 분가해 식민지에 따로 정부를 세울 경우, 로마 중앙은 그들을 라틴 시민과 동급으로 간주했다. 로마 시민이 이러한 라틴 식민지로 이주할 경우, 그 시민권 역시 로마급에서 라틴급으로 강등되었다. 강등의 전제는 반드시 스스로 원해야 한다는 것이었다. 사실 로마는 불만을 품은 사고뭉치를 이런 방법을 이용해 로마 밖으로 이주시켰다. 이 밖에도 로마 시민 식민지가 있었다. 로마인이 이민할 경우, 시민권은 여전히 유지되었으며 세금을 낼 필요가 없었다. 이는 마치 의무가 없는 시민권인 듯하지만, 세상에 이런 좋은 일은 없는 법이다. 사실 그들은 식민지에 주둔하는 병역으로 납세를 대신했던 것이다. 그들은 이탈리아반도의 양쪽 기슭을 지키면서, 주둔지에서 벗어날 수 없었다. 로마 밖에 거주하는 로마 시민은 이론적으로는 참정권이 있지만, 대의제가 없는 상황이었기에 본인이 직접 로마로 가야만 정치에 참여할 수 있었다. 하지만 적어도 로마 시민은 태형에 처해지지 않았고, 반역죄가 아닌 이상 사형을 당하지 않았으며, 로마로 가서 상소할 수 있었고, 사형을 당하더라도 십자가형을 받지 않을 권리가 있었다.[27]

라틴 동맹국의 경우, 로마는 로마에 귀순하길 바라는 라틴 평원 이외의 도시국가에도 라틴 동맹의 규칙을 확대 적용했다. 로마는 이들 도시국가에 라틴 시민권을 부여했다. 라틴 시민권의 등급은 등락이 있었다. 로마는 태도가 좋은 동맹국에는, 최종적으로 로마 시민과 평등한 지위까지 올라갈 수 있다는 동경을 품게 했다. 반면에 규칙을 어기거나 배신할 경우(특히 한니발 전쟁에서 적에게 투항한 자)에는 죄상의 경중에 따라 징벌했다. 라틴 시민권을 취소하는 경우도 있었다. 카푸아Capua의 경우, 그곳 시민을 각지로 추방하고 대신 로마인과 라틴인을 그곳으로 보냈다. 피로스 전쟁과 한니발 전쟁에서 적을 도왔던 브루티움인은 노예로 강등되었다.[28]

로마의 시민제는 모든 백성을 대상으로 한 중국의 호적제와 완전히 상반된 개념이다. 중국의 호적제에서는 등급을 나누지 않았고 시민이라는 개념이 없었으며, 일률적으로 백성일 따름이었다. 로마의 시민제는 평등하게 적용되는 것이 아니었기 때문에 분투해야만 하는 정치문화가 조성되었다. 법적 근거에 따라, 분투하지 않으면 자기 몫은 없었다. 로마는 지중해에서 제국을 건립했지만, 이탈리아 본토에서는 여전히 불평등한 시민제가 유지되었다. 이는 결국 기원전 91~기원전 88년의 '동맹시 전쟁'을 초래하게 된다. 로마에게 박대당한 동맹 도시들이 이탈리아 연방을 조직해 코르피니움Corfinium을 중심지로 정하고, 평등한 이탈리아 공화국을 건립하고자 했다.[29] 결국 로마가 전쟁에서 이기고, 동맹 도시는 평화를 얻는다. 로마는 완강히 저항하는 이는 죽였지만, 무기를 내려놓거나 반란에 참가하지 않은 이들에게는 모두 로마 시민권을 부여했다.

이는 로마의 평민이 따로 나가서 국가를 세우고자 함으로써 귀족 계급의 양보를 끌어냈던 것과 매우 유사하다!

하지만 이탈리아반도를 벗어나면 라틴 시민권 체제는 적용되지 않았다. 당시 로마는 외인부대를 고용할 정도로 몰락하지는 않았다. 라틴 시민권 제도는 주로 시민군의 병력 공급원을 보장하기 위한 것이었다. 로마는 이탈리아반도 바깥의 피정복지, 즉 도시국가가 없는 지역과 이異문화 지역을 상대로는 단지 세금만 취했다. 또한 중앙관료를 파견해 다스리도록 하면서 이들 지역을 속주로 삼았다. 기원전 241년, 로마는 카르타고의 옛 영토인 시칠리아섬 서부를 첫 번째 속주로 삼는다. 카르타고의 코르시카섬과 사르디니아섬을 병탄한 로마는 기원전 227년에 두 곳을 하나의 주로 병합한다. 기원전 148년, 로마는 마케도니아를 멸망시키고 속주로 삼았으며 일리리아와 에피루스를 병합한다. 이후 아카이아도 속주가 된다. 기원전 146년, 로마는 카르타고를 멸망시킨 뒤 이 지역을 아프리카 속주로 삼는다. 로마는 기원전 129년에 페르가몬을 평정하고 이 지역을 아시아 속주로 삼는다. 로마는 카르타고의 이베리아반도를 정복하는 과정에서, 기원전 197년에 이곳을 히스파니아 울테리오르Hispania Ulterior와 히스파니아 시테리오르Hispania Citerior 두 속주로 삼는다. 로마의 법은 내외의 차별을 두었지만, 보호-피호의 관계는 모든 곳에 적용되었다. 로마의 외부 집단도 로마 통치계층 세력가의 비호를 받을 수 있었는데, 세력가와 특수 관계를 맺음으로써 그를 통해서 지방에 대한 중앙의 정책에 영향력을 행사했다.[30]

오직 시민만이 병역에 복무할 의무가 있었고, 시민이 아닌 자는 군대에 들어가 복무 기간을 채운 뒤에야 시민으로 승격할 권리를 얻을 수 있었다. 이러한 루트는 훗날에 쓸데없는 것이 된다. 212년, 로마 황제 카라칼라Caracalla(재위 198~217)는 칙령을 내린다. 이 칙령을 통해 전 제국의 남성 자유민은 모두 로마 시민이 되고, 전 제국의 여성 자유민에게는 로마 여성과 같은 권리가 주어졌다. 이로써 로마 공화정 역사 전체를 관통하던 내외 시민권의 차별 문제는 마침내 일단락을 고했다. 그런데 이는 제정帝政이 심화된 시대에 해결된 것으로, 시민권의 확장이 제국의 성장과 병행한 것임을 말해준다. 로마제국의 창건은, 육국을 멸망시키고 군웅을 평정한 진·한의 대통일과 같은 틀로 이해하면 절대 안 된다!

새로운 시대가 구체제를 부식시키다

포강 유역에서 로마가 식민지를 확대해 나갈 때, 로마 원로 계급은 과도한 확장이 장차 도시국가 공화국 체제에 해가 될 것이라고 우려했다. 하지만 그들은 평민 계급을 꺾을 수 없었다.[31] 로마가 이탈리아 밖으로 확장되자, 도시국가의 관리제는 새로운 형세에 맞게 조정되지 못한 채 법적 근거를 점차 상실했다. 원로원의 결의에 따라 임명된 속주 장관은 모두 전직 정무관인 프로마지스트라테promagistrate다. 여기에는 전직 집정관인 프로콘술proconsul, 전직 법무관인 프로프라이토르propraetor, 전직 재무관인 프로콰이스토르proquaestor가 포함된다. 헌법에서 규정하기로는 오직 민회에서만 관리를 임명·해임할 수 있었다. 때문에 이들 전직 정무관의 성격은 법의 테두리를 벗어난다. 민회가 그들의 임명을 취소한 사건이 발생한 적도 있다. 하지만 전쟁이 빈번해지고 국외의 업무가 날로 많아지자, 상황은 이미 돌이킬 수 없게 되었다. 어떤 의미에서 보자면 원로원의 권력이 강화되었지만, 다른 한편으로는 법적 근거를 점차 상실한 관리가 법적 근거를 상실한 일을 행할 수도 있었다. 특히 국외에서 대군을 거느린 채 본국보다 광활한 영토를 정복한 사람일 경우, 위대한 공적을 세운 그의 위엄이 국민의 마음속에서 당연히 원로원을 압도했다.

한니발 전쟁으로 인한 이탈리아의 피해는 회복할 수 없었다. 이탈리아반도의 중남부가 파괴된 것에 그치지 않았다. 로마 중앙이 총동원할 수 있는 인원은 50만 명 안팎이었고, 이들 대부분은 자영농이었다. 이들이 고향을 떠나자 농촌은 황폐해졌고 결국 농촌의 파산을 초래했다. 이후 로마는 사방으로 나가 싸웠고 동원은 더욱 빈번해졌다. 군대를 떠나 고향으로 돌아온 이들의 경우, 농지가 아직 있더라도 생산도구가 다 없어진 상태였다. 보다 많은 이들은 타향에서 죽었다. 자영농은 공화국의 중추인데 다른 요소들이 이 중추를 부식시키고 있었다. 헬레니즘 세계에서, 로마가 화폐경제에 늦게 진입한 것은 놀랄 만한 일이다. 로마는 기원전 269년에야 비로소 자신의 화폐를 주조했다.[32] 하지만 일단 화폐경제와 시장경제에 잠식되자, 부자들은 국가를 위해 목숨을 바친 이들의 땅을 강점해 대장원(라티푼디움latifundium)을 만들기 시작했다. 정복당한 외국인은 이런 부자들에게 값싼 노예 노동을 제공했다. 겨우 남은 소농은 그들과 경쟁할 수가 없었다. 이렇게 해서 대량의 무직자가 수도로 몰려들었다. 이제 로마는 날로 무산자無産者가 되어가는 시민들에 직면하게 되었다. 노예의 봉기도 있었다. 기원전 135년부터 기원전 132년, 시칠리아섬에서 일어난 노예 반란은 로마의 통치계층을 뒤흔들었다.

토지의 집중화를 빚은 노예주는 주로 원로 계급이었다. 이로 인해 로마 시민 내부에 오래도록 잠잠히 가라앉아 있던 계급투쟁이 되살아났다. 평민 계급을 이끈 사람은 그라쿠스 형제the Gracchi다. 그들의 아버지는 평민 가문 출신이고, 어머니는 명문가인 스키피오 가문 출신으로 카르타고를 정복한 스키피오 아프리카누스의 딸이다. 스키피오 아프리카누스의 외손자 티베리우스 셈프로니우스 그라쿠스Tiberius Sempronius Gracchus(기원전 162?~기원전 133, 이하 티베리우스 그라쿠스)는 로마를 구하고자 나섰는데, 그는 시민군의 기초가 되는 자영농을 재건하는 데 헌신했다. 관건은 토지에 있었다. 기원전 133년, 호민관에 당선된 티베리우스 그라쿠스는 기원전 376년의 리키니우스 섹스티우스 법을 회복시키고 자 했다. 이에 따르면 본인과 두 명의 성년 아들을 포함해 시민 한 가족 이 점유할 수 있는 토지의 상한선은 1000유게라였다. 나머지 토지는 국 가로 귀속되었다. 이는 명백히 장원주에 대한 선전 포고였다. 티베리우 스 그라쿠스는 기원전 287년의 호르텐시우스 법을 이용했다. 평민회의 의결은 자동적으로 전 시민의 법이 되는 것이었다. 그런데 원로원은 또 다른 호민관(마르쿠스 옥타비우스)을 이용해 티베리우스 그라쿠스의 토지 법안을 부결시킨다. 이에 티베리우스 그라쿠스는 불법적으로 동료 호민 관을 진압한다. 원로원이 토지 개혁 관련 경비를 지급하지 않자, 티베리 우스 그라쿠스는 페르가몬 왕국이 로마에 남겨준 유산을 토지 개혁법 예산으로 쓸 것을 요구한다. 티베리우스 그라쿠스는 호민관 경선에 참 가하던 당일 원로원 세력에 의해 죽임을 당했다.

기원전 124년, 티베리우스 그라쿠스의 동생 가이우스 셈프로니우 스 그라쿠스Gaius Sempronius Gracchus(기원전 154~기원전 121, 이하 가이우스 그라 쿠스)가 호민관에 당선된다. 동생 가이우스 그라쿠스는 형보다 더 급진 적이었다. 그는 토지 개혁의 성공을 위한 관건은 원로 계급의 타파라고 생각했다. 이렇게 해서 토지 개혁은 혁명으로 변한다. 이 목적을 이루기 위해서 가이우스 그라쿠스는 농민, 퇴역 군인, 자산 계급(기사 계급), 도 시 무산 계급의 통일 전선을 형성한다. 그는 '곡물법Lex Frumentaria'을 통과 시켜 정부가 평민에게 식량을 싸게 팔도록 했다. 또한 그는 국가 프로젝 트를 기사 계급이 독점하게 하면서 새로 정복한 아시아 속주에 대한 징 세권을 그들에게 부여했다. 이는 기사 계급이 경제적 이익을 거머쥘 기 회였고, 법을 어기는 온상이기도 했다. 이밖에도 가이우스 그라쿠스는 폐단을 심판할 법정 배심원의 자격을 원로원에서 기사 계급한테로 넘 겼다.

소위 자산 계급은 공화정 말기에서 제정 초기까지 활약했던 기사 계급(오르도 에퀘스테르 ordo equester)이다. 이들은 확실히 평민이 아니라 고대 귀족의 한 부류다. 그 유래는 왕정기에 성립된 켄투리아회에서 등급이 가장 높은 여섯 개의 켄투리아다. 당시에는 귀족만 기병대에 참가할 수 있었다. 나중에 기병대의 인원이 부족해지자 평민 켄투리아의 제1등급으로부터 12켄투리아를 보충했는데, 이들 역시 군대 전체에서 상위에 해당한다. 따라서 기사는 귀족과 평민의 중간 성격을 지녔다. 그런데 로마 역사에서 귀족·평민 외의 제3계급은 확실히 존재하지 않았다. 기사 계급은 귀족과 평민 양대

그라쿠스 형제와 그 어머니의 상

계급이 대항할 때 단독으로 출현한 적이 없으며, 자기 계급을 특별히 보호할 관리를 둘 필요도 없었다. 아무튼 그들은 평민에 비하면 확실히 특권 계급이었다.[33] 한편 그들은 귀족과도 달랐다. 귀족은 상업에 종사하는 것을 하찮게 여겼지만 기사 계급은 그런 일을 꺼리지 않았다. 기원전 218년에 제정된 '클라우디우스 법Lex Claudia'은 원로 계급의 해외 상업 활동을 금지했는데, 원로 계급은 해선조차 소유할 수 없었다. 이는 기사 계급의 환심을 사기 위한 조치였던 듯하다.[34] 고대의 명문 씨족은 기본적으로 상업 활동을 하지 않았는데, 클라우디우스 법은 그들을 겨냥한 게 아니라 리키니우스 섹스티우스 법으로 형성된 새로운 원로 계급을 겨냥한 것이다. 기사 계급은 결코 농민을 동정하지 않았지만 원로 계급과 알력이 있었으므로, 개혁파가 그들을 이용할 만했다.

가이우스 그라쿠스의 진보적 사상은 권력이 없는 로마의 동맹시가

지도 염두에 둔 것이었다. 가이우스 그라쿠스는 통일 전선을 지나치게 확대했는데, 이는 그의 실책이었다. 그는 동맹시의 토지 역시 토지 개혁의 범위에 넣고 동맹국 시민에게도 로마 시민권을 주자고 건의했다. 하지만 로마의 무산 계급은 자신들의 고난만 생각했지, 외국인이 로마 시민의 특권을 향유하는 것은 반기지 않았다. 가이우스 그라쿠스는 세 번째 호민관 연임을 위하여 경선에 출마하지만 낙선한다. 원로들은 가이우스 그라쿠스 진영을 공격해 가이우스 그라쿠스를 죽음으로 몰고 그의 지지자 3000명을 죽였다.

원로 계급은 그라쿠스 형제의 토지 개혁을 취소하지는 못하고 그것을 변질시켰다. 예를 들면 분배받은 토지를 팔 수 있도록 함으로써 대장원이 날로 확장되었다. 로마 식민지의 성격 역시 변했는데, 공화정 중기에 변경을 충실히 하던 정책이 이제 계급 모순을 완화시키는 안전판이 되었다. 원로 계급과 기사 계급의 모순은 통치계층 내부에 한정되어 있었다. 상업 활동이 금지된 원로 계급은 기사 계급에 기대어 법망을 빠져나갔다. 로마의 당쟁은 계속되었고, 그라쿠스 시대의 고상한 풍격과는 비교가 되지 않았다. 당쟁은 이익 집단의 사나운 싸움으로 타락했다. 쌍방 모두 대중을 멋대로 이용하고 군벌에 의지했다.

그라쿠스 시대 이후 대결의 쌍방은 귀족파(옵티마테스Optimates)와 평민파(포폴라레스Populares)로 변했다. 전자는 공화정 초기의 명문 씨족과 자주 혼동된다. 불행히도 공화정 초기의 계급투쟁사 역시 대부분 당시의 색안경을 통해 기록되었다. 사실 공화정 말에 이르면, 고대의 명문 씨족 중 총 30개의 가문이 포함된 14개의 씨족만 남게 된다.[35] 공화정 말기 귀족파의 강령은, 조상 중에 요직을 지낸 경우에만 국가를 관리할 자격이 있다는 것이었다. 그들은 신참자(노부스 호모novus homo)를 경멸했다. 한편 평민파는, 정치는 능력 있는 사람이 해야 하고 권력은 평민회가 가져야 하며 토지는 빈민과 퇴역 군인에게 주어져야 한다고 보았다. 이는 진보적인 것처럼 보이지만 사실은 출세를 위한 수단으로, 평민파의 우두머리 대부분은 선동가였다. 그들이 의지하는 평민회는 이미 폭민정치로 전락했고, 퇴역 군인을 토지 분배와 연결짓는 것은 군벌을 키우는 온상이었다.

이 단계에 이르러 로마의 공화정은 확실히 철저한 '민주'를 이루었다. 어느 측이든 평민의 표가 필요했다.[36] 평민들은 공화정 중기의 선현이 그들을 위해 쟁취한 투표권을 팔았다. 이는 그라쿠스 형제가 생명과 바꾼 토지를 매매가 가능한 부동산으로 취급한 것이다. 통치계층은 평민에게 값싼 빵뿐 아니라 대중오락도 제공했다. 공짜로 경기를 관람하게 한 것이다. 인간과 인간이 싸우고, 인간과 짐승이 싸웠다. 1만 명 이상을 수용할 수 있는 경기장에서 결투를 벌인 이들은 국외 전쟁에서 포로로 획득한 노예였다. 로마 시민은 피를 즐기면서 좌절감을 분출했다. 이 단계에서 로마는 통치계층과 평민이 함께 타락해갔다. 그라쿠스 형제의 개혁은 그릇된 것을 바로잡고자 했지만, 결국 독이 든 술로 갈증을 푸는 격이었다. 소농경제가 갑자기 돈의 세계에 개방되고 로마가 천하를 차지할 정도의 강력한 위치에 있으면서 이렇게 된 것이다. 이것은 대세가 빚은 것이지, 개인의 주관적 의지로 좌우할 수 있는 것이 아니었다.

공화제에서 제정으로의 탈바꿈

그라쿠스 형제의 개혁 이후 로마는 100년 혁명으로 진입했다. 구체제의 전복은 시간 문제였다. 하지만 혁명은 결코 로베스피에르Robespierre식으로 완성되지 않고 나폴레옹식의 독재로 끝이 났다. 그라쿠스 형제의 개혁은 전통의 시민군을 재건하는 게 목표였지만 실현되지 못했다. 천하의 주인인 로마에 쓸 만한 병사가 없어진 것이다. 다섯 세기가 지난 뒤 로마제국이 멸망을 앞두고 있을 즈음, 이 난제는 이민족 고용병으로 해결되지만 결국은 제국 자신이 끝장나고 만다. 하지만 일찍이 제정의 태동 단계에서는 다른 양상이 펼쳐졌다. 기원전 113년에 북방의 두 게르만족, 즉 킴브리Cimbri인과 튜턴Teuton인 30만 명이 거침없이 남하했다. 마치 다섯 세기 이후 로마의 운명이 앞당겨 도래하는 듯했다. 로마 정부는 즉시 북아프리카 전장의 명장 가이우스 마리우스Gaius Marius(기원전 157~기원전 86)에게 적과 맞서 싸우도록 했다. 마리우스는 로마의 실업자(호적부상 군인이 될 자격을 상실한 자)를 대량으로 군대에 받아들여 직업 군인으로 훈련받게 했다. 또한 전쟁 이후에 그들이 토지를 가질 수 있게 해주었다. 마리우스는 로마의 구원자가 되었다. 시민군이 직업 군인으로 전환되었는데, 그들 몫의 토지 분배는 마리우스가 직접 나서서 원로원을 상대로 쟁취한 것이었다. 그들과 마리우스 사이에는 파트로누스와 클리엔테스의 관계가 성립되었다. 실질적으로 사병화가 이루어진 것이다. 마리우스는 평민과 기사계급의 총아가 되었다. 평민회는 법을 어겨가면서까지 그를 일곱 번씩이나 집정관으로 선출했다. 마리우스는 왕이라는 타이틀만 없었을 뿐이지 실질적으로는 왕이나 진배없었다. 하지만 그는 정치적 마인드가 부족했고, 평민파 정객政客의 도구로 전락했다.

귀족파는 마리우스를 상대할 적임자로, 마리우스 밑에 있던 루키우스 코르넬리우스 술라 펠릭스Lucius Cornelius Sulla Felix(기원전 138~기원전 78)를 찾아냈다. 술라는 기원전 91~기원전 88년의 동맹시 전쟁에서 빛나는 활약을 펼치며 자신의 옛 상사를 압도했다. 그가 군대를 이끌고 이탈리아를 떠나 폰투스 왕국의 도전을 토벌하는 동안, 평민파는 마리우스와 루키우스 코르넬리우스 킨나Lucius Cornelius Cinna(?~기원전 84)의 독재하에 적색테러를 자행해 귀족파를 대대적으로 제거했다. 술라는 로마로 회군한 뒤 평민파에게 반격을 가했다. 그는 철저한 학살을 자행하며 모두가 위기를 느낄 정도의 백색테러 분위기를 조성하고, 위헌違憲의 방식으로 옛 헌법을 구제했다. 그는 원로원의 수를 600명으로 늘리는 반면, 감찰관을 폐지하고 호민관과 평민회의 권한을 제한했다. 술라는 옛 제도가 견고해졌다고 판단한 뒤 자신의 군대를 해산했다. 또한 향후 외부의 군대가 이탈리아 본토에 발을 들여놓지 못하도록 규정했다. 이후 그는 독재관에서 사임하고 은둔생활을 했다. 술라는 공화제를 지키고자 힘쓴 보수파다. 그는 왕정 부활의 위험이 폭민暴民과 선동가로부터 비롯된다고 여겼다. 그런데 공교롭게도 술라 본인의 행위로 인해 로마사에 제정의 서막이 열린다.

술라의 복귀를 위한 전쟁은 이탈리아 본토뿐 아니라 지중해 전체에 영향을 끼쳤다. 그 전투 지역의 광범함은 훗날 옥타비아누스와 안토니우스의 제국 쟁탈전보다 더했고, 기간 역시 길었다. 기원전 83년, 패전한 마리우스파의 퀸투스 세르토리우스Quintus Sertorius(기원전 123~기원전 72)는 히스파니아에 따로 공화국을 세운다. 그는 300명으로 구성된 원로원을 두었으며 로마의 제도를 이용해 현지인을 양성함으로써 민심을 크게 얻었다. 술라에게 적대적인 이 정권은 나름의 외교를 펼쳤다. 지중해에 근거지가 두루 퍼져 있는 실리시아 해적과 왕래했으며, 로마의 적인 폰투스 왕국과도 관계를 맺었다. 또한 이탈리아의 노예 반란군과도 은밀히 교류했다. 로마는 여러 차례 세르토리우스를 정벌하려 했지만 번번이 실패했다. 세르토리우스가 암살된 뒤에야 그의 정권이 폼페이우스에 의해 소멸된다.[37] 로마에서는 술라 사후에 집정관으로 뽑힌 평민파의 마르쿠스 아이밀리우스 레피두스Marcus Aemilius Lepidus(기원전 120~기원전 77)가 기원전 78년에 이탈리아 본토에서 병변兵變을 일으켰지만 역시 실패로 끝을 맺었다.

기원전 73~기원전 71년, 이탈리아반도에서 스파르타쿠스Spartacus(기원전 109~기원전 71)가 이끄는 노예 반란이 발발했다. 이들이 반도의 남북을 종횡하며 조성한 공포는 한니발 전쟁에 못지않았다. 결국 이들은 마르쿠스 리키니우스 크라수스Marcus Licinius Crassus(기원전 115~기원전 53)에 의해 진압되었다. 크라수스는 진압한 6000명의 노예 반란군을 십자가형에 처한 뒤, 카푸아에서 로마에 이르는 아피아 가도Appian Way 양쪽에 그것을 늘어놓았다. 히스파니아에서 로마로 회군하던 폼페이우스도 스파르타쿠스 반란군의 진압에 참가했다. 크라수스와 폼페이우스는 모두 술라파였지만, 두 사람은 손을 잡고 술라의 고압적인 조치를 제거했다. 당시 로마 정권은 매우 위급한 상태였다. 안에서는 반란이 일어났고, 북으로는 변경에서 변란이 발생했으며, 밖으로는 강적 폰투스 왕국이 위협하고 있었다. 로마의 내해인 지중해가 실리시아 해적에게 제압된 탓에 운송이 중단되어 물가가 폭등해서 평민들은 고통을 감내하기 어려웠고 자산 계급은 상업의 기회를 잃었다. 기원전 67년, 평민파는 평민회의 결의를 통해 폼페이우스에게 지중해 전 해역 및 이탈리아 본토를 포함해 지중해 해안선의 50마일 이내의 땅을 관할하는 권한을 주었다. 폼페이우스에게 일률적으로 '집정관 대리'의 전권을 부여한 것이다. 폼페이우스는 석 달 안에 해적을 소탕했다. 또한 30년을 끌어온 폰투스 전쟁을 종결했으며, 남하하는 도중에 셀레우코스의 시리아 및 독립해 있던 유대인 국가를 끝장냄으로써 로마제국에 네 개의 속주를 더해주었다.

로마사가 몸젠은, 평민파가 폼페이우스에게 전권을 부여한 이유는 원래 술라파였던 그를 애호해서가 아니라 비상 입법을 이용해 원로원의 권력을 탈취하고자 했던 것으로, 일종의 쿠데타라고 보았다.[38] 폼페이우스가 로마 밖에서 지내는 동안, 로마에서는 공화국을 전복시키려는 시도가 발생했다. 루키우스 세르기우스 카틸리나Lucius Sergius Catilina(기원전 108~기원전 62)의 음모 사건(기원전 63~기원전 62년)이다. 로마의 원로였던 카틸리나는 평소에 돈을 물 쓰듯 썼는데, 집정관에 당선되지 못하

카틸리나 모반을 탄핵하는 키케로

고 채무를 갚지 못하게 되자 돌변하여 로마의 모든 채무자들의 대변인
이 되었다. 카틸리나는 수도와 외지에서 동시에 모반을 일으켜 현 정권
을 뒤엎기로 음모를 꾸미지만 결국 실패하고 죽었다. 카틸리나를 통해
서 당시의 관직 추구가 마치 투기적 매매와 같았음을 알 수 있다. 카이사
르조차도 국가 대제사장직 선거를 치르면서, 실패할 경우 파산을 선고
해야 할 위험에 직면한 적이 있다.

　이후 삼두정치Triumvirate 시대가 이어진다. 민중의 구원자 폼페이우스
가 개선凱旋한 이후, 두 명의 호민관은 폼페이우스에게 '왕과 같은 의장儀
仗'을 사용할 특별한 영예를 부여하기로 하는 결의를 평민회에서 통과시
킨다.[39] 폼페이우스는 왜 황제를 칭하지 않고 이탈리아에 들어오자마자
법대로 군대를 해산했을까? 정말 궁금한 일이다. 폼페이우스의 실권이
생각만큼이나 강력했던 게 아니었을 것이다. 폼페이우스는 아마도 술라
처럼 구체제를 인정했을 것이다. 그는 평민파·귀족파 모두와 거리를 유
지했다.[40] 폼페이우스는 특별한 영예를 얻긴 했지만 자신의 휘하에 있던
퇴역병에게 토지를 지급하는 일조차 성사시킬 수 없었다. 때문에 그는
원하는 바를 이루기 위해 가이우스 율리우스 카이사르Gaius Julius Caesar(기

제1차 삼두정치의 주인공인 폼페이우스·크라수스·카이사르

원전 100~기원전 44)와 동맹을 맺어 원로 계급에 공동으로 압력을 행사해야만 했다. 평민파와 관계가 매우 깊은 사람은 카이사르다. 마리우스가 카이사르의 고모부이고, 적색테러 시대의 독재관 킨나가 카이사르의 장인이다. 삼두정치는 훗날 뜻하지 않게 종결되고, 카이사르는 왕정을 세우려 한다는 혐의를 받아 암살된다. 로마 왕정의 마지막 왕 타르퀴니우스를 몰아낸 이후, 로마인은 일반적으로 왕을 나라의 적으로 간주했다. 때문에 폼페이우스는 기원전 62년에 제위에 오를 생각을 할 수가 없었다. 그에 대한 민중의 지지는 기복이 있었다. 평민파의 우두머리는 나름의 계산이 있었다. 폼페이우스가 황제가 되는 것을 평민파의 우두머리가 반드시 옹호했을 것이라고는 할 수 없다.

삼두정치 시기 평민파의 우두머리 푸블리우스 클로디우스 풀케르 Publius Clodius Pulcher(기원전 93~기원전 52)는 행실이 나쁜 자였다. 그는 풍기문란죄와 신성모독죄를 범했다. 푸블리우스 클로디우스 풀케르는 카이사르의 도움을 받아 신분을 귀족에서 평민으로 바꾼 뒤, 이전의 높은 지위 덕에 호민관이 된다. 그는 민중을 정치 자본으로 삼아, 카이사르와 폼페이우스에 아랑곳하지 않고 독자적인 세력을 형성했다. 기원전 52년경선 즈음, 푸블리우스 클로디우스 풀케르는 적대파(티투스 안니우스 밀

원로원에서 암살된 카이사르

로)의 개인 무장 세력과 벌어진 시가전에서 살해당한다. 카이사르·폼페이우스 등의 거대한 존재가 이들 구시대에 속하는 당파의 얽힌 관계를 압도한 상황이었다.

기원전 54년, 폼페이우스의 네 번째 부인이자 카이사르의 딸인 율리아Julia가 난산으로 사망한다. 이후 폼페이우스와 카이사르의 인척 관계는 단절된다. 삼두정치의 한 명인 크라수스는 기원전 53년에 파르티아 원정에서 사망한다. 폼페이우스와 카이사르 간의 균형을 조절해줄 존재가 갑자기 사라진 것이다. 당시 갈리아를 상대로 한 카이사르의 8년 원정으로, 카이사르는 무장 자원을 축적했다. 그의 야전부대의 전투력은 본국의 부대보다 훨씬 뛰어났다. 카이사르의 세력은 이미 중앙을 압도했다. 폼페이우스의 초조함은 마침내 귀족파와 같은 방향으로 기울어졌다. 즉 카이사르를 역적으로 간주한 것이다.

기원전 49년, 카이사르는 갈리아 부대를 이끌고 이탈리아 본토로 진입한다. 이로써 술라가 평민파를 상대로 벌인 제1차 내전 이후, 제2차 내전이 벌어진다. 결국 카이사르가 승리를 거두고 독보적인 세력이 된다.

기원전 44년, 카이사르는 역사상 전례가 없는 종신 독재관이 된다. 하지만 두 달 뒤 그는 공화파에 의해 암살된다. 어떤 의미에서 보자면, 카이사르와 폼페이우스의 내전은 제2차 평민파-귀족파의 내전이었다. 카이사르는 권력을 장악한 뒤, 로마 시민권을 속주 갈리아까지 확대하고 라틴 시민권을 시칠리아의 도시에 부여했다. 그는 대규모의 이민을 통한 영토 확장을 계획했고, 그라쿠스의 강령을 실현하고자 했다.[41] 하지만 카이사르가 암살된 뒤의 정국은 '평민파' '귀족파' 같은 용어를 죄다 역사의 뒤안길로 보내버렸다. 이제 새로운 시대가 시작된 것이다.

주

1. 여기서 분명히 해둘 것이 있다. 오늘날 이탈리아의 발꿈치에 해당하는 곳은 아풀리아 Apulia다. 원래 칼라브리아였던 곳이 아풀리아가 된 것이다. 제국 후기의 중고 시대에 이르러서 고대 브루티움이 있던 곳, 즉 발부리에 해당하는 곳이 칼라브리아라는 명칭으로 불리게 되었다. 이로써 '브루티움'이라는 명칭은 사라졌다. 브루티움은 역사에서 한 차례 이름을 날린 적이 있는데, 한니발 전쟁 때다. Michael Grant, *A Guide to the Ancient World: A Dictionary of Classical Place Names* (USA: Barnes & Noble Books, 1986), p. 50.

2. 서지중해에 그리스인 식민지가 없었던 건 결코 아니다. 가장 큰 것은 마살리아로, 지금의 마르세유다. 이밖에 이베리아반도에는 상업 중심지인 엠포리움 Emporium이 코르시카와 사르디니아 동쪽 기슭에 각각 한 곳씩 있었다. 서지중해에서 그리스인의 세력은 해외 페니키아인에 훨씬 미치지 못했다. 특히 카르타고는 지브롤터를 장악하고 있었다.

3. 세계의 궁극적 본체가 불변의 '존유'라고 주장했던 파르메니데스를 가리킨다(제14장 참조).

4. A. Momigliano, "The Origins of Rome," *The Cambridge Ancient History*, Second Edition, Volume VII, Part 2, *The Rise of Rome to 220 B.C.* (Cambridge, UK & New York: Cambridge University Press, 1989), p. 61.

5. Ibid., p. 57.

6. A. Drummond, "Rome in the Fifth Century II: The Citizen Community," *The Cambridge Ancient History*, Second Edition, Volume VII, Part 2, *The Rise of Rome to 220 B.C.*, p. 179.

7. Donald R. Dudley, *The Romans, 850 B.C.~337 A.D.* (USA: Barnes & Noble, 1993), p. 17.

8. Theodor Mommsen, translated by William Purdie Dickson, *The History of Rome* (Volumes 1~5), Book III, Chapter XI "The Government and the Governed." (http://www.gutenberg.-org/cache/epub/10706/pg10706.html), 검색일 2013/7/31. 독일 역사가 몸젠은 이 책으로 1902년 노벨 문학상을 받았다.

9. A. Momigliano, "The Origins of Rome," *The Cambridge Ancient History*, Second Edition, Volume VII, Part 2, *The Rise of Rome to 220 B.C.*, p. 103.

10. T. J. Cornell, "Rome and Latium to 390 B.C.," *The Cambridge Ancient History*, Second Edition, Volume VII, Part 2, *The Rise of Rome to 220 B.C.*, p. 263~264, 269, 275.

11. Donald R. Dudley, *The Romans, 850 B.C.~337 A.D.*, p. 38.

12. A. Drummond, "Rome in the Fifth Century II: The Citizen Community," *The Cambridge Ancient History*, Second Edition, Volume VII, Part 2, *The Rise of Rome to 220 B.C.*, p. 218.

13. Ibid., p. 215.

14. 이 밖에도 말해둘 것이 있다. 기원전 494년 평민 철수 투쟁의 성산 사건에서 겨냥한 악한 관리는 아피우스 클라우디우스 사비누스 인레길렌시스 Appius Claudius Sabinus Inregillensis다. 기원전 449년의 경우, 악역은 아피우스 클라우디우스 크라수스 Appius Claudius Crassus였다. 기원전 494년의 사건은 명백한 군대의 반란이었으나 역시 '철수 투쟁'으로 말해진다.

15. T. J. Cornell, "Rome and Latium to 390 B.C.," *The Cambridge Ancient History*, Second Edition, Volume VII, Part 2, *The Rise of Rome to 220 B.C.*, pp. 305~306.

16. T. J. Cornell, "The Recovery of Rome," *The Cambridge Ancient History*, Second Edition, Volume VII, Part 2, *The Rise of Rome to 220 B.C.*, p.321.

17. "Magistrātus," in Harry Thurston Peck, *Harpers Dictionary of Classical Antiquities* (New York, Harper and Brothers, 1898). (http://www.perseus.tufts.edu/hopper/text?doc=Perseus: text:1999.04.0062:entry=magistratus-harpers&highlight=plebiscite), 검색일 2013/8/1.

18. T. J. Cornell, "The Recovery of Rome," *The Cambridge Ancient History*, Second Edition, Volume VII, Part 2, *The Rise of Rome to 220 B.C.*, p. 343.

19. E.S. Staveley, "Rome and Italy in the Early Third Century," *The Cambridge Ancient History*, Second Edition, Volume VII, Part 2, *The Rise of Rome to 220 B.C.*, p. 443.

20. 마르크스 역사학의 맹점은, 사유제를 없앤 국가일지라도 고급 간부는 법률로 정한 계급이 될 수 있음을 보지 못한 데 있다. 이들 고급 간부는 대리인도 필요 없이 직접 통치하는 계급이자 명문으로 규정된 특권을 지닌다.

21. T. J. Cornell, "The Conquest of Italy," *The Cambridge Ancient History*, Second Edition, Volume VII, Part 2, *The Rise of Rome to 220 B.C.*, p. 394.

22. Donald R. Dudley, The Romans, 850 B.C.~337 A.D., pp. 42~43.

23. 파트리키안Patrician이라는 단어는 로마의 국가 수명을 뛰어넘어서 명성을 날렸다. 파트리키안은 비잔틴제국에서 존호尊號가 된다. 648년에 비잔틴제국의 북아프리카 지역이 이슬람 세력에 합락되었을 때, 그곳 총독은 훈귀勳貴 그레고리Gregory the Patrician였다. 755년, 로마 교황청은 프랑크인의 카롤링거 왕조의 비위를 맞추기 위해 국왕 피핀의 두 아들(그중 한 명이 샤를마뉴)에게 '로마 훈귀Roman Patrician'라는 존호를 내렸다. 파트리키안(훈귀)이라는 존호는 로마의 개국 원훈元勳과 같은 정도로 지위가 높다는 의미를 지닌 게 아닐까?

24. Donald R. Dudley, *The Civilization of Rome* (NY: Meridian, 1993), p. 44.

25. Brian Caven, *The Punic Wars* (USA: Barnes & Noble Inc., 1980), pp. 136~140.

26. T. J. Cornell, "The Conquest of Italy," *The Cambridge Ancient History*, Second Edition, Volume VII, Part 2, *The Rise of Rome to 220 B.C.*, p. 385.

27. 훗날 기독교의 사도 성 바오로는 로마 시민권이 있었기 때문에, 형이 확정된 뒤 그를 로마로 압송해 상소하도록 해야만 했다. 성 베드로가 십자가형을 받은 것과 달리, 성 바오로는 참수형에 처해졌다.

28. Michael Grant, "Brutti," *A Guide to the Ancient World: A Dictionary of Classical Place Names*, p. 123.

29. Donald R. Dudley, *The Civilization of Rome*, p. 78.

30. Ibid., pp. 47, 60~63.

31. Arnold J. Toynbee, *Hannibal's Legacy: The Hannibalic War's Effects on Roman Life*, Volume I: *Rome and Her Neighbours Before Hannibal's Entry* (London & New York: Oxford University Press, 1965), pp. 313~314.

32. E. S. Staveley, "Rome and Italy in the early third century," *The Cambridge Ancient History*,

Second Edition, Volume VII, Part 2, *The Rise of Rome to 220 B.C.*, p. 438.

33. 기원전 67년에 정무관이 제안해 통과한 법률에서는, 극장의 앞쪽 14줄을 기사 계급에게 배정했다. T. P. Wiseman, "The Senate and the *populares*, 69~60 B.C.," *The Cambridge Ancient History*, Second Edition, Volume IX, *The Last Age of the Roman Republic*, 146~43 B.C., Volume IX, p. 352. 이는 분명 평민회가 아닌 켄투리아회에서 통과된 법률이다.

34. Arnold J. Toynbee, *Hannibal's Legacy: The Hannibalic War's Effects on Roman Life*, Volume II: *Rome and Her Neighbours After Hannibal's Exit* (London & New York: Oxford University Press, 1965), p. 350.

35. "Gens," *Harry Thurston Peck, Harpers Dictionary of Classical Antiquities* (http://www.perseus.tufts.edu/hopper/text?doc=Perseus:text:1999.04.0062:entry=gens-harpers&highligh t=maiores%2Cgentes), 검색일 2013/8/6.

36. Will Durant, *Caesar and Christ: A History of Roman Civilization and of Christianity from their beginnings to A. D. 325* (New York: Simon and Schuster, 1944), pp. 128~129.

37. Theodor Mommsen, *The History of Rome*, a new edition by Dero A. Saunders & John H. Collins (New York: Meridian Books, Inc.: 1961), pp. 213~229.

38. Ibid., pp. 252~259.

39. 공공기념일에 황금관(코로나 아우레아corona aurea)을 쓰고, 극장에 갈 때 황금 테두리가 둘러진 보라색 토가(토가 픽타toga picta)를 걸치는 것은 모두 고대 황제의 복식이었다. T. P. Wiseman, "The Senate and the populares, 69~60 B.C.," *The Cambridge Ancient History*, Second Edition, Volume IX, *The Last Age of the Roman Republic*, 146~43 B.C., Volume IX, p. 358.

40. 몸젠이 노벨상을 받게 된 책『로마사』는 100여 년 전에 나왔다. 대대로 전해진 사료에 대부분 의지하고 있는 이 책에서는, 폼페이우스가 민회를 통해 12만 명의 보병, 5000명의 기병, 500척의 전함을 부여받았다고 본다. 또한 중앙과 각 속주로부터 제한 없이 자금을 조달할 수 있는 권리도 부여받았고, 임기는 3년이었다고 한다.『케임브리지 고대사』에 따르면, 폼페이우스가 거느린 병력은 기껏해야 4만5000명가량이었으며, 그를 추천한 이들은 평민이 아니라 세금징수업자와 은행업자다. A.N. Sherwin-White, "Lucullus, Pompey and the East," *The Cambridge Ancient History*, Second Edition, Volume IX, *The Last Age of the Roman Republic, 146-143 B.C.*, Volume IX, p. 251. 문제는 병력이 얼마나 많은지가 아니라 민중의 지지였다. 사실 평민회는 이탈리아 공화국을 압도한 지중해 제국을 이미 폼페이우스의 손에 넘긴 것이다. 따라서 폼페이우스가 평민파의 도구가 되고 싶지 않았다는 것이 비교적 합리적인 해석이다. 전체적으로 말하자면, 폼페이우스는 정치적 마인드가 부족했다. 나폴레옹의 경우, 대외 원정으로 전체 국민에게 가져다준 영광에 기대어 개인 독재를 확립하고 당파를 능가했으며 민족 단결을 이용해 국민의 대립을 없앴다.

41. Donald R. Dudley, *The Civilization of Rome* (NY: Meridian, Penguin Books USA, 1993), pp. 99~101.

신세계사 1

초판 1쇄 발행 2020년 1월 20일
초판 3쇄 발행 2024년 3월 18일

지은이 쑨룽지
옮긴이 이유진
펴낸이 유정연

이사 김귀분
책임편집 조현주 **기획편집** 신성식 유리슬아 서옥수 황서연 정유진 **디자인** 안수진 기경란
마케팅 반지영 박중혁 하유정 **제작** 임정호 **경영지원** 박소영

펴낸곳 흐름출판(주) **출판등록** 제313-2003-199호(2003년 5월 28일)
주소 서울시 마포구 월드컵북로5길 48-9
전화 (02)325-4944 **팩스** (02)325-4945 **이메일** book@hbooks.co.kr
홈페이지 http://www.hbooks.co.kr **블로그** blog.naver.com/nextwave7
출력·인쇄·제본 (주)상지사 **용지** 월드페이퍼(주) **후가공** (주)이지앤비(특허 제10-1081185호)

ISBN 978-89-6596-357-8 04900
       978-89-6596-356-1 (세트)